吳美美——主編

回顧與前瞻 2.0

圖書資訊學研究

Library and Information Science Research:
Retrospective & Foresight 2.0

圖書資訊學研究叢書系列

元華文創

理事長序：圖書資訊學研究叢書系列弁言

半畝方塘一鑒開，天光雲影共徘徊。

問渠那得清如許？為有源頭活水來。（宋）朱熹

　　21世紀以降，邁入數位時代，其特徵是網際網路普及帶來的網路革命，加諸數位科技進步，改變人類的社會、政治、經濟、文化與教育的樣貌。數位時代人類社會以十倍速以上的步調每天變化，知識工作者如何在萬變中適應調整，需要找尋活水源頭，才能不斷挹注新知識與新理念。本書以及本系列圖書即是找尋圖書資訊學研究與教育的源頭活水。

　　圖書資訊學起源於圖書館學，因為受到資訊社會與資訊科學影響，改名為圖書館與資訊科學，又簡稱為圖書資訊學。孔恩提出「典範轉移」，係指科學革命，在信念或價值或研究方法的轉變過程。這種典範轉移是在新基礎上重新創建研究領域的過程。圖書館學科是以圖書館為主體，其元素是空間、館藏與服務。到了圖書資訊學科，從「圖書館中心」轉向「資訊為中心」，加入資訊、科技與使用者三元素。在網路革命與數位科技新基礎上，圖書資訊學科是否產生典範轉移？有需要長期的記錄、觀察、分析、評論、預測。

　　基於圖書資訊學科學術研究發展的探討與長期追蹤，我們啟動《圖書資訊學研究回顧與前瞻2.0》專書寫作計畫，參考了十年前卜小蝶教授主編的《圖書資訊學學術研究》專書、柯皓仁、謝順宏的〈探索2006-2015年圖書資訊學領域研究議題〉專文。由吳美美教授主編邀請圖書資訊學界的教師與學者以共筆方式，訂定本書的圖書資訊學研究十大主題：資訊組織研究、計量學研究、研究資料管理、資訊行為、資訊素養教育與閱讀教育研究、資訊技術與人機互動、數位學習與數位人文、資訊服務機構、圖書資

訊學教育研究、圖書館與社區發展／資訊社會，並邀請各圖書資訊學系所教師與學者專家32位，完成33篇論文，共計64萬餘字。相較上個十年的圖書資訊學研究專書，本書新增四大主題：研究資料管理、資訊技術與人機互動、數位學習與數位人文、圖書資訊學教育研究，這些均反映典範轉移的現象。

感謝吳美美教授在2020年擔任本會課程委員會主任委員，提出本專書撰寫計畫，並接受王梅玲理事長委託擔任全書主編，在一年內完成此圖書資訊學研究重大工程。此外，要感謝32位學者專家依其學術專長撰寫出這些精彩的論文，共同譜出華麗壯闊的交響樂章。在編輯繁瑣的工作中感謝臺灣師範大學圖書資訊學研究所的紀力孔博士生與政治大學圖書資訊與檔案學研究所的汪楚筠碩士生有效的執行編輯任務，使全書順利完成。

活水源頭不絕，才能養出天光雲影共徘徊的方塘美景。《圖書資訊學研究回顧與前瞻2.0》是「圖書資訊學研究叢書系列」圖書的第一號。希望拋磚引玉，未來有更多的學者專家參加，不斷出版更好的圖書資訊學研究與教育專書，用源頭活水澆灌圖書資訊學科的園地，在典範轉移中，找尋永續發展的路徑，打造更美好的未來社會。

王梅玲 謹識

中華圖書資訊學教育學會理事長

2021年3月

主 編 序

　　圖書資訊學研究相較於其他學科，十分年輕，新的研究課題因此不斷出現。做為一個學術領域，定期出版研究領域的文獻回顧，用以檢驗研究成果，指引發展方向，是重要的工作。由於有教師將回顧性出版作為教學材料，囿於中華民國圖書館學會在慶祝建國一百周年所出版的百年專書已經將有十年，文獻回顧作為專業學術研究能量的指標，亟需號召集合領域全體傑出教師、研究者智慧之筆，予以更新補充。在中華圖書資訊學教育學會理事長王梅玲教授的託囑支持之下，課程委員會擔負起號召邀請各校教師分工撰寫的重責，希望能在2021年趕上十年一會的文獻回顧工作。

　　特別感謝學會理事長、理監事，以及課程委員會委員，共同協力規劃專書主題，並舉薦各主題的撰稿人。也由衷感謝諸位撰稿人，在教學、研究和日常職責的百忙之中，應允撰稿，排除萬難，奮發如期完稿。本專書共收到33篇珍貴文稿，每篇都是珠玉之作，學術饗宴，作者們用功的學術盛情和熱情可感！

　　一個學術領域需要符合四項學科要求：（1）有學科的目的、（2）有一套知識體系、（3）有研究方法，以及（4）有學術對話機制，包括有專業學術社群、出版專業學術期刊，更重要的，要有文獻述評（review articles）。「資訊科學暨科技學會」（Association for Information Science and Technology, ASIS&T）的前身是成立於1937年的「美國文獻學會」（American Documentation Institute, ADI），ADI在1965年籌畫出版《資訊科學暨科技年度評論》（*Annual Review of Information Science and Technology, ARIST*），當時由美國科學基金會贊助，1966年出版首刊本，1968年ADI將學會名稱變更為「美國資訊科學學會」（American Society for Information Science, ASIS），除了順應潮流，應該是受到該*ARIST*年度評論刊名的影響。該學會因鑒於年度評論逐漸無法及時反映新的重要議題，於2011年將*ARIST*停刊，而將文獻評論另安置於該學會的期刊*JASIS&T*，可隨時刊載於該期刊

中的*Advances in Information Science*專欄。可知文獻述評是一個學術領域的要件。而由於種種主客觀的原因，國內圖書資訊學的年度文獻述評一直無法催生，那麼十年一個回顧總有需要吧！謝謝中華民國圖書館學會十年前的百年專書，十年後續集，十年磨一劍看看領域有沒有典範變遷，也用來支持這個學科，使更符合作為一個學術領域的要件。

本書取名2.0有雙重的意義，其一，是為表達對百年專書的延續之意，在後現代和斷絕的時代，不穩定、不確定，連續和不連續之間曖昧不明之時，我們特別用延續的符號，來支持和表達對知識持續不斷絕的信仰；其二，正好是在2020年開始編寫，採用2.0的象徵符號，希望十年後2030年有3.0版等，每十年至少有一次領域知識盤點，也容易註記。

研擬書名的期間，引起很多的關心和討論，有同道認為2.0的概念已經過時，3.0都出來了，2.0怕是落伍的概念，也有同道主張直接將書名冠以年代，或冠以述評的年代範圍，個人也很欣賞這樣的書名，具體而明確；不過卻也有意見指出書名冠上年代，可能讓讀者誤以為出版舊的資料，侷限讀者對內容的想像。因此思考之後，還是維持最初的提議，採用2.0的延伸象徵意義，挑戰斷絕的時代，亦即人類的各種價值也許因為時代演進而淪於斷絕，但是圖書資訊學作為人類知識的象徵，需要綿延、持續，不斷絕。

本專書共分十篇，主題係由兩次專書出版會議討論，並參考美國「圖書資訊學教育學會」（Association for Library and Information Science Education, ALISE)《圖書資訊學教育研究分類法》（*ALISE Research Taxonomy*）[1]，以及柯皓仁與謝順宏（2019）的圖書資訊學領域研究議題分析[2]，訂定而成。每篇有2-4章不等，各篇架構原則上以文獻回顧為主，並選擇重要趨勢作為專文討論，不過也有幾篇是各議題平行發展。

第一種體例結構是以文獻回顧為主，並選擇重要趨勢作為專文討論，例如第一、四、七、九、十等五篇，另一種體例結構是一篇之中各議題平

---

[1] https://www.alise.org/research-taxonomy-

[2] 柯皓仁、謝順宏（2019）。探索 2006-2015 年圖書資訊學領域研究議題。圖書館學與資訊科學，45（1），65-96。https://jlis.glis.ntnu.edu.tw/ojs/index.php/jlis/article/view/750

行發展，例如第二、三、五、六、八等五篇。在撰寫格式方面，主要以尊重作者書寫慣習為主，同時也尊重外審委員建議，例如數字除另有用法，盡量以阿拉伯數字表達，英文除非專有名詞或術語，盡量以小寫為主，盡量異中求同，以便容易閱讀。專書內容以回顧國內十年來出版的文獻為主，不過有些主題因為篇章作者認為國際的文獻發展很值得重視，也有是囿於國內的出版文獻數量有限，所以回顧國外文獻，例如第一篇資訊組織和第九篇圖書資訊學教育等。專書內容集合十年來圖書資訊學的主要發展狀況，如同記錄了一時一地的知識地圖，十分珍貴。

第一篇資訊組織研究，共有3章，分別是藍文欽撰寫〈資訊組織研究文獻回顧（2010-2020）〉，敘述資訊組織領域在以美國為主的國外發展情形，介紹13項新的發展，同時進行臺灣地區資訊組織相關文獻分析。作者深刻檢討指出資訊組織在國內圖資界受到重視不足，是相對弱勢的子領域，對於國外發展中的熱門議題也欠缺關注，足資警惕，吾人應加緊趕上。前瞻文稿方面，陳淑君撰寫〈從知識本體及鏈結資料角度探討數位人文學的資訊組織與檢索〉，解釋知識本體、鏈結資料與數位人文學的關係，以中央研究院藏品「陳澄波畫作與文書」檔案全宗作為研究案例，展示如何在知識本體的基礎上運用語意檢索進行數位人文研究。阮明淑撰寫〈領域知識架構之建構應用研究〉，提出領域分析方法獲得各領域知識架構發展之重視，介紹知識分類學（taxonomy）之概念和內涵，並以漁產業知識架構、原住民族知識架構、線上音樂知識架構等實例，介紹臺灣利用領域分析方法於領域知識架構的相關應用。

第二篇計量學研究，共有3章，分別從領域研究、學術傳播，以及科學合作研究探討計量學研究。羅思嘉撰寫〈圖書資訊計量研究趨勢分析：領域研究分析發展〉，從領域範圍、研究團隊規模、研究設計和資料分析方法等，分析2010年至2019年間臺灣圖書資訊學領域學者探討不同學科領域研究之現象。林雯瑤撰寫〈我國2010-2019學術傳播研究回顧〉，分析我國圖書資訊學領域學者於2010年至2019年間，以學術傳播為題且採用資訊計量學方法之出版於國內外之文獻，依學術出版、開放取用、學術評鑑工具與指標等三個面向討論。作者建議學術資源應以透明、互惠、共享為原則，

學術社群成員應奉利害關係人的集體利益為圭臬。張郁蔚撰寫〈我國2010-2019科學合作研究回顧〉，分析國內外期刊論文，從合作類型、合作對研究品質及其他之影響、合作指標、超級作者等四方面加以論述，並發現我國在科學合作的資訊計量研究以圖書資訊學領域研究人員為主。

第三篇研究資料管理，研究資料管理是圖書資訊學近年來異軍突起的主題，有4章，包括綜述、研究資料基礎建設發展現況與展望、資訊治理，以及學科館員知能。陳光華撰寫〈研究資料管理綜述〉，對於研究資料管理的起源，以及該主題對於圖書資訊學界的重要性，進行精闢的闡述，並為三篇前瞻文稿加以介紹。李沛錞撰寫〈資訊治理〉，從資訊部門觀點、資訊組織觀點、政府政策觀點等三種層次，探討資料治理、資訊治理、數位治理的發展趨勢、挑戰和相關議題。鄭瑋撰寫〈研究資料基礎建設：發展現況與展望〉，介紹研究資料基礎建設的緣起、發展現況、特性和價值，利用知識基礎建設中的知識生態系統特色，提出資料共享行為者之「個體特徵」、公開資料之「資料特性」、學科社群規範之「機構組織規章」，以及「科技面向」等四面向來說明研究資料基礎建設的特質及其可能的應用。柯皓仁撰寫〈大學圖書館學科服務趨勢分析〉，分析2010至2020年間大學圖書館「學科服務」的研究趨勢，提出學科館員、學科聯繫館員、嵌入式館員的異同及發展重點。

第四篇資訊行為，共有3章，分別是林珊如撰寫〈資訊行為研究觀察綜述（2010-2019）〉，檢視近十年來臺灣資訊行為研究的出版文獻，觀察學位及期刊論文資訊行為之相關研究在主題、對象、情境、理論應用等面向之發展狀況，同時討論以理論發展為基礎的資訊行為研究，針對理論內涵及其在實徵研究中的應用狀況，建立資訊行為研究理論模式的分類體系，有助於資訊行為理論教學及應用之參考。前瞻文稿方面，蔡天怡撰寫〈資訊行為理論與研究取向概述（2010-2019）〉，綜覽2010至2019年間資訊行為相關研究運用理論及研究取向之概況，對於促進資訊行為理論和研究發展很有啟發。蘇小鳳撰寫〈演進中的參考諮詢服務與前瞻：從RD到RAD〉，探討參考諮詢服務近十年的轉變與發展，作者說明參考諮詢服務從參考櫃臺據點的存廢、整併的爭議，到更名為研究協助與諮詢服務（Research

Assistance Desk, RAD）的歷程，可以做為未來圖書資訊服務策略規劃參考。

　　第五篇資訊素養教育與閱讀教育研究，以成人資訊素養教育、學校資訊素養教育、書目療法，以及數位閱讀分別撰述，有4章。莊道明撰寫〈臺灣地區近十年（2010-2019）成人資訊素養研究回顧分析〉，以書目分析法探討近十年來高等教育資訊素養研究的發表現象，搜尋文獻類型有學位論文、學術期刊論文，以及圖書與科技部專題補助計畫，研究發現近十年臺灣成人資訊素養研究數量下滑已進入衰退期。陳昭珍、涂芸芳撰寫〈臺灣K-12資訊素養研究回顧與展望〉，以書目計量分析臺灣近十年資訊素養研究趨勢，發現臺灣K-12資訊素養研究近十年有大幅減少的趨勢，近十年來資訊素養相關研究面向以情意最多，其中以VOSviewer進行關鍵字聚類分析，發現有三個類群，資訊素養融入學科領域的學習策略、結合不同類型圖書館實施資訊素養教育，以及資訊素養教育數位學習。陳書梅撰寫〈2011-2020臺灣圖書資訊學領域之書目療法研究探析〉，分析近十年間國內有關書目療法研究的文獻，提出擴展研究主題、採用多元研究方法、加強不同類型素材的情緒療癒功能研究、加強編撰書目療法素材解題書目，以及人才培育等多項重要建議。林維真撰寫〈電子書與數位閱讀發展趨勢（2010-2019）〉，探索2010年以來與電子書閱讀行為與閱讀表現相關之國內外文獻，並依人機互動研究派典，分為人因、人機，以及人資互動三方面加以討論，作者建議圖書館電子書推廣服務可以參考相關研究結果，除了館藏觀點，也可以重視人的感知、態度、後設認知等面向，來協助和輔導讀者使用電子書。

　　第六篇資訊技術與人機互動，討論資訊檢索、人資互動，以及科技輔助協同合作研究等，共有4章，曾元顯、吳怡瑾、袁千雯合作撰寫〈綜述〉說明本篇源起和主要內容。曾元顯撰寫〈人工智慧與資訊檢索〉，指出近十年來資訊檢索因嵌入向量、深度網路架構、語言模型、文字生成、文字理解、語意比對等人工智慧技術推波助瀾，而有很大的進展，但因技術艱深且進入門檻高，對現今的研究環境與產業應用仍是一大挑戰。吳怡瑾撰寫〈人資互動與檢索研究趨勢〉，從資訊探求與檢索研究的脈絡，闡述人資互動研究的起源、人資互動關注的議題與評估模型，以及國內外人資互動和資訊檢索的相關應用。袁千雯撰寫〈人機互動、社群運算與科技輔助

協同合作研究發展與趨勢〉，認為近年來盛行社群媒體、行動科技、機器人、物聯網科技、穿戴式科技、虛擬與擴增實境、到人工智慧，無不影響使用者發展各種不同的協作、溝通、互動、學習等新的行為，這些都是科技輔助協同合作研究發展的研究核心議題，而這些研究議題和方法也可以應用在圖書資訊學讀者和館員之間的互動。

第七篇數位學習與數位人文，共有2章，分別是柯皓仁撰寫〈數位人文研究資訊計量分析〉，藉由資訊計量方法，分析數位人文研究在國內外的發展情況，有利讀者掌握十年來數位人文研究發展的概況。陳志銘撰寫〈數位人文研究平臺之技術發展現況與支援人文研究及教育應用評析〉，探討數位人文研究平臺的理論基礎、工具類型與應用模式、採用資訊技術，並且分析和比較既存數位人文研究平臺的功能差異和發展瓶頸，有助於了解數位人文研究平臺未來的技術與發展方向。

第八篇資訊服務機構，包括綜述、公共圖書館管理、大學圖書館管理，以及檔案管理，有四章。黃元鶴撰寫〈綜述〉，闡述資訊服務機構的三大範圍，並介紹三章主題梗概。黃元鶴並撰寫〈我國公共圖書館管理相關研究之回顧與展望〉，透過近十年國內公共圖書館管理相關文獻分析，提出讀者服務、建築與空間規劃設計、績效管理、創新管理、技術服務、網站建置、閱讀推廣、行銷策略、倫理與法制、資訊素養、志工管理、政策與價值、人力資源、社群媒體／社會性軟體等議題，並歸納為讀者服務、閱讀推廣與行銷策略、分齡分眾、建築空間規畫、績效管理與創新管理、創新科技應用，以及人力資源與志工管理等六大議題探討。邱子恒撰寫〈我國大學圖書館管理相關研究之回顧與展望〉，分析2010年至2019年間國內有關大學圖書館的相關研究論文，發現研究主題包括服務管理、人力資源、空間規劃、館藏管理、特定讀者群、行銷推廣、角色與功能、募款等，並從服務管理、人力資源、角色與功能、空間規劃、館藏管理、行銷推廣等六方面闡述，作者指出相關文獻多以應用型研究為主，且以單一大學或圖書館為研究對象者居多，研究結果不易產生理論或類推到其他大學圖書館。不過作者也強調管理的主要功能是規劃、執行、考核、組織、管理、行銷、領導與控制、資源分配等。因此圖書館管理實務研究也應該被同等重視才對。林巧敏撰寫〈我國檔案管理相關研究之回顧與展望〉，分析近十年（2010

年1月至2019年12月）我國檔案管理專業文獻之研究成果，發現檔案管理研究之主題明顯由檔案編排與描述、檔案鑑定與清理、文書與文書作業等對於資料處理技術之探討，漸趨檔案推廣應用、檔案內容分析，以及電子文件等，導向讀者服務和新技術應用之議題；此外，作者發現近十年檔案管理文獻發表數量比起十年前文獻數量成長緩慢，建議導入新的研究方法與技術，開發新興研究主題，以刺激研究產能。

第九篇圖書資訊學教育研究，共有4章，分別是王梅玲撰寫〈2010-2020圖書資訊學教育研究回顧與前瞻：變革與擴疆〉，以書目計量法和文獻探討法，統計分析英美、中國、臺灣相關研究的成果，並分析十年間圖書資訊學教育領域的八大重要議題，藉以提出我國圖書資訊學教育發展建議。吳美美撰寫〈iSchools相關文獻（2010-2019）主題分析〉，發現iSchool相關文獻近十年主要是iSchools運動、課程、跨領域特質、教師專長多元化，以及iSchool和LSchool等議題，隨著iSchools聯盟國際化發展成熟，議題也從iSchools運動，發展為單一課程發展的討論為多。林素甘發表〈歐美國家圖書資訊學教育認證制度〉，詳細分析美、加、英國、澳洲和紐西蘭等國圖書資訊學教育認證制度，包括認證機構、認證標準，以及認證過程，透過了解國外的認證機制，希望對我國圖書資訊學教育的品質發展有所啟示。彭于萍撰寫〈圖書館館員職能研究〉，討論資訊時代圖書館館員職能意涵與價值，分析十年來的職能研究概況，期能提供資訊時代圖書館館員職能學術研究及管理實務發展參考。

第十篇圖書館與社區發展／資訊社會，共有2章，分別是賴麗香、吳美美撰寫〈資訊社會研究回顧（2010-2019）〉，分析近十年來國內有關資訊社會相關文獻，包括政府、政策、教育與學術研究、隱私權、資訊法律、數位落差、資訊安全、族群、資訊社會理論、數位公民、市場、商品與粉絲、科技發展、假新聞、虛擬空間、網路、資訊倫理與金融、產業等議題，希望有助於圖書館工作者了解資訊社會的議題，也希望資訊社會能夠關注圖書館的經營和發展。謝吉隆與葉芳如撰寫〈從Tag到Hashtag——從資訊組織到資訊傳播〉，討論hashtag用於資訊組織、資訊特性的意涵，及其在資訊社會與線上傳播的意義、應用和可能的限制，將圖書資訊學的資訊組織

工具延伸為用於了解和掌握社會脈動的工具，十分有創意。

美國「大學與研究圖書館學會」（Association of College and Research Libraries, ACRL）發表2020學術圖書館九大新趨勢[3]，項目有圖書館的新領導技能、圖書館系統整合和內容服務、素養教育和學生成功、人工智能、開放取用、研究資料服務、數位教學等，檢視這些議題也正是本書十篇所大致涵蓋的主題，不過有關倫理、社會正義和串流媒體採購等議題，則是專書中比較缺乏著墨的議題，這些是知識社會永續發展的議題，也許在下一個十年會逐漸受到重視。

感謝32位作者傾力相助，文稿完成之後，我們進行一校和同儕內審，為有效收集和處理文稿，專書採雲端硬碟和線上共筆系統，便於一校和互審作業，感謝同儕再次齊心支援、付出寶貴時間和心力，互相幫忙審查文稿、並再度花時間據以編修文稿。特別感謝兩位外審委員仔細審閱專書各篇章，提供許多寶貴建議，使專書的品質大幅提高。本書歷經不只三校，這些過程有助於專書文稿信實、精緻和正確的品質。

要使33篇文稿保持同一種編輯格式的學術寫作，涉及繁複的校讀細節，需要細心、耐心和學術書寫知識的基本功力，十分感謝課程委員會秘書紀力孔先生、專書編務助理汪楚筠小姐，以及國立臺灣師範大學圖書資訊學研究所文宣同學，他們在過去幾個月中辛勤幫忙校讀、聯繫作者，讓本書可以如期付梓，除了作者群的用功生產、互審、修稿之外，助理和秘書參與一校及後續的繁複編校過程，實在功不可沒！我們也十分感謝元華出版社蔡佩玲顧問給予本書出版許多指導和建議、李欣芳主編和陳欣欣編輯對於版式樣張的設計、編校過程的細心、用心和耐心十足令人敬佩。最後感謝學會王梅玲理事長熱情帶領、舉辦年會、鼓舞大家，讓專書能夠如期誕生。

吳美美 謹識

中華圖書資訊學教育學會課程委員會主任委員

2021年3月15日

---

[3] https://crln.acrl.org/index.php/crlnews/article/view/24478/32315

主編、作者簡介

主編簡介

吳美美　國立臺灣師範大學圖書資訊學研究所退休兼任教授。美國新澤西州立羅格斯大學傳播資訊暨圖書館學博士，曾任國立臺灣師範大學圖書資訊學研究所籌備處主任、開所所長、國立臺灣師範大學社會教育學系教授、淡江大學教育資料與圖書館學系副教授、國家圖書館書目網路計畫館員、國立臺灣師範大學圖書館參考館員、中學教師等；專業服務方面，曾經長期擔任《圖書館學與資訊科學》半年刊主編、中華民國圖書館學會《圖書館事業發展白皮書》研擬小組召集人、中華民國圖書館學會國際關係委員會召集人、中華資訊素養學會發起人、中華民國圖書館學會資訊素養委員會發起人和召集人、「資訊科學暨科技學會」（ASIS&T）台北分會會長、「資訊科學暨科技學會」（ASIS&T）亞洲區聯絡員（Asia Liaison），以及「國際關係委員會」召集人等。並受邀擔任日本鶴見大學「資訊素養教育」特約講員、瑞典Boras大學「理論建構」博士班特邀講座教授、美國羅格斯大學訪問學者等；研究興趣包括資訊行為、資訊組織、資訊素養、學術傳播、資訊政策等。

作者簡介

王梅玲　國立臺灣大學圖書館學研究所博士，國立政治大學圖書資訊與檔案學研究所教授，曾在2007到2009年擔任所長，及在1999-2000年擔任玄奘大學圖書館館長。著作有10餘種學術專書以及發表100餘篇學術論文。主要研究專長為圖書館與電子資源評鑑、國際圖書資訊學、館藏管理、圖書館管理、圖書資訊學教育、數位圖書館、與數位學習等。

吳怡瑾 國立交通大學資訊管理研究所博士。目前為國立臺灣師範大學圖書資訊學研究所教授，2006至2016年曾服務於輔仁大學資訊管理系（所）。研究專長為人資互動、資料探勘技術與應用、電子商務與知識管理。曾經於2011年獲得科技部短期科技研究計畫至芬蘭 Tampere University之資訊學院短訪半年並於2016年於芬蘭進行移地研究。論文主要發表於資訊科學與資訊系統相關國際期刊，*Journal of the Association for Information Science and Technology, Information Processing and Management, Journal of Documentation, Decision Support Systems and Knowledge-based Systems*。

吳美美 美國新澤西州立羅格斯大學（Rutgers University）傳播資訊暨圖書館學博士。國立臺灣師範大學圖書資訊學研究所開所所長、教授。研究興趣包括圖書資訊學、資訊行為、資訊素養、資訊政策、學術傳播等。曾擔任《圖書館學與資訊科學半年刊》期刊主編、中華民國圖書館學會《圖書館事業發展白皮書》撰稿召集人、教育部「圖書資訊應用」數位課程計畫主持人、資訊學會（ASIS&T）亞洲區聯絡員、資訊學會（ASIS&T）國際關係委員會召集人，日本鶴見大學「資訊素養教育」特約講員、瑞典Boras大學「理論建構」博士班特邀講座教授，美國羅格斯大學訪問學者等。

李沛錞 目前任教於國立政治大學圖書資訊與檔案學研究所，研究專長為科技創新管理、研發管理、專利大數據分析與應用。李沛錞為國立政治大學科技管理與智慧財產研究所博士，過去曾於國家實驗研究院科技政策研究與資訊中心從事政策研究近十年，主要進行科技預測與評估、政策分析與規劃等政策研究與實務。2015年起曾任教於逢甲大學國際科技與管理學院，輔以推動國際雙聯教育學程。目前發表多篇國際學術論文於*Technological Forecasting & Social Change, IEEE Transactions on Engineering Management, Scientometrics*等國際期刊。

阮明淑　國立臺灣大學園藝學研究所博士。現任世新大學資訊傳播學系教授與產學合作處USR實踐專案辦公室主任。學術專長包括：知識組織與管理研究、資料敘事分析研究、競爭資訊分析研究、數位內容策展及農業資訊傳播與管理等。曾任世新大學教學卓越中心主任、資訊傳播學系系主任、圖書館採訪組主任、農業科學資料服務中心資訊分析組與企劃組組長。

林巧敏　現職國立政治大學圖書資訊與檔案學研究所教授兼任圖書館副館長以及社會資料中心校史與檔案組組長，國立臺灣大學圖書資訊學研究所博士畢業，研究主題涵蓋：檔案管理、檔案使用研究、電子文件、數位典藏、學校圖書館與閱讀、身心障礙讀者服務等，曾任國家圖書館採訪組、編目組及閱覽組主任、檔案管理局專門委員兼任副組長，研究論述以理論結合實務應用見長，著作包含學術期刊90多篇，專書6本，執行過科技部專題研究及教育部委託研究計畫20多項。

林珊如　現為國立臺灣大學圖書資訊學系教授，研究興趣在實體與數位環境中的資訊使用者行為，多年主持相關國科會之專題計畫及政府單位之委託計畫，包括學術、教育、工作、日常、商業、健康等情境中的資訊需求評估、資訊尋求與使用調查、網站使用者研究及數位閱讀。1993年於美國資訊科學與技術學會年度評論刊物ARIST，針對瀏覽主題發表經典的專論，復於2005年的圖書資訊學中的理論建構（*Theory Development in Library and Information Science*）專書中發表相關論文。曾受邀擔任中華民國圖書館學會TSSCI期刊「圖書資訊學研究」學報之主編，以及臺灣積體電路公司之專案顧問。目前教學主力在研究方法及資訊行為理論研討並關注高齡社會中圖書資訊服務議題。

林素甘　國立臺灣大學圖書資訊學研究所博士，現任淡江大學資訊與圖書館學系副教授，曾任國家圖書館幹事、世新大學資訊傳播學系與玄奘大學圖書資訊學系兼任講師。主要學術專長及研究興趣為參考資源與服務、讀者服務、檔案管理、檔案鑑定和數位典藏等。曾出版《檔

案清理與鑑定制度之比較研究》及主編《臺灣蘭嶼專題書目》。曾參與和執行多項蘭嶼媒體與文化數位典藏計畫，關注蘭嶼原住民知識生產與傳播之相關議題。

林雯瑤　國立臺灣大學圖書資訊學研究所博士，現任淡江大學資訊與圖書館學系教授，曾任職於專門圖書館與大學圖書館，與國際大型學術出版社亦有多年合作經驗。現任《教育資料與圖書館學》執行編輯，並曾任《圖書資訊學研究》助理編輯。研究專長為學術傳播、資訊計量學、學術出版產業、圖書館管理、讀者服務等。近年主要的研究關懷在於開放取用期刊與學術圖書館的議題，也關注將資訊計量學與圖書館管理結合，並更廣泛地應用於學術傳播相關議題中。

林維真　日本京都大學資訊學博士。現任國立臺灣大學圖書資訊學系副教授，兼任臺大計算機及資訊網路中心教學研究組組長、臺大人工智慧與機器人研究中心前瞻機器人組研究員。研究興趣與專長包括數位閱讀、人機互動與學習分析，曾研發圖書館機器人、數位閱讀及遠距學習互動等系統平臺，相關成果發表於*Journal of the Association for Information Science and Technology, British Journal of Educational Technology, IEEE Transactions on Learning Technologies*等圖書資訊學與教育科技領域期刊。

邱子恒　臺北醫學大學通識教育中心教授兼圖書館館長，國立臺灣大學、國立臺灣師範大學、輔仁大學圖書資訊學系（所）兼任教授。臺灣醫學圖書館學會理事長、中華民國圖書館學會常務理事、中華圖書資訊學教育學會理事、中華圖書資訊館際合作協會理事。教育背景為國立臺灣大學圖書資訊學研究所博士、美國雪城大學圖書館學／資訊資源管理雙碩士、輔仁大學圖書館學系（現改名為輔仁大學圖書資訊學系）學士。曾任國家圖書館編纂兼國際合作組主任及知識服務組主任。研究興趣為：資訊組織與知識組織、資訊服務機構管理、健康科學資訊資源與服務、質性研究與學術傳播等。

柯皓仁　國立交通大學資訊科學系（現改名為國立陽明交通大學資訊科學與工程研究所）博士，目前為國立臺灣師範大學圖書資訊學研究所優聘教授兼圖書館館長。曾任中華民國圖書館學會理事長、中華圖書資訊學教育學會理事長，現任中華圖書資訊館際合作協會理事長。研究興趣包含：數位人文、數位典藏、鏈結資料、大數據等。

涂芸芳　國立臺灣科技大學數位學習與教育研究所博士。

袁千雯　國立臺灣師範大學英語學系學士、國立臺灣大學新聞研究所碩士、哥倫比亞大學科技教育碩士、康乃爾大學傳播研究所博士。目前任職於國立臺灣師範大學圖書資訊研究所助理教授，研究興趣為人機互動、科技輔助協同合作、健康傳播、社群媒體傳播。透過質化、量化等不同研究方法，探討社群媒體上的人際互動、遠距合作、健康資訊學等主題。主要著作刊登在人機互動領域中的頂尖研討會如CHI、CSCW、Ubicomp以及SSCI期刊如Behaviour & Information Technology, Mobile Media & Communication, Social Media + Society及Computers in Human Behavior等。

張郁蔚　國立臺灣大學圖書資訊學研究所博士，現為國立臺灣大學圖書資訊學系教授，曾任國立臺灣大學圖書館組員、國立臺北藝術大學圖書館組員、檔案管理局科長、輔仁大學圖書資訊學系助理教授。研究興趣為資訊計量學，主要研究成果發表在Scientometrics等期刊。

莊道明　現任世新大學資訊傳播學系副教授兼系主任。國立臺灣大學圖書資訊學研究所博士。工業技術研究院能源資源研究所副研究員；世新大學圖書館館長。學術領域資訊傳播學、資訊素養研究、專業倫理學、統計資料分析、圖書館管理。發表學術論文40餘篇與學術專書一冊。曾任中華圖書資訊學教育學會理事長（2018-2019）、臺灣資訊傳播學會理事長（2016-2018）；美國科學資訊與技術學會臺北分會2007年會長（The Association for Society of Information Science & Technology, Taipei Chapter）。

陳光華　於1986、1991、1996年，取得國立臺灣大學農業工程學學士、資訊工程學碩士、資訊工程學博士學位。於1996年加入國立臺灣大學圖書資訊學系，成為教師群的一員，目前為教授並兼任國立臺灣大學圖書館館長的工作。陳光華有農學院與工學院的經歷，目前落腳於文學院，可以由不同的眼光看待這個世界，是人生的重要資產。陳光華的研究領域為資訊檢索與評估、引用分析與評估、自然語言處理、數位典藏、數位人文、以及智慧性資訊系統，目前已經發表逾150篇學術論文與專書、5項專利、許多技術報告以及其他如年鑑等出版品。陳光華目前為中華民國圖書館學會、中華民國計算語言學學會、中華圖書資訊教育學會、臺灣數位人文學會、以及中華民國資訊學會等學會之會員。

陳志銘　目前為國立政治大學圖書資訊與檔案學研究所特聘教授兼任圖書館館長、社會科學資料中心主任，研究專長為數位學習、數位人文、數位閱讀、數位典藏、數位圖書館、大數據資料探勘及人工智慧，曾獲得科技部吳大猷先生紀念獎、獎勵特殊優秀人才，以及國立政治大學學術研究特優及優良獎殊榮，也曾擔任國立政治大學圖書資訊與檔案學研究所所長、國立政治大學圖書館副館長、國立政治大學電算中心副主任、國立政治大學圖書資訊學數位碩士在職專班執行長等行政工作。

陳昭珍　國立臺灣大學圖書館學（現今為國立臺灣大學圖書資訊學研究所）博士。任教於臺灣師範大學圖書資訊學研究所。研究興趣包括資訊組織、數位典藏、閱讀教育、資訊素養教育等，曾任國立臺灣師範大學圖書館館長、國立臺灣師範大學教務長、中華民國圖書館學會理事長、中華圖書資訊館際合作學會理事長、臺灣高等教育教學專業發展學會理事長（TPOD）、圖書資訊學研究主編；現任臺灣閱讀學會理事長、國際圖書資訊學會副會長（International Library and Information Science Society, ILISS）、臺灣通識教育學刊主編。

陳書梅　國立臺灣大學圖書資訊學系暨研究所兼任教授。美國賓州克萊恩大學（Clarion University of Pennsylvania）圖書館學碩士、美國威斯康辛大學麥迪遜校區（University of Wisconsin-Madison）教育心理學碩士及圖書館學暨資訊科學哲學博士。主要研究領域為書目療法、閱讀心理研究、管理心理學、服務溝通。曾任國立臺灣大學圖書資訊學系暨研究所專任教授、副教授、助理教授。著有《兒童情緒療癒繪本解題書目》、《從迷惘到堅定：中學生情緒療癒繪本解題書目》、《從沉鬱到淡定：大學生情緒療癒繪本解題書目》、《從孤寂到恬適：樂齡情緒療癒繪本解題書目》、《圖書館組織心理研究──館員的認知觀點》、《社會科學電子資訊資源》等六專書暨相關論文150餘篇。教學研究之餘，亦積極從事社會公益服務，曾任中華民國圖書館學會「閱讀與心理健康委員會」創會主任委員（2016-2019）；目前擔任中華民國圖書館學會理事（2014迄今）、中華民國圖書館學會「閱讀與心理健康委員會」顧問（2020迄今）、中華民國圖書館學會「書香社會推動委員會」委員（2018迄今）、中華心理衛生協會理事（2019迄今）、臺灣醫起育兒愛閱協會顧問（2019迄今）、臺中市南區家庭扶助中心專業諮詢委員會委員（2002迄今）、臺灣電力公司特約協助員（2000迄今）。

陳淑君　現職中央研究院歷史語言研究所助研究員，獲得國立臺灣大學圖書資訊學研究所博士、英國雪菲爾大學（University of Sheffield）資訊學院（Information School）碩士。目前同時兼任中央研究院數位文化中心執行秘書，及國立臺灣大學圖書資訊學系、國立臺灣師範大學圖書資訊學研究所、國立政治大學圖書資訊與檔案學研究所兼任助理教授。自1998年開始參與臺灣數位典藏國家型科技計畫，2013年獲得美國蓋提研究所（Getty Research Institute, GRI）獎助前往GRI擔任訪問學者，進行數位藝術史的學術研究，並自2014年起獲美國GRI聘任為Getty Vocabularies as Linked Open Data研究計畫的外聘顧問。專長於數位圖書館研究、知識組織系統、後設資料（Metadata）研究與設計、鏈結開放資料（Linked Open Data）、數位人文研究。目前同時

負責規劃與美國GRI「藝術與建築索引典」（Art & Architecture Thesaurus）中文化研究計畫，及主持中央研究院數位文化中心鏈結開放資料實驗室。

彭于萍　現職為輔仁大學圖書資訊學系專任教授，銘傳大學管理學院管理研究所博士班博士、輔仁大學圖書資訊學系碩士、輔仁大學圖書資訊學系學士；曾經擔任中華圖書資訊學教育學會第12屆副秘書長、輔仁大學圖書資訊學系專任副教授、專任助理教授；研究興趣為資訊服務機構人力資源管理；重要著作有Peng, Y. P., & Chuang, P. H. (2020). A Competency Model for Volunteer Storytellers in Public Libraries. *Libri*, 70(1), 49-64. Peng, Y. P. (2019). A Competency Model of Children's Librarians in Public Libraries. *The Library Quarterly*, 89(2), 99-115.

曾元顯　國立臺灣大學資訊工程學系暨研究所博士，現任國立臺灣師範大學圖書資訊學研究所優聘教授兼任副所長。曾任國立臺灣師範大學資訊中心主任、校務研究辦公室主任，以及中華民國計算語言學學會理事長、中文計算語言學期刊總編輯。研究興趣包括人工智慧、資訊檢索、資訊計量、自然語言處理等。2017專利分析論文為社會科學領域被引用次數前1%的論文，而被蒐錄至Essential Science Indicators（ESI）資料庫、2018 EMNLP Conference Best Reviewer Award、2018年亞洲資訊檢索會議AIRS主席，並有專利5項。

黃元鶴　輔仁大學圖書資訊學系教授，中華民國圖書館學會理事。教育背景為元智大學管理學院博士、美國匹茲堡大學圖書資訊學碩士、輔仁大學圖書館學系（現改名為輔仁大學圖書資訊學系）學士。曾任輔仁大學圖書資訊學系主任、中華圖書資訊學教育學會第12屆理事長、中州工商專校／技術學院（現今為中州學校財團法人中州科技大學）資訊管理系講師／副教授並兼任圖書館主任、國立體育學院（現今為國立體育大學）圖書館研究員。研究興趣為：知識與創新管理、資訊服務機構管理、專利檢索與分析、資訊計量與學術傳播等。

葉芳如　國立臺灣大學政治學系國際關係組雙主修經濟學系畢，研究興趣包括國際人權法、跨國人權機制、女性及性少數族群樣貌、社群媒體輿論分析與民族主義於網路媒介中的展現；參與人權及政策倡議組織工作。目前進行中的題目為LGBT族群內部的婚姻概念變遷，以及社群媒體中公共議題的對話網絡研究。

蔡天怡　現任國立臺灣大學圖書資訊學系副教授，於美國威斯康辛大學麥迪遜校區取得圖書資訊學博士學位、分別於國立臺灣大學圖書資訊學研究所與歷史學系取得碩士及學士學位。其主要研究領域包括：資訊行為、資訊服務、資料素養等，研究成果發表於TSSCI、SSCI期刊及重要國際研討會，並於2020年獲得資訊科學暨科技學會資訊行為主題興趣群（Association for Information Science & Technology SIG-USE）之Elfreda A. Chatman研究獎。

鄭瑋　美國匹茲堡大學資訊科學學院圖書資訊學博士，研究專長為開放科學、開放研究資料（open reearch data）與研究再現性（reproducibility）等。鄭瑋目前任教於國立臺灣大學圖書資訊學系暨研究所，並為臺大計量理論與應用研究中心協同研究員，開授課程主題包含社會科學研究方法、開放科學、研究資料與資料視覺化等，曾獲臺大教學傑出教師獎。鄭瑋所主持的DxLab（資料科學與資訊設計實驗室）致力於資料密集典範下，學者於開放科學之實踐以及持續探索資料科學的社會面向。資料科學與資訊設計實驗室的成員背景多元，橫跨人文、資訊、傳播、經濟與政治學等領域。鄭瑋的著作目前發表於*PLOS ONE*、*Journal of the Association for Information Science and Technology*（*JASIS&T*）、*Journal of Informetrics*等期刊。

賴麗香　國立臺灣大學圖書資訊學研究所博士，國立公共資訊圖書館副研究員，曾擔任國家圖書館編輯、輔仁大學圖書資訊學系兼任助理教授、國立臺中圖書館副研究員。主要研究興趣為圖書館/數位圖書館服務品質及滿意度評估、資訊系統好用性及滿意度評估等。榮獲教育部103年圖書館傑出人士貢獻獎傑出圖書館員獎。

謝吉隆 國立交通大學資訊科學與工程（現改名為國立陽明交通大學資訊科學與工程研究所）博士，其熱衷將資料分析和機器學習的方法應用在人社領域的議題上，曾用多代理人模擬來探究社會網絡上的流行病疫情傳播，也曾擷取線上遊戲內的資料來探究遊戲公會的規模與發展潛力演變。目前主要的研究範疇為新聞與社群意見的立場分析，以觀察選民意識形態的極化、醫健資訊與公共危機資訊的傳播、以及社群媒介上的階級與性別議題。

藍文欽 現任國立臺灣大學圖書資訊學系副教授。大學畢業於輔仁大學圖書館學系（現改名為輔仁大學圖書資訊學系），其後獲國立臺灣大學圖書館學（現改稱為國立臺灣大學圖書資訊學研究所）碩士、美國北卡羅萊納大學教堂山分校（University of North Carolina at Chapel Hill）資訊與圖書館學博士。主要研究興趣包括：資訊組織、分類理論、圖書史、中國目錄學，現任教科目有：資訊組織、資訊組織研討、分類編目理論研討、詮釋資料、圖書史、目錄學等。

羅思嘉 於1992年、2004年於美國印地安那大學圖書資訊學院、國立臺灣大學圖書資訊學系，分別取得碩士、博士學位。取得碩士學位後，曾先後任教於美國布魯明頓大學及紐約大學兩所大學的法律學院；回國後於服務國立成功大學圖書館期間攻讀博士學位，畢業之後任教於國立中興大學圖書資訊學研究所；目前則任教於國立臺灣大學圖書資訊學系。作者曾就書目計量、專利計量、資訊使用者行為研究、圖書館與資訊服務使用與評量等議題進行相關研究，並於國內外以專書、期刊文獻等方式發表研究成果。

蘇小鳳 現為國立中興大學圖書資訊學研究所教授，美國伊利諾大學香檳校區圖書資訊學博士。教學與研究興趣包括智能服務、讀者服務、參考諮詢服務、資訊尋求行為與圖書館管理等。

（以姓氏筆畫排序）

目 次

資訊組織研究

第 *1* 章
資訊組織研究文獻回顧（2010-2020）

藍文欽

本文簡介

資訊組織是圖書資訊機構技術服務的重要支柱之一，乃連結圖書資源與使用者的關鍵機制，也是有序化管理圖書資源的基本程序。近年隨著資訊與網路科技的發展，資訊組織工作的內涵隨之發生變化。近二十年是繼1960年代後期出現機讀編目格式與1970年代後期出現英美編目規則第二版後，資訊組織領域變動最劇烈、快速的時期。本篇試圖呈現2010-2020上半年間，資訊組織領域在國內外發展的概覽。全文分兩個主軸，其一是資訊組織領域在國外（以美國為主）的發展情形，是一種印象式的個人觀察，介紹的項目計13項；其二是這段期間在臺灣地區發表的資訊組織相關文獻的分析討論，包括國科會／科技部研究計畫、博碩士學位論文與期刊論文。對比結果可以發現，資訊組織在國內圖資界是相對弱勢的子領域，對於國外發展中的熱門議題的關注也有所不足。

前言

　　資訊組織是圖書資訊機構技術服務的重要支柱之一，係連結圖書資源與使用者的關鍵機制，也是有序化管理圖書資源的基本程序。由於資訊組織工作具有技術導向的性質，隨著資訊與網路科技的發展、資料類型與發

表方式的多元化擴充，加上使用者的資訊行為及其對資訊服務所抱期望的改變，資訊組織工作的內涵也隨之發生變化。近二十年的轉捩點，或可以1998年國際圖書館協會聯盟（International Federation of Library Associations and Institutions, IFLA）出版 *Functional Requirements for Bibliographic Records*（FRBR）為發端。其後，FRBR家族逐步建構完成，編目原則、編目規範、書目框架等也因而徹底翻新（參見Bianchini & Guerrini, 2015）。與此同時，其他領域的新發展，如：詮釋資料（metadata）、可延伸標誌語言（Extensible Markup Language, XML）、語意網（Semantic Web）、知識本體（ontology）、知識圖譜（knowledge graph）、知識組織系統（Knowledge Organization System, KOS）、鏈結資料（linked data）、資源描述框架（Resource Description Framework, RDF）、社會性標記（social tagging/folksonomy）、身分管理（identity management）、Wikidata等，也對資訊組織工作產生重大影響（參見Chaudhry, 2016）。我們或可說，繼1960年代後期出現機讀編目格式（machine-readable cataloging, MARC）與1970年代後期出現英美編目規則第二版（*Anglo-American Cataloging Rules*, 2nd edition, AACR2）後，近二十餘年是資訊組織領域變動最劇烈、快速的時期。

上述的變化，自然會反映在資訊組織的學術文獻與實務工作上。令人關注與好奇的是，臺灣圖書資訊領域在這方面有什麼回應呢？尤其是圖書資訊學領域在理論、研究與實務方面究竟有何具體表現？此問題的前十年部分，或可藉林巧敏於2009年發表的〈臺灣地區資訊組織文獻書目計量分析〉一文獲得某種程度的理解。因此，配合本專書的設定範圍，本篇將以臺灣地區在2010-2020上半年間發表的資訊組織相關文獻為分析對象。

本文分為兩個主軸，其一是資訊組織領域在國外（以美國為主）的發展情形，其二是2010-2020上半年間在臺灣地區發表的資訊組織相關文獻（包括國科會／科技部研究計畫、學位論文與期刊論文）的分析討論。前者受限於時間與篇幅，並非基於書目計量分析，而是一種印象式的個人觀察，說明這段期間內的主要發展與趨勢，作為對比參照之用。後者則是透過GRB政府研究資訊系統（https://www.grb.gov.tw/）、臺灣博碩士論文知識加值系統（https://ndltd.ncl.edu.tw/cgi-bin/gs32/gsweb.cgi/ccd=m.us_x/webmge?

mode=basic)、臺灣期刊論文索引系統（http://readopac.ncl.edu.tw/ncl Journal/index.htm）與Airiti library華藝線上圖書館（https://www.airitilibrary.com/），依學校或關鍵字蒐集相關文獻、進行分析。

國外資訊組織發展的觀察

由 FRBR 家族整合為 IFLA Library Reference Model（LRM）

FRBR的發軔，始於1990年代初期，至1997年FRBR概念模式獲IFLA核可，並於1998年正式出版（最新版為2009年修訂版）。FRBR強調使用者的方便性，並重新界定目錄的User tasks（find, identify, select, and acquire），以功能需求作為設計導向，採用實體關係（entity-relationship）模式作為核心基礎（IFLA Study Group on the Functional Requirements for Bibliographic Record, 1998, 2009）。根據IFLA網頁所載，FRBR迄今已有21種不同語文的譯本（https://www.ifla.org/publications/translations-of-frbr），由此可略窺其重要性。FRBR概念模式的提出，啟動了當代資訊組織重建的工程。其後，*Functional Requirements for Authority Data: A Conceptual Mode*（FRAD）於2009年出版（最新版為2013年修訂版）（IFLA Study Group on the Functional Requirements and Numbering of Authority, 2013），*Functional Requirements for Subject Authority Data*（FRSAD）於2010年獲IFLA通過（IFLA Working Group on the Functional Requirements for Subject Authority Records, 2010），2011年出版，至此FRBR家族於焉形成。

而FRBR在其他領域的應用也逐漸展開，如International Council of Museums（ICOM）轄下International Committee for Documentation（CIDOC）的Conceptual Reference Model（CRM）小組，與FRBR工作小組合作發展出物件導向（object-oriented）的FRBRoo，於2016年獲IFLA Professional Committee認可（Working Group on FRBR/CRM Dialogue, 2016），其鏈結資料格式現已在IFLA Namespaces發布（參見https://www.iflastandards.info/fr/frbr/frbroo.html）。另針對期刊及連續性資源，則有PRESSoo的提出，於2017年獲IFLA Professional Committee認可（PRESSoo Review Group,

2016）。此外，根據Coyle（2016, pp. 142-156）所述，FRBR還另有一些變化，如：FRBRcore（只含括FRBR之實體與關係，不含屬性，以RDF呈現，參見http://kcoyle.net/frbr/?page_id=198）、FaBiO: FRBR-Aligned Bibliographic Ontology（是一套供學術出版使用的語彙，參見http://kcoyle.net/frbr/?page_id=94）、FRBRer（由FRBR Review Group發布之FRBR in RDF方案，參見https://www.iflastandards.info/fr/frbr/frbrer.html）。

近年最關鍵的，則屬FRBR家族的整合計畫，因為FRBR、FRAD、FRSAD三者在使用者工作、實體、關係等存在不一致之處，為消除其間的歧異，有必要將三者整合。2016年2月間，IFLA提出FRBR-Library Reference Model（LRM）草案，徵求意見回饋。同年5月間，工作小組彙整各界回饋，並決定改名為IFLA LRM。2017年8月，最終版IFLA LRM獲IFLA Committee on Standards與IFLA Professional Committee認可（Riva, Le Bœuf, & Žumer, 2017）。IFLA LRM的提出，意味原基於舊FRBR家族建構的規範或系統都得相應調整，像RDA因此提出3R計畫（後詳），就是一例。而IFLA LRM以結構化的鏈結資料形式發布，確保其可在語意網的環境中開放使用（詳見https://www.iflastandards.info/lrm/lrmer.html）。

國際編目原則的更新與國家書目機構工作指引的出版

1961 Paris Principle曾是資訊組織領域重要的編目原則，但隨著媒體類型與資訊科技的改變，重新提出一份適合當代需求的編目原則，實有其必要。爰此，IFLA Cataloguing Section與IFLA Meetings of Experts on an International Cataloguing Code合作，基於編目傳統與FRBR，擬訂一份作為各國發展編目規則的指引綱要——*Statement of International Cataloguing Principles*（ICP）。2003年，首先在德國法蘭克福邀集專家召開ICP的第一次國際會議，其後又分別在阿根廷（2004年）、埃及（2005年）、南韓（2006年）、南非（2007年）各召開一次會議，充分討論、廣徵各界意見。ICP最終版於2009年正式出版，目前最新版為2016年修訂版（2017年微調版）。於2016年12月，獲得IFLA Cataloguing Standing Committee與IFLA Committee of Standards核可。新版ICP揭櫫以使用者的方便性作為最優先的指導原則，

另列舉以互通性（interoperability）為先的12條通用原則（2009年版共僅列出9條原則）。ICP採納FRBR家族的實體關係模式，也以FRBR的使用者工作列為目錄的目標（objectives）（增列第五項「瀏覽與探索」）。此外，對於書目描述、檢索點、目錄查詢功能等，均做了原則性宣示（IFLA Cataloguing Section, & IFLA Meetings of Experts on an International Cataloguing Code, 2009, 2016）。

另外，為協助國家書目機構有效處理快速成長的電子媒體與網路出版品，IFLA Working Group on Guidelines for National Bibliographies於2009年出版*National Bibliographies in the Digital Age: Guidance and New Directions*，提供工作上的建議與指引。其後，該工作小組據此修訂更新，於2015年以網路版形式發表*Best Practice for National Bibliographic Agencies in a Digital Age*（https://www.ifla.org/node/7858），最新修訂日期為2019年3月。

國際標準書目記述（International Standard Bibliographic Description, ISBD）整合版（Consolidated Edition）的提出

ISBD是國際間通用的書目著錄標準，是IFLA於1960年代晚期，基於國際間合作編目的需求，為提升書目資訊的一致性，而著手研擬的國際性標準規格。ISBD的設計，是以資料類型為基礎，1971年首先完成以單行本（monography）為對象的ISBD（M）。1974年出版修訂後的第一標準版ISBD（M），而以連續性出版品（serials）為對象的ISBD（S）也於是年出版。1977年推出ISBD（G），作為各類ISBD的通則與標準格式。其後，針對不同類型的ISBD陸續出版，至2007年ISBD整合版出現以前，先後曾發行過10種類型的著錄標準（詳見IFLA之Superseded ISBDs網頁https://www.ifla.org/isbd-rg/superseded-isbd-s）。

ISBD整合版的構想，受FRBR的啟發是原因之一。21世紀初期，ISBD Review Group決定將7種專門類型的ISBD整合為一，不再依照資料類型區分，並增列Area 0以供著錄內容形式與媒體形式等，在標點符號的應用方面也略有調整。2007年，ISBD整合版獲IFLA編目部的Standing Committee核可，發行試用版（preliminary edition），2011年時為正式版取代（ISBD

Review Group, 2011）。

其後，ISBD Review Group另致力於ISBD整合版著錄項目與其他著錄規範（如：Resource Description & Access（RDA））的對映，旨在提供著錄項目互通的基礎（Dunsire & ISBD Review Group, 2015; Forassiepi, 2013）。同時，嘗試分析ISBD之Resource類別與FRBR之WEMI（work, expression, manifestation, item）的語意關係以及二者項目的對映（Dunsire, 2013; ISBD Linked Data Study Group, 2016）。而ISBD Linked Data Study Group則負責將ISBD整合版改以RDF格式發布為開放鏈結資料（linked open data, LOD），目的是提升互通性及促進書目資料在語意網中的再使用與檢索。該小組於2013年出版*Guidelines for Translations of IFLA Namespaces in RDF*（最新版2017年，見https://www.ifla.org/publications/node/10835），並陸續發布多種ISBD字彙、應用綱要（application profile）及ISBD與FRBR、RDA、ONIX等之對映表。ISBD整合版項目與詞彙的LOD格式，已在IFLA Namespaces（https://www.iflastandards.info/）正式發布（詳見https://www.ifla.org/node/1795; https://www.iflastandards.info/isbd）。

編目與詮釋資料專業館員核心能力的聲明

美國圖書館學會（American Library Association, ALA）於2009年公布*ALA's Core Competence of Librarianship*，其中第三點即關於資訊組織的能力，主張館員應掌握資訊組織的原則、知識與技能（ALA Council, 2009）。ALA轄下的Association for Library Collections and Technical Services（ALCTS）亦於2017年由ALCTS Board of Directors通過並公布*Core Competencies for Cataloging and Metadata Professional Librarians*，具體指出編目與詮釋資料專業人員所需具備的三種核心能力，包括知識能力、技術能力與行為能力（ALCTS Board of Directors, 2017）。第三項涉及個人特質與心態，暫且不論，前二者歸納而言，是希望專業人員能掌握資訊組織的理論與基本原則，認識各種相關規範與標準且能有效運用，熟悉作業流程及相關系統之操作，注意趨勢及技術的發展並能適時調整因應與創新。此項聲明，是對新世代資訊組織專業人員的期許。

由AACR2至RDA 3R計畫（RDA Toolkit Restructure and Redesign（3R）Project）

英美編目規則第二版（AACR2）於1978年首次發行，其後漸成為全球通用的編目規範。至21世紀初，隨著FRBR概念模型的提出，加上AACR2無法有效因應外在資訊環境的變動，遂有編修新一代編目規則的共識。2004年，Tom Delsey受AACR的Committee of Principals（CoP）委任，負責AACR3的編輯。至2005年時，委員會改變方針，決定將AACR3改名Resource Description and Access（RDA），不再框限於圖書館場域。其後，歷經一段編輯與修改的歷程，至2008年1月，RDA全份初稿告蒇。2009年，FRAD與ICP正式公布，RDA初稿也經RDA聯合指導委員會（Joint Steering Committee, JSC）修訂完稿，於該年6間送交出版社，並於次年6月以線上版RDA Toolkit形式正式發行（詳見http://www.rda-jsc.org/archivedsite/rda.html）。隨後由美國國會圖書館（Library of Congress, LC）及若干志願參與的圖書館進行US RDA測試，2011年6月發布測試結果。據此，LC宣布2013年3月31日起正式啟用RDA，而英國、加拿大、澳洲、德國、芬蘭等國家圖書館，也陸續宣布採用RDA。至此，RDA取代AACR2成為新一代編目規範的地位確立，但針對RDA設計上的不足或問題提出討論的專文，仍不時可見（如：Bernstein, 2014; McCallum, Gilbertson, Kelley, & Corbett, 2017; Riva & Oliver, 2012; Taniguchi, 2012, 2013, 2015）。

RDA原是以FRBR、FRAD等概念模式作為基礎架構，2016年FRBR LRM草案的提出，等同宣告RDA必須隨之修訂。故RDA Toolkit宣布自2017年後凍結修訂工作，開始進行RDA更新結構與設計的3R計畫。此次修訂，除以IFLA LRM為基礎外，也參酌鏈結資料、RDF、都柏林核心集抽象模式（Dublin Core Abstract Model）。同時，RDA的實體、著錄項目、詞彙等也在RDA Registry（http://www.rdaregistry.info）註冊發布為開放鏈結資料格式，供眾使用。RDA 3R計畫的Beta試用版，於2018年上線，正式版則於2020年12月15日啟用。為協助編目員熟悉新版RDA，PCC Standing Committee on Training（SCT）特規劃一套包含12個模組的訓練課程，名為Preparing for the New RDA，已於LC網站正式上線（https://www.loc.gov/catworkshop/RDA

2020/index.html）。新版RDA對未來的編目教育與編目工作會帶來什麼樣的影響？似仍有待觀察，但懷疑的聲音不少。例如：Joudrey（2019, January 25）擔心RDA 3R將成為國家級的惡夢，他更在EDUCAT討論群組的一篇回應中，提出新版RDA可能unteachable的疑慮（Joudrey, 2020, November 4）。

在制式化的RDA編目規則之外，另有Open Cataloging Rules的活動正在醞釀，他們主張由實際從事編目工作的編目人員以協力方式制訂規則，擺脫理論框架、管理機構、訂閱費用。他們的口號就是「讓我們一起建構我們的標準，由編目員為編目員而作」（詳見https://opencatalogingrules.org/）。這項主張與當代開放、協作的精神吻合，但前景如何，仍不明朗，值得觀察。

由MARC 21至BIBFRAME 2.0

MARC格式發展於1960年代後期，至1970年代先後成為美國國家標準（ANSI/NISO Z39.2）與國際標準（ISO 2709），是圖書資訊機構登錄書目資訊的編碼格式。1994年底，美國國會圖書館、大英圖書館與加拿大國家圖書館協議合作，推動MARC Harmonization計畫，希望調和三國所用MARC格式的差異。1999年初，出版USMARC與CAN/MARC整合的新書目格式，命名為MARC 21，取其將成為21世紀國際通用機讀格式的寓意。其後，另四種格式：權威、館藏、分類及社區資訊，陸續出版。2001年8月，大英圖書館也宣布全面採用MARC 21。隨後陸續有國家跟進，臺灣亦在其中（自2012年起改用MARC 21），MARC 21已隱然成為當代書目編碼格式的共通標準。

但是，MARC畢竟是基於卡片目錄電腦化所做的設計，其結構複雜、老舊、缺乏彈性，又是只能應用於圖書館社群的封閉系統，所以改革MARC的聲音始終不斷。例如：Gorman（1982）曾主張放棄MARC，改將資料的著錄與編碼整合另創新標準；Tennant（2002）更呼籲應將MARC判死（MARC must die）；2008年在杭州舉辦的第三屆Web2.0/Lib2.0研討會，還有一場讓「MARC安樂死或繼續活」的辯論（秋聲Blog，2008.4.7；編目精靈III，2008.4.14）；Ayre（2014）甚至感嘆MARC未能速死（MARC isn't dying fast enough）。與此同時，也有一批主張漸進式改革或支持維護MARC

的人，例如Hopkinson（1999）就認為MARC不死（MARC is far from dead），Bernstein（2016）也提出MARC再生的作法；而曾給MARC判死的Tennant，在2017年重新檢視此議題時，也承認在AUTOCAT討論群組中仍有不少支持讓MARC「繼續活」的訊息。然而，資訊環境的改變，MARC的改革已如箭在弦上，實有其不得不然之勢。

為了讓MARC與圖書館以外的世界接軌，將MARC格式改以網路通用的XML標誌語言表示，發展出MARCXML是改變的途徑之一。MARCXML是由LC開發與維護，包括相關的綱要（schemas）、樣式表（stylesheets）、軟體工具等。MARCXML藉由文件類別定義（document type definition, DTD）將MARC欄號與分欄轉換為XML格式，可作為MARC書目資料在網路世界中分享交換的轉換媒介，是MARC走出圖書館場域的重要機制（詳見http://www.loc.gov/standards/marcxml/；另參見：Fiander, 2002）。同樣將MARC格式XML化的，還有由國際標準機構發展的MarcXchange。ISO/TC 46/SC 4 Technical Interoperability委員會於2008年公布*ISO 25577:2008 Information and documentation: MarcXchange*，2013年修訂為ISO 25577:2013（ISO/TC 46/SC 4 Technical Interoperability Committee, 2013），2019年經評估後仍維持其有效性。MarcXchange是以XML為基礎的MARC書目資料交換格式，可供使用MARCXML的系統分享資料（詳見https://www.iso.org/standard/62878.html）。

MARCXML雖協助MARC走向開放，但其結構與欄號並未改變，MARC的問題仍然存在，所以另有詮釋資料物件描述綱要（Metadata Object Description Schema, MODS）的提出。MODS也是由LC開發與維護，於2002年公布1.0版，最新版是2018年的3.7版。MODS採用XML語言，使用者可依需要自訂標籤，並可用於多種資源之描述。MODS與MARCXML的明顯不同處，是放棄MARC欄號與結構，重新安排著錄項目，並以文字表示欄位名稱（如：titleInfo、name），故比MARCXML更具可讀性。MODS 3.7版由20個一級項目元素（top level elements）組成，每個元素可有數量不等的屬性及分欄。MODS可視為MARC的簡化版，也可藉MODS與MARC 21之項目對照，將MARC書目資料與其他領域分享。目前使用MODS的計畫，根

據LC的MODS Implementation Registry（http://www.loc.gov/standards/mods/registry.php）所載，有39個。而MODS進行中的發展是擬訂MODS RDF，目標在將MODS項目以RDF格式呈現（詳見http://www.loc.gov/standards/mods/）。

　　LC除發展MARCXML與MODS外，另一開放MARC書目資料的作法，就是編訂或探討MARC 21與其他詮釋資料格式間的對映表（mapping tables），作為彼此互通的參照。根據MARC官方網頁所列，目前已提供MODS、DC、Global Information Locator Service（GILS）、Online Information Exchange（ONIX）、Preservation Metadata Maintenance Activity（PREMIS）、NISO Metadata for Images in XML（MIX）、Technical Metadata for Text（TextMD）等詮釋資料格式的對映（詳見https://www.loc.gov/marc/marcdocz.html）。

　　除此之外，圖書館界也嘗試在MARC 21中新增分欄，為MARC紀錄轉換為鏈結資料作準備。美國的合作編目計畫（Program for Cooperative Cataloging, PCC）設立Task Group on URIs in MARC，提案在MARC格式中新增$0、$1、$4等作為著錄URI（Uniform Resource Identifier）之分欄，並推動URIs in MARC Pilot，鼓勵PCC成員運用相關技術從事鏈結資料的轉換（Program for Cooperative Cataloging, 2017, 2018a, 2018b, 2018c; 另參見陳亞寧、溫達茂，2020; Shieh & Reese, 2015; Shieh, 2020）。

　　然而，隨著RDA的發展與試用，MARC 21格式無法實現RDA願景的窘境逐漸浮現，故LC於2011年5月啟動書目框架初始計畫（Bibliographic Framework Initiative），其任務是分析當時與未來的資訊環境，確認影響讀者查找資源的關鍵要素，作為轉換MARC格式與發展新書目架構的基礎（"A bibliographic framework for the digital age", 2011）。2012年，LC委託資料管理公司Zepheira開發鏈結資料模式的MARC替代架構，其後LC公布一個名為MARC Resources（MARCR）的新模式；11月間，LC發表該模式較完整的草案，稱之為BIBFRAME（Bibliographic Framework）。這個新框架旨在作為網路世界中書目描述的基礎，希望藉此提高圖書館書目在網路上的能見度與可得性，一方面顧及圖書館的書目需求及MARC書目資料的再

使用，一方面又能整合融入網路的資訊社群、容納多元資料模式（"Bibliographic framework as a web of data", 2012）。為了檢驗BIBFRAME的具體應用，LC先建構其知識本體，並進而開發相關工具、轉換程式與簡易編輯器。2014年，為確定不同媒體在BIBFRAME的適用性，LC針對動態影像與錄音資料兩種類型資源進行分析研究，發表BIBFRAME AV Modeling Study。2015年9月至2016年3月間，LC邀集約40所圖書館參與BIBFRAME先導計畫，測試的回饋與評論促使LC修訂BIBFRAME，於2016年發表BIBFRAME 2.0（舊版改稱BIBFRAME 1.0）（詳見McCallum, 2017）。BIBFRAME包含RDF類別與屬性，主要類別有work、instance、item，其下可分子類別，另有主要概念agents、subjects、events，屬性則用於描述資源的特徵與資源間的關係。簡言之，BIBFRAME 2.0就是基於鏈結資料的書目模式，是為網路世界而設計的新一代書目框架。

2017年起，LC繼續推動BIBFRAME先導計畫二期，目標之一是將該館目錄轉換為BIBFRAME資料庫，同時加強相關訓練課程，持續更新、擴充與維護BIBFRAME。另外，則是改善輸入介面，提升編輯平臺的功能，讓建檔工作更容易進行。目前已有的應用實例，可參見LC的BIBFRAME 2.0 Implementation Register（https://www.loc.gov/bibframe/implementation/register.html）

此外，根據McCallum（2017）所述，另有一些關於BIBFRAME取用機制、工作流程、知識本體擴充（如：The Art & Rare Materials BIBFRAME Ontology Extension, ARM）的計畫。而歐洲圖書館界為及早準備BIBFRAME的實施，自2017年起每年舉辦European BIBFRAME Workshop，目的在提供歐洲圖書館界一個分享關於BIBFRAME規劃、實作、產品等相關知識與經驗的論壇（Andresen, 2020）。而更值得注意的是，The SHARE-VDE（SHARE Virtual Discovery Environment in Linked Data）計畫所建置的探索平臺，這是由圖書館社群主導的計畫，主要目的是將BIBFRAME導入實務（詳見https://share-vde.org/sharevde/info.vm），Casalini與Possemato（2018, February 6）稱這是完成BIBFRAME潛能的重要機制。

虛擬國際權威檔（VIAF）、識別符（Identifier）與維基資料（Wikidata）

　　就日常語言的使用，概念與詞彙間的對應常有一對多或多對一的情況，未必能有一對一的明確對應。為使概念與詞彙間能有明確的對應，傳統圖書館藉由權威控制，以人為方式選定詞彙的標準格式，藉此降低歧異，提升用詞的一致性與檢索的聚合效益。權威工作的具體成果，就是權威紀錄與權威檔。傳統的權威檔包括名稱（如：個人名稱、團體名稱、會議名稱、地理名稱、劃一題名等）、主題、及集叢權威檔。

　　近年來，在權威控制的發展方面，有三項或值得一談。一是虛擬國際權威檔（Virtual International Authority File, VIAF）的發展，二是識別符的普遍應用與身分管理（identity management）的推展，三是Wikidata在權威控制方面的可能應用。茲分述如下：

　　VIAF源於1998年德國國家圖書館（Die Deutsche Bibliothek, DDB）、LC與Online Computer Library Center（OCLC）簽署一份概念驗證（proof-of-concept），合作測試連結其人名權威紀錄的可行性。2003年於柏林召開IFLA會議時，DDB、LC、OCLC正式簽署協定，合作開發一個以名稱為主的虛擬國際權威檔。其後，法國國家圖書館（Bibliothèque nationale de France, BnF）於2007年加入。這四個機構成為VIAF開發時的主力，三個國家圖書館負責提供權威與書目資料，OCLC則提供與維護系統所需主機與軟體。隨著系統的運作，陸續有其他國家圖書館、檔案館及博物館加入，成為資料提供者（contributors）。2010-2011年間，VIAF成員經長期討論決定將VIAF轉移為OCLC服務項目，並於2012年正式移轉（"Virtual International Authority File service transitions to OCLC", 2012, April 4；參見Loesch, 2011）。目前VIAF的成員，包括40多個圖書圖書館與文化機構，來自全球30多個國家（"Connect authority data across cultures and languages to facilitate research", n.d.），我國的國家圖書館亦是成員之一（參見http://viaf.org/viaf/partnerpages/CYT.html）。

　　VIAF的設置，讓全球的圖書館與使用者可方便的取用與分享VIAF成員提供的權威資料，一方面可與國際接軌，一方面又讓各地圖書館依其情況與需要選用合適的權威格式（包括不同語言文字與拼法）。其運作方式，

是由成員定期提供權威資料，由OCLC負責資料的比對、連結與聚合，並提供彙整後的單一名稱權威服務。VIAF中可供查詢的項目，除個人名稱、團體名稱、地理名稱與題名外，亦可檢索作品（work）及其表現形式（expression）的權威格式，這是傳統權威檔所未見。另外，VIAF也參與International Standard Name Identifiers（ISNI）的發展。ISNI是任何形式作品創作者的識別符，可藉此賦予創作者獨特的連結機制，目前已應用於VIAF的權威紀錄中（參見Angjeli, Mac Ewan, & Boulet, 2014; Downey, 2019）。此外，VIAF也已逐步轉換為鏈結資料格式，讓VIAF的資料可以RDF的形式發布，也可藉此與外在資源連結，提供更豐富的資訊。

權威控制的目的之一，在確立概念與詞彙間的明確對應關係，建立具唯一性的標目（unique heading construction）。傳統權威紀錄的建置，多由圖書資訊機構負責，但今天的網路世界卻有許多不同用途的識別符出現，它們雖無權威控制之名，卻有權威資料之實。所謂識別符（亦稱識別碼），根據Dublin Core Metadata Terms的定義，是針對特定情境中的資源，所賦予的一個明確參照點（unambiguous reference）；而Wikipedia指出，就詮釋資料而言，識別符是與語言無關（language-independent）的標誌、符號或代碼，可作為一個識別系統（identification scheme）中的物件的唯一識別機制（https://en.wikipedia.org/wiki/Identifier）。識別符的運作，基本上是透過註冊登記，由註冊機構給予申請者或物件一個專屬的編碼。使用時，只需註明註冊機關的名稱空間（name space），藉由指定的通信協定與剖析程序，就可回覆對應的相關資訊。識別符與權威工作所建立的唯一性標目（unique heading）不同，在特定系統中，識別符與其所指稱物件間有一對一的關係，但同一物件仍可用不同系統賦予的識別符表示。識別符並非新觀念，像ISBN與ISSN就是早已為圖書館與出版界習用的一種識別符。如前所述，圖書館界近年嘗試整理MARC欄位中已存的識別符欄位，並新增若干著錄URI識別符的分欄，就是基於識別符在網路世界中的重要性。識別符的應用，讓符號的指稱功能得以精確發揮，所以在網路世界得以普及（參見Akers, Sarkozy, Wu, & Slyman, 2016; Downey, 2019; Thomas, Chen, & Clement, 2015），茲列舉若干識別符系統如下：

- International Standard Name Identifier (ISNI) -- http://www.isni.org/

- OCLC WorldCat Identities -- http://worldcat.org/identities/

- ORCID -- http://about.orcid.org/

- arXiv Author ID -- http://arxiv.org/help/author_identifiers

- Internationalized Resource Identifier (IRI) -- http://tools.ietf.org/pdf/rfc3987.pdf

- Digital Object Identifier System (DOI) -- http://www.doi.org/

　　權威工作有其效益，但也有其問題（如：建立不易、費時、成本高）。更嚴重的是，權威格式有時無法發揮區辨或消除歧異的功用，像Coyle（2007, September 29）曾指出，以生卒年作為相同姓名者的限定詞（qualifier），對讀者的幫助似乎不大。有鑑於此，2015年時，LC與PCC決定停用不具區別力的人名權威紀錄（Frank & Cristan, 2015, May 20）。PCC更在其2015-2017的策略計畫中提及，將引領權威控制從建立字串標目轉移為身分或實體管理，既善用網路上的資源，也將圖書館的權威資料與其他社群分享（Program for Cooperative Cataloging, 2015, November 20）。2016年，PCC設立Task Group on Identity Management in NACO，其任務就是探討由名稱權威控制轉換為身分管理的相關問題。該工作小組針對「身分管理」提出下列定義：「身分管理的操作，是將已註冊的識別符與呈現個別身分或可確認實體特徵的資料連結。它的重點在藉由識別符的使用，達到區辨實體的作用。實體名稱的區別是次要工作，可藉賦予編號或將識別資訊與文本中相同名稱的實例連結（Program for Cooperative Cataloging Task Group on Identity Management in NACO, 2016/2018 rev.）。」換言之，身分管理的目標，是藉識別符連結與其相應的個人或實體，至於個人或實體要叫什麼名稱，並不影響其操作。誠如Smith-Yoshimura（2020）所述，權威控制重在提供檢索點，身分管理則注重資源實體的描述與其關係及連結的建立（p. 9）。2017-2018年，PCC啟動一項身分管理的前測，探討在ISNI環境中，識別符如何新創、分享與連結，以及創造一個有助於傳布身分管理活動的詮釋資料生命週期（Durocher et al., 2020; Fletcher, Dagher, Long, &

Mak, 2018; PCC ISNI pilot home, 2018）。前測的結果，有助於提升PCC會員對ISNI系統與工具的認識，針對身分管理的操作也建立起基本工作流程並編輯訓練教材，對後續推動相關活動有所助益（參見Stalberg et al., 2020; Zhu, 2019）。在2018-2021年的PCC策略計畫中，就訂有加速開發在網路世界中普遍存在之識別符（ubiquitous identifier）與身分管理的目標，可見這是PCC的工作方向之一（Program for Cooperative Cataloging, 2018, February 23）。

另一項值得關注的，是Wikidata應用於權威控制或身分管理的議題（Neubert, 2017, November 30）。根據Wikidata網頁的介紹，Wikidata是一個自由與開放的知識庫，其內容可供人與機器閱讀與編輯。它是協作式的多語言輔助資料庫，藉收集結構化的資料，以支援維基百科、維基共享資源（Wikimedia Commons）以及其他維基項目，也支援維基以外的網站與服務。其目標是將所有人類知識，以結構化的方式儲存。Wikidata對世界上的每一個人開放，只要合乎公共領域授權（public domain license），一般人可以任意方式自由使用，也可參與Wikidata的資料提供與編輯（van Veen, 2019; "Wikidata", 2020; "Wikidata: Introduction", 2020）。Wikidata以資料項目（data item）為單元，截至2020年12月止，已收集超過9,000萬件的項目。每個項目有其標籤、描述與數量不等的別名，每個項目有一個以Q開頭的編碼（QID）。每個項目有其陳述（statement），具體描述項目的特色，並以屬性及資料值（可包含限定詞）的方式呈現（"Wikidata: Introduction", 2020）。Wikidata的資料可以動態組合，可整合維基及外部資源，提供關於項目的豐富資訊，並可用不同的語言呈現。若將Wikidata運用於權威控制或身分管理，則讀者所獲得的人物資訊，將不限於權威標目或識別符註冊機構提供的介紹，而是整合自不同來源的豐富訊息（參見Allison-Cassin & Scott, 2018）。例如Wikidata目前有超過8,000個屬性（https://www.wikidata.org/wiki/Wikidata:List_of_properties），其中關於教育的屬性在120個以上（https://www.wikidata.org/wiki/Wikidata:List_of_properties/personal_life），可想見其所能提供資料之多元、豐富與細密。

事實上，圖書資訊學界已意識到Wikidata的潛能與可用性。OCLC於2018年6月12日辦過一場Webinar，主題是Introduction to Wikidata for

Librarians: Structuring Wikipedia and Beyond（https://www.oclc.org/research/events/2018/06-12.html）。而Smith-Yoshimura（2018）分析OCLC於2018年進行的International Linked Data Survey for Implementers，發現有41%的受訪圖書館採用Wikidata作為資料來源，其中有大英圖書館的回覆，稱「Wikidata能成為潛在的權威中樞（potential authority hub）」。美國研究圖書館協會（Association of Research Libraries, ARL）亦於2018年召集專家組成Wikidata工作小組，並於2019年出版白皮書：*ARL White Paper on Wikidata: Opportunities and Recommendations*。ARL藉此一方面分享其他美術館、檔案館、博物館及圖書館在Wikidata的相關活動，一方面也強調研究圖書館可著力之處，提供一些可提升資源在網路上被發掘的方法供館員參考（ARL Task Force on Wikimedia and Linked Open Data, 2019）。LC也曾在2019年邀請客座專家Meghan Ferriter，於該館Blog發表Integrating Wikidata at the Library of Congress一文，其中提到LC的鏈結資料有60幾萬筆已收入Wikidata，並以實例說明如何利用LC的資料製作Wikidata項目，鼓勵館員朝此方向努力。IFLA亦於2019年成立IFLA Wikidata Working Group，目的在鼓吹圖書資訊專業人員使用與貢獻Wikidata，並將Wikidata與wikibase整合入圖書館系統（詳見https://www.ifla.org/node/92837）。另外，Cooey（2019）與Panigabutra-Roberts（2019）均曾實際應用Wikidata於改善名稱權威紀錄，結果是正向的。而以提升圖書資訊領域從業人員之軟體與資料使用能力為目標之Library Carpentry，也為此開始規劃一個Wikidata課程系列（https://librarycarpentry.org/lc-wikidata/）。而為了測試Wikidata用於身分管理的可行性，PCC Task Group on Identity Management in NACO，也於2020年8、9月召開兩次啟動（kickoff）會議後，開始執行Wikidata pilot計畫，任務之一是比較Wikidata與ISNI、LCNAF等的易用性與效益，其次是評估現有工具之生產力與品質，再來是認識Wikidata社群的文化。其目標在找出整合不同資源，以協作方式增益身分管理的方法（https://wiki.lyrasis.org/display/pccidmgt/Wikidata+Pilot）。Wikidata於資訊/知識組織的應用，方興未艾，值得後續觀察。

下一代線上目錄（Next-Generation OPAC）與資源探索服務（Discovery Services）[1]

　　圖書館目錄是圖書館提供服務的基礎，是讀者與館藏資源間的重要中介，在網路搜尋引擎普及以前，圖書館目錄曾是讀者查找與獲取資料的主要管道。但隨著網路的發展與普及，資料趨於多元且大量激增，讀者的期望與搜尋行為改變，搜尋引擎已成為今日人們尋求資訊的首選工具，目錄的使用率大不如前。面對目錄的式微，主張重新思考圖書館目錄定位者有之，針對編目與書目服務的未來提出檢討的也有（如：Byrd et al., 2006; Calhoun, 2006; Calhoun, Cantrell, Gallagher, & Cellantani, 2009; Library of Congress Working Group on the Future of Bibliographic Control, 2008; Marcum, 2005; University of California Libraries Bibliographic Services Task Force, 2005），但不論如何，圖書館目錄作為館藏資源查詢工具的基本功能仍須維持。因此，如何強化目錄的功能，改善讀者使用目錄的經驗，也是圖書館目錄努力的方向之一，循此脈絡就有了下一代線上目錄與資源探索服務的發展。

　　下一代線上目錄的設計，融入搜尋引擎及Web 2.0的特性，基本上多以單一查詢框的形式呈現，加上相關排序、層面瀏覽（後分類）、拼字修正、標記、推薦、評等、社群等功能，提供更豐富的書目資訊（如：封面、目次等），希望能透過親和力的介面與較佳的檢索機制服務讀者（Breeding, 2007; Johnson & Craven, 2010; Naun, 2010; Osborne & Cox, 2015; Wells, 2020; Wynne & Hanscom, 2011; Yang & Hofmann, 2011）。

　　而隨著資源類型的擴充，圖書館除了收集傳統的紙本館藏與視聽資料，也新增電子書、電子期刊、資料庫、學位論文、機構典藏、公開取用的網路資源等，如何透過單一介面整合檢索異質資源，就成了圖書館服務的新

---

[1] 下一代線上目錄與資源探索服務是否可視為同義詞？文獻中有不同解讀，例如：Breeding（2014）指出資源探索服務有時被稱作下一代圖書館目錄或探索介面（p. 5），Chatterjeem 與 Das（2015）則認為下一代線上目錄與探索服務有所不同，Barton 與 Mak（2012）對二者的用法做了討論。本文採分別敘述，因為由線上目錄至探索服務有一段轉換的歷程。

需求，資源探索服務因此應運而生。資源探索服務是將各類資源統一集中、預先編製索引，透過單一查詢介面，方便讀者查找館藏的實體與虛擬資源。讀者不僅可以一站式（one-stop）的簡易方式查詢，館內訂購的全文資源或免費的線上資源亦可即時取得。在功能性方面，下一代線上目錄的新增功能，資源探索服務多有提供且有增加，如：排序（排序的選擇多樣化）、層面瀏覽（後分類）、拼字修正或填入、標記、推薦、評等、社群、個人化（個人書架）、延伸查詢、書目匯出等（Breeding, 2013, 2014, 2015, 2018; Chickering & Yang, 2014; Gallaway & Hines, 2012）。鑑於館藏來源與類型的多元化，圖書館藉由資源探索服務提供一站式的服務，或將成為一種必要。

　　資源探索服務涉及內容提供者（content providers）、服務提供廠商（service vendors）與圖書館三方面，為了確立一個公平透明的的工作規範，簡化資料傳送流程，減少技術與法律面的問題，美國國家資訊標準組織（National Information Standards Organization, NISO）特地建立一套稱為 Open Discovery Initiative（ODI）的標準，其目標如下：

- 確立資料交換的技術規範，包括資料格式、資料傳送方法、使用情況報告、資料更新頻率、使用權限等
- 提供圖書館評估參與資源探索服務之內容提供者的方法
- 建立內容提供者通過公平無偏私的索引與連結機制與服務提供廠商合作的模式
- 提供一套用於揭露與評估內容提供者、服務提供廠商與圖書館是否遵守開放探索要求的方法（https://www.niso.org/standards-committees/odi）

　　2014年時，這份標準以*NISO RP-19-2014 Open Discovery Initiative: Promoting Transparency in Discovery*正式發布，目前已被2020年6月發布的 *NISO RP-19-2020*新版取代（https://www.niso.org/publications/rp-19-2020-odi）。這份標準提供圖書館評估內容與服務廠商的方法，圖書館在選擇資源探索服務時應對此有所理解。

多樣化的詮釋資料

資訊組織工作並不專屬於圖書資訊從業人員，Taylor在1999年出版*The Organization of Information*初版時，已明白地做了這樣的宣示，而這個現象在網路世界中更為明顯，由詮釋資料的多樣化、多類型、多主題（領域）發展，可為例證。詮釋資料最常見的定義，是data about data。根據Zeng與Qin（2016）的解釋，詮釋資料是「描述資訊承載實體之特徵的結構化編碼資料，用於辨識、發現、評估、管理與保存其所描述的實體（p. 491）」。詮釋資料是廣義詞，除詮釋資料元素集（element set）或綱要（schema）外，也可包括詮釋資料結構、內容、資料值、交換架構等相關規範。

隨著網路的發展，詮釋資料逐漸受到重視，Dublin Core Metadata Initiative（DCMI, http://dublincore.org/）則是啟動後續發展的關鍵。1995年首次召開OCLC/NCSA Metadata Workshop，並確立由13個項目組成的都柏林核心元素集（Dublin Core Metadata Element Set, 以下簡稱DC），後於1996年的DC-3會議中擴充為15個元素。自1998年後，DCMI每年召開一次國際性的會議，是詮釋資料領域的大事，也是了解詮釋資料發展與趨勢的入口（參見：https://www.oclc.org/research/activities/dublincore.html；https://www.dublincore. org/conferences/）。DC原是為描述網路資源而設，具有簡單、通用的特性，1998年成為Internet Engineering Task Force（IETF）認定的標準RFC 5791（已修訂為RFC 5791（2010）），2001年成為美國國家標準ANSI/NISO Z39.85，2003年成為國際標準ISO 15836，中譯版於2008年成為我國的國家標準《資訊及文件——都柏林核心詮釋資料元件集》（CNS 15222）。ANSI/NISO Z39.85，有2007與2012年更新版（https://www.niso.org/publications/ansiniso-z3985-2012-dublin-core-metadata-element-set）。ISO 15836於2009年修訂，復於2017、2019年再次修訂，分成ISO 15836-1:2017 Information and documentation — The Dublin Core metadata element set — Part 1: Core elements（https://www.iso.org/standard/71339.html）與ISO 15836-2:2019 Information and documentation — The Dublin Core metadata element set — Part 2: DCMI Properties and classes（https://www.iso.org/standard/71341.html）。

　　詮釋資料發展至今，類型與數量均相當可觀，茲舉其著者，例如：

- 檔案：Describing Archives: A Content Standard（DACS）、Encoded Archival Description（EAD）、ISAD（G）: General International Standard Archival Description（2nd ed.）、USMARC Format for Archives and Manuscript Control（USMARC-AMC）

- 文化資產與藝術作品：Cataloging Cultural Objects（CCO）、Categories for the Description of Works of Art（CDWA）、CIDOC Conceptual Reference Model（CRM）、Lightweight Information Describing Objects（LIDO）、Object ID

- 學習資源：IEEE-LOM（Learning Object Metadata）、IMS Learning Resource Metadata、Learning Resource Metadata Initiative（LRMI）、Sharable Content Object Reference Models（SCORM）

- 多媒體與視聽資料：ID3、MPEG-7、PBCore（Public Broadcasting Metadata Dictionary）、SMPTE（Society of Motion Picture and Television Engineers）Standards、TV-Anytime Metadata

- 圖像：Adobe's Extensible Metadata Platform（XMP）、Data Dictionary – Technical Metadata for Digital Still Images（ANSI/NISO Z39.87- 2006）（R2017）、Exchangeable image file format（Exif）、IPTC Photo Metadata Standard、Picture Licensing Universal System（PLUS）、VRA

- 電子商務與權限：copyrightMD、Digital Rights Expression Language、<indecs>（Interoperability of Data in E-Commerce Systems）、MPEG-21 Rights Expression Language、ODRL（Open Digital Rights Language）、ONIX（ONline Information eXchange）〔有多種類型〕、XrML – eXtensible Rights Markup Language

- 地理資源：Content Standards for Digital Geospatial Metadata（CSDGM）、Federal Geographic Data Committee（FGDC）Metadata、ISO 19115:2013 Geographic Information – Metadata、ISO 19139:2012 Geographic information Metadata XML schema implementation

- 政府資訊：e-Government Metadata Standard、European Statistical System. Census Metadata、GILS（Government Information Locator Service/ Global Information Locator Service）

- 學科領域（discipline-specific/domain）：如 Digital Curation Centre. Disciplinary Metadata（https://www.dcc.ac.uk/guidance/standards/meta data）、Research Data Alliance（RDA）Metadata Standards Directory（http://rd-alliance.github.io/metadata-directory/standards/）、University of Central Florida Libraries. Domain Metadata（https://guides.ucf.edu/metadata/domMetaStandards）、University of Texas Library. Domain-specific Metadata（https://guides.lib.utexas.edu/metadata-basics/domain-standards）等網頁，均收集與學科或領域有關的詮釋資料。

　　最後，根據Riley（2017）的觀察，詮釋資料的未來發展，有幾項重點。一是鏈結資料的興起，使資訊的分享更為容易，詮釋資料會更重視資料的開放性與連結性。鏈結資料的思維，關注的是資料的整體連結，而不是個別資料集的區隔，獲得來自多元資訊源的連結，然後由這些連結中自行建構價值與知識。二是詮釋資料的建立，可能不再只是按欄位填入資料，也需要在既有的事項中建立連結，而且會愈來愈多、範圍愈廣。隨著科技的進步，詮釋資料的建立與維護會更依賴自動化機制，智慧型工具的輔助也會更多。而使用介面的改善，能讓使用者可有更多彈性選擇所需的資訊，獲得更佳的使用經驗。三是開放性與連結性形成的詮釋資料新文化，將讓我們重新思考何謂「權威」或「優良」的詮釋資料？網路的開放性，提供各種意見出聲的管道，詮釋資料亦可藉由「群眾外包」（crowdsourcing）或「群眾智慧」（the wisdom of the crowd）的程序取得，並與專業人員建立的詮釋資料相輔相成。未來的系統應是優化且友善的，讓一般人很容易就能參與詮釋資料的建立。開放性文化將引領詮釋資料社群，朝互相學習與合作共事的未來發展（pp. 40-41）。

　　OCLC於2020年發布的研究報告*Transitioning to the Next Generation of Metadata*也強調，詮釋資料將朝鏈結資料與識別符方向發展，由權威控制轉為身分管理，在術語詞彙上會注意多元與公平需求，而詮釋資料會發展

為一種服務（metadata as a service），未來的專業人員需適應新文化、學習新技能與工具（Smith-Yoshimura, 2020）。

另一值得注意的發展，是Metadata 2020自2017年創建以來，已成為開放詮釋資料（open metadata）的重要平臺。其宗旨在鼓勵研究社群分享詮釋資料，藉此連結不同的系統與社群，讓豐富的詮釋資料能再使用，促成資料的發現與研究創新（詳見：http://www.metadata2020.org/）。

互通性與術語服務（Terminology Services）

所謂互通性，依ALCTS Committee on Cataloging: Description & Access [CC:DA] 之Task Force on Metadata所提之定義，是指兩個或多個系統或組件間交換資訊，在不多花費心力的情況下，此交換資訊能被系統應用的能力（CC:DA, 2000）。換言之，互通性涉及至少兩個系統間的資訊交換，它關注的是資訊由原系統轉到新系統後能否正確解讀與應用。此外，Guenther與Radebaugh（2004）也指出互通性的另一項要點，就是資料交換後，其內容與功能性的損失必須降到最低。換言之，資料不僅要能交換，更要盡可能維持其內容的完整性與可用性。

互通性的考量，在網路普及之前就已存在，像UNIMARC的提出，其目的之一即是作為各國機讀格式交換的中介；而中國機讀編目格式與MARC 21之間的欄位對照，則是處理兩種格式間資料互通的需求。然而，隨著網路世界的發展，各種知識組織系統與工具紛出，資料格式、詮釋資料與索引摘要作業趨於多樣化，系統平臺與介面也各因所需而有不同。在此種異質與多元（heterogeneity/diversity）的網路環境中，資料若要分享、再使用，必然會遇到跨系統的挑戰，能否互通就成為關鍵。隨著網路的開放，資料的交換愈來愈普遍，互通性遂成為重要議題。試以*Library & Information Science Abstracts*（LISA）為例，採interoperability為主標題，不限年份，可得781篇文獻；若將年限設為2000/1/1-2009/12/31，可得279篇；若年限設為2010/1/1-2020/6/30，可得462篇。可見有關互通性的文獻，主要出現在2000年以後，而且有愈來愈增的趨勢。2016年版的ICP，將互通性列為讀者的方便性之外，第二優先考慮的原則，並非無因。而有些詮釋

資料在設計時就已考慮到對映互通的需求，一個著名的例子是*Categories for the Description of Works of Art*（CDWA），在編訂規範時，就將超過十種詮釋資料集的對映納入其中（詳見 https://www.getty.edu/research/publications/electronic_publications/intrometadata/crosswalks.html）。

在資訊／知識組織領域，對互通性的關注一般著重在語法、結構與語意三個面向，Joudrey與Taylor（2018）曾說過，若缺少這三項互通性，詮釋資料的分享將虛耗力氣、缺少效率與益處（p.189）。至於如何提升互通性，麥麟屏（Lois M. Chan）與曾蕾（Marcia L. Zeng）曾於2006年在*D-Lib Magazine*第12卷第6期合作發表兩篇有關詮釋資料互通性的綜述文章，指出互通性可從三個層級入手，包括資料集（schema）、紀錄與典藏庫，各層級又有許多不同方法（Chan & Zeng, 2006; Zeng & Chan, 2006）。2019年時，曾蕾又於*Knowledge Organization*第46卷第2期發表一篇關於互通性的綜述，旨在闡述互通性的主要論點，並將重點放在語意互通上，藉分析知識組織領域中的標準、最佳實作推薦（best practice recommendation）、計畫或產品中的實際作法，討論達成互通性的機制（Zeng, 2019）。茲將該文中討論的互通性機制列出，藉此稍知目前為達成互通性需求可採的取向：

‧採用標準與最佳實作推薦，在系統、語法、結構、語意四個面向，均有相關文獻可供參考：

　■ System layer：如International Image Interoperability Framework（IIIF）、Research Data Alliance（RDA）、Data on the Web Best Practices（W3C Recommendation, 2017）

　■ Syntactic layer：如Resource Description Framework（RDF）、RDF Schema（RDFS）、Web Ontology Language（OWL）、Simple Knowledge Organization Systems（SKOS）、SKOS eXtension for Labels（SKOS-XL）、ISO 25964 SKOS extension（iso-thes）

　■ Structural layer：如IFLA LRM、DCMI Abstract Model、BIBFRAME 2.0、CIDOC-CRM、Records in Context conceptual model（RiC-CM）

　■ Semantic layer：如ISO 25964 Thesauri and interoperability with other vocabularies, Part 1 & 2、British Standard BS 8723、Vocabulary mapping framework（VMF）

‧KOS字彙工具的互通有下列方法：

■ Derivation：Derived vocabularies、Microthesaurus（subset）

■ Expansion：Leaf nodes、Satellite vocabularies、Open umbrella structure

■ Integration/Combination：Metathesaurus、Heterogeneous meta-vocabulary

■ Interoperation/Shared/Harmonization：Shared/bridge scheme、Reference ontologies、Virtual harmonization through linking

■ Mapping： Direct-linked model、Hub structure（cross-switching）、Selective mapping、Co-occurrence mapping、Blended mapping

‧利用術語服務達到調和異質字彙工具的作用：

　　KOS主題工具（如：主題詞表、索引典、分類表等）普遍應用於各個領域，而不同工具對同一概念可能採用不同詞彙、形式與拼法表示，這些詞彙如果需要互通或調和，並非易事，術語服務可協助解決。依Zeng（2019）所述，術語服務包括詞彙的典藏與註冊，是由一組服務構成，包括詞彙、類別、關係、屬性等術語詞彙的管理與呈現，也包括有助於語意互通的詳細說明。藉助於RDF、SKOS、OWL等語意工具，術語服務不僅提供多種詞彙與資料集的典藏、註冊、出版與管理，也能提供使用者查詢、瀏覽、發現、翻譯、對映、理解、自動分類、索引、收集、新詞通告等多項服務。

　　術語服務自2005年後成為熱門議題，許多國際研討會均將此列入，例如：2005與2008年International Conference on Dublin Core and Metadata Applications、2006-2009年的European Networked Knowledge Organization Systems（NKOS）Workshop、2009年US NKOS Workshop等，皆有術語服務相關議題的分組會議。而ISO/IEC 11179 Metadata Registry（MDR）standard與ISO 15000 Electronic Business Extensible Markup Language（ebXML）的通過與持續擴充修訂，也為術語註冊提供標準規範。隨著術語服務需求的增加，有些機構開發相關系統或提供服務，如OCLC Terminology Services（https://www.oclc.org/content/dam/research/activities/

termservices/resources/termservices-overview.pdf）、VocBench（http://vocbench. uniroma2.it/）、Vocabularies, mEtadata Sets and Tools（VEST）Registry （http://aims.fao.org/vest-registry）、Open Metadata Registry（http://metadata registry.org/）等；也有大型計畫提出，如英國UKOLN的HILT（High-level Thesaurus）project（http://www.ukoln.ac.uk/metadata/hilt/m2m-report/hilt-final-report.html）、AHRC贊助的STAR（Semantic Technologies for Archaeological Resources）project（https://hypermedia.research.southwales. ac.uk/kos/star/）等。但隨著鏈結資料的推廣，有些計畫已經終止，像OCLC 的術語服務就在2015年退休（https://www.oclc.org/research/archive/projects/ termservices.html）。然而，在生命、醫藥、健康領域術語服務仍繼續應用 推廣，如OHIE Terminology Services Community（OHIE-TS）（https://ohie. org/terminology-service/）、International Health Terminology Standards Development Organisation SNOMED CT Terminology Services（https:// confluence.ihtsdotools.org/display/DOCTSG）、GFBio Terminology Service （https://www.gfbio.org/terminologyservice）、HL7 FHIR（https://www.hl7. org/fhir/terminology-service.html）等。

知識分類法（Taxonomies）與知識本體（Ontologies）的急遽成長

　　傳統圖書館的主題工具，以分類表與標題表為主，若算上資料庫領域，可再加入索引典。然可用於組織知識的系統（KOS）或工具並不限於上述三者，隨著語意網的發展，各類知識分類法與知識本體愈來愈受到重視。同樣以*LISA*為例，採taxonom?為主標題，不限年份，可得942篇文獻；若將年限設為2000/1/1-2009/12/31，可得272篇；若改為2010/1/1-2020/6/30，可得598篇。再以ontolog?為主標題，不限年份，可得1371篇文獻；若將年限設為2000/1/1-2009/12/31，可得359篇；若改為2010/1/1-2020/6/30，可得945篇。明顯可見，有關知識分類法與知識本體的文獻，在2000年後快速增加，而2010年後更是加倍成長。本書中另有專章討論taxonomy，請參考。

知識分類法依層級架構（如生物分類之綱、目、科、屬、種）對概念及主題進行細分，依其專指程度構成廣義、狹義類別，形成連續的階層結構。Taxonomy最早應用於生物分類，如今除自然科學領域外，也用於社會科學、教育、法律、軍事、電腦與資訊科學、商業、語言學、認知科學、知識管理、網站設計等（Grove, 2009；參見：楊雅婷、阮明淑，2006；https://en.wikipedia.org/wiki/Taxonomy_（general）；https://en.wikipedia.org/wiki/Taxonomy）。知識分類法的多元發展，正與網路世界的多樣化互相呼應。

知識本體（ontology）是領域知識的基本或共享概念的規格化表述，以明確、正規化的方式定義其概念、屬性、關係及推論的邏輯規則，以此形成一個可以解釋的知識架構。知識本體讓領域知識規範化與公開化，是提供領域知識共通詞彙、實例與架構的重要工具，語意網需藉助知識本體來定義基本概念並作邏輯推理（de Bruijn & Fensel, 2009; "Ontology（information science）", 2020；參見阮明淑、溫達茂，2002）。知識本體有多種類型，Guarino（1997, 1998）依知識的普遍性層次（level of generality），將其分為四類：上層知識本體（top-level ontology）、領域知識本體（domain ontology）、任務知識本體（task ontology）、應用知識本體（Application ontology）（另有不同分類分式，參見Ding（2001）所做的整理）。

今天在網路上，存在許多知識本體，例如National Center for Biomedical Ontology（NCBO）的BioPortal（http://bioportal.bioontology.org/），收錄369個生醫領域的知識本體，是目前收錄生醫知識本體最多的典藏庫。以下列舉若干典藏庫名稱，若藉此逐一瀏覽，或可略窺知識本體在主題與數量上的豐富性：

- AberOWL Repository　http://aber-owl.net/ontology/
- DAML Ontology Library　http://www.daml.org/ontologies/
- Linked Open Vocabularies　http://lov.okfn.org/dataset/lov/vocabs
- List of All Ontologies in OLS (Ontology Search)　https://www.ebi.ac.uk/ols/ontologies
- The Open Biological and Biomedical Ontology (OBO) Foundry　http://

www.obofoundry.org/

‧ Protege Ontology Library　https://protegewiki.stanford.edu/wiki/Protege_
Ontology_Library

‧ VEST Registry (KOS)　http://aims.fao.org/vest-registry

大眾分類（Folksonomy）[2]與社會性標記（Social Tagging）

　　Folksonomy一詞，是2004年時Thomas Vander Wal針對Flickr、del.icio.ous
等Web 2.0網站上使用者自訂標籤，提議將folks與taxonomy二字組合，以新
鑄的詞彙來形容此現象，folks意指一般民眾，taxonomy則有分類或分類學
的意涵，合而言之，folksonomy就是一般民眾所訂定的分類（Vander Wal,
2007）。這是由使用者群體自訂標籤匯聚而成的體系，是一種由下而上，非
專業性、有機成長的社會性分類，本文稱之為大眾分類。相對而言，標記
（tagging）意指使用者針對物件給予標籤（tag/label）的程序或方法，社會
性標記則強調標記是在「社會技術情境（socio-technical context）」中發生
（Trant, 2009）。換言之，社會性標記是指在社群型態的網路服務或社群媒
體上，由使用者為物件進行標記，經由集結眾人的標記而形成協同式標引
與歸類（參見卜小蝶，2006）。大眾分類與社會性標記在本質上，或有不同
的偏重點，但最後的焦點都在使用者個人標記匯聚而成的社會性分類。大
眾分類與社會性標記的發展，將資源描述導向一種對話式溝通的作法
（dialogic communicative practice）（Rafferty & Hidderley, 2007）。

　　隨著大眾分類與社會性標記的普及，有學者針對標記行為、標籤的類
型、標籤的優缺點、大眾分類與專業分類的比較或整合等議題進行研究
（如：Beaudoin, 2007; Golder & Huberman, 2006; Kipp & Campbell, 2006;
Munk & Mørk, 2007; Noruzi, 2006; Spiteri, 2007; Yi & Chan, 2009）。近十年
來，在上述議題之外，另有一些新發展。例如，作為標籤形式之一的hashtag
（主題標籤、題標、話題標籤）就受到關注。所謂hashtag，就是一串由#

---

[2]　Folksonomy 有俗民分類、通俗分類、分眾分類、大眾分類等中譯，本文採《圖
　　書館學與資訊科學大辭典》所立的詞目——「大眾分類」。

加上字詞構成的標籤，可用於表示主題、類別、心情、話題等各種使用者想要表示的意思，它可以出現在文中任何位置，也可單獨呈現，運用上比社會性標記更有彈性與多元。關於hashtag的研究，若以LISA查檢所得，是2010年後漸次增加。目前LISA的索引典中尚未收入hashtag一詞，若以hashtag為查詢詞限定在摘要欄位，結果可得246筆；若限定在題名欄，可得56筆，可見仍是新興的題材。本書中另有專章討論hashtag，請參考。

另一與大眾分類有關的發展，則是如何改進或提升社會性標記的效用。標籤具有自然語言的性質，所以自然語言的優缺點同樣可在標籤上發現。為改善社會性標記與大眾分類缺乏字彙控制與缺少階層的平面化結構等缺點，有一些Rafferty（2018）稱為紀律化標記（disciplining tagging）的工具或系統被提出，例如：

‧ 有助於詞彙整合的標籤推薦系統

‧ 展示較多人使用或熱門標籤的視覺化工具

‧ 將知識本體或其他語義網技術應用於標記系統，以改善標籤常見的缺點

‧ 發展標籤分類系統以支援瀏覽與資源探索

‧ 發展通用標籤識別符（universal tag identifiers），如：OpenID initiative（http://openid.net/），藉由識別符提供精確的連結

‧ 將層面（facet）結構應用於標記系統

‧ 應用控制字彙或其他KOS工具提供詞彙建議，藉此改善標籤的品質、提高檢索效率

‧ 藉由過濾篩選、排序、叢集（clustering）等機制，以產生個人化的標籤雲

語意網（Semantic Web）、資源描述框架（Resource Description Framework, RDF）與鏈結資料（Linked Data）

語意網簡言之，就是「讓電腦能理解意義」這個概念的應用與推廣，是一種新的網路內容形式，藉由標記語言、標準、知識本體等工具或技術的運作，將網頁有意義的內容予以結構化，使電腦能理解其中的語意，讓

網路代理（agent）可以在網頁間漫遊，完成使用者交付的各種工作（Berners-Lee, Hendler, & Lassila, 2001）。語意網的概念，是Tim Berners-Lee於1994年時在W3C的成立大會上首次提及（Berners-Lee, 1994）；1998年，他又提出Semantic Web Road Map，針對語意網的架構與相關技術做進一步的說明（Berners-Lee, 1998）；2001年，他與同儕在*Scientific American*發表專文，較全面的描繪語意網的意涵、相關技術與願景（Berners-Lee, Hendler, & Lassila, 2001）。語義網的推廣，可說由此展開。

語意網是在現有的網路環境上運作，並非一種新的網路，但它讓WWW不再只是線上交換資訊的載體，而是儲存巨量電腦可判讀與理解的結構化內容的鏈結資料庫。語意網離具體實現，或許還有一段距離，但網路世界基本上是朝這個方向努力，圖書資訊學界與業界也不能自外於這個發展。尤其是，當WWW成為全球結構化資訊的平臺時，圖書資訊機構若不能成為其中一部分，其前景或將岌岌可危。因此，語意網成為圖書資訊領域高度關注的議題，以*LISA*為例，Semantic Web一詞已被其索引典收錄，以此敘述詞檢索，可得1341筆；若限定為2010-2020年，則有906筆，與2010年以前發表的總數相比，成長了兩倍多。可見語意網的發展與應用，是我們領域正持續關注的重要議題。

語意網的實踐需要相關技術與規範的配合，資源描述框架（RDF）就是其中之一。RDF是W3C（World Wide Web Consortium）推薦的規範，於1999年確立，其後在2004與2014年先後修訂。RDF運用Subject—Predicate—Object的三元組，描述實體與實體或資源與資源的關係。RDF已經成為資源描述的通用標準，是網路上資料交換的標準模式，也是語意網（Semantic Web）及鏈結資料的基礎（詳見RDF Working Group, 2014a, 2014b）。RDF與圖書資訊學界傳統的資源描述方式不同，但圖書資訊機構要與外在世界接軌，了解RDF概念與掌握RDF相關技術將成為必備的能力。在*LISA*中利用其敘述詞Resource Description Framework-RDF查找，檢得156筆資料；若限定在2010年之後，有152筆。由此可見，RDF在近十年間也漸受圖書資訊領域的關注。

另一項攸關語意網實務的基本工具，是Berners-Lee於2006年在W3C

Design Issues中提出的鏈結資料概念（Berners-Lee, 2006/2009 rev.）。依Berners-Lee所述，鏈結資料有四項基本原則[3]：

1. 使用URI作為事物的名稱

2. 使用HTTP URIs，以便人們可以查找這些名稱

3. 當有人查找URI時，使用RDF、SPARQL等標準為他提供有用的信息

4. 提供指向其他URIs的鏈接，以便人們可以發現更多事物

依上述原則建構的鏈結資料，可將網路上的資源以結構化的方式串接，並藉由標準的連結與查詢機制，不斷的發掘更多相關的資訊。當愈來愈多的機構與個人依鏈結資料的原則發布結構化的資訊，網路世界將成為擁有巨量資料的「資料網（web of data）」，是人們或機器可隨時取用資訊的全域資料庫。

鏈結資料概念的提出，在網路世界中快速發展，現已成為網路上發布結構化資訊的標準。圖書資訊機構的目錄、主題工具等，為了與網路世界接軌，有必要配合鏈結資料的發展進行調整與改變。由*LISA*進行查檢，以linked data為主題詞，得620筆；若限定在2010-2020年，則有619筆。這些關於鏈結資料的文獻，幾乎全數是2010年以後產出，此數字或可反映圖資領域近年來對鏈結資料關注的情形。

因應鏈結資料的興起，圖書資訊機構在實務上有兩種取向，一是應用網路既有的鏈結資料於自身的目錄或檢索工具中以提供加值服務，一是將自身的目錄或KOS工具轉化為鏈結資料的結構化形式公開發布。OCLC曾於2014年做過初始調查，並於2015與2018年兩次進行International Linked Data Survey，目的在了解當時已提供鏈結資料服務或實施相關計畫的機構有哪些？他們提供的項目包括什麼（Smith-Yoshimura, 2016, 2018）？另外，Ullah、Khusro、Ullah與Naeem（2018）也曾針對鏈結資料在編目上的應用做過調查。這些文獻都有助於我們了解鏈結資料在圖書資訊機構應用的大概情形。

---

[3] 此處所列鏈結資料四原則，是依據 Berners-Lee 的 2006 年文件翻譯，進一步的闡述說明，請參見柯皓仁、陳亞寧（2013）。

　　一些重要的資訊服務機構與國家圖書館，已逐步將他們的目錄轉為鏈結資料格式或加入鏈結提供加值服務，或將他們的KOS工具轉為鏈結資料格式發布（Park & Kipp, 2019）。前者如：OCLC WorldCat（https://www.worldcat.org/）、British Library之Free Data Services（http://www.bl.uk/bibliographic/datafree.html）、National Library of Spain（http://datos.bne.es/inicio.html）、Bibliothèque nationale de France（http://data.bnf.fr）、Deutsche Nationalbibliothek Linked Data Services（https://www.dnb.de/EN/Professionell/Metadatendienste/Datenbezug/LDS/lds_node.html）；後者如：Library of Congress的Linked Data Services（http://id.loc.gov）、NLM Medical Subject Heading RDF（https://id.nlm.nih.gov/mesh/）、Getty Vocabularies的LOD（http://vocab.getty.edu/）、National Library of Finland's Finnish Thesaurus and Ontology Service（http://finto.fi/en/）、UDC Summary Linked Data（http://www.udcdata.info/）。此外，OCLC曾於2017-2018年進行Linked Data Wikibase Prototype（Project Passage）計畫，提供16所合作圖書館利用鏈結資料描述資源的測試平臺（Godby et al., 2019）。而Linked Data for Libraries（ID4L）（https://wiki.lyrasis.org/display/ld4lGW）也值得一提，這是一個收集典藏圖書館鏈結計畫的平臺。另外，自2011年創建的Linked Open Vocabularies入口網站（https://lov.linkeddata.es/dataset/lov/），旨在收集整理網路中的鏈結開放語彙工具，並促進這些工具的分享與再使用，至2020年底已收錄732組語彙工具。綜上可知，圖書資訊機構採用鏈結資料，似乎已是不可逆的趨勢。

國內資訊組織相關文獻分析

　　本節是2010-2020上半年間，在臺灣地區發表的資訊組織相關文獻（包括國科會／科技部研究計畫、學位論文與期刊論文）的分析討論，以下依研究計畫、學位論文與期刊論文三項分別陳述。

國科會／科技部研究計畫

　　目前國內圖書資訊學相關系所共計7校，包括臺灣大學書資訊學系（所）（以下簡稱臺大）、政治大學圖書資訊與檔案研究所（以下簡稱政大）、臺灣師範大學圖書資訊學研究所（以下簡稱師大）、中興大學圖書資訊學研究所（以下簡稱中興）、輔仁大學圖書資訊學系（所）（以下簡稱輔仁）、淡江大學資訊與圖書館學系（所）（以下簡稱淡江）、世新大學資訊傳播學系（所）（以下簡稱世新）。為了解上述系所教師申請國科會與科技部計畫的情形，利用GRB政府研究資訊系統（https://www.grb.gov.tw/），按系所名稱查詢，將2010-2019年間各校教師獲得補助的計畫項目逐一記錄（不包括學生申請的計畫）。然後依據各計畫之題名、摘要及關鍵字判斷是否與資訊組織議題相關。關於資組相關計畫數量之核計，有幾點說明如下：（1）本篇從較寬廣的角度認定主題，凡關於資料之描述、編排、組織、呈現、編碼、以及權威控制、目錄系統、目錄使用研究、詮釋資料、索引與摘要、標籤與社會性標記、鏈結資料等均列入資組相關範圍，而某些書目計量研究雖與資訊組織議題相關，但本書中已另闢專章分析書目計量及引文研究，故書目計量相關研究不列入計數。（2）有些計畫屬於兩年期（含）以上，此處以單一計畫計數。（3）非研究型之資組相關計畫，不列入計數，如陳雪華之〈典藏目錄與內容多語化計畫〉與〈補助人文及社會科學研究圖書計畫規劃主題：資訊組織與資訊分析〉，前者是數位典藏國家型計畫之項目，後者是圖書徵集作業，均不予計入。2010-2019年間，圖書資訊學系所獲得補助之計畫共206件，其中與資組相關者計27件，佔13.1%（詳見表1）。以學校看，淡江有7件最多，師大6件居次；若以資組相關計畫佔該系所通過計畫數之比率看，則淡江佔28%、中興為25%，乃7系所之前兩名。

表1　圖書資訊學系所之計畫總數與資組相關計畫數

	臺大	政大	師大	中興	輔仁	淡江	世新	合計
獲補助之計畫總數	56	32	41	20	29	25	3	206
資組相關計畫數	5	3	6	5	1	7	0	27

　　資組相關計畫名稱，請見表2。件數較多的是中興張慧銖（已於2016年2月自中興退休）與淡江陳亞寧，各有3件。其次是臺大吳明德、政大林巧敏、師大柯皓仁，各2件。若從主題分析，26件中有5件與目錄（含檔案查檢）使用研究有關，標籤與分類相關計畫各有3件；書目系統、書目關係、數據著錄等主題，則各有2件。一些近年來發展的新議題，如知識本體、鏈結資料、DOI等，也已出現在計畫之中。

表2　資組相關計畫名稱

學校	計畫申請人	計畫名稱
臺大	吳明德	圖書館目錄層面瀏覽介面使用者行為之研究
	吳明德	大學生對圖書館線上目錄社群功能認知之研究
	陳雪華	應用知識本體建置地理空間資訊查詢及服務註冊架構
	陳光華	學術圖書館文獻層次電子資源之學科類別分析
	林奇秀	基於愉悅要素的索引一致性研究
政大	林巧敏	檔案資訊檢索系統易用性評估與使用者意見調查
	林巧敏	檔案館藏使用紀錄分析及其使用者意見調查
	王梅玲	編目能力導向的資訊組織課程發展與學習成果評量研究
師大	謝吉隆	以標籤機制組織學習資源之使用性與教學方法探究
	柯皓仁	知識組織系統及群體智慧對電子書系統檢索效能與系統設計影響之研究
	柯皓仁	以FRBR、Linked Data、Crowdsourcing設計圖書館館藏查詢系統之研究
	陳昭珍	圖書館電子書書目資料使用與維護問題之研究
	謝建成	大學圖書館網站標籤建構之研究
	邱銘心	從社會文化觀點探討使用者產製的日常醫療情境照片之標籤特性與標記行為研究

（續）

表2　資組相關計畫名稱（續）

學校	計畫申請人	計畫名稱
中興	張慧銖	以DC及MODS作為後設資料之品質比較與檢索效能研究
	張慧銖	以FRBR模式及DOI編碼建立期刊書目關係之比較研究
	張慧銖	以DOI及FRBR探索數位物件之關聯性
	郭俊桔	基於支持向量機與關連關則之融合式圖書自動分類系統
	宋慧筠	以認知發展觀點探究幼兒之分類行為
輔仁	陳世娟	大學生使用智慧型手機App檢索圖書館目錄行為研究
淡江	張玄菩	數位出版品之格式轉換系統——從SCORM到EPUB
	邱炯友	國際標準期刊號（ISSN）在數位化時代之發展研究：兼論數位物件識別碼（DOI）於期刊雜誌產業之應用
	林信成	開放取用學術電子期刊互連系統之開發
	陳亞寧	書目紀錄功能需求型之開放鏈結資料建置及其意涵
	陳亞寧	從數據論文的內容結構與屬性探討研究數據著錄方法的衝擊
	陳亞寧	研究數據著錄方法之研析
	古敏君	中文研究文章之英文摘要與摘錄比較研究：以臺灣人文及社會科學引文索引收錄之期刊為例

博碩士論文

　　國內7所圖書資訊學相關系所產出的博、碩士論文（包含碩士在職專班），可藉國家圖書館之「臺灣博碩士論文知識加值系統」（https://ndltd.ncl.edu.tw/cgi-bin/gs32/gsweb.cgi/ccd=m.us_x/webmge?mode=basic）查找。選擇進階查詢，依校院及系所名稱查詢，並將畢業學年度限定在民國99-109年（不採論文出版年）[4]。將查詢所獲之各系所博、碩士論文書目資訊下載

---

[4]　98學年度跨越2009至2010年，若屬2010年間提出的畢業論文，原則上應予收

整理，再依論文之題名、摘要及關鍵字判斷是否與資訊組織議題相關。整理結果，請見表3。

表3　圖書資訊學系所2010-2020學年間之學位論文總數與資組相關論文數

	臺大	政大	師大	中興	輔仁	淡江	世新	合計
學位論文 總數	碩191 博 27	碩306 博 5	碩226 博 6	碩69	碩70	碩100	碩491	碩1,453 博 38
資組相關 論文	碩 18 博 4	碩 5	碩 17 博 2	碩10	碩 3	碩 4	碩 1	碩 58 博 6

合計博碩士論文，共1,491篇，其中與資訊組織相關者，計64篇（4.3%）。若分別計算，碩士論文總篇數為1,453，資組相關者計58篇（4.0%）；博士論文38篇，資組相關者6篇（15.8%）。

臺大產出的博士論文4篇，全為陳雪華所指導，包括鄭惠珍〈中西圖書分類原理之比較研究〉、洪淑芬〈應用知識組織系統原理在數位典藏系統之建置：以臺灣原住民族影音與照片資料為例〉、陳淑君〈索引典的中英詞彙語義對應之研究：以中國藝術領域為例〉、呂明珠〈從大學圖書館績優編目館員職涯發展歷程探討其專業成長〉；師大2篇，分別為柯皓仁指導之陳亞寧〈以關鍵字使用分析探討社會標記者與索引專家的文獻標引心智模式〉、謝建成指導之呂智惠〈基於資訊線索之大學圖書館網站標籤建構研究〉。

碩士論文部分，中興張慧銖所指導的論文有6篇，數量最多；其次為臺大唐牧群5篇；再來是臺大陳雪華、師大柯皓仁、師大謝建成，各有4篇；其次是臺大陳光華與藍文欽，各3篇。其他在這段期間曾指導過1或2篇相關論文的老師，包括臺大吳明德、林奇秀，師大吳美美、陳昭珍、卜小蝶、邱銘心、謝吉隆、林呈潢、邱子恒，政大薛理桂、王梅玲、陳志銘、林巧

錄，但因系統上並未註明是 98 學年度上學期或下學期，故本篇未收，不列入分析範圍。

敏，中興羅思嘉（現為臺大教師）、郭俊桔，輔仁鄭恆雄、張郁蔚（現為臺大教師）、陳舜德，淡江王美玉、林信成、歐陽崇榮，世新林頌堅。

　　至於碩士論文的主題，略呈發散的現象，反映當代資訊組織相關議題多元的特性。即使是同一位教授指導的論文，也未必聚焦於同一個主題，以張慧銖指導的6篇論文為例，分別涉及標記分析、期刊書目關係、編目人員專業認證、書目控制基礎成本、學位論文之學科關聯性、書目加值，分屬六個不同的議題。不過，亦有主題較為集中的例子，像柯皓仁指導的4篇論文，有3篇與鏈結資料有關，1篇與知識本體之應用有關。

　　進一步檢視58篇碩士論文，仍可提出幾個出現次數較多的主題，有8篇論文與標籤、標籤雲、或社會性標記有關，4篇涉及鏈結資料；而MeSH詞彙之擴展、比對或搜尋問題、電子資源整合查詢、詮釋資料、知識本體等，則各有3篇論文；編目專業認證、編目工作流程、書目控制、圖書自動分類、主題知識建構等，亦各有2篇。

期刊文獻

　　期刊論文部分，以國家圖書館期刊文獻資訊網之「臺灣期刊論文索引系統」（http://readopac.ncl.edu.tw/nclJournal/index.htm）與「airiti Library華藝線上圖書館」（https://www.airitilibrary.com/）為主，前者的進階檢索可用類號及關鍵詞查找，也可利用篇目分類瀏覽；後者的進階檢索可限定於關鍵字欄位查詢，另可限定語言、文獻類型與出版地區。兩者皆可限定年代，但臺灣期刊論文索引系統還可限定月份。

　　筆者先以臺灣期刊論文索引系統之進階查詢進行類號查檢，將日期限定為2010年1月至2020年6月，查詢模式設為精確，檢索結果如下：019.4索引法、019.6序列法（資料整理入此）、019.9資料檢索法，均查無資料；023.3圖書分類有10筆，023.4圖書編目得43筆，023.8特殊資料利用（包括特殊資料之收集、分類、編目、閱覽、典藏等）有90筆，028.7資訊儲存和檢索得192筆。但023.8的90筆與028.7的192筆，並非全屬資訊組織相關的文獻，經過人工粗略篩選，前者有8篇（8.9%）相關，後者有35筆（18.2%）。評估之後，類號查詢似非有效的途徑，一來是資組相關議題多元，類號掌

握不易；二來是檢索結果中不相關的雜訊較多，篩選費時。所以，最後決定以關鍵字查詢為主。在關鍵字的選擇方面，基本上以前述國外資訊組織發展的相關議題為主。每一組關鍵字均同時查找臺灣期刊論文索引系統（以下簡稱臺灣期刊索引）及airiti Library華藝線上圖書館（以下簡稱華藝圖書館），設定的查詢條件如表4所示。

表4 資料庫查詢條件設定

查詢條件	臺灣期刊索引	華藝圖書館
日期／年代	2010年1月-2020年6月	2010-2020年
資料性質	學術性與一般性	－
資料／文獻類型	全部	所有類型
搜尋語言	中文	繁體中文
出版地區	－	臺灣
查詢模式	精確	－

　　兩個資料庫的檢索結果經彙整並刪除重複後，作為該組關鍵字之分析對象。實際分析時，一篇文章若更適合分入不同的主題關鍵字中，原則上依其所偏重的部分歸入適當的關鍵字之下，不重複計數。例如：盧谷砳樂、吳美美合著之〈從臺灣原住民族出版相關文獻探討臺灣原住民族知識分布〉，可藉由「知識組織」一詞查得，但檢視其內容，似乎更偏重領域分析，所以不納入知識組織綜論中分析。以下分述各組關鍵字查詢與分析的結果。

資訊組織／知識組織綜論

　　以「資訊組織」及「知識組織」作為關鍵字查詢，臺灣期刊索引分別查到7與13筆，華藝圖書館則是4與6筆，經彙整、刪除重複後，共得21筆。進一步檢視，有2筆是關於組織架構，1筆討論電子書之書目紀錄品質，9筆偏重領域分析及知識組織系統，2篇討論編目館員訓練課程需求，所以綜論性文章只有7篇。這7篇中，有2篇是數位知識組織的概論，1篇介紹國家

圖書館的編目園地，1篇討論作者的意涵[5]，1篇藉由分析*Knowledge Organization*刊載的論文探討知識組織之研究內容與發展。另兩篇文章則應予點出，一是李鶴立〈原住民族、孔子及知識組織：專題編者序〉，一是吳美美〈關於網路時代知識組織的幾個思考〉，均對知識組織的意涵做了反思與前瞻探討，值得一讀，可藉此繼續深化討論。

FRBR、FRAD、FRSAD、IFLA LRM

以FRBR、FRAD、FRSAD、IFLA LRM等為關鍵字，分別查詢臺灣期刊索引與華藝圖書館，經彙整並將重複與不符的文章剔除，與FRBR較相關者僅得2篇，為張慧銖所撰〈以DOI及FRBR探索數位物件之關聯性〉、〈以FRBR模式及DOI編碼建立期刊書目關係之研究〉，兩篇之重點其實都在書目關係。而與FRAD相關者雖亦有2篇，但內容側重權威控制與權威紀錄，故不納入討論。此外，FRSAD與LRM均無所獲。或許因為FRBR是20世紀末提出的概念模式，若干介紹或討論的文章多在2010年以前發表；但國家圖書館主辦的資訊組織進階班暑期訓練課程，自2013年起多有安排FRBR相關課程（詳見國家圖書館編目園地網頁「專業研習」項目）。然而，IFLALRM的最終版在2017年確定，迄今尚未見專門討論LRM的期刊文獻，僅有中華民國圖書館學會分類編目委員會與國家圖書館合辦的「IO Talk論壇」，曾於2017年6月邀請陳和琴主講「FR家族的統一版IFLA-LRM與RDA」（陳和琴，2017）。

編目規範與編目作業

此節所指編目規範，包含編目原則、編目規則、ISBD、AACR2、RDA等項目，MARC 21與BIBFRAME另立一目討論；而編目作業，則泛指與編目有關的實務或訓練。藉由臺灣期刊索引查檢關鍵字，編目有43筆，編目原則1筆，編目規則2筆，RDA有7筆，AACR2有1筆，資源探索服務3筆，

---

[5] 另有一篇討論作者意涵的文章〈何謂作者？試以「述而不作」的孔子為例進行分析〉，與本篇〈《論語》作者探究：來自傅柯觀點的啟發〉在同一卷期的期刊上發布，但該篇作者並未將資訊組織或知識組織列為關鍵字，所以查詢時未能檢出。不過，檢視期刊文章內容時，發現該篇文章似可一併列入，故關於作者意涵的討論文章其實有 2 篇。

ISBD則查無文獻。另以華藝圖書館查找關鍵字，編目有20筆，編目原則 1筆，編目規則2筆，RDA有5筆，AACR2有1筆，資源探索服務與ISBD均無。經彙整、刪除重複後，共得47筆。進一步檢視，將非中文或主題不符以及已歸入或宜歸入其他關鍵字的文章剔除，實得33篇，加上在資訊組織綜論中查得之館員訓練課程需求的文章，共計34篇。

　　34篇中有4筆與RDA有關，1篇是RDA演講及講習會紀要，1篇探討RDA與AACR2、MARC21相關議題，1篇介紹各國針對RDA的因應作法，1篇是國家圖書館採用RDA編目的報導，性質上屬於概論或報導型文章。若以RDA為主題詞查詢LISA，同樣限定年代為2010年1月至2020年6月，檢索結果可得414筆，可見國內對RDA的探討相對不足。不過在實務上，為因應RDA的發展，國家圖書館早於2011年4月間召開RDA小組第一次會議，決議編輯RDA中文手冊或教材（RDA 小組第一次會議紀錄，2011）。2012年3月22-23日，國家圖書館辦理「RDA講習會」，邀請美國國會圖書館政策與標準部主任Barbara B. Tillett博士主講（國家圖書館、中華民國圖書館學會，2012）。次年5月間，國家圖書館又邀請旅美華人館員曾程雙修（Sally C. Tseng）、周小玲（Charlene Chou）、盧文英（Wen-ying Lu），辦理為期3天的RDA工作坊（國家圖書館，2013）。另外，自2013年起，國家圖書館主辦的資訊組織基礎班與進階班暑期訓練課程，多已加入RDA課程（詳見國家圖書館編目園地網頁「專業研習」項目）。同時，國家圖書館於2013年3月，發布西文資料編目採用RDA計畫，開始以RDA試編西文圖書（國圖西文資料編目採用RDA計畫，2017）。2016年，國家圖書館完成「書目紀錄建置RDA編目元素轉換程式」（「書目紀錄建置RDA編目元素轉換程式」，2016）。而RDA小組歷經17次工作會議，於2015年11月正式出版《RDA中文手冊初稿》，作為國內圖書館同道應用RDA的指引（RDA工作小組，2015）。2017年3月，發布修訂稿（RDA中文手冊修訂，2017）。其後，國家圖書館又出版《錄音及錄影資源RDA編目參考手冊》、《RDA書目關係編目參考手冊》（國家圖書館館藏發展及書目管理組，2017，2018）。自2018年7月1日起，國家圖書館中文編目採用RDA規則，正式以RDA作為國內圖書館中西文編目的規範（「國家圖書館107年7月1日起中文編目採用

RDA」，2018）。

　　另外的30篇文章，依其主題大略分析，有7篇討論其他類型資源的編目，如：博物館、美術館、國史館藏品，檔案、地圖、敦煌藏文文獻；有3篇是關於編目館員的教育訓練、專業能力認知、職涯發展，這3篇均屬於研究型文獻；另資源探索服務亦有3篇，或分享建置經驗或探索其功能。有2篇分別介紹國內編目教育的資深教師：陳和琴、鄭恆雄兩位教授；有2篇是關於出版品預行編目（CIP）。其他篇的主題，包含電子書編目、傳記類圖書編目、館員的工作回顧或未來挑戰、首尾5筆著者號查詢系統、合作編目、技術服務規範研訂、新世代圖書館技術服務等。綜整而言，偏重實務導向，較少理論性或研究取向的文獻。

MARC 與 BIBFRAME

　　以MARC、機讀、BIBFRAME等為關鍵字，分別查詢臺灣期刊索引與華藝圖書館，經彙整並將重複與不符的文章剔除，結果有6筆。其中3篇是關於中國機讀編目格式與MARC 21欄位的對照，作者均為國家圖書館編目組的同仁，大抵是因應國家圖書館於2010年宣布，自2012年起書目格式將採用MARC 21的配套措施（「國家圖書館書目格式採用MARC21之說明」，2010）。另有1篇〈採用MARC21為單一機讀編目格式之評估〉，則是臺大圖書館同仁針對以MARC 21取代CMARC的評估分析。另2篇，一為《MARC 21書目紀錄中文手冊》的評介，一為陳亞寧與溫達茂合撰之〈MARC21鏈結資料化的轉變與應用〉。後者值得關注，該篇分析2006年後有關MARC鏈結資料化的提案與討論文件的內容，是國內第一篇關於MARC 21如何轉換為鏈結資料格式的期刊文獻，也是以BIBFRAME為關鍵字找到的唯一文獻[6]。或許因為國內圖資界是MARC 21的應用端，不像美國對機讀格式的新發展有較多的關注。

權威控制與權威紀錄

　　以權威控制、權威紀錄、權威資料、VIAF、authority control、authority

---

[6] 牛惠曼、簡秀娟合撰之〈各國因應 RDA 相關措施之探討〉一文，給了「書目框架（Bibliographic framework）」作為關鍵字，但未使用 BIBFRAME 一詞。

record、identity management、wikidata等為關鍵字，分別查詢臺灣期刊索引與華藝圖書館，經彙整並將重複與不符的文章剔除，結果有6筆。這些文獻的作者群多為國家圖書館的同仁，或許是因為國家圖書館為國內權威工作的主要推手，對相關議題較為關注。6篇中，2篇是由FRAD的觀點檢視權威紀錄，1篇談中文名稱權威資料庫的合作發展，1篇是中文名稱規範聯合協調委員會的會議紀要，1篇探討中文人名權威紀錄的消歧議題，1篇談分類理論在權威控制的應用。相較於國外，權威控制已朝identity management及wikidata方面發展，但此次利用這些關鍵字查找並無所獲。就管見所及，僅知2019年的「中文名稱規範聯合協調委員會」第十七次會議，曾邀請陳亞寧就Identity Management [vs.| and] Authority Control做專題報告(「中文名稱規範聯合協調委員會」第十七次會議，2019.10.24)。針對權威控制的新發展，我們似需多一些關注與了解。

知識組織系統與領域分析

選擇資訊組織、知識組織、knowledge organization、圖書分類、library classification、層面分類、faceted classification、索引典、thesaurus、標題、subject heading、taxonomy、知識本體、ontology、領域分析、domain analysis等為關鍵字，分別查詢臺灣期刊索引與華藝圖書館，經彙整並將重複與不符的文章剔除後，計得62筆。依其主題性質概分，知識組織系統概述1篇，分類理論2篇、圖書分類法7篇，其他分類2篇，自動化資訊組織2篇、主題詞表與索引典4篇，領域分析3篇，其餘31篇均可歸入知識本體的範疇。進一步分析，分類理論2篇均為鄭惠珍與陳雪華合撰，分別從文獻保證原理與範疇理論探索古代分類思維；圖書分類法7篇中，討論佛教圖書分類法有3筆，因香光尼眾佛學院圖書館於2011年出版《佛教圖書分類法》及使用手冊；另有3筆與兒童圖書分類有關，主要作者是邱子恒與吳可久。自動化資訊組織2篇，其一談圖書自動分類，另一篇分析相關自動化技術二十年間的發展。索引典中有2篇與詞彙語意對應有關，主要作者陳淑君同時參與藝術與建築索引典AAT-Taiwan（https://aat.teldap.tw/）的建置工作，係實務與理論配合的好例子。領域分析3篇均與原住民知識分析與建構有關，主要是由盧谷砳樂與朱雅琦的碩士論文發展而來。編目倫理議題在國內鮮少提及，

探究原住民知識體系的建構，可以是個開端，希望後繼有人。

　　31篇知識本體相關文獻，作者多屬於圖書資訊以外的領域，應用的層面也相當廣泛。其中只有少數幾篇出自圖資領域，如：符興智與柯皓仁合撰〈以知識本體和鏈結資料建置圖書資訊學領域學者的事業歷程網站系統──以王振鵠教授為例〉，吳育美與曾品方合撰《知識本體在水質感測網之應用》等。31篇中有12篇是探討知識本體應用於醫藥、疾病與飲食領域，佔38.7%；有8篇與管理、品管、會計等有關，佔25.8%；而軟體專案與工程設計、影像與電影則各有3篇。其他的應用層面包括：數位學習、軍事新聞、房屋、室內空氣與環境品質、道路工程、語意稽核、網路勒索病毒、企業決策、離岸風力發電關鍵技術等。

標記與大眾分類

　　以tag及folksonomy為關鍵字，分別查詢臺灣期刊索引與華藝圖書館，經整理後有5筆，茲列舉如下：

1. 王劭頤、劉銘欽〈海洋生物知識學習網站之建置〉
2. 李麗華等人〈網路標籤變化研究之初探──以臺灣熱門網站為例〉
3. 陳怡蓁、唐牧群〈層面分類結構應用於圖書作品標記之研究〉
4. 盧能彬、黃馨儀〈部落格與社會性書籤之標籤使用樣式比較〉
5. 盧能彬、黃士瑋〈一個社會性書籤網站之探索分析〉

　　第一篇涉及標籤在博物館學習網站的應用，第二篇探討網路書櫃之標記是否可藉層面分類之應用而得到改善，第二、四、五篇則是分析標籤的類型與使用情形。

鏈結資料

　　以鏈結資料及linked data、linked open data為關鍵字，分別查詢臺灣期刊索引與華藝圖書館，經整理後有9筆；若將含有這些關鍵字但已歸入其他類別的文章計入（如：陳亞寧與溫達茂之〈MARC21鏈結資料化的轉變與應用〉已在MARC一節討論），也僅13筆。進一步分析這9筆資料，有2篇是相關概念、技術與應用的討論，有5筆是鏈結資料應用於平臺或系統的建置

上，如：數位人文平臺、電影資訊系統、生態資料管理、博物館文物典藏管理系統等，1篇說明特定主題詞表的鏈結資料化，1篇是鏈結資料應用於數位典藏之研究。若以LISA在同一期間收錄的筆數相較，以linked data為敘述詞的文章有610篇；即使將語言限定為英文，資料類型選定學術期刊，也仍有441筆。即使鏈結資料已成為熱門議題，國內的相關討論仍然有限。

不過，在系統開發方面，國家圖書館已建置「鏈結資源系統」，提供《中文主題詞表》、《中文圖書分類法2007年版》、「中文人名權威控制檔」三項主題編目所需應用的資源的鏈結資料格式（詳見：http://catld.ncl.edu.tw/）。同時，國家圖書館將推動「Taiwan LDP計畫」，致力於臺灣圖書館書目資料的鏈結資料化（陳慧華，2020年12月）。而中央研究院數位文化中心也建置「鏈結開放資料平臺」，目前已收錄並轉置為開放鏈結資料的條目有120,359筆，涵括多元主題與資料類型（詳見：https://data.ascdc.tw/）。另外，該中心設立「鏈結開放資料實驗室」（https://lodlab.ascdc.tw/），已開放「鏈結臺灣藝術家」（http:// linkedart.ascdc.tw/index.php）與藝術與建築索引典（AAT-Taiwan）（http:// aat.teldap.tw/index.php）。

結語

如前所述，自FRBR於上個世紀末提出之後，資訊組織領域在其後的二十餘年間發生快速與劇烈的變化。如今巴黎原則替換為新的ICP（2009年版又已有2016更新版），FRBR家族被IFLA LRM取代，ISBD的各種類型版本統整於ISBD Consolidated Edition之下，AACR2被RDA取代，而RDA自身也經過3R計畫做了大改造。MARC 21機讀格式幾經調整更新，名義上是為21世紀而設，但新的書目框架浸浸然有瓜代之勢，2.0版的BIBFRAME已登堂入室矣。對於新世代編目與詮釋資料人員的核心專業能力，ALCTS在2017年發布 *Core Competencies for Cataloging and Metadata Professional Librarians* 作為指針。權威控制一方面朝向國際合作發展，VIAF就是最好的例證；另一方面則跳出傳統以標準格式消歧的作法，運用識別符作為身分管理，也將Wikidata應用在權威控制。這方面的發展方興未艾，OCLC與

PCC的一些計畫值得關注。而詮釋資料、知識分類法與知識本體的多元發展，印證圖書資訊機構之外的資訊組織工作的普及，這也涉及對互通性的了解與實務的操作能力。大眾分類與社會性標記的發展，則反映出一般大眾在資訊組織工作上可能扮演的協同角色。隨著語意網、資源描述框架、鏈結資料的發展，圖書館的書目服務將有不同的面貌。OCLC於2020年發布的研究報告*Transitioning to the Next Generation of Metadata*，更點出未來的資組專業人員需適應新文化、學習新技能與工具。

　　相較於國外的發展，國內受限於研究人力，自然無法像他們一樣有多采多姿的發展。但從實際的數據資料顯示，資訊組織在國內圖資界是相對弱勢的子領域，即使對資組採較寬廣的定義，7間圖資系所教師的國科會/科技部計畫，與資組相關者只佔了13%左右，而研究生的碩、博士論文也僅有4.3%與資組有關。期刊論文部分，本文之分析雖未能呈現完整樣貌，但由列舉的幾個類別或仍可略窺一斑。試以BIBFRAME為例，這是美國國會圖書館提出的新一代書目框架，但本文以關鍵字檢索，有這個關鍵字的文章僅有1篇，另1篇則用到「Bibliographic framework」，這是否象徵我們對此新框架的發展關注不足呢？相較於歐洲，自2017年起每年舉辦European BIBFRAME Workshop，就是為了實施BIBFRAME所做的及早準備，這是不是能給我們帶來什麼樣的啟發呢？

參考文獻

RDA小組第一次會議紀錄（2011）。https://catweb.ncl.edu.tw/sites/default/files/upload/standard/RDA%E5%B0%8F%E7%B5%84%E7%AC%AC%E4%B8%80%E6%AC%A1%E6%9C%83%E8%AD%B0%E7%B4%80%E9%8C%84%2820120420%29.pdf

RDA工作小組（2015）。**RDA中文手冊初稿**。台北市：國家圖書館。

RDA中文手冊修訂（2017）。https://catweb.ncl.edu.tw/standard/page/30637

卜小蝶（2006）。淺談社會性標記之意涵與應用。**Web2.0與圖書館學術研討會**，2006年12月14日-15日，淡江大學。https://www.lib.tku.edu.tw/uploads/archive_file_multiple/file/5768933e4eae3548b6009a34/social_tag_ft.pdf

「中文名稱規範聯合協調委員會」第十七次會議（2019.10.24）。http://www.cccna.org/minutes17.pdf

阮明淑、溫達茂（2002）。ontology應用於知識組織之初探。**佛教圖書館館訊**，**32**，頁6-17。

林巧敏（2009）。臺灣地區資訊組織文獻書目計量分析。**圖書資訊學刊，7**（1/2），101-123。

柯皓仁、陳亞寧（2013）。鏈結資料在圖書館的應用。**CONCERT 2013年國際學術研討會**，2013年11月6-7日，台北市。https://concert.stpi.narl.org.tw/uploads/schedule_file/speaker_file/file/154/HaoRenKe-Report.pdf

秋聲Blog（2008.4.7）。大陸Web2.0/Lib2.0研討會及MARC議題。http://soundoffall.blogspot.com/2008/04/web20lib20marc.html

書目紀錄建置RDA編目元素轉換程式（2016）。https://catweb.ncl.edu.tw/node/30359

陳亞寧、溫達茂（2020）。MARC 21鏈結資料化的轉變與應用。**教育資料與圖書館學，57**（1），35-72。

陳和琴（2017）。FR家族的統一版IFLA-LRM與RDA。https://www.lac.org.tw/files/ifla-lrmjian_jie_.pdf

陳慧華（2020年12月）。臺灣鏈結資源計畫。發表於臺灣OCLC管理成員館聯盟會員大會。https://drive.google.com/drive/folders/1Z4GsLq2yxc38lRJCvH1dIouHdLuCWfL

楊雅婷、阮明淑（2006）。分類相關概念之術語學研究。**國家圖書館館刊，95**（2），25-50。

國家圖書館（2013）。**RDA工作坊手冊**。台北市：國家圖書館。

國家圖書館、中華民國圖書館學會主辦（2012）。**RDA講習會手冊**。台北市：國家圖書館。

國家圖書館107年7月1日起中文編目採用RDA（2018）。https://catweb.ncl.edu.tw/report/page/24641

國家圖書館書目格式採用MARC21之說明（2010）。http://enews.ncl.edu.tw/P00029/Data/%e6%8e%a1%e7%94%a8MARC21%e4%b9%8b%e8%aa%aa%e6%98%8e1.pdf

國家圖書館館藏發展及書目管理組編（2017）。**錄音及錄影資源RDA編目參考手冊**。台北市：國家圖書館。

國家圖書館館藏發展及書目管理組編（2018）。**RDA書目關係編目參考手冊**。台北市：國家圖書館。

國圖西文資料編目採用RDA計畫（2017）。https://catweb.ncl.edu.tw/standard/page/30647

編目精靈III（2008.4.14）。2.0時代究竟是讓MARC安樂死還是讓MARC繼續活？https://catwizard.net/posts/20080414233145.html

A bibliographic framework for the digital age. (2011, October 31). Washington, D.C.: The Library of Congress. http://www.loc.gov/bibframe/news/frame work-103111.html.

Akers, K. G., Sarkozy, A., Wu, W., & Slyman, A. (2016). ORCID author identifiers: A primer for librarians. *Medical Reference Services Quarterly, 35*(2), 135-144.

ALA Council (2009). *ALA's core competences of librarianship* (final version). http://www.ala.org/educationcareers/sites/ala.org.educationcareers/files/co ntent/careers/corecomp/corecompetences/finalcorecompstat09.pdf

ALCTS Board of Directors (2017). *Core competencies for cataloging and metadata professional librarians.* https://alair.ala.org/bitstream/handle/ 11213/7853/Core%20Competencies%20Cataloging%20Metadata%20Prof essional.pdf?sequence=1&isAllowed=y

Allison-Cassin, S., & Scott, D. (2018). Wikidata: A platform for your library's linked open data. *Code4Lib Journal, 40.* https://journal.code4lib.org/ articles/13424

Andresen, L. (2020). BIBFRAME workshop in Europe 2020, online 22-23 September 2020. https://www.casalini.it/bfwe2020/web_content/2020/ presentations/andresen.pdf

Angjeli, A., Mac Ewan, A., & Boulet, V. (2014). ISNI and VIAF: Transforming ways of trustfully consolidating identities. Paper presented at IFLA WLIC 2014 - Lyon - Libraries, Citizens, Societies: Confluence for Knowledge. http://library.ifla.org/id/eprint/985

ARL Task Force on Wikimedia and Linked Open Data (2019). *ARL white paper on Wikidata: Opportunities and recommendations.* Association of Research Libraries. https://www.arl.org/wp-content/uploads/2019/04/2019.04.18-ARL-white-paper-on-Wikidata.pdf

Ayre, L. B. (2014). MARC isn't dying fast enough. *Collaborative Librarianship, 6*(4), Article 3. https://digitalcommons.du.edu/collaborative librarianship/vol6/iss4/3

Barton, J., & Mak, L. (2012). Old hopes, new possibilities: Next-generation catalogues and the centralization of access. *LIBRARY TRENDS, 61*(1), 83-106.

Beaudoin, J. (2007). Flickr image tagging: Patterns made visible. *Bulletin of the American Society for Information Science and Technology, 34*, 26-29.

Berners-Lee, T. (1994). W3C future directions. First International World Wide Web Conference, Geneva, Switzerland, September 1994. https://www.w3.org/Talks/WWW94Tim/

Berners-Lee, T. (1998). Semantic Web road map. https://www.w3.org/Design Issues/Semantic.html

Berners-Lee, T. (2006/2009 rev.). Linked data. *W3C Design Issues*. https://www.w3.org/DesignIssues/LinkedData.html

Berners-Lee, T., Hendler, J., & Lassila, O. (2001). The Semantic Web. *Scientific American*, May 2001, 29-37.

Bernstein, S. (2014). Beyond content, media, and carrier: RDA carrier characteristics. *Cataloging & Classification Quarterly, 52*(5), 463-486.

Bernstein, S. (2016). MARC reborn: Migrating MARC fixed field metadata into the variable fields. *Cataloging & Classification Quarterly, 54*(1), 23-38.

Bianchini, C., Guerrini, M. (2015). RDA: Resource Description and Access: The new standard for metadata and resource discovery in the digital age. *JLIS.it, 6*(1), 21-31. https://www.jlis.it/article/view/10963/10150

BIBFRAME AV Assessment: Technical, Structural, and Administrative Metadata (2016). Washington, D.C.: The Library of Congress. http://www.

loc.gov/bibframe/docs/bibframe-avassessment.html.

BIBFRAME AV modeling study: Defining a flexible model for description of audiovisual resources (2014). Washington, D.C.: The Library of Congress. http://www.loc.gov/bibframe/pdf/bibframe-avmodelingstudy-may15-2014. pdf.

Bibliographic framework as a web of data: Linked data model and supporting services (2012). Washington, D.C.: The Library of Congress. http://www. loc.gov/bibframe/pdf/marcld-report-11-21-2012.pdf.

Breeding, M. (2007). Next-generation library catalogs. *Library Technology Reports, 43*(4), 5-42.

Breeding, M. (2013). Next-generation discovery: An overview of the European scene. In S. Chambers (Ed.), *Catalogue 2.0: The future of the library catalogue* (pp. 37-64). London: Facet Publishing.

Breeding, M. (2014). Discovery product functionality. *Library Technology Reports, 50*(1), 5-32.

Breeding, M. (2015). The future of library resource discovery: A white paper commissioned by the NISO Discovery to Delivery (D2D) Topic Committee. Baltimore: NISO. https://www.niso.org/sites/default/files/ stories/2017-10/NR_Breeding_Discovery_isqv27no1_0.pdf

Breeding, M. (2018). Index-based discovery services: Current market positions and trends. *Library Technology Reports, 54*(8), 1-33.

Byrd, J., Charbonneau, G., Charbonneau, M., Courtney, A., Johnson, E., Leonard, K., ... Turchyn, S. (2006, January 15). A while paper on the future of cataloging at Indiana University. https://citeseerx.ist.psu.edu/ viewdoc/download?doi=10.1.1.183.3760&rep=rep1&type=pdf.

Calhoun, K. (2006). The changing nature of the catalog and its integration with other discovery tools: Prepared for the Library of Congress. Ithaca:

Cornell University Library. http://www.loc.gov/catdir/calhoun-report-final.pdf

Calhoun, K. S., Cantrell, J., Gallagher, P., & Cellantani, D. (2009). *Online catalogs: What users and librarians want. Dublin,* Ohio: OCLC. https://www.oclc.org/content/dam/oclc/reports/onlinecatalogs/fullreport.pdf

Casalini, M., & Possemato, T. (2018, February 6). The SHARE-VDE project: Fulfilling the potential of BIBFRAME. Library of Congress, Washington, D.C. https://www.loc.gov/item/webcast-8275

CC:DA. (2000). Task Force on Metadata: Final report. Association for Library Collections & Technical Services (ALCTS), Committee on Cataloging: Description & Access (CC:DA). http://downloads.alcts.ala.org/ccda/tf-meta6.html

Chan, L. M., & Zeng, M. L. (2006). Metadata interoperability and standardization: A study of methodology, Part I. *D-Lib Magazine, 12*(6). Available online: http://www.dlib.org/dlib/june06/chan/06chan.html

Chatterjee, P. & Das, D. (2015). Web OPAC to discovery service: An overview. *E-Library Service Research Journal, 3*(6), http://oldlsrj.lbp.world/Archive Articles.aspx?id=30

Chaudhry, A. S. (2016). Re-conceptualization of knowledge organization: Imperatives of networked resources and digitization. *International Journal of Knowledge Content Development & Technology, 6*(2), 93-108.

Chickering, F. M., & Yang, S. Q. (2014). Evaluation and comparison of discovery tools: An update. *Information Technology & Libraries, 33*(2), 5-30.

Connect authority data across cultures and languages to facilitate research. (n.d.). Dublin, Ohio: OCLC. https://www.oclc.org/en/viaf.html

Cooey, N. (2019). Leveraging wikidata to enhance authority records in the

EHRI Portal. *Journal of Library Metadata, 19*(1/2), 83-98.

Coyle, K. (2007, September 29). Name authority control, aka name identification. http://kcoyle.blogspot.com/2007/09/name-authority-control-aka-name.html

Coyle, K. (2016). FRBR, before and after: A look at our bibliographic models. Chicago: ALA.

de Bruijn, J., & Fensel, D. (2009). Ontologies and their definition. In *Encyclopedia of Library and Information Sciences* (3rd ed.). (pp. 3997-4007). New York: Taylor and Francis. http://dx.doi.org/10.1081/E-ELIS3-120039479

Ding, Y. (2001). A review of ontologies with the Semantic Web in view. *Journal of Information Science, 27*(6), 377-384.

Downey, M. (2019). Assessing author identifiers: Preparing for a linked data approach to name authority control in an institutional repository context. *Journal of Library Metadata, 19*(1/2), 117-136.

Dunsire, G. (2013). Resource and work, expression, manifestation, and item. https://www.ifla.org/files/assets/cataloguing/isbd/OtherDocumentation/resource-wemi.pdf

Dunsire, G., & ISBD Review Group (2015). Alignment of the ISBD: International Standard Bibliographic Description element set with RDA: Resource Description & Access element set (Version 3.1). https://www.ifla.org/files/assets/cataloguing/isbd/OtherDocumentation/isbd2rda_alignment_v3_1.pdf

Durocher, M., Dagher, I., Ilik, V., Long, C. E., Norris, J. A., Quintana, I. del C., & Théroux, M. (2020). The PCC ISNI Pilot: Exploring Identity Management on a Global, Collaborative Scale. *Cataloging & Classification Quarterly, 58*(3/4), 438-448.

Ferriter, M. (2019, May 22). Integrating Wikidata at the Library of Congress. https://blogs.loc.gov/thesignal/2019/05/integrating-wikidata-at-the-library -of-congress/

Fiander, D. J. (2002). Applying XML to the bibliographic description. *Cataloging & Classification Quarterly, 33*(2), 17-28.

Fletcher, P., Dagher, I., Long, C., & Mak, L. (2018). PCC ISNI pilot: Experiments in identity management. Presented at LITA/ALCTS Authority Control Interest Group, American Library Association Annual Meeting, New Orleans, LA, June 24, 2018. https://wiki.lyrasis.org/display/PCCISNI/ PCC+ISNI+presentations?preview=/96999238/101782660/ALA_AGIG_P CCISNI_UnifiedSlides_June2018.pptx

Forassiepi, S. (2013). Alignment of the ISBD: International Standard Bibliographic Description element set with RDA: Resource Description & Access element set and REICAT: Regole italiane di catalogazione (Version 1.0). https://www.ifla.org/files/assets/cataloguing/isbd/OtherDocumentation/ isbd-rda-reicat_table.pdf

Frank, P., & Cristan, A. L. (2015, May 20). Conversations about RDA: Undifferentiated personal name authorities. https://www.loc.gov/today/ cyberlc/feature_wdesc.php?rec=6762

Gallaway, T. O., & Hines, M. F. (2012). Competitive usability and the catalogue: A process for justification and selection of a next-generation catalogue or Web-scale discovery system. *Library Trends, 61*(1), 173-185.

Godby, C. J., Smith-Yoshimura, K., Washburn, B., Davis, K. K., Detling, K., Eslao, C. F., Folsom, S., ... OCLC Research,. (2019). *Creating library linked data with Wikibase: Lessons learned from Project Passage.* Dublin, Ohio: OCLC. https://www.oclc.org/research/publications/2019/oclcresearch-creating-library-linked-data-with-wikibase-project-passage.html

Golder, S. A., & Huberman, B. A. (2006). Usage patterns of collaborative tagging systems. *Journal of information science, 32*(6), 198-208.

Gorman, M. (1982). New rules for new systems. Should we scrap all bibliographic codes and standards and start anew? *American Libraries, 13*(4), 241-242.

Grove, A. (2009). Taxonomy. In *Encyclopedia of Library and Information Sciences* (3rd ed.), (pp. 5139-5148). New York: Taylor and Francis. http://dx.doi.org/10.1081/E-ELIS3-120044405

Guarino, N. (1997). Semantic matching: Formal ontological distinctions for information organization, extraction, and integration. In M. T. Pazienza (ed.), Information extraction: A multidisciplinary approach to an emerging information technology (pp. 139-170). Springer Verlag.

Guarino, N. (1998). Formal ontology and information systems. In *Proceedings of Formal Ontology and Information Systems* (FOIS 1998), Trento, Italy, 6-8 June 1998 (pp. 3-15). Amsterdam: IOS Press.

Guenther, R., & Radebaugh, J. (2004). *Understanding metadata*. Bethesda, MA: National Information Standard Organization (NISO) Press.

Hopkinson, A. (1999). Traditional communication formats: MARC is far from dead. *International Cataloguing and Bibliographic Control, 28*(1), 17-21.

IFLA Cataloguing Section, & IFLA Meetings of Experts on an International Cataloguing Code (2009). Statement of International Cataloging Principles (ICP). https://www.ifla.org/files/assets/cataloguing/IMEICC/IMEICC1/imeicc-statement_of_principles-2008.pdf.

IFLA Cataloguing Section, & IFLA Meetings of Experts on an International Cataloguing Code (2016). Statement of International Cataloging Principles (revised edition). https://www.ifla.org/files/assets/cataloguing/icp/icp_2016-en.pdf

IFLA Working Group on Guidelines for National Bibliographies (2009). *National Bibliographies in the Digital Age: Guidance and New Directions*. München: KG Saur Verlag.

IFLA Study Group on the Functional Requirements and Numbering of Authority (2013). *Functional requirements for authority data: A conceptual model* (amended version). http://www.ifla.org/files/assets/cataloguing/frad/frad_2013.pdf

IFLA Study Group on the Functional Requirements for Bibliographic Records. (1998). *Functional requirements for bibliographic records : Final report*. München: K.G. Saur. Also available from https://www.ifla.org/files/assets/cataloguing/frbr/frbr.pdf

IFLA Study Group on the Functional Requirements for Bibliographic Records. (2009). *Functional requirements for bibliographic records : Final report* (amended version). https://www.ifla.org/files/assets/cataloguing/frbr/frbr_2008.pdf

IFLA Working Group on the Functional Requirements for Subject Authority Records. (2010). *Functional requirements for subject authority data*. https://www.ifla.org/files/assets/classification-and-indexing/functional-requirements-for-subject-authority-data/frsad-final-report.pdf

ISBD Linked Data Study Group (2016). Alignment of ISBD element set with FRBR element set. Final draft. https://www.ifla.org/files/assets/cataloguing/isbd/OtherDocumentation/isbd-frbr_alignment.pdf

ISBD Review Group (2011). *ISBD: International standard bibliographic description*. (Consolidated edition). München: De Gruyter Saur.

ISO/TC 46/SC 4 Technical Interoperability Committee (2013). ISO 25577: 2013 Information and documentation: MarcXchange. https://www.iso.org/obp/ui/#iso:std:iso:25577:ed-2:v1:en

Johnson, F. C., & Craven, J. (2010). Beyond usability: The study of functionality of the 2.0 online catalogue (OPAC). *New Review of Academic Librarianship, 16*(2), 228-250.

Joudrey, D. N. (2019, January 25). LRM and RDA 3R: Ch-ch-ch-ch-changes. Presented at Competencies and Education for a Career in Cataloging Interest Group. ALA Midwinter Meeting. Seattle, Wash.

Joudrey, N. D. (2020, November 4). Re: RDA lab series. EDUCAT. https://listserv.loc.gov/cgi-bin/wa?A2=ind2011&L=EDUCAT&P=3924

Joudrey, D. N., & Taylor, A. G. (2018). *The organization of information* (4th ed.). Santa Barbara: Libraries Unlimited.

Kipp M., & Campbell, D. G. (2006). Patterns and inconsistencies in collaborative tagging systems: An examination of tagging practices. In *Proceedings of the ASIST Annual Meeting, 43.* http://eprints.rclis.org/archive/00008315/01/KippCampbellASIST.pdf

Library of Congress Working Group on the Future of Bibliographic Control (2008). *On the record: Report of the Library of Congress Working Group on the Future of Bibliographic Control.* http://www.loc.gov/bibliographic-future/news/lcwg-ontherecord-jan08-final.pdf

Loesch, M. F. (2011). VIAF (The Virtual International Authority File)–http://viaf.org. *Technical Services Quarterly, 28*(2), 255-256.

Marcum, D. B. (2005). The future of cataloging. EBSCO Information Services' Executive Seminar at the 2005 Midwinter meeting of the American Library Association, Boston. https://www.ebscohost.com/uploads/imported/thisTopic-dbTopic-570.pdf

McCallum, C., Gilbertson, K., Kelley, S., & Corbett, L. E. (2017). Can RDA content, media, and carrier coding improve discovery facet mapping? *Library Resources & Technical Services, 61*(2), 93-101.

McCallum, S. H. (2017). BIBFRAME development. *JLIS.it, 8*(3), 71-85. doi: 10.4403/jlis.it-12415

Munk, T. B., & Mørk, K. (2007). Folksonomies, tagging communities, and tagging strategies-An empirical study. *Knowledge Organization, 34*(3), 115-127.

Naun, C. C. (2010). Next generation OPACs: A cataloging viewpoint. *Cataloging & Classification Quarterly, 48*(4), 330-342.

Neubert, J. (2017, November 30). Wikidata as authority linking hub: Connecting RePEc and GND researcher identifiers. https://zbw.eu/labs/en/ blog/wikidata-as-authority-linking-hub-connecting-repec-and-gnd-researc her-identifiers

Noruzi, A. (2006). Folksonomy: (Un) Controlled vocabulary? *Knowledge Organization, 33*(4), 199-203.

Ontology (information science). (2020). In *Wikipedia, The Free Encyclopedia.* https://en.wikipedia.org/w/index.php?title=Ontology_(information_science) &oldid=992182132

Osborne, H. M., & Cox, A. A. (2015). An investigation into the perceptions of academic librarians and students towards next-generation OPACs and their features. *Program: Electronic Library & Information Systems, 49*(1), 23-45.

Panigabutra-Roberts, J. (2019). An experiment with name entities in Wikidata @University of Tennessee Libraries. Presented at 2019 LD4 Conference on Linked Data in Libraries. https://trace.tennessee.edu/cgi/viewcontent. cgi?article=1007&context=utk_libfac

Park, H., & Kipp, M. (2019). Library linked data models: Library data in the Semantic Web. *Cataloging & Classification Quarterly, 57*(5), 261-277.

PRESSoo Review Group (2016). Definition of PRESSoo: A conceptual model for bibliographic information pertaining to serials and other continuing resources (Version 1.3). https://www.ifla.org/files/assets/cataloguing/PRESSoo/pressoo_v1-3.pdf

Program for Cooperative Cataloging (2015, November 20). Program for Cooperative Cataloging vision, mission, and strategic directions. January 2015-December 2017. https://www.loc.gov/aba/pcc/about/PCC-Strategic-Plan-2015-2017.pdf

PCC ISNI pilot home (2018). https://wiki.lyrasis.org/display/PCCISNI/PCC+ISNI+Pilot+Home

Program for Cooperative Cataloging (2018, February 23). Program for Cooperative Cataloging vision, mission, and strategic directions. January 2018-December 2021 (Revised 2019). https://www.loc.gov/aba/pcc/about/PCC-Strategic-Directions-2018-2021.pdf

Program for Cooperative Cataloging. Task Group on Identity Management in NACO (2016). Charge for PCC task group on identity management in NACO. https://www.loc.gov/aba/pcc/documents/Identity-management-NACO-PCC-TG.pdf (2018 revision) https://www.loc.gov/aba/pcc/taskgroup/PCC-TG-Identity-Management-in-NACO-rev2018-05-22.pdf

Program for Cooperative Cataloging. Task Group on URIs in MARC. (2017, May 16). MARC proposal no. 2017-08: Use of subfields $0 and $1 to capture uniform resource identifiers (URIs) in the MARC 21 formats. https://www.loc.ogv/marc/mac/2017/2017-08.html

Program for Cooperative Cataloging. Task Group on URIs in MARC (2018a). Formulating and obtaining URIs: A guide to commonly used vocabularies and reference sources. https://www.loc.gov/aba/pcc/bibframe/TaskGroups/formulate_obrain_URI_guide.pdf

Program for Cooperative Cataloging. Task Group on URIs in MARC (2018b). MARC proposal no. 2019-03: Defining subfields $0 and $1 to capture URIs in field 024 of the MARC 21 authority format. https://www.loc.gov/marc/mac/2019/2019-03.html

Program for Cooperative Cataloging. Task Group on URIs in MARC (2018c). URI FAQs. http://www.loc.gov/aba/pcc/bibframe/TaskGroups/URI%20FAQs.pdf

Rafferty, P. (2018). Tagging. *Knowledge Organization, 45*(6), 500-516. Also available in *ISKO Encyclopedia of Knowledge Organization*, http://www.isko.org/cyclo/tagging

Rafferty, P., & Hidderley, R. (2007). Flickr and democratic indexing: Dialogic approaches to indexing. *Aslib Proceedings, 59*(4/5), 397-410.

RDF Working Group (2014a). Resource description framework. https://www.w3.org/RDF/

RDF Working Group (2014b). RDF 1.1 concepts and abstract syntax. https://www.w3.org/TR/rdf11-concepts/

Riley, J. (2017). *Understanding metadata: What is metadata, and what is it for?: A Primer*. Baltimore, MD: National Information Standard Organization.

Riva, P., Le Bœuf, P., & Žumer, M. (2017). *IFLA library reference model: A conceptual model for bibliographic information*. https://www.ifla.org/files/assets/cataloguing/frbr-lrm/ifla-lrm-august-2017_rev201712.pdf

Riva, P., & Oliver, C. (2012). Evaluation of RDA as an implementation of FRBR and FRAD. *Cataloging & Classification Quarterly, 50*(5-7), 564-586.

Shieh, J., & Reese, T. (2015). The importance of identifiers in the new web environment and using the Uniform Resource Identifier (URI) in subfield zero ($0): A small step that is actually a big step. *Journal of Library*

Metadata, 15(3/4), 208-226

Shieh, J. (2020). PCC's work on URIs in MARC. *Cataloging & Classification Quarterly, 58*(3/4), 418-427.

Smith-Yoshimura, K. (2016). Analysis of International Linked Data Survey for Implementers. *D-Lib Magazine, 22*(7/8). doi: 10.1045/july2016-smith-yoshimura

Smith-Yoshimura, K. (2018). Analysis of 2018 International Linked Data Survey for Implementers. *The Code4Lib Journal, 42*. https://journal.code4lib.org/articles/13867

Smith-Yoshimura, K. (2020). *Transitioning to the next generation of metadata.* Dublin, OH: OCLC. https://doi.org/10.25333/rqgd-b343.

Spiteri, L. F. (2007). Structure and form of folksonomy tags: The road to the public library catalogue. *Webology, 4*(2). http://www.webology.ir/2007/v4n2/a41.html.

Stalberg, E., Riemer, J., MacEwan, A., Liss, J. A., Ilik, V., Hearn, S., … Billey, A. (2020). Exploring Models for Shared Identity Management at a Global Scale: The Work of the PCC Task Group on Identity Management in NACO. *Cataloging & Classification Quarterly, 58*(3/4), 428-437.

Taniguchi, S. (2012). Viewing RDA from FRBR and FRAD: Does RDA represent a different conceptual model? *Cataloging & Classification Quarterly, 50*(8), 929-943.

Taniguchi, S. (2013). User tasks in the RDA-based model. *Cataloging & Classification Quarterly, 51*(7), 788-815.

Taniguchi, S. (2015). Modeling resource description tasks in RDA. *Cataloging & Classification Quarterly, 53*(1), 88-111.

Taylor, A. G. (1999). *The organization of information.* Englewood, Colo.: Libraries Unlimited.

Tennant, R. (2002). MARC must die. *Library Journal, 127*(17), 26-27.

Tennant, R. (2017). "MARC must die" 15 years on. *Hanging Together*, the OCLC Research blog. https://hangingtogether.org/?p=6221

Thomas, W. J., Chen, B, & Clement, G. (2015). ORCID identifiers: Planned and potential uses by associations, publishers, and librarians. *The Serials Librarian, 68*(1-4), 332-341

Trant, J. (2009). Studying social tagging and folksonomy: A review and framework. *Journal of Digital Information, 10*(1). https://journals.tdl.org/jodi/index.php/jodi/article/view/269

Ullah, I., Khusro, S., Ullah, A., & Naeem, M. (2018). An overview of the current state of linked and open data in cataloging. *Information Technology and Libraries, 37*(4), 47-80.

University of California Libraries. Bibliographic Services Task Force (2005). Rethinking how we provide bibliographic services for the University of California. https://libraries.universityofcalifornia.edu/groups/files/bstf/docs/Final.pdf

van Veen, T. (2019). Wikidata: From 'an' identifier to 'the' identifier. *Information Technology and Libraries, 38*(2), 72-81.

Vander Wal, T. (2007). Folksonomy coinage and definition. http://www.vanderwal.net/folksonomy.html.

Virtual International Authority File service transitions to OCLC; contributing institutions continue to shape direction through VIAF Council (2012, April 4). Dublin, Ohio: OCLC. https://worldcat.org/arcviewer/7/OCC/2015/03/19/H1426803137790/viewer/file1365.html

Wells, D. (2020). Online public access catalogues and library discovery systems. In *ISKO Encyclopedia of Knowledge Organization*. https://www.isko.org/cyclo/opac

Wikidata (2020, November 17). In *Wikipedia, The Free Encyclopedia.* https://en.wikipedia.org/w/index.php?title=Wikidata&oldid=989153011

Wikidata: Introduction (2020). In Wikidata Website. https://www.wikidata.org/wiki/Wikidata:Introduction

Working Group on FRBR/CRM Dialogue (2016). *Definition of FRBRoo: A conceptual model for bibliographic information in object-oriented formalism* (Version 2.4). https://www.ifla.org/files/assets/cataloguing/FRBRoo/frbroo_v_2.4.pdf

Wynne, S. C., & Hanscom, M. J. (2011). The effect of next-generation catalogs on catalogers and cataloging functions in academic libraries. *Cataloging & Classification Quarterly, 49*(3), 179-207.

Yang, S. Q., & Hofmann, M. A. (2011). Next generation or current generation? A study of the OPACs of 260 academic libraries in the USA and Canada. *Library Hi Tech, 29*(2), 266-300.

Yi, K., & Chan, L. M. (2009). Linking folksonomy to Library of Congress subject headings: An exploratory study. *Journal of Documentation, 65*(6), 872-900.

Zeng, M. L. (2019). Interoperability. *Knowledge Organization, 46*(2), 122-146. Also available in *ISKO Encyclopedia of Knowledge Organization.* http://www.isko.org/cyclo/interoperability

Zeng, M. L., & Chan, L. M. (2006). Metadata interoperability and standardization: A study of methodology, Part II. *D-Lib Magazine, 12*(6). Available online: http://www.dlib.org/dlib/june06/zeng/06zeng.html

Zeng, M. L., & Qin, J. (2016). *Metadata* (2nd ed.). London: Facet Publishing.

Zhu, L. (2019). The future of authority control: Issues and trends in the linked data environment. *Journal of Library Metadata, 19*(3/4), 215-238.

第 2 章
從知識本體及鏈結資料角度探討 數位人文學的資訊組織與檢索

陳淑君

本文簡介

知識本體（Ontology）及鏈結資料（Linked Data）在數位人文學的發展，隨著語意網技術的逐年成熟，開始扮演重要的角色。本章將以檔案館藏品資料集之實證研究，闡述知識本體、鏈結資料與數位人文學的關係，並以「陳澄波畫作與文書」檔案全宗作為研究案例，採用歐洲數位圖書館資料模型（Europeana Data Model, EDM），並展示如何在此基礎上運用語意檢索進行數位人文研究。

前言

　　詮釋資料是資訊組織在數位圖書館與數位典藏環境下的一項重要發展趨勢，廣義而言意指「資料的資料」，自1994年起隨著美國「第一期數位圖書館計畫」（Digital Libraries Initiatives Phase 1, DLI1）及英國「電子圖書館計畫」（eLib Programme）的展開，詮釋資料的研究與應用也開始成為數位化計畫的重點（Dempsey & Heery, 1998；陳亞寧、陳淑君，2007）。在臺灣，從1998年由國家科學委員會（簡科國科會，現科技部）先後啟動的數位博物館計畫、數位典藏與數位學習國家型計畫，以及2002年文化建設委員會

（簡稱文建會，現文化部）執行的大型數位化計畫「國家文化資料庫」，詮釋資料皆為其中最核心的資訊基礎建設與設施，如：制定《國家文化資料庫詮釋資料格式》（陳昭珍，2004）、成立「中央研究院暨數位典藏與學習國家型科技計畫後設資料工作組」（陳淑君，2013）等。全球文化記憶機構的數位化計畫帶動了以詮釋資料標準為核心的資訊組織，不但廣泛運用於圖書館專業，更在檔案館與博物館社群迅速擴展，甚至促使圖書館、檔案館與博物館之間合作發展各種可互通與相容的詮釋資料（Mitchell, 2013）。

　　2005年起，數位人文學開始被界定為一個「學科」（discipline），正式探討其方法、工具及在各個人文領域的可能性（林富士，2018），包括標記文本作品（如：TEI文本編碼規範）、建立易於計算的人文語料庫等，以支持新型態的計算應用（Berry & Fagerjord, 2017）。其中，詮釋資料開始結合語意網技術，突破機器可讀資料（machine-readable）的層次，進展到機器可理解（machine-understandable）、可處理（machine-process- able）、可行動（machine-actionable）的資料層次（曾蕾、陳淑君，2017）。以檔案材料為例，在數位人文的研究環境可能面臨資料分析時的新挑戰，詮釋資料扮演的角色可能不再僅於作為檔案查檢或目錄功能，研究者需要依個人的研究興趣或問題意識，運用品質精良的詮釋資料，以更有彈性的方式組合不同資料屬性或屬性值進行檢索，進而對於探究的問題提供遠距閱讀（distance reading）與資料視覺化分析，以協助研究者發掘過去傳統研究需要耗費大量時間、難以觀察，或被忽略的現象。甚至，研究者需要的檔案材料散佈在不同的內部與外部資料庫，需要更方便的機制獲取資料並整合於自己的研究材料，以便能夠進行更完整的分析。以語意網標準（如：資源描述框架）及知識本體為基礎而建置的鏈結開放資料（Linked Open Data, LOD），是當前促進異質性資訊交換、鏈結、加值擴充、開放及近用最為具體、便利的方法之一。自2010年起，全球文化記憶機構紛紛投入鏈結資料的研究與實作，除了發展各領域的知識本體，並嘗試將已建置詮釋資料紀錄轉換為鏈結開放資料集，以提高館藏的能見度與再用性。臺灣的圖書館相關社群方面，國家圖書館與國立臺灣師範大學圖書館合作，於2014、2015年相繼完成主題詞表SKOS化和「國家圖書館鏈結資源系統」平臺模型

（http://catld.ncl.edu.tw/），以及中文圖書分類法及館藏書目資料的語法轉換和系統管理端的建置（國家圖書館，2018）。中央研究院數位文化中心（以下簡稱中研院數位文化中心）於2018年成立「鏈結開放資料實驗室」（https://lodlab.ascdc.tw/），致力於鏈結開放資料的研究和實作貢獻，逐步進行臺灣數位典藏成果及研究材料的資料語意化、結構化轉換和發布，進而建立與全球資料之間有意義的鏈結，以提供研究者或公眾更完整及多重視野的資料脈絡，並深化探索、分析與研究基礎。該實驗室已於「鏈結開放資料平臺」（https://data.ascdc.tw/）正式發布12個鏈結資料集，包括與中央研究院歷史語言研究所（以下簡稱史語所）合作的「人名權威──人物傳記資料庫」、「古漢籍善本數位化資料庫」、「清代職官資料庫」、「史語所藏居延漢簡資料庫」，以及與中央研究院臺灣史研究所（以下簡稱臺史所）合作的「臺灣史檔案資源系統──陳澄波畫作與文書」等。

「陳澄波畫作與文書」檔案全宗

筆者（Chen, 2019）以中央研究院臺灣史研究所檔案館（以下簡稱臺史所檔案館）資料庫「陳澄波畫作與文書」全宗為對象，發展知識本體、並將詮釋資料轉換為鏈結開放資料。研究問題包括：（1）進行知識本體與鏈結開放資料任務時，如何保留檔案資料的脈絡？（2）如何藉由實體及屬性兩種類型的擴充，為檔案資料提供語意加值？（3）知識本體與鏈結開放資料如何精進數位人文研究？本文將以此研究個案為例，具體說明檔案材料的詮釋資料如何經由知識本體與鏈結資料的設計與轉換，提供不僅限於目錄查檢的功能，而能進一步提供數位人文研究的服務。

陳澄波（1895-1945）是臺灣日治時期的重要藝術家，其畫作收藏於國立臺灣美術館、台北市立美術館（以下簡稱北美館）等重要文化資產機構。畫家的相關檔案則由中研院檔案館進行數位典藏及資料庫建置，內容包含他的各式創作（如：油畫、畫法、水墨、膠彩、淡彩速寫及素描簿），以及文書（如：證書與手稿、明信片收藏、圖像剪貼與藏書）等。這些原始材料揭露出主人翁豐富的人際網絡關係（如：畫壇友人、師生、家人、地方

士紳等）、參與的組織與活動、畫家或作品彼此間的影響關係等，是相關的學術研究，諸如美術史等最基本、也是最重要的研究史料（李淑珠，2010；白適銘，2013）。這批典藏的資訊組織方面是以「檔案描述編碼格式」（Encoded Archival Description, EAD）及「國際檔案描述通用標準」（General International Standard Archival Description, ISAD（G））為基礎發展檔案查檢工具（finding aids），建立相當完善的詮釋資料紀錄，並公開於臺灣史檔案資源系統提供公眾近用（王麗蕉，2019）。

EAD標準源自1993年美國加州柏克萊大學的柏克萊查檢工具計劃（Berkeley Finding Aid Project, BFAD；中文簡稱柏克萊計劃），再歷經諸多檔案典藏單位的共同參與研發而成。目前由美國國會圖書館所屬「網路發展與機讀編目格式標準處」（Network Development and MARC Standards office）與美國檔案人員學會（Society of American Archivists, SAA）共同維護。

目前收錄於臺史所「臺灣史檔案資源系統」（Taiwan Archival Information System, TAIS）內的「陳澄波畫作與文書」資料，其原始檔案架構是以「文件類型定義」（Document Type Definition, DTD）為基礎（該定義旨在規範XML文件元素編寫格式），所發展出的檔案描述編碼格式（Encoded Archival Description, EAD）進行對應設計，並針對檔案中「全宗」（fonds）、「系列」（series）、「案卷」（files）、「單件」（items）等各層級類型檔案元素類型及內容進行規範標示（為方便行文，此套規範設計以TAIS_DTD/EAD代稱），做為後續資料檢索、管理或匯出為XML等機器讀取格式之基礎。

知識本體與鏈結資料的設計

為了讓珍貴的檔案資料在語意網時代，能夠更便利於數位人文研究時的資料交換、檢索、分析、加值與再運用，中研院數位文化中心與臺史所檔案館於2019年合作，針對臺史所檔案館典藏的「陳澄波畫作與文書」檔案資料全宗的詮釋資料，轉換為鏈結開放資料並公開發布。其中，知識本體是鏈結資料發展過程最為核心的研究要項之一，其藉由總體架構與資料

模型的建構，將資源描述抽象化與立體化、揭示資源的脈絡關係，提供更有邏輯、更方便機器處理的再利用模式，以及融入成為網路的一部分。在研究流程中，本研究運用由「歐洲數位圖書館」（Europeana）規範之「歐洲數位圖書館資料模型」（Europeana Data Model, EDM）作為本項轉置工作知識本體的設計基礎，擴展屬性以對應本個案檔案資料的脈絡特徵，增進本個案的詮釋資料和其他相關資料之間的語意互通性，並能符合本研究個案的在地適用性。

歐洲數位圖書館（Europeana）是聚合歐洲數千個圖書館、檔案館及博物館等文化遺產機構藏品的數位平臺，自2008年11月成立與發布的450萬筆數位物件，至2020年初積累5,800萬筆書籍、音樂、藝術作品等數位文化資產，並提供搜尋與展覽等不同的近用方式（Europeana Foundation, 2020）。該數位平臺於2011年發展EDM作為高層級的知識本體，基於資源描述架構（RDF）為基礎的設計，用以整合歐洲聯盟各國所屬圖書館、美術館、檔案館等不同典藏機構、高度異質性的「文化資產物件」（Cultural Heritage Object, CHO），達成跨典藏機構、跨資料集間資料汲取、管理、發布及再利用。此模型具備包括七項重要特色，如下（Isaac, 2013）：

1. 區分實體物件資源及其相關數位化視覺資源

2. 區別實體物件與詮釋資料紀錄

3. 容許相同物件存在多筆描述紀錄

4. 支援由其他物件組成的集合物件

5. 相容不同層級的描述

6. 提供可以特化的標準詮釋資料格式

7. 支援脈絡資源，包括藉由外部控制詞彙補充內部資源的內涵

EDM的主要設計原則，包含以下三項（Doerr et al., 2010; Isaac, 2013）：

1. 允許在開放環境下的資料整合

2. 容許資料延伸擴充

3. 盡可能再用已有的資料模式

　　本個案採用EDM為基礎，進行知識本體的建構研究。EDM的資源核心類別（core class of resources）包含以下三類（詳見圖1）（Isaac, 2013）：

1. 實體物件（edm:ProvidedCHO）：如畫作、書籍、電影

2. （用以預覽藏品的）數位物件（edm:WebResource）：如一幅畫的數位圖像

3. 實體物件及其數位化衍生資源之聚合體（簡稱虛實聚合；ore:Aggregation）

　　藉由前兩個核心類別，可以區分出「作品」，以及其數位呈現之間的不同；第三個類別則可視為一個整體性的邏輯，用於聚合實體物件及其數位物件。

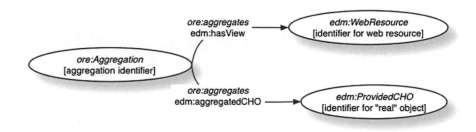

圖1　EDM三個核心類別（Isaac, 2013, p. 10）

　　臺史所現有TAIS_DTD/EAD架構雖已可滿足以詮釋資料類型為主的檔案資料內容進行欄位規範，並做為轉化成XML格式為主之鏈結資料類型。但在語意網環境，若要將現有臺史所檔案資料更進一步轉化為LOD資源，則需深化將原有TAIS_DTD/EAD檔案架構轉換為以EDM知識本體為基礎的資料格式。在TAIS_DTD/EAD結構中，各層級檔案欄位型後設資料的表達，主要援用EAD編碼格式中的「元素」（element）及「屬性」（attribute）標記，對應於EDM知識本體，可利用「類別」（class）及「屬性」（property）指稱。因此，以EAD為主的詮釋資料結構與知識本體的結構間有某種相容

程度。以「陳澄波畫作與文書」檔案中，單件層級檔案「夏日街景」
（CCP_01_01018_OCJ1_17）為例，EAD與EDM間之欄位對應概覽如下
（詳見表1）。

表1　「陳澄波畫作與文書」檔案詮釋資料欄位內容與EAD元素標註、EDM架
構對應

欄位	欄位範例值	TAIS_DTD/EAD	EDM
層次	單件	\<level\>	dc:type *locah:level*
識別號	CCP_01_01018_OCJ1_17	\<id\>	dc:identifier
題名/正題名	夏日街景	\<title\>	dc:title
題名/並列題名	Street Summer Scene	\<title\>	dcterms:alternative
出處	陳澄波	\<did\>\<origination\>	dc:creator
時間範圍	昭和2年	\<date\>	dcterms:created
西元紀年	1927	\<date\>	dcterms:created
類型	重製Jpeg影像	\<did\>\<phydes\>	dc:type
數量	1	\<physdescstructured\>\<quantity\>	dcterms:extent *locah:item*
範圍與內容	本件為陳澄波繪1927年夏天油畫作品，描繪地點為嘉義中央噴水池附近，曾入選第八回帝國美術院美術展覽會。……略	\<scopecontent\>	dc:description

（續）

表1 「陳澄波畫作與文書」檔案詮釋資料欄位內容與EAD元素標註、EDM架
構對應（續）

欄位	欄位範例值	TAIS_DTD/EAD	EDM
入藏方式	合作	\<acqinfo\>	dcterms:provenance
提供者	陳澄波文化基金會	\<provider\>	dc:contributor edm:provider（Agg）
入藏日期	2007-09-13	\<unitdatestructured\>	dc:temporal
權利說明	後設資料為臺史所所有；數位影像為臺史所、陳澄波文化基金會所有	\<custodhist\>	dc:rights edm:currentLocation
較佳引用方式	引用時請註明：題名（識別號）。查檢日期。資料庫名稱。檢索網址。	\<prefercite\>	dc:description *ascdc:prefCityWay*
個人名稱	N/A	\<controlaccess\> \<pername\>	dc:subject
附註 / 尺寸	79×98cm	\<note\>	dcterms:extent
附註 / 材質	畫布、油彩	\<note\>	dcterms:medium
上層	案卷：東京美術學校求學時期油畫作品	\<parent\>	dcterms:isPartOf

說明：1. 屬性後方標示（Agg）者，表示該欄位資訊也適合放入EDM架構中的文化物件聚合體（AggregationCHO）之類別實例中；而屬性後方未標示括號註明資訊「（）」者，表示該屬性屬於EDM架構中實體物件（ProvidedCHO）實例適用者。

2. EDM對應欄位中，斜體字標示該屬性是ProvidedCHO，用以表達專指性（specific）更高的屬性。

依據上述TAIS_DTD/EAD欄位元素與EDM模型對應結果，中研院數位文化中心LOD實驗室完成以EDM為基礎的「臺灣史檔案資源系統」檔案資料之知識本體設計，做為「陳澄波畫作與文書」檔案內容轉置為LOD的依據。目前知識本體的設計，包含9種「類別」、47種「屬性」設計，用以描述檔案的「全宗」、「系列」、「案卷」、「單件」等四種層級資料。知識本體的建構，主要運用ascdc[1]、bibo[2]、crm[3]、dc[4]、dcterms[5]、edm[6]、locah[7]、ore[8]、owl[9]、rdf[10]、rdfs[11]、skos[12]等12種語彙規範進行本體中「類別」與「屬性」設計及外部詞彙之鏈結（詳見表2）。

保留檔案材料的脈絡

檔案館在編排與描述檔案材料時，藉由揭示產生者的起源、功能和活動等資訊以保留檔案的證據價值（Pearce-Moses, 2005）。此個案的原始檔案資料遵循EAD檔案查檢工具標準，詳實記錄了檔案的來源、原始順序、脈絡等資訊，對於使用者了解此批材料相當重要（Francisco-Revilla, Trace, Li, & Buchanan, 2014）；然而，該批全宗檔案在轉置到數位典藏聯合目錄（https://digitalarchives.tw/）時，卻遺失了檔案層次及諸多原始脈絡的資訊。為了保有檔案原始的四個控制層級（全宗、系列、案卷、單件）之編

---

[1] ascdc: Academia Sinica Center for Digital Cultures Vocabulary
[2] bibo: The Bibliographic Ontology
[3] crm: The CIDOC Conceptual Reference Model
[4] dc: Dublin Core
[5] dcterms: Dublin Core Metadata Terms
[6] edm: Europeana Data Model
[7] locah: Linked Open Copac and Archives Hub
[8] ore: The OAI ORE terms vocabulary
[9] owl: The OWL 2 Schema vocabulary
[10] rdf: The RDF Concepts Vocabulary
[11] rdfs: RDF Schema vocabulary
[12] skos: Simple Knowledge Organization System

表2 「臺灣史檔案資源系統」檔案知識本體類別及屬性概覽

	內容	數量
類別 Classes	edm:Agent, edm:Event, edm:Place, edm:ProvidedCHO, edm:TimeSpan, edm:WebResource, ore:Aggragation, ore: Proxy, skos:Concept	9
屬性 Properties	ascdc:arrangement, ascdc:chronologicalDescription, ascdc: prefCiteWay, ascdc:type, bibo:distributor, crm:P62_ depicts, dc:contributor, dc:creator, dc:date, dc:identifier, dc:rights, dc:subject, dc:title, dc:type, dcterms:abstract, dcterms:alternative, dcterms:created, dcterms:extent, dcterms: hasPart, dcterms:isPartOf, dcterms:medium, dcterms:modified, dcterms:provenance, dcterms:spatial, edm:aggregatedCHO, edm:begin, edm:dataProvider, edm:end, edm:hasView, edm:isNextInSequence, edm:isShownBy, edm:isRelatedTo, edm:rights, locah:accessRestrictions, locah:appraisal, locah: bibliography, locah:hasBiographicalHistory, locah:item, locah:level, locah:origination, locah:scopeContent, ore: proxyFor, ore:proxyIn, owl:sameAs, rdf:type, rdfs:label, rdfs:seeAlso	47

排方法，本研究以兩種方式建立檔案資源的語意關係，第一，是藉由「層級」（locah:level）屬性，指出檔案資源實體所屬的層級，諸如：全宗、系列等。第二，為建立不同層級檔案資源間的語意關係，如：全宗與系列資源實體之間藉由「部分為」（dcterms:hasPart）屬性連結彼此的關係。依此類推，系列與案卷、案卷與單件之間也建立此屬性（詳見圖2）。如此，就可以解決目前數位典藏聯合目錄缺乏檔案層級脈絡資訊的問題。

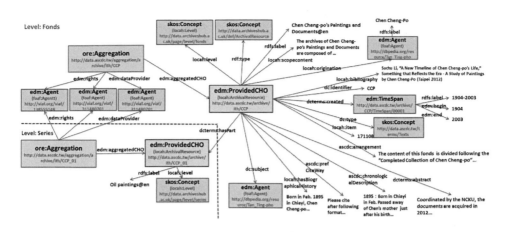

圖2　《陳澄波畫作與文書》檔案全宗與系列層次的屬性、層次之間的關係連結

　　經由明確架構檔案的階層後，接著是為各個層次的檔案建立特定的脈絡資訊。例如，全宗層次包含諸如緣起、時期、自傳歷史、年表、內容範圍、安排、相關資源等以EAD標準為基礎的元素，對應到EDM模型的屬性並轉換成為三元組（triples）。基於EDM是一個高層次的模型架構，原始的設計並未包含檔案特定知識領域（如：圖書館、檔案館）的屬性，因此本研究藉由採用外部的知識本體及語彙庫（如：Linked Open Copac and Archives Hub, LOCAH），擴充EDM的屬性及屬性值，以便能對檔案資料的層次（全宗、系列、案卷、單件）進行更精確的描述（詳見圖3）。

　　綜言之，本個案涉及兩種關係類型（詳見表3），分別是（1）垂直關係，如前述討論ProvideCHO及項下各層次之間的整體與部分的關係；（2）平行關係，則是將序列中的某個部分與緊接在其前面的部分相關聯（Charles & Olensky, 2014）。

　　其中，「垂直關係」已於上述「保留檔案材料的脈絡」討論。「平行關係」則可以透過「相關」（edm:is-related-to）屬性展現檔案各個部件之間的關聯（諸如：源於不同檔案或同全宗不同系列），以及藉由其子屬性「是～的下一個」（edm:is-next-in-sequence-to）屬性展現同系列、案卷、物件之間的順序關係（詳見圖3）。

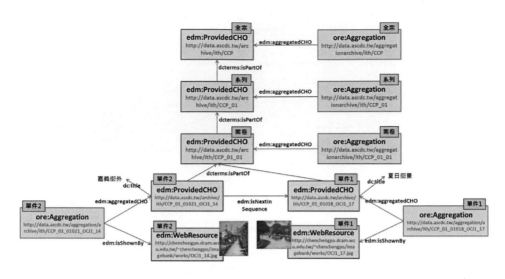

圖3 以EDM為基礎之層級性藝術檔案資源模型設計

表3 垂直與平行關係

關係類型	垂直關係 （具順序性）		平行關係 （具順序性）
	由上而下	自下而上	
屬性	「有一部分是～」 （dcterms:hasPart property）	「是～的一部分」 （dcterms:isPartOf property）	「是～的下一個」 （edm:isNextInSeque nce）
案例	藝術檔案從「全宗」到 「系列」層次	藝術檔案從「系列」到 「全宗」層次	藝術檔案的相同系列下 之單件間關係

在「全宗」、「系列」、「案卷」、「單件」等四種層級檔案資料模型設計中，不論描述之層級資訊為何，各層級在設計中均包含描述如下的檔案脈絡資訊（詳見圖4）：

1.「實體物件」（edm:ProvidedCHO）、「數位物件」（edm:WebRescource）與「虛實聚合」（ore:Aggregation）等三種核心類別；

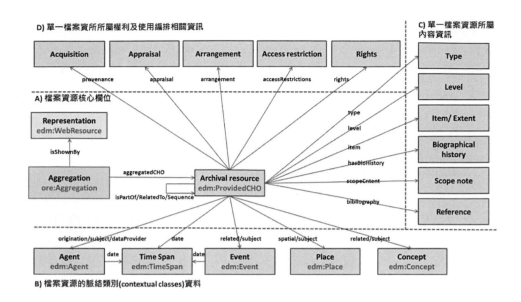

圖4　「陳澄波畫作與文書」檔案模型設計中，
各層級資訊包含之語意資料類別

2. 檔案資源所屬代理者、事件、時間、地點、概念等「脈絡類別」
（contextual classes）；

3. 單一檔案資源本身所屬的基本分類資訊（如「識別號」（item）、「層
級」（level）、「範圍與內容」（scope note）等）；

4. 管理檔案資源所獨特賦予之編排及權利使用等資訊（如「保存年
限」（appraisal）、「使用限制」（access restriction）、「編排」（arrangement）
等）。

整合不同資源、機構的資料

「陳澄波畫作與文書」檔案內容，主要彙集畫家陳澄波個人創作的各
類型藝術作品、書信手稿及收藏之明信片、簡報、雜誌刊物或私人物件等
實體物件內容，是研究陳澄波藝術創作、個人生涯發展重要的第一手檔案
資料。但是，因檔案中所蒐藏、描述的作品及材料實際分散典藏在不同博

物館、檔案館或文化機構中；且陳澄波所屬相同物件又因後世不同研究計畫發展、資料庫建構等因素而重新建置各自所需之藏品詮釋資料，導致畫家同一件作品或收藏品在不同機構、資料庫中各有相關、不同的詮釋資料紀錄，形成單一文物、多重資源的情形。在此狀況下，如何在知識本體設計時賦予一套彈性機制，整合不同詮釋資料來源內容、達成跨資料庫檢索功能，為本個案發展之際另需考慮的議題。

為達成上述異質資料來源的整合功能，本個案採用EDM模型的「替代」（ore:Proxy）類別，作為跨資料庫資料的整合與銜接。此類別乃是EDM借用自「物件再用和交換知識本體」（Object Reuse and Exchange ontology, ORE），衍生自都柏林核心集「合集」的子類，用於聚合數位物件的一套知識本體（Lagoze, Van de Sompel, Johnston, Nelson, Sanderson, & Warmer, 2008）。「替代」（Proxy）是ORE所發展的一個類別，用於聚合脈絡中相關資源的各種敘述，並以「替代資源」（ore:proxyFor）屬性引介聚合脈絡外的資源。在此，「替代」類別主要用以描述、承載典藏物件所屬的「實體物件」（ProvidedCHO）類別之替代性實體。藉此，可以整合相同「實體物件」、不同來源的詮釋資料，並同時進行區別、儲存各詮釋資料的原始內容，以避免資料整合過程中混為一體，喪失原有資料脈絡及資料提供單位資訊。具體研究設計方面，每個「實體物件」可有多個「替代」類別實例（ore:Proxy），利用「替代資源」（ore:proxyFor）屬性分別儲存、承載資料提供者所建置的資料，並與「實體物件」（edm:ProvidedCHO）相連、利用「替代至」（ore:proxyIn）屬性與「虛實聚合」（ore:Aggregation）連結，即可完成EDM模型中最基本的聚合模型表述（詳見圖5）。

以陳澄波1927年創作之《夏日街景》為例，在臺史所「陳澄波畫作與文書」檔案中有該筆作品資料「單件」詮釋資料紀錄（CCP_01_01018_OCJ1_17），用以描述該檔案相關資料內容；由於該幅畫作目前典藏在台北市立美術館，因此該美術館的典藏目錄，也存在1筆由館方為作品建置的詮釋資料（Tfam_colleciton_3015）。這2筆詮釋資料的內容均是描述同一幅《夏日街景》「實體物件」。若要將臺史所、北美館各自建置的《夏日街景》詮釋資料內容轉換為鏈結開放資料，達成資料整合、並進而區別，不致兩

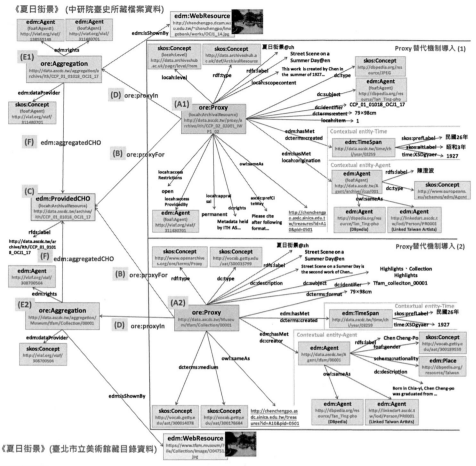

圖例說明：

（A1）臺史所檔案藏《夏日街景》後設資料替代類別實例

（A2）北美館目錄藏《夏日街景》後設資料替代類別實例

（B）　「替代資源」（ore:proxyFor）屬性鏈結「替代實例」與「實體物件」

（C）　《夏日街景》「實體物件」概念

（D）　「替代至」（ore:proxyIn）屬性鏈結「替代實例」與「虛實聚合」

（E1）臺史所檔案藏《夏日街景》「虛實聚合」概念

（E2）北美館檔案藏《夏日街景》「虛實聚合」概念

（F）　「實體聚合」（edm:aggregatedCHO）屬性鏈結「虛實聚合」與「實體物件」

此機制用以整合不同資料來源內容並保持各自建置後設資料內容原貌並區分示意（以臺史所、北美館各自建置之陳澄波畫作《夏日街景》資料整合為例。右上虛線框為臺史所「替代」類別實例包含之資訊內容、右下虛線框為北美館「替代」類別實例包含之資訊內容）

圖5　EDM模型「替代」類別（Proxy）設計

個不同來源出處資料混亂不分之目的，可借用EDM模型規範的「替代」（Proxy）類別與機制完成。在此情境下：

1. 針對臺史所、北美館的資料內容各賦予一個「替代」類別「替代」（ore:Proxy）類別實例（圖5：A1、A2），用以各自承載兩個單位建置的《夏日街景》作品詮釋資料。

2. 利用EDM「替代資源」（ore:proxyFor）屬性（圖5：B）將兩個「替代」類別實例共同鏈結至單一《夏日街景》「實體物件」（edm:ProvidedCHO）（圖5：C），藉此標示、替代原有EDM模型中「實體物件」實例。

3. 再利用「替代至」（ore:proxyIn）屬性（圖5：D），鏈結這兩個單位詮釋資料「替代」類別實例至各自所屬之「虛實聚合」（ore:Aggregation）中。（圖5：E1、E2）

4. 依EDM原有的規範，利用「實體聚合」（edm:aggragatedCHO）屬性（圖5：F）與單一《夏日街景》「實體物件」實例相連，達成跨單位、資料庫相同資料整合，並得以區分不同來源提供者資料建置內容的需求。

為檔案材料提供語意加值

鏈結資料的重要特徵，是允許資料集之間進行語意連結。根據Berners-Lee（2009）提出建構鏈結資料應具備的四項原則之一，是「盡可能提供資源的統一資源標誌符（URIs），以讓人可以發現更多的事物」。換言之，將本身資料集鏈結到外部的語彙及資料集是鏈結資料方法的重要研究步驟，藉此可以補充與豐富原有的資料集內容。然而，受限於時間或成本因素，目前許多鏈結資料的實作，僅簡單為藏品實體建立新的識別符，缺乏與其他外部資源集的鏈結。因此，造成許多相似或相關的資源，分別使用不同資源識別符、彼此之間缺乏任何連繫的問題（Hyland & Villazón Terrazas, 2011; Schaible, Gottron, & Scherp, 2014; Niu, 2016; Sanderson, 2014, December 17）。為解決此問題，本個案透過三種方式進行資料加值，分別為「採用外部語彙集」、「連結外部語彙集」，以及「使用脈絡類別」。限於篇幅，將以前兩項為例說明。

採用外部語彙集

本個案以「採用外部語彙集」為研究策略與方法，不再建立資源實體的在地URIs，而是直接採用外部語彙或資料集的URIs（詳見表4）。

表4　採用外部語彙集

編號	屬性	再用的詞彙集	屬性例證	在陳澄波檔案全宗的核心類別
1	層級（Level）	LOCAH	http://data.archiveshub.ac.uk/id/level/Item（Item）	ProvidedCHO
2	材質（Medium）	AAT	http://vocab.getty.edu/aat/300014078（Canvas）	ProvidedCHO
3	資料提供者（Data provider）	VIAF	http://viaf.org/viaf/138555148（ITH, Academia Sinica）	Aggregation
4	內容地點（Content location）	TGN	http://vocab.getty.edu/tgn/7468019（Chiayi）	ProvidedCHO

例如陳澄波檔案全宗的其中一項單件「夏日街景」作品，包括層次（Level）為「單件」、質材（Medium）為「油畫」、資料提供者（Data provider）為「中央研究院臺灣史研究所」、內容地點（Content location）為「嘉義」等屬性及屬性值。其中，「內容地點」屬性的資料值「嘉義」，本研究經由對應與評估相關地理名稱資料集的地名（如：嘉義）後，採用由全球知名的藝術史研究機構「蓋提研究中心」（Getty Research Institute, GRI）所研發蓋提地理名稱索引典的URI（http://vocab.getty.edu/tgn/7468019）作為「嘉義」資料值的URI，而不再額外為此地名建立在地URI。

連結外部語彙集

本個案以資料調和的方法，藉由在地資料與外部資料彼此之間建立適當的語意關係之鏈結，諸如：等同（owl:sameAS）屬性，以維持不同資料

集之間雖擁有不同URIs，但又可以共享相同的實體。其主要目的是為資料集提供更完整脈絡、近用更多資訊，進而改善研究、尋找到新的研究問題（Sanderson, 2016, April 4）。以「人物」作為例子，本個案使用不同類型的屬性，包含出處（origination）、主題（subject）、描繪（depict）等建立陳澄波文物檔案中涉及人物的資料（詳見表5），並賦予在地URIs。

表5　人物相關資料類型

實體／主體 Subject （CHO）	屬性／ 〈原EAD元素〉	實體／客體 （主體） Object （Subject）	屬性 Property	實體／客體 Entity/ Object
1　陳澄波文物檔案 （edm: ProvidedCHO） 在地資源識別碼	出處 locah:origination <origination>	人物 edm:Agent 在地URIs	等同於 owl:same As	LTA, ULAN, Dbpedia Resource URI
2	主題 dc:subject <controlaccess> <perName>			
3	描繪 crm:P62_depicts <controlaccess> <perName>			

　　其中，「主題」屬性用來連結實體物件和人物實體，雖然人物實體可能也存在於其他外部鏈結資料集，但是基於（1）資料典藏機構想建立並維護自己在地的資料；（2）外部資料集的內容可能不完整等因素，而採取建立在地的識別碼，再以指涉等同關係的屬性（如：owl:sameAS），鏈結至外部資料集，以讓全球資源網的資源之間達到彼此連結之效。然而，在面臨

眾多的外部資料集時該如何選擇？本研究中採用由Isaac, Manguinhas, Charles 與 Stiller（2015）所發展的6項標準，作為評估和選擇增進語意豐富度的外部語彙集，包括：可得性（availability）、存取性（access）、粒度（granularity）、覆蓋性（coverage）、連接性（connectivity）、品質（quality），以及大小（size）等準則。所選的外部資料集包括鏈結臺灣藝術家（Linked Taiwan Artists, LTA）、藝術家聯合名錄（Union List of Artist Names, ULAN）、資料庫百科全書（DBpedia）等。

　　藝術家聯合名錄（ULAN）是由蓋提中心所發展的鏈結資料集，收錄約30萬位藝術家的人名權威檔，包括：藝術家名字的不同語言寫法或別名、國籍、角色、性別、生卒日期、活躍期、人際關係、參考出處等相關資訊。以本個案為例，經盤點「圖像剪貼與藏書」系列、「西洋藝術家作品剪貼圖」案卷項下的單件，共出現90位西方藝術家，且超過半數是19至20世紀前期的法國畫家，如：保羅・塞尚（Paul Cézanne, 1839-1906），此資料展現出畫家陳澄波對於該時期印象派作品與作畫風格的關注。

　　鏈結臺灣藝術家（LTA）是由中研院數位文化中心所研發的鏈結開放資料集和應用系統，提供日治時期臺灣藝術家的傳記資源，包含藝術家作品、學術訓練、職業經歷、參與組織與相關展覽等。其目標是為了追蹤臺灣美術發展的變化，此資料集包含超過1,800筆記錄與17,296條三元組敘述（陳淑君，2017）。在本個案中，由於涉及的人物多為日治時期臺灣與日本的藝術家，這些資料在地性強，許多並未被全球大型的資料集收錄（諸如DBpedia或ULAN），相對地LTA可以提供相當完整的資料，因此經本研究評估後被視為適合且獨特的外部語彙集，用於鏈結臺灣近代藝術史上的重要畫家。

以鏈結資料集為基礎的數位人文探究

　　鏈結開放資料因其採用語意網標準進行資料的結構化、便於資料流通、串聯、交換、近用等特性，因此近十年來成為國際數位人文研究中重要的資料整合方法，並藉由導入、鏈結其他外部既有、相關主題鏈結開放資料集內容等方式，達成不同來源資料集相互加乘、擴展原有資料內容、啟發

資料研究詮釋新視角等功能。本節將以「陳澄波畫作與文書」檔案為例，探討傳統檔案目錄在經過鏈結資料與知識本體的轉換後，可能為數位人文研究帶來什麼樣的支持與協助？尤其，本個案以導入外部與藝術、文化主題相關的鏈結開放資料集，以擴展原有知識內容為重點，並以臺灣美術史研究者作為人物誌的基礎，進行研究情境的發展及實作。以下將就（1）「陳澄波收藏的西方藝術家作品剪貼有哪些人？其國籍為何？」、及（2）「陳澄波收藏西方藝術家作品剪貼有哪些人？其創作流派風格為何？」等兩個臺灣藝術史的探究問題為例，先敘述研究情境，再示範人文學者如何以檔案目錄的鏈結資料集為基礎，並運用外部資源擴充原有檔案內容，再進行分析與探索。

陳澄波收藏的西方藝術家作品剪貼有哪些人？其國籍為何？

陳澄波是臺灣日治時期重要畫家，也是臺灣西畫藝術發展中第一代開拓者，教育後進無數。在過往臺灣藝術史研究中，針對陳澄波藝術創作內容與臺灣歷史、文化脈絡連結及臺日中三地藝術環境連結已多所論述。探究陳氏藝術創作本質仍以西畫為主，但除1924至1929年間赴日求學，師事田邊至、岡田三郎助並受教日本西畫學院教育薰陶，以及參與各項日本、臺灣等西畫展覽，進行學習交流外，究竟藝術家本人直接與當時西方繪畫藝術的接觸、學習對象有哪些？又陳澄波西式油畫創作受那些西方藝術家或流派影響？這些均為過往研究中尚未深入探討的範疇。

以陳澄波檔案「案卷」層級中的「西洋藝術家作品剪貼圖」資料為例，該批資料雖典藏畫家陳澄波生平收藏91位西洋藝術家繪畫作品圖像剪報資料，但若想要探究這些藝術家國籍為何，原始檔案資料並沒有任何記載。有鑑於陳澄波藝術作品主要以西洋畫創作為主，這些藝術家國籍隸屬狀況的確認，似可忠實展現陳氏繪畫創作歷程中深受那些國家、地區藝術家的影響。而在語意網的環境，目前已存在諸多描述藝術、文化資源為主題的鏈結開放資料集，其中尤其以美國「蓋提研究中心」公布的「藝術與建築索引典」（Art & Architecture Thesaurus, AAT）及「藝術家聯合名錄」（ULAN），在當前國際數位人文研究領域，是最權威、運用最廣的藝術史開放資料。由於ULAN資料集的內容收錄了藝術家的國籍資訊，並運用AAT

作為國籍資訊值內容的補充資源，因此可在「陳澄波畫作與文書」檔案全宗轉置為LOD資料集之際，以擴增語意方式，鏈結上述外部資料內容，以增補原有檔案的詮釋資料之不足。具體的研究實作步驟，如下說明。

（1）為達成利用外部資源補充檔案詮釋資料不足的問題，首先，需先針對「西洋藝術家作品剪貼圖」案卷內91筆單件內容進行資料清理，解析出每筆單件題名中提到的西洋藝術家人名清單，並與ULAN收錄的藝術家人名進行對應，確認是否收錄並轉置為「陳澄波畫作與文書LOD資料集」中相關藝術家人物URI資源；其次，依現有EDM為基礎的陳澄波檔案知識本體，利用外部「等同」（owl:sameAs）屬性將解析、轉置出之藝術家人物URI資源（即EDM模型中規範之代理者類型「內容實體類別」），與ULAN資料集中對應到的藝術家URI資源等兩個資源，建立彼此之間的關係，達成陳澄波LOD資料集與ULAN資料集整合、鏈結目的。最後，依據Getty發布的ULAN及AAT等「蓋提詞彙計畫知識本體」（Getty Vocabularies Program Ontology），利用其中的foaf:focus、gvp:nationality Preferred屬性，查詢出對應到的ULAN藝術家的國籍資資訊（詳見圖6）。

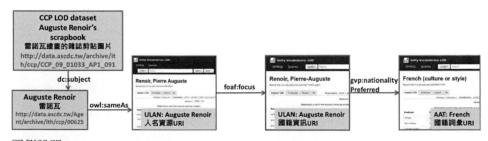

圖例說明：
以「雷諾瓦繪畫的雜誌剪貼圖片」單件檔案為例，運用「等同」屬性，與ULAN及AAT等外部LOD資料集鏈結，達成原有檔案資料加值及跨資料集檢索。

圖6　導入外部鏈結開放資源，擴大原有知識內容

（2）由上述語意檢索結果發現，在45筆具國籍資訊的ULAN藝術家人名資料中，陳澄波收集的西方藝術家依國籍分，前三名為法國（26位）、義大利（7位）、荷蘭（4位）；其餘尚包含德國（3位）、法蘭德斯（2位）、西

班牙（1位）、比利時（1位）、美國（1位）等。將查詢結果進一步進行資料視覺化呈現，可發現法國籍藝術家比例為57.8%，佔所有國籍的近60%，遠高於第二名的義大利籍藝術家（15.6%）、第三名荷蘭籍藝術家（8.9%）。由此可推測法國藝術家創作動態，可能是陳澄波繪畫創作過程中關注、學習所在（詳見圖7）。

圖例說明：

以「陳澄波收藏西方藝術家作品剪貼有哪些人？其國籍為何？」為範例題目的檢索結果及統計呈現。

圖7　整合外部鏈結開放資源，進行語意檢索的結果

陳澄波收藏西方藝術家作品剪貼有哪些人？其創作流派風格為何？

陳澄波藝術創作本質以西畫為主，因此觀摩、學習西方繪畫藝術發展亦成為畫家精進本身藝術創作功力及藝術思維的重要過程。究竟藝術家本人直接關注的西方繪畫藝術家所屬流派風格為何？又這些風格影響性是否可印證為陳澄波本人藝術理念發展思維？

再以上述「西洋藝術家作品剪貼圖」案卷資料為例，研究者如要進階探究這些藝術家流派畫風為何，原始檔案資料也是無任何相關記載。由於陳澄波藝術作品主要以西畫創作為主，如果能夠確認這些收藏西方藝術家所屬流派風格，則可佐證陳氏繪畫創作歷程中，可能受到那些藝術風格影響，甚至進而導引出後續可深化研究的議題。傳統的研究方法，研究者需逐一查證每位藝術家的流派風格，但在此應用語意網技術，則可直接抽取

資料庫百科全書（DBpedia），其包含藝術家詞彙及西方藝術創作派別詞彙資源，以做為執行本項命題之基礎。

　　在研究實作的過程類似上述案例，首先，解析出「西洋藝術家作品剪貼圖」中，單件題名內容提到的西洋藝術家人名，並與DBpedia詞彙收錄之藝術家人名進行對應，確認是否收錄其中。其次，依陳澄波檔案的知識本體，利用屬性「等同」（owl:sameAs）屬性s將解析、轉置出之藝術家人物實例URI資源（即EDM模型中規範之代理者類型「內容實體類別」），與DBpedia資料集中對應到之藝術家URI資源進行鏈結，達成陳澄波LOD資料集與DBpedia資料集整合目的。隨即依據「DBpedia知識本體」設計（DBpedia Ontology）中規範之「運動」（dbo:movement）及「主題」（dbo:subject）屬性，檢索對應到的DBpedia藝術家詞彙所屬西洋藝術流派詞彙資訊。最後再利用「標籤」（rdfs:label）屬性查詢、連結到西洋藝術流派詞彙所屬題名英文文字的內容（詳見圖8）。

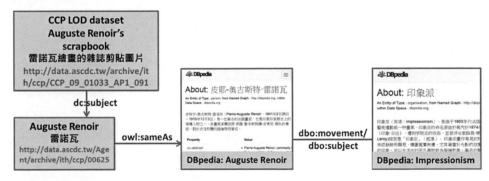

圖例說明：
以陳澄波檔案中收錄之「雷諾瓦繪畫的雜誌剪貼圖片」單件檔案為例，運用等屬性語意，與DBpedia等外部LOD資料集鏈結。

圖8　導入外部鏈結開放資源，達成原有檔案資料加值及跨資料集檢索

　　從上述語意檢索結果發現，在前述DBpedia西洋藝術家詞彙中總計找出52筆、25種藝術家流派風格資訊，其中出現前六名的藝術家所屬流派風格分別為「後印象派」（7次）、「印象派」（6次）、「野獸派」（5次）、「立體派」

（4次）、「文藝復興盛期藝術」（3次）、「巴洛克」（3次），剩餘的19種則出現1至2次間。進一步以資料視覺化呈現後，可以觀察到「後印象派」風格比例佔13.5%、「印象派」風格比例佔11.5%、「野獸派」風格比例佔9.6%，三者合計佔34%，由此可以佐證陳澄波創作生涯中，對當時西方盛行之「後印象派」、「印象派」及「野獸派」等繪畫風格作品及發展甚為注意，故在其收錄之「西洋藝術家作品剪貼圖」中，多以具這類創作風格的藝術家資訊為主。由於「後印象派」、「印象派」及「野獸派」等繪畫風格正緣起於法國，此也證明何以在前一例有關藝術家所屬國籍命題中，陳氏所收藏的藝術家作品剪貼多屬法國籍藝術家（詳見圖9）。

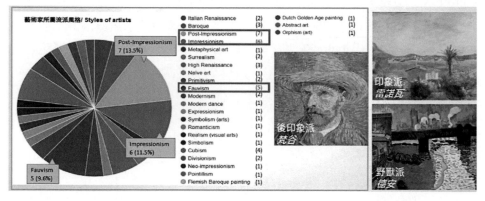

圖例說明：
鏈結DBpedia等外部LOD資源，以「陳澄波收藏西方藝術家作品剪貼有哪些人？其創作流派風格為何？」為範例的檢索結果及統計呈現，可作為研究佐證。

圖9　整合外部鏈結開放資源，提供研究佐證

　　由本例查詢顯示，「後印象派」、「印象派」及「野獸派」等風格作品為陳澄波格外注意的師法派別結果，也與畫家本人對其西畫創作看法相呼應。西元1934年初秋，陳澄波接受《臺灣新民報》專訪時，即表示「……我向來的作畫方針：雷諾瓦的線的動態、梵谷的筆觸和運筆，以及把東方色彩加濃處理……」。其中雷諾瓦、梵谷等分別為「印象派」及「後印象派」風格藝術創作代表；「野獸派」風格中強調濃烈、純色色彩之運用，正受當時

歐陸對日本等東方藝術而啟發。由此，更加印證陳澄波偏好收集這類藝術風格作品剪報之因。

　　除此，從上述檢索結果也發現「文藝復興盛期藝術」、「義大利文藝復興藝術」、「巴洛克」等次要出現的詞彙群總計出現8次，佔所有藝術流派風格的15.3%，成為檢索結果中不可忽視的部分。由於15至17世紀於義大利誕生的文藝復興、巴洛克藝術為現代西方繪畫技法風格最直接的起源，也是陳澄波赴日學習學院派西畫啟蒙中重要的觀摩對象（陳澄波收錄的「西洋藝術家作品剪貼圖」中，即包含拉斐爾、米開朗基羅、提香、魯本斯等這時期代表大家）（詳見圖10）。換言之，本個案的檔案全宗經由鏈結開放資料轉換後，再藉由語意檢索（SPARQL）的結果與分析，開啟陳澄波繪畫研究的不同視角，進一步理解這些文藝復興、巴洛克繪畫大師對陳澄波畫作風格流派及藝術學習之影響，而非埋沒於原始資料中。這些似乎也是目前臺灣美史學界在陳澄波繪畫風格研究中，尚未注意的議題。

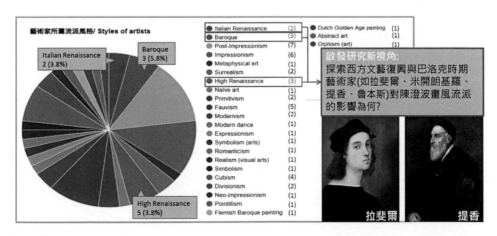

圖例說明：
以「陳澄波收藏西方藝術家作品剪貼有哪些人？其創作流派風格為何？」範例檢索結果，導引未來由西洋文藝復興、巴洛克藝術觀點研究陳澄波繪畫風格源流影響。

圖10　藉由LOD資料鏈結及語意檢索，啟發、建議嶄新研究觀點

結論

　　本文以「陳澄波畫作與文書」全宗為個案，示範如何在語意網的環境，將檔案查檢工具以開放鏈結資料及知識本體的方式組織，以提升檔案資料的互通與價值，並精進檔案材料在數位人文學的運用。具體而言，本個案研究的主要貢獻包括：

（一）因應語意網環境的資訊近用趨勢與需求，以一個檔案全宗為例進行鏈結開放資料的研究設計與實作，提供機器與人類查詢與下載的 SPARQL端點。

（二）以歐洲數位圖書館資料模型（EDM）作為知識本體的框架基礎，再延伸擴展檔案領域的屬性、屬性值，除了能完整表達檔案全宗的知識脈絡外，並透過對應外部詞彙集（AAT、TGN、VIAF等）加值既有的檔案館藏，此方法可以降低檔案編排與描述工作負擔，以及長期維護的成本，並進而與外部知識庫建立互通性。

（三）應用EDM內的「物件再用和交換知識本體」（ORE）作為整合相同實體藏品，但分屬於不同機構的詮釋資料。藉此，散落在圖書館、檔案館、博物館的相關資源能夠被彙整，但又保持各自的觀點，提供研究者更為完整的知識脈絡。此研究的結果可提供全國藝術相關檔案，開放鏈結資料發展具體的方法論與示範案例。

（四）突破長期以來目錄型資料（如：圖書館書目記錄、檔案館館藏目錄等）以提供使用者詮釋資料的查詢為主，進一步藉由導入、鏈結其他外部既有、相關主題鏈結開放資料集內容等方式，達成不同來源資料集相互加乘、擴展原有資料內容、啟發資料研究詮釋新視角等功能。以此，作為資訊組織對於數位人文研究的支援與角色。

　　除了上述鏈結開放資料為傳統詮釋資料紀錄的效益帶來的優點外，在鏈結開放資料的發展上仍有許多問題尚待被解決。其中一項是如何提供一個對人文研究者更友善、技術門檻更低的方式，對鏈結資料集進行複雜及有彈性的語意查詢、分析與視覺化。對人類友善的語意查詢介面目前仍在開發初期，雖然已經有探討資料視覺化與線上檔案查找工具的相關研究

（Kramer-Smyth, Nishigaki, & Anglade 2007; Lemieux, 2012; Bahde, 2017），
但都還沒有關注於鏈結開放資料的情境之相關研究。如何結合語意資料並
發展有意義且適合的資料視覺化模型，並呈現分析結果，在建構鏈結開放
資料的應用系統是值得發展的研究之一。

參考文獻

王麗蕉（2019.11.29）。試以檔案來源理論探討圖、檔、博在資訊組織的合作，發表於臺灣OCLC管理成員館聯盟2019年會員大會。http://service.flysheet.com.tw/online/OCLCTW/images/downloads/2019oclc/20191129_03.pdf

白適銘（2013）。「寫生」與現代風景之形構──陳澄波早年（1913-1924）水彩創作及其現代繪畫意識初探。收錄於**阿里山之春：陳澄波與臺灣美術史研究新論**，創價藝文中心委員會編輯部編（台北市：勤宣文教基金會，2013），頁92-135。

李淑珠（2010）。陳澄波圖片收藏與陳澄波繪畫。**藝術學研究**，（7），97-182。

林富士（2018）。「數位人文學」概論。收錄於「**數位人文學」白皮書**，林富士主編（台北市：中研院數位文化中心，2018），頁1-55。

陳亞寧、陳淑君（2007）。後設資料入門導論。收錄於**數位典藏技術導論**。中央研究院資訊科學研究所＆計算中心策劃（台北市：臺大出版中心，2007），頁26-65。

陳昭珍（2004）。國家文化資料庫詮釋資料格式設計理念。收錄於**後設資料在數位典藏之研究發展：回顧與前瞻 研討會論文集**，數位典藏國家型科技計畫技術研發分項計畫後設資料工作組編（台北市：數位典藏國家型科技計畫，2004），頁95-103。

陳淑君（2013）。數位藏品的代言者：後設資料與控制詞彙。收錄於**當科技與人文相遇：數位典藏與數位學習的歷程**，數位典藏與數位學習國家型科技計畫辦公室編輯（台北市：數位典藏與學習計畫辦公室，2013），頁209-212。

陳淑君（2017）。鏈結資料於數位典藏之研究：以畫家陳澄波為例。**圖書館學與資訊科學**，**43**（1），71-96。

國家圖書館（2018）。「國家圖書館鏈結資源」系統開放使用。https:// catweb.ncl.edu.tw/report/page/8475

曾蕾、陳淑君（2017）。特約編輯的話。**圖書館學與資訊科學，43**（1）。

Bahde, A. (2017). Conceptual Data Visualization in Archival Finding Aids: Preliminary User Responses. *Portal: Libraries and the Academy, 17*(3), 485-506. https://doi.org/10.1353/pla.2017.0031

Berners-Lee, T. (2009). *Linked data*. Retrieved from https://www.w3.org/ DesignIssues/inkedData.html

Berry, D. M., & Fagerjord, A. (2017). *Digital humanities: knowledge and critique in a digital age*. Camgridge: Polity Books.

Charles, V., & Olensky, M. (2014). *Report on Task Force on EDM Mappings, Refinements Extensions*. https://pro.europeana.eu/files/Europeana_Professional/ EuropeanaTech/EuropeanaTech_taskforces/Mapping_Refinement_Extensi on/EDM%20%20Mapping%20refinement%20extension%20Report.pdf

Chen, S. J. (2019). Semantic enrichment of linked archival materials. *Knowledge Organization, 46*(7), 530-547.

Dempsey, L., & Heery, R. (1998). Metadata: a current view of practice and issues. *Journal of documentation, 54*(2), 145-172.

Doerr, M., Gradmann, S., Hennicke, S., Isaac, A., Meghini, C., & Van de Sompel, H. (2010, August). The europeana data model (edm). In *World Library and Information Congress: 76th IFLA general conference and assembly* (Vol. 10, p. 15).

Europeana Foundation (2020). *Brief History [of the Europeana]*. https://pro. europeana.eu/about-us/mission#brief-history

Francisco-Revilla, L., Trace, C. B., Li, H., & Buchanan, S. A. (2014). Encoded archival description: Data quality and analysis. *Proceedings of the American Society for Information Science and Technology, 51*(1), 1-10.

Hyland, B., & Villazón Terrazas, B. (2011). *Linked Data Cookbook.* World Wide Web Consortium. Retrieved from: http://www.w3.org/2011/gld/wiki/Linked_Data_Cookbook

Issac, A. (2013). *Europeana Data Model Primer.* https://pro.europeana.eu/files/Europeana_Professional/Share_your_data/Technical_requirements/EDM_Documentation/EDM_Primer_130714.pdf

Isaac, A., Manguinhas, H., Charles, V., & Stiller, J. (2015, October 29). *Selecting Target Datasets for Semantic Enrichment: Companion Document to the Report of the EuropeanaTech Task Force on Enrichment and Evaluation.* https://pro.europeana.eu/files/Europeana_Professional/EuropeanaTech/EuropeanaTech_taskforces/Enrichment_Evaluation/EvaluationEnrichment_SelectingDatasets_102015.pdf.

Kramer-Smyth, J., Nishigaki, M., & Anglade, T. (2007). *ArchivesZ: Visualizing archival collections.* http://archivesz.com/ArchivesZ.pdf.

Lagoze, C., Van de Sompel, H., Johnston, P., Nelson, M., Sanderson, R., & Warner, S. (2008). *Open archives initiative object reuse and exchange: ORE user guide-primer.* http://www.openarchives.org/ore/1.0/primer

Lemieux, V. (2012). Envisioning a sustainable future for archives: A role for visual analytics. In *Paper contributed to the International Council on Archives Conference, Brisbane, Australia.* http://ica2012.ica.org/files/pdf/Full%20papers%20upload/ica12Final00239.pdf

Mitchell, E. T. (2013). Metadata developments in libraries and other cultural heritage institutions. *Library Technology Reports, 49*(5), 5-10.

Niu, J. (2016). Linked Data for Archives. *Archivaria, 82*(1), 83-110.

Pearce-Moses, R. (2005). *A Glossary of Archival and Records Terminology.* Chicago, IL: Society of American Archivists.

Sanderson, R. (2014, December 17). *Reconciliation of Linked Data in the Cultural Heritage Sector*. https://mellon.org/media/filer_public/7f/8e/7f8e4ddf-97c4-44a2-a1d6-cf333acf1916/sanderson_lod_reconciliationreport_12-2014.pdf.

Sanderson, R. (2016, April 4). *Linked Data Snowball, or Why We Need Reconciliation*. SlideShare. https://www.slideshare.net/azaroth42/linked-data-snowball-or-why-we-need-reconciliation.

Schaible, J., Gottron, T., & Scherp, A. (2014, May). Survey on common strategies of vocabulary reuse in linked open data modeling. In *European Semantic Web Conference* (pp. 457-472). Springer, Cham.

第 3 章
領域知識架構之建構應用研究

阮明淑

本文簡介

近年以領域分析方法建構各領域知識架構之發展獲得重視。本文屬資訊組織研究之前瞻子題,先藉由知識分類學(Taxonomy)之概念說明內涵,再利用近十年的知識學分類學相關文獻之書目計量,了解其研究重點與發展方向,最後介紹臺灣利用領域分析方法於領域知識架構的相關應用。本文選取「圖書資訊學索摘資料庫」進行文獻檢索與分析,探討知識分類學相關論文之期刊、作者、主題及作者關鍵字等面向。最後簡介領域分析方法在領域知識架構建置之案例:(1)漁產業知識架構(產業知識層次)、(2)原住民族知識架構(族群知識層次)及(3)線上音樂知識架構(生活藝術層次)等,介紹領域分析方法在建構各種領域知識架構的潛力,希望可以引發更多的研究與應用可能性。

前言

分類與組織在圖書資訊領域一直是個重要的議題,過去知識分類學主要在生物分類與學科分類之討論,如研究生物分類的學科,探討物種的鑑別與歸類的理論與方法,裨益於生物種的認識、研究、利用與保存。1990年代,知識分類學被重新定義為「任何語義上的特殊意義」(楊雅婷、阮明

淑，2006），如內容的系統化組織，或發展此種系統化組織的過程。近年透過領域分析建構領域知識架構得到廣泛重視，因為本文屬資訊組織研究之前瞻子題，所以，擬先藉由知識分類學之概念內涵說明，再利用近十年的知識分類學相關文獻之書目計量分析，了解本主題的研究與發展方向，最後介紹領域分析方法在領域知識架構的相關應用。

知識分類學之概念內涵

　　Taxonomy源自希臘文，Taxis表示整理、安排或排列，而Nomos意味法則或規則，是一種根據預定系統（pre-determined System）進行分類的科學，其分類結果可作為一種討論、分析或資訊檢索的概念框架（conceptual framework）（Bruno & Richmond, 2003）。另一方面，Taxonomy有「生物分類學」之意，是將生物分門別類的工作與理論，例如：《韋式字典》*Merriam-Webster Dictionary*（n.d.）對Taxonomy的解釋為「根據推測的自然關係對動植物進行有序分類」；《簡明大英百科全書》*Britannica Concise Encyclopedia*（Cain, 2020）中則將其譯為「分類學」，指的是生物學上將有機體從一般到特殊分成不同的層次組別，以反映演化與形態關聯，如植物分類學（Plant Taxonomy）、病毒分類學（Taxonomy of Viruses）等。

　　在圖書資訊學領域，通常將Taxonomy理解為「分類」（classification），楊雅婷與阮明淑（2006）系統性梳理字典、百科全書、辭典、書籍和相關文獻中對於Taxonomy的定義，指出Taxonomy 有以下七種涵義：生物分類、分類的科學或技巧、知識分類學、由範疇（categories）和連結範疇的關係所組成的一種架構、將蒐集的項目與事先定義好的標籤作配對（matching）的過程、分類表／分類系統／標籤系統、知識地圖。作者提及Taxonomy不只出現在自然科學，社會科學、語言學、認知科學或網站設計等皆會運用類似概念，如內容或資訊的系統化組織、主題範疇的階層式列表等。其中，taxonomy與classification scheme/system經常交替使用（Adams & Adams, 1991），但是Classification Scheme/System的產生是從上到下（top-down），根據主題，向下複分，所以是「主動的」（因為分類的主要目的是要指引使

用者找到資訊的主體）；Taxonomy則是從下到上（bottom-up）、從各種學問（知識）的實際內容產生，比起classification，它是更簡明。例如：王忠紅（2006）認為Taxonomy旨在揭示事物之間的關係，相較於圖書分類法之嚴謹結構，Taxonomy的層級結構是建立在某一特定範圍內的主題詞及其關係，類目上下關係會較為鬆散，利用上也較貼近使用者習慣。

不論是何種學術觀點或應用，現有研究對Taxonomy一詞的概念內涵似乎有一致的描述，本質上它是一種架構（structure）或主框架（master scheme），由範疇與關係連結所組成，可讓使用者分類事物至該階層式架構中，或用於管理各類物件實體（Chaudhry & Ling, 2005; Gilchrist, 2003; Jacob, 2004）。

近十年知識分類學相關論文之書目計量分析

過去已有相關文獻針對知識分類學一詞進行概念辨析（Hjørland, 2017；楊雅婷、阮明淑，2006），但就整體研究發展與探討議題並未有一完整的認識。因此，本文透過「圖書資訊學索摘資料庫」（Library, Information Science & Technology Abstracts，以下簡稱LISTA資料庫），進行2010.01.01至2020.08.31止之知識分類學相關論文檢索[1]，共取得1,210筆相關論文數量，接著再利用書目計量方法與工具[2]進行分析。

知識分類學相關論文之期刊分布

由近十年知識分類學相關文獻之期刊分布（詳見表1）結果得知，*Knowledge Organization* 與數本分類學相關期刊（如 *Cataloging & Classification Quarterly*、*Catalogue & Index*、*Journal of Classification*等）為

---

[1] 資料庫檢索策略為：TI= taxonomy OR SU= taxonomy OR KW= taxonomy OR TI= classification scheme OR KW= classification scheme OR SU= classification，限制出版品類型為學術（同儕評鑑）期刊，文件類型為 Article。

[2] 書目計量工具為 BibExcel、共詞網絡視覺化為 VOSviewer。

表1 2010-2020年知識分類學相關論文之期刊分布

期刊名稱	篇數	百分比（%）
Knowledge Organization	136	23.9
Journal of the Association for Information Science & Technology	98	17.2
Information Processing & Management	63	11.1
Scientometrics	55	9.7
Cataloging & Classification Quarterly	53	9.3
World Patent Information	38	6.7
Catalogue & Index	34	6
Journal of Classification	34	6
Journal of Documentation	30	5.3
Journal of the American Medical Informatics Association	28	5

知識分類學相關議題之常見刊載期刊外，本次統計亦出現*Scientometrics*、*World Patent Information*、*Journal of the American Medical Informatics Association*等期刊，說明知識分類學應用在相關研究範圍已有豐碩成果，如：2018年Scientometrics刊載比利時安特衛普大學Raf Guns教授之社會科學與人文學出版品的認知與組織分類比較研究，2020年*Scientometrics*刊載美國印第安那大學*Staša Milojević*教授之*Nature*、*Science*及*PNAS*三本期刊論文之主題分類範疇對跨學科之影響；而*World Patent Information*多刊載專利分類及其自動分類技術相關論文，*Journal of the American Medical Informatics Association*則多集中於臨床資訊文本分類與挖掘等相關論文。

相對於非分類學相關期刊之論文重點，本文查閱*Knowledge Organization*近二年刊載之論文，如2020年刊載樂器分類，2019年刊載天文學分面式分類、加拿大研發分類、荷蘭NARCIS分類架構等，顯見除了知識分類學之基礎理論外，不同領域之分類應用研究已逐漸受到關注。所以，

本文重點放在領域知識分類之發展應用。

知識分類學相關論文之作者分布

由分析結果可知，知識分類學相關論文之高生產力作者[3]分別為英國倫敦大學Deborah Lee博士（也是倫敦大學科陶德藝術學院圖書館高級編目代理負責人），其論文主題多集中在音樂分類，多為獨立作者並發表在*Knowledge Organization*；其次是荷蘭阿姆斯特丹大學Loet Leydesdorff博士，其論文主題多集中在學科或專利分類映射，並發表在*Scientometrics*或*JASIST*；Richard P. Smiraglia是美國威斯康辛大學密爾瓦基分校的榮譽退休教授，其論文主題涉及跨知識組織系統、分類與概念、FRBR等基礎理論；Rick Szostak是加拿大阿爾伯塔大學的教授，其論文主題為關係分類與複雜概念；Claudio Gnoli是義大利帕維亞大學的教師（也是該校圖書館的資深館員），其論文主題為現象分類（classifying phenomena）。

知識分類學相關論文之主題分布

在LISTA資料庫中，每篇論文皆會被指派多個主題分類，經由主題分類統計可以快速得知論文的相關研究範疇。由表2得知，分類相關主題（如Classification、Classification of Books、Taxonomy、Cataloging、Dewey Decimal Classification、Subject Headings、Library of Congress Classification等）仍佔多數比例。

表2 2010-2020年知識分類學相關論文之主題分布

主題類目	中文	篇數	百分比（%）
Classification	分類	427	22.2
Classification of Books	圖書分類	136	7.1

（續）

---

[3] 本文定義高生產力作者為發表論文篇數高於 7 篇之作者。

表2　2010-2020年知識分類學相關論文之主題分布（續）

主題類目	中文	篇數	百分比（%）
Information Retrieval	資訊檢索	117	6.1
Taxonomy	知識分類學	105	5.5
Knowledge Management	知識管理	87	4.5
Cataloging	編目	68	3.4
Dewey Decimal Classification	杜威分類法	62	3.2
Information Science	資訊科學	61	3.2
Information Resources Management	資訊資源管理	61	3.2
Library Science	圖書館學	58	3.0
Classification Algorithms	分類演算法	56	2.9
Algorithms	演算法	55	2.9
Subject Headings	主題標目	53	2.8
Information Organization	資訊組織	50	2.6
Library of Congress Classification	（美國）國會圖書館圖書分類法	49	2.5
Research Funding	研究資助	45	2.3
Libraries	圖書館	43	2.2
Data Mining	資料探勘	42	2.2
Metadata	詮釋資料	41	2.1
Indexing	索引法；編制索引	41	2.1
Information Storage & Retrieval Systems	資訊儲存與檢索系統	38	2.0
Machine Learning	機器學習	37	1.9

（續）

表2 2010-2020年知識分類學相關論文之主題分布（續）

主題類目	中文	篇數	百分比（%）
Data Analysis	資料分析	34	1.8
Bibliographic Classification	布利斯書目分類法	34	1.8
Bibliometrics	書目計量法	33	1.7
Faceted Classification	分面式分類法；層面式分類法	31	1.6
Semantics	語義學	31	1.6
Citation Analysis	引用分析	30	1.6

　　值得關注的是，在近十年知識分類學相關文獻中，Classification Algorithms、Algorithms、Data Mining與Machine Learning等自動化分析技術亦有不少研究論文，如：美國路易斯安那州立大學的Yejun Wu副教授曾於 *Knowledge Organization* 發表 Construction and Evaluation of an Oil Spill Semantic Relation Taxonomy for Supporting Knowledge Discovery（用於知識發現的溢油語義關係分類法之建構與評估）、巴基斯坦國立科技大學的 Sharifullah Khan教授曾於 *Information Research* 發表 Determining Influential Factors and Challenges in Automatic Taxonomy Generation: A Systematic Literature Review of Techniques 1999-2016（自動化知識分類生成的影響因素與挑戰）、Richard P. Smiraglia教授曾於 *Knowledge Organization* 發表 Tracking the Evolution of Clustering, Machine Learning, Automatic Indexing and Automatic Classification in Knowledge Organization（知識組織中的聚類、機器學習、自動標引及自動分類的發展追蹤）等，說明自動化的分類方法或技術是近十年知識分類學關注的重點之一。

知識分類學相關論文之作者關鍵字分布

　　藉由統計論文關鍵字頻次，可以快速得知這些論文的重要研究議題。由表3得知，Classification（分類）與Taxonomy（知識分類學）仍是這些論文的核心議題，且關鍵字詞頻分析結果大致與主題分類結果相似，自動化方法與技術是近十年論文關注之議題，如：Text Mining、Text Classification、Machine Learning、Automatic Classification、Data Mining與Natural Language Processing等。

表3　2010-2020年知識分類學相關論文之作者關鍵字分布

關鍵字	詞頻
Classification	92
Taxonomy	61
Knowledge Organization	29
Classification Schemes	25
Ontologies	25
Text Mining	23
Taxonomies	22
Information Retrieval	21
Text Classification	19
Machine Learning	18
Library Classification	14
Knowledge	14
Information	12
Automatic Classification	12
Data Mining	12

（續）

表3 2010-2020年知識分類學相關論文之作者關鍵字分布（續）

關鍵字	詞頻
Cataloging	12
Natural Language Processing	11
Dewey Decimal Classification	11
Thesauri	11
Clustering	11

　　進一步分析論文關鍵字之共詞關係網絡（詳見圖1），亦清楚可見知識分類學除了與知識組織、圖書分類法、分類架構、資訊檢索及俗民分類等傳統分類相關詞彙有密集的聯繫外，在共詞網絡右方出現了自動化方法或技術的應用研究議題，顯見近十年論文發展已累積相當之研究成果。

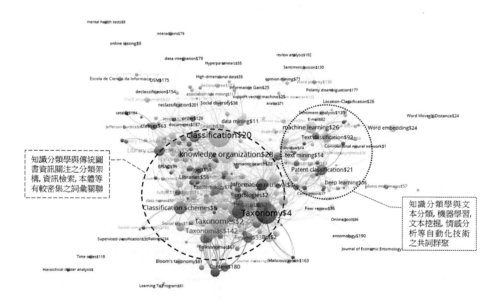

圖1　近十年知識分類學相關論文之共詞網絡

領域分析方法應用於領域知識分類學

領域分析方法

　　知識架構或知識樹（knowledge tree）可視為一種知識領域（knowledge domain）的分類體系展現，也是組織各種知識的重要參考架構（Bratianu, 2015; Kwasnik, 1999；阮明淑，2003）。

　　在科技越來越進步的現代，來自各領域的豐碩研究成果與新發現帶給人們日益開闊的新視野與新觀點，但同時也使得傳統的知識分際面臨模糊與重新劃分的挑戰，當知識邊界不再清楚明確，過去使用的文獻或知識分類勢必要調整或產生新的類目來容納新浮現的知識成果。為解決此問題，圖書資訊科學界的學者Hjørland與Albrechtsen（1995）提出「領域分析」（domain analysis）的概念，將知識領域視為社會分工下的思想或討論社群，以有機體的觀點來看待知識領域，強調知識領域的結構組織與成長發展，根據此觀點所發展出來的領域知識組織方法，似乎具有足夠的彈性來處理數位科技與跨學科帶來的變化；Hjørland也認為「領域分析」應由領域專家與圖書資訊專家合作進行，希望透過雙方的合作，能建構出確實可行的領域分析方法。

　　圖書資訊學為了要了解特殊主題領域中的專家需要哪些特殊的知識，以及該如何對領域特殊知識進行分類，進而對領域分析的方法進行探究。於是，Hjørland（2002）認為他整理與提出的11個圖書資訊科學觀點的領域分析方法，可滿足圖書資訊科學對綜合通盤理論的需求，列舉如下：

　　1. 文獻指南或主題式資源指引網站（Literature Guides or Subject Gateways）

　　2. 專門的分類法與索引典（Special Classifications and Thesauri）

　　3. 索引製作和檢索專業研究（Research on Indexing and Retrieving Specialties）

　　4. 實證的使用者研究（Empirical User Studies）

　　5. 書目計量學研究（Bibliometrical Studies）

6. 歷史研究（Historical Studies）

7. 文件和類型研究（Document and Genre Studies）

8. 認識論與批判研究（Epistemological and Critical Studies）

9. 術語研究、專用語言及論述研究（Terminological Studies, Languages for Special Purposes, Discourse Studies）

10. 科學傳播中結構與機構的研究（Studies of Structures and Institutions in Scientific Communication）

11. 專業認知及人工智慧的領域分析（Domain Analysis in Professional Cognition and Artificial Intelligence）

上述Hjørland提出的11個圖書資訊科學觀點的領域分析方法，或許並非最詳盡，但各個方法之間卻能兼容並蓄不具排他性，Hjørland認為這些方法提供了實務與理論層面的相關研究調查，從這11個方法挑選適合的方法加以結合，可增強資訊科學研究在理論與實務上的關聯性，也可強化資訊科學的特質，更可整合出各種能處理各知識領域不同知識特性的領域分析方法，來對領域知識的內容進行描繪與分析。

領域分析方法之應用研究

Hjørland 提出的領域分析構想與方法也被 Smiraglia （2015）、Roszkowski（2020）、Wang、Xia、Li與Wang（2019）等學者應用於自身學科領域之知識架構設計。例如：圖書館員為了協助使用者尋找專業性資源與過濾大量不相關網路資源，開始建置「主題式資源指引網站」（subject gateway），如AgNIC、AgriFor、AGRIGATE或INFOMINE等，蒐集分散的網路資源，進行詳盡的資源描述，提供使用者瀏覽及取得該網路資源的主題分類架構（卜小蝶、鍾季倫、郭佩宜，2005）。美國Brookhaven National Laboratory研究人員為調查該研究機構的科學電腦社群（Scientific Computing Group）成立50年以來的科學活動，運用書目計量（bibliometric）找出重要作者群、重要引用文獻及作者間的共同發表活動；運用歷史研究法（historical methods）結合術語研究（terminological studies）歸納該社群歷

年研究主題變化（Tanaka, 2010）。

又例如，曾有學者以文獻分析法、問卷調查與專家訪談作為建構「有機農業」（Organic Agriculture）之領域知識範圍與內容架構之基礎，透過對相關的分類表與索引典進行資料蒐集與概念萃取，形成數個初步的領域知識架構，並將領域專家視為領域知識的使用者，對其進行問卷調查。受訪專家皆認為本研究設計的領域分析方法是可行的，且專家之間對有機農業的領域知識架構有獲得共識，但該方法仍有可改善之處（陳奕璇，2007；陳奕璇、阮明淑，2006）。

近年隨著科學知識圖譜（science mapping）工具的廣泛應用，以提供相關研究人員可以從分析層次之「領域分析」延伸至視覺化層次之「領域可視化」（domain visualization），透過書目計量、術語及科學傳播結構等方法整合，將科技文獻（如期刊論文、專利及博碩士論文等）複雜之引用關係與知識結構進行視覺化表達（Börner et al., 2003; Chen, 2017）。此外，亦有學者評論領域分析方法之理論意義在於它提供了一個思考問題的新方法，即領域分析方法之社會認知（socio-cognitive）觀點替傳統研究只關注文獻範圍，擴大至領域知識的產生者、組織單位或討論社群等社會範圍（Hjørland, 2004；王琳，2010）。

領域知識架構之個案摘錄介紹

如同上述文獻所言，領域分析方法對於掌握一個領域之知識內容，即藉由領域知識分類架構組織與呈現一個領域所蘊含的所有概念集合與知識，其方法具有理論與實踐之參考意義。學者也認同領域分析的主要目的是在於產出專門的分類表（specified classification scheme），一個適用且恰當的專門分類表必須透過人工過程產生，對精挑細選的文獻樣本內容進行分析以取得重要的相關詞（專門術語），對這些相關詞進行分組並萃取出共通概念（類目），並將這些概念下所包含的相關詞進行字詞排序與定義，以形成分類表的雛形（Prieto-Díaz,1990）。以下重點簡述領域分析方法應用在

領域知識架構之建構的漁產業知識架構（產業知識層次）、原住民族知識架構（族群知識層次）及線上音樂知識架構（生活藝術知識層次）等3個個案：

漁產業知識架構（產業知識層次）

Yuan、Nan與Lee（2012）結合三種領域分析方法（專門分類法、術語研究及書目計量），以多元資訊來源、系統性、全面性且客觀性地檢視及分析石斑魚（*Epinephelus*）與海鱺（*Rachycentron canadum*）兩項產品之產業技術研發能量，找出關鍵技術及知識缺口。透過20多位學、研專家之跨領域團隊合作（詳見圖2），確立漁產業技術知識分類架構，並以此技術知識分類架構作為漁產業知識分析（Knowledge Analysis）及表達之依據，用以了解漁產業技術知識發展。

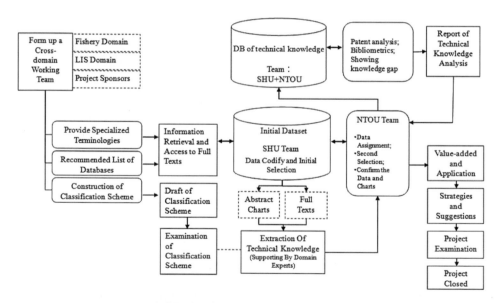

圖2　跨領域團隊合作流程（Yuan et al., 2012, p.299）

在研究結果方面，該研究針對二大目標魚種現階段之國內外產銷研發成果，依漁產業生產供應鏈項目劃分出七項技術知識重點，並委請各專家彙整重要產業技術知識類別以及填寫類目注釋；再經圖書資訊領域專家協

助各類目間之階層關係後，完成漁產業技術知識分類架構初稿，最後再透過多次專家討論會，調整及修改漁產業技術知識分類架構，結果見表4。

表4　漁產業技術知識分類架構（Yuan et al., 2012, p.301）

Class	Sub-class
A產業分析 Industry Analysis	A01 生產力分析Productivity Analysis
	A02 市場分析Market Analysis
	A03 策略分析Strategy Analysis
	A99 其它Other
B繁殖技術 Breeding Techniques	B01 繁殖設施Facilities of Breeding
	B02 育苗系統Larval Rearing System
	B03 種魚培育Broodstock Cultivation
	B04 受精卵操作Management of Fertilized Eggs
	B05 種苗生產Seed Production
	B99 其它Other
C育種 Breeding	C01 傳統育種Genetic Breeding
	C02 染色體操作Chromosomal Manipulation
	C03 分子育種Molecular Breeding
	C99 其它Other
D養成 Grow Out	D01 陸上養成Land-based Grow Out
	D02 海上養成Sea-based Grow Out
	D99 其它Other
E餌／飼料 Living Food/Feed	E01 餌料生物 Live Food
	E02 配合飼料Artificial Diets
	E99 其它Other

（續）

表4 漁產業技術知識分類架構（Yuan et al., 2012, p.301）（續）

Class	Sub-class
F疾病 **Diseases**	F01 非傳染性Non-infectious
	F02 傳染性Infectious
	F03 防治對策Control Strategy
	F99 其它Other
G產品 **Products**	G01 產品品質與加值Product Quality and Value Added
	G02 供應鏈Supply Chain
	G03 產品市場Product Marketing
	G99 其它Other

　　經由上述跨領域團隊合作與多次專家討論，除了驗證此領域分析方法建構流程之可行性外，漁產業技術知識分類架構已獲得多位專家肯定，且認同此方法學可用於後續不同產業技術知識應用。

原住民族知識架構（族群知識層次）

　　陳雪華（2010）指出過去原住民族知識大多以口傳，鮮少有文字記載，以致原住民族知識組織架構存在不完整性問題。為此作者回顧現有原住民族之知識架構相關文獻，再運用主題分析及領域分析方法，提出一建構「臺灣原住民族知識組織架構」之步驟，包含：「領域範圍確認」、「架構形成」及「架構測試」三階段，見圖3。

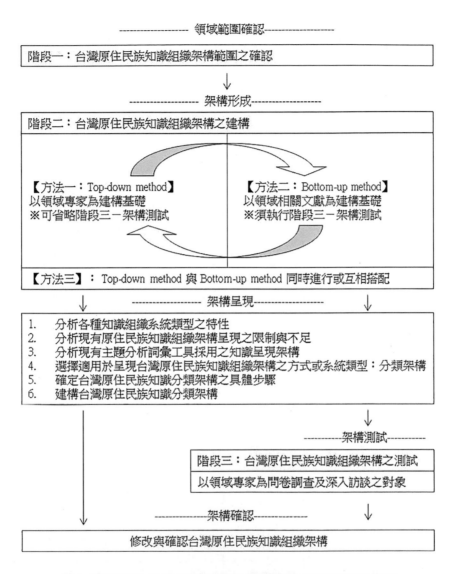

圖3　臺灣原住民族領域知識組織架構之三階段實施步驟

（陳雪華，2010，頁73）

接著，作者廣泛蒐集臺灣原住民族知識來源，包含圖書文獻資源、網路資源及原住民族相關課程，以及學者專家、部落人士或其他對原住民族議題有興趣的人士等，並選擇阿美族物質文化作為實證對象。朱雅琦與陳

雪華（2010）先採用「由下而上」的方法至文獻中擷取詞彙，用以形成領域知識架構之類目來源，再採用「由上而下」的方法繼續擴充此知識架構中之詞彙，並委請阿美族物質文化領域專家，透過問卷調查進一步針對初步建構之阿美族物質文化知識組織架構，進行刪除、修改及新增，調整後之阿美族物質文化知識組織架構，見圖4。

階層零	階層一	階層二	階層三	內容舉例
I. 住	A 建築物	A1 家屋（住屋）	A1.1 建屋程序／建屋過程	莫地基、採集建材、平基地、豎屋架、蓋屋頂、編壁、連床、安門、殺豬祭神、集體捕魚 填土、立架、縛機與結格、立簷下柱、蓋頂與立牆基、編四壁及連床、搭火池及裝置置物架
			A1.2 家屋種類	傳統型、鐵皮型、磚瓦型、洋房型 原始型、改良型、日式建築
			A1.3 家屋建構	茅草屋頂、木柱、編竹側壁、籐繞的高架連床
			A1.4 室內陳設	置物架、烘架、神位架、Lalisinan（神明）、置食魚用之架、掛置捕魚用具處、碗架、鍋架、置薯芋之架、置杵臼處、置農具處
			A1.5 附屬建築	廚房、豬舍（豬寮）、雞舍、牛舍、廁所、田寮、穀倉
			A1.6 建屋成員	男人、社會組織之團隊、fiau（鄰居）、maraayay（姻親）、kadavu（嫁過來的男人）
			A1.7 建屋材料	石頭、木頭（原來的木頭，如：臺灣楠木、茄冬）、茅草、竹（桂竹、箭竹、長竹）
		A2 祭祀建築		祖祠
		A3 公共建築		集會所
		A4 其他建築		喪盧、臨時小屋、田中小屋
		A5 建築物種類	A5.1 Batie	
			A5.2 Taloan	
			A5.3 Luma	
			A5.4 Kakitaan	
			A5.5 Suraratan	老人會所
			A5.6 Suraratan	青年會所
			A5.7 墳墓小房子	

圖4 阿美族物質文化知識組織架構——以「住」為例

（朱雅琦、陳雪華，2010，頁102）

　　該研究透過方法學建立與實證，指出「由下而上」與「由上而下」方式需要互相搭配進行，因為「原住民擁有知識的片段性及原住民掌握知識的有限性，以及與原住民族知識相關之文獻的限制性，即便是由原住民本身去建構其知識架構，甚至由原住民族知識領域專家親自參與，此知識架構仍須不斷被檢視與修正。最後，該研究也指出原住民學者專家、非原住民學者專家，以及圖書資訊學專家，相互合作，的確有助於領域知識架構之建構。

線上音樂知識架構（生活藝術知識層次）

　　洪元元（2009）認為使用者導向的線上音樂分類架構，不僅可以幫助使用者創造良好的瀏覽經驗，也能觸發使用者的音樂需求。為此，該研究以質性研究的方式觀察網路音樂社群之資訊尋求並訪談音樂愛好者，以抽取與分類相關之概念與行動，進而提出使用者導向線上音樂分類架構具體改善建議。

　　該研究先蒐集31個國內外線上音樂網站／資料庫之音樂分類架構進行內容分析，結果得知線上音樂分類架構主要的分類層面為音樂類型、歌手／藝人、語言／地區及情境；在俗民分類方面，分析Last.FM的熱門標籤，發現「音樂類型」仍是社群最常使用的標籤類型，其次為「語言／國家」、「情緒感受」及「個人」。接著，根據受訪者之音樂聆賞歷程，挖掘出音樂分類的面向，並歸結出使用者音樂分類「音樂固有屬性」及「音樂互動特性」兩大分類架構，見圖5與圖6。

　　該研究指出上述二種分類架構除了用以辨識音樂的描述性分類層面，也點出音樂使用方式的情境式分類層面，即若要建構完善的分類瀏覽環境，還可以利用關聯音樂判斷，提升音樂資訊庫中音樂之間的連結性。

分類層面		類別項目列舉
音樂發行型式		單曲 EP、合輯 V.A.、精選輯
專輯名稱		專輯名首字：A-Z、筆劃數、注音
專輯曲目		專輯主打歌
歌詞主題		青少年吸毒問題、親情、友情、愛情
樂曲（節奏）		快歌、慢歌
版本		Demo 版本、現場演唱版本、翻唱歌曲
表演形式	演唱	獨唱、對唱、男女對唱、團體、合唱團、樂團
	演奏	獨奏、協奏、管弦樂團
特殊音樂創作元素	特殊人聲表現	演唱中有口白
	異質音樂類型結合	交響樂結合搖滾樂、樂曲中有槍械聲等
	富特色歌詞	歌詞為古詞新詩、歌詞中有火星文等
	特殊音效	樂曲中有自然音效、樂曲中有槍械音效等
創作者／演出者名稱		姓名首字：A-Z、筆劃數、注音
聲音特性	聲音本質特性	男高音、女聲、童聲
	歌唱發聲技巧	聲樂、真假音轉換、海豚音、氣音
音樂類型		古典、沙發、新世紀、爵士、搖滾、金屬
語言／地區	歌曲演唱語言	日文、韓文、台語、粵語、原住民語、外語
	音樂發行地區	西洋、東洋
	歌手國籍／音樂發行國家	日本、韓國、瑞士
…		…

圖5 音樂固有屬性之分類層面及類別項目

分類層面		類別項目列舉
個人音樂組織	蒐藏單位	歌曲、專輯
	音樂來源	CD 備份、下載
	管理類別	暫存、其他
音樂適用情境	實體環境	健身房、咖啡店、夜店
	季節	夏天
	時刻	夜晚、午後
	文化慶典	聖誕節、新年
	個人事件	生日
	儀式場合	婚宴用餐時間、婚宴入席時間、畢業典禮等
	藝文娛樂活動	演唱會表演曲目
	體育賽事	溜冰比賽、啦啦隊比賽
	日常生活活動	跳舞、運動、冥思、打麻將、唱 KTV、起床等
	任務	適合當起床鬧鈴聲的音樂
	對象	女生、小學生、台客、計程車司機等
傳播媒體	以文字為媒介	從小說中流洩的音樂（如：村上春樹的古典印象）
	以聲音為媒介	電台 DJ 推薦、最受歡迎手機鈴聲下載等
	以動態影像為媒介	戲劇、廣告配樂、動畫電玩、非戲劇類節目
音樂作用		勵志、催淚、放鬆、沉澱、改善失眠
個人	個人推薦／喜好	我的最愛
…	…	…

圖6 音樂互動特性之分類層面及類別項目

結論

　　資訊組織至知識組織的處理對象由資訊發展至知識，其組織方式也由權威、標準的分類觀點，延伸至領域、機構、產業乃至個人的特殊分類觀點。透過以上的國內外文獻梳理與產業知識層次、族群知識層次及生活藝術知識層次等三個個案介紹，並說明領域分析方法在建構各種知識架構的潛力。

　　總之，領域分析源自資訊學的軟體工程，應用在資訊系統的設計與開發。在資訊學或圖書資訊學領域透過領域分析方法，建構領域知識架構、分類或範圍並加以應用，已獲得相當的認同與支持。未來，領域分析應用於人文社會與資訊研究面向的發展也值得關注。

參考文獻

卜小蝶、鍾季倫、郭佩宜（2005）。主題式資源指引網站之發展初探。**國家圖書館館刊**，**2**，1-25。

朱雅琦、陳雪華（2010）。阿美族物質文化知識組織架構之建置。**圖書資訊學研究**，**5**（1），75-107。

楊雅婷、阮明淑（2006）。分類相關概念之術語學研究。**國家圖書館館刊**，**95**（2），25-50。

洪元元（2009）。**從使用者音樂聆賞歷程探討線上音樂分類架構**。（未出版之碩士論文）。臺灣大學。

王忠紅。（2006）。Taxonomy：定義、辨析和應用。**圖書館雜誌**，**2**，6-9。

王琳。（2010）。領域分析：北歐情報學研究的代表性學說。**圖書情報工作**，**54**（18），24-27。

阮明淑（2003）。知識經濟時代的知識組織。**大學圖書館**，**7**（1），75-95。

陳奕璇（2007）。**領域分析方法之建構與實證研究──以有機農業為例**。（未出版碩士論文）。世新大學。

陳奕璇、阮明淑（2006）。領域分析方法之建構。Workshop of Recent Advances in Library and Information Science。

陳雪華（2010）。臺灣原住民族知識組織架構建構方法之探討。**教育資料與圖書館學**，**48**（1），61-86。

Adams, W. Y., &Adams, E. W. (1991). *Archaeological Typology and Practical Reality: A Dialectical Approach to Artifact Classification and Sorting.* Cambridge, UK: Cambridge University Press.

Börner, K., Chen, C., &Boyack, K. W. (2003). Visualizing knowledge domains. *Annual Review of Information Science and Technology, 37*(1), 179-255. https://doi.org/10.1002/aris.1440370106

Bratianu, C. (2015). Organizational knowledge dynamics: Managing knowledge creation, acquisition, sharing, and transformation. Hershey, PA: IGI Global.

Bruno, D., & Richmond, H. (2003). The truth about taxonomies. *Information Management Journal, 37*(2), 44-53.

Cain, A. (2020). Taxonomy. Encyclopedia Britannica. Retrieved March 8, 2021, from https://www.britannica.com/science/taxonomy

Chaudhry, A. S., & Ling, G. H. (2005). Building Taxonomies Using Organizational Resources: A Case of Business Consulting Environment. *Knowledge Organization, 32*(1), 25-46.

Chen, C. (2017). Science Mapping: A Systematic Review of the Literature. *Journal of Data and Information Science, 2*(2), 1-40. https://doi.org/10.1515/jdis-2017-0006

Gilchrist, A. (2003). Thesauri, taxonomies and ontologies-an etymological note. *Journal of Documentation, 59*(1), 7-18. https://doi.org/10.1108/00220410310457984

Hjørland, B. (2002). Domain analysis in information science: Eleven approaches - traditional as well as innovative. *Journal of Documentation, 58*(4), 422-462. https://doi.org/10.1108/00220410210431136

Hjørland, B. (2004). Domain Analysis: A Socio-Cognitive Orientation for Information Science Research. *Bulletin of the American Society for Information Science and Technology, 30*(3), 17-21. https://doi.org/10.1002/bult.312

Hjørland, B. (2017). Classification. *Knowledge Organization, 44*(2), 97-128.

Hjørland, B., & Albrechtsen, H. (1995). Toward a new horizon in information science: Domain-analysis. *Journal of the American Society for Information Science, 46*(6), 400-425. https://doi.org/10.1002/(SICI)1097-4571(199507)46:6<400::AID-ASI2>3.0.CO;2-Y

Jacob, E. K. (2004). Classification and categorization: a difference that makes a difference. *Library Trends, 52*(3), 515-540.

Kwasnik, B. H. (1999). The Role of Classification in Knowledge Representation and Discovery. *Library Trends, 48*(1), 22-47.

Merriam-Webster (n.d.). Taxonomy. In Merriam-Webster.com dictionary. Retrieved March 8, 2021, from https://www.merriam-webster.com/dictionary/taxonomy

Prieto-Díaz, R. (1990). Domain analysis: an introduction. *ACM SIGSOFT Software Engineering Notes, 15*(2), 47-54. https://doi.org/10.1145/382296.382703

Roszkowski, M. (2020). The Sociological and Ontological Dimensions of the Knowledge Organization Domain on Google Scholar Citations. *Knowledge Organization, 47*(2), 160-172. https://doi.org/10.5771/0943-7444-2020-2-160

Smiraglia, R. P. (2015). Domain analysis of domain analysis for knowledge organization: Observations on an emergent methodological cluster. *Knowledge Organization, 42*(8), 602-611.

Tanaka, M. (2010). Domain Analysis of Computational Science - Fifty Years of a Scientific Computing group. *The 11th International ISKO Conference.*

Wang, L., Xia, E., Li, H., & Wang, W. (2019). A Bibliometric Analysis of Crowdsourcing in the Field of Public Health. *International Journal of Environmental Research and Public Health, 16*(2), 3825. https://doi.org/10.3390/ijerph16203825

Yuan, M. S., Nan, F. H., & Lee, G. C. (2012). Constructing Knowledge Classification Scheme in Industrial Technology via Domain Analysis - An Empirical Study. In Neelameghan, A. & Raghavan, K. S. (Eds.), *Advances in Knowledge Organization, 13*, 298-305. Mysore, India: Ergon Verlag.

▪第二篇▪

計量學研究

第4章
圖書資訊計量研究趨勢分析：
領域研究分析發展

羅思嘉

本文簡介

計量研究透過量化方法分析學術知識與資訊產出、傳播與利用的情況，以揭露學術研究活動的各個面向。圖書資訊研究領域面對不同議題，以各種方式對產出知識進行分析與觀察，其中資訊計量研究從量化角度了解知識與資訊傳播的特質。本文分析2010年至2019年間計量研究相關文獻，了解臺灣圖書資訊學領域學者如何計量方法探討不同學科領域研究之發展趨勢。觀察面向包括領域範圍、研究團隊規模以及所涉及的研究設計與資料分析方法。

背景分析

　　知識與資訊產出是學術傳播的重要活動之一，透過研究成果的發表，學術社群的成員得以溝通和交流學術知識與資訊。計量研究透過量化方法分析學術知識與資訊產出、傳播與利用的情況，以揭露學術研究活動的各個面向（Vinkler, 2010, p. 1）。圖書資訊研究領域面對不同議題，以各種方式對產出知識進行分析與觀察，其中資訊計量研究從量化角度了解知識與

資訊傳播的特質。延續1990年代至2010年計量研究，圖書資訊領域近10年仍視計量分析為主要研究方法之一，針對出版品書目訊息內容進行數量統計，就統計結果進行整理與分析，從時間、個人、機構與國家等不同面向，了解知識訊息產出狀態，以及不同主體對知識產出的貢獻；或經由著者合著狀態了解合作關係，學術合著特質，以及探討合著對學術活動可能產生之影響；又或透過文獻引用關係，藉由記錄知識內容文獻被列為引用文獻的連結，理解前期知識為後期知識使用與對後期知識發展的影響狀況；或延伸從引用共同前期文獻，以及前期文獻共同為後期文獻引用，觀察學術活動中個體之間的關聯性（詳見圖1）。

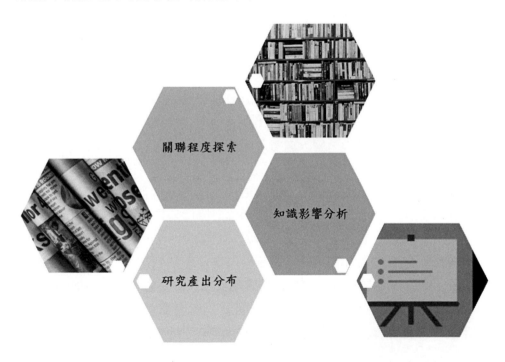

圖1　研究趨勢分析面向

接續《圖書資訊學術研究》一書，分析1990至2010年臺灣資訊計量研究概況、計量研究發展與演變、計量研究在學術評鑑上的應用、以及專利計量研究的發展趨勢（卜小蝶，2013，頁79-147），走過21世紀的第二個十

年，2020年將從學術傳播發展、學術研究與發展合作、以及分析策略與趨勢研究等面向，探討2010年至2019年間，臺灣圖書資訊領域計量研究的觀察角度。本文將著重於臺灣圖書資訊領域如何運用計量研究方法，進行不同學科領域研究發展趨勢分析。

研究方法與資料分析

　　本文採書目計量與內容分析方法，探討2010年至2019年間國內圖書資訊領域學者以書目計量方法，分析不同學科領域研究發展趨勢之相關研究。研究以發表於國內圖書資訊學領域主要四大期刊與國際期刊之相關學術文獻為相關研究成果之代表。國內期刊以《教育資料與圖書資訊學》、《圖書資訊學刊》、《圖書資訊學研究》、《圖書館學與資訊科學》等四種，目前列為或曾列為一級期刊者，為國內研究成果之搜尋範圍；國際期刊文獻則是以刊登在收錄於Web of Science之期刊，且作者之一為臺灣圖書資訊學系所，或是圖書資訊相關機構所屬人員者為範圍。為確保資料之完整性，作者以逐篇檢視範圍文獻之篇名、摘要、關鍵詞與作者，確定文獻的合適性以利後續分析，若判斷上出現不確定性，則以完整文獻內容作為判斷依據。另為確定文獻選擇的合適程度，亦邀請兩位研究助理進行主題與研究方法標註，達一致性後，始確認為本文分析的文獻範圍。第一階段篩選56篇學術期刊文獻，包括33篇國內期刊文獻，與23篇國際期刊文獻；第二階段依照文獻研究目的、主題與作者屬性，辨識及選擇21篇文獻，包括12篇國內與9篇國際期刊文獻進行分析，揭露國內圖書資訊領域學者於2010年至2019年，10年間以書目計量方法進行學術領域研究趨勢分析之概況。

觀察結果

　　以下就文獻發表時間、刊登期刊、分析之學術領域、作者特性、合作狀態等面向討論圖書資訊領域，利用書目計量方法進行研究趨勢分析相關

研究的特質。

時間分布

　　從時間觀察研究成果發表狀況，臺灣圖書資訊領域持續以書目計量方法進行領域研究趨勢分析，分析時段間，除2014年，每年均顯示有相關成果發表，篇數從1篇至4篇不等。進一步區分國內與國際發表狀況，可觀察其間在策略上的變化，總量上雖以國內發表篇數較多，但從發表時間與管道比對發現，策略上似乎從2010年初期以國內期刊發表為主，至後期轉向以國際期刊為發表布局（詳見表1）。

表1　文獻發表時間與國內／國際期刊分布

發表年度	總文獻篇數	國內期刊	國際期刊
2010	3	2	1
2011	4	4	
2012	1	1	
2013	4	3	1
2014			
2015	3		3
2016	2		2
2017	1		1
2018	2	1	1
2019	1	1	

刊登相關研究期刊之分布

　　國內相關研究以《教育資料與圖書資訊學》、《圖書資訊學刊》、《圖書資訊學研究》、《圖書館學與資訊科學》等四種期刊所刊登之文獻為搜尋範

圍，經過判讀後篩選出的13篇文獻主要是刊登於《教育資料與圖書資訊學》（5篇）、《圖書資訊學刊》（6篇）兩份期刊；國外則是以*Scientometrics*與*The Journal of the Association for Information Science and Technology*為主，當中圖書資訊學刊與Scientometrics在分析資料所涵蓋時間區間內，持續刊登相關研究成果。除上述屬圖書資訊學領域之期刊，另有兩篇新近發表文章則是刊登於與文獻分析主題相關領域的期刊，Technological Forecasting and Social Change（Wang, Sung, Chen, & Huang, 2017），及International Communications in Heat and Mass Transfer（Tsay & Lai, 2018）。分析文獻量雖有限，但從文獻所屬期刊分布也可一窺投稿或期刊文獻選擇策略，以及逐漸顯現趨向領域導向投稿策略的發展。

相關研究關注之學科領域

從研究文獻分析學科領域觀察發現，圖書資訊領域學者除利用書目計量分析方法解構圖書資訊研究發展趨勢，也將相同的分析方法運用於不同學科領域，解構其研究發展趨勢，但以單一主題而言，域內分析仍舊占據較大比例。除圖書資訊為研究多為域內考量，其他主題的出現與作者學科背景無明顯的關聯性，推測研究議題的發想多是受到為文當時被賦予較多關注議題的影響。

表2　相關研究討論學科領域一覽表

學科領域	2010-2014	2015-2019
生物科技	3	
工程領域	3	5
圖書資訊	2	4
多領域	4	

如前所言，域內議題仍是以書目計量探討研究趨勢發展的主要關注議題，在21篇國內外相關研究中，有6篇文獻以圖書資訊領域議題為討論範圍，包括資訊行為（Chang, 2016；張郁蔚，2011）、資訊系統（Huang, Wu, & Wu, 2015）、圖書資訊領域書目計量研究發展趨勢（Chang, 2012）、圖書資訊研究議題分布（Chang, Huang, & Lin, 2015；柯皓仁、謝順宏，2019）等。上述相關研究發表時間多在2015年之前。除圖書資訊域內議題，圖書資訊領域的計量研究另多就科學與技術關連領域議題進行研究趨勢分析，各領域以工程領域為多，如能源研究（Huang, Sung, Wang, & Chen, 2013；Huang, Yang, & Chen, 2015；Lin, Chen, & Huang, 2011；Tsay, & Lai, 2018）；其他關注領域還包括航太（Chang, & Huang, 2016）、電子電機（Lin, Chen, & Huang, 2011）、半導體（Wang, Sung, Chen, & Huang, 2017）、以及機器人（許雅珠、黃元鶴與黃鴻珠，2011）。生醫領域則於2010年代初期曾被關注的領域（Lo, 2010；溫燕鈴、謝吉隆，2013；羅思嘉，民100）；多／跨領域研究發展趨勢的分析比較，亦為部份相關研究的關注重點（Lee, & Wang, 2018；袁大鈺、唐牧群，民99；張郁蔚，2011；蔡明月、李旻嬡，2013）。

比較文獻討論領域和文獻發表的管道，以工程相關領域為分析主題範圍的研究，其成果發表於國際期刊比例高於發表於國內期刊比例，其他文獻不論是以圖書資訊、生物或涵蓋多領域研究為目標，多透過國內期刊分享研究成果。當然此觀察現象可能肇因於研究以特定期刊為國內研究產出分析標的。

單一作者與研究團隊

觀察21篇期刊文獻的作者發現，相關研究作者共26位，其中包括18位單一作品作者，5位作者發表2篇相關研究，以及3位計量研究多產作者，發表3篇或以上的相關研究成果。以單一作者及合著作者角度觀察發現，超過三分之二的分析期刊文獻為合作完成之作品，以2位合著作者為多，共9篇分析期刊文獻為2位作者合作完成，另4篇為3位作者共同完成，與2篇由四位作者共同完成的作品。

從作者學術領域分析，多數作品雖為合作完成作品，但多屬學術域內

合作，亦即作品是由圖書資訊學領域學者合作完成，22篇中僅5篇作品為跨域合作完成之作品，且多屬同一研究團隊之研究成果（Wang, Sung, Chen, & Huang, 2017; Huang, Sung, Wang, & Chen, 2013; Huang, Wu, & Wu, 2015; Huang, Yang, & Chen, 2015; Lin, Chen, & Huang, 2011）。跨域領域涵蓋機械與資訊工程，內容涉及之學科領域均為非圖書資訊領域，多與跨域合作者相關。若以作者所屬單位直接觀察判斷，則發現15篇合作文章文獻中，10篇為單位內合作完成之作品。

分析標的與資料來源

延續前期書目計量研究的主軸，2010年至2019年領域研究趨勢之相關研究仍多以期刊文獻為單一或多樣研究趨勢分析標的之一，分析資料多以Web of Science資料庫所收錄之資料為主。除期刊文獻，專利文獻亦被納入部分研究範圍（Lo, 2010; Huang, Sung, Wang, & Chen, 2013; Huang, & Yang, 2013; Huang, Yang, & Chen, 2015; Lin, Chen, & Huang, 2011; Wang, Sung, Chen, & Huang, 2017; 羅思嘉，民100），分析之專利多採自美國專利商標局所公告之專利資料。分析之期刊文獻中，少量研究納入學位論文、會議文章以及研究計畫。

無論研究所分析之標的為期刊文獻或其他文獻類型資料，除研究以特定期刊、作者為核心問題意識，多以主題關鍵詞檢索10年以上之相關文獻形成研究擬分析的資料集。

核心議題與研究方法

相關研究作者從生產力、影響力以及關聯性等角度進行研究發展趨勢分析。生產力分析，強調主題發展趨勢與變化；影響力除討論研究成果對後續研究的影響，也針對特定理論，分析其對後續研究的影響；關聯性則分別以引用關係（Chang, Huang, & Lin, 2015; 張郁蔚，2011）、合著關係（Chang, & Huang, 2016; Huang, Wu, & Wu, 2015）、共字（Tsay, & Lai, 2018; Lee, & Wang, 2018）等不同方式進行分析。分析資料處理，除以敘述性統計與推論分析為基礎，社群網絡分析則再因應不同分析訴求下，納入研究

資料分析工具之中（Chang, Huang, & Lin, 2015; Wang, Sung, Chen, & Huang, 2017; Lee, & Wang, 2018；柯皓仁、謝順宏，2019）。分析過程計量指標多為直接數量計算，部分依照研究需求提出適用於研究之分析指標，如活動指標（activity index）（Wang, Sung, Chen, & Huang, 2017），與引用關連指標（Huang, Sung, Wang, & Chen, 2013）。從期刊文獻發表時間觀察，2015年之後發表的研究成果，在討論議題與資料處理上較為多元，但整體而言領域研究趨勢分析之相關文獻，所涉及的研究設計、計量運算、指標運用與結果分析仍多在計量研究框架下進行。

結論

　　觀察近10年圖書資訊領域學者透過書目計量方法，分析不同學術領域研究趨勢所發表的期刊文獻發現，圖書資訊領域學者持續以計量方法觀察、分析學術領域知識產出、知識影響力、以及主題關係與作者關聯性，以了解學術領域研究發展趨勢。從所關注的領域、使用方法以及發表期刊分布，可以觀察到圖書資訊領域學者，在計量方法利用上仍延續既有的方法及常用指標，同時近年發展的社群分析工具也逐漸被納入研究架構中；除國內學術活動力，學者也嘗試以研究成果豐富國際學術活動力。而相關研究所涵蓋的學術領域，雖已擴及圖書資訊學以外領域的分析，但作者及研究團隊成員學術領域背景的低多元性，可能限制分析領域多樣化的發展。圖書資訊學領域本質與近期發展具有跨領域特性，此也意味圖書資訊學領域在不同學術領域研究趨勢分析上的多樣性，仍有相當的發展空間。

參考文獻

卜小蝶編（2013）。**圖書資訊學學術研究**。中華民國圖書館學會、五南圖書出版公司。

Vinkler, P. (2010). *The evaluation of research by scientometric indicators*. Chandos.

分析書目

柯皓仁、謝順宏（2019）。探索2006～2015年圖書資訊學領域研究議題。圖書館學與資訊科學，**45**（1），頁65-96。

袁大鈺、唐牧群（民99）。跨領域學術社群之智識網絡結構初探：以臺灣科技與社會研究為例。**圖書資訊學刊**，**8**（2），頁125-163。

張郁蔚（2011）。資訊需求及資訊尋求研究文獻特性之比較：書目計量及社會網絡分析。**教育資料與圖書館學**，**48**（3），頁347-380。

張郁蔚（民99）。臺灣與日本雙邊科學合作之探討：2000～2009年合著論文之書目計量研究。**圖書資訊學刊**，**8**（2），頁55-93。

許雅珠、黃元鶴、黃鴻珠（2011）。機器人文獻之合著網絡及熱門主題分析。**教育資料與圖書館學**，**49**（1），頁39-73。

溫燕鈴、謝吉隆（2013）。生醫類開放近用期刊中的高產量作者發表論文之資訊計量研究。**教育資料與圖書館學**，**51**（2），頁199-224。

蔡明月、李旻嬑（2013）。臺灣社會科學引用文獻分析研究。**教育資料與圖書館學**，**50**（2），頁293-317。

羅思嘉（民100）。基因定序及檢測技術核心研究人員與組織內部研發團隊發展之分析。**圖書資訊學刊**，**9**（2），頁27-54。

Chang, Y. W. (2012). Tracking scientometric research in Taiwan using bibliometric and content analysis. *Journal of Library and Information Studies, 10*(2), 1-20.

Chang, Y. W. (2016). Influence of human behavior and the principle of least effort on library and information science research. *Information Processing and Management, 52*, 658-669.

Chang, H. W., & Huang, M. H. (2016). The effects of research resources on international collaboration in the astronomy community. *Journal of the*

Association for Information Science and Technology, 67(10), 2489-2510. https://doi.org/10.1002/asi.23592

Chang, Y. W., Huang, M. H., & Lin, C. W. (2015). Evolution of research subjects in library and information science based on keyword, bibliographical coupling, and co-citation analyses. *Scientometrics, 105*, 2071-2087. https://doi.org/10.1007/s11192-015-1762-8

Huang, M. H., Sung, H. Y., Wang, C. C., & Chen, D. Z. (2013). Exploring patent performance and technology interactions of universities, industries, governments and individuals. *Scientometrics, 96*, 11-26.

Huang, M. H., Wu, L. L., & Wu, Y. C. (2015). A Study of research collaboration in the pre-web and post-web stages: A coauthorship analysis of the information systems discipline. *Journal of the Association for Information Science and Technology, 66*(4), 778-797.

Huang, M. H., & Yang, H. W. (2013). A scientometric study of fuel cell based on paper and patent analysis. *Journal of Library and Information Studies, 11*(2), 1-24.

Huang, M. H., Yang, H. W., & Chen, D. Z. (2015). Increasing science and technology linkage in fuel cells: A cross citation analysis of papers and patents. *Journal of Informetrics, 9*(2), 237-249. https://doi.org/10.1016/j.joi.2015.02.001

Lee, H., & Wang, S. (2018). Investigating digital humanities: A domain analysis of conference proceedings published in Taiwan, 2009-2016. *Journal of Library & Information Studies, 16*(2), 1-23. Retrieved from https://ojs.lib.ntu.edu.tw/ojs/index.php/JLIS/article/view/10

Lin, W. Y. C., Chen, D. Z., & Huang, M. H. (2011). Relation between technology and science: A perspective of patent and paper production. *Journal of Educational Media & Library Sciences, 48*(3), 303-323.

Lo, S. C. S. (2010). Scientific linkage of science research and technology development: a case of genetic engineering research. *Scientometrics, 82*, 109-120. https://doi.org/10.1007/s11192-009-0036-8

Tsay, M. Y., & Lai C. (2018). A scientometric study of heat transfer journal literature from 1900 to 2017. *International Communications in Heat and Mass Transfer, 98*, 258-264. https://doi.org/10.1016/j.icheatmasstransfer.2018.09.006

Wang, C. C., Sung, H. Y., Chen, D. Z., & Huang, M. H. (2017). Strong ties and weak ties of the knowledge spillover network in the semiconductor industry. *Technological Forecasting and Social Change, 118*, 114-127. https://doi.org/10.1016/j.techfore.2017.02.011

第 5 章
我國2010-2019學術傳播研究回顧

林雯瑤

本文簡介

資訊計量學由於其量化方法的特質，能以相對較大量的資料為研究對象，提供分析與有效應用的結果，因此常被應用於學術傳播領域的研究。本章以我國圖書資訊學領域學者於2010年至2019年間，出版於國內外期刊，採用資訊計量學方法且以學術傳播為題之文獻，共12篇中文與5篇英文文獻，並進一步將其區分為學術出版、開放取用、學術評鑑工具與指標等三個次主題進行文獻回顧。在可預見的未來，開放科學將對學術傳播有全面性的影響，建議學術社群成員應關注學術資源應以利害關係人的集體利益為上、透明、互惠、共享等概念的發展。

前言

學術傳播相較於大眾傳播，屬範疇限於學術界人士且有特定目標導向行為（Borgman & Furner, 2002）的小眾傳播。美國圖書館學會（American Library Association, ALA）之下的分部大學與研究圖書館學會（Association of College & Research Libraries, ACRL）曾定義「學術傳播為一種體系（system），透過該體系，社群成員可以創建研究與其他學術著作、評估其品質、在學術社群中傳遞，並將其保存以供未來之用。」（ACRL, 2003）

這個體系的傳播管道可區分為正式與非正式管道，前者包括將研究成果出版於經同儕審查的期刊、書籍等；而後者則例如透過電子伺服列表（listservs）傳遞社群裡的訊息、在學術會議中的交談與討論等。由於學術社群成員在學術資訊傳播的過程中經常既是訊息提供者又是接收者的角色，因此學術傳播亦常被定義或描繪為一個循環的生命週期，記錄成員們的學術研究從創建（creation）、出版（publication）、傳播（dissemination）與發現（discovery）且一再重複所涉及的歷程，其關連如圖1所示。

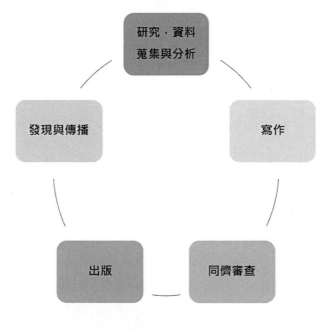

圖1　學術傳播生命週期
來源：ACRL（2003）

　　學術傳播與學術出版經常被混淆甚至誤用，實際上學術出版僅是學術傳播中重要的一環，近年來由於學術資源數位化與開放科學（open science）概念的興起，不僅學術出版、資訊傳遞方式、研究資料的定位、處理與管理方式等皆有劇烈的變革，學術社群成員也因為開放科學中強調公民參與（citizen engagement），使得社群成員必為學術界人士的定義也逐漸變得模

糊。在此風潮下，美國的Association of Research Libraries（ARL）、加拿大的Canadian Association of Research Libraries（CARL）、歐洲的Association of European Research Libraries（LIBER）以及Confederation of Open Access Repositories（COAR）曾合作組成任務小組，提出關於學術圖書館館員在學術傳播與開放取用（open access）方面的新職稱及其職能的建議（Calarco et al., 2016），如據此報告反推學術圖書館與學術傳播的關係，學術傳播的實質內容應包含學術出版服務、開放取用典藏服務、著作權與OA引導與顧問，以及學術資源評估。ACRL在2018年與2020年的學術圖書館發展前瞻趨勢報告中，也分別針對出版者與供應商、開放教育資源（open educational resources, OER）之下教科書的供給與負擔、研究資料集（research datasets）的採訪及資料探勘與資料科學（data science）、開放取用館藏發展政策與資助經費方案、開放取用的過度與轉型、研究資料服務等議題加強提醒，而這些均屬學術傳播的範疇。（Research Planning and Review Committee, 2018；2020）

　　資訊計量學由於其量化方法的特質，能以相對較大量的資料為研究對象，提供分析與有效應用的結果，因此常被用於學術傳播領域的研究。然而資訊計量學不僅能用於學術傳播，亦可於科技治理、管理學、經濟學等領域發揮其作為社會科學研究方法的效用；而學術傳播議題的研究當然也可能採用其他量化方法與質化方法。本章既歸於「第二篇計量學研究」之下，所分析的學術傳播相關文獻自然以採用資訊計量學方法的文章為限。此外，由於作者身份（authorship）在學術傳播中有其異於他種傳播的特質，主要在於學術社群成員常同時在傳播過程中扮演多種角色。對學術出版品而言，可能是作者，也可能是讀者；在期刊的出版程序中，可能是編輯者、審查者、作者；在學術會議中，可能是會議舉辦者、審查者、作者、參與者。而當一篇作品有多位作者時，個體對文章所負責的任務與貢獻、排名順序等，也可能產生各種在學術傳播過程與結果的影響。近年來關於作者身份與合著者的相關文獻極多，但已在本篇另文討論，因此本章不涉及作者議題的相關研究。

　　本章共蒐集由我國圖書資訊學領域學者於2010年至2019年間出版於國

內外期刊之文獻共17篇，並區分為學術出版、開放取用、學術評鑑工具與指標等三個次主題進行文獻探討。

學術出版

　　學術出版在1980年代數位化資源技術逐漸興起並進而成熟且普及後，對學術傳播在資訊生產、傳遞、使用、典藏方面均造成極大的衝擊，其中關於學術資訊的傳播可從期刊論文從投稿到出版時滯、會議論文到期刊論文的時滯，與出版後初次被引用分別代表其不同階段的傳播速度。呂昱慧與林雯瑤（2016）先以資訊管理領域電腦協會（Association for Computing Machinery, ACM）三個重要學術研討會於2011年所出版的會議論文為對象，將研究可能的延伸出版範圍設定在五年，探討會議論文到期刊論文的出版時滯、延伸出版的數量與文獻類型，以及在作者人數及書目、圖表方面的差異。研究結果顯示資訊管理領域會議論文延伸出版的比率為23.13%，其中為期刊論文的比率有65.91%，延伸出版的時間集中在會議後1-3年，僅有42.61%的延伸出版作者身份完全無變化。呂昱慧與林雯瑤（2018）再將研究領域擴大到行銷、生管、交管與資管四個與管理相關的次領域，研究結果顯示這個領域的延伸出版比率為17.06%，其中有79.1%為期刊論文，有56.29%的延伸出版作品之作者角色有所改變，平均出版時滯為27.99個月，延伸書目對強度主要集中在10.01%至40%之間，平均為31.99%，字數與圖表數量也大幅增加。

　　在被引用速度方面，則有尤玳琦與林雯瑤（2016）先以圖書資訊學領域8種完全開放與13種複合式開放取用期刊出版於2010年至2014年的論文為研究對象，探討其從出版到初次被引用的時滯，並比較在Web of Science（WoS）與Scopus兩個資料庫的差異。研究結果顯示完全開放取用期刊在Scopus中的初次被引用出現得較早，分別為Scopus的1.17年與WoS的1.37年，且在出版後第一年已被引用的比率為Scopus的43.51%與WoS的41.24%。在複合式開放取用期刊中，採用開放取用形式出版的文章其初次被引用速度較非開放取用出版形式文章快，但也因為採複合式開放取用期刊中開放

取用文章比率相對極低，不宜因此對個別期刊直接做成推論。尤玳琦與林雯瑤（2018）再將研究的範疇擴大到2005年至2012年版JCR中30種被完整收錄的圖書資訊學領域期刊共10,287篇文章。研究結果顯示，初次被引用的發生平均在出版後18.79個月，而非採用開放取用形式出版的文章之初次被引用速度領先開放取用文章，但若期刊有提供電子預印本機制，則初次被引用速度明顯較未提供之期刊更快，原因可能是圖書資訊學領域期刊的開放取用出版機制尚不普遍，在研究中僅佔8.3%，難以展現在初次被引用方面的速度優勢。

除期刊論文的出版外，曾淑賢（2019）則在「全國博碩士論文資訊網」啟用後邁入20年之際為文探討國內外的學位論文送存制度，除統計我國「全國博碩士論文資訊網」的整體書目、摘要、電子全文、作者授權等典藏相關數據外，也分析歷年的送存率、公開率、授權率之差異，以及下載使用狀況。並從法律與現況的角度，分析我國以及加拿大、英國、德國、芬蘭、南非等的學位論文送存制度，尤其著重於電子學位論文送存的相關議題。

開放取用

開放取用的議題在長年期刊危機之後，無論是綠色的機構典藏或金色的開放取用期刊，均吸引許多研究者的關注，其中關於開放取用期刊或文章的品質如何、是否具有被引用優勢（citation advantage）、雖然讀者無須付費，但可能轉嫁至作者端的論文處理費（article processing charge, APC）疑慮、開放取用資訊源的完整性、穩定性與安全性等議題，都值得學術社群成員關心。林家鈺與林雯瑤（2019）就以2011年至2015年間，JCR中7個SCIE與4個SSCI領域的635種期刊為研究對象，比較不同領域期刊在開放取用與傳統付費期刊的被引用差異。

蔡明月與吳岱爨（2016）以諾貝爾物理學獎得主及其著作為例，測試比較搜尋引擎Google Scholar與Microsoft Academic、匯集式開放取用機構典藏系統OAIster與Open-DOAR，以及與學科性開放資源資料庫arXiv.org與

Astrophysics Data System等六個系統的資料檢索介面、資料呈現方式、資料輸出排序與下載等功能之比較評估。Tsay、Wu與Tseng（2017）以2001年至2013年的諾貝爾物理學獎得獎者的著作為研究材料，探討在搜尋引擎Google Scholar、Microsoft Academic，匯集式開放取用機構典藏系統OAIster與Open-DOAR，以及與物理相關的開放資源資料庫arXiv.org與Astrophysics Data System中，文獻完整性與重疊狀態。蔡明月與吳岱樂（2018）以諾貝爾物理學2001年至2013年得獎者之著作為研究樣本，比較Web of Science與Scopus兩種商業索引摘要資料庫、搜尋引擎Microsoft Academic，以及匯集式開放取用機構典藏系統Open DOAR和天體物理學領域的開放取用資源系統Astrophysics Data System等五個商業與開放資料來源，比較其正確性與重複性。Tsay、Tseng與Wu（2019）以34位2001年至2013年的諾貝爾物理學獎得主之6,094篇著作在Web of Science與Scopus兩種商業資料庫、搜尋引擎Google Scholar、開放取用資源OpenDOAR、OAIster以及arXiv等六個資訊源的完整性與獨特性。

學術評鑑工具與指標

　　新指標的創建與發明向來吸引資訊計量學者的研究興趣與投入，尤其當指標需被應用於學術評鑑時，其效果更能擴大學術傳播的影響力。而期刊影響係數（Journal Impact Factor, JIF）的各種變形甚或從學術期刊文章延伸至專利文獻、個人、領域、機構或國家，也是常見的應用。Huang、Huang與Chen（2014）即師法JIF而透過計算期刊文獻引用的專利數量而另創技術影響係數（Technological Impact Factor, TIF），並將其在期刊的層次區分為五年及十年的計算區間後，再與JIF比較。所設計出來的新指標分別再應用於電子與電機工程、研究與實驗醫學與有機化學等三個領域，以探索JIF與TIF的關係。

　　不同學科領域的學術傳播風氣、文化、管道、行為甚至工具等均可能有極大的差異，而上述差異也可能發生在相同領域但不同區域或國家的學術社群中，在進行學術評鑑且採用指標時，更應謹慎評估領域或社群的可

能差異。黃慕萱（2010）以臺灣出版的歷史學6種一級期刊的754篇文章為研究對象，探討歷史學領域的期刊層次與學者層次的評鑑指標。在期刊方面，比較期刊引用次數排名與臺灣人文學引文索引（Taiwan Humanities Citation Index, THCI）的期刊引用次數排名，發現兩者達到統計上的顯著相關，而歷史學期刊引用臺灣本地與來自中國大陸期刊在數量及次數差異不大，顯示兩地的期刊對臺灣歷史學一級期刊的影響力相當。另比較Journal Citation Report（JCR）的「歷史學」（History）、「社會科學史」（History of Social Sciences）、「歷史與科學哲學」（History & Philosophy of Science）等次領域的歷史學期刊影響係數排名與該研究6種期刊實際引用英文期刊排名，發現兩者未達統計上的顯著相關，顯示JCR所呈現的全球歷史學期刊影響力排名並無法反映其對臺灣本地歷史學一級期刊的影響力。在學者評鑑方面，則發現臺灣歷史學傑出學者與一般學者在一級期刊及THCI被引用次數的關係皆達統計上的顯著差異，可證明採用引文分析評鑑歷史學者的學術成就有其可行性。Huang與Lin（2011）選擇Taiwan Humanities Citation Index（THCI）與2005年版本JCR所收錄的期刊為研究對象，從研究評鑑的角度探討西方期刊被臺灣本地的8種圖書資訊學期刊與6種歷史學期刊引用的狀況，研究結果顯示JCR並無法完整呈現西方期刊對臺灣這類非英語系國家在社會科學與人文學期刊的真正影響力，因此進行社會科學與人文學科的研究評鑑時，應避免過度依賴JCR與其相關工具。

指標在大學排名上的應用也是學術傳播中關於學術評鑑的重要議題，Lin、Huang與Chen（2013）以2011年財團法人高等教育評比中心基金會（Evaluation and Accreditation Council of Taiwan, HEEACT）大學排名中排行前300名的大學之物理系為研究對象，比較資料來源為1988年至2008年間收錄於WoS的物理論文在採計論文與被引用數的全數、直接採計第一作者、直接採計通訊作者、採計分數等4種不同方法時，大學排名的變化。各種評鑑指標的設計與應用均有不少爭議，甚至由學術界人士發起慎用指標或抵制的倡議，陳明俐與林雯瑤（2017）在翻譯繁體中文版的萊登宣言（Leiden Manifesto）後，又為文探討學術傳播中的「舊金山宣言（San Francisco Declaration on Research Assessment, DORA）」與萊登宣言的起源、內容

與比較，以及這兩個宣言發佈後引起的迴響與討論之書目計量分析。

黃元鶴（2019）則採用非典型的替代性計量學（Altmetrics）指標，探討808筆含DOI的「社會企業」主題相關文獻之國家層級、機構層級的合著網絡樣態，及其與典型的Web of Science引用文獻數據之間的關聯，並由此分析社會企業主題的新興學術領域之社會影響力。其中所使用的替代性計量數據包括來自Altmetric.com與Plum Analytic，分析的項目則有Blog貼文、Tweeter推文、Facebook貼文、Wikipedia引文、Mendeley、CiteULike等，並將Google Scholar引文數與Altmetric.com與Plum Analytic的數據比較，研究結果並得到替代性計量學與典型引文資料庫數據之間不全然為正相關的實證資料，也建議兩者可為互補之工具。

曾淑賢與洪淑芬（2016）則以「臺灣人文及社會科學引文索引資料庫」（Taiwan Citation Index – Humanities and Social Sciences, TCI-HSS）為研究對象，回顧其從2012年建置目的與背景，並統計其發展過程中至2016年的收錄資料種類與建檔規劃、資料量和使用情形。也說明TCI-HSS資料庫在我國期刊評比中的定位，以及在各種學術評鑑中該資料庫的影響係數指標、被引用數指標的計算方式與被使用狀況。

結語

自1665年於法國與英國出版最早的學術期刊以來，學術傳播無論在資訊生產與接收者、管道、工具、保存與應用，均受到學術研究技術、學術社群成員組成特質，甚至來自政治治理、經濟發展、科技進步等極大的影響。尤其近來關於開放科學觀念的形成，包括研究者、學會與協會、大學與研究組織、研究資金提供者、政策制訂組織、研究圖書館、出版者、研究與電子基礎建設建構者、公民科學家與公眾參與組織等利害關係人均應注意研究的體系已經在本質上逐漸轉變，政府與管理者被要求制訂明確的政策，必須在全球競爭的背景下增加研究知識與技術的可用性與再利用性，各種研究工具、服務與軟硬體必須為全球均可相互操作的基礎架構，管理

調控的框架需以所有利害關係人的集體利益為上，競爭市場應為透明的，也必須是基於互惠的共享研究系統。（Mendez et al., 2020）在可預見的未來，開放科學將對學術傳播有全面性的影響，值得學術社群成員們持續關注。

參考文獻

尤玳琦、林雯瑤（2016）。圖書資訊學領域開放近用期刊之學術傳播速度：以論文初次被引用時間來衡量。**圖書資訊學刊**，**14**（1），151-179。doi:10.6182/jlis.2016.14（1）.151。

尤玳琦、林雯瑤（2018）。期刊論文初次被引用與學術傳播速度：以圖書資訊相關領域為例。**圖書資訊學刊**，**16**（2），165-193。doi:10.6182/jlis.201812_16（2）.165。

呂昱慧、林雯瑤（2016）。從學術會議論文到期刊論文的延伸出版：以資訊管理領域為例。**圖書資訊學刊**，**14**（2），155-179。doi:10.6182/jlis.2016.14（2）.155。

呂昱慧、林雯瑤（2018）。會議論文延伸出版為期刊論文其時滯與修改差異之研究：以管理領域學術會議為例。**教育資料與圖書館學**，**55**（2），139-170。doi:10.6120/JoEMLS.201807_55（2）.0014.RS.BM。

林家鈺、林雯瑤（2019）。開放取用與傳統付費期刊之被引用差異：跨領域比較研究。**圖書資訊學研究**，**14**（1），133-168。

陳明俐、林雯瑤（2017）。他山之石，能否攻錯？談「舊金山宣言」與「萊登宣言」所帶來的啟示。**教育資料與圖書館學**，**54**（1），111-129。

曾淑賢（2019）。國內外學位論文送存制度之探討。**國家圖書館館刊**，**108年1期**，1-36。

曾淑賢、洪淑芬（2016）。從使用情形與學術評鑑功能探討「臺灣人文及社會科學引文索引資料庫」整合發展之效益。**國家圖書館館刊**，**105年2期**，1-38。

黃元鶴（2019）。社會企業文獻計量統合分析與替代計量探索研究。**圖資與檔案學刊**（95），37-77。doi:10.6575/jila.201912_（95）.0002。

黃慕萱（2010）。從臺灣學者引文角度看歷史學期刊及學者之評鑑。**圖書資訊學研究**，**4**（2），1-39。

蔡明月、吳岱樺（2016）。開放取用引文資源庫系統功能比較研究。**國家圖書館館刊**，**105年2期**，39-70。

蔡明月、吳岱樺（2018）。開放取用系統與商業資料庫收錄資料之正確性與重複性。**圖書館學與資訊科學**，**44**（1），5-23。doi:10.6245/jlis.201804_44(1).0001。

ACRL (2003). *Scholarly communication toolkit: Scholarly communication overview*. Retrieved from https://acrl.libguides.com/scholcomm/toolkit/

Borgman, C. L., & Furner, J. (2002). Scholarly communication and bibliometrics. In B. Cronin (Ed.), *Annual Review of Information Science and Technology* (Vol. 36, pp. 3-72). Medford, N. J.: Information Today.

Calarco, P., Shearer, K., Schmidt, B., & Tate, D.(2016). Librarians' Competencies Profile for Scholarly Communication and Open Access. Retrieved from https://www.coar-repositories.org/files/Competencies-for-ScholComm-and-OA_June-2016.pdf

Huang, M. H., Huang, W. T., & Chen, D. Z. (2014). Technological impact factor: An indicator to measure the impact of academic publications on practical innovation. *Journal of Informetrics, 8*(1), 241-251.

Huang, M.-H., & Lin, C.-S. (2011). A Citation Analysis of Western Journals Cited in Taiwan's Library and Information Science and History Research Journals: From a Research Evaluation Perspective. *The Journal of Academic Librarianship, 37*(1), 34-45. doi: 10.1016/j.acalib.2010.10.005

Lin, C.-S., Huang, M.-H., & Chen, D.-Z. (2013). The influences of counting methods on university rankings based on paper count and citation count. *Journal of Informetrics, 7*(3), 611-621.

Mendez, E., Lawrence, R., MacCallum, C. J., & Moar, E. (2020). *Progress on Open Science: Towards a Shared Research Knowledge System - Final Report of the Open Science Policy Platform*. Retrieved from https://ec. europa.eu/research/openscience/pdf/ec_rtd_ospp-final-report.pdf#view=fit &pagemode=none

Research Planning and Review Committee (2018). 2018 top trends in academic libraries: A review of the trends and issues affecting academic libraries in higher education. *College & Research Libraries News, 79*(6), 286. doi: https://doi.org/10.5860/crln.79.6.286

Research Planning and Review Committee (2020). 2020 top trends in academic libraries: A review of the trends and issues affecting academic libraries in higher education. *College & Research Libraries News, 81*(6), 270. doi:https://doi.org/10.5860/crln.81.6.270

Tsay, M. -Y., Tseng, Y. -W., & Wu, T. -L. (2019). Comprehensiveness and uniqueness of commercial databases and open access systems. *Scientometrics, 121*(3), 1323-1338. doi:10.1007/s11192-019-03252-3

Tsay, M. -Y., Wu, T. L., & Tseng, L.-L. (2017). Completeness and overlap in open access systems: Search engines, aggregate institutional repositories and physics-related open sources. *PLoS ONE, 12*(12), e0189751. doi: https://doi.org/10.1371/journal.pone.0189751

第 6 章
我國2010-2019科學合作研究回顧

張郁蔚

本文簡介

本章回顧我國2010-2019年以資訊計量觀點探討科學合作議題的32篇研究論文，包括29篇以英文出版之國際期刊論文與3篇國內期刊論文。研究內容可進一步區分為四個主題，包括科學合作類型、科學合作對研究品質及其他之影響、科學合作指標、超級作者，圖書資訊學研究人員主要聚焦在科學合作類型之主題，特別是國際合作與機構合作之探討。整體而言，我國在科學合作的資訊計量研究，以圖書資訊學領域研究人員居多，主要發表在圖書資訊學期刊上，特別是*Scientometrics*期刊，顯示我國圖書資訊學為此議題的主要研究群體。此外，社會網路分析被廣泛應用在辨識位居科學合作網路中之重要研究人員、機構與國家。

前言

科學合作已是多數領域的主流研究模式，並廣受許多國家科學政策的鼓勵，此現象顯示伴隨科學合作可能帶來的好處，包括擴展研究人員的研究視野、改善研究品質、解決實務問題（Liu et al., 2016），另多人合作可提高研究生產力、共同分擔與分享研究設備與研究資源（Beaver, 2001）。合著隱含的科學合作關係一直受到研究關注，雖然科學合作的樣態多元，

也不一定有具體的成果，但出版研究成果是研究人員的職責，導致共同發表著作（合著）是科學合作成果的最主要類型，加上合著的書目資料可以取自文獻資料庫，因此在資訊計量研究中，合著被普遍作為觀察與探究科學合作的資料依據。加上實證研究指出，合著的被引用次數傾向高於單一作者著作的被引用次數（Ronda-Pupo & Katz, 2018; Tripathi et al., 2018），甚至在某個共同作者數範圍內，共同作者數與期刊文獻被引用次數有正相關（Gazni & Didegah, 2011），顯示與他人一起發表研究成果具有提升著作影響力的優勢。值得注意的是，在研究生產力（著作量）與研究影響力（著作被引次數）是衡量研究人員研究表現的基礎指標情形下，如果與他人合作可以提高研究生產力，並有更高的可能性可增進著作的研究影響力，自然會促進科學合作風氣，提高合著率。

　　隨著合著論文數量與比例的增加，以資訊計量觀點探討科學合作議題的研究數量也持續增加。許多研究進一步區分出不同合著類型，並比較不同科學合作類型產出與其研究影響力的數量與比例差異，以及追蹤不同科學合作類型的趨勢發展。基於科學發展與國家競爭力之密切相關，科技能力連帶影響國家的相關產業發展及經濟成長，使得各國對科學的重視程度高於其他領域，而為了解各國的科學合作發展情形，許多國家已是被探討的研究對象，甚至將研究對象延伸到機構、領域、個人等不同分析單位。就領域而言，自然科學領域的科學合作比人文及社會科學領域普及，使得研究人員主要關注自然科學領域的科學合作發展，但隨著人文與社會科學領域的合著率增加，相關科學合作的探討也開始受到更多關注。

　　除了探討不同科學合作類型的研究表現差異，我國於2010-2019年間出版的科學合作相關研究，也包含利用社會網路分析方式辨識科學合作網路中的重要參與者、透過不同指標測量科學合作強度，以及探討影響科學合作的相關因素與科學合作的影響。

　　本文定義「我國研究」為一篇期刊論文的作者包含至少一位是發表研究論文時任職臺灣機構的作者，而納入回顧的期刊論文資料來源有三種資料庫：Scopus、Web of Science（以下簡稱WoS）、中華民國期刊論文索引。至於學位論文與研究計畫成果中與科學合作有關的研究部分，因考量多數

已在期刊發表論文，為避免重複計算研究，本章未納入學位論文與研究計畫二類的研究產出。期刊論文的出版年限於2010-2019年（未發現有2020年出版的相關期刊論文），研究論文的蒐集與選定，係於Scopus與WoS二個資料庫，以科學合作相關詞彙進行查詢，加上文獻類型（限於article, review, letter）、出版年、國家等限制條件，獲得初步查詢結果。之後，再以人工方式逐筆檢視篇名、摘要或全文內容後，以科學合作為主要內容之研究文獻為篩選依據。同樣期刊文獻的選擇方式也應用在中華民國期刊論文索引資料庫，據以蒐集中文期刊文獻，但檢索條件未限定國家，以及配合資料庫功能限定文獻類型為「學術性」。總計列入回顧的32篇期刊文獻均為研究論文，其中僅有18篇研究論文的作者至少有一位在圖書資訊學系所任職，為能凸顯圖書資訊學研究人員關注的科學合作議題與研究取向，32篇期刊論文均列入本章研究回顧範圍。以下依據文獻之研究焦點，區分四大主題，依序說明。

研究回顧

科學合作類型

　　32篇期刊論文中有22篇探討不同科學合作類型，比例高達68.8%，是最大的研究主題。此主題的研究主要是區分不同合著類型的數量、比例、被引用次數（研究影響力）差異，有些研究針對特定科學合作類型，有些則是比較不同科學合作類型；此外，許多研究採用社會網路分析軟體，透過合著建構出作者之間的科學合作網路，並利用社會網路分析軟體提供的中心性指標及其他功能，從合作網路中辨識出位居重要位置的國家、機構、個人等目標。

國際合作

　　在不同科學合作類型的研究中，僅針對國際合作探討的研究居首，除關注國際合著比例，主要係透過社會網路分析軟體辨識科學合作網路中位居重要位置的國家。國際合作是以國家為分析單位，確認任職在不同國家

機構的研究人員是否共同發表期刊文獻，或是合作發明並取得專利，以揭示科學活動與技術活動的合作情形。依據作者於著作上揭示的任職機構與所在國家資訊，可據以辨識出不同國家作者所共同發表的國際合著；反之，如果合著作者均任職在同一國家，即屬國內合著。同樣地，透過一項專利的共同發明人國家資訊，可以辨識出國際合作專利及國內合作專利，探討與技術創新有關的科學合作。

　　隨著科學出版數量及專利數量的成長，許多研究欲了解以國際合作方式發表期刊論文及獲取發明專利的情形，可以預期的是，透過合作方式發表期刊論文的數量持續增加，而參與科學合作的國家數量也呈現成長趨勢。張郁蔚、呂威寰（2014）曾分析1991-2012年浮水印主題的國際合著期刊論文，指出該主題的國際合作自1995年起開始小幅成長，每年出版國際合著論文的國家數量快速成長，且透過指標計算確認國際合著出版量最大的美國與義大利之間的科學合作強度最高，但二國的科學合作強度未隨時間呈現成長趨勢。另依據非圖書資訊學研究人員的研究，如Pouris與Ho（2014）關注非洲國家的國際合作情形，經分析2007-2011年WoS研究論文，指出非洲國家的國際合著論文成長率幾乎是國內合著論文的二倍，合作者主要來自美國、法國、英國及德國，以及確認各非洲國家的四種合著論文比例，包括國內合作、國際合作、洲內合作（一篇論文之作者都來自非洲國家）、跨洲合作（一篇論文之作者包含非洲與非洲以外國家）。

　　相較於較多研究以期刊論文為研究對象，較少研究以專利或納入專利資料進行科學合作探討。Zheng等人（2012）以中國2004-2008年WoS期刊論文與同期間的美國專利為研究對象，分析中國的國際科技合作情形，其定義國際合著文獻是一篇期刊文獻中包含中國及其他國家的企業機構作者，國際合作專利是一個專利包含中國及其他國家的發明人，而研究結果顯示美國的逐年國際合著與合作專利比例均呈現成長趨勢，每年的國際合作專利比例高於國際合著，專利的平均被引次數低於期刊文獻，以及美國是中國科學合作強度最高的國家。Zheng等人（2014）調查奈米科技領域的國際合作情形，以代表奈米科技的分類號取得1991-2010年間經核准的美國專利進行社會網路分析，指出美國的國際合作專利數最多，並位於國際合

作專利網路中心,而相對於歐洲國家的國際合作專利數呈現下降情形,亞洲國家有明顯的增加趨勢;另在參與奈米技術國際合作的國家中,發現美國、德國、英國、日本和許多國家合作,不同於西班牙、以色列、蘇聯、臺灣傾向與特定國家合作。

另有一篇由科技領域研究人員發表的研究,是Su(2017b)以1976-2013年間核准的美國國際合作專利為研究對象,經區分為五種類型,包括:(1)僅有發明人且發明人來自不同國家的專利;(2)有來自不同國家的發明人及專利權人的專利;(3)同時是發明人間,以及發明人與專利權人間的國際合作專利;(4)同時是發明人與專利權人之間,以及專利權人間的國際合作專利;(5)同時是發明人間、專利權人間、發明人與專利權人間的三種國際合作專利,再以社會網路軟體計算三種中心性數值,據以比較各種國際合作專利特性的差異,包括發明人數量、發明國家數量、被引次數、專利權人數、專利權國家數、專利參考文獻數、非專利參考文獻數、國外參考文獻數、度中心性(degree centrality)、分類號數量、專利申請項(claims),並確認鄰近國家較常合作,高度發展的小國有較高的國際合作,以及中國有最大的合作影響力。

國際合作與機構合作

因一個國家中有許多機構,使得機構合作的探討常併同國家合作的分析。張郁蔚(2010)探析臺灣與日本的科學合作活動,依據SCIE收錄的2000-2009年臺日期刊論文,顯示臺日近十年的科學合著論文及作者數量呈現成長趨勢,醫學及物理學是最主要的二個合作領域;另參與合著的機構類型組合相當多元,各合著機構組合的主要合作領域並不相同,臺灣大學及東京大學各為臺日最常出現的機構,而交通大學與大阪大學是最常出現的臺日合作機構對。Cheng等人(2017)探討電腦科學領域中大學與企業的合著,透過2002-2011年二個電腦科學次領域的2,324篇SCI期刊文獻,利用社會網路分析軟體計算三種中心性數值後,指出多數大學與企業的合著是僅由二種機構的作者合作發表,且國際合著比例增加,其中美國是著作量最高國家,也是許多國家的主要合作對象。

Chang與Huang(2013-2015)依據SAO/NASA Astrophysics Data System

蒐集發表在六種國際專業期刊的57,934篇文章，從中辨識出在2001-2009年有出版至少十篇文章，且被Star-Guides Plus全球天文機構名錄收錄的606個機構為研究對象，最後將研究結果發表在三篇論文。其中第一篇論文（2013）是透過UCINET社會網路軟體計算度中心性（degree centrality）、接近中心性（closeness centrality）、中介中心性（betweenness centrality）三種中心性指標數值，辨識具重要地位的機構與國家，並觀察機構於2001-2003，2004-2006，2007-2009三個時期的中心性數值變化。第二篇論文（2014）採用Cooperation index計算二個合作機構之間的合作強度，辨識出合作強度較高的機構對，並觀察同一合作機構對的合作指標數值在2001-2003、2004-2006、2007-2009三個時期的變化，以及透過社會網路軟體找出小群體（clique），顯示不同洲之間的機構有強連結的國際合作，並透過中心性數值發現機構合作呈現物以類聚現象，亦即有中心性於平均值或高於平均值的機構相互合作情形，以及雖然有愈來愈多天文學機構參與合作，多數是屬於不穩定的弱連結合作，許多機構合作僅出現在其中一個時期。第三篇論文（2015）探討研究資源（指研究設備、研究人力與研究經費）多寡對機構在網路中心位置的影響，以及機構是否傾向與研究資源佳的機構合作，其中研究自變項有二個，第一個是研究設備層級，依據儀器設備位在機構總部或領導機構，區分為國際性或國內性二種研究設備後，比較二個合作機構的機構層級是否相同，進而分成三種情形，第二個自變項是研究人力大小（指合作機構之文獻作者數除以某作者機構之文獻作者數）；至於控制變項有三個，分別是地理區域（五大洲）、合作國家數、國家科技花費（研發經費占GDP之比例），經檢視研究設備層級、研究人力大小、合作國家數、國家科技花費對機構三種中心性數值的迴歸相關性，顯示研究資源會影響機構在國際合作網路的中心位置，研究人力高的機構有較多國際合作對象，有助於機構在國際合作網路中的影響力，而擁有高階研究設備的機構通常位居國際合作網路重要位置，不過，機構未偏好與擁有豐富研究資源的機構合作，機構的國際合作頻率主要受到地理相近性的影響。

　　在來自科技領域研究人員的研究方面，Liu等人（2012）分析臺灣在生

物技術、資訊與電腦科技、未來能源、奈米科技共四個領域的國家與機構合作情形，於參考相關報告獲取代表各領域的關鍵字後，檢索出1996-2010年WoS相關文獻（包括article, letter, note, review），確認美國是臺灣在生物技術領域的主要合作夥伴，印度是未來能源領域的主要合作國，日本、韓國、美國是資訊與電腦技術的主要合作國，歐盟是奈米科技的主要合作者，而在將期刊論文作者的任職機構分為私人企業、政府機構、研究機構、醫院、大學、非營利組織等六種類型後，發現研究機構與大學是各領域最主要的合作機構組合。另透過計算不同機構合著文獻的平均被引次數與該領域平均被引次數的比值，指出除奈米科技以國內合著為主，其他三個領域的國際合著影響力高於國內合著。另醫學領域的Lin等人（2015）以臺灣研究人員2010-2014年1,217篇WoS家庭醫學合著論文為研究對象，確認絕大部分合著是跨學科合作（97.3%）與跨機構合作（83.2%），國際合著論文僅有11.7%，但全部是跨學科合作與跨機構合作的成果。至於合著論文的主題聚焦在公共健康議題，以榮民總醫院發表的論文數最多，而臺灣研究人員的主要合作對象是來自美國、英國與中國的研究學者。

研究人員與實務人員合作

Chang（2016, 2018, 2019）從作者的職業別探討研究人員與實務工作者的科學合作，目的在以量化方法觀察不同領域的研究與實務差距是否獲得改善，共透過3篇研究論文探討圖書資訊學，以及比較圖書資訊學、教育、管理、電腦科學等學科的差異。作者職業別資訊通常不會出現在作者任職機構的書目資料中，需要透過其他管道獲取資訊，Chang是透過附有作者簡介資訊的期刊文章全文中取得所需資訊。研究結果顯示，圖書資訊學比其他領域有更高的研究人員與實務人員合作比例，推測與領域文化有關，而「使用者與使用者服務」是圖書資訊學中研究人員與實務工作者的主要合作主題。此外，圖書資訊學的主要實務工作者是圖書館館員、社會學的主要實務工作者是任職政府機構人員與統計分析人員，而行政人員是教育學的主要實務工作者。

比較多種科學合作類型

Lei等人（2013）以太陽能美國專利為研究對象，分析與比較四個十年

期間（1971-2010）三種科學合作（國際合作、市內合作、國內跨市合作）
的差異，分別依據發明人與專利權人的地址資訊區分合作類型，其中發明
人合作代表發明活動的合作，而專利權人合作反映的是經濟活動的合作。
研究結果顯示，發明人合作與專利權人合作產出的美國專利數量於四個時
期均呈現增加情形，其中發明人合作專利數量明顯高於專利權人合作，而
專利數最多的美國，其主要的國際合作對象，以發明人而言是日本，以專
利權人而言是英國、日本與德國。另三種科學合作種類中，以國內跨市合
作為主，國際合作數量呈現微幅成長趨勢，而市內合作呈現下降趨勢。

　　有些研究是使用社會網路軟體呈現個人、機構、國家三個不同層級之
合著網路圖。如Fu與Ho（2018）以環境工程被引用次數超過百次的高被引
期刊論文為研究對象，計有3,044篇於1967-2011年出版的期刊論文列入分析，
經將期刊論文分成五種類型：（1）單一國家／單一機構的單一作者論文；
（2）國際合作；（3）特定國家／機構的第一作者論文；（4）特定國家／機
構的通訊作者論文，從中辨識出各類型期刊論文的高產量作者與高產量機
構，並以社會網路分析軟體呈現國家、機構、作者三種層級之合著網路圖。

　　在非圖書資訊學研究人員的研究部分，資訊科技領域的Zervas等人
（2014）僅以社會網路分析 *Educational Technology & Society Journal* 於
1999-2012年出版的792篇合著論文，透過三種中心性指標辨識中心作者，
以及指出主要小群體的作者數量與主要研究主題，確認這個由臺灣出版的
期刊，其合著論文作者主要來自臺灣。醫學領域的Wu等人（2017）分析
2003-2013年間逾六種SCI/SSCI期刊出版的有關亞洲物流管理（logistics
management）主題的260篇期刊論文，透過社會網路分析軟體呈現國家、機
構、個人的合作網路圖。Chien等人（2019）分析精神分裂症的科學合作情
形，依據MEDLINE資料庫的57,964篇文獻資料，以社會網路分析呈現作者
的國家、作者，以及文章的醫學主題標目（Medical Subject Headings）關係，
另依據其中36,934 篇研究論文，指出亞洲國家出版的論文比例明顯增加，
雖然中國與印度是研究產出的最大國，但位於科學合作網路中的最大群體
作者是來自美國。管理領域的Yuan等人（2019）以SCI收錄的1987-2018年
104篇供應鏈創新（supply chain innovation）英文期刊論文為研究對象，將

合著論文區分為單一機構合著、國際合著、同機構跨部門合著、國際跨部門合著後，發現單一機構合著論文數量最多，並透過社會網路分析軟體計算度中心性，呈現作者、機構、國家之間合作網路圖，以及辨識位居網路中心位置者。

跨學科合作

張郁蔚（2011）以10種高分子學期刊為研究對象，分析1979年、1989年、1999年及2009年之不同學科合作情形。於利用作者機構所屬學科領域進行區分作者學科來源後，確認學科組合方式能提供更詳細之跨學科合作資訊，指出高分子學合著論文的作者機構分布於38個學科，但高分子學機構的研究人員僅與22個其他學科機構的研究人員共同發表論文，而高達189種的學科組合中，僅23.81%的學科組合包含來自高分子學機構的研究人員，反映高分子學是跨學科色彩顯明的研究領域。

科學合作對研究品質（影響力）及其他之影響

有關以科學合作方式產出的合著影響，主要是非圖書資訊學研究人員所關注的議題。此部分僅有1篇圖書資訊學研究人員發表的論文，是Huang等人（2015）為探討網際網路對科學合作的影響，以資訊系統（information system）領域為研究對象，比較網際網路出現前後的合著影響力，經比較網路前期（1981-1985年）抽樣的文章（WOS資料庫收錄的article、note、letter、review、proceeding papers及book review）與網路後期（2006-2010年）抽樣的文章，確認網路後期合著論文與被引用次數的相關性高於網路前期，特別是多領域的合作效果與多作者合作的效果最明顯，但國際合著無此效果。

其餘有4篇由非圖書資訊學研究人員發表的研究成果，包括資管領域的Liao（2011）以資訊系統（information system）及資訊科技（information technology）二個領域為研究對象，從二種資料來源蒐集期刊文獻資料，一是從四種SSCI期刊，蒐集55位研究人員於1999-2004年出版的文獻資料，每種期刊至少有包含4篇或更多期刊文獻，以及依據某臺灣的大學學術資料庫，蒐集185位研究人員於2000-2007年間出版的期刊文獻資料，再以二種指標

測量各研究對象的合作強度（指社會網路分析的中心性程度數值）及成員多樣性（指合著文獻數除以共同作者數），以了解個別指標與代表研究品質的被引用次數、影響係數（impact factor）與研究獎勵的相關性。研究結果顯示對被引用次數的變化影響僅有14%，而對研究經費的影響力是12%，另合作中心性愈高者有較高的研究品質，但成員多樣性未受到共同作者是否相同的影響。

教育與物理領域的Hsu與Huang（2011）探討科學合作產出的著作是否有較高影響力，其透過高影響係數及每年高出版量的八種期刊為研究對象，分析同一期刊的被引次數與作者數相關性。其中四種期刊是以1995-2004年出版的研究論文為樣本，另四種期刊以2000-2004年出版的研究論文為樣本，而研究結果發現，文章的作者數及被引次數差異很大，從作者數預測文章被引用次數比從被引用次數預測作者數更具可靠性。

管理領域的Su（2017a）以臺灣、日本、韓國與中國等四個東亞國家於1980-2013年間獲准的美國專利為研究對象，探討國際合作產生的專利是否比國內合作產生的專利有更高的法律價值（legal values）。此研究的法律價值是指專利跨國侵權的可能性，並以社會網路分析的度中心性呈現不同時期的國際合作網路圖，研究發現與不同國家合作產出的專利有不同法律價值，國際合作專利的法律價值高於國內合作專利，而臺灣最佳的專利合作國是韓國。另Moaniba等人（2019）探討技術多角化（technological diversification）與國際合作對專利產出的影響，依據1976-2015年美國專利，經計算創新指標（一個國家所有公司擁有的專利數）、合作指標（一個專利之平均合作國家數）、技術多樣性指標（專利涉及之技術領域多樣性程度），並於控制專利申請項數量與國家GDP後，指出國際合作對一個國家的專利產出創新表現有短期的正面影響，而技術多樣性則有負面影響。

科學合作指標比較

有關以指標量化科學合作的2篇研究係由資管領域研究人員發表，Liao與Yen（2012）比較五種計算科學合作強度指標差異，包括Collaborative index（每篇文獻的平均作者數）、Degree of collaboration（多作者文獻比例），

Collaborative coefficient（數值介於0-1，無合著時值為0），Revised collaborative coefficient（RCC），Degree centrality（度中心性；依據作者直接合作的作者數計算中心地位）。經依據於1999-2004年間在四種資訊系統期刊出版至少四篇研究論文的55位作者，以及於1995-2004年出版6篇研究論文的63位作者為研究對象，發現以個別作者而言，五種科學合作指標數值與前述時間內的研究論文數量（研究生產力）、平均期刊影響係數（期刊影響係數乘以文章篇數的總合除以文章數量）、期刊論文平均被引次數的相關性結果中，度中心性與研究生產力關聯性最高，其他指標則因計算方式不適合預測研究生產力，而與研究生產力呈現負相關，另RCC、度中心性與平均影響係數相關性最高。研究建議指出，因度中心性的分析單位是個人，不同於其他指標的分析單位是期刊論文，故度中心性是最適合檢視作者合作行為的指標。另Li等人（2013）探討代表社會資本的六個指標對文章被引次數的影響，經以137位資訊系統研究人員為研究對象，發現中介中心性對著作被引用次數影響最大，出版年資長的研究人員有較高的度中心性，而大量共同作者數、不同背景成員的團隊合作程度、出版年資對著作的被引用次數有間接效果。

超級作者合作

領域文化特性使得一篇合著論文的共同作者數不斷出現新高，有些領域的一篇著作共同作者數多到超乎想像，其中一篇論文作者數超過百位定義為超級作者現象（hyperauthorship）。Chang等人（2019）針對有較明顯超級作者現象的高能物理及遺傳基因二個領域，進行超級作者文章的數量及被引用次數變化的調查。依據二個領域各二種期刊於2004-2013年間出版的期刊論文為研究對象，發現高能物理領域的一篇超級作者論文的平均作者數、機構數與國家數均高於遺傳基因領域的超級作者論文，而二個領域的超級作者論文的平均被引用次數均高於多作者論文（指作者數介於2至99位）與單一作者論文的平均被引用次數。

結論

　　本章回顧的32篇期刊論文，僅3篇是中文期刊論文，有高達29篇是英文期刊論文（90.6%），且均發表在SCI與SSCI國際期刊上，顯示我國研究人員於2010-2019年間以資訊計量法探討科學合作議題的研究論文集中發表在國際期刊上。32篇期刊論文一共分布在20種期刊，以發表在*Scientometrics*期刊的10篇論文數量最多，又20篇期刊論文發表在圖書資訊學期刊，其餘12篇分散在不同領域的期刊。至於24篇的合著論文中，以國內不同機構合著居多（16篇），僅有5篇是國際合著論文。

　　雖然上述回顧的32篇期刊論文僅是我國於2010-2019年間出版的有關科學合作主題的部分資訊計量研究，期刊論文來源僅限於WoS、Scopus及中華民國期刊論文索引等三種資料庫收錄者，但事實上已呈現了我國以資訊計量方式探討科學合作議題的絕大多數研究成果。當中發現研究內容為分析不同科學合作類型的數量、比例，甚至被引用次數的差異，是屬於基本與最常見的研究內容；其次，不少研究使用社會網路分析軟體圖示不同層級的科學合作網路圖，以及利用社會網路分析軟體功能提供的三種中心性指標，據以辨識位居科學合作網路中心的重要位置者；至於透過計算科學合作強度指標的應用，比較不同參與者之間的合作強度差異與觀察參與者之間的合作強度變化，以及科學合作相關指標的探討也已受到關注。

　　如以任職圖書資訊學相關機構的作者區分，雖然32篇研究中僅有18篇有圖書資訊學研究人員參與發表，低於60%比例，但考量圖書資訊學在國內是屬偏小的領域，此情形仍可凸顯出我國在科學合作議題的資訊計量研究上，是以圖書資訊學為主要學科，因此，我國圖書資訊學的研究人員應持續研究，以擴大圖書資訊學在此議題上的影響力。相對於其他領域關注的科學合作議題，可以發現我國圖書資訊學較缺乏對科學合作影響與指標的探討，此也顯示在以資訊計量方式探討科學合作的研究上，仍有相當大的空間。此外，資訊計量學是一個跨領域研究，許多領域特別是管理領域的研究人員對科學合作議題有高度的研究興趣，此顯示在此議題上，不僅要關注我國圖書資訊學研究人員的研究產出，也需持續注意我國其他領域的相關研究產出。

參考文獻

張郁蔚（2010）。臺灣與日本雙邊科學合作之探討：2000-2009年合著論文之書目計量研究。**圖書資訊學刊**，**8**（2），55-93。

張郁蔚（2011）。從共同作者之學科組合探討跨學科合作：以高分子學為例。**圖書資訊學刊**，**3**（3），42-62。

張郁蔚、呂威寰（2014）。浮水印國際合著論文高產量國家之科學合作探討。**圖書館學與資訊科學**，**40**（2），7-22。

Beaver, D. D. (2001). Reflections on scientific collaboration, (and its study): past, present, and future. *Scientometrics, 52*(3), 365-377.

Cheng, H., Chen, C. T., Wei, L. F., Yen, C. L., & Huang, M. H. (2017). Exploring university-industry collaboration trends in computer science: a study on hardware and architecture and software engineering. IETE Technical *Review, 34*(3), 298-308. https://www.tandfonline.com/doi/abs/10.1080/02564602.2016.1185974

Chang, H. W., & Huang, M. H. (2013). Prominent institutions in international collaboration network in astronomy and astrophysics. *Scientometrics, 97*(2), 443-460. https://www.tandfonline.com/doi/abs/10.1080/02564602.2016.1185974

Chang, H. W., & Huang, M. H. (2014). Cohesive subgroups in the international collaboration network in astronomy and astrophysics. *Scientometrics, 101*, 1587-1607.

Chang, H. W., & Huang, M. H. (2015). The effects of research resources on international collaboration in the astronomy community. *Scientometrics, 67*(10), 2489-2510.

Chang, Y. W., Huang, M. H., & Chiuc, M. J. (2019). *Hyperauthorship: A comparative study of genetics and high-energy physics research. Malaysian*

Journal of Library and Information Science, 24(1), 23-44.

Chang, Y. W. (2019). A comparison of researcher-practitioner collaborations in library and information science, education, and sociology. *Journal of Librarianship & Information Science, 51*(1), 207-218.

Chang, Y. W. (2018). Research collaboration by practitioners in computer science, library science, and management. *Portal: Libraries and the Academy, 18*(3), 473-490.

Chang, Y. W. (2016). Characteristics of articles coauthored by researchers and practitioners in library and information science journals. *The Journal of Academic Librarianship, 42*(5), 535-541.

Chien, T. W., Wang, H. Y., Chang, Y., & Kan, W. C. (2019). Using Google Maps to display the pattern of coauthor collaborations on the topic of schizophrenia: a systematic review between 1937 and 2017. *Schizophrenia Research, 204*, 206-213.

Fu, H. Z., & Ho, Y. S. (2018). Collaborative characteristics and networks of national, institutional and individual contributors using highly cited articles in environmental engineering in Science Citation Index Expanded. *Current Science, 115*(3), 410-421. https://www.researchgate.net/publication/ 327046583_Collaborative_characteristics_and_networks_of_national_inst itutional_and_individual_contributors_using_highly_cited_articles_in_en vironmental_engineering_in_Science_Citation_Index_ Expanded

Gazni, A., & Didegah, F. (2011). Investigating different types of research collaboration and citation impact: A case study of Harvard University's publications. *Scientometrics, 87*(2), 251-265.

Huang, M. H., & Chang, Y. W. (2018). Multi-institutional authorship in genetics and high-energy physics. *Physica A: Statistical Mechanics and its Applications, 505*, 549-558.

Huang, M. H., Tang, M. C., & Chen, D. Z. (2011). Inequality of publishing performance and international collaboration in physics. *Journal of the American Society for Information Science and Technology, 62*(6), 1156-1165.

Huang, M. H., Wu, L. L., & Wu, Y. C. (2015). A study of research collaboration in the pre-web and post-web stages: A coauthorship analysis of the information systems discipline. *Journal of the Association for Information Science and Technology, 66*(4), 778-797.

Hsu, J., & Huang, D. (2011). Correlation between impact and collaboration. *Scientometrics, 86*(2), 317-324.

Lei, X. P., Zhao, Z. Y., Zhang, X., Chen, D. Z., Huang, M. H., Zheng, J., Liu, R. S., Zhang, J., & Zhao, Y. H. (2013). Technological collaboration patterns in solar cell industry based on patent inventors and assignees analysis. *Scientometrics, 96*(2), 427-441.

Li, E. Y., Liao, C. H., & Yen, H. R. (2013). Co-authorship networks and research impact: A social capital perspective. *Research Policy, 42*(9), 1515-1530.

Liao, C. H. (2011). How to improve research quality? Examining the impacts of collaboration intensity and member diversity in collaboration networks. *Scientometrics, 86*(3), 747-761.

Liao, C. H., & Yen, H. R. (2012). Quantifying the degree of research collaboration: a comparative study of collaborative measures. *Journal of Informetrics, 6*(1), 27-33.

Lin, Y. H., Tseng, Y. H., Chang, H. T., Lin, M. H., Tseng, Y. C., Chen, T. J., & Hwang, S. J. (2015). Interdisciplinary, interinstitutional and international collaboration of family medicine researchers in Taiwan. *PeerJ, 2015*(10), e1321. https://pubmed.ncbi.nlm.nih.gov/26500827

Liu, H. I., Chang, B. C., & Chen, K. C. (2012). Collaboration patterns of Taiwanese scientific publications in various research areas. *Scientometrics, 92*(1), 145-155.

Liu, X., Wu, Y. C. J., & Goh, M. (2016). Collaborative academic-industry SCM research and knowledge building. *International Journal of Logistics Research and Applications, 19*(1), 19-40.

Moaniba, I. M., Su, H. N., & Lee, P. C. (2019). On the drivers of innovation: does the co-evolution of technological diversification and international collaboration matter? *Technological Forecasting and Social Change, 148*, 119710. https://doi.org/10.1016/j.techfore.2019.119710

Pouris, A., & Ho, Y.-S. (2014). Research emphasis and collaboration in Africa. *Scientometrics, 98*(3), 2169-2184.

Ronda-Pupo, G. A., & Katz, J. S. (2018). The power law relationship between citation impact and multi-authorship patterns in articles in Information Science & Library Science journals. *Scientometrics, 114*(3), 919-932.

Su, H. N. (2017a). Collaborative and legal dynamics of International R&D-evolving patterns in East Asia. *Technological Forecasting and Social Change, 117*, 217-227.

Su. H. N. (2017b). Global interdependence of collaborative R&D-typology and association of international co-patenting. *Sustainability, 9*(4), doi:10.3390/su9040541

Tripathi, M., Kumar, S., & Babbar, P. (2018). Bibliometrics of social science and humanities research in India. *Current Science, 114*(11), 2240-2247.

Yuan, C. H., Wu, Y. J., & Tsai, K. M. (2019). Supply china innovation in scientific research collaboration. *Sustainability, 11*(3), 753. https://doi.org/10.3390/su11030753

Wu, Y. C., Goh, M., & Huang, S. H. (2017). Logistics management research collaboration in Asia. International *Journal of Logistics Management, 28*(1), 206-223.

Zervas, P., Tsitmidelli, A., Sampson, D. G., Chen, N. S., & Kinshuk, N. S. (2014). Studying research collaboration patterns via co-authorship analysis in the field of tel: The case of educational technology and society journal. *Educational Technology and Society, 17*(4), 1-16. https://www. semanticscholar.org/paper/Studying-Research-Collaboration-Patterns-via-in-the-Zervas-Tsitmidelli/60cfb28fb4b08f95d878db1ef7b8c69574971c2e

Zheng, J., Zhao, Z. Y., Zhang, X., Chen, D. Z., Huang, M. H., Lei, X. P., Zhang, Z. Y., & Zhao, Y. H. (2012). *International scientific and technological collaboration of China from 2004 to 2008: A perspective from paper and patent analysis. Scientometrics, 91*(1), 65-80.

Zheng, J., Zhao, Z. Y., Zhang, X., Chen, D. Z., & Huang, M. H. (2014). International collaboration development in nanotechnology: a perspective of patent network analysis. *Scientometrics, 98*(1), 683-702.

第7章
研究資料管理綜述

陳光華

本文簡介

本文敘述研究資料管理在圖書資訊學的發展歷程，從圖書館自動化系統，到以數位內容為主的電子資源管理系統，以至於在雲端服務的思維中，資訊服務模式擴增到作者服務、支援創新學術研究服務等。作者對於新近發展的研究資料管理提供簡潔清晰的輪廓，並引介三章相關研究資料管理論文的梗概。

　　圖書館作為圖書典藏、資源推廣、閱讀服務、參考諮詢的綜合體已有很長的一段時間，營運、管理、服務的概念由中國傳統的藏書樓以迄現代化的知識中心，期間面臨多次的典範轉移（paradigm shift）。1970年代辦公室自動化（office automation）的思潮興起，1980年代廣泛應用各型機構（Inc., n.d.），圖書館自不例外。1990年代各類型圖書館自動化系統紛紛問世，大型圖書館自動化系統供應商主導了圖書館各項服務的施行方式，然而內容的管理上，仍然聚焦於圖書類型的資料。2000年代，數位內容的發展愈形成熟，「使用數位內容」的管理模式超越了「擁有數位內容」的管理模式，「電子資源管理系統」成為真真確確的具體需求，而過去的圖書館自動化系統則已被視為「實體資源管理系統」，這種二元對立的圖書館資源管理，一直無法很有效的整合於一套的「整合圖書館管理系統」（Integrated Library Management System, ILMS）。2010年代，雲端系統平臺的觀念亦進

入了圖書館行業的視野，亦有圖書館系統供應商推出實際的產品，在雲端服務的思維下，系統的整合不在於功能的整合，而在於訊息傳遞模式的整合，至此過去二元對立的圖書館資源管理，可以在雲端服務的模式下虛擬整合。

　　系統服務的典範變遷確實影響了數十年的圖書館模式，然而內容面向的多樣性亦挑戰了圖書館的服務思維。過去圖書館專注於圖書、期刊、會議論文集等文獻資料，無論是出版文獻或是灰色文獻。然而，學術研究典範也在這十數年來陸續變遷，受到諸如Open Access、Open Source、Open Data、Digital Archives、Data Curation、Data Citation、e-Science、e-Research、Open Science、Digital Humanities、Digital Scholarship等等觀念或運動的影響，同時也對圖書館典藏、管理、服務的典範、模式、策略、實務造成影響，我們也可以看到圖書館實體空間以及服務觀念陸陸續續地變動，以因應前述的變動，例如實體空間新增了information commons或是research commons，服務觀念則由讀者服務進而作者服務，創新學術研究支援服務，積極參與研究者的研究歷程。

　　很明顯的，對於圖書館而言，近年來最重要的影響來自Data面向的各種議題，例如資料氾濫、資料蒐集、資料引用，特別是學術圖書館面臨的研究資料的挑戰。學術圖書館嫻熟於文獻資料的組織與管理，已經建立一套標準的作業流程，有各式各樣的標準、政策、規範、手冊、工具可供遵循，但是對研究資料卻是很陌生的，且各種學科領域的資料形式又大不相同。但是，研究資料的典藏、管理、利用等等需求越來越受到重視，其間的原因是多元的，涉及學術倫理、研究資產等等議題。2011年美國國家科學基金會（National Science Foundation, NSF）要求研究計畫的申請人必須同時提交一份研究資料管理計畫書（NSF, n.d.），至此，眾多美國的學術圖書館開始協助學校老師與研究人員撰寫研究資料管理計畫書，世界各國重要圖書館也開始或多或少、或深或淺、或被要求、或自發的，探討研究資料管理的範疇、政策、策略、程序、蒐集、描述、組織、利用、授權、推廣、系統等等課題。臺灣圖書資訊的產、官、學、研各界討論研究資料管理的並不多，僅有諸如國立臺灣大學圖書資訊學系以及國家實驗研究院科

技政策研究與資訊中心觸及研究資料管理的相關議題（陳雪華、陳光華，2012；王怡惠、蕭棠文，2016；林奇秀、賴璟毅，2017；林奇秀、賴璟毅，2018）。本篇在前述國內的研究基礎上，論述延伸的議題，提供讀者研究資料管理更多面向的內容與討論。

本篇討論的資料係指非文獻型的資料，當然不同學者的見解不全然相同，有學者認為資料與文獻是二個不同的概念；亦有學者認為「資料」的意義較廣，可再進一步區分為「文獻資料」與「數據資料」，而「數據資料」並不僅僅是「數字資料」，尚包括「字串資料」。本文採用後者的見解，而研究資料是數據資料的一種，當然還可以用其他的面向看待資料，例如「音訊資料」、「視訊資料」、「地理資料」、「基因資料」。

研究資料可能是學者透過田野調查、問卷調查、儀器偵測、實驗分析、系統模擬等各種管道產生，只要沒有刻意造假，反映著其本身中性客觀的本質，可視為事實的數據，是各項學術研究的證據，可據以檢視、反思、檢索、驗證學術研究，近年來越來越受到重視。因之，今日的學術圖書館以及圖書館館員，莫不思考在傳統以文獻資料為標的的圖書館服務之外，如何進一步擴增其服務內涵，引入數據資料的典藏、管理、服務，並思索「資料館員」（data librarian）的角色與任務。陳雪華、陳光華（2012）在 e-Research的大框架下，論述資料生命週期、資料蒐集、資料描述、資料組織、資料管理、資料利用、資料授權，並以「資料庋用」一詞涵蓋上述各項議題，此外，亦討論提供前述功能的資料管理系統的設計與開發。

時至今日，圖書館對於數據資料的服務益形熱切，特別是學術圖書館對於其母機構的研究資料，如何在適當的政策指導之下，採用合用與調適的機制執行研究資料治理（research data governance）的工作，發展完整的研究資料基礎建設（research data infrastructure），推動透過學科館員（subject/liaison librarian）或資料館員提供的研究資料服務之最佳實踐（best practices）。

本篇「研究資料管理」另三章專文，分別討論前述三項議題，希望可以在我們認知的研究資料管理上，更進一步，討論更為可行且具課責性的管理決策機制；探索完善的基礎建設，以利資料的開放與共享；檢視學科

服務與資料服務的現況，以及思索未來的服務實務。

　　「資訊治理」是由國立政治大學圖書資訊與檔案學研究所李沛錞教授撰寫。資訊治理延伸了資料管理的範疇，更強調管理與決策的課責性（accountability）。換言之，過去討論資料管理側重於資料本身，資料治理則是注重管理機制的構成，倡議管理機制的課責性，使得圖書館的資料蒐集、描述、組織、管理、利用、授權，不僅在本身機構的框架下，有其分層負責的管理機制與流程，更應融入更上層級的管理體制。傳統上，學術圖書館較少碰觸治理、課責等議題，注重資料本身的特性與服務，李教授則是強調資料本身是機構資產，學術圖書館已認知研究資料的有效管理與使用是重要的，但是更應該了解有效的管理與使用是建構於可課責的管理機制與流程，以及整合於更大的層級體制，成為國家整體或是學科社群的一環。

　　「研究資料基礎建設」是由國立臺灣大學圖書資訊學系鄭瑋教授撰寫。研究資料管理的面向非常多元，就圖書館的角度而言，至少包括了資料蒐集、描述、組織、管理、利用、授權，本章聚焦於資料利用，特別是在Open Science的研究典範，透過資料共享與開放，促進資料的利用，更與近年來強調的研究倫理（research ethics）的呼籲相互呼應。研究資料基礎建設係指「研究資料共享、公開過程中的配套設施」，涉及了研究資料自產製、公開、策管[1]（curation）以至再用等階段，各類資訊基礎建設與服務的設計、建置、維護及使用狀況。換言之，大至國家級研究機構平臺、全球性學科領域系統，小至學術社群網絡、電子實驗記錄簿等，只要有助於研究資料的公開與共享的環境、設施，無論是實體的、還是虛擬的，都是研究資料基礎建設的一部分。支持學術活動之生態體系建構，將是研究資料基礎建設非常重要的挑戰，以避免重複資源與工作的浪費。

　　「大學圖書館學科服務趨勢分析」一章是由國立臺灣師範大學圖書資訊學研究所柯皓仁教授撰寫。本章主要的目的是檢視學科服務與資料服務

---

[1]　有關 Curation 的內涵與翻譯，學者自有不同的見解，學術見解與研究的多樣性，是學術研究蓬勃發展的要素，此處採用原作者的用語。

的現況以及思索未來的服務實務。學科服務是學術圖書館與其母機構的聯繫介面，以整合的圖書館窗口，透過學科服務館員服務教師、職員、學生，強化使用者的體驗。雖然這項圖書館服務由來已久，但是國內的學術圖書館有能力推動學科服務者仍屬有限。對於研究資料管理服務的推動，若欲有效觸及教職員工生，透過學科館員仍然是較為有效的管道，對於大型的學術圖書館，當然可以另設資料館員，專責推動執行研究資料管理的各項工作。柯教授使用413篇學術研究論文，分析學科服務的現況，並探討未來發展的趨勢，其中研究資料管理被視為是最重要的學科服務項目之一。然而，衡之於「研究資料管理」的重要性與未來性，圖書館對於學科館員的養成計畫或培訓課程，需要儘早的規劃。

本篇各章節內容的擇定與安排，係基於圖書資訊學領域的眾多讀者對於研究資料管理的議題有初步的認識，如果讀者尚不熟悉研究資料管理，可以預先閱讀本篇所列之參考文獻。在前述的考量之下，本篇深入探討這個議題的體制流程面向、基礎建設面向、以及施行整備面向，並且依據前述面向的順序，亦即體制、建設、施行，展開各個面向的論述，期望讀者可以對於研究資料管理這項日新月異的議題，有更多的理解與收穫。

參考文獻

王怡惠、蕭棠文（2016）。**政府補助專題研究計畫資料公開機制研究**，台北市：財團法人國家實驗研究院科技政策研究與資訊中心。

林奇秀、賴璟毅（2017）。臺灣社會科學學者資料再用行為之研究。**圖書資訊學研究，11**（2），95-138。

林奇秀、賴璟毅（2018）。臺灣社會科學量化資料再用之研究：2001～2015年。**教育資料與圖書館學，55**（1），39-69。

陳雪華、陳光華（編著）（2012）。**e-Research：學術圖書館創新服務**，台北市：國立臺灣大學圖書館。

Inc. (n.d.) Office Automation. Retrieved Oct. 30, 2020 from https://www.inc.com/encyclopedia/office-automation.html

NSF (n.d.) Dissemination and Sharing of Research Results-NSF Data Management Plan Requirements. Retrieved Oct. 30, 2020 from https://www.nsf.gov/bfa/dias/policy/dmp.jsp

第 8 章
資訊治理

李沛錞

本文簡介

圖書館針對提供資料服務範圍的議題在美國大學與研究圖書館學會中已被廣泛討論（Tenopir et al., 2012; Tenopir et al., 2015）。然而我們真正關心的核心議題是「圖書館如何在大數據時代的多元資料來源趨勢下，設計、規劃與創造符合使用者需求之資料服務？」為了回應大數據時代的新型需求，圖資領域學者近年來不斷發展新的能力、新的觀點及架構，以運用在解決圖書館與檔案學所面臨的全新挑戰，並提供新穎的研究資料管理服務。據此，圖書館的首要任務即辨識出學者進行在資料生命週期中進行研究資料管理時的實際需求，例如資料管理計畫與詮釋資料，圖書館可針對現狀評估與未來發展方向，規劃設計研究資料價值服務、將資料融入資訊素養指南與館藏管理的流程中、提供參考服務以協助讀者尋找與引用資料、提供資料出版與保存建議。從研究資料管理的設計、規劃與產製議題出發，資料治理、資訊治理與數位治理已然成為數位時代的關鍵課題，本章節分別從資訊部門觀點、資訊組織觀點、政府政策觀點等三種層次觀點，探討數位時代的資料治理、資訊治理、數位治理的發展趨勢、挑戰及重要議題。本章首先從資料治理（data governance）的定義及發展趨勢談起，進而探討因應開放資料（open data）潮流下的資訊治理（information governance）議題。最後則針對數位治理（digital governance）的目標、重點策略，以及未來趨勢與所面臨之挑戰進行說明。

資料治理（Data Governance）

在深入探討資料治理內涵之前，應先區別出「治理（governance）」與「管理（management）」之間的差異，治理一詞所關懷的議題在於決策的課責性（accountability），例如在一個組織內誰擁有決策權，來制定標準流程以確保資料品質（De Haes et al., 2013; van Grembergen, 2007; Xue et al., 2008）。治理通常用以確保這些重要決策得以被制定，並且進一步確保資訊技術的使用獲得有效的管理。管理則是強調如何制定與實行該決策，以提升資料品質。因此，當我們討論企業治理（corporate governance）議題時，則往往視企業管理、董事會、股東與其他利害關係人等之間的關係為基礎，進一步提供一個達到組織目標、確保組織績效的架構。企業治理不僅提升經濟上的效率與成長，同時也在考慮總體經濟與組織結構型政策的綜效下，進而強化了企業自信（corporate confidence）。如圖1所示，立基於組織內部的關鍵資訊資產，其中包括了人力資產、財務資產、實體資產、智財資產、資料與資訊科技資產、關係資產等，Weill與Ross（2004）曾提出一個用來連結企業與資訊技術治理的架構。Khatri與Brown（2010）則進一步以Weill與Ross（2004）所提出的架構做為藍本，並主張首先應辨別出一個組織內的資訊技術資產（information technology assets）以及資訊資產（information assets）。

關鍵資訊資產					
人力資產	財務資產	實體資產	智財資產	資料與資訊科技資產	關係資產

圖1　組織內部的關鍵資訊資產

資料來源：Weill, P., & Ross, J. W. (2004). *IT governance: How top performers manage IT decision rights for superior results*. Harvard Business Press.

資訊技術資產（IT assets）意指用來支援完成組織任務之自動化要素，其中包括電腦、通訊與資料庫。資訊技術治理（information technology governance）則用來決定在一個組織內誰有權責來運用這些資訊技術資產。在Weill與Ross（2004）所描繪的資訊技術治理架構中包含五個主要的

決策範圍：原則（principles）、結構框架（architecture）、基礎設施
（infrastructure）、商業應用需求（business application needs），以及投入優
先排序（investment and prioritization）。這五個項目彼此相互關聯，然而每
一個項目實則可發展出自身的核心議題。例如，資訊技術治理的原則
（principles）涉及釐清資訊技術在組織內的角色，及其如何促使結構框架
以及基礎設施的建立。一個組織的IT基礎設施與能耐得以用於發展商業應
用，因為這些對IT的商業應用需求，可形塑組織內部新IT基礎設施之必要
項目。關於IT投資優先順序之相關決策也通常被IT原則、結構框架、基礎
設施，以及應用需求所影響。這五項資訊治理決策項目在資料生命週期中
扮演重要的角色，通常在資料治理框架中，用於定義資料的產製、保留、
去除等操作性原則。表1針對前述資訊治理決策項目進行摘要整理。

表1 資料治理的決策項目及內涵

資料治理決策	決策內涵	潛在角色與課責性
資料原則 （**Data Principles**） 資料為組織資產	・這些資料將會拿來用在哪些商業項目上？ ・目前存在哪些機制用來連結這些資料與商業應用？ ・組織內有哪些實務工作符合將資料視為資產之原則？ ・組織內有哪些資料可被分享與再利用於哪些新用途？ ・在環境中有哪些規範會影響這些資料的商業應用？	資料擁有者／信任者 資料管理員 資料生產者／資料供應者 資料消費者 企業資料委員會
資料品質 （**Data Quality**） 建立目標資料之品質評估標準與要求	・針對資料品質的各種面向（正確性／即時性／完整性／可靠性）是否有相關標準與規範？ ・如何推動資料品質的建立與溝通？ ・資料品質與前述計畫是如何被評估的？	資料擁有者 主題式專家 資料品質經理 資料品質分析師

（續）

表1　資料治理的決策項目及內涵（續）

資料治理決策	決策內涵	潛在角色與課責性
詮釋資料 （**Metadata**） 建立資料的語意 或內容架構，以 利使用	・如何針對資料語意以進行檔案管理？ ・針對資料如何被給予標準化定義以及 　模式化詮釋？ ・針對不同型態的詮釋資料，目前有哪 　些持續更新的計畫？	企業資料架構師 企業資料模型師 資料建模工程師 資料架構師 企業資料架構委員會
資料存取 （**Data Access**） 明定資料存取之 標準與條件	・資料的商業價值為何？ ・針對資料的誤差，如何進行風險評估？ ・前述風險評估結果如何被有效回饋至 　資料規範監控流程？ ・資料存取的標準作業流程為何？ ・如何進行週期性的監控與審查？ ・如何建立資料安全意識，以及如何進 　行教育訓練？ ・如何進行資料備份與回復？	資料擁有者 資料受益者 資料安全主委 資料安全委員 技術安全分析師 企業架構發展委員會
資料生命週期 （**Data Lifecycle**） 明確定義資料產 製、保留、刪除	・如何針對資料進行盤點工作？ ・如何針對不同類型資料進行資料定 　義、產製、保存與去除？ ・資料合規性議題如何影響資料保留與 　封存？	企業資料架構師 資訊鏈經理人

資料來源：Khatri, V., & Brown, C. V. (2010). Designing data governance. *Communications of the ACM, 53*(1), 148-152.

　　資訊資產（information assets）則為在組織內典藏且具有價值、或潛在價值之檔案。其後，Khatri與Brown（2010）進一步提供一個綜觀的資料治理架構，以期提供後續學者針對特定議題進行分析，並且提供實務工作者用以作為設計自己的資料治理架構之參考。Khatri與Brown（2010）旨於提

供可有效發展資料治理的方式、策略、設計。尤其當我們實際要發展資料治理架構與流程設計時，通常需要檢視日常業務中的每個決策，並且進一步檢視哪些決策是基礎且必要的、以及這些基礎且必要的決策應由誰來制定。Khatri與Brown（2010）另外主張五個相互關聯的決策項目：資料原則、資料品質、詮釋資料、資料取用、資料生命週期。如圖2所示，資料原則在整個架構的最上方，主要用來制定所有決策項目的方向。一個組織的資料治理原則用於界定組織內所有資料範圍、確保資料品質之標準、以及資料如何被使用者運用及詮釋等。

資料原則		
資料品質	詮釋資料	資料生命週期
	資料取用	

圖2　資料治理之決策項目

資料來源：Weill, P., & Ross, J. W. (2004). *IT governance: How top performers manage IT decision rights for superior results*. Harvard Business Press.

Khatri與Brown（2010）針對北美359個實施商業數據系統分析的組織進行調查，結果發現資料治理（data governance）為五個資料從組織資產轉化成為商業價值的主要成功因素之一。表1亦提供針對每個資料治理決策項目潛在的組織角色，並著眼於對課責性的討論。在Khatri與Brown（2010）之個案研究中亦發現這樣的角色，例如企業架構發展委員會通常既存於資料取用治理流程中。以下進一步說明資料治理的主要五個決策項目及其內涵。

資料原則（Data Principles）

資料原則主要用以釐清資料作為資產的角色，在實務面上多用於治理新興資料服務、對既存資料集的改變，以及較大規模內部與外部變化之衝擊分析。當資料被視為是組織內部的重要資產時，每一項資料治理原則其實都隱含著一個組織內部運作的機制、情境與意涵。組織在標準化商業流

程的制定中，通常會清楚定義資訊資產原則，並據此以訂定該資料的商業用途與資料治理原則後，進一步定義哪些資料是屬於企業資產範圍內，以及有哪些資料治理政策、標準與指引是適切且必要的。透過資料治理原則，不但可強化組織內部資料的分享與再利用，資料治理原則亦可將外部資料納入組織內部的規劃與考量。除此之外，為了辨識出哪些環境條件與因素會影響到資料的商業化應用，一個組織通常會需要先針對其所面臨的法制環境進行掃描與分析。

資料品質（Data Quality）

此決策項目主要用於對使用資料之要求，意即資料應該正確、完整、即時且相關。過去學者針對資料品質的評估方式、管理架構與評估要素提出說明（Cai & Zhu, 2015）。資料品質除了會影響資料能否滿足使用需求，資料品質的良窳對組織的營運與策略發展也往往會產生重大的影響。資料品質通常包含幾個面向，其中包括準確性、即時性、完整性與可靠性。準確性意指資料在所欲發展的用途上所呈現之正確程度。即時性則為該資料在執行任務期間的更新程度。完整性用於說明該資料的呈現能否兼具合適的深度及廣度。可靠性則意指資料來源與內容之可信任程度。

詮釋資料（Metadata）

此決策項目用於建立語意或資料內容，提供完整的資料樣貌，以協助使用者充分了解資料。詮釋資料乃是描述資源屬性的資料，以及資源屬性間彼此關係的特性，以利於資源能夠在數位環境中被有效地尋找、管理與運用。詮釋資料用以描述一群資料，同時亦提供一個簡潔一致且可完整代表該群資料的描述，以詮釋這群資料的語意內涵。不同型態的詮釋資料在探索、檢索、校對與分析資料各個階段皆扮演了重要角色。為了輔助資料檢索與取用，以及確保資料的可詮釋性，將詮釋資料標準化已然成為未來能夠有效使用與追蹤資訊的重要基礎。因此當外在環境有所改變時，一個組織的資料治理模式與詮釋資料亦須動態管理。

資料取用（Data Access）

　　此決策項目用以制定資料取用之規範，例如組織應針對敏感資料與管制資料建立取用標準與管理流程。由於資料取用是促使資料產生不同價值的首要條件，有效的風險管理通常是由資料安全委員在辨識商業化需求及安全性後，用以確保資料的保密性、誠信與可及性。資料取用的標準立基於一個組織對可接受的資料使用之定義，以及外界對該資料的可審核性（auditability），除此之外，隱私與可行性亦是資料取用標準的考量因素。

資料生命週期（Data Lifecycle）

　　此決策項目主要用於決定資料之定義、產製、保留與淘汰等流程。資料生命週期內的每個階段都應制定有相對應的管理標準，以期能有效地完整監控整個資料生命週期。資料治理的核心概念立基於對資料生命週期進程的理解。一個組織需要充分了解資料如何被保留與使用，進而探討這個資料應該被保留多長的時間。為了達到資料生命週期的管理目的，組織可以透過使用型態分析，連結至最適的儲存媒體，進而促使在資料生命週期中降低資料儲存的整體成本。

　　有許多組織並不完全了解自己擁有哪些資料、其所擁有資料的重要性、這些資料的來源，以及這些資料資產的重複與累贅程度。為了管理這些資料庫，以及充分了解這些資料的來源，資訊鏈經理人（information chain manager）通常會嘗試去了解哪些資料最被廣為使用、儲存資料的各式要求，以及資料的成長趨勢。進一步從前述五個資料治理決策項目中，逐一檢視其課責性的特徵（意即集權化至分權化之光譜），資料原則的集權化程度最高，意即須由組織決策高層進行制定，然而分權化程度最高的資料品質，透過不同的組織部門，根據資料原則，用以確保多元化資料的品質，如表2所示。

表2 資料治理矩陣

決策項目 課責性	資料原則	資料品質	詮釋資料	資料取用	資料 生命週期
集權化	✓				
				✓	✓
			✓		
分權化	✓				

資料來源：Khatri, V., & Brown, C. V. (2010). Designing data governance. *Communications of the ACM*, *53*(1), 148-152.

資訊治理（Information Governance）

　　大數據被視為是數位世代的重要發展利基，資訊治理議題獲得研究學者與實務者的關注，以期從大數據礦藏中挖掘出更多價值與商業上的可能性。Mikalef與Krogstie等（2018）運用了資源基礎觀點（resource-based view）及與大數據相關的所有文獻進行分析，並且針對175個資訊部門主管及資訊技術經理進行調查後發現，一個組織的大數據分析能力（big data analytics capability, BDAC）與資訊治理（information governance）間的相互作用，可強化組織創新能力（innovation capability）。尤其當一個組織有效強化其資訊治理時，大數據分析能力對突破型創新（radical innovation）所產生的價值將進而提升。由次可知，資訊治理是組織內進行大數據分析的重要策略與手段。

　　關於資訊治理的定義、範疇與最佳實務，在過去二十年受到關注。過去的文獻大多著眼於企業如何透過建立一個堅實的資訊技術治理（IT Governance）架構，以期提升企業運用資訊技術資源、發展新興資訊技術能力，最終強化企業競爭力（De Haes et al., 2013; van Grembergen, 2007; Xue et al., 2008）。隨著大數據時代的來臨，學者與實務工作者的討論逐漸移轉至資訊技術治理的分支議題：資訊治理（information governance）。資訊治理被定義為資訊創造、獲取、評價、存取、倉儲、使用、控制、典藏與刪除等實務或能力，以及其於生命週期中相關資源之集合（Mikalef, Krogstie, et al., 2018; Mikalef, Pappas, et al., 2018; Tallon et al., 2013）。由於資訊技術治理的議題發展面向非常多元，Weber等（2009b）建議資訊治理應包含決策制定角色（結構性實務）、決策任務（流程實務），以及個人責任與發展（關聯性實務）（Tallon, 2013）。結構性實務包括指派制定保護資料使用安全之政策與標準的主要角色。除此之外，建立技術委員會，以確保資料留存與組織資源管理無虞、內部政策確實符合外部法律規範（Rasouli et al., 2016）。當資訊治理議題涉及資料擁有權、價值分析與成本管理時，結構性實務則用於決定關鍵資訊技術與非關鍵資訊技術決策者，及其相對應之角色與責任。操作型實務（operational practice）則主要探討組織實施資訊治理之流程。操作型實務包含一連串的資料遷移、資料保留、成本累積、資料分析程序，以及資料存取權限。這些組織實務可以依照資料分析的型態或分析結果所產生意涵進行分類（Mikalef & Pateli, 2017）。關聯性實務（relational practice）則是透過舉辦知識分享、教育訓練、策略規劃等活動，以建立技術部門與商業部門員工之間的連結。

　　資訊治理被視為是一個將組織衍生資訊之價值極大化的架構，通常需要透過一連串有效的設計與規劃，以及槓桿相關資源，方能進一步將這些資源轉化為組織大數據分析能力。據此，結構性實務則是一系列確保系統性安全（人、部門、系統、組織）的關鍵步驟（Peppard & Ward, 2004），過去學者主張當跨部門專案進行時，一個清楚的資訊架構與適當的決定權為關鍵成功因素（Abbasi et al., 2016）。流程實務（procedure practice）包含正式與非正式的控制機制，旨於幫助組織減少支出上的浪費與降低選擇不良數據的可能性。因此，從資料被收集、儲存、分析，乃至於徵聘具備相關能力與技術的資訊技術及商業應用人才（Tallon, 2013）。流程實務是建構大數據分析能力的重要基礎，除了用來定義哪些資源用以建構與產生哪些知識，它也同時用於定義資訊治理如何在組織內的不同層級單位、資訊生

命週期的不同階段中實施，因此流程實務對於組織內的大數據專案扮演非常關鍵的角色（Hashem et al., 2015）。最後，關聯性實務（relational practice）經常用於定義員工的角色與責任，以及員工應如何適應與理解組織的動態需求，並且進一步將員工個人的責任與組織策略目的做連結，因此關聯性實務對組織大數據分析能力的建立亦非常重要（Mikalef, Krogstie, et al., 2018）。

　　倘若從隱私安全的角度來看，Caldicott（2013）針對醫療與健康資訊的保密性議題切入，探討資訊治理與個人隱私的法律觀點。資訊治理一詞在英國的健康與社會照護系統中，用於探討組織與個人如何管理資訊。在1997年Caldicott曾針對英國國民保健署轄下所有組織進行六大資訊治理原則之倡議（Jones et al., 2020）。這項倡議同時廣泛流傳至英國其他公立機構，包含當地政府與社服機構，後續甚至沿用於臨床醫師間的資訊分享監督機制。隨著通訊技術的發展，萬物互聯概念的提出促使智慧型手機成為重要的終端裝置。Silic與Back（2013）透過個案研究方法，針對資訊紀錄與管理議題，完成訪談十五個來自不同型態的資訊組織之資訊安全，以探討在手機通訊盛行的時代中影響資訊治理的重要因素。Silic與Back（2013）發現利害關係人的支持對於組織資訊安全文化的改變非常重要。此外，紀錄與資訊流動的資訊安全議題，是紀錄與資訊管理（records and information management, RIM）利害關係人最嚴峻的挑戰，據此，電信公司的行動發展策略（mobile strategy）與資訊安全架構，亦被視為行動資訊發展成功的必要條件。

數位治理（Digital Governance）

　　由於資通訊網路相關技術的進步與普及，帶動資訊連結、搜尋、複製、流通傳遞、追蹤、儲存、分析及驗證等功能的成本大幅下降。進而引發政府、企業及民眾的服務、生產、生活及互動模式大幅轉變，促使許多原本工作可利用數位科技及方法更有效率或更有效地完成，同時也帶動許多新商業營運模式之崛起。除此之外，世界主要國家的創新政策崛起一波新趨

勢，在產品服務改版日新月異的趨勢下，資料逐漸成為公部門與私部門的核心投入。對一個國家來說，如何建立有效的數位治理機制，在兼顧各方利害關係人意見下，以引導整個國家之社會經濟環境在變動的國際環境下仍能持續地進步，則是數位治理之核心任務。

根據The 14th Waseda-IAC International Digital Government Rankings 2018 Report報告中提出，未來數位治理的五大新興趨勢及六大挑戰（Auffret, 2018）。五大新興趨勢包含：（1）重新定義數位政府，不僅是提供公共服務，同時亦朝提高透明度、課責性、公民參與評估政府績效、進行數位民主及協助政策治理等方向發展。（2）數位政府使用人工智慧及物聯網技術。（3）擴張智慧城市範疇、發展地方數位政府。（4）數位政府應用區塊鏈技術。（5）以數位政府進行反貪腐。數位治理的六大挑戰則包含：（1）新興數位技術的創新應用，包含雲端運算、人工智慧與物聯網科技。（2）開放式創新的全球化時代來臨。（3）銀髮社會相關議題。（4）全球與地區的數位落差不斷擴大。（5）大都會的市區與地方社區的協調問題將日益明顯。（6）中央與地方政府的合作成為重要挑戰。

同時經濟合作暨發展組織（The Organization for Economic Co-operation and Development, OECD）亦於2019年提出數位治理的八項關鍵議題，其中包括：（1）數位改變競爭態勢：許多企業過去善於以低成本方式蒐集數位無形資產，因而帶來競爭、創新、技術擴散及不公平等面向的變化，然而未來應如何因應擁有數據及資料的主導者，數位智慧財產權應如何審查與治理，以期避免阻礙科技的擴散，同時防止不公平及隱私。（2）數位隱私權：當個資蒐集與數據分析日益普及，民眾對隱私及資訊不對稱的疑慮漸深，隱私保護應視為一項基本信念。（3）數位趨勢下的不公平：未來高技能人才與作業員的薪資所得差異可能逐漸加大，區域的數位落差亦將逐漸擴大。（4）跨境數據流通：跨境資料流通下之智慧財產權、隱私權政策將日益關注如何建立國內及與國際流通資料市場以創造潛在價值鏈等議題。（5）未來的企業與市場競爭：將不斷出現新的營運模式與新組織管理模式，所關注議題將轉變為「如何維繫市場公平競爭，以確保創造價值的新進者能夠進入市場？」（6）資訊時代的民主：數位科技加速假消息傳遞，

因此如何管理錯誤資訊的傳遞，以及政府如何建立民眾對資訊的信任與信心，將成為我們必須正視的課題。（7）數位轉型的評估與衡量：傳統實體經濟衡量框架已逐漸不適用，特別是跨域數位活動多屬無形，且經常涉及不同國家或政府管轄權。因此，未來我們將逐漸面臨數位轉型價值的評估與衡量議題，例如我們應如何設計指標以觀察與評估數位轉型與創新的進程？（8）強化對政府的信任：政府部門本身即需要數位轉型，同時亦須強化民眾對政府的信任，以客製化服務回應民眾訴求，增加公民參與政策治理，避免強化或創造數位落差（OECD, 2019）。

在資訊安全與隱私保護的法律架構上，歐盟近幾年的具體措施值得參考。其中包括針對資訊安全與網路攻擊議題上，2016年推出「網路和資訊系統指令」（Network and Information Systems Directive, NIS Directive—ENISA），作為歐盟國家網路與資通訊安全架構的共同對話原則。然而，在針對個人隱私保障方面，2016年5月歐盟通過一般資料保護規章（General Data Protection Regulation, GDPR），且自2018年5月開始實施將資料法規遵循（data compliance）形成法令。在資通訊監管方面，歐盟為了規範數位著作權市場的運作，於2016年9月發布「數位單一市場著作權指令提案」（Proposal for a Directive on Copyright in the Digital Single Market），用以規範數位視聽媒體內容與數位媒體OTT（over-the-top）平臺，並於2018年公布視聽媒體服務的修正指令（Revision of the Audiovisual Media Services Directive, AVMSD）。

近年來，許多跨國機構與學者紛紛提出不同的數位治理架構（Linkov et al., 2018），其中包含七大方向：（1）資訊取用：意即強調提升數位資訊的基礎建設、服務與資料的取用。（2）有效使用：意即有效地運用數位技術及資料。（3）促進創新：鼓勵與引導出更多以資料與數位技術驅動之創新，例如運用人工智慧技術、開放式創新、開放資料、場域實驗，以及管制沙盒等。（4）良好的新興職業發展：意即因應工作性質轉變，亟須建置符合未來工作能力要求的培訓機制，確保沒有人被忽略。（5）社會繁榮與包容性：提倡降低數位落差，以新方法或新模式克服社會挑戰，例如健康照護、終身學習及能源效率議題。（6）建立信任：提升數位安全、提升消費者隱

私保護，特別是跨境資料流通的安全與隱私保護。（7）市場開放性：強調資料驅動與數位技術的提升，其中包含業者間的競爭，應降低進入障礙，開放金融市場，以提升市場運作效率。惟需注意資料所帶來的產業集中及跨境租稅問題。

OECD（2019）進一步提供數位治理實務指南，其中包含四項主要指引：（1）治理與有效的協調機制：指定明確的負責人與組織，分別負責願景、策略及作業層級的協調。（2）策略願景與確保政策連貫性：引導特定議題的利害關係人，共同發展策略願景，釐清議題的優先順序、範疇及跨國的關係。（3）評估與監測關鍵數位趨勢：持續觀察國際數位化趨勢，從中辨識出挑戰與機會，以及國際的落差，同時持續觀察評估議題推動的進展。（4）連貫一致的策略並且成功地執行策略：持續觀察並了解民眾偏好的轉變，釐清管理與執行上的弱點與明確的責任分工。數位治理議題涉及社會、政治、科技等數個不同領域，往往需要跨領域學者運用不同的研究工具與方法，方能透過規劃、設計、實施與評估，以產生出一套從技術、文化與組織等多元觀點出發的數位治理架構。倘若從組織觀點視之，分層及專責的組織進行跨部門間議題的協調，實有其必要性。此外，需要有專責幕僚進行進度檢視與動態調整。與多方利益關係人溝通與協調，則需注意政府政策所提供誘因機制與政策目標是否相互扣合。數位治理議題分析層級設定於國家或區域，然而公共政策決策制訂與管理之過程與結構，需要透過連結民眾跨越公部門機關、政府層級以及公共、私人與公民等範圍的界限，方能以跨域連結達成數位治理的公共目的（Misuraca & Viscusi, 2014; Holzer & Kim, 2006; Milakovich, 2012）。

在既存的資料、資訊、數位治理相關文獻中，透過對不同議題的切入與探討，提出重要的觀察與建議。其中包含每個治理層級的價值驅動因子、評估面向，以及分析層級，並基於每個價值驅動因子發展出評估面向、整理出分析層級，詳如表3所示。從資料治理的層次來看，研究議題主要著眼於如何有效運用既有技術、基於資料資產以創造資料可帶來的多元價值。從資訊治理的層次來看，即著眼於一個組織如何立基於科技創新、組織能耐、組織資源，在符合外界環境要求（例如法令規章）的前提下，提供可

表3 數位治理之價值驅動因子、評估面向、分析層級

價值驅動因子	評估面向	分析層級
績效 （Performance）	效率	法律架構
		服務
		科技
	效果	服務
		組織
開放性 （Openness）	透明化	服務
		組織
	課責性	組織
		法律架構
	可及性	組織
		資訊
		科技
包容性 （Inclusion）	可及性	服務
		科技
	公平性	組織
		資訊

資料來源：Misuraca, G., & Viscusi, G. (2014). Digital governance in the public sector: Challenging the policy-maker's innovation dilemma. *Proceedings of the 8th International Conference on Theory and Practice of Electronic Governance*, 146-154.

回應環境與市場需求的資訊服務。從數位治理的層次觀之，過去文獻大多著眼於政府這個最大的資料擁有者，如何透過制定符合社會與經濟發展需求兼具之法令規章架構，有效整合國內所發展之科技創新，以及公私部門的合作協調綜效，以發展出可達到社會經濟利益與資訊安全之服務。

結語

　　當資料逐漸由附屬於特定業務資訊系統功能的客體，進而轉化成為被期待能驅動創新應用之主體，此亦凸顯政府資料治理（data governance）的迫切需求。例如Bertot et al.（2014）指出，政府巨量資料不斷增加，但其現有資料政策與架構亟須系統性的方法、技術、制度與文化的建立。資料治理的主要目的在於增加資料所衍生價值，以及最小化資料所帶來的成本與風險（Abraham et al., 2019）。資料治理乃是用以制定與組織資料相關之全部事務的決策及權責，主要說明在一個組織內，誰（who）在什麼樣的情況（what）下，可使用什麼樣的方法與採取什麼樣的行動（how）。倘若以資料生命週期觀點視之，資料治理則涵蓋了從資料產製（generation）、蒐集（collection）、整合（aggregation）、處理（processing）、發布（distribution and delivery）、乃至最終的運用（final data use）等環節，唯有每個環節都確實執行，方能真正實現資料的預期價值（Ubaldi, 2013）。在數位轉型趨勢下的圖書館應融入資料治理的概念與方法，圖書館內部各決策層級應釐清並建立資料做為資產的原則，訓練內部同仁具備正確的資料治理觀念，並以完整生命週期的角度，改變資料產製、運用、儲存、發布與淘汰的觀念，搭配適當且有效的作業方法、提升資料品質、養成正確習慣以形成良好文化。

參考文獻

Abbasi, A., Sarker, S., & Chiang, R. H. (2016). Big data research in information systems: Toward an inclusive research agenda. *Journal of the Association for Information Systems, 17*(2), 3.

Abraham, R., Schneider, J., & Vom Brocke, J. (2019). Data governance: A conceptual framework, structured review, and research agenda. *International Journal of Information Management, 49*, 424-438.

Auffret, J. P. (2018). The International Academy of CIO and Capacity Building for ICT Leaders (2004-2017). *アジア太平洋討究, 32*, 141-151.

Bertot, J. C., Gorham, U., Jaeger, P. T., Sarin, L. C., & Choi, H. (2014). Big data, open government and e-government: Issues, policies and recommendations. *Information Polity, 19*(1, 2), 5-16

Cai, L., & Zhu, Y. (2015). The challenges of data quality and data quality assessment in the big data era. Data Science Journal, 14.

Caldicott, F. (2013). Information: To share or not to share. *Information Governance Review*. Information: To Share or Not to Share.

De Haes, S., Van Grembergen, W., & Debreceny, R. S. (2013). COBIT 5 and enterprise governance of information technology: Building blocks and research opportunities. *Journal of Information Systems, 27*(1), 307-324.

Hashem, I. A. T., Yaqoob, I., Anuar, N. B., Mokhtar, S., Gani, A., & Khan, S. U. (2015). The rise of "big data" on cloud computing: Review and open research issues. *Information Systems, 47*, 98-115.

Holzer, M., & Kim, S. T. (2006). *Digital governance in municipalities worldwide* (2005): A longitudinal assessment of municipal websites throughout the world.

Jones, K. H., Ford, E. M., Lea, N., Griffiths, L. J., Hassan, L., Heys, S., Squires, E., & Nenadic, G. (2020). Toward the Development of Data Governance Standards for Using Clinical Free-Text Data in Health Research: Position Paper. *Journal of Medical Internet Research, 22*(6), e16760.

Khatri, V., & Brown, C. V. (2010). Designing data governance. Communications of the ACM, 53(1), 148-152.

Linkov, I., Trump, B. D., Poinsatte-Jones, K., & Florin, M.-V. (2018). Governance strategies for a sustainable digital world. *Sustainability, 10*(2), 440.

Mikalef, P., Krogstie, J., van de Wetering, R., Pappas, I., & Giannakos, M. (2018). Information Governance in the big data era: Aligning organizational capabilities. *Proceedings of the 51st Hawaii International Conference on System Sciences.*

Mikalef, P., Pappas, I. O., Krogstie, J., & Giannakos, M. (2018). Big data analytics capabilities: A systematic literature review and research agenda. *Information Systems and E-Business Management, 16*(3), 547-578.

Mikalef, P., & Pateli, A. (2017). Information technology-enabled dynamic capabilities and their indirect effect on competitive performance: Findings from PLS-SEM and fsQCA. *Journal of Business Research, 70*, 1-16.

Milakovich, M. E. (2012). *Digital governance: New technologies for improving public service and participation.* Routledge.

Misuraca, G., & Viscusi, G. (2014). Digital governance in the public sector: Challenging the policy-maker's innovation dilemma. *Proceedings of the 8th International Conference on Theory and Practice of Electronic Governance*, 146-154.

OECD Publishing. (2019). *Going digital: Shaping policies, improving lives.* Organization for Economic Co-operation and Development OECD.

Peppard, J., & Ward, J. (2004). Beyond strategic information systems: Towards an IS capability. *The Journal of Strategic Information Systems, 13*(2), 167-194.

Rasouli, M., Trienekens, J. J., Kusters, R. J., & Grefen, P. W. (2016). Information governance requirements in dynamic business networking. *Industrial Management & Data Systems, 116*(7), 1356-1379.

Silic, M., & Back, A. (2013). Factors impacting information governance in the mobile device dual-use context. *Records Management Journal*.

Tallon, P. P. (2013). Corporate governance of big data: Perspectives on value, risk, and cost. *Computer, 46*(6), 32-38.

Tallon, P. P., Ramirez, R. V., & Short, J. E. (2013). The information artifact in IT governance: Toward a theory of information governance. *Journal of Management Information Systems, 30*(3), 141-178.

Tenopir, C., Birch, B., & Allard, S. (2012). Academic libraries and research data services: Current practices and plans for the future.

Tenopir, C., Hughes, D., Allard, S., Frame, M., Birch, B., Sandusky, R., Langseth, M. L., & Lundeen, A. (2015). Research data services in academic libraries: Data intensive roles for the future? *Journal of EScience Librarianship, 4*(2).

Ubaldi, B. (2013). Open government data: Towards empirical analysis of open government. *data initiatives*.

van Grembergen, W. (2007). Implementing information technology governance: Models, practices and cases: models, practices and cases. IGI Global.

Weber, K., Otto, B., & Österle, H. (2009). One size does not fit all—A contingency approach to data governance. *Journal of Data and Information Quality (JDIQ), 1*(1), 1-27.

Weill, P., & Ross, J. W. (2004). *IT governance: How top performers manage IT decision rights for superior results*. Harvard Business Press.

Xue, Y., Liang, H., & Boulton, W. R. (2008). *Information technology governance in information technology investment decision processes: The impact of investment characteristics, external environment, and internal context. MIS Quarterly*, 67-96.

第 9 章
研究資料基礎建設：發展現況與展望

鄭　瑋

本文簡介

資料密集型科學時代的來臨，研究資料的管理、儲存與潛在價值日漸成為各領域矚目的焦點。研究資料基礎建設（research data infrastructure, RDI）扮演著支持研究資料自產製、公開、策管至再用等階段的關鍵設施。本章分為三大主軸：第一部份首先介紹RDI的定義、實例與特性，再將學者理解RDI的進路劃為宏觀角度與個體角度述之，分別著重外部資訊建設、政策與服務等系統環境，以及學者或資料策管從業者等個人與資料互動之行為。第二部份以資料公開實踐為例，透過知識基礎建設（knowledge infrastructure）的四個維度來輔助讀者理解RDI的本質及其相關研究重點。第三部份則輕觸新興科技於RDI之未來應用，盼能喚起各界對於本土RDI發展的持續關注與投入。

緒論

研究資料基礎建設

近代學術活動中，學者之間的資訊與資源共享往往成為推動科學前進與發展的重要驅力。在各項學術資源中，「研究資料」（research data，或作科研資料）的可塑性與潛在價值，儼然已隨著資料密集型科學[1]時代的到來而成為新興焦點。由於目前未見國內乃至東亞各國政府對於研究資料的確切闡釋，本章援引美國聯邦政府（2012）的定義[2]，將研究資料指為「學界所廣泛接受的記錄事實性材料，用以驗證研究結果」。

綜觀各學科領域，共享與開放研究資料的顯著益處在於研究通透性（transparency）之提升，亦即外界得以透過研究資料驗證、再現（reproduce）他人的研究，使相關研究成果獲得被公開檢驗的機會。除了驗證目的，隨著研究資料可得性（availability）的增長，相似領域的學者亦能透過資料再用（reuse）減少於資料蒐集與清理淨化上所投入的資源成本；同時也可望在既有研究資料的基礎上提出新的問題意識，持續推動科研發展。另外，就教學層面而言，研究資料的公開則有助於研究方法的傳承，教學者得以利用實徵資料提供科研人才於研究設計、方法選擇、資料蒐集與分析上的具體訓練，以培育後進。

基於上述若干益處，再加以各國政府對此議題的重視甚或強制政策[3]，

---

[1] 資料密集型科學（data-intensive science）由 Hey、Tansley 與 Tolle 於 2009 年提出，主張科學依序從過去的實驗、理論與運算等三波典範逐漸推進至第四典範（the four paradigm），即「資料密集」的科學。受惠於電腦運算與儲存科技的進步，科學家自實驗器材、模擬、感測網路等極其多樣化的來源獲致各式各樣的資料，並進入了上從研究素材蒐集、分析，下至研究成果發表、保存皆大幅仰賴資料的密集研究週期。

[2] 即美國行政管理和預算局 A-110 通告（2 CFR 215）Uniform Administrative Requirements for Grants and Agreements with Institutions of Higher Education, Hospitals, and Other Non-profit Organizations（2012）規章中對於研究資料的定義。

[3] 2000 年代起，美英等國的科研補助機構陸續推出強制政策（mandates），要求專題獎助計畫申請人撰寫研究資料管理計畫，並於後續公開研究資料於眾，詳見

研究資料分享與開放已蔚為趨勢，相關的配套設施、資源與服務也隨之成為一項重要的研究課題。本章將這些研究資料分享、公開過程中的配套設施統稱為「**研究資料基礎建設**」（research data infrastructure, RDI）。

RDI做為一個統稱名詞，事實上涉及了研究資料自產製、公開、策管[4]（curation）至再用等階段中，各類資訊基礎建設與服務的設計、建置、維護及使用狀況。歐盟GRDI2020計畫旨在為RDI發展相關技術、組織與政策框架（Thanos, 2011），並將RDI詮釋為一「管理數位化資料的網路工作環境，包含相關的資訊科技工具與服務」，而這些科技與服務皆能支援：

1. 研究團隊與研究資料互動的完整研究週期；
2. 跨學科領域之間的資料交換與流動；
3. 開放鏈結資料的儲存與管理空間（open linked data spaces）；
4. 研究工作流程的管理；
5. 研究資料與文獻的互操作性；以及
6. 整合性科學政策的框架（Integrated Science Policy Framework, ISPF）。

目前世界各國的眾多研究資料基礎建設中，國家級資料中心（national data repositories）與學科級資料中心（disciplinary data repositories）是為較具代表性的實例。前者與國家的科研補助款相互配合，受補助的計畫主持人須將該計畫的研究資料寄存入庫，如英國的研究資料服務中心UK Data Services、愛爾蘭國家數位資料典藏庫Digital Repository of Ireland等；後者則有賴相關學科領域的計畫主持人主動寄存資料，如世界規模最大之社會科學資料典藏庫——美國跨校際政治社會研究資料庫（Interuniversity Consortium for Political and Social Research, ICPSR）。

第壹部分二之（一）。

[4] 國內資訊科學學術社群一般習慣將"data curation"譯為資料庋用，而"digital curation"與"social media curation"於我國則多採數位策展、社群媒體策展之譯。本文採「策管」之新譯，除接軌 curation 一字在數位策展領域之普遍譯法，並涵括行為者對資料之管治作為，同時意在避免讀者將其與資料庋存（data preservation）、資料再用（data reuse）等用語所指涉之典藏、再用工作混淆。

此外，其他值得一提的RDI尚包含輔助學者產製與展演資料的軟體工具[5]。再如前述GRDI2020所定義，輔導研究者開放研究資料的人力資源（如資料館員、學科館員、統計顧問人員等）以及相關的教育與訓練資源亦為RDI所涵蓋。

正因為RDI在價值、功能與種類等層面上所表現的多樣性，與之相關的研究議題牽涉甚廣。探討基礎建設的挑戰性在於此主題本質上的複雜、抽象，以及其涵括社會和技術面向並與時演進的情境脈絡。從而，許多學者視知識基礎建設（knowledge infrastructure, KI）為一有助拆解及歸整RDI概念的結構。KI 係由人（個體）、工件（artifact）與機構（組織）所組成的堅實網絡，得以產出、共享與維繫關於人類與自然世界的知識（Borgman, 2015，引自Edwards, 2010; Bowker et al., 2010）；而KI的實質表現可歸納為七項元素：人、工件、機構、政策、現有科技、日常慣習與實踐，以及共享的規範與價值。KI便是由上述這些元素項目交相互動所形成之知識生態系統（Edwards et al., 2013; Borgman et al., 2014）。

本章將利用知識基礎建設來剖繪複雜的知識生態系統特色，建立用以透視研究資料基礎建設（research data infrastructure, RDI）的各個面向，使讀者得以從情境各異的角度來理解研究資料基礎建設。舉例而言，部分學者透過關注知識共享的實踐及其背後的機制設計，以支持研究人員知識框架與系統的保存，例如：Ribes與Finholt（2009）為評估大型科研計畫的運行及其中的知識保存情形，透過對KI元素的提取與重組，發展出「設施（facility）」、「社群利益」、「技術準備程度」與「生產品質系統」等標準，藉以發展涉及這些大型計畫中知識流動與共享的論述。又如Wolski與Richardson（2014）討論了個人、組織結構、現有基礎建設與數位工件等

---

[5] 包括電子實驗記錄簿（如用以輔助資料產製與實驗進行的工具 Electronic Lab Notebook, ELN）、跨領域研究資料分享平臺（如 Dataverse、DataONE）、面向公眾的社群資料分享平臺（如 figShare、Mendeley Data）與資料引用暨學術影響力平臺（如 DataCite）等。而在個別研究者的學術活動中，一些支持實驗或研究的小工具亦為 RDI 學者的關注焦點，包含如 OpenRefine（資料清理）、Tableau（資料視覺化）、Mendeley（參考文獻與 altmetrics 管理）等軟體或平臺。

KI元素如何融入新型態的數位學術；再如Jeng、He與Oh（2016）以KI做為RDI概念框架，設計出涵蓋四個維度——學者個體特徵、資料特性、機構組織規章與科技面向——的社科領域資料共享剖繪（profiling）工具。

　　基礎建設往往不是在一套圓滿協調的過程之下被完美策劃的，生態系甚或複雜的適應系統或許是對它的更佳理解（Borgman et al., 2014），而這樣衝突、擾動卻也靈活的本質亦正突顯了以KI框架俯瞰研究資料基礎建設的適切性。本章將於下文介紹RDI的緣起、發展現況、特性與價值，並透過KI框架中的四個主要元素來探討其不同面向及日常應用。

研究背景與研究現況

　　本章將學者理解RDI之進路分為宏觀角度與個體角度述之——前者為外部導向，以系統角度歸納與解析涉及科研資料自產製、公開、策管至供他人再用等活動中，各類資訊建設（如軟硬體）、政策、服務的規劃、設計、建置、維護與使用狀況追蹤；後者則關注於學者、資料策管人員等個體與資料互動之行為。

宏觀、系統導向的 RDI

　　自2002年以來，美國國家科學基金會（National Science Foundation, NSF）為因應e-Research浪潮[6]，陸續為各學科領域組織了與網路基礎建設

---

[6]　2000 年代初期，為了描述以資訊科技支持學術活動的重要性，出現了 cyberinfrastructure 與 e-Science 兩個詞彙。在原先聚焦於基礎科學（science）的基礎上將涵蓋範圍延伸至如生物醫學、社會科學與數位人文等更多學科後，則於前述的兩個概念之上又形成了 e-Research 這樣的廣義詞彙，而 e-Research 運動（e-Research movement）即是研究資料管理與共享議題開展的背景。美國研究型圖書館協會（Association of Research Libraries, ARL）將 e-Research 進一步定義為「密集運算（computationally intensive）且大規模、網路協作式」的學術樣貌（ARL, n.d.）。
另一方面，與 e-Research 運動幾乎同時平行出現的是「開放科學（open science）」的聲浪。開放科學係指藉由公開研究成果、分享科研資源予社會大眾的行動，以達致科學傳播（scientific communication）的成效，常見的途徑包含學者的資料分享與公開、研究過程與結果的通透性，以及由公民參與的科研活動

（cyberinfrastructure）主題相關的理事會與研討小組，並於2007年發表了多項官方報告，其中包括著名的《網路基礎建設願景：21世紀的發現》與《基礎建設初探：動力、張力與設計》[7]，宣示NSF來日將基於學界的需求而大力投入cyberinfrastructure的發展。

美國國立衛生研究院（National Institutes of Health, NIH）於2003年祭出強制政策，要求該機構之下的專題主持人必須公開分享其研究資料。美國聯邦政府亦在2009年公布數位資料管理宣言（manifesto of digital stewardship），並於隔年預告：自2011年1月18日起，NSF專題報告申請人皆須提交一份研究資料管理計畫（research data management plan, DMP）。在DMP中，專題主持人須描述研究團隊管理與共享資料的策略與規畫。2013年始，此宣言進一步擴大其影響力，要求專題主持人須提交DMP，否則NSF不予批准其申請案。在NIH與NSF之外，美國其他主要的國家級學術資助機構（如：美國國家人文基金會）也陸續跟進，要求計畫主持人提交DMP。

近十年來，國內與RDI相關的新興專題研究標的多立於如e-Research與開放資料（open data）（陳雪華、陳光華，2012）、政府資訊資源、鏈接資料（linked data）（Chen, 2017）等議題之上。國內智庫機構（如科政中心、資策會）則持續研究政府資助科研計畫之資料公開機制（王怡惠、蕭棠文，2016）及其法制與法源依據（劉純妤，2019）。其中，圖書資訊學社群的實

（engagement of nonscientists/citizen）等。

隨著各領域研究對於密集運算之應用漸長，在 e-Research 背景下的學術活動產出了大量的研究資料。Hey 與 Trefethen 在 2003 年使用「數據洪流（data deluge）」的譬喻來描述這種現象，而此數據洪流現象勢必需要一套實用的管理與保存機制，以利資料的妥善管理與後續公開。數據洪流所需的配套措施遂與開放科學中提倡資訊公開的聲浪逐漸合流，使資料的共享與管理成為英美等國 2000 年代中後期與 2010 年代前期發展科研政策的一大目標，而欲建立更多、更完善 RDI 的呼聲亦逐漸升高。

[7] 即 *Cyberinfrastructure Vision for 21st Century Discovery*（NSF Cyberinfrastructure Council, 2007）及 *Understanding Infrastructure: Dynamics, Tensions, and Design*（Edwards et al., 2007）。

徵研究在2010年代初期較聚焦於資料策管、資料再用以及研究資料管理、資料典藏系統（前人研究亦使用「資料庋用系統」來稱呼之）的實作。例如黃文琪、蔣禮芸與秦韻涵（2012）招募地理資訊系統（GIS）領域或以GIS做為主要研究工具的研究人員6名，透過深度訪談發現其對於呈繳研究資料至資料庋用系統採肯定態度，但在資料準備階段「需要花費額外心力整理研究資料，才能上傳」以及「若與手邊正在進行的研究相較，整理研究資料的優先順序往往較低」，足見時間與人力仍然是學者實踐資料共享與採用RDI時的一大挑戰。將此結果與國外相似主題的研究（如Tenopir, 2011; 2015; Kim, 2013）比對可以發現，國內外學者的資料共享態度與實踐十分接近，且2000年代的相關研究多為聚焦於設計或評估系統之系統導向研究。

　　承接2010年代，2020年代國內與RDI相關的系統導向研究有Jeng等人（2020）運用區塊鏈技術為研究資料生命週期引入智慧合約（smart contract）之構想，目標在於設計一個能夠串接現行研究資料基礎建設的框架。此機制之具體潛在應用包含：自動檢查計畫團隊在進行臨床試驗前，是否已獲得全數患者的知情同意並通過機構倫理審查委員會之批准；計畫團隊內部成員逐一完成個別研究工作之時間戳記（timestamp）等等。

個體行為與激勵機制的 RDI

　　有別於各國政府推廣資料共享的努力以及資料公開強制政策在2000年代之蓬勃興旺，研究資料開放的實踐並非立竿見影。英國研究資訊網絡協會（Research Information Network, RIN）於2008年出版的報告訪談了英國六個學科領域和兩個跨學科領域[8]中各10-15名學者，指出當時資料共享驅力方面的嚴重缺陷，包括整體學術環境仍缺乏獎勵模式（如大學內部之教師評鑑、升等系統未與學者的資料共享實踐連結）以及在準備資料策管與共享的過程中，各學科領域學者能夠運用的科技基礎建設仍有落差，或是缺乏公開資料所需的技術（RIN, 2008）。而在RIN發表報告已逾十年的今日，

---

[8] RIN 報告主要訪問 STEM 領域的學者，包括天文學、結晶學（chemical crystallography）、基因學、系統生物學、人文經典學、氣候科學，以及社會與公共衛生科學、農村經濟與土地利用學（rural economy & land use）等兩種跨學科領域。

即便開放研究資料的實踐已因著資通訊科技的發展而大有成長，但如基礎建設的可得性、獎勵系統及需投入的時間勞力成本等抑制研究者共享與再用研究資料的阻力卻仍複雜多樣且無處不在。

資料再用行為方面，國內學者訪談了14位具量化資料再用經驗的國內社科學者，以探討其再用資料的動機與經驗。該團隊發現國內社科學者使用次級資料的原因大致可歸結為資料的不可得性（unavailability，如學者無法自行蒐集所需資料）或是資料本身的品質問題（林奇秀、賴璟毅，2017）。該團隊另分析了2001至2015年間國內社科領域再用既有量化資料進行原創研究之情形，揭露了再用論文佔整體實徵論文的比例、各子學科引用資料時展現的特性，以及被引資料的來源與類型（林奇秀、賴璟毅，2018）。針對學者研究資料儲存與管理、分享與再用之認知行為，國內亦有大樣本問卷調查，其中學者對於資料分享持開放態度，不過亦有約70%的填答者對分享研究資料存有疑慮（陸怡靖、柯皓仁，2020）。

國內亦有深入探討本國中國文學、資訊學群學者資料需求與慣習之研究。林潔筠（2020）發現，對中國文學領域學者而言，資料基於學者的不同目的而在不同實體與脈絡下移動所產出之「摩擦力」，使資料看似經歷耗損，然而在不同智識經驗與資料發生碰撞後所創造出的研究契機與貢獻結晶，卻可能是研究最引人入勝之處。Chiang、Lee與Jeng（2020）則發現，對於資訊科技較為熟悉的資訊學群（包括圖書資訊學、資訊工程、資訊管理、數位人文等）學者，在資料策管與分享面向上特別提出自主權（autonomy）的概念，如：理想中的資料策管平臺特性類似於軟體原始碼平臺「GitHub」，計畫團隊得以時時自行更新、維護自己的資料集。

近今，國內學者亦與國際團隊合作提出資料分享與再用的擇採模式（Open Research Data Adoption Model, ORDAM）。透過32篇理論文獻之綜整，歸納出11個影響「資料分享或使用他人資料」之因子（Zuiderwijk, Shinde, & Jeng, 2020）：

1. 研究者背景，如學者之領域、年資、年紀、性別、國籍地域

2. 自願／強迫性質（配合與否將影響後續事態發展），如研究獎助申

請或投稿規定

3. 個人／內部動機，如利他、對學術界的想法、自身個性

4. 個人／外部動機，如期待之成就表現、酬賞、引文數增加

5. 外部資源環境，如科技、設備硬體

6. 信任，如是否對於資料典藏庫潛在的生產者或使用族群感到信任

7. 社會性影響，如同儕影響、社群氛圍

8. 覺察到需要付出的氣力（effort），如金錢、人力、資源、時間

9. 個人過去的經驗，如過去分享或再用資料的經驗正向與否

10. 立法、相關規定與政策（與2.相似，不過提升至國家政策與立法層級）

11. 資料本質，如敏感度、研究脈絡是否容易重建等考量

　　上述擇採模式ORDAM的提出，奠基於前人豐富的調研成果，將2010年代國內外針對學者資料分享與再用動機與行為之研究整合為一完整體系，有利於未來相關單位設計激勵機制（incentive mechanism）或創制使用者中心（user-centered）的資料服務。

RDI作為知識基礎建設（Knowledge Infrastructure）

　　研究資料的價值驗證與再現實有賴於資料共享實踐之提倡，而研究資料的公開更是推動RDI發展之重點要素。上節提及關於KI之知識生態觀點已為讀者建立起透視RDI內涵之初步結構，本節則將綜整前人研究，並以資料公開行為為例，將KI框架重組歸納為四個維度：

1. 資料共享行為者之「個體特徵」；

2. 受公開資料之「資料特性」；

3. 牽涉學科社群規範之「機構組織規章」；

4. 作為資料公開技術基礎之「科技面向」。

期此四大面向得以輔助讀者理解RDI之本質及其相關研究的關注重點。

個體特徵（Individual Characteristics）

「個體特徵」是來自於學者本身、足以影響其資料共享行為的內外部驅動力，例如：學者的個體屬性（如年資、所屬學科領域）、內在動機（如利他主義、熱情）以及外在動機（如預期效益）等。此面向的研究除揭示研究者之個體特徵及其他背景屬性將如何影響其資料共享決策與實踐外，亦致力於探索有效的激勵系統[9]（incentive system）。然而，今日資料公開之獎勵機制仍然不彰（如：資料引用實踐尚未廣泛落實），前人調查也指出資料的公開往往來自研究計畫主持人的學術利他行為（Kim & Stanton, 2016；Jeng, 2017）。

資料特性（Data Characteristics）

「資料特性」面向關注的是研究資料的本質，此亦為影響資料公開與分享之重要因素。不同學科領域的學者使用不同的研究途徑蒐集資料，蒐集而來的資料在其範圍、數量與類型上亦表現多元；而當資料涉及相關人員的隱私或機密時，將因此無法完全公開。Cragin等人（2010）發現比起質性研究所產出的資料，研究者更可能分享量化研究的資料；這或許便是由於質性研究較可能包含個體或組織的機敏資訊，且從質性資料中移除這些敏感資訊所需的努力過大。

不過除了上述阻礙之外，資料的本質亦可能成為資料分享意願的正向驅動力。學者認為存在許多因素使研究者更可能將其資料公開於眾，包括：在研究歷程中實踐有效的資料品質控管與系統化管理（Jeng et al., 2020）、資料集識別碼（如DOI）的使用，以及完備的資料描述標準與詮釋資料框架等（Jeng, 2017）。當資料具有適當的形式及格式而易於吸收消化，同時具備互操作性（interoperability）且符合相關國際協議，其受公開、再用的可能性又將得以提升。

除了管理、庋用層面之顧慮，再用資料的資料品質議題亦值得探究。

---

[9] 在理想的激勵系統中，學術界的表彰（recognition）、充沛的研究經費，抑或對升遷有幫助的績效系統皆能鼓勵學者從事學術界的分享行為。

品質不佳的問題資料包括但不限於：遺漏、訛誤、具缺陷或隨時間變化而無及時修正格式之資料；資料描述不完備、資料集之間不一致，以及難以辨識資料集內容（例如：由於缺乏詮釋資料）而不適於分析的資料等。

歸結而言，當資料品質佳、鮮有錯誤，以及當資料符合科學研究關於客觀性及代表性的標準（如：經同儕審查）時，研究資料獲公開及再用機會的可能性將正向成長。

機構組織實踐（Perceived Organizational Context）

「機構組織實踐」面向闡述的是學者資料公開與分享行為、信念或態度所受之「大環境」（如機構、社群或極端事件）背景影響。機構組織實踐有別於個體學者的選擇，著重於在特定領域中開展出符合自身研究文化的特性與倫理，如自資料產出至公開的時機、資料平臺之選擇偏好等。

回顧社會科學領域中與研究規範相關的文獻可以發現學術社群扮演著關鍵角色，深深影響個人的資料分享決策與動機。相關研究顯示，社科學者對於資料共享有所顧慮，特別是在共享行為牽涉質化資料時；例如出於學科規範或道德考慮而對公開分享自身研究資料有所遲疑。而對於資料不當使用或濫用的擔心（Kim & Stanton, 2016）以及所需的隱私保護處理程度（Jahnke et al., 2012）則是STEM社群較無顧慮之處（Jeng, 2017）。

科技面向（Perceived Technical Infrastructure）

「科技」面向包含資料典藏系統、平臺、技術標準或軟硬體設施之建置與維護，可謂RDI的重要骨幹。此面向的研究通常關注於平臺之可得性（availability），探究是否存在著特定領域或跨領域學者易尋且能夠通用之資料共享平臺。然而，即使存在這樣的平臺，其服務也可能並不總是如此容易為學者所採用（Fecher et al., 2015）。關注此面向的相關研究往往強調諸如系統好用性（usability）等重要概念，如：便利的資料上傳機制或是自動化的資料驗證機制（Poline et al., 2012; Mennes et al., 2013；Chiang et al., 2020）。

另以技術標準為例，若是資料典藏平臺缺乏一套經妥善策劃而制定的共享標準格式與程序，資料集的潛在再用者將需轉而查閱額外資源，以獲取資料集及其相關出版品之背景資訊，進而衍生一耗時費力、缺乏效率之科研產製過程。換句話說，具有完好技術標準（如資料集描述規範）的資料共享平臺將提升資料共享者及再用者的使用者體驗，具體作法包括指明建議或規定的檔案格式，並建構學科特有的詮釋資料標準及明確的最小資料描述（minimal data description）屬性等。

展望與討論

隨著電腦運算能力與儲存空間的擴增，資料密集型科學時代下的科學家得以自研究素材的蒐集與分析至研究成果的發表與保存皆大幅仰賴資料而無後顧之憂。基於逐漸湧現的資料管理機制與其潛在價值，加以近年來學術社群對於研究再現與知識分享的大力提倡，RDI與研究資料管理議題勢將持續成為資訊服務領域的研究焦點之一。

本專章以知識生態觀點為讀者建立探究RDI內涵之結構與面向，並歸結國內學者及既有文獻研究RDI相關議題時所依從之外部、內部兩種角度，在此稍加回顧統述。

如前所述，外部研究角度涉及在產製、公開、策管及再用研究資料等活動中的各類資訊基礎建設（information infrastructure，如軟硬體、骨幹網路）以及相關的科研或開放科學政策規劃等，著重的是宏觀、系統導向的RDI。國內圖資社群關於RDI的新興專題研究標的多形成於2010年代，主題包括前述的e-Research與開放資料、政府資訊資源、鏈接資料等。諸如科政中心、資策會等國內智庫機構則於2010年代中期開始探索政府資助科研計畫之資料公開機制及其法制與法源依據。

內部研究角度則更為留意個別學者資料活動的動機與實踐。具體來說，內部研究角度關注的是研究資料生命週期中，個體或特定領域學者和研究資料之間的互動行為，以及開放科學激勵機制的設計與測試等。就此類型

研究而言，直至2010年代中期，國內始有關於學者研究資料分享或再用行為的大樣本調查與深度訪談；與此同時，機構研究資料服務（research data services, RDS）的建置與發展亦漸受相關研究所啟發。

縱觀國內文獻可知，探詢RDI的本土研究視角係由2010年代之外部研究角度逐漸轉向內外部角度兼存，此進展亦與產出大量探討研究資料議題之學術文獻的先行國家（如英國、美國）相類似。

前瞻我國資通訊科技與關聯產業之持續發展，本土研究資料基礎建設與新興科技的結合或可創造新的可能。舉例而言，物聯網技術（IoT）有望將甫從儀器採擷的資料直接傳遞至連通平臺，催生「原生即開放」資料（born-open data）的形成。這樣的技術有賴網路資訊安全的保證與分散式資料儲存機制的設計，使「原生即開放」的資料在可控性高且相對安全、可課責的環境下能夠永續保存。此時，區塊鏈技術（blockchain technologies）或能扮演實現分散式管理、不可篡改及可溯源之資料基礎建設（Jeng et al., 2020）的要角。最後，人工智慧（AI）與自然語言處理（natural language processing）的應用亦可望減輕資料產製階段中，資料謄打、前處理、格式轉換及品質驗證所需的重複人力。

伴隨科學社群中漸長的開放意識、日益踴躍投入的政府政策規劃與學術研究資源，再加以有助自動化研究資料生命週期演進並確保其流程通透性的新興科技，研究資料基礎建設議題的未來發展誠值得持續關注與期待。

致謝：感謝國立臺灣大學圖書資訊學系計畫研究專員李建欣與系友林潔筠（R06）協助研究資料查找及編輯潤飾工作，使本專章得以順利完成。

參考文獻

王怡惠、蕭棠文（2016）。政府補助專題研究計畫資料公開機制研究，財團法人國家實驗研究院科技政策研究與資訊中心。

林奇秀、賴璟毅（2017）。臺灣社會科學學者資料再用行為之研究。**圖書資訊學研究，11**（7），95-138。

林奇秀、賴璟毅（2018）。臺灣社會科學量化資料再用之研究：2001-2015。**教育資料與圖書館學，55**（1），39-69。

林潔筠（2020）。**原始資料至加值資料：人文資料移動中的摩擦力。**（未出版之碩士論文）。國立臺灣大學，台北市。

陸怡靖、柯皓仁（2020）。學者研究資料管理認知與實踐之研究。**圖書資訊學刊，18**（2）。doi: 10.6182/jlis.202012_18(2).000

陳雪華、陳光華（主編）（2012）。**e-Research：學術圖書館創新服務，**台北市：臺大出版中心。

黃文琪、蔣禮芸、秦韻涵（2012）。從研究人員觀點探討資料庋用系統：以地理資訊應用裡用為例。載於陳雪華、陳光華（主編），**e-Research：學術圖書館創新服務**（頁95-121），台北市：臺大出版中心。

劉純妤（2019）。資料的價值創造——政府資助科研計畫之研究資料開放運用法制。載於陳世傑（主編），**科技法制創新DNA**，財團法人資訊工業策進會科技法律研究所。

ARL (n.d.). E-Research. Retrieved April 9, 2015, from http://www.arl.org/focus-areas/e-research#.VSb8aWjF-rk

Borgman, C., Darch, P., Sands, A., Pasquetto, I., Golshan, M., Wallis, J., & Traweek, S. (2015). Knowledge infrastructures in science: Data, diversity, and digital libraries. *International Journal on Digital Libraries, 16*(3-4), 207-227.

Borgman, C., Darch, P., Sands, A., Wallis, J., & Traweek, S. (2014). The ups and downs of knowledge infrastructures in science: implications for data management. *Proceedings of ACM/IEEE Joint Conference on Digital Libraries*, 257-266.

Bowker, G., Baker, K., Millerand, F., & Ribes, D. (2010). Toward Information Infrastructure Studies: Ways of Knowing in a Networked Environment. In J. Hunsinger, L. Klastrup, & M. Allen (Eds.), *International Handbook of Internet Research*. Dordrecht: Springer Netherlands.

Chen, Y. N. (2017). An analysis of characteristics and structures embedded in data papers: a preliminary study. *Libellarium: journal for the research of writing, books, and cultural heritage institutions, 9*(2).

Chiang, P.-N., Lee, J.-S., & Jeng, W. (2020). Who's in Charge? Discovering the Autonomy in an Institutional Data Repository for Research Data Curation and Sharing. *15th iConference Posters and Visions Proceedings* (Boras, Sweden), IDEALS.

Cragin, M. H., Palmer, C. L., Carlson, J. R., & Witt, M. (2010). Data sharing, small science and institutional repositories. Philosophical Transactions. *Series A, Mathematical, Physical, and Engineering Sciences, 368*(1926), 4023-4038.

Edwards, P. (2010). A Vast Machine: Computer Models, *Climate Data, and the Politics of Global Warming*. Cambridge, MA: MIT Press.

Edwards, T., Jackson, S., Bowker, G., & Knobel, C. (2007). *Understanding Infrastructure: Dynamics, Tensions, and Design* (NSF Grant 0630263). Retrieved from https://deepblue.lib.umich.edu/handle/2027.42/49353

Edwards, P., Jackson, S., Chalmers, M., Bowker, G., Bowker, C., Ribes, D., Burton, M., & Calvert, S. (2013). *Knowledge infrastructures: Intellectual frameworks and research challenges. Ann Arbor: Deep Blue*. http://hdl.

handle.net/2027.42/97552.

Fecher, B., Friesike, S., & Hebing, M. (2015). What drives academic data sharing? *PLOS ONE, 10*(2), e0118053.

Hey, T., Tansley, S., & Tolle, K. (2009). *The fourth paradigm: Data-intensive scientific discovery*. Redmond, Washington: Microsoft Research.

Hey, T., & Trefethen, A. (2003). The Data Deluge: An e-Science Perspective. In F. Berman, G. Fox, & A. Hey (Eds.), *Grid Computing*. Chichester, UK: John Wiley & Sons.

Jahnke, L., Asher, A., & Keralis, S. (2012). *The Problem of Data*. DC: Council on Library and Information Resources.

Jeng, W. (2017). *Qualitative data sharing practices in social sciences* (Unpublished doctoral dissertation). University of Pittsburgh, Pennsylvania, USA.

Jeng, W., He, D., & Oh, J. S. (2016). Toward a conceptual framework for data sharing practices in social sciences: A profile approach. *Proceedings of the Association for Information Science and Technology, 53*(1), 1-10.

Jeng, W., Wang, S.-H., Chen, H.-W., Huang, P.-W., Chen, Y.-J., & Hsiao, H.-C. (2020). A decentralized framework for cultivating research lifecycle transparency. *PLoS ONE, 15*(11): e0241496. https://doi.org/10.1371/journal.pone.0241496

Kim, Y. (2013). Institutional and Individual Influences on Scientists' Data Sharing Behaviors. *Unpublished dissertation. School of Information Studies, Syracuse University - Dissertations. 85*. Retrieved from https://surface.syr.edu/it_etd/85

Kim, Y., & Stanton, J. M. (2016). Institutional and individual factors affecting scientists' data-sharing behaviors: A multilevel analysis. *Journal of the Association for Information Science and Technology, 67*, 776-799.

Mennes, M., Biswal, B. B., Castellanos, F. X., & Milham, M. P. (2013). Making data sharing work: The FCP/INDI experience. *Neuroimage, 82,* 683-691.

NSF Cyberinfrastructure Council (2007). *Cyberinfrastructure Vision for 21st Century Discovery* (NSF 07-28). National Science Foundation.

Poline, J. B., Breeze, J. L., Ghosh, S. S., Gorgolewski, K., Halchenko, Y. O., Hanke, M., Helmer, K. G., Marcus, D. S., Poldrack, R. A., Schwartz, Y. & Ashburner, J. (2012). Data sharing in neuroimaging research. *Frontiers in Neuroinformatics, 6,* 9.

Research Information Network (RIN). (2008). To Share or not to share: Publication and quality assurance of research data outputs. *Research Information Network.* Retrieved from https://eprints.soton.ac.uk/266742/

Ribes, D. & T. A. Finholt (2009). The long now of infrastructure: Articulating tensions in development. *Journal for the Association of Information Systems, 10*(5), 375-398.

Tenopir, C., Allard, S., Douglass, K., Aydinoglu, A. U., Wu, L., Read, E., ... Frame, M. (2011). Data sharing by scientists: Practices and perceptions. *PLoS ONE, 6*(6).

Tenopir, C., Dalton, E. D., Allard, S., Frame, M., Pjesivac, I., Birch, B., ... & Dorsett, K. (2015). Changes in data sharing and data reuse practices and perceptions among scientists worldwide. *PloS ONE, 10*(8), e0134826.

Thanos, C. (2011). Global Research Data Infrastructures: The GRDI2020 Vision. Report of the GRDI2020 project funded under the 7th Framework Programme, Capacities-GEANT & eInfrastructures.

Uniform Administrative Requirements for Grants and Agreements with Institutions of Higher Education, Hospitals, and Other Non-profit Organizations, 2 C.F.R. §215 (2012).

Wolski, M., & Richardson, J. (2014). A Model for Institutional infrastructure to support digital scholarship. *Publications, 2*(4), 83-99.

Zuiderwijk, A., Shinde, R., & Jeng, W. (2020). What drives and inhibits researchers to share and use open research data? A systematic literature review to analyze factors influencing open research data adoption. *PloS one, 15*(9), e0239283.

第 10 章
大學圖書館學科服務趨勢分析

柯皓仁

本文簡介

大學圖書館以師生為主要服務對象，支援學術研究、教學、推廣服務，大學圖書館的參考服務無可避免地必須與教學、學習、研究結合，故而從參考服務衍生出學科服務的概念，並以在大學圖書館中設置學科館員、學科聯繫館員、嵌入式館員等職務的方式來實踐。本文運用Scopus資料庫所收錄的文獻探索大學圖書館「學科服務」於2010-2020年間的研究趨勢，從中解析學科館員、學科聯繫館員、嵌入式館員的異同之處與各自的發展重點。

前言

參考服務是圖書館重要的讀者服務之一，早在19世紀，就有學者提出參考服務包含了：（1）教育讀者如何使用圖書館；（2）協助讀者解決他們詢問的問題；（3）幫助讀者選擇好的作品；（4）在社區中行銷圖書館（Green, 1876, as cited in Rabner & Lorimer, 2002）。美國圖書館學會（American Library Association, ALA）在20世紀中葉（1943年）則指出圖書館的參考業務（reference work）在於協助讀者獲取資訊以及協助讀者將圖書館資源運用於其學習和研究（American Library Association [ALA],

1943, as cited in Rabner & Lorimer, 2002）。隨著科技的發展，21世紀的參考服務走向「數位參考服務（digital reference services）」，讀者可使用電腦和行動裝置向館員提出參考問題，其中包含非同步的電子郵件、網路表單，以及同步的即時通訊軟體、視訊會議軟體等方式（James, 2002, as cited in Rabner & Lorimer, 2002; Levine-Clark et al., 2013；蘇小鳳，2005）。

美國圖書館學會下的參考與讀者服務學會（Reference and User Services Association, RUSA）認為參考業務包含參考諮詢服務（reference transaction）和其他涉及資訊或研究相關資源、工具，及服務之創建、管理，及評鑑的行動，並進一步說明：（1）參考諮詢服務乃是由館員推薦、解讀、評估，以及使用資訊資源，以協助讀者滿足特定資訊需求的資訊諮詢工作。（2）所謂資訊資源的創建與管理包含研究館藏、研究指引、書目、資料庫、網站、搜尋引擎的發展與維運，讓使用者得以自主使用滿足其資訊需求；而評鑑則包含參考工具書、資源與服務的衡量與評估（Reference and User Services Association [RUSA], 2008）。

《圖書館與資訊科學專業詞典（*ALA Glossary of Library and Information Science*）》中定義參考館員（reference librarian）為「任職於參考部門負責提供資訊服務與參考服務的館員」（Levine-Clark et al., 2013），在此所謂的資訊服務乃由館員提供給使用者的資訊或研究協助，包含了參考諮詢服務和指示型資訊服務（directional transaction）。而早在1930年代，Shores（1937, as cited in Rabner & Lorimer, 2002）便提出參考館員工作的分類，包含（1）答覆讀者有關社區相關和事實型的問題；（2）查找讀者需要的館藏；（3）協助研究工作，如編製參考書目、學科領域文獻的摘要與總整；（4）正式或非正式的教學工作；（5）讀者諮詢服務。

儘管對大學圖書館而言，參考服務是重點工作項目之一，然而參考服務在數十年來亦遭遇不少挑戰，例如「參考館員消亡論（demise of reference librarian）」（Oboler, 1964, as cited in Johnson, 2020）或「學科館員消亡論」（Martin, 1996），或是自動化與資訊檢索技術的進步將使參考服務重新定位（Shera, 1964, as cited in Johnson, 2020）；Nielsen（1982, as cited in Johnson, 2020）則指出傳統扮演資訊中介者角色的參考服務僅是為少數人服務；此

外，隨著資訊與網路科技的突飛猛進，參考館員必須具備科技的敏感度且對任何改變抱持開放的態度（Dawson & de la Pena McCook, 1996, as cited in Johnson, 2020; Goetsch, 2008, as cited in Johnson, 2020）。另一方面的論點則認為資訊高速公路所帶來的資訊爆炸現象，反而使參考服務成為資訊大海中的指南針、救生筏（Cassell & Hiremath, 2004）。

　　大學圖書館的主要使命為以師生為主要服務對象，運用各類型館藏與專業服務支援學術研究、教學、推廣服務，因此參考服務勢必與校內的學術教學、學習、研究相結合，甚至蛻變為學科服務（subject service），近年來陸續有學科館員（subject specialist or subject librarian）、學科聯繫館員（liaison librarian）、嵌入式館員（embedded librarian）等學科服務相關職稱出現，而參考館員、學科館員、學科聯繫館員、嵌入式館員間的工作又有重疊。有鑒於此，本文擬探索國際上大學圖書館學科服務的發展趨勢、發掘學科館員、學科聯繫館員、嵌入式館員間定義與角色上的異同。

資料蒐集與處理

　　本文首先探索國際上大學圖書館學科服務於2010-2020年間的發展趨勢，筆者於2020年10月底檢索Scopus資料庫，以文獻名稱、摘要、關鍵字中出現"subject librarian"、（"library" AND "subject service"）、"embedded librarian"、"liaison librarian"等檢索詞、且出版年界定在2010-2020年的文獻，共檢得484篇文獻。之後逐一檢視每篇文獻之題名與摘要，刪除內容較不相關或不含摘要的文獻後共計413篇，筆者同時根據文獻題名與摘要內容賦予每篇文獻一或多個主題標註（tagging）。

　　表1為413篇文獻的年代分布，其中2017年的54篇為最多，若不計2020年，則以2011年的29篇為最少。表2為在413篇文獻中運用前述檢索詞組合進一步檢索之結果，從表2來看，以出現embedded librarian的文獻篇數最多，計209篇，subject librarian、liaison librarian、（library）subject service的篇數各為113、109、10篇；另一個現象則是這幾個檢索詞同時出現在一篇文獻

表1 「學科服務」文獻的年代分布

年代	篇數
2010	35
2011	29
2012	46
2013	37
2014	35
2015	45
2016	39
2017	54
2018	42
2019	33
2020	18

表2 檢索詞檢得之文獻篇數

檢索詞	篇數	Dice係數
embedded librarian	209	NA
subject librarian	113	NA
liaison librarian	109	NA
subject service	10	NA
embedded librarian AND subject librarian	10	0.1
embedded librarian AND liaison librarian	8	0.1
embedded librarian AND subject service	0	0.0
subject librarian AND liaison librarian	19	0.2
subject librarian AND subject service	3	0.1
liaison librarian AND subject service	0	0.0

中的情形並不算普遍，計算兩兩檢索詞同時出現篇數的Dice係數（Dice Coefficient），同時出現次數最多的subject librarian和liaison librarian之Dice係數也僅有0.2。

　　就文獻類型來看，這413篇文獻絕大多數為期刊文章，計有345篇（83.5%），其次依序為研討會文章（23篇、5.6%）、文獻回顧與評論（19篇、4.6%）、Note（3篇、0.7%）、學術專書（2本、0.5%）、專書篇章（1篇、0.2%），另有20篇（4.8%）未註明文獻類型。

　　初步了解這413篇文獻的年代與類型分布後，接下來的三節將個別針對其中的「學科館員」、「學科聯繫館員」、「嵌入式館員」之文獻特性進行分析。

學科館員

　　《圖書館與資訊科學專業詞典》中定義學科館員為「具備學科領域知識的館員，負責圖書館在該學科領域館藏的選擇與評估，進一步可能負責相關學科領域或資訊服務，以及學科館藏的資訊組織」（Levine-Clark et al., 2013）。

　　學科館員多年來已是美英等國學術圖書館的中堅服務（Crawford, 2012b）。學科館員的傳統角色包含：（1）擔任圖書館與學院、系所的聯繫窗口；（2）提供諮詢服務，包含參考諮詢臺的值班；（3）館藏選擇與館藏預算管理；（4）編目與特定學科館藏的分類；（5）特定學科的館藏管理工作；（6）使用者教育，包含圖書館利用指導；（7）學科指引製作；（8）圖書館學科服務的外展與宣傳（Pinfield, 2001）。而隨著圖書館服務的演進，學科館員的角色也有所變化，包含：（1）更多與使用者聯繫的工作，學科館員逐漸轉變為學科聯繫館員；（2）館藏宣傳，並提供將館藏融入教學、學習、研究的建議；（3）支援教學品質評估與研究評鑑；（4）運用新科技提供諮詢服務，如數位參考服務；（5）與技術人員共同工作，做為使用者與技術人員的中介者；（6）選擇電子資源；（7）資訊技巧訓練，如資

訊素養訓練、研究技巧訓練；（8）融入教育科技與學習環境（Pinfield,
2001）。Crawford（2012a）則以個案介紹學科聯繫館員的新興角色，包含：
支持科研評估（Research Assessment Exercise, RAE）、啟動數位化與出版服
務、設計新圖書館建築、協助教師在「第二生命（Second Life）」虛擬空間
或數位環境進行教學、與學者合作創立開放取用期刊、管理外展與行銷活
動、協助第三世界國家發展圖書館服務等。

　　表3為113篇「學科館員」文獻的年代分布，其中2012年的14篇為最多，
若不計入2010年，則以2016年的8篇為最少。就文獻類型來看，絕大多數為
期刊文章，計有80篇（70.8%），其次依序為研討會文章（12篇、10.6%）、
文獻回顧與評論（9篇、8.0%）、Note（1篇、0.9%）、學術專書（1本、
0.9%），另有10篇（8.9%）未註明文獻類型。

表3　「學科館員」文獻的年代分布

年代	篇數
2010	9
2011	13
2012	14
2013	12
2014	10
2015	9
2016	8
2017	12
2018	10
2019	9
2020	7
合計	113

　　筆者在「學科館員」的文獻共標註了89個主題、308次，表4為前十大主題出現的篇數，這十大主題共出現145次，佔所有主題出現次數的42.1%。

表4　「學科館員」文獻的前十大主題

主題	篇數
collection development	20
competence	19
role	16
information literacy	15
questionnaire	14
librarian	12
digital tool	11
course classroom and department	10
assessment	10
interview	9
distance and online learning	9

　　檢視筆者對「學科館員」文獻所標註的主題，大致呈現以下現象：

　　（1）學科館員的知能和角色是文獻中關注的重點，各有19篇（16.8%）、16篇（14.2%）文獻提及；此外，有4篇（3.5%）提及館員的教育訓練、2篇（1.8%）提及學科館員專業發展、1篇（0.9%）述及學科館員知能如何融入圖書資訊學教育。

　　（2）大學圖書館向來關心各項服務的成效，學科館員服務成效的評鑑議題自然獲得重視（10篇、8.9%）。

　　（3）學科館員的職責包含：館藏發展（20篇、17.7%）、提升讀者資訊素養（15篇、13.3%）、參與課程講授和系所（10篇、8.9%）、參與遠距和

線上學習（9篇、8.0%），另有圖書館利用課程（3篇、2.7%）。此外，學科館員支持學術傳播和協助研究的職責則各有1篇（0.9%）、8篇（7.1%）提及，至於數位人文、數位學術、研究資料管理等新興議題則總共僅有8篇（7.1%）提及。

（4）學科館員必須與特定系所或學術單位共事，在文獻中有4篇（3.5%）明確論及合作的議題，或強調關係的建立（3篇、2.7%）。至於文獻中提及的合作系所或學術單位則較為發散，包含工程、化學、歷史、醫學、科學、農業、商業等。

（5）若干文獻述及學科館員運用新興科技提供服務，包含數位參考服務、數位工具、學科聯繫館員資訊系統的分析與開發、文本分析工具、視覺化工具、地理資訊系統。

（6）學科館員文獻的研究方法主要為問卷調查（14篇、12.4%），另有透過訪談等質性分析（9篇、8.3%）、文獻探討（5篇、4.4%）、實驗法（3篇、2.7%）、內容分析（2篇、1.8%）等研究方法進行，研究對象以館員為主（12篇、10.6%）、教師次之（4篇、3.5%）。此外，則有以案例方式介紹學科館員的實施（8篇、7.1%）或最佳實務（2篇、1.8%），以及論述學科館員的發展歷程與現況（7篇、6.2%）。

學科聯繫館員

《圖書館與資訊科學專業詞典》中定義學科聯繫館員為「在學術圖書館中與特定系所或學術單位共事，進行館藏發展和圖書館教育的館員」（Levine-Clark et al., 2013）。

學科聯繫館員乃是圖書館與特定系所或學術單位的溝通橋樑，其角色包含：（1）做為圖書館政策、服務、館藏資源的資訊專家；（2）做為系所或學術單位有圖書館相關問題時的聯絡窗口；（3）提供可信賴、一致、及時的服務與回應；（4）提供特定學科領域的圖書館利用指導；（5）提供特定學科領域的參考服務；（6）提供特定學科領域的研究諮詢；（7）負責特

定學科領域的館藏發展，以支持師生教學、學習、研究需求；（8）做為有
關學術傳播與著作權相關議題的諮詢窗口；（9）推廣圖書館服務與館藏資
源（Wayne State University Library System, 2020）。

　　表5為109篇「學科聯繫館員」文獻的年代分布，其中2017年的20篇為
最多，2010年的1篇為最少。就文獻類型來看，絕大多數為期刊文章，計有
91篇（83.5%），其次依序為文獻回顧與評論（6篇、5.5%）、研討會文章（5
篇、4.6%）、Note（1篇、0.9%）、學術專書（1本、0.9%），另有5篇（4.5%）
未註明文獻類型。

表5　「學科聯繫館員」文獻的年代分布

年代	篇數
2010	1
2011	8
2012	10
2013	8
2014	7
2015	9
2016	11
2017	20
2018	18
2019	11
2020	6
合計	109

　　筆者在「學科聯繫館員」文獻共標註了85個主題、318次，表6為前十
大主題出現的篇數，這十大主題共出現134次，佔所有主題出現次數的
42.1%。

表6 「學科聯繫館員」文獻的前十大主題

主題	篇數
competence	19
information literacy	19
librarian	15
questionnaire	14
assessment	14
role	13
implementation	12
course classroom and department	10
collection development	9
qualitative	9

　　檢視筆者對「學科聯繫館員」文獻所標註的主題，大致呈現以下現象：

　　（1）學科聯繫館員的知能和角色是文獻中關注的重點，各有19篇（17.4%）、13篇（11.9%）文章提及，為此，館員的教育訓練（8篇、7.3%）亦受重視，此外，有一篇文章述及學科聯繫館員知能如何融入圖書資訊學教育。

　　（2）大學圖書館向來關心各項服務的成效，學科聯繫館員服務成效的評鑑議題自然獲得重視（14篇、12.8%），服務對象的認知與滿意度，以及學科聯繫館員的可見度是評鑑的重點項目。

　　（3）學科聯繫館員的職責包含：提升讀者資訊素養（19篇、17.4%）、參與課程講授和系所（10篇、9.2%）、館藏發展（9篇、8.3%）、參與遠距和線上學習（8篇、7.3%），另有圖書館利用課程（5篇、4.6%）。此外，學科聯繫館員支持學術傳播（scholarly communication）和協助研究的職責則各有6篇（5.5%）提及，至於數位人文、數位學術、研究資料管理等新興議

題則總共僅有4篇（3.7%）提及。

（4）學科聯繫館員必須與特定系所或學術單位共事，在文獻中有5篇（4.6%）明確論及合作的議題，或強調關係的建立（3篇、2.8%）。至於文獻中提及的合作系所或學術單位則較為發散，包含商業、工程、醫學、科學、農業、社工、教育、文學等。

（5）若干文獻述及學科聯繫館員運用新興科技提供服務，包含數位參考服務、數位工具、學科聯繫館員資訊系統的分析與開發、資料探勘與文本分析工具。

（6）學科聯繫館員文獻的研究方法主要為問卷調查（14篇、12.8%），另有透過訪談等質性分析（9篇、8.3%）、內容分析（5篇、4.6%）等研究方法進行，研究對象以館員為主（15篇、13.8%）、教師次之（7篇、6.4%）。此外，則有以案例方式介紹學科聯繫館員的實施（12篇、11.0%）或最佳實務，以及論述學科聯繫館員的發展歷程與現況（7篇、6.4%）。

嵌入式館員

嵌入式館員的核心理念在於將圖書館館員以深度連結的方式融入學術場域，嵌入學術場域的方式包含：在線上課程中協助教學、駐點在學術單位、整學期都參與面對面或是線上的教學課程協助教學、駐點在宿舍提供服務等（Cassidy & Hendrickson, 2013; Hoffman, 2018）。Abrizah，Inuwa與Afiqah-Izzati（2016）則指出，嵌入式館員的職責主要有嵌入讀者資訊素養訓練、嵌入研究、嵌入遠距和線上學習、嵌入課程講授和系所四種。嵌入式圖書館服務（embedded librarianship services）的主要特性有：（1）以使用者為中心而非以圖書館為中心，必須高度聚焦、有目標性地融入教學或研究團隊，提供專業資訊服務；（2）深入接觸服務對象，無論實體或虛擬，館員必須走出圖書館建築，前進教室、實驗室，嵌入研究團隊、教師與課程，發展提供圖書館服務的新框架，館員必須從被動反應到主動參與，並能與服務對象密切互動；（3）以小規模群體為服務對象，了解其需求，並提供高度客製化、以服務對象最大需求為導向，且有實際影響的服務；

（4）嵌入式館員是專家而非通才，嵌入式館員要能夠成為特定學科領域的資訊資源專家，藉由建立與服務對象的信賴關係，讓嵌入式館員從輔助、支持者轉變為合作者（Abrizah, Inuwa, & Afiqah-Izzati, 2016; Pati & Majhi, 2019; Sharma, Kumar, & Babbar, 2014）。

Pati與Majhi（2019）綜整多位學者的看法，提出下列嵌入式館員的服務：（1）課程與課綱管理；（2）在系所、學生餐廳和學生宿舍提供學科聯繫館員服務；（3）在學習管理系統（learning management system, LMS）協助課程內容管理；（4）提供資訊素養教育；（5）在研究團隊中擔任核心、可信賴的資訊來源，並提供協助；（6）參與課程教學，彙整課程所需資訊資源嵌入學習管理系統，協助探究式學習；（7）為不同使用者群體開設學術討論會與學術會議；（8）行銷社群資訊服務；（9）建置機構典藏，提高學者研究能見度與影響力；（10）協助計算全校、各院的學術影響力；（11）建立與推廣一般性、特定性的學術社群媒體社團或專頁，以促進專業合作與聯繫。

表7為209篇「嵌入式館員」文獻的年代分布，其中以2015和2017年的各28篇為最多，若不計2010年，則以2011年的9篇為最少。就文獻類型來看，絕大多數為期刊文章，計有190篇（90.9%），其次依序為文獻回顧與評論（9篇、4.3%）、研討會文章（3篇、1.4%）、Note（1篇、0.5%）、專書篇章（1篇、0.5%），另有5篇（2.4%）未註明文獻類型。

表7 「嵌入式館員」文獻的年代分布

年代	篇數
2010	26
2011	9
2012	23
2013	17
2014	18

（續）

表7　「嵌入式館員」文獻的年代分布（續）

年代	篇數
2015	28
2016	22
2017	28
2018	18
2019	13
2020	7
合計	209

　　筆者在「嵌入式館員」文獻中共標註了102個主題、623次，表8為前十大主題出現的篇數，這十大主題共出現329次，佔所有主題出現次數的51.5%。

表8　「嵌入式館員」文獻的前十大主題

主題	篇數
information literacy	58
distance and online learning	52
course classroom and department	50
assessment	37
implementation	31
role	25
questionnaire	23
overview	20
medical	17
literature review	16

檢視筆者對「嵌入式館員」文獻所標註的主題，大致呈現以下現象：

（1）Abrizah，Inuwa與Afiqah-Izzati（2016）指出，嵌入式館員的職責主要有嵌入讀者資訊素養訓練、嵌入研究、嵌入遠距和線上學習、嵌入課程講授和系所四種，在文獻中除了嵌入研究外，其餘三項職責所出現的文獻篇數都超過50篇，提及嵌入研究的文獻僅有12篇。

（2）嵌入式館員的角色是文獻中關注的重點，有25篇（12.0%）文章提及，但相對較少文章提及嵌入式館員的知能（9篇、4.3%）與教育訓練（1篇、0.5%）。

（3）與學科聯繫館員服務成效的評鑑類似，嵌入式館員的評鑑亦獲得重視（37篇、17.7%），有8篇（3.8%）著重於學生學習成效。

（4）嵌入式館員必須與特定系所或學術單位共事，在文獻中有6篇（2.9%）篇明確論及合作的議題。文獻中提及的合作系所或學術單位以醫護和健康相關為最多，合計有46篇（22.0%），其餘則較為發散，包含音樂、地理、政治、商業、化學、科學、環境、心理、生物、歷史、文學、農業、藝術、教育等。

（5）若干文獻述及嵌入式館員運用新興科技提供服務，包含數位工具、嵌入式館員資訊系統的分析與開發、地理資訊系統。

（6）嵌入式館員相關文獻的研究方法主要為問卷調查（23篇、11.0%），另有內容分析（14篇、6.7%）、訪談（10篇、4.8%）、焦點團體（5篇、2.4%）、實驗法（3篇、1.4%）等研究方法進行，研究對象以館員為主（15篇、13.8%）、教師次之（7篇、6.4%）。此外，則有以案例方式介紹嵌入式館員的實施（31篇、14.8%）或最佳實務，以及概述嵌入式館員的發展歷程與現況（11篇、5.3%）。

結語

大學圖書館以師生為主要服務對象，支援學術研究、教學、推廣服務，大學圖書館的參考服務無可避免地必須與教學、學習、研究結合，故而從

參考服務衍生出學科服務的概念，並以在大學圖書館中設置學科館員、學科聯繫館員、嵌入式館員等職務的方式來實踐。

　　本文運用Scopus資料庫所收錄的文獻探索大學圖書館「學科服務」於2010-2020年間的研究趨勢，從中解析學科館員、學科聯繫館員、嵌入式館員的異同之處與各自的發展重點。整體歸納如下：

（一）學科館員強調應具備學科領域知識，以負責該學科領域館藏的選擇與評估為主要工作，兼及學科領域的資訊服務與學科館藏的資訊組織。本文所蒐集之學科館員相關文獻亦以館藏發展和提升讀者資訊素養為主要職責，符合此一情形。

（二）學科聯繫館員強調與特定系所或學術單位的聯繫，以學科領域館藏發展和圖書館教育為主要工作。本文所蒐集之學科聯繫館員相關文獻以提升讀者資訊素養、參與課程講授和系所為主，館藏發展在學科聯繫館員的地位不若學科館員般重要。

（三）嵌入式館員強調與學術場域的深度連結，無論是對教學、學習、研究所提供的服務絕對不是只有一次（one-shot），而且必須要有高度客製化。在此前提下，圖書館在推動嵌入式館員服務時必須考量大規模（scaling）與永續（sustainable）的議題（Hoffman, 2018）。本文所蒐集之嵌入式館員相關文獻有較大比例論及嵌入式館員嵌入讀者資訊素養訓練、嵌入遠距和線上學習、嵌入課程講授和系所，顯示出與學科館員、學科聯繫館員不同的研究樣態。嵌入研究雖是近年來嵌入式館員的重點職責之一，但在相關文獻來看，仍屬少數。

　　近年來，無論是學科館員、學科聯繫館員、嵌入式館員都逐漸強調對研究與學術傳播的支持，就筆者所蒐集到的文獻來看，此類研究雖仍屬少數，但仍是大學圖書館提供學科服務必須關注的議題，大學圖書館應融入學者的研究生命週期（research lifecycle），提供諸如作者辨識碼（author identifier）與作者學術輪廓（profile）、資訊計量、研究資料管理、數位人文、數位化學術研究、開放取用、研究生產力與影響力評估等相關服務（Abrizah, Inuwa, & Afiqah-Izzati, 2016; Brown, Alvey, Danilova, Morgan, &

Thomas, 2018; Ke, 2016; Lang, Wilson, Wilson, & Kirkpatrick, 2018; Pati & Majhi, 2019）。由於學科館員、學科聯繫館員、嵌入式館員等概念都興起於國際，故而本文著重於運用Scopus資料庫探索大學圖書館「學科服務」，未來可進一步探討國內大學圖書館「學科服務」的發展情形，並與國際發展趨勢比較。

參考文獻

蘇小鳳（2005）。**即時數位參考諮詢服務**。台北市：文華。

Abrizah, A., Inuwa, S., & Afiqah-Izzati, N. (2016). Systematic literature review informing LIS professionals on embedding librarianship roles. *The Journal of Academic Librarianship, 42*(6), 636-643.

American Library Association. Committee on Library Terminology (1943). *ALA glossary of library terms, with a selection of terms in related fields.* Chicago: American Library Association.

Brown, S., Alvey, E., Danilova, E., Morgan, H., & Thomas, A. (2018). Evolution of research support services at an academic library: specialist knowledge linked by core infrastructure. *New Review of Academic Librarianship, 24*(3-4), 337-348.

Cassell, K. A. & Hiremath, U. (2004). *Reference and information services in the 21st century: An introduction* (2nd Ed.). New York: Neal-Schuman Publishers, Inc.

Cassidy, E. D., & Hendrickson, K. E. (2013). Faculty-librarian micro-level collaboration in an online graduate history course. *The journal of academic librarianship, 39*(6), 458-463.

Crawford, A. (Ed.) (2012a). *New Directions for Academic Liaison Librarians.* In Chandos Information Professional Series, Chandos Publishing.

Crawford, A. (2012b). Introduction. In Crawford, A. (Ed.) (2012). *New Directions for Academic Liaison Librarians.* In Chandos Information Professional Series, Chandos Publishing.

Dawson, A., & de la Pena McCook, K. (1996). Trends affecting the roles of reference librarians. *The Reference Librarian, 25*(54), 53-94.

Goetsch, L. A. (2008). Reinventing our work: New and emerging roles for academic librarians. *Journal of Library Administration, 48*(2), 157-172.

Green, S. S. (1876). Personal relations between librarians and readers. *Library journal, 1*(2), 74-81.

Hoffman, S. (2018). Effective embedding: Working with academic departments and online courses. In J. Atkinson (Ed.), *Collaboration and the Academic Library* (pp. 85-96). Chandos Publishing.

James, S. (2002). Digital reference: reference librarians' experiences and attitudes. *Journal of the American Society for Information Science and Technology, 53*(7), 549-566.

Johnson, A. M. (2020). Reference and Liaison Librarians: Endangered Species or "Vital Partners?" Views of Academic Library Administrators. *Journal of Library Administration, 60*(7), 784-799.

Ke, H. R. (2016). Fusion of Library, Archive, Museum, Publisher (LAMP): the NTNU Library Experience. *Journal of Information Science Theory and Practice, 4*(2), 66-74. Retrieved from https://doi.org/10.1633/JISTaP. 2016.4.2.5.

Levine-Clark, M., Carter, T. M., Bartlett, J. A., Cagna, R., Macke, S., Reichardt, C. A., & Vyhnanek, K. (2013). *ALA glossary of library and information science* (4th Ed.). Chicago: American Library Association.

Lang, L., Wilson, T., Wilson, K., & Kirkpatrick, A. (2018). Research support at the crossroads: capability, capacity, and collaboration. *New Review of Academic Librarianship, 24*(3-4), 326-336.

Martin, J. V. (1996). Subject specialization in British university libraries: a second survey. *Journal of Librarianship and Information Science, 28*(3), 159-169.

Nielsen, B. (1982). Teacher or intermediary: Alternative professional models in the information age. *College & Research Libraries, 43*(3), 183-191.

Oboler, E. M. (1964). The last word on automation? Good-bye, reference librarians! *Reference & User Services Quarterly, 4*(1), 12-13.

Pati, B., & Majhi, S. (2019). Pragmatic implications of embedded librarianship in academics: a review of eminent literatures. *Library Hi Tech News, 36*(2), 11-16.

Pinfield, S. (2001). The changing role of subject librarians in academic libraries. *Journal of librarianship and information science, 33*(1), 32-38.

Rabner, L. & Lorimer, S. (2002). *Definition of reference service: A chronological bibliography*. Retrieved from http://www.ala.org/rusa/sites/ ala.org.rusa/files/content/sections/rss/rsssection/rsscomm/evaluationofref/ refdefbibrev.pdf.

Reference and User Services Association (2008). *Definitions of reference*. Retrieved from http://www.ala.org/rusa/guidelines/definitionsreference.

Sharma, P., Kumar, K., & Babbar, P. (2014). Embedded librarianship: Librarian faculty collaboration. *DESIDOC Journal of Library & Information Technology, 34*(6).

Shera, J. (1964). Automation and the reference librarian. *Reference & User Services Quarterly, 3*(6), 3-7.

Shores, (1937). Basic reference books: An introduction to the evaluation, study, and use of reference materials with special emphasis on some 200 titles. Chicago: American Library Association.

Wayne State University Library System (2020). Toolkit for librarian liaisons: How to be a subject resource specialist. Retrieved from https://guides.lib. wayne.edu/LiaisonToolkit.

▪第四篇▪

資訊行為

第11章
資訊行為研究觀察綜述（2010-2019）

林珊如

本文簡介

本章首先有系統地討論以理論發展為基礎的資訊行為研究，並針對各個理論內涵及其在實證研究中的應用狀況，發掘其相關的理論，以建立資訊行為研究理論模式的分類體系，提供對資訊行為理論應用之參考。其次，檢視臺灣資訊行為研究近十年的出版，觀察學位及期刊論文資訊行為之相關研究在主題、對象、情境、理論應用等面向之發展狀況。與前十年相比，除了對資訊行為理論的應用研究增長及精細化外，更有新的方法論被提出，以及在健康資訊與社會性媒體應用研究的蓬勃發展。展望未來十年，健康資訊的相關資訊行為、以理論為基礎的資訊行為研究、跨領域的資訊行為研究、各種資訊平臺與行動載具上的資訊行為，都是值得持續觀察的發展趨勢。

引言

圖書資訊學研究在資訊行為與資訊服務這一篇中總共有三章專文，本章以提供過去十年國內資訊行為研究的觀察報告為主並兼論資訊行為理論之分類研究，12章由蔡天怡教授提供國外資訊行為的理論與研究方法之綜覽，13章由蘇小鳳教授執筆「演進中的參考諮詢服務與前瞻：從RD到

RAD」，探討重要的圖書館資訊服務研究之演變與展望。

　　本章的目的有二。第一個目的在有系統地討論美國資訊科學與技術學
會於2005年出版之資訊行為理論*Theories of Information Behavior*一書中相
關資訊行為理論之分類研究並考察其在資訊研究領域中的重要性，觀察以
理論發展與應用為基礎的資訊行為研究中各理論之內涵，分析理論之間的
關係與異同，描述資訊行為理論初步發展的分類體系，以利相關研究之參
考應用。第二個目的在檢視臺灣資訊行為研究近十年的發展，觀察資訊行
為研究在主題、對象、情境、理論應用等各面向之推進與發展，　期能對後
續研究有所助益。

國外資訊行為重要理論調查分析

　　回顧資訊行為研究之發展歷程，自1960年代始有研究者從使用者的角
度關注資訊尋求活動（Gonzalez-Teruel & Abad-Garcia, 2007），而Dervin與
Nilan於1986年所發表的Information Needs and Uses一文，被公認為將資訊
行為研究從系統導向典範帶往使用者導向典範的重要文獻。Case（2006）
將ARIST歷年發表的有關資訊行為研究的論文，約略歸納出趨勢如下：1990
年以前以資訊需求與使用（information needs and uses）研究為主；1993年
至2000左右議題開始多元化，圖書資訊學領域中的研究者更為強調資訊行
為有關的各種元素與概念，例如Choo與Auster（1993）的「環境掃描
（Environmental Scanning）」、Chang與Rice（1993）的「瀏覽（Browsing）」、
Metoyer-Duran（1993）的「資訊守門員（Information Gatekeepers）」；2000
年以後則有越來越多關於資訊行為理論模式、方法論等之探討，以美國資
訊科學與技術學會於2005年編輯出版的*Theories of Information Behavior*為此
一階段的代表性著作（Fisher, Erdelez & McKechnie, 2005）。此外，對合作搜
尋行為（collaborative information seeking）及情境（context）等概念的討論
也逐漸展開，並受到重視，分別成為2006與2007 ARIST專題回顧的主題之
一（Foster, 2006; Courtright, 2007）。

美國資訊科學與技術學會於2005年出版 *Theories of Information Behavior*一書，集結諸多相關理論之介紹，然而，此書僅以字母順序排列各個理論，理論與理論間是否相關，有何相似與相異之處，並無進一步的引導，對後續研究應用有所不足。因此，奠基於筆者先前研究之基礎（林珊如，2007），以下針對此書中資訊行為理論的分類研究進行簡要論述。

重要資訊行為理論之分類研究

理論的功能在於彰顯某一領域關心的議題，並提供較具系統性的思維觀點；觀察許多資訊行為相關研究，由於缺乏理論指引，故在研究操作及結果上較為凌亂。將理論分類之意義希冀能幫助研究者選擇適當理論作為研究基礎，使資訊行為研究能觸及更廣大的應用。筆者先前研究將*Theories of Information Behavior*中之理論以引文分析後梳理出30個重要理論依字母順序如下所示（林珊如，2007）：

表1　30個重要理論作為分類依據（以理論名稱字母排）

理論名稱	理論創始者
Anomalous State of Knowledge	Belkin NJ
Berrypicking	Bates MJ
Browsing	Chang SJ
Chatman's Information Poverty	Chatman EA
Chatman's Life in the Round	Chatman EA
Collective Action Dilemma	Yamagishi T
Dervin's Sense-Making	Dervin B
Ecological Theory of Human Information Behavior	Williamson K
Ellis's Model of Information Seeking Behavior	Ellis D

（續）

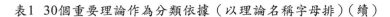

表1　30個重要理論作為分類依據（以理論名稱字母排）（續）

理論名稱	理論創始者
Everyday Life Information Seeking	Savolainen R
General Model of the Information Seeking of Professionals	Leckie GJ
Information Activities in Work Tasks	Bystrom K
Information Intents	Todd RJ
Information Interchange	Marcella R , Baxter G
Integrative Framework for Information Seeking and Interactive Information Retrieval	Ingwersen P
Krikelas's Model of Information Seeking	Krikelas J
Library Anxiety	Mellon CA
Monitoring and Blunting	Miller SM
Nonlinear Information Seeking	Foster AE
Optimal Foraging	Sandstrom PE
Serious Leisure	Stebbins RA
Small-World Network Exploration	Milgram S
Social Positioning	Menaghan EG
Strength of Weak Ties	Granovetter MS
Taylor's Question-Negotiation	Taylor RS
The Domain Analytic Approach	Hjorland B
The Imposed Query	Gross M
The Socio-Cognitive Theory	Hjorland B
Transtheoretical Model of Health Behavior Change	Prochaska JO, Diclemente CC
Web Information Behaviors of Organizational Workers	Detlor B

　　將上述之30個理論逐一閱讀分析後，依據理論的屬性或應用，嘗試過不同的分類，最終提出以情境（context）及研究實體（entity）為依據的分類架構，包含七個理論類型：通則性理論、工作／任務相關理論、日常生活相關理論、歷程性相關理論、認知心理面相關理論、社會網絡相關理論、以及系統使用相關理論。分述如下：

　　（1）通則性理論：此類別解釋一般人類的資訊行為活動，可廣泛應用之類別。這類理論之共同關聯皆是意欲處理人類跨時空、跨場域的資訊行為，以不同的學科基礎解釋人類一般是如何進行資訊的尋求與評估等。例如Krikelas將人類之資訊需求以處理時間先後分為「即刻性」與「延遲性」的資訊需求，發展成為資訊搜尋行為模式；而Chang's Browsing則是為「瀏覽行為」提供多元的解釋觀點，瀏覽不再只是「漫無目的」，而是可用來解釋各種資訊尋求行為的概念，並區別不同的瀏覽類型；Bates's Berry-picking認為檢索過程應是漸進發展的，每個階段都會產生不同的問題概念，而過程中人們會去對應、修正與定義什麼是有用的資訊與資源，因此檢索過程與檢索結果一樣重要；Optimal Foraging最佳覓食理論，則將人類資訊行為想像為在一個饒富選擇的資訊生態中的個體，有如動物覓食的過程，人類除了以自己習慣的資訊行為行事外，同時考量成本與效益，最後採取某些途徑與方式，以最佳化策略來找到所需的資訊。

　　（2）工作任務相關理論：此類別主要在說明滿足工作、專業任務之需求的影響因素，進而發展成資訊尋求理論。例如General Model of the Information Seeking of Professionals聚焦於專業人員，主張因為職場上工作角色差異而有不同的工作任務，進而引發出不同的資訊需求及尋求行為；Information Activities in Work Tasks認為工作任務的複雜性會導引出不同目的的資訊需求，不同目的則需要不同的資訊類型；Domain Analytic Approach to Scholars' Information Practices強調學者資訊活動與實踐受所屬的學科領域的影響；而Social Positioning社會定位則是從行為者的社會角色認知來定義不同的任務與資訊需求。

　　（3）日常生活相關理論：此類理論強調非工作時間中的日常生活，聚焦於描述及解釋人們於此日常生活情境中的資訊行為。Savolainen的

Everyday Life Information Seeking日常生活資訊尋求模式，主張「人們尋求不同的資訊，作為每日生活的引導或解決『非直接與工作相關』的問題，目的是為了維持生活的連貫感（consistency）」或掌控生活；Serious Leisure認真休閒理論（或譯為嚴肅休閒）則是著眼於休閒領域中的資訊行為，認為個人有系統地從事一種業餘、嗜好、或志工的活動，投入有如事業般的專注，藉此機會獲得及展現特殊的技巧、知識與經驗，能克服所遭遇的困難，並從中感到充實及有趣；強調休閒生活中資訊獲取與資訊分享之情境與資訊類型的理解；Ecological Theory of Human Information Behavior強調人與環境之間的交流關係，認為人們往往在從事其他活動的過程中意外地找到資訊，使得資訊的獲得成為一種「意外伴隨得到的事物」（incidental concomitant），主張人們在各式各樣的生物及社會環境與限制中會進行「自我開創」（self-creating），亦是描述在日常生活中的個體如何尋求不同的資訊管道以滿足不同的資訊需求。

（4）歷程性相關理論：強調資訊行為之動態歷程與行為特徵的理論模式。Kuhlthau透過實證研究將資訊搜尋過程分六個階段，包括初始之察覺問題、選擇、探索、形成焦點、收集與呈現，這些階段也相應產生不同的認知與情緒上的心理變化與資訊活動；Trans-theoretical Model of Health Behavior Change（TTM）理論模式主張人們行為的改變是具階段性的，並提出影響人們從一個階段進入另一個階段的決定性因素為何，而此理論多半用於醫學或教育學領域中應用於「不好的行為轉變到好的行為」（如戒菸）的研究；Taylor's Question- Negotiation中立式問題協商則著眼於專門圖書館館員、資訊專家與讀者互動過程的研究，強調圖書館系統與讀者間存在「動態溝通」的關係，最重要的是Taylor重新確定了詢問的意義，他提出「詢問」並不是單一不變的需求，而是讀者對某種疑問的描述，因此詢問應該是開放性的問題，並且具有動態的諮詢過程；The Imposed Query外加問題查詢模式則是試圖了解圖書館員等資訊中介者與讀者互動中的資訊尋求行為，探討資訊尋求過程中運用到他人的行為（包括代理人、中介者以及資訊守門員等），也包括同儕間資訊的選擇與使用、在正式及非正式情境下的消息提供者等之應用。

（5）認知心理相關理論：相對於側重行為面的歷程性相關理論，此類理論強調人們資訊行為在認知、心理方面的特徵。在Anomalous State of Knowledge（ASK）知識渾沌說中，Belkin試圖思索資訊需求發生的最初起點，他認為那是一種認知狀態，亦即人們感知既有的知識體系難以完成目前任務目標而產生認知落差的狀態，因此發生需求，並為此尋求資訊；Information Intents資訊意圖作為一種理論性概念，則是將使用者對於欲尋求的資訊標的分為五種認知意圖，意圖既是驅使資訊尋求的動機，也是資訊尋求想要達到的結果；在Library Anxiety圖書館焦慮研究中，Mellon發現學生較常提及的不是搜尋資訊方面的困難，而是他們對於圖書館的感知，尤其是負面感受，於是集結這些不適感，將之名為圖書館焦慮，並認為研究焦慮的成因可以幫助提出克服焦慮的解決之道；Monitoring and Blunting（M & B）監控與鈍化模式主要闡述在有壓力的情況下，人們可能會出現兩種不同的反應，名為監控者（monitor）或鈍化者（blunter），並衍生出不同的資訊行為，此模式主要用來研究與應用於病患健康資訊尋求的態度與行為，聚焦於「當人們產反感的情況時，其面對環境所採取的因應行為為何」；監控與鈍化模式中的兩大概念為規避與警覺，藉此兩個概念發展出兩種風格的因應行為：有些人會去面對問題，有些人暫時不去面對問題，而這兩種人對應出不同的資訊行為模式，其中監控者可能會尋求完整的資訊，而鈍化者則可能表現知道就好（"just knowing"）或是規避資訊。

（6）社會網絡相關理論：探究人們社會關係網絡相連間產生的資訊行為。Chatman發表的諸多理論中，多數是探討社會上相對弱勢的人們處於不同情境中相應的資訊行為，例如Information Poverty資訊貧乏理論說明了特定情境的人往往受限於某些社會關係而產生資訊貧乏的現象；Collective Action Dilemma集體行動困境模式則是探討一群人必須決定要「個人利益最大化」還是「集體利益最大化」的情況：對個人而言，通常最大化個人利益最有利可圖，但是如果所有的人都選擇最大化個人利益，每個人最終實際所得的收益將低於都選擇最大化集體利益時的收益，因此，一個團體中的個體應如何行動以平衡兩者的利益，會影響其表現的行為；Strength of Weak Ties（SWT）弱連結理論的研究認為由人際關係組成的社會資本會左

右一個人所擁有的資訊力量，主張不同圈子的人可以掌握更多特定個體所不了解的資訊，個體如果認識越多泛泛之交，就擁有越大的資訊力量；簡言之，社會網絡相關理論在於闡明個體之資訊行為亦受到個人所處的社會網絡之影響。

（7）系統使用相關理論：與使用者處於電腦資訊系統的檢索情境中有關的理論，包括資料庫、網際網路以及其它電腦資訊系統。歸於此類相關理論者，例如Ellis's Model of Information Seeking Behavior藉由研究人文社會學科專家等學術研究成員在實體情境中的資訊尋求行為提出資訊檢索行為模式；Integrative Framework for Information Seeking and Interactive Information Retrieval則是研究影響資訊尋求與互動性檢索的各種變項而發展出來的整合性資訊檢索行為模式；Web Information Behaviors of Organizational Workers提出在組織情境內的網路資訊行為，即對於使用者在組織網路環境中的瀏覽與搜尋行為進行描述與說明。

「資訊行為理論分類架構」之建立目的在於擴大圖書資訊學域對理論之積極認識，並促進資訊行為理論研究之發展，尤其在研究設計之理論援引。值得指出的是，在進行理論分類時並非僅有一種分法，需考量理論分類的原則，包括理論的取向（approach）、理論的屬性（attribute）、理論的應用（application）、理論研究的目標對象（object）、理論研究的情境（context）等，其中情境對資訊行為的影響在文獻中已廣泛被討論。而分類的邏輯也有由下而上bottom- up（使各理論均有所歸類）與由上而下top-down（先設定一分類體系，再將各理論歸入）兩種。上述分類過程中交互使用先由下到上再由上到下的分類思考，其優點為可綜合理論的屬性及理論產生所關注的情境，分析歸納出以上七個主要類別，兼顧情境與研究目標對象之應用。

隨著資訊行為理論之應用發展的推進，資訊行為理論家對其理論原型則將提出進一步修正或擴充，例如Erdelez與Makri（2020）所提出的Information Encountering（IE）。另一方面，資訊行為在網路情境中過去十年的研究，隨著行動網路平臺與社會性媒體的發展與普及，休閒、互動性資訊行為與以社會網絡連結的資訊行為現象，挑戰著過去著重在資訊搜尋

與檢索系統的相關理論之應用性，其理論性發展值得持續觀察。未來將有更多或整合性的資訊行為理論被提出，也可能產生新的類目並修訂此一分類架構。

國內資訊行為近十年相關研究論文考察

為觀察國內資訊行為相關研究之發展，本研究團隊於「臺灣博碩士論文知識加值系統」平臺及「臺灣期刊論文索引系統」平臺，參考Case（2016）*Looking for Information*及Fisher，Erdelez與McKechnie（2005）*Theories of Information Behavior*兩本領域中的經典教科書，以資訊行為相關的核心主題詞進行搜尋，再檢視論文作者自訂之關鍵字，以滾雪球的方式，再次檢索。最後檢索之核心概念詞包括：資訊行為、資訊需求、資訊尋求行為、資訊搜尋、資訊使用、資訊分享、資訊使用環境、資訊場、資訊偶遇、資訊視域、資訊世界圖、資訊迴避、資訊規避、資訊實踐、深度休閒、嚴肅休閒、資訊評估、資訊瀏覽、資訊檢索、人機互動、網路影音分享、資訊需求分析、使用者行為、資訊擷取、資訊取得、隨興休閒、資訊交換、協同搜尋。

檢索所得結果再進一步區別論文出現於圖書資訊學領域及非圖書資訊學領域者，檢索涵蓋時間為學年度98-107年（西元2010-2019）。研究團隊再以人工進行檢視，選擇出現在題名與關鍵詞為主之項目，整合同義詞並剔除重複。亦即，如果檢索詞出現在標題欄位又同時出現在關鍵字欄位，因已在標題計入次數，故剔除重複出現在關鍵字者。表2關鍵字欄位之次數則為僅出現在關鍵字欄位者。依此，最後檢出圖書資訊學之資訊行為相關面向之論文數量如下。

表2 國內近十年圖書資訊學之資訊行為論文研究主題分析

標題	次數	關鍵字	次數	摘要	次數	總次數
資訊行為	57	資訊行為	10			67
資訊需求	44	資訊需求	14	資訊需求	3	61
資訊尋求行為	31	資訊尋求行為	21			52
資訊使用	3	資訊使用	11			14
資訊搜尋	5	資訊搜尋	2			7
深度休閒	3	深度休閒	2			5
隨興休閒	2					2
資訊分享	5	資訊分享	2			7
資訊迴避	4					4
資訊焦慮	4					4
資訊偶遇	2					2
資訊瀏覽	2	資訊瀏覽	1			3
資訊交換	1					1
－		協同搜尋	5			5

　　檢視以上檢索結果進一步分析後，本文歸納出主要有五點觀察：（1）資訊行為研究**核心概念**的擴增；（2）資訊行為**研究方法**的擴增；（3）資訊行為研究**理論應用**的擴增；（4）資訊行為**研究情境與研究對象**的擴增；（5）新增資訊行為研究於**資訊服務平臺之應用**。分述如下。

資訊行為研究核心概念的擴增

　　筆者曾於十年前為初步了解理論性概念在國內研究之應用情形，選定為數較多的「資訊需求」概念為主要分析焦點（林珊如、許禎芸，2008）。經過調查國內論文，其研究對象大致可分為「一般民眾」、「專業人員」、「特

定情境」以及「特定年齡層」四大類別，並從各類別中選出碩士論文共6篇進行內容評析。初步考察結果反映國內碩士論文研究之共同問題，往往以「資料主題」、「資料類型」、「獲取資訊管道」等作為資訊需求的調查概念；在援引理論方面多限於早期發展的特定一兩個資訊需求相關概念（如Belkin之ASK、Taylor之資訊需求層次），實徵研究往往也未觸及潛在的相關理論；而研究方法則在以量化統計分析各人口變項的差異；雖關注不同情境中的資訊需求，然少見「情境如何影響資訊需求」之探討。這些論文較顯著的問題則是多數人採取「需求→尋求」的觀點，亦即假設「人有需求便會尋求資訊」，因此關注的層面大多是具體的需求（如資料類型、獲取資訊管道等），可說明國內處理資訊需求的概念較模糊，無法有系統地以理論作為研究設計之基礎，故無法呈現一致的研究結果。國內資訊需求研究者，對其理論性發展的演變在2005年以前多無討論，而對於國外理論發展趨勢甚少著墨。

對照長期以來這個領域是以資訊需求與資訊尋求行為為核心，隨著認識資訊尋求與搜尋行為僅是眾多資訊行為的一種，資訊行為這個詞就成為研究的核心概念，指涉一種以上的資訊相關行為與心理。因此過去十年，首先我們觀察到這個領域核心概念的發展更細緻化，包括早期關注有限的資訊分享與使用行為。特別是十年之前不曾被十分關注的休閒領域的資訊行為，以及負向的資訊行為，如資訊迴避（參見下方國內學術論文舉例）。研究核心概念的細緻化是第一個觀察。

- 協同搜尋：合作學習中的協作資訊行為
- 資訊使用：知識建構中的資訊使用行為
- 資訊分享：虛擬社群的資訊分享行為
- 深度休閒：（烹飪嗜好者、嗜好居家裝潢者）休閒資訊的獲取與表達、線上影音觀看者的隨興休閒資訊行為、休閒閱讀與資訊行為
- 資訊迴避：**臉書使用者**之資訊迴避行為研究、第二型**糖尿病患者**健康資訊迴避行為研究
- 資訊交換：**推理小說愛好者**的閱讀選擇與**資訊交換行為**

資訊行為研究方法的擴增

　　近十年臺灣發表的相關論文中，最常用的研究方法與過去相同者包括量化的問卷調查法、質化的深度訪談法與觀察。日誌法也仍出現，但數量增加明顯的是採用質的內容分析法，因網路或社會性媒體上各類留言分析增加。此外，有些研究應用前十年較少出現的混合研究法（mixed methods）或多重方法（multiple methods）。值得注意的創新方法，一是視覺法（visual methods），如應用「資訊視域圖」（Information Horizons）進行資料之蒐集（參見Cox & Benson, 2017）。二是以繪畫、照片或結合文字引導訪談的資訊世界圖研究法（Information World Mapping）（參見Greyson, O'Brien & Shoveller, 2017）。

資訊行為研究理論應用的擴增

　　十年前的專章之後，重要資訊行為理論分類研究曾提出七個理論類型：通則性理論、工作／任務相關理論、日常生活相關理論、歷程性相關理論、認知心理相關理論、社會網絡相關理論、系統使用相關理論（林珊如，2007）。

　　近十年的檢索結果中已可見涵蓋明確理論應用的增加。這些很少出現在前十年專章分析的研究論文中之相關理論應用包括：資訊視域Information Horizons、資訊偶遇Information Encountering、深度休閒Serious Leisure、意義建構Sense Making、瀏覽模式Chang's Browsing Framework、資訊迴避（或有譯為資訊規避）Information Avoidance。

資訊行為研究情境與研究對象的擴增

　　分析檢索結果中圖書資訊學領域的相關論文，發現近十年資訊行為研究領域的研究對象類型更加多元。請參見表3，右欄標籤後無數字註記代表僅出現1篇，但值得注意的新增對象。

表3　近十年資訊行為研究領域中的研究對象類型

中小學生及教師	高中職生4、國中生2、國小學童2；國高中教師2、國小教師2、特教師
大學成員	大學生20、研究生10、大學教師12、研究員4
休閒活動者	休閒嗜好者10、活動參與者3、電影迷
特定年齡身份者	中高齡者8、身心障礙者3、新住民3 、孕婦3、幼兒父母3、婦女3 、農民2、失業者／求職者2 、國際志工2、創業者、在家教育者、宗教信徒、同志、災害防救人員
醫護病患	照護者6、病患3、醫師2
專業人士（非醫護）	會計師、記者、小說譯者
科技平臺使用者	網路使用者11、臉書、行動載具
消費者	消費者10

　　就研究情境而言，教育與學術環境中的成員仍是被研究最多的族群。然而，近十年臺灣社會變遷與人口結構的顯著改變，資訊行為的研究對象也從專注於教育環境中的各級教師與學生，工作環境中的專業人士，及公共圖書館中的社會大眾，更擴及至社會上相對弱勢團體，如高齡者、身心障礙者、特定疾病（如失智症等）患者與照顧者、失業者等的資訊行為。另一方面，日常生活中的各類消費者，以及休閒資訊行為的研究受到圖書資訊學界的重視，許多論文投入其中。就資訊行為涉及的資訊類型而言，健康資訊的搜尋與使用行為研究，增長幅度最大，應與網路健康資訊的提供面增加有關，也反映出高齡社會對健康長壽資訊的需求調查研究。對多元文化中的外籍配偶或新住民的資訊行為之探討，比例相對減少。

　　呼應前面的觀察，應用情境以教育情境為最大宗並不令人意外，但日常生活與網路情境在過去十年成長最多，若醫療健康情境也可視為日常生活的一部分，則臺灣資訊行為的研究情境明顯地從學術教育環境（包含大學圖書館情境）一枝獨秀的狀況下，轉向強調生活與工作情境。表4呈現有10篇以上論文的研究情境類型。

表4　近十年資訊行為研究領域中的研究情境類型

情境	次數
教育	53
日常生活	36
網路	29
工作	25
醫療健康	18
研究	10

　　就調查中論文作者感興趣的資訊類型依次如下（詳見表5），包括**健康資訊**、館藏資源、教學資訊、**休閒資訊、旅遊資訊**、音樂資訊、影音資訊、生（職）涯資訊、日常生活資訊、理財購物資訊等。其中，健康資訊相關的研究篇數最多。舉幾個研究論文題目，如：比較大眾意見與專家意見對於降低健康資訊之確認偏誤的效果、健康歷程中的資訊尋求行為——以整合式ACE架構分析社會性問答服務之健康提問、從社會支持觀點探討愛滋線上匿名諮詢問答。館藏資源的使用調查，如從意義建構取向探討國立中央圖書館臺灣分館之視障服務。

表5　近十年資訊行為研究領域中論文作者感興趣的資訊類型

資訊類型	次數
健康資訊	14
館藏資源	9
教學資訊	7
學習資訊	4

（續）

表5 近十年資訊行為研究領域中論文作者感興趣的資訊類型（續）

資訊類型	次數
休閒資訊	4
音樂資訊	4
生涯資訊	4
個人資訊	3
日常生活資訊	3
理財資訊	3
購物資訊	3
專利資訊	3
政府開放資料	2
旅遊資訊	2
影音	2

新增資訊行為研究於資訊服務平臺之應用

隨著網路與行動科技的普及，除了在傳統實體情境中的資訊行為研究，近十年的相關論文出現社群媒體資訊行為的應用研究，企圖更多了解網路社會性媒體及數位內容平臺如臉書或行動載具的使用調查，對人類資訊行為的影響。就資訊行為相關研究結果的應用而言，最常是用來改善、提升服務措施或資訊系統或載具的介面使用經驗。

換言之，資訊行為的研究成果之應用可以改善服務、強化系統界面設計、提升使用經驗，並增進對人類資訊行為複雜性的理解。

結語

　　透過上述國內外資訊行為研究的考察，發現國內2005年之前皆是直接將「資訊（尋求）行為」研究以研究對象之「資訊需求」理解作為研究設計，說明國內資訊行為相關研究落於資訊需求本身的探討，再者國內研究對於資訊需求之理解皆建立在研究對象的「資訊主題」、「資訊類型」以及「資訊獲取管道」等，國內資訊行為研究之理論性概念探討乃處於較於偏狹的階段。

　　經由對國外資訊行為相關理論的分類研究，發現更多更豐富的理論性概念發展與脈絡可供國內相關研究參考，如將資訊需求以專業人員的「任務」（task）進行概念化；在思考理論分類的過程中，亦有對理論的「情境」（context）進行了解，發現使用者在不同的「情境」當中會有不同的資訊行為；在每個既定的情境底下，使用者也會遭遇到不同的「處境」（situation）、經驗不同的「情節」（episode），對資訊需求或是資訊行為理論的概念化都是一個新的發現與思路；有別於國內許多相關研究，不單單只是選定一群研究對象直接詢問其資訊需求為何，而是從概念化後的變項進行研究設計。同樣的，其它像資訊搜尋行為與資訊行為在研究設計上的不同，搜尋行為較偏重在討論「資訊資源／資訊管道」，而資訊行為一詞涵蓋面更廣，包含以使用者的行為歷程與心理狀態為主軸，近年也更多以社會建構主義為取向的研究。

　　透過本文也發現個體在不同的情境、處境中身擔多重角色與任務，而且不單是依從理性與獨立個體的思維進行資訊行為，資訊行為的影響因素與變項除了認知與情感層次之外，藉由諸多理論的研究，社會網絡與社會結構的影響，在國外的發展日漸盛行，如弱連結理論援用社會資本的概念、Chatman透過不同場域的研究，對不同族群（尤其是資訊相對弱勢族群）的資訊意涵有不同的定義與概念，啟發國內未來的資訊行為相關研究納入資訊建構的影響因素與發展更豐富的概念性概念與實徵研究。

　　總結前文之探討，歸納本文分析觀察重點如下：

（一）資訊行為研究核心概念的擴增：

- 日常生活情境、非問題導向、休閒及網路資訊行為研究增加
- 開始出現負面資訊行為的研究

（二）資訊行為研究方法的擴增：

- 以照片、繪圖等引導質性研究訪談（photovoice）之視覺法（visual methods）受到關注
- 提出資訊世界圖研究法（Information World Mapping）

（三）資訊行為研究理論應用的擴增：

- 資訊行為理論類型學提出
- 更多特定資訊行為理論之應用（Information Horizons, Information Encountering, Serious Leisure ……）

（四）資訊行為研究情境與對象的擴增：

- 網路使用者（增加最多）
- 教育情境中的大學生與中小學生（最多）、學術情境中的教師與研究人員、工作情境中的專業人士
- 醫療健康情境中的病患與照護者、日常生活情境中的老年人與休閒者（增加）

（五）資訊行為研究於資訊服務應用：

- 出現特定網路社會性媒體、音樂及影音平臺之應用，如改善平臺瀏覽經驗
- 涉及之資訊類型更多元，為了解資訊需求與搜尋行為的特徵，以改善資訊系統設計。
- 圖書館及網站相關資訊服務應用持續發展，如改善資訊服務設計。

過去十年至今，隨著網路上社會性媒體，如臉書、推特、Line等之應用更加普及，自媒體與串流媒體影音平臺的使用增長，資訊視覺化工具與

資訊行為研究的新方法被提出。在資訊行為研究上，除了教育學術與工作場域的資訊行為研究持續發展外，健康資訊受到最多關注，日常生活與休閒資訊行為研究明顯增長。本文限於篇幅並未將非圖書資訊學領域之相關資訊行為研究納入，但初步文獻觀察，已有更多他領域的學者也關注資訊活動與行為研究，特別是醫護領域。展望未來十年，健康資訊的相關資訊行為、以理論為基礎的資訊行為研究、跨領域的資訊行為研究、以及各種資訊平臺與行動載具上的資訊行為，都是值得持續觀察的發展趨勢。

致謝：感謝研究生王鉦勛同學協助本文統計資料之蒐集與整理。

參考文獻

林珊如（2007）。**資訊行為研究的理論性考察（2/2）**。九十四年度國科會專題研究計劃成果報告（NSC 94-2413-H-002-008）。

林珊如、許禎芸（2008）。從國內碩士論文探討資訊行為相關研究。**圖書資訊學研究**，**3**（1），51-74。

Case, D. O. (2016). *Looking for Information: A Survey of Research on Information Seeking, Needs, and Behavior* (4th ed.). Boston: Elsevier/ Academic Press.

Chang, S. J., & Rice, R. E. (1993). Browsing: A multidimensional framework. *Annual Review of Information Science and Technology, 28*, 231-276.

Choo, C. W., & Auster, E. (1993). Environmental scanning: Acquisition and use of information by managers. *Annual Review of Information Science and Technology, 28*, 279-314.

Courtright, C. (2007). Context in information behavior research. *Annual Review of Information Science and Technology, 41*(1), 273-306.

Cox, A. & Benson, M. (2017). Visual methods and quality in information behaviour research: The cases of photovoice and mental mapping. *Information Research, 22*(2), paper 749. Retrieved from http://Information R.net/ir/22-2/paper749.html

Dervin, B., & Nilan, M. (1986). Information needs and uses. *Annual review of information science and technology, 21*, 3-33. White Plains, NY: Knowledge Industry Publications.

Erdelez, S. & Makri, S. (2020). Information encountering re-encountered: A conceptual re-examination of serendipity in the context of information acquisition, *Journal of Documentation, 76*(3), 731-751. https://doi.org/10. 1108/JD-08-2019-0151

Fisher, K. E., Erdelez, S., & McKechnie, L. (Eds.) (2005). *Theories of Information Behavior*. Medford, N.J.: Information Today.

Foster, J. (2006). Collaborative information seeking and retrieval. *Annual Review of Information Science and Technology, 40*(1), 329-356.

Greyson, D., O'Brien, H., & Shoveller, J. (2017). Information world mapping: A participatory arts-based elicitation method for information behavior interviews. *Library & Information Science Research, 39*(2), 149-157.

Gonzalez-Teruel, A., & Abad-Garcia, M. F. (2007). Information needs and uses: An analysis of the literature published in Spain, 1990-2004. *Library & Information Science Research, 29*(1), 30-46.

Metoyer-Duran, C. (1993). Information gatekeepers. *Annual Review of Information Science and Technology, 28*, 111-50.

第*12*章
資訊行為理論與研究取向概述
（2010-2019）

蔡天怡

本文簡介

本章綜覽2010至2019年間，資訊行為相關研究運用理論及研究取向之概況，主要透過回顧Case與Given（2016）的*Looking for Information*第四版與Ford（2015）的*Introduction to Information Behaviour*等圖書相關章節，以及2010至2019間綜整資訊行為研究發展之論著，同時檢視2010至2019年間國內相關研究，舉例說明資訊行為理論與相關研究取向的運用情形，探討資訊行為相關研究之發展。

前言

　　資訊行為相關研究是圖書資訊學中重要的研究領域之一。資訊行為相關研究探討著人與資訊各種互動情形及其在各種互動中所展現之行為表現，隨著各種科技的發展，使「資訊」益形無所不在，人們常將「資訊」視為理所當然的存在，甚或將之與科技伴隨而來的訊息畫上等號，卻未必意識到資訊行為的發生。事實上，資訊的範疇極廣，人與資訊的互動更隨處可見，掌握如何運用合適的理論與研究取向探究使用者在各種情境中的資訊行為現象，是促成資訊行為相關研究日益精進的重要根本。本章回顧

2010年以來出版的資訊行為教科書及相關研究，探討2010至2019年間提出的資訊行為理論，以及常用於資訊行為研究中的理論與研究取向，並藉此與國內近十年間資訊行為研究作對話。

在圖書方面，Case與Given（2016）的 *Looking for Information* 一書目前共四版，是近十年來，少數資訊行為領域再版之教科書，該書完整地介紹了資訊行為之重要概念、理論模式與相關研究的應用範疇等；Nigel Ford 於2015年亦出版了 *Introduction to Information Behaviour*，是近期少數相關教科書，該書則較淺白易懂地介紹了資訊行為之重要概念、理論模式、研究取向與應用等，並將協作資訊行為（collaborative information behavior）以專章之篇幅作介紹。

此外，近十年間，Raya Fidel於2012年出版了 *Human Information Interaction: An Ecological Approach to Information Behavior* 一書，從辯證唯物主義（dialectical materialism）之角度，以生態觀念，探討人與資訊的互動關係，並強調情境脈絡在相關研究之重要角色。Katriina Byström、Jannica Heinström與Ian Ruthven於2019年編著的 *Information at Work* 基於工作相關資訊本質上的轉變，探究工作情境中的資訊活動任務與資訊文化等議題，重整資訊行為相關理論與模式，建構工作場域資訊環境（Workplace Information Environment, WIE）之架構，並藉此探討工作情境中的資訊使用行為。而2020年，Tim Gorichanaz的 *Information Experience in Theory and Design* 則跳脫傳統資訊行為研究著眼之需求與尋求行為，更著眼於人們如何理解和運用資訊之體驗，以及資訊如何形塑了個人，透過探究資訊體驗，連結資訊行為、資訊素養與人機互動等領域，試圖整合以人為本的資訊相關研究，為資訊行為研究領域探尋發展的方向。

在回顧資訊行為研究之文獻方面，Hartel（2019）借用1954年由美國民歌歌手Pete Seeger所創作、1965年由飛鳥樂團（the Byrds）演唱而知名的流行歌曲 *Turn, Turn, Turn* 為名，探討圖書資訊學中，資訊行為相關研究發展的七大轉變，是近期備受討論的文章之一。[1]Hartel歸納出的七大轉變包括：

---

[1] Hartel 的 Turn，Turn，Turn 一文在 2019 年於圖書資訊學研討會（CoLIS）發表後，陸續在 2020 年資訊科學暨科技學會年會（ASIS&T Annual Meeting）的資訊

1980年代資訊行為研究開始重視認知方面的議題，是為認知的轉變（cognitive turn），1980年代晚期至1990年代開始重視情感方面的議題，是為情感的轉變（affective turn），1990年代進入新紀錄形式的轉變（neo-documentary turn）和社會認知的轉變（socio-cognitive turn），1990年代中期開始重視日常生活情境中之議題，是為日常生活的轉變（everyday life turn），而2000年代早期開始從社會建構取向探討資訊行為議題，是社會建構的轉變（social constructionist turn），至2000年代中期，則進入身體體現的轉變（embodied turn）。其中，2000年代中期以來的身體體現轉變（embodied turn）是由身體與社會理論發展而來，然而，國內社會學與其他領域雖有相關討論，但資訊行為相關研究似乎未見相關發展。近十年來，國內資訊行為相關文獻主要仍偏重日常生活、社會建構等，似乎是將前述各種轉變層層疊加；未來是否將身體與社會相關理論應用至資訊行為研究中，仍有待觀察。

其他文獻回顧形式之文獻，則大致包括：Greifeneder（2014）回顧2012至2014年資訊行為相關文獻所採用之研究方法及主題等；O'Brien、Dickinson與Askin（2017）回顧2000-2015年間資訊尋求行為與資訊檢索研究中探討個人差異之文獻；Cox與Benson（2017）則特別針對資訊行為相關研究中，運用影像發聲與心智圖之視覺研究方法者進行回顧。

2020年9月，以「資訊行為」為檢索詞，透過華藝線上圖書館檢索2010至2019年間的相關研究，將檢索欄位限定在篇名、關鍵字或摘要，檢索範圍限定在臺灣，再排除摘要提及「資訊行為」一詞但探討議題並非資訊行為之研究後，可得26篇相關的期刊論文、47篇學位論文，其中，包含5篇英文期刊文獻。由於26篇期刊論文中有13篇為碩士論文改寫之著作，且另有兩篇亦為師生合著且論文主題與學生碩士論文高度相關，再者，本文旨在探討近十年來資訊行為理論與研究取向之發展，並非書目計量或內容分析之研究，故本文不計算運用特定理論或取向之文章篇數，僅針對資訊行為研究整體發展概況作說明和討論。

行為年度論壇（SIG-USE Symposium）與亞太分會研討會之演講等場合受到討論。

資訊行為理論模式

前述資訊行為教科書除了介紹經典的理論模式之外，也介紹了幾個近十年間提出的理論模式。Ford（2015）的 *Introduction to Information Behaviour*一書在〈資訊行為理論與模式〉一章分別介紹了資訊行為模式和理論，其中，資訊行為模式方面，主要包括較廣為人知的Ellis（1989）與Wilson（1999）的資訊尋求行為模式（model of information seeking behavior），以及Wilson（1996）的資訊行為模式（model of information behavior），並另外介紹了Godbold（2006）的資訊行為模式（model of information behavior），以及Mansourian（2006）的資訊不可見模式（model of information invisibility）。在理論方面，Ford介紹了Robson與Robinson（2013）的資訊尋求與傳播模式（information seeking and communication model），並說明了Wilson（2006）如何運用活動理論（activity theory）探討資訊行為，亦介紹了Dervin（1998）[2]的意義建構論（sense-making theory）。

而Case與Given（2016, pp.190-210）一書則分別以客觀主義典範（objectivist paradigms）與詮釋主義典範（interpretivist paradigms）的觀點來分析資訊行為研究所使用的理論，前者常見的理論主要包括：Zipf的最小努力原則（principle of least effort）、使用與滿足理論（uses and gratifications）、不確定性管理理論（uncertainty management theory）、Rogers的創新傳播理論（diffusion of innovation theory）、社會網絡相關理論與概念、社會認知理論（social cognitive theory）、社會學習理論（social learning theory）等等；後者常見的理論則主要包括：活動理論（activity theory）、意義建構論（sense making theory），以及各種現象學相關理論和批判理論（critical theories）等等。

綜觀Case與Given（2016）*Looking for Information*一書第四版所介紹的理論模式中，來自近十年的文獻者，主要包括：Shenton與Hay-Gibson

---

[2]　Ford（2015）一書主要之討論來自 Dervin（1998）一文，然此意義建構理論係由 1970 年代之研究發展而成，並透過 1983 年及其後之論文進一步發展而備受關注。

（2011）的年輕人資訊行為模式（model of young people's information behaviour）、Robson與Robinson（2013）的資訊尋求與傳播模式（information seeking and communication model），以及Freund（2015）的資訊來源選擇情境模式（contextual model of source selection）。以下分別簡要說明：

年輕人資訊行為模式（Model of Young People's Information Behaviour）

Shenton與Hay-Gibson（2011，2012）針對年輕人所提出的資訊行為模式係由圖1下方的內部刺激展開，並將欲知狀態（desired state）與目前知識狀態（current knowledge state）之差異視為落差（gap），認為年輕人因缺乏生命經驗，因此，當意識到此落差，往往較一般成人更仰賴外在資訊來解決問題。而誘發其資訊尋求行為的刺激可分為內部（internal stimulus）與外部刺激（即圖1之external life situation），其中，來自他人、媒體等外部刺激較為常見，來自內在感覺之內部刺激較少見。值得注意的是，不同於一般資訊行為模式直接探討刺激（或資訊需求）誘發資訊尋求等行動，在此模式中，這些內部或外部刺激可能讓人發現落差（gap identified），卻可能出現一段延遲時間（delay），才發生資訊尋求（information seeking）或搜尋（search）的行動（action），甚至在延遲之後，並未接續具體的行動。而即使個人採取了資訊尋求或搜尋行動，亦未必能得到期望的結果，即圖1非期望之結果（undesired outcomes）。此外，有趣的是，人們在獲得非期望之結果時，未必會進一步展開資訊尋求行動，若重回行動，則進入下個循環，但亦可能就目前所獲取的資訊，來滿足其欲知的狀態（desired state）或獲得非預期結果（unintended consequences）。[3]而此非預期結果，亦可能帶領人們發現落差而重啟循環。

---

[3] 此概念中譯不一，可能譯為「非意圖後果」、「非預期後果」、「非預期事件」、「非預期結果」、「意外後果」、「非蓄意效應」等等。為與資訊行為既有概念意外發現（serendipity）有所區辨，依照國家教育研究院雙語詞彙、學術名詞暨辭書資訊網之教育名詞詞彙，譯為「非預期結果」。

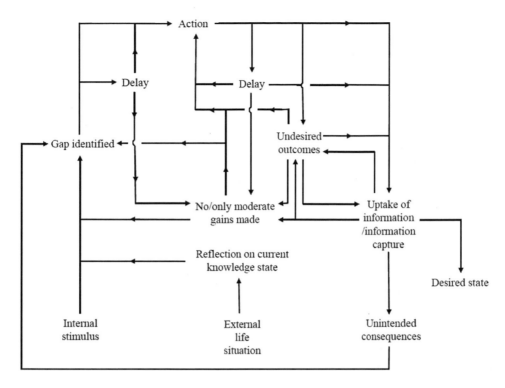

圖1　Shenton與Hay-Gibson（2011）的年輕人資訊行為模式

（Model of Young People's Information Behaviour）

資料來源：Shenton, A. K., and Hay-Gibson, N. V. (2011). Modelling the information-seeking behaviour of children and young people: Inspiration from beyond LIS. *Aslib Proceedings: New Information Perspectives*, *63*(1), 64. as reprinted in Shenton, A. K., and Hay-Gibson, N. V. (2012, p. 104).

資訊尋求與傳播模式（Information Seeking and Communication Model, ISCM）

　　Robson與Robinson（2013，2015）的資訊尋求與傳播模式綜整過去的資訊行為模式，包括：Ellis、Johnson、Leckie、Kuhlthau與Wilson等學者提出的資訊行為模式，以圖2之流程圖方式，同時呈現資訊使用者尋求與使用資訊，以及資訊提供者傳播資訊之歷程，更強調資訊尋求與獲取所帶來行動、決策與知識面之成果。該模式主要包含九項影響資訊行為的因素（Robson &

Robinson, 2013, pp. 184-185）：

1. 情境脈絡（Context）：資訊行動者所處的環境

2. 人口變項（Demographics）：性別、年齡、種族等

3. 專業（Expertise）：知識、教育背景、經驗、職涯階段等

4. 心理因素（Psychological factors）：人格特質及其他心理狀態，如：自我效能等

5. 資訊接收者的需求、想望與目標（Information recipient's needs, wants, and goals）

6. 資訊提供者的需求、想望與目標（Information provider's needs, wants, and goals）

7. 動機與抑制動機之因素（Motivating and inhibiting factors）

8. 資訊尋求歷程之特徵（Features of the information seeking processes），如：資訊搜尋時的想法和感覺

9. 資訊與來源之特徵（Characteristics of information and sources），主要包括實用性（utility），如：相關性、時效性、易用性等，以及可信度（credibility），如：權威性、信度、無偏誤等

根據Robson與Robinson（2013, pp. 185-189；2015, pp. 1044-1046, 1055-1058），圖2之實線箭頭表示資訊尋求及相關活動之方向，而虛線箭頭則表示資訊傳播及相關活動之方向。資訊使用者包含尋求資訊者、具資訊需求者（無論是否意識到其需求、無論是否發展為資訊尋求），以及資訊接收者；資訊來源包含資訊產物及提供資訊產物的資訊提供者；資訊提供者可為個人、團體或機構，他們提供或傳遞資訊，同時也可能促成資訊取用或掌控資訊取用權，例如：作者、審查者、出版商；同事、專家、意見領袖；圖書館、資訊機構；資料庫建置者、廠商等；政府等官方組織；公司。至於資訊產物則包含文獻（期刊、圖書、廣告等紙本和／或數位形式之產物）、資料庫、網站、部落格、教材、電視與廣播節目等。而情境脈絡則包含環境和個人之脈絡，前者是資訊使用者和資訊提供者所處的生活環境或工作

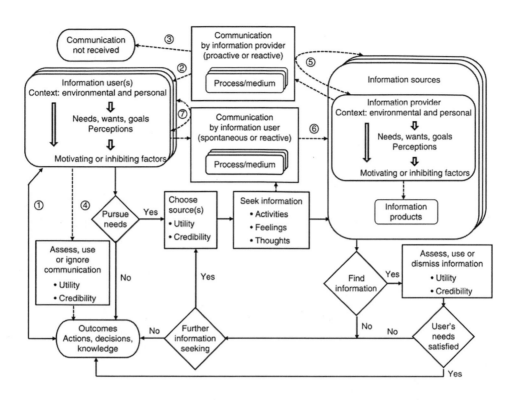

圖2　Robson與Robinson（2015）的資訊尋求與傳播模式
（Information Seeking and Communication Model, ISCM）

資料來源：Robson, A., & Robinson, L. (2015). The information seeking and communication model: A study of its practical application in healthcare. *Journal of Documentation, 71*(5), 1056. doi.org/10.1108/JD-01-2015-0023

環境，包含其所在地點；來自朋友、同事和組織文化等社會文化影響；角色、目標、任務、時間限制等活動相關或工作相關因素；財力限制；科技。後者則是個人的人口背景變項、專業知能和心理因素，包含自我知覺、自我效能、對他人或其他資訊來源的感知情形、對知識落差的感知、認知失調或認知迴避、壓力因應能力，以及資訊搜尋時的想法和感覺。

由Robson與Robinson（2013, pp. 185-189；2015, pp. 1044-1046, 1055-1058）的論述與說明可知：前述情境脈絡，以及個人的需求、想望、目標和各種感知情形皆可能誘發或抑制資訊行為，包括：資訊使用者決定是否

尋求資訊、使用哪些資訊來源；資訊提供者決定是否傳播資訊、傳播哪些資訊，以及如何傳播資訊。若資訊使用者決定不尋求資訊，則可能運用其既有知識或不做任何事情，而當需求和感知情形改變，而使得誘發或抑制資訊尋求之因素改變時，情況則將重新被評估，此為圖2箭頭1。而當資訊提供者直接將資訊傳遞給使用者，則為箭頭2。此歷程可由資訊提供者主動或被動提供資訊，亦可透過各種不同媒體和傳播方式來傳遞資訊。箭頭3表示並非所有的資訊傳播皆被資訊使用者所接收。箭頭4則表示使用者往往會依據其所感知的實用性和可信度作判斷，可能接收其所接收到的資訊或忽略之。若使用了資訊，則將仰賴其需求、感知及誘發／抑制因素進入行動或決策（箭頭1）。此外，資訊提供者亦可能互相溝通交流（箭頭5），成為彼此的資訊提供者。而資訊使用者與資訊提供者溝通交流時，可能由資訊使用者主動地尋求資訊或應資訊提供者要求而提供資訊給資訊提供者（箭頭6）。而本模式在2015年新增了箭頭7，表示使用者間的資訊分享與交流互動。

資訊來源選擇情境模式（Contextual Model of Source Selection, CMoSS）

Freund（2015）的資訊來源選擇情境模式是基於其針對軟體工程師進行焦點團體與後續兩階段之訪談結果發展而來的。該模式以圖3之較為線性的流程圖呈現影響工程師資訊需求之因素及其尋求各種資源管道之情形，並將資訊行為聚焦在具體的工作任務情境中。

Freund（2015）的資訊來源選擇情境模式歸納出來自個人（person）、專案（project）、工作任務（work task）及資訊任務（information task）之動態情境因素（dynamic contextual factors），認為前述動態情境因素不僅共同誘發了資訊需求（information need），更可能連帶地直接或間接地影響著工程師為了滿足資訊需求而產生的資訊尋求行為。

在Freund（2015）的模式中，動態情境因素可能相互影響：個人因素包含因專業知識（expertise）和熟悉程度（familiarity）而有所不同的個人

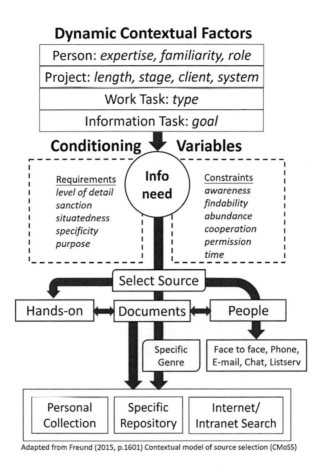

Dynamic Contextual Factors

Person: *expertise, familiarity, role*
Project: *length, stage, client, system*
Work Task: *type*
Information Task: *goal*

Conditioning **Variables**

Requirements
level of detail
sanction
situatedness
specificity
purpose

Info need

Constraints
awareness
findability
abundance
cooperation
permission
time

Select Source

Hands-on　Documents　People

Specific Genre

Face to face, Phone, E-mail, Chat, Listserv

Personal Collection	Specific Repository	Internet/ Intranet Search

Adapted from Freund (2015, p.1601) Contextual model of source selection (CMoSS)

圖3　Freund（2015）的資訊來源選擇情境模式

（Contextual Model of Source Selection, CMoSS）

資料來源：Freund, L. (2015). Contextualizing the information-seeking behavior of software engineers. *Journal of the Association for Information Science and Technology, 66*(8), 1601.

經驗及工作中所扮演的角色（role）；專案因素則包含專案期程時間長短（length）、階段（stage）、系統特性（system），以及客戶特性（client），可能影響著工作任務型態和資訊任務目標。而當資訊需求促成工程師選擇資訊時，會受到資訊來源的選擇標準（requirements）與限制（constraints）

兩大條件變項（conditioning variables）之影響。其中，資訊來源的選擇標準（requirements）包括：資訊的詳細程度（level of detail）、是否經掌控／來自正式或非正式管道（sanction）、來自一手經驗或理論性知識的情境性（situatedness）、專指性高低（specificity）、是否符合目標（purpose）；資訊來源的限制（constraints）則包括：個人對資訊的覺察情形（awareness）、資訊易查得之情形（findability）、資訊量的豐富程度（abundance）、同事間的合作情形（cooperation）、資訊使用權限（permission），以及時間充裕與否（time）。最後，工程師主要的資訊來源包括：其他同事（people）、相關文件（documents）與實作經驗（hands-on），進一步細究，則可見其常透過面對面交談、電話、電子郵件、即時通訊和電子郵件群組五種方式，獲取來自人際管道的資訊；透過個人電腦中收藏的檔案與手冊（personal collection）、特定的典藏庫（specific repository），以及內部或外部的網路搜尋（internet／intranet search）來獲取包含各種文獻和圖書之文件類型資訊。

對Freund（2015）而言，此模式強調工作場域中多元面向的資訊可及性和情境脈絡中的資源特性，其中，最特別的是影響資訊來源選擇的情境性（situatedness）與資訊是否經掌控（sanction），在工作情境中，工程師偏好使用非經掌控的非正式管道資訊，Freund也強調，工程師偏好非經掌控的資訊並無關乎權威性，許多時候，正因來自非正式管道的資訊較正確而偏好取用這類資訊，再者，工程師在工作情境中並不遵循最小努力原則，其資訊行為往往展現出複雜的策略規劃。

上述近十年所提出之資訊行為理論模式，或許尚未經過許多研究之驗證，目前除了少數外文文獻提及前述理論模式，幾乎未見於透過華藝資料庫查得的國內相關文獻。國內近十年間資訊行為相關文獻常運用的理論多半仍為歷來較備受關注的經典理論模式，包括：Kuhlthau的資訊搜尋歷程（information search process, ISP）、Dervin的意義建構論（sense-making）、Savolainen的日常生活資訊尋求（everyday life information seeking, ELIS）、Chatman的圈內生活理論（life in the round）[4]和資訊貧窮理論（information

---

[4] 目前中文文獻較常見的 Life in the Round 譯名為「圓周生活理論」，但考量此理論強調小世界中的人們如何形成其世界觀與社會規範等以區辨圈內、圈外人，

poverty）、Sonnenwald 的資訊視域（information horizons）等，而Wilson的資訊行為模式和Taylor的資訊需求層級等則常用於文獻回顧。由於資訊行為研究探討之議題相當多元，其所運用之理論與模式亦相當多樣，前述教科書提及近十年之理論模式的運用情形，目前尚未見國內期刊或學位論文的實質運用，仍有待未來持續觀察。

此外，值得一提的是，Fidel（2012）一書在關於理論的一章中，特別討論了圖書資訊學領域內發展之重要理論（ "in-house" theories），如：Kuhlthau的資訊搜尋歷程，以及Chatman的圈內生活理論和資訊貧窮理論，並另外以相當的篇幅描述資訊視域的取向與意義建構取向。相形之下，Fidel此章提及之理論與取向，與國內近十年相關文獻多所著墨之方向較相符。

資訊行為研究中常見的研究取向

Ford（2015）在 *Introduction to Information Behaviour* 第八章說明了資訊行為相關研究取向，該章主要分別介紹了量化與質化取向的作法及其可蒐集到的資料型態，並進一步探討實證主義、詮釋主義與後實證主義之研究典範。而Case與Given（2016）在討論研究取向時，特別提及社會建構論與言談分析往往同時運用在資訊行為研究中，而現象學的取向亦常伴隨其他社會學取向被運用。

回顧近十年華藝資料庫查得之資訊行為文獻，雖然較少文獻明確指出其研究典範，但調查研究與民族誌研究之取向仍佔多數，運用的研究方法亦相當多元，包括：問卷調查、深度訪談（含視覺引談）、焦點團體訪談、觀察、日誌、個案研究等。其中，不乏運用多重研究方法（multiple methods）（常見的是多種質化研究方法的結合運用），或混合研究方法（mixed methods）（質化與量化方法的結合運用）的設計，例如：葉乃靜（2015）透過日誌法和深度訪談法之多重質性方法，探討大學生觀看線上影音節目之隨興休閒資訊行為。整體而言，國內資訊行為研究取向分布與Greifeneder

---

又如何在特殊情況下方跨界尋求資訊，因此，本文將之譯為「圈內生活理論」。

（2014）的研究發現有些相似。

Greifeneder 蒐集 2012 至 2014 年間來自 Journal of the Association for Information Science and Technology（JASIS & T）、Information Research、Journal of Documentation（JDoc）與 iConference 會議論文集之 150 篇文獻，包括：JASIS & T 每年平均約 26 篇、Information Research 約 13 篇、JDoc 約 12 篇、iConference 約 24 篇資訊行為相關文獻。該研究指出，相較於 Julien 等人（2011）發現約有三分之一的資訊行為研究採混合研究法，2012 至 2014 年間資訊行為研究約有 45% 採混合研究法；訪談（32.9%）、問卷調查（21.9%）與內容分析（18.1%）依序為最常用的三種研究方法，而傳統質性研究方法，包括：訪談、觀察、焦點團體、日誌法，仍常被運用在資訊行為研究中，同時，不少學者亦針對其特定研究需求，嘗試結合新的方法；就研究主題而言，資訊使用仍是重要的議題，但探討資訊實踐（information practice）之文獻持續增加（本文將於結語進一步討論此概念及其譯名）。

此外，近來視覺研究取向運用在資訊行為研究的情形漸漸成長。Cox 與 Benson（2017）探討視覺研究方法如何協助提升質性資訊行為研究之品質，根據 Tracy（2010）評估質性研究品質的八項標準，以影像發聲法（photovoice）和心智圖研究法（mental mapping）為例，探討視覺研究方法如何提升資訊行為的質性研究品質。該研究指出，視覺研究方法對提升質性研究的可信度（credibility）有較明顯的助益，並較易使研究對象與該研究產生共鳴（resonance），透過這類視覺方法，更容易進行深描（thick description），也更容易捕捉具體的細節並掌握情境；然而，此方法對於維持質性研究品質的嚴謹性（rigor）、忠實性（sincerity）、倫理（ethics）和連貫性（coherence）皆帶來更大的挑戰，必須更費心克服相關挑戰。Cox 與 Benson 認為這類視覺研究方法對資訊行為研究而言，尤其適用於邊緣的弱勢族群，若將之用來探討資訊行為情感面議題與日常生活議題，特別有助提升研究品質。

Hicks 與 Lloyd（2018）則以視覺引談法（visual-elicitation methods）及影像發聲法（photovoice）為例，回顧近來資訊實踐研究運用相關方法之情形及其限制，並以兩位作者本身進行之研究，針對細節進一步討論視覺研

究方法的運用，提出未來視覺研究方法在資訊實踐研究之應用方向，認為雖然未來可能有更多研究倫理問題須納入考量，但隨著各種行動裝置與錄影工具的發展，視覺引談法及影像發聲法將更容易以不同形式操作，也更能以參與式（participatory）而非紀錄式方法（documentary method）來進行。

就國內期刊中的資訊行為研究而言，作者未必將自己的研究明確定位為視覺研究，因而從華藝資料庫查得的文獻，未必能明顯看出近十年間，國內資訊行為研究運用視覺研究方法的發展，不過，目前國內散見期刊的視覺研究文獻幾乎皆運用了資訊視域之視覺引談法。例如：陳世娟與唐牧群（2011）透過資訊視域之視覺引談法和研究生論文計畫書的參考書目分析，探討傳播學領域研究生在研究歷程中的資訊尋求行為；Tsai（2012）則以資訊視域之視覺引談法探討大學生在三種課業相關情境中的資訊視域及其中的社會網絡；張郁蔚與邵芷羚（2017）同樣運用此方法，探討了不同年齡層的農民對資訊來源管道的使用偏好及其在各工作階段的資訊來源管道。

除了前述散見期刊的視覺研究相關資訊行為文獻以外，目前亦有相關的碩士論文產出（如：吳智琪，2019），而國內學者亦於國際研討會以會議論文型態發表，或將影像發聲法或其他視覺方法用在圖書資訊學其他主題之研究中（如：林芷君、邱銘心，2019），另外尚有正在進行中的碩士論文，因此，可以預見相關研究數量應有漸增的趨勢。

結語

近十年來，資訊行為學者嘗試運用各種研究取向發展理論模式，並持續提出新的理論模式，例如：Shenton與Hay-Gibson（2011，2012）的年輕人資訊行為模式、Robson與Robinson（2013，2015）的資訊尋求與傳播模式，以及Freund（2015）的資訊來源選擇情境模式。同時，經典的理論模式（如：Taylor的資訊需求層級、Wilson的資訊行為理論、Kuhlthau的資訊搜尋歷程、Dervin的意義建構論、Savolainen的日常生活資訊尋求、Chatman

的圈內生活理論、Sonnenwald的資訊視域等等）亦持續為國內資訊行為研究用於許多不同情境之探究。就研究取向而言，近十年來，國內資訊行為研究以調查研究與民族誌研究取向為主，亦不乏多重方法或混合研究取向之運用，其中，視覺研究方法的運用亦漸增。整體而言，既有方法和理論的新應用可望不斷突破既有的框架。

最後，值得注意的是，觀察近來資訊行為國際雙年會（ISIC: The Information Behavior Conference，又作 Information Seeking in Context Conference，往往以ISIC稱之）、資訊科學暨科技學會年會（Association for Information Science and Technology Annual Meeting, ASIS&T AM）與資訊學院聯盟年會（iSchools Conference，往往以iConference稱之）中，資訊行為相關研究不乏以資訊實踐（information practice）為題者，Greifeneder（2014）亦提及此現象，顯見此概念受到學者的重視。

Savolainen（2007）指出，資訊實踐（information practices）之概念係從社會學觀點出發，較強調情境脈絡，此概念雖早在1960和1970年代即可見於資訊尋求研究中，但遲至21世紀初期才有學者較深入而明確地探究此概念之意涵，Savolainen認為多數學者不細究資訊行為與資訊實踐之異同，是因為若要細究兩者異同，須在資訊尋求相關研究之外，涉及哲學、心理學、社會學等領域之討論，將使論述變得相當複雜。

根據Savolainen（2007），雖然資訊行為與資訊實踐主要皆欲探究個人面對處理資訊的作法等現象，資訊實踐之理論基礎來自1980年代社會學之觀點，相較於強調為資訊需求所誘發的「資訊行為」概念，建構主義學者特別偏好使用「資訊實踐」來闡述相關議題，並在探討相關議題時，強調社會相關面向，尤其人與人之社交關係，此外，資訊實踐更在意影響資訊尋求、使用與分享的情境脈絡因素，較不重視具體的動機、行動和技能，亦較不使用個人主義或可能去脈絡化之假定；也就是說，資訊實踐更強調資訊活動的連續性（continuity）與慣習化（habitualization）如何由社會與文化因素所形塑而成。

國內文獻幾乎不以「資訊實踐」為題，筆者認為這或許與此概念之中譯不易貼近原意有些許關係，畢竟在中文的語彙當中，難以用一詞精準地

涵蓋英文practice之意。目前較常見的譯名似乎為資訊實踐，亦可見譯作「資訊實踐活動」或「資訊常規」等，參照劍橋英漢辭典，practice作為名詞之主要意涵包括：（1）實施、實踐；（2）慣常做法、慣例、習俗；（3）練習、訓練；（4）工作、業務，對照Savolainen（2007）之論述，慣常做法、慣例、習俗之中譯應較貼近此概念之原意，因此，筆者屬意將information practice譯作「資訊慣習」，以充分表達建構主義運用此詞彙所欲強調的連續性與慣習化等概念。然而，「慣習」（habitus）一詞已為社會學中habitus之概念所用，或許仍有待商榷，故本文暫以目前常見的資訊實踐稱之，盼藉此開啟關於此概念譯名更深入之討論。未來若能持續對話並發展出更貼近此概念之中譯專有名詞，或許可讓國內研究得以更容易地根據研究者的觀點，更精準地運用資訊行為與資訊實踐之概念，並持續發展相關理論和研究取向。

無論如何，國內資訊行為研究雖非小眾領域，但國內學者為數不多，能展現如此多樣的知識領域發展實屬不易。以目前國內相關文獻之現況看來，多以師生合作為主，未來若能一方面持續促成更多師生合作，引領更多學生加入資訊行為相關研究之行列，一方面促成更多樣的跨領域和國際合作研究，透過更多人力的投入，一點一滴地耕耘，必能持續拓展相關研究議題、結合各種研究取向、發展理論模式，並產出更多樣而創新的研究成果。

參考文獻

吳智琪（2019）。以視覺敘說探究取向探討臺灣赴日留學生的日常生活資訊世界圖。**國立臺灣大學圖書資訊學研究所碩士論文**，台北市。取自 https://hdl.handle.net/11296/976pmw

林芷君、邱銘心（2019）。樂齡讀者對公共圖書館樂齡學習中心服務環境偏好研究。**圖書資訊學刊**，**17**（1），117-149。doi: 10.6182/jlis.201906_17(1).117。

陳世娟、唐牧群（2011）。傳播學領域研究生研究歷程中之資訊尋求行為。**圖書資訊學刊**，**9**（2），91-122。

張郁蔚、邵芷羚（2017）。從資訊來源觀點探討農民資訊尋求行為。**圖書資訊學刊**，**15**（2），67-99。

葉乃靜（2015）。大學生觀看線上影音節目之隨興休閒資訊行為研究。**圖書館學與資訊科學**，**41**（2），106-126。

Byström, K., Heinström, J., & Ruthven, I. (2019). *Information at work: information management in the workplace*. London: Facet Publishing.

Case, D. O., & Given, L. M. (2016). *Looking for information: a survey of research on information seeking, needs, and behavior* (4th ed.). Bingley, UK: Emerald.

Cox, A. & Benson, M. (2017). Visual methods and quality in information behaviour research: The cases of photovoice and mental mapping. *Information Research, 22*(2), paper 749. Retrieved from http://Information R.net/ir/22-2/paper749.html

Dervin, B. (1998). Sense-making theory and practice: an overview of user interests in knowledge seeking and use. *Journal of Knowledge Management, 2*(2), 36-46.

Fidel, R. (2012). *Human information interaction: An ecological approach to information behavior*. Cambridge, Mass.: MIT Press.

Ford, N. (2015). *Introduction to information behaviour*. London: Facet Publishing.

Freund, L. (2015). Contextualizing the information-seeking behavior of software engineers. *Journal of the Association for Information Science and Technology, 66*(8), 1594-1605. https://doi.org/10.1002/asi.23278

Gorichanaz, T. (2020). *Information experience in theory and design*. Bingley: Emerald Publishing.

Greifeneder, E. (2014). Trends in information behaviour research. In *Proceedings of ISIC, the Information Behaviour Conference, Leeds, 2-5 September, 2014: Part 1*, (paper isic13). Retrieved from http://Information R.net/ir/19-4/isic/isic13.html

Hartel, J. (2019). Turn, turn, turn. In *Proceedings of CoLIS, the Tenth International Conference on Conceptions of Library and Information Science, Ljubljana, Slovenia, June 16-19, 2019. Information Research, 24*(4), paper colis1901. Retrieved from http://InformationR.net/ir/24-4/colis/colis1901.html

Hicks, A., & Lloyd, A. (2018). Seeing information: Visual methods as entry points to information practices. *Journal of Librarianship and Information Science, 50*(3), 229-238. https://doi.org/10.1177/0961000618769973

Julien, H., Pecoskie, J. J. L., & Reed, K. (2011). Trends in information behavior research, 1999-2008: A content analysis. *Library and Information Science Research, 33*(1), 19-24. https://doi.org/10.1016/j.lisr.2010.07.014

O'Brien, H. L., Dickinson, R., & Askin, N. (2017). A scoping review of individual differences in information seeking behavior and retrieval research between 2000 and 2015. *Library and Information Science Research, 39*(3), 244-254. https://doi.org/10.1016/j.lisr.2017.07.007

Practice. In Cambridge Dictionary. Retrieved from https://dictionary.cambridge. org/dictionary/english-chinese-traditional/practice

Robson, A., & Robinson, L. (2013). Building on models of information behaviour: Linking information seeking and communication. *Journal of Documentation, 69*(2), 169-193. https://doi.org/10.1108/00220411311300039

Robson, A., & Robinson, L. (2015). The information seeking and communication model: A study of its practical application in healthcare. *Journal of Documentation, 71*(5), *1043-1069.* doi.org/10.1108/JD-01-2015-0023

Savolainen, R. (2007). Information behavior and information practice: Reviewing the "umbrella concepts" of information-seeking studies. *Library Quarterly, 77*(2), 109-132. https://doi.org/10.1086/517840

Shenton, A. K., & Hay-Gibson, N. V. (2011). Modelling the information-seeking behaviour of children and young people: Inspiration from beyond LIS. *Aslib Proceedings: New Information Perspectives, 63*(1), 57-75. https://doi.org/10.1108/00012531111103786

Shenton, A. K., & Hay-Gibson, N. V. (2012). *Information behaviour meta-models. Library Review, 61*(2), 92-109. https://doi.org/10.1108/00242531211220735

Tracy, S. J. (2010). Qualitative quality: eight "big-tent" criteria for excellent qualitative research. *Qualitative Inquiry, 16*(10), 837-851.

Tsai, T.-I. (2012). Social networks in the information horizons of undergraduate students. *Journal of Library and Information Studies 10*(1), 19-45. doi: 10.6182/jlis.2012.10(1).019

第*13*章
演進中的參考諮詢服務與前瞻：從RD到RAD

蘇小鳳

本文簡介

本文探索參考諮詢服務近十年的轉變與發展，說明參考諮詢服務從參考櫃臺（Reference Desk, RD）的存廢或整併爭議，到更名為研究協助與諮詢服務（Research Assistance Desk, RAD）的歷程，包含美國參考諮詢使用量統計，臺灣的大學與公共圖書館參考諮詢櫃臺存廢與整併之現狀調查結果概況，以及國際間大學師生對圖書館研究協助與諮詢的期待，例如版權諮詢、館員參與研究計畫、研究規劃與報告寫作。此外，本文亦藉助國際間運用AI Chatbot協助諮詢的技術與人性前瞻議題初步探索於國內應用的可行性。

前言

　　自Samuel Green首倡公共圖書館的館員需與讀者進行個人式互動（Green, 1876），及至杜威正式建立參考服務部門迄今（Tyckoson, 2016），參考諮詢服務已有百多年的歷史。這百年來，典型的參考諮詢服務主要採行以備不虞（just in case）的方式，講究以個人化的方式服務圖書館使用者，其最重要的價值在於個人化互動，建立與使用者的關係以及了解其需

求，以提供最適切的資訊提供服務。目前大多數的評鑑方式卻聚焦在由計算參考諮詢服務部門的營運經費除以來館提問的人次所得出的量，以致當使用量下滑（母數降低）時，所得數據自然顯高，引發眾人質疑參考諮詢服務的必要性，該種計算得出的僅是成本，而非價值。Bandyopadhyay與Boyd-Byrnes藉由深度的文獻回顧與分析探討大學圖書館的中介式參考諮詢服務是否面臨立即性的消失（2016），綜述大學圖書館參考諮詢服務的歷史、演變和當前趨勢，結論是大學圖書館的中介式參考諮詢服務仍舉足輕重，尤其在當前數位環境中更是需要熟練且專業知識淵博的專業圖書館員，以便提供高效的參考諮詢服務。參考諮詢服務館員除基本的服務熱誠之外，尚需俱備豐厚的資訊資源知識與專業諮詢技能才能達成服務目標。

本文主要探索參考諮詢服務近十年的轉變與發展，運用人工智能（Artificial Intelligence, AI）科技協助諮詢的前瞻議題，囿於篇幅限制，未能鉅細靡遺地涵蓋所有參考服務相關議題諸如資訊素養、閱讀指導、圖書館品牌行銷等，尚幸有諸前輩與專家學者於相關篇章中專精執筆。文中探討過去十年間國內、外參考諮詢實務的顯著變化，以及國際看好的新科技的運用與發展趨勢。從美國圖書館學會（American Library Association, ALA）、美國大學院校暨研究圖書館學會（Association of College and Research Libraries, ACRL）年會重點主題及所出版的圖書資訊學實務趨勢預測中，說明近十年的重大議題與未來走向裡涉及參考諮詢服務的相關項目、前瞻性議題。本文藉由相關文獻的研究發現呈現從RD（Reference Desk）到RAD（Research Assistance Desk）參考服務型態的變化，兼論前瞻的運用新興科技：引進諮詢機器人（chatbot）協助執行參考諮詢服務。

參考諮詢櫃檯存廢併以及服務更名與轉型

參考諮詢服務彰顯出圖書館對使用者的專業責任與使命，特為參考諮詢服務所設置的參考櫃檯原是為讓圖書館員的諮詢工作環境能在視覺產生專業感（Weber & Bowron, 2019）。對參考館員而言，輪值於參考櫃檯，清楚地知道此刻自己首要的工作就是運用專業諮詢技能、專業倫理以及資源

知識回答難易不一的各式問題，其他的事務應讓出優先權；對使用者而言，參考諮詢櫃檯則是一個獨立環境，保障提問者及其討論內容的隱私，也讓提問者能慢慢地釋出自己心中的難題。專業服務經驗中不乏例證，使用者常不清楚該如何表述自己的問題，也常不知道圖書館願意提供多深入的解答服務，在在都需要一個可以放心細談而且不受干擾的場域（Ross, Nilsen, & Radford, 2009），才能讓提問者感受到圖書館精緻的專業服務與品質。相比而言，一個川流不息，又以整理與借還藏書為主的流通櫃檯，難以契合此環境要求。當然，過於「遺世獨立」的參考櫃檯可能反而降低能見度、限縮成效。

　　近二十年圖書館改革求存的氛圍漸趨白熱化，同「聖壇」般的參考諮詢櫃檯的存在必要性在近年備受爭議，美國學者專家中的推倒者與維護者，在大型年會中數度激戰交鋒。第一次論戰在1995年，遠在網路新興之際，敏銳的圖書館界已因面臨電腦科技與經費降低而普遍地感受到生存危機而思考轉型，*Journal of Academic Librarianship* 1995年的第一期便是出版主題專刊，討論參考諮詢服務的存在價值與轉型（Ewing & Hauptman, 1995；Fine, 1995；Goetsch, 1995；Kong, 1995；LaGuardia, 1995；Lewis, 1995）。綜觀該次爭論的重心，倡言移除參考櫃檯者並非要捨棄參考諮詢服務，並非要將有問題諮詢需要的使用者棄之不顧，而欲精粹化參考館員的工作，冀望能藉由爭取更合適的諮詢環境彰顯專業績效，他們不忍見到專業圖書館員困守在參考諮詢櫃檯，耗費精神給予技術性或指引性的協助，淪於從事半專業館員（Paraprofessionals）的工作項目，他們理想中的參考館員應將時間、精力投注在支援學術研究，但因於參考諮詢櫃檯人來人往，參考館員難以有專注的可能，因此才思及將參考諮詢櫃檯移除，讓參考館員得以回歸專業完成使命。

　　十二年後，在ACRL 2007的全國會議中一個以"The Reference Question- Where Has Reference Been? Where Is Reference Going"為主題的場次再次引起激辯，顯示經過多年眾人對參考諮詢服務的未來仍有逕庭的看法與堅持，相關的文章也登載在*The Reference Librarian*第48卷2期中。儘管許多文章的篇名用語對參考諮詢櫃檯的存在似乎很負面，然而這些作者們無論是從哪

一個角度切入，其實皆未曾放棄深度參考諮詢工作。爭議的結果之一：參考與讀者服務學會（Reference & User Services Association, RUSA）在2004年的Guidelines for Behavioral Performance of Reference and Information Service Providers中原強調必須有個位於高能見度且指標確切的"Reference Presence"點（Ross, Nilsen, & Radford, 2009），但在2013年修訂後，重心轉移至圖書館員的存在能見度的顯著性。

對詢問者而言，若移除參考櫃檯卻未提供更合適的環境與更好的替代方案，失去不受干擾、保護隱私的問題諮詢環境，是否還能在人流如潮的「綜合」讀者服務櫃檯好整以暇地陳述問題，享受透過館員專業引導覓得的合適資源。詢問者或因環境的紛雜與隱私外洩的可能而隱藏原問題的深度，而對館員諮詢的專業感大打折扣。對敏感使用者與問題相對「難以啟齒」的提問者而言，是否還能有一個能安心提問、毋須擔心隔牆耳、鄙視眼的諮詢環境？更甚者，圖書館使用者會不會逐漸地不知道圖書館還有解惑的專業職責，一旦「圖書館員無非全是借還書的行政人員」迷思形成，圖書館的專業形象與來自各方支持的前景便將堪憂。

造成爭議的最大主因之一是簡易事實型與指引型的問題量急驟下降，帶動問題總量下滑。參考問題量下滑的原因眾多，包括：科技與大環境的變遷、館藏資源數位化、圖書館員本身將數位化資源整理的足夠好用、以及人們普遍對於自己搜尋與使用資源的自信與誤信。從奧斯汀佩伊州立大學（Austin Peay State University）圖書館參考櫃檯服務量統計圖中可看出（詳見圖1），量雖然下滑，但絕非已臻於河清海晏，尤其值得注意的是，問題的總量（上方的線條）雖然劇烈下跌，但真正的參考問題的下滑量卻是相對幅度較小（Weber & Bowron, 2019），從比例的角度，參考問題佔整體問題的數量的比例是上升的，這是否能概略表達舉世參考諮詢服務情況走勢，如是，則圖書館更應該重視提供深度問題諮詢的專業服務。

國內圖書館事業與全世界一樣，遭受到大環境變遷、科技日新、經費限縮等衝擊，近年的圖書館界若舉行年度字大選，「併」字應可插足，在各種現實、又欠缺專業背景者的有力說明，從大學中圖書館與計算機中心合併，到圖書館內部的併組織單位、併服務。部分國內圖書館或因參考諮詢

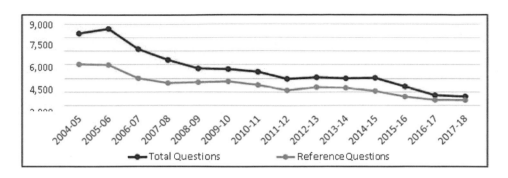

圖1　奧斯汀佩伊州立大學圖書館參考櫃檯

使用量統計，2004-2018

資料來源：Weber, J. E. & Bowron, C. R. (2019). The evolving reference desk: If we scrap it, then what? *Tennessee Libraries, 69*(2) Retrieved from https://www.tnla.org/page/69_2_Weber

服務成效不彰，館方人力、人才的不足，而移除或開始考慮移除參考櫃檯或將之併入流通櫃檯，參考服務部門與其他部門合併為讀者服務等部門，其中以公共圖書館尤甚。部分圖書館因擔心事務性工作人力不足與欠缺參考諮詢專業人才的壓力，而移除參考諮詢櫃檯或將之與流通櫃檯合併、裁撤專職參考諮詢館員，其中尤以公共圖書館最為普遍。其實許多小型的圖書館，例如鄉鎮圖書館，本就多是一人圖書館，本質上並沒有什麼併或不併的議題。部分大學圖書館也在這股洪流中因浮面數據而順勢逐波，而仍持續經營參考諮詢櫃檯者亦開始有猶疑者。移除參考諮詢櫃檯或獨立諮詢空間以精簡人力，或許適合某些類型的圖書館，但此一舉措卻讓有參考諮詢問題的使用者失去適洽的空間，無法從容不迫地與館員互動，無法在解決個人資訊問題的同時，建立對圖書館的專業信賴與更多的了解，對圖書館而言，失去的則是專業價值，以及使用者所珍視且無可替代的價值——與使用者互動，提供個人式的服務。

　　作者與研究團隊於2019年10月間查訪有顯示館舍配置圖之70所國內公私立綜合大學圖書館與25所國家、國立與市縣級公共圖書館的網站。從中發現，將近半數（41.4%）的圖書館在其網站公告的館舍配置圖上是找不到

參考櫃檯的（詳見表1），雖然找不到並不意謂沒有，但這個近「一半」的概念仍是醒人耳目。在公共圖書館的部分，僅國家圖書館、國立臺灣圖書館與國立公共資訊圖書館兩個國立級公共圖書館、以及臺北市立圖書館等素以優質服務名聞遐邇的大型縣市立圖書館仍維持參考諮詢櫃檯的設立。有些圖書館採取合併流通與參考諮詢櫃檯的方式服務，有些則連參考諮詢專責人員或組織早已蕩然。然若無專職的參考館員，一般館員對於需要專業、知識與耐心齊聚的參考諮詢工作的「心理的職責所在」是否會式微，又圖書館對於此項專業服務的致志是否會在繁瑣且可快速解決的事務洪流中消弭無痕。

表1　國內70所綜合大學圖書館參考櫃檯之存、廢與合併

全國大學數	數量	仍設立參考櫃檯	合併櫃檯	無參考櫃檯
公立	33	12（36.4%）	7（21.2%）	14（42.4%）
私立	37	13（35.1%）	9（24.3%）	15（40.5%）
總數	70	25（35.7%）	16（22.9%）	29（41.4%）

本研究調查，調查時間：2019年10月。

　　前述奧斯汀佩伊州立大學的圖書館應對總提問數與參考問題數量下滑的方式是奮而不懈地「移」而不除，該館利用許多方法試圖找出問題關鍵和提升參考諮詢服務的質量（Weber & Bowron, 2019），例如將參考櫃檯移到靠近星巴克的顯眼位置，希望能因此吸引到更多學生的注意，卻不幸地發現學生因為人聲雜沓而不樂意前來諮詢；2011年時轉而將參考櫃檯移到靠近共享空間的附近，並顧慮到參考櫃檯（Reference Desk）中的Reference一字不易於理解，隨著頗多圖書館的做法改招牌為Research Assistance Desk（RAD）。

　　大部分的使用者對於圖書館問題諮詢服務，毋論是中文的「參考服務」或外文的"Reference"，都不算熟悉，因此許多圖書館曾流行直接以Ask Me標示參考諮詢的地點。"Ask Me"或「問問題」等詞固然有白話易懂的益處，

但卻不能彰顯深度諮詢服務的功能。由於指示型及簡單事實型的問題大量地被網路搜尋引擎以及館內所做的各種線上參考資源所回答，餘下的都是比較需要時間和專業知識解答的深度諮詢問題，尤其國外大學圖書館常需針對教師與研究人員提供研究協助，以及對大學及研究生提供研究諮詢，並常被賦予提升學生學習成效的使命，因而眾多圖書館已經將"Reference"一字換下，高掛起"Research Assistance"的招牌，意即彰顯其深度研究諮詢與協助之功能。

上述奧斯汀佩伊州立大學圖書館最終發展出三層式的參考諮詢服務（triage reference）：加上預約諮詢（on-call services），並在圖書館網頁資源、圖書館員授課時、以及館內的標示都加強宣傳圖書館有參考諮詢服務成功提高參考諮詢服務的量及聲響，該館也決定將諮詢機器人加入其原有的LibAnswer服務中。奧斯汀佩伊州立大學的「三遷」實驗精神、彈性、願意改變、靠近使用者以找出最適合自己館的服務方式與持續大力宣導的做法值得國內在思考放棄參考諮詢服務的圖書館再思與借鏡。國內許多圖書館的轉變多宣稱是援引美國圖書館的作法，但似乎缺乏時間與心力仿效其專業服務的精神與精髓。近年來，國內似乎對參考諮詢服務多只做到大破，而未著力於大立，值此疫情嚴峻期間，多館關閉實體服務，宜多運用數位管道向民眾及教職員生提供問答諮詢、閱讀推廣，以及權威性資料擊打假消息等服務。任何改變都須審慎地在強筋健骨與自斷膀臂間完善的拿捏。

美國圖書館所進行參考諮詢櫃檯轉型，大多重心在改而非除，不是移除參考諮詢服務，而是意圖將參考工作擴展參考諮詢櫃檯以外之處，目的是將需要深度諮詢的問題與一般快速問題分開在不同空間處理，讓需要深度諮詢的使用者有一個可以更舒適安心與館員討論的空間，此深獲使用的民眾讚許。改革的方法包括：二階式參考諮詢服務（two-tiered reference services）、機動館員（roving librarians）、預約制，以及可觸及更廣、近乎無所不在的即時數位參考諮詢等。加州州立大學聖馬可分校（California State University, San Marcos）圖書館以數據支持將專業參考館員自參考櫃檯抽離，專致於研究協助（research assistance）之後，大幅提升其諮詢與協助量，如圖2（Sonntag & Palsson, 2007, p. 9）。中密西根大學（Central

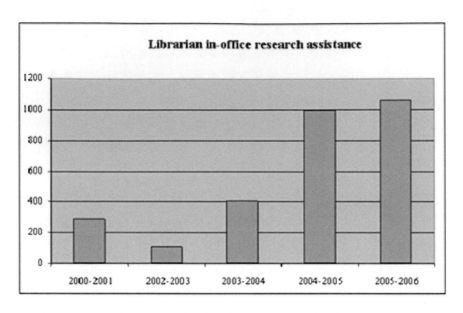

圖2 加州州立大學聖馬可分校新政策所致的
研究協助案件變化圖

資料來源：Sonntag, G., & Palsson, F. (2007). No longer the sacred cow-no longer a desk: Transforming reference service to meet 21st century user needs. *Library Philosophy and Practice* (February). p. 9.

Michigan University）圖書館於2013年起試行將專業參考館員調離參考資訊櫃檯，讓專業參考館員以待命（on-call）的方式進行參考諮詢服務，形同架空參考諮詢櫃檯，其自評結果是滿意的（Peters, 2015）。總而言之，即使許多文章呼籲終結特定空間（無論是實體櫃檯的還是虛擬的）中坐等問題的被動模式，卻鮮有呼籲結束圖書館員藉由諮詢晤談幫助人們滿足其資訊需求（Johnson, 2018, p. 93）。

　　伊利諾大學香檳校區（University of Illinois at Urbana-Champaign, UIUC）的音樂與表演藝術圖書館該校48個圖書分館之一，僅有2位館員，外加6位半專業人員（Lambaria & Kirstin, 2019, p. 42），他們合併參考與流通櫃臺的原因較特別。專業館員們發現，流通櫃檯的工讀生與半專業人員經常忽略將使用者問題轉介至參考諮詢櫃檯，於是順應預算驟減與總圖書

270

館系統合併分館服務的風潮，在2016年嘗試將流通和參考諮詢櫃檯合併，以方便監督並適時地接手使用者的問題（Lambaria & Kirstin, 2019, pp. 33, 42），也就是說，即使在人手不足的情況，圖書館員依舊非常重視參考諮詢服務，不願意在品質上有任何妥協。合併參考與流通櫃檯並非看輕參考諮詢服務，而是想方設法地控制與提升參考諮詢服務的質量。合併後的數據分析發現，流通與參考諮詢服務的總量增加，但參考館員也接受很多原屬於流通的簡易問題，此一現象反而回到以往爭取移除參考櫃檯者所持的不利理由。

參考諮詢服務目前模式

專家學者對於參考諮詢服務的一致共識是化被動為主動，不論是否有獨立的參考諮詢櫃檯，參考諮詢服務皆力圖在固有的基礎上，再加深、加廣。一方面，加強既有的服務品質，增加諮詢據點，例如增加其他的晤談方式與地點協助詢問者；一方面，運用諸多與時俱進的科技管道增進與使用者的接觸，例如加強預約諮詢，以及利用學科館員深化研究協助（research assistance）和各式延伸服務等主動服務。參考諮詢服務已意識到宣導行銷的重要性，運用各種科技方式、多樣化的媒體管道，化整為零地彌補被消失的顯而易見、強而有力的百年來專業參考諮詢服務。

行之有年的電子郵件參考諮詢服務仍盛行不墜，一份截至2015年關於電子郵件參考諮詢服務在15年間持續使用和相關性的研究結果顯示，該形式的諮詢服務量在整體研究區間內均保持顯著穩定（Sharpe & Norton, 2017）。回顧2008到2018十年間關於學科館員的發展與演進的文獻，可見其扮演著將人們與所需的資訊連結在一起的重要角色與目標並未改變，但所採用的方法已轉變並且將繼續變化（Johnson, 2018），著重在研究諮詢和資訊諮詢（information consulting）。

除繼續傳統實體參考諮詢服務與加深對圖書館主要讀者群的諮詢服務之外，許多公共圖書館也著眼將諮詢與參考資源的服務延伸到社區中資訊型態的事業——各種社區新聞報章與地方通訊。有些公共圖書館甚至直接

成為辦報者，實踐圖書資訊服務中出版的使命，例如目睹當地的社區小報面臨關閉的命運，便參與重振方案，使其具有傳統參考服務為基礎的模式，新聞消費總體而言便上升（LeBeau, 2018），此皆是積極的向外拓展的參考諮詢服務。

強調深度的研究諮詢（extended research consultation），其實就是一種深度參考諮詢（reference consultation），並立以為新核心服務，力圖生存和服務價值的被看見與被重視。文獻中有證明長時間的研究諮詢可彰顯圖書館服務的重要性與價值（Cox, Gruber & Neuhaus, 2019），實驗證明其能與學生學習成就建立正向關聯，例如接受過諮詢的學生的期末報告在整體品質以及引用文獻方面的控制組有著統計上的顯著差異（Reinsfelder, 2012；Magi & Mardeusz, 2013）。實徵研究亦發現，縱使圖書館利用教育可以一次觸及20至30位學生，確實對於學生繼續其學業有顯著地正向相關，但從對學生的深遠影響來看，仍是遠不及學生與參考館員進行個人化的諮詢，後者甚至能夠有對於成績的提升具有正向相關（Krieb, 2018；Cox, Gruber & Neuhaus, 2019）。研究顯示教師亦對著具有參考資源與諮詢專長的圖書館員有著諸多的期待，包括版權諮詢、參與研究計畫、提供文獻探討協助、研究規劃與報告寫作等眾多事項（Johnson, 2018）。

在2020年疫情期間，美國的圖書館因閉館的原因，參考諮詢服務（含資訊素養教育）多轉向為線上虛擬服務，尤其是即時性的虛擬服務。若圖書館員不再運用各種管道強化個人化的服務，持續保持遙不可及的情況下，一旦預算吃緊，圖書館員可能面臨失去各方的支持。誠如Johnson（2018, p. 24）所倡言「為了我們自己的長期生存，我們必須在檯面上」，因此提高個人式互動與能見度是圖書館生存的重要法則。

參考諮詢服務前瞻
——以諮詢機器人協助／執行參考諮詢服務

即便參考諮詢服務的量或被一般性的網路搜尋引擎取代泰半，有識圖書館員仍積極掌握圖書館事業中此一卓有價值的專業服務，迎上前瞻科技

將此問題諮詢服務的量挽回，並著重服務品質的提升。早在千禧年，美國便已經運用各種資訊通訊管道進行虛擬參考服務，而今已乘AI之翼進一步地開始運用諮詢機器人。若之前國內基於各種原因（或因在職參考館員對虛擬服務對象不明的排斥感，或因增加工作項目與管道而使業務更為繁亂冗雜）沒能追上美國20年前同步虛擬參考諮詢服務，仍來得及在現代普遍運用AI、物聯網（Internet of Thing, IoT）與3C家電中有各種機器人概念的科技社會環境，運用設計良好的諮詢機器人替補傳統參考諮詢服務館員的智能諮詢服務，不失為一個為圖書館延續專業使命又不增添人力負擔的辦法。

　　AI對社會大環境的衝擊明顯是無可避免的。目前雖仍無法完全看清楚AI對圖書館事業與服務的衝擊和影響到底會有多深遠，但諮詢機器人以及文本和資料探勘（text and data mining）的概念與產品脫穎而出，已經觸及學術圖書館（Cox, Pinfield, & Rutter, 2019），尤其是諮詢機器人改變傳統的資料搜尋以及圖書館員中介的資訊檢索（Fernandez, 2016）。

　　諮詢機器人為Chatter Robot的簡稱，又稱之Digital Assistants, Virtual Agents，或稱Intelligent Agents，是一經由語音或及文字進行對話的電腦程式。諮詢機器人通常會配載自然語言處理系統，模擬人類與使用者對話（維基百科，n.d.），其常被人格化（anthropomorphized）運用於客戶關係、客戶服務和個人顧問等方面（Vincze, 2017）。常見的應用有：iOS的Siri、Amazon的Alexa、Android的Google Assistant，以及各種智慧音箱等，連Facebook也有專屬的聊天機器人。由於chatbot常被直譯成聊天機器人，導致被誤解其功能不過用來閒聊爾爾，但設計優良者其實含有多種AI元素，諸如自然語言和機器學習，是以運用於參考諮詢時，將之譯為「諮詢機器人」更為適切。

　　圖書館運用屬弱人工智慧（weak AI）的諮詢機器人，一般而言，不會引起使用者對於科技的恐懼感（Cox, Pinfield, & Rutter, 2019）。參考諮詢機器人經過圖書館參考諮詢服務專業知識的灌輸與機器學習的訓練，至少能作為第一線個人化專業諮詢者，吸引提問者與回答相對簡易的問題，或者對提問者的問題難易程度進行篩選，適度指引到參考館員或適合的資料庫。對於許多運用大學工讀生執行二階式參考諮詢服務的圖書館而言，或可取

代部分工讀生的工作，亦可傳送連結、分享檔案與電腦螢幕共享等。

　　圖書館已經開始嘗試進行諮詢機器人的應用實驗，文獻中可見最早的圖書館網頁諮詢機器人出現在歐洲，早期較知名的是由2004年德國漢堡州立暨大學圖書館（Staats- und Universitätsbibliothek Hamburg）所創建的Stella。美國後來居上，追越出好幾個有名的圖書館諮詢機器人，例如：Dewey為俄亥俄州的Akron-Summit County Public Library於2009年建的諮詢機器人；Pixel是內布拉斯加大學林肯分校（University of Nebraska-Lincoln）圖書館於2010年間建的圖書館網頁機器人。當時的諮詢機器人已經可以做到24/7快速地回應關於圖書館資訊查詢的問題，而且答案具有一致性，業已顯現出其有耐性的特質，但在流暢地進行一般對話方面尚弱（Ratledge, 2012）。檢視數位參考服務與早期的圖書館諮詢機器人的使用者問題類型可以發現簡單事實型的問題確是大宗（Allison, 2012；Mcneal & Newyear, 2013）。

　　近兩年，幾個圖書資訊界的大型會議皆點名諮詢機器人在參考諮詢服務中出線。起初，2018年2月，ALA在Midwinter會議於Symposium for the Future of Libraries中推出將諮詢機器人整合於圖書館自動化系統，以及用於搜尋LibGuide和圖書館網頁（Ojala, 2018, p. 56）的實作，經與會者表達擔心諮詢機器人缺乏真人參考館員對使用者的同理心之後，「善解人意」便成為近期產品的設計焦點之一。稍後，同年6月，ALA持續將AI諮詢機器人應用列為年會主題之一圖書館及資訊技術學會（Library Information Technology Association, LITA）邀請的主講人建議幾種AI可以融入用以立即改善圖書館服務的方法，其中一項大重點即為運用語音使用者介面和諮詢機器人提供參考服務（Ford, 2018）

　　技術進步至今，圖書館諮詢機器人運用一般對話、判讀使用者是否需要進一步與圖書館員當面、以及預約諮詢皆可謂得心應手。技術面，已有許多的開放原始碼可供參考；開發面，其議題也並不大；人心，反而是較值得探討的議題。在普羅大眾擔憂自己被AI取代而丟失工作之際，圖書館員對於諮詢機器人的心態糾結也不例外。

　　圖書館員恐懼因AI而丟失工作是很自然的反應。以2009年建置且仍持續運行的公共圖書館參考諮詢機器人*Emma*（於2011年更名為InfoTabby）

為例，正當一些館員歡欣地準備將指引性的參考工作交給*Emma*之際，其他館員卻憂心自己的工作終將被AI機器人奪走，因為這些諮詢機器人可以正確無誤地從事各種使用者服務的相關工作（Talley, 2016），這也是目前整體社會對AI普遍疑慮（Cox, Pinfield, & Rutter, 2019）。然而，對於已經或計畫棄置參考櫃檯、裁撤參考部門與不配備專職參考館員的圖書館而言，似乎並無任何威脅可言，只要圖書館仍認同回答參考問題的使命價值，發展參考諮詢機器人不失為一個良機。二十年來一向以圖書館科技為重心的Internet Librarian International會議，於2019年再度倡議諮詢機器人未來在參考櫃檯的重要角色（Ojala, 2019, p. 11）。

創建圖書館諮詢機器人*Emma*的Vincze（2017）並未著墨於臆測諮詢機器人是否會取代圖書館員的工作，只是斬釘截鐵地斷言諮詢機器人會取代現行所有電腦與行動裝置的介面。他直言千禧世代者將是諮詢機器人技術的先驅者，使用訊息應用程式（messaging apps）會遠多於社交軟體，諮詢機器人可視為短訊的延伸，具有人性化與個人化的互動式行動體驗，符合千禧世代者的資通習性。Vincze看到中國跳過桌機及網頁時代直接躍進行動科技時代，尤其是人人皆有的微信（WeChat）運用諮詢機器人，亦看好亞洲（p. 6）。其實不只是WeChat，國人愛用的LINE，其諮詢機器人的開發也正當紅。

興沉數度的AI近來的再起，最重要的原因之一是突破機器學習。圖書館諮詢機器人也是需要經歷與使用者互動與修正才能更好用，前述的*Emma/InfoTabby*便是如此，創建兩年內經過7,116個對話後，才在2011年宣稱已達到90%的正確率（Talley, 2016, p. 392）。機器學習的演算法與訓練者至關重要，中國的清華大學圖書館好幾年前利用使用者參與建置「小圖」諮詢機器人，原本採用非監督式學習的小圖，被眾人刻意的「三言兩語」教得滿「嘴」江湖味，導致後來必須暫時關閉進行清理工作（申志民，2012；宋心蕊，2012），是以應對好奇心旺盛的學生與民眾，監督式學習或更合適。

雖然使用者似乎不太介意由諮詢機器人取代真人圖書館員，也多未意識到有何不妥（Cox, Pinfield, & Rutter, 2019），圖書館仍應注意科技以外的

相關議題。運用AI諮詢機器人解決問題的同時，也須注意隨之而來的倫理議題，例如：機器學習使資訊檢索結果更符合使用者的個人需求，敏感的使用者可能會聯想到個人隱私權的議題。誠然，諮詢機器人正確率的提升建架於數據，此是否會造成使用者隱私的妥協，另外，使用者是否又會懷疑圖書館有出售使用者隱私數據的可能。圖書館員一直秉持保護圖書館使用者的態度行事，但使用者了解與否卻是另一回事，研究者早前的研究顯示少數使用者懷疑圖書館會出售個資以換取更多的收入（蘇小鳳，2009）。

於2004年起，歐美圖書館看到AI諮詢機器人在各行業的成功運用，便思及建置圖書館諮詢機器人，著眼點幾乎皆首重在回答讀者問題。這些先驅諮詢機器人有的還在運行，或囿於經費欠缺系統性的挹注，經常是推出時驚心炫目，其後後繼無力，未能隨技術進步而日新又新。在檢視各國圖書館現有諮詢機器人時，還發現一個特有的「擇一」現象：不是做網頁式的諮詢機器人，就是做實體的諮詢機器人，二者是涇渭分明，然而這二者並存在一個圖書館於理應是沒有衝突的。網頁式諮詢機器人，可以不受實體機器人硬體之限，可以App等形式存活在行動載具中，可以24/7提供服務，其發展相對容易，能以輕省快速的方式達成圖書館無所不在（ubiquitous）服務的理想，確實是一個圖書館走向人工智慧應用的好起點；實體諮詢機器人，則能見度較高，但有運用現成或自製機器人的考量。已運營數位參考服務的圖書館，可將以往的問題諮詢紀錄加以整理加工用以訓練諮詢機器人。目前，部分圖書館已經因人力不足或其他原因而棄置參考櫃檯、移除參考部門或不再設立專職參考館員，但若其還相信參考諮詢服務的價值，參考諮詢機器人或是最能令人接受的起始點，之後則端看使用者的接受度。

結論

美國多數的學術圖書館仍延續傳統的參考館員駐守參考櫃檯的服務模式（Alexander & Wakimoto, 2019），並結合各式的約談式參考諮詢、數位參考諮詢服務，輔以館內的機動館員或館外延伸駐點服務（outreach sites），透過各種同步或非同步的科技管道綿密地織就一張參考諮詢服務網作為替

代與補充，加強「網」羅和支持有資訊諮詢需求的使用者。

放眼望去，參考諮詢服務透過其特有的個人化互動與專業諮詢，包含在大學圖書館擔起稱職的系所、學科聯絡人一角，透過專業諮詢技能，積極在學術環境中提供研究協助，尋求提高教師學者的產能、為學習者增能、以及參與研究、教學和學習過程的整個生命週期（LaRue, 2010），為社區提供資訊諮詢，協助資訊相關產業。

國內圖書館利用教育的起步較晚，使用者可能不清楚圖書館負有參考諮詢的專業使命，也因此部分使用者遭遇問題時未必知道或有膽識進行參考諮詢。圖書館實不宜缺乏一適足的地標吸引潛在提問者的注意。國內已經及計畫移除參考櫃檯之圖書館宜思考提供優質補償與替代方案，以發揚圖書館作為個人化資訊與知識服務的百年核心使命。

AI技術與成品日漸進化，越來越多的事務可委派給智慧科技，也確實能有機會改善現有的服務，但風險亦與之俱增。Ford以「這一切的改變尚未能驗證會是永恆的幸福」（ "Not everything is rainbows and unicorns." ）作為警句（2018, p. 19），諮詢機器人的功效誠然是被肯定的，果效卻是人們要承擔的。

基於教育與資訊的使命，圖書館本應引領使用者體驗新科技，運用科技服務使用者本屬天職，而非撒手讓使用者自館方準備的科技系統中自求多福。日新月異的新興科技帶給圖書館員許多工作壓力，換位思考即能理解，社會中各階層亦處在相同的學習與適應壓力之中，圖書館的使用者更是需要有人教學、引領入門，參考館員解惑與資訊教育的責任更重大、更多元，唯有圖書館將參考諮詢服務規劃齊備，整體國民資訊素養的提升才能落實。

參考諮詢服務未曾凋零，它仍然在專業中積極演進。

致謝：感謝中興大學邱惠玲與李佳宇同學協助資料蒐集與校對修潤。

參考文獻

申志民（2012年2月9日）。清華機器人萌語連篇 面臨「洗腦」。**新京報**，社會 A13 版。取自 http://epaper.bjnews.com.cn/html/2012-02/09/content_316113.htm?div=-1

宋心蕊（2012）。網友「洗腦」清華圖書館機器人「學壞了」暫被「停職」。**人民網**。取自 http://media.people.com.cn/BIG5/40728/17061908.html

維基百科（n.d.）。**聊天機器人**。取自 https://zh.wikipedia.org/wiki/%E8%81%8A%E5%A4%A9%E6%A9%9F%E5%99%A8%E4%BA%BA

蘇小鳳（2009）。大學圖書館館員與使用者對隱私與應用RFID之態度。**圖書館學與資訊科學**，**35**（1），55-69。

Alexander, S., & Wakimoto, D. K. (2019). Exploration of reference models in a public university system. *Reference Services Review, 47*(1), 21-36.

Allison, D. (2012). Chatbots in the library: Is it time? *Library Hi Tech, 30*(1), 95-107.

Bandyopadhyay, A., & Boyd-Byrnes, M. K. (2016). Is the need for mediated reference service in academic libraries fading away in the digital environment? *Reference Services Review, 44*(4), 596-626.

Cox, A. M., Pinfield, S., & Rutter, S. (2019). The intelligent library: Thought leaders' views on the likely impact of artificial intelligence on academic. libraries. *Library Hi Tech, 37*(3), 418-435.

Cox, A., Gruber, A. M., & Neuhaus, C. (2019). Complexities of Demonstrating Library Value: An Exploratory Study of Research Consultations. *Portal: Libraries and the Academy, 19*(4), 577-590.

Ewing, K., & Hauptman, R. (1995). Is traditional reference service obsolete? *The Journal of Academic Librarianship, 21*(1), 3-6.

Fernandez, P. (2016). "Through the looking glass: envisioning new library technologies": How artificial intelligence will impact libraries. *Library Hi Tech News, 33*(5), 5-8. Retrieved from https://search.proquest.com/docview/1828152186?accountid=12716?accountid=12716

Fine, S. (1995). Reference and resources: The human side. *The Journal of Academic Librarianship, 21*(1), 17-20.

Ford, A. (2018). Big conversations in the big easy. *American Libraries, 49*(7), 12-21. Retrieved from https://search.proquest.com/docview/2120615674?accountid=12716?accountid=12716

Green, S. S. (1876). Personal relations between librarians and readers. *Library Journal, 118*(11), S4.

Goetsch, L. (1995). Reference service is more than a desk. *The Journal of Academic Librarianship, 21*(1), 15-16.

Harless, D. W., & Allen, F. R. (1999). Using the Contingent Valuation Method to Measure Patron Benefits of Reference Desk Service in an Academic Library. *College & Research Libraries, 60*(1), 56-69.

Johnson, A. M. (2018). Connections, Conversations, and Visibility: How the Work of Academic Reference and Liaison Librarians Is Evolving. *Reference & User Services Quarterly, 58*(2), 91-102.

Kong, L. M. (1995). Reference service evolved. *The Journal of Academic Librarianship, 21*(1), 13-14.

Krieb, D. (2018). Assessing the Impact of Reference Assistance and Library Instruction on Retention and Grades Using Student Tracking Technology. *Evidence Based Library and Information Practice, 13*(2), 2-12.

Lambaria, K., & Kirstin, D. J. (2019). Changing the venues but not changing our tune: Service model transition at a music and performing arts library. *Reference & User Services Quarterly, 59*(1), 31-43.

LaGuardia, C. (1995). Desk set revisited: Reference librarians, reality, & research systems' design. *The Journal of Academic Librarianship, 21*(1), 7-9.

LaRue, J. (2010). The Visibility and Invisibility of Librarians. *Library Journal, 135*(19), 10.

LeBeau, C. (2018). Libraries and Local News: Expanding Journalism, Another User Service Grounded in Reference. *Reference & User Services Quarterly, 57*(4), 234-237.

Lewis, D. W. (1995). Traditional reference is dead, now let's move on to important questions. *The Journal of Academic Librarianship, 21*(1), 10-12.

Magi, T. J., & Mardeusz, P. E. (2013). Why Some Students Continue to Value Individual, Face-to-Face Research Consultations in a Technology-Rich World. *College & Research Libraries, 74*(6), 605-618.

McNeal, M.L., & Newyear, D. (2013). Introducing chatbots in libraries. *Library Technology Reports, 49*(8), 5-10.

Ojala, M. (2018). Visions of libraries, present and future. *Online Searcher, 42*(3), 54-56. Retrieved from https://search.proquest.com/docview/2272725005?accountid=12716?accountid=12716

Ojala, M. (2019, Jan). Celebrating 20 years of internet librarian international. *Information Today, 36*, 10-11. Retrieved from https://search.proquest.com/docview/2186991846?accountid=12716?accountid=12716

Peters, T. (2015). Taking librarians off the desk: One library changes its reference desk staffing model. *Performance Measurement and Metrics, 16*(1), 18-27.

Ratledge, D. (2012). It's my opinion! technology: Library chatbots? *Tennessee Libraries, 62*(3) Retrieved from https://search.proquest.com/docview/

1347769463?accountid=12716?accountid=12716

Reinsfelder, T. L. (2012). Citation Analysis as a Tool to Measure the Impact of Individual Research Consultations. *College & Research Libraries, 73*(3), 263-277.

Ross, C. S., Nilsen, K., & Radford, M. L. (2009). *Conducting the Reference Interview* (2 ed.). New York: Neal-Shuman.

Sharpe, S. K., & Norton, C. (2017). Examining our past, considering our future: A study of email reference, 2000-2015. *Internet Reference Services Quarterly, 22*(4), 133-165.

Sonntag, G., & Palsson, F. (2007). No longer the sacred cow - no longer a desk: Transforming reference service to meet 21st century user needs. *Library Philosophy and Practice, 9*(2). Retrieved from http://digitalcommons.unl. edu/libphilprac/111/

Talley, N. B. (2016). Imagining the use of intelligent agents and artificial intelligence in academic law libraries. *Law Library Journal, 108*(3), 383-401.

Tyckoson, D. A. (2016). History and functions of reference service. In Smith, L. C. and Wong, M. A., (Eds). *Reference and Information Services: An Introduction*. 5th ed., Libraries Unlimited.

Vincze, J. (2017). Virtual reference librarians(Chatbots). *Library Hi Tech News, 34*(4), 5-8. Weber, J. E. & Bowron, C. R. (2019). The evolving reference desk: If we scrap it, then what? *Tennessee Libraries, 69*(2) Retrieved from https://search.proquest.com/docview/2249500604?accountid=12716?acco untid=12716

Weber, J. E. & Bowron, C. R. (2019). The evolving reference desk: If we scrap it, then what? *Tennessee Libraries, 69*(2) Retrieved from https://www.tnla. org/page/69_2_Weber

·第五篇·

資訊素養教育與
閱讀教育研究

第14章
臺灣地區近十年（2010-2019）成人資訊素養研究回顧分析

莊道明

本文簡介

臺灣地區資訊素養研究在教育部教育政策推動下，從2001年數量快速攀升。在經歷10年間成長期後，2010年後十年發展現況是否盛況依舊。本論文以高等教育資訊素養為主，以臺灣地區18歲以上為研究對象的成人資訊素養文獻進行書目分析。搜尋文獻類型包括學位論文、學術期刊論文、圖書與科技部專題補助計畫。研究發現近十年臺灣成人資訊素養研究數量逐步下滑已進入衰退期。圖書資訊學刊是成人資訊素養學術傳播主要途徑。科技部對成人資訊素養專題補助案數量維持穩定狀態。

前言

1990年代是臺灣資訊素養研究啟蒙期，在國科會委託下臺灣大學李德竹教授與政大汪琪教授，分別從圖書資訊學與大眾傳播學領域進行初探。隨網際網路技術與網路搜尋引擎如Yahoo! Google應用日益擴大，從大學推展到企業並隨即普及家庭與中小學。隨著民眾上網人數增加，使用者的年齡逐年下降，如何有效使用網路資訊受到資訊教育學者重視，例如科技教

育學者李隆盛談資訊素養教育，張一蕃發表資訊素養時代之國民素養與教育（柯雲娥，2004）。從圖書資訊學衍生的資訊素養教育觀念，開始落實在國民義務教育，政府於是從小學教育進行資訊教育扎根計畫。

　　臺灣資訊素養教育受政府重視，應始於2001年教育部規劃執行的「中小學資訊教育總藍圖」。該總藍圖計畫將資訊素養列入九年一貫課程實施，目的在普設資訊軟硬體教學設備，提升教師資訊科技使用能力。藉由國民義務教育將資訊科技融入各科教學，培養中小學生資訊科技基本能力與素養，縮減城鄉差距與數位落差（教育部，2001）。而2000年美國圖書館學會（American Library Association, ALA）的美國大學與研究圖書學會（Association of College and Research Libraries, ACRL）也公布高等教育資訊素養能力標準（Information Literacy Competency Standards for Higher Education），促使臺灣地區大學開始在通識中心、圖書資訊學系所、及大學圖書館，分別透過選修課程、通識課或推廣教育方式普遍開設資訊素養課程，以培育大學生資訊素養技能。因此2001年是臺灣資訊素養教育起跑年。

　　2001年是臺灣地區資訊素養研究快速成長起點，由碩博士學位論文快速增加反映出來。1996年臺灣地區產出第一篇資訊素養學位論文之後，在2000年之前每年資訊素養學位論文篇數都在4篇以下。但隨2001年教育部九年一貫課程新課綱將資訊素養教材後，資訊素養學位論文年總篇數即高達27篇，此後每年資訊素養學位論文維持在兩位數高度成長。以2010年為例就有40篇碩博士論文。因此2001-2010年這十年間是臺灣資訊素養教育高成長期，同樣現象也發生在美國地區。受到全球網路化普及影響，使資訊素養成為研究新熱點（Hsieh, Chuang, & Wang, 2013, p. 345）。

　　然近十年因智慧型手機普及，媒體匯流及新媒體發展，資訊素養也面臨到媒體素養、數位素養、網路素養等來自其他學術領域素養競合關係討論。使資訊素養的獨特性、教學指導、指標效度等都備受考驗。臺灣資訊素養研究在經歷10年快速成長後，自2010年也開始發生研究質與量的變化。受到資通訊科技快速進步，過去十年高等教育資訊素養研究生產量，例如學位論文、學術期刊論文、與政府經費投入數量上有何變化？高等教育資訊素養研究在研究對象與議題有那些轉變？國內那些學門或系所對高等教

育資訊素養研究是高度涉入？政府在高等教育資訊素養研究經費投入趨勢為何？本文研究藉由對臺灣地區近十年（2010-2019年）學術研究文獻進行書目分析，回顧近十年高等教育資訊素養發展的成果並對未來成人資訊素養研究提出建議。

高等教育資訊素養思維內涵演變

臺灣高等教育資訊素養發展主要受到外在資通訊科技進步，與2000年美國高等暨研究圖書學會（Association of College and Research Libraries, ACRL）公布「高等教育資訊素養能力標準」（Information Literacy Competency Standards for Higher Education）的兩大影響。美國高等教育資訊素養能力標準文件，清楚定義資訊素養有5項能力標準及22個能力指標，提供大學圖書館或系所作為訓練或檢核學生資訊素養能力參考。該標準歷經15年使用後，在2015年重新公布新版「高等教育資訊素養框架」（Framework for Information Literacy for Higher Education），將舊版能力（competency）標準更改為框架（framework）指南以符合美國高等教育的現況。

「高等教育資訊素養框架」內容除擴大應用範圍外，有別於以往標準的描述方式。資訊素養框架採用一組關連核心概念描述，以便於不同教育機構可靈活運用，不受特定能力標準或學習表現所限制。新版資訊素養框架提出六項框架元素（frame），每個元素下給予定義、知識技能與行為表現等三項說明。六項框架元素依據字首字母順序排列，不依特定邏輯進行排序，有別於前一版五項能力標準的依照學習順序排序概念。顯示新版資訊素養框架內容，不為學習順序提供教育指導的指引。新版框架認定資訊素養是一種「後設素養」（metaliteracy），是大學生使用資訊或創造知識過程中，一組全面的綜合能力，可促進學生能將傳統素養、圖書館素養、媒體素養、網路素養、數位素養、或倫理素養等各項能力匯總的歷程。

從歷年資訊素養思維與標準發展，可歸納出下列幾項共同特點：

高等教育資訊素養是職場核心技能

　　全球網路覆蓋日益完善，民眾的工作、休閒、娛樂都離不開資訊網路各種應用。資通訊技術是達成生活需要、工作成效，娛樂休閒的基本需求，因此學習使用資通訊科技工具已是國民基本素養。美國高等暨研究圖書學會在2000年將資訊素養能力標準中，清楚說明高等教育是成人進入社會最後一哩路，也是正規教育接軌成人職涯的起站，因此高等教育資訊素養能力成為學生進入職場前應具備的技能與培養終身學習起點（American Library Association, 2000, p. 4）。2007年國際經濟合作暨發展組織（Organization for Economic Cooperation and Development, OECD）推動「國際成人能力評量」（Programme for the International Assessment of Adult Competencies, PIAAC），就針對會員國家中16-65歲成人進行能力評估，目的在了解各會員國職場人力準備度。該能力檢測項目的「技術豐富環境下問題解決能力」（Problem Solving in Technology Rich Environments）即是對成人運用資訊科技，解決問題並順利完成複雜任務的能力進行檢定。OECD強調這項能力並非電腦軟硬體操作的電腦素養（computer literacy），是針對成人職場所需企畫、溝通、決策等任務時，清楚認識資通環境訊息，對所需資訊進行搜尋、有效與評估評斷後，正確使用資訊達成解決問題能力。OECD定義的「技術豐富環境下問題解決能力」即是資訊素養能力（Organization for Economic Cooperation and Development, n.d.）。美國高等暨研究圖書學會與國際經濟合作暨發展組織皆肯定資訊素養是國民職業競爭力不可缺少技能。

資訊素養是相關素養中的素養

　　ACRL在2000年公布高教資訊素養能力標準即明確表示，「資訊素養與資訊技術技能雖有明顯重疊，但資訊素養是一項特殊且能力更廣的素養，資訊技術能力與資訊素養相互影響與互惠現象將與時俱進」（Information literacy, while showing significant overlap with information technology skills, is a distinct and broader area of competence. Increasingly, information technology skills are interwoven with, and support, information literacy）

（American Library Association, 2000, p. 3）。這現象在智慧手機普及後更為顯著，使資訊素養與網路素養、媒體素養、圖書館素養、數據素養等素養重疊區域更明顯。民眾透過手機接收各種媒體訊息，資訊取用（information access）機會雖大幅提高，但民眾對網路資訊真假難辨，教導民眾有效判讀資訊的媒體素養開始受到科學教育與傳播教育重視，媒體素養教育開始受教育單位關心。4G通訊頻寬增加，自媒體時代來臨，進入數位匯流時代後，民眾不侷限於對特定資訊內容蒐尋，也考驗民眾媒體素養、數位素養等多元素養能力的匯整能力。面對資訊科技進步快速，傳統資訊素養內涵須有所調整與回應。ACRL於是在2015年將原先資訊素養定義擴充，推出美國高等教育資訊素養框架新定義予以回應：

> 資訊素養是指包括對資訊的反思性發現，對資訊如何產生和評價的理解，以及利用資訊創造新知識並合理參與學習團體的一組綜合能力。（Information literacy is the set of integrated abilities encompassing the reflective discovery of information, the understanding of how information is produced and valued, and the use of information in creating new knowledge and participating ethically in communities of learning.）（Association of College and Research Libraries, 2015）

ACRL將資訊素養從能力標準轉化成多元素養概念，也受到英國圖書館與資訊學會（Library and Information Association, UK）呼應與支持。在2018年英國圖書館與資訊專業學會（Chartered Institute of Library and Information Professionals, CILIP）對資訊素養內涵（CILIP Definition of Information Literacy 2018）指出：

> 資訊素養與其他素養有關聯且重疊，特別是數位素養，學術素養和媒體素養。資訊素養不是一個獨立概念，而是與其他知識領域相互連結。（Information literacy is associated and overlaps with other literacies, including specifically digital literacy, academic literacy and media literacy. It is not a stand-alone concept,

and is aligned with other areas of knowledge and understanding.）
（The Library and Information Association, 2018, p. 3）

　　資訊素養是各種素養多元能力的組合。透過資訊素養連結到媒體素養、網路素養、理財素養、法律素養等能力學習。資訊素養是各類素養的領頭羊，也是各類素養中的素養。

資訊素養是成人終身學習基礎

　　在教育學習歷程上，18歲是接受高等教育的起點，也是邁向職涯發展的準備期。多數國家將以18歲作為成人起點，認定個人在生理與心理已進入成熟階段，可享有法定的結婚、求職、考取駕照、飲酒等各項權利。成人在面對未來社會職涯發展需要下，高等教育給予學生專業知識外，學習如何學習將是成人終身發展更重要的技能。

　　英國圖書館與資訊專業學會（Chartered Institute of Library and Information Professionals, CILIP）指出資訊素養對成人日常生活需要（everyday life）、公民權利行使（citizenship）、教育品質（education）、工作場域（workplace）、健康（health）與資訊專業（information profession）有密切關係。如同聯合國教科文組織亞歷山大宣言（The UNESCO Alexandria Proclamation）所宣示主張：

> 「資訊素養賦予各行業民眾有效搜尋、評估、使用與創造資訊，以達成民眾在個人、社會、職業與教育等不同目標。在數位世界中資訊素養不但是基本人權，且是增進世界各國的社會融合。」（Information Literacy empowers people in all walks of life to seek, evaluate, use and create information effectively to achieve their personal, social, occupational and educational goals. It is a basic human right in a digital world and promotes social inclusion in all nations.）（The Library and Information Association, 2018, p. 7）

在資通訊技術快速進步下，民眾在尋求工作技能、人際溝通、休閒生活、購物等需求滿足下，都較以往傳統社會有極大變化。學生在高等教育階段所受知識，已無法應付資訊社會需要，因此學習如何學習能力比以往更加顯得重要。高等教育資訊素養便是提供學生一套自我學習能力，也是在邁入資訊社會後，在增進職業技能、維持個人健康、或休閒娛樂各方面需要，建立一套持續性發展的終身技能。

研究方法

本研究採用書目分析法，選擇學術書目資料庫進行文獻搜尋。依據每個資料庫書目欄位分類計算後，進行各個不同欄位的內容分析，以了解臺灣近十年成人資訊素養研究趨勢與變化。

研究文獻蒐錄來源

本篇論文收錄的文獻書目是在臺灣高等教育資訊素養研究為主，發表時間介於2010-2019年間碩博士論文、學術期刊論文、圖書、及科技部專案補助研究案等。高等教育資訊素養研究對象都是年滿18歲以上成年人，因此不含幼兒教育、中小學、高中職學校之K-12義務教育學生及教師等。在本論文中，高等教育資訊素養與成人資訊素養名詞可交互使用。

本研究的書目文獻搜尋是以國家圖書館的「臺灣博碩士論文知識加值系統」、「臺灣期刊論文索引系統」、與「全國新書資訊網」三個書目資料庫為主。由政府獎助成人資訊素養計畫案搜尋來源則是搜尋科技部「政府研究資訊系統」（Government Research Bulletin, GRB）。文獻搜尋策略是以「資訊素養」作為關鍵詞，使用系統的進階檢索功能，以「篇名」及「關鍵詞」作為限制欄位進行檢索，並將國中（中學）、小學（國小）、幼稚園（幼兒園）、高中職等關鍵詞列入排除關鍵詞予以過濾刪除。從各書目檢索系統共獲得近十年（2010-2019年）臺灣高等教育資訊素養研究總件數128件，其中碩博士論文70篇、學術期刊論文54篇、圖書4冊。另外，科技部政府研究資訊系統研究專案補助42件，研究計畫總經費3千42萬9千元。

表1　2010-2019年成人資訊素養學術研究量歷年統計

年度	年度統計（篇／冊）										總計
	2010	2011	2012	2013	2014	2015	2016	2017	2018	2019	
碩博士論文	11	7	15	9	5	5	7	3	5	3	70
學術期刊論文	9	8	5	5	6	6	9	6	0	0	54
圖書	0	0	1	0	1	0	0	1	1	0	4
總計	20	15	21	14	12	11	16	10	6	3	128

近十年成人資訊素養研究數量趨勢

　　臺灣地區成人資訊素養研究發表總數從時間序分析，碩博士論文、期刊與圖書等總生產數量在2010-2016年每年約介於11-21篇之間，2017-2019年間生產總數介於3-10篇間。自2016年後臺灣地區的成人資訊素養研究總數明顯下降。從不同類型研究產出量分析，近十年碩博士學位論文總數共70篇，2010-2013年間學位論文生產量介於9-15篇之間，2014-2019年篇數則約3-7篇之間，數量大幅減少。成人資訊素養學術期刊論文發表總數54篇，2010-2017年之間成人資訊素養發表篇數介於5-9篇。圖書部分因臺灣圖書消費市場萎縮的影響，造成專業圖書出版銷售量也很低，臺灣地區近十年成人資訊素養圖書部分僅有4冊（詳見表1）。

政府補助成人資訊素養研究案

　　科技部每年透過補助專題研究計畫方式，獎勵補助大專院校及學術研究機構藉由執行科學技術研究工作，以提升科技研發水準。近十年專題研究補助於成人資訊素養研究案數量，除2013年兩件偏低外，其餘每年約有3-6件研究案通過執行。十年補助研究經費總額達到3千42萬9千元（詳見表2），平均每案研究補助金額約72萬5千元。

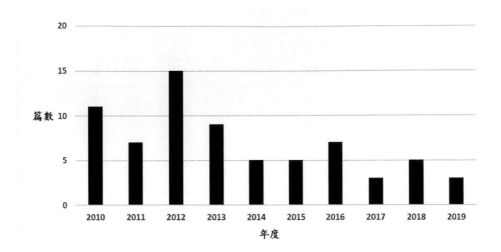

圖1　2010-2019年臺灣地區成人資訊素養學位論文每年生產數量

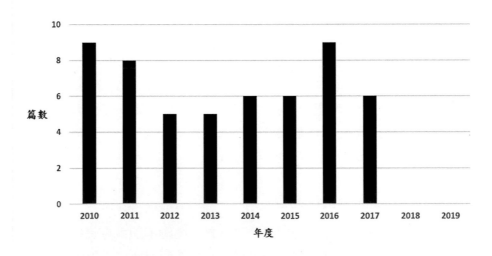

圖2　2010-2019年臺灣地區成人資訊素養學術期刊論文
每年生產數量

表2 2010-2019年成人資訊素養政府補助研究案歷年統計

年度	年度統計（件）										總計
	2010	2011	2012	2013	2014	2015	2016	2017	2018	2019	
政府專題計畫（件）	5	5	4	2	3	5	4	3	5	6	42
政府專題計畫經費（千元）	2,982	2,937	2,068	792	1,690	4,391	2,830	2,465	4,208	6,066	30,429

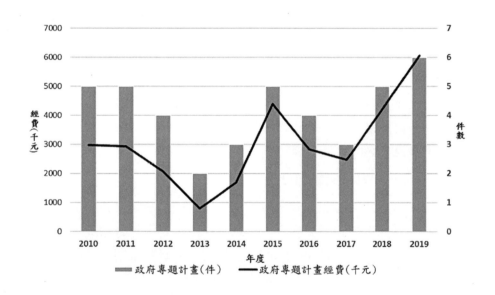

圖3 2010-2019年科技部每年成人資訊素養專題研究
補助案件數與經費

結果討論

本文以臺灣學術書目資料進行文獻分析，以了解2010-2019年成人資訊

素養研究成果。以下就學位論文、學術期刊論文及科技部專題研究補助研究案研究分別進行分析。

學位論文部分

學位論文產出之學門與系所分析

近十年臺灣地區成人資訊素養研究碩博士論文共計70篇，主要來自11個學門。其中以電算機學門（17篇）最多，其次是傳播學門（15篇）、商業管理學門（15篇）及教育學門（12篇）（詳見表3）。從每個學門下的各研究所進行排序統計，電算機學門下的資訊管理研究；傳播學門下的圖書資訊學研究所、傳播學系所、新聞學系與資訊傳播學系；商業管理學門的會計與資訊科技研究所、管理研究所、人力知識管理研究所；教育學門的教育研科技學系所、成人繼續教育研究所、社會教育學習所、數位學習設計與管理學系所是主要產出單位。從高產出的系所屬性，顯示凡系所學科與資訊通訊科技應用具有高連結度，則在成人資訊素養研究數量也較高，例如資訊管理學、傳播學、圖書資訊學、教育科技學、與成人繼續教育學等系所受資通訊科技應用影響密且有關，所以在成人資訊素養學位論文產出也較高。

學位論文研究對象與議題分析

近十年70篇成人資訊素養學位論文，以研究對象職業及研究議題數量進行排序。在研究對象職業類別中，以大學生（16篇）為研究對象最多，其次是民眾使用者（12篇）、工商業（11篇）。從研究議題數量排序，以數位落差（27篇）的研究最多，其次是資訊素養教育（18篇）、工作績效（12篇）與資訊安全（10篇）等。若進一步將研究對象與研究議題交叉分析後，可發現研究者根據選擇的研究對象數位環境來決定研究議題。若以大學生研究對象為例，研究議題以數位落差（6篇）與資訊素養教育（6篇）最多。而大學生數位落差的議題，集中在探討學生資訊取用（information access）機會、數位學習、自我導向學習、或學習成效等主題探索（朱皓菱，2013；陳怡蓉，2014；張羽晴，2014）。若大學在通識中心已有開設資訊素養課程，則研究者研究議題會關切學生數位閱讀力、批判性思考、與資訊素養技能提升程度（巫怡慧，2017；林暄荍，2011；沈珮琴，2011；趙燕婷，2011）。

表3　成人資訊素養學位論文主要學門

學門	合計
1. 電算機學門	17
2. 傳播學門	15
3. 商業及管理學門	15
4. 教育學門	12
5. 社會及行為科學學門	3
6. 醫藥衛生學門	2
7. 工程學門	2
8. 人文學門	1
9. 環境保護學門	1
10. 建築及都市規劃學門	1
11. 民生學門	1
總計	70

若以民眾或使用者為研究對象，在研究議題上聚焦在數位落差（5篇）與資訊安全（5篇）。研究者關切民眾在網路購物或使用社交媒體時，資訊素養程度是否足以對判斷訊息可信度與具有驗證資訊能力（林昇瑜，2014；扈航，2013；楊于萱，2013；陳雲上，2020；黃一婷，2017）。當研究對象是電信人員、銀行員、企業員工等屬於工商業類職業時，研究者會關切資訊素養與職員工作績效（5篇）的關係，特別是員工創造力、組織績效、關鍵決策與工作壓力等議題（倪慈緯，2011；高瑞翎，2017；許珮君，2013；游宗憲，2013；薛智中，2019）。研究對象屬於公務員、軍警或教育類等職務，題目上常見有圖書館員、消防人員、人事職員；軍警職務有航管人員、國軍、警員等；教育職務有學校教師、教學助理、補教老師、助教等。屬於軍公教等人員在研究議題，也因工作場域差異研究議題也有所不同。公務員為例，會關切數位落差（5篇）議題。軍警人員則在工作績效（4篇）

議題最多。教育人員關切資訊素養教育（4篇）（詳見表4）。有此顯示研究者在研究假設與命題上，均認定資訊素養對達成社會工作職務具有影響力，因此常將資訊素養納入研究構面或變項進行實證性研究。

表4　學位論文的研究對象與議題交叉分析

研究議題	職業類型								總計
	大學生	民眾/使用者	工商業	公務員	軍警	教育	醫療業	高齡/退休	
1. 數位落差	6	5	3	5	2	3		3	27
2. 資訊素養教育	6	1		3		4	4		18
3. 工作績效	1	1	5		4		1		12
4. 資訊安全	3	5	1		1				10
5. 資訊倫理			2		1				3
總計	16	12	11	8	8	7	5	3	70

學術期刊論文部分

學術期刊論文之刊物類型分析

學術期刊論文是學術性正式公開出版品之一。學術期刊文章大多是經雙盲學術審查之後才刊登。近十年54篇成人資訊素養的期刊論文被收錄在10類刊物上，其中以圖書資訊學期刊的刊登量17篇最多，其次是教育學期刊13篇及由學校發行學報學刊類10篇。其餘14篇則分別分散醫藥、政治、社會、政治、軍事等類學刊上（詳見表5）。顯見圖書資訊學與教育學期刊是成人資訊素養研究最主要學術傳播管道。在大學通識課程開設資訊素養課程教師，常將課程設計或創新教學實踐成果，在各校的學報或學刊上發表（張迺貞、徐暄淯，2017b；陳純瑩、廖仁毓，2011）。

表5　成人資訊素養學術期刊論文類別

期刊類型	篇數
1. 圖書資訊學	17
2. 教育學	13
3. 學報學刊	10
4. 醫藥	6
5. 政治學	3
6. 社會學	1
7. 軍事	1
8. 政治學	1
9. 企業管理	1
10. 宗教	1
總計	54

學術期刊論文之研究對象分析

　　54篇成人資訊素養學術期刊論文研究對象共可分成大學生、教學法、教育人員、公務人員、醫療人員、民眾、軍警、服務業、與商業等九類，其中以大學生（22篇）及教學法（14篇）最多，教育人員與公務人員均4篇、醫療人員與民眾均是3篇，軍警人員2篇，服務人員與商業各1篇。將研究對象與刊登的期刊學科類型交叉分析，大學生資訊素養研究發表在圖書資訊學（8篇）、教育學（5篇）與學報學刊（7篇）這三類刊物最多，資訊素養教學法相關研究在圖書資訊學（7篇）與教育學（3篇）較多；教育人員資訊素養研究集中在教育學刊（4篇）。醫療人員資訊素養發表在醫藥期刊（3篇）為主（詳見表6）。

表6 期刊類型與研究對象交叉分析

期刊種類	研究對象									總計
	大學生	教學法	教育人員	公務人員	醫療人員	民眾	軍警	服務業	商業	
1. 圖書資訊學	8	7		1		1				17
2. 教育學	5	3	4			1				13
3. 學報學刊	7	1		1					1	10
4. 醫藥	2	1			3					6
5. 政治學				2		1				3
6. 社會學		1								1
7. 軍事							1			1
8. 政治學		1								1
9. 企業管理							1			1
10. 宗教								1		1
總計	22	14	4	4	3	3	2	1	1	54

　　學術期刊論文有別於學位論文研究對象，在九類研究對象上出現教學法。資訊素養教學法的研究都是有授課經驗教師發表論文，這類研究主題包括資訊素養教育理論探討、教材設計、成人學習探索、數位機會的討論等（林豐政、李芊芊，2015；翁慧娟、陳雪華、謝寶煖，2016；張迺貞、徐暄淯，2016a；黃思華，2013；黃雲龍、陳正和，2016；楊美華、張如瑩，2010）。

學術期刊論文之研究對象與議題交叉分析

　　從54篇成人資訊素養的學術期刊論文研究議題約分成五大項。依照發表數量進行排序統計，以資訊素養教育（26篇）最多，依次是理論／教材設計（16篇）、工作績效（6篇）、數位落差（3篇）與成人學習（3篇）等。若進一步將研究議題與研究對象交叉分析，則可發現在資訊素養教育的研

究議題上，以大學生作為研究對象最多（13篇），其次是教學法（4篇）。在理論／教材設計研究議題上，研究對象以教學法（8篇）與大學生（7篇）居多。工作績效研究議題則集中在公務人員（3篇）（詳見表7）。而在大學生資訊素養教育研究論文中，大學生大都是非圖書資訊學系學生，如師培中心學生、護理系學生、生醫系研究生、通識課程學生資訊素養的研究（邱美裕、李亭亭，2011；張如瑩、楊美華，2010；黃昭妍、陳昭珍，2014；劉毓芬，2013）。資訊素養教學理論／教材設計為主題的學術期刊論文共計有八篇，也成為學術期刊論文一項特點（林宜隆，2015；林宜隆，2016；盧東華，2014）。

表7　學術期刊論文研究議題與研究對象之交叉分析

研究議題	研究對象									
	大學生	教學法	教育人員	公務人員	醫療人員	民眾	軍警	服務業	商業	總計
1. 資訊素養教育	13	4	3		2	2	1	1		26
2. 理論／教材設計	7	8		1						16
3. 工作績效			1	3			1		1	6
4. 數位落差		1		1	1					3
5. 成人學習	2	1								3
總計	22	14	4	4	3	3	2	1	1	54

學術期刊論文刊物排行

　　近十年臺灣地區54篇成人資訊素養研究被分散在42種期刊，有刊登兩篇以上僅有8種。以國立臺灣師範大學圖書資訊學研究所發行的「圖書館學與資訊科學」收錄4篇最多，其次分別是淡江大學資訊與圖書館學系的「教育資料與圖書館學」與國立臺灣大學圖書館的「大學圖書館」各有3篇。在

8種學術期刊中，前5種皆是圖書資訊學類學術期刊（詳見表8）。從成人資訊素養研究期刊集中在圖書資訊學類期刊，顯示出圖書資訊學期刊是成人資訊素養重要學術傳播管道。

表8 成人資訊素養學術期刊論文主要發表期刊

期刊	篇數
1. 圖書館學與資訊科學（國立臺灣師範大學圖書資訊學研究所）	4
2. 教育資料與圖書館學（淡江大學資訊與圖書館學系）	3
3. 大學圖書館（國立臺灣大學圖書館）	3
4. 臺北市立圖書館館訊（臺北市立圖書館）	2
5. 圖資與檔案學刊（國立政治大學圖書館）	2
6. 長庚科技學刊（長庚科技大學）	2
7. 護理雜誌（臺灣護理學會）	2
8. 教育研究月刊（高等教育文化事業有限公司）	2

科技部成人資訊素養專題補助研究部分

科技部專題補助研究案之學門分析

科技部近十年透過專題補助方式，以獎助成人資訊素養研究共計42案。依據申請學門分析共有7個不同學門申請並通過專題計畫。歷年通過案件數最高四個學門依序是資訊通訊科技學門（11件）、教育學門（10件）、新聞學及圖書資訊學（7件）與醫藥衛生學門（6件）。不同學門的申請系所有集中現象，資訊通訊科技學門下11件中，都集中在資訊管理學系8件，其次是資訊多媒體應用學系3件。教育學門下則分布在教育學系（所）、教師培育中心、課程設計與傳播科技研究所、通識中心等。新聞學及圖書資訊學門7件中，由（大眾）傳播研究所4件與圖書資訊學3件約略平分。醫藥衛生學門主要是由醫學教育研究所4件與護理系2件為主。語文學門3件皆由外（英）語系包辦。商管學門3件分別是會計與資科學系、企管系所申請。社會及行

為科學學門2件全部是社會學系所申請（詳見表9）。近十年科技部專題補助成人資訊素養研究計畫以資訊管理學系（所）、教育學系、傳播學系（所）、醫學教育學系等系所通過較多。

表9　科技部成人資訊素養專題補助計畫案學門分析

申請學門	年度										總計
	99	100	101	102	103	104	105	106	107	108	
1. 資訊通訊科技學門	1	2	2	1	1	1			1	2	11
2. 教育學門			1			1	2	3	1	2	10
3. 新聞學及圖書資訊學門	2	1		1	1	1			1		7
4. 醫藥衛生學門	2								2	2	6
5. 語文學門		1			1	1					3
6. 商業及管理學門		1	1				1				3
7. 社會及行為科學學門						1	1				2
總計	5	5	4	2	3	5	4	3	5	6	42

科技部專題補助研究案之研究領域分析

近十年科技部42件成人資訊素養專題補助案可分成科學教育門、社會學門、教育學門、資訊科學門、人文學門等五個研究領域，其中以科學教育的29件（69%）最多，其次社會學門6件（14.3%），教育學門5件（11.9%）。近十年科技部專題補助成人資訊素養研究案最少2件，最多可達5件（詳見表10）。

表10 科技部歷年成人資訊素養專題補助計畫案研究領域分析

研究領域	年度										
	99	100	101	102	103	104	105	106	107	108	總計
1. 科學教育	3	3	3	2	2	2	2	3	4	5	29
2. 社會學		1			1	2	1		1		6
3. 教育學	1		1			1	1			1	5
4. 資訊科學		1									1
5. 人文學	1										1
總計	5	5	4	2	3	5	4	3	5	6	42

科技部專題補助研究案之學門與研究領域交叉分析

從近十年42件科技部專題補助研究申請的學門與研究領域交叉分析，資通訊科技學門研究案集中在科學教育領域（詳見表11）。這些主題大都是以科技大學學生的數位學習能力、資訊問題解決、發展互動教材、AI新科技發展等情境下，學生的資訊素養準備度或透過科普教育活動加強學生資訊素養能力為主，通過研究案都數是多年持續性專題補助（王清德，2010；林文珊，2019；林甘敏，2013；陳智賢，2010；曾憲雄，2015）。教育學門的研究領域則分散在科學教育（6件）與教育學（4件）兩個研究領域，其中科學教育研究主題著重在教學實踐研究（李旻憲，2017；趙貞怡，2017），而在教育學上則重視對資訊素養課程設計的理論探索（林菁，2015；周倩，2019）。新聞學及圖書資訊學門在研究領域則集中在社會學的探索，尤其由傳播科系教師的主持計畫，主題圍繞在社會學習、數位包容、言論自由、資訊素養與媒體素養競合關係、研究素養、數位素養、媒體教育、中介傳播等社會意涵的論辯（吳美美，2011；陳炳宏，2014；蔡欣怡，2018）。醫藥衛生學門、語文學門、商管學門等研究補助案，在研究主題集中在科學教育，研究設計大都從醫藥、人文、商管等不同學域將資訊素養教學融入的研究計畫，研究目的是藉課程設計融入資訊素養、教學實踐與學習評估，

以精進醫護、商管、人文學生的資訊素養能力（于第，2015；邱晏麟，2018；洪育忠，2011）。

表11　科技部成人資訊素養專題補助計畫案之學門與研究領域分析

申請學門	研究領域					總計
	科學教育	社會學	教育學	資訊科學	人文學	
資訊通訊科技學門	11					11
教育學門	6		4			10
新聞學及圖書資訊學門	1	4	1		1	7
醫藥衛生學門	6					6
語文學門	3					3
商業及管理學門	2			1		3
社會及行為科學學門		2				2
總計	29	6	5	1	1	42

結論與建議

　　近十年臺灣地區成人資訊素養研究數量已從高峰進入衰退期。在教育部國家教育政策支持下，資訊素養的學位論文產量從2001年逐年攀升，到2010年達到頂峰後開始減少，2014年是資訊素養研究進入學術生命週期衰退年度。以2010-2019年資訊素養學位論文產量與2010年前十年相比，生產資訊素養學位論文的大學數量並無大幅減少（2010年前十年有71所大學，2010年後十年是61所大學），但每所大學的資訊素養學位論文產出數量總數，在2010年前十年大都雙位數，但近十年都下降到個位數（Hsieh, Chuang, & Wang, 2013, p. 341）。顯示每所大學在資訊素養研究能量大幅減少，急需為高等教育資訊素養研究找出新議題，以提升大學研究所的研究能量。

　　回顧近十年成人資訊素養學位論文參與的學門或學系都是與資訊通訊科技應用發展有密切關係，例如電算機學門、傳播學門、商業管理學門及教育學門等。這些學位論文將資訊素養列入研究議題或變項，是基於資訊素養技能與成人職涯發展、工作績效、數位學習、資訊安全或個人競爭力有密切關係，而將資訊素養列入研究變項進行實證性探索。

　　對成人資訊素養教育的學習理論、課程設計或教學實踐的學術研究，多數發表在學術期刊論文或學報居多。研究主題常見有資訊素養教學原理、教案設計、評估指標、成人學習探索、數位機會等。從學術期刊論文登載的期刊類型分析，成人資訊素養學術論文相當發散，但以圖書資訊學類期刊的刊登率最高，顯示成人資訊素養研究學術傳播主要管道在圖書資訊學類期刊。

　　回顧歷年臺灣地區資訊素養發展趨勢，除來自政府的教育政策影響外，科技部專題研究補助案同樣有重要貢獻。近十年科技部在成人資訊素養的補助案件數量都維持在穩定狀態，沒有大幅縮減。歷年研究補助案在科學教育學門最多，其餘分布在資訊通訊科技學門、教育學門、新聞學及圖書資訊學、與醫藥衛生學門等。每案平均研究金額約72萬5千元。

　　近十年成人資訊素養研究數量從成長期高峰進入衰退期，每年學術生產數量逐年下降。針對後續成人資訊素養研究，本研究提出下列幾項建議：

（一）從高等教育資訊素養框架新定義，再探資訊素養發展新方向：近年成人資訊素養發表數量減少，研究議題明顯重複，似乎已難有新研究發現，這也使得資訊素養發展陷入遲滯。建議可參考美國高教資訊素養框架新定義，透過跨領域方式重新定義尋找新研究領域。

（二）從後設素養（metaliteracy）觀點連結各種素養：美國高等資訊素養框架重新定義資訊素養是一種後設素養，成人經由資訊素養技能可以貫通連結如媒體素養、網路素養等各種素養。建議研究者應從融合關係檢視資訊素養與各種素養間之關係，以跨學科跨領域合作方式推動資訊素養研究。

（三）從資通訊新科技發展趨勢加深成人資訊素養教育內涵：5G與AI等
　　　新資訊科技應用逐步實現，成人資訊素養技能與科技創新應用具有
　　　高度關係。建議後續研究應從新科技應用面，加深成人資訊素養教
　　　育內涵，以提升臺灣在高科技創新應用與服務的人力素質。

參考文獻

于第（2015）。**科普閱讀、科普寫作與資訊素養融入課程教學活動計畫**。科技部PF10406-2997，景文科技大學應用外語系英文組。

王清德（2010）。**科技大學學生資訊素養之探究**。科技部PF10008-0732，國立勤益科技大學資訊管理系。

朱皓菱（2013）。**影響大專生資訊素養與學習成效因素之探討**。（未出版碩士論文）。國立勤益科技大學研發科技與資訊管理研究所，台中市。

吳美美（2011）。**圖書館員數位素養教育調查：概念架構及實施**。科技部PF10007-0246，國立臺灣師範大學圖書資訊學研究所。

巫怡慧（2017）。**大臺北地區成人學生資訊素養與數位閱讀行為之研究**。（未出版碩士論文）。國立臺灣師範大學社會教育學系，台北市。

李旻憲（2017）。**提昇全球素養能力之跨領域整合與比較——子計畫一：提升科學主修大學生之地球環境議題資訊素養及思辨：導入系統思考鷹架之線上論證活動與決策模式研究**。科技部PF10607-1349，國立中山大學師資培育中心。

沈珮琴（2011）。**資訊素養教育融入學科課程之實施成效**。（未出版碩士論文）。國立中興大學圖書資訊學研究所，台中市。

周倩（2019）。**網路時代的「數位資訊素養」課程之研發**。科技部PF10807-6836，國立交通大學教育研究所。

林文珊（2019）。**智慧化資訊素養教育的反思和再探討，智慧化V，S。傳統式教法的抉擇：多重觀點及不同場域的實證研究**。科技部PF10807-4854，國立嘉義大學資訊管理學系。

林甘敏（2013）。**從社群網站的使用問題看大學生的資訊素養與改善方案**。科技部PF10207-0143，嶺東科技大學資訊管理系。

林宜隆（2015）。公務人員資訊素養與倫理之數位教材與數位學習之研究
　　——以臺北市〈資訊素養與倫理〉教材為例。**研習論壇，178**，頁20-32。

林宜隆（2016）。「新培訓模式發展趨勢」建構資訊素養與倫理相關學習理
　　論與教學策略之探討。**人事月刊，370**，頁38-50。

林昇瑜（2014）。**資訊素養與社群網站使用者之人際關係與再行為意圖之研
　　究**（未出版碩士論文）。國立勤益科技大學研發科技與資訊管理研究
　　所，台中市。

林菁（2015）。**資訊素養課程成效探討與資訊素養內涵再定義**。科技部
　　PF10406-2893，國立嘉義大學數位學習設計與管理學系。

林暄茲（2011）。**大學生資訊素養與批判性思考之相關性研究**。（未出版碩
　　士論文）。國立臺灣師範大學工業教育學系，台北市。

林豐政、李芊芊。（2015）。數位落差、數位機會與數位包容之關聯性研究。
　　圖書資訊學研究，9（2），頁1-38。

邱美裕、李亭亭。（2011）。提升護理競爭力——淺談護理系學生應具備之
　　資訊素養。**長庚護理，22**（3），頁351-357。

邱晏麟（2018）。**健康科學領域學生的電子健康資訊素養：探討理論模式、
　　測量工具、健康資訊搜尋行為與知識信念角色**。科技部PF10708-1515，
　　國立臺灣大學醫學院醫學教育暨生醫倫理學科暨研究所。

柯雲娥（2004）。**傳播學門大學生資訊素養能力的研究**。（未出版碩士論文）。
　　國立政治大學圖書資訊研究所，台北市。

洪育忠（2011）。**資訊安全評估、資訊素養與資訊倫理的關聯性研究——因
　　素萃取、模式建構、關聯探索與實證研究**。科技部PB10007-1613，國
　　立中正大學會計與資訊科技學系。

倪慈緯（2011）。**CEO的資訊素養影響IT治理關鍵決策涉入之探索性個案
　　研究**。（未出版碩士論文）。國立臺灣科技大學管理研究所，台北市。

翁慧娟、陳雪華、謝寶煖（2016）。護理資訊素養課程規劃與實施成效之研究。**教育資料與圖書館學**，**53**（2），頁139-170。

高瑞翎（2017）。**旅行社票務人員人格特質、資訊素養、工作壓力與工作風險關係之研究**。（未出版碩士論文）。國立高雄餐旅大學觀光研究所，高雄市。

張如瑩、楊美華（2010）。我國大學校院資訊素養通識課程之規劃。**圖書與資訊學刊**，**2**（4），頁72-96。

張羽晴（2014）。**透過資訊科技近用探討人格特質與自我導向學習對資訊素養之關係研究——以桃園地區社區大學為例**。（未出版碩士論文）。萬能科技大學資訊管理研究所，桃園市。

張迺貞、徐暄淯（2016a）。問題導向學習融入資訊素養與倫理創新教學之研究。**教育資料與圖書館學**，**53**（2），頁171-209。

張迺貞、徐暄淯（2017b）。資訊素養課程在創新教學環境之學習動機。**大同學報**，**32**，頁33-42+143。

扈航（2013）。**資訊安全、資訊素養、資訊倫理之關聯性研究——以行動裝置使用者為例**。（未出版碩士論文）。國立中正大學會計與資訊科技研究所，嘉義市。

教育部（2001）。**中小學資訊教育總藍圖**。台北市：教育部。

許珮君（2013）。**員工資訊素養與員工創造力之相關研究——以員工幸福感為調節變項**。（未出版碩士論文）。國立臺南大學教育學系科技發展與傳播碩士班，台南市。

陳怡蓉（2014）。**利用ARCS動機模式融入數位學習環境之研究——以大同大學資訊素養課程為例**。（未出版碩士論文）。大同大學資訊經營學系（所），台北市。

陳炳宏（2014）。**數位時代媒體素養之核心意涵、能力指標、與課程發展：一個「媒體素養」教師的課程行動研究**。科技部PF10307-0997，國立臺灣師範大學大眾傳播研究所。

陳純瑩、廖仁毓（2011）。「資訊大六」融入大學資訊素養通識教育之教學規劃與設計。**環球士心學報**，**2**，頁89-100。

陳智賢（2010）。產業導向技專校院學生科技與社會基礎科學能力提昇之研究——數位學習對技專校院學生資訊科技與社會變遷素養提升之研究。科技部PF9902-0318，弘光科技大學資訊管理系。

陳雲上（2020）。**辨別假新聞：資訊素養、新聞素養、資訊驗證態度、資訊驗證行為關係之研究**。（未出版碩士論文）。佛光大學傳播學系，宜蘭縣。

曾憲雄（2015）。**科普活動：網際網路素養科普講座——AI時代的機會與挑戰**。科技部PF10408-0991，亞洲大學資訊多媒體應用學系。

游宗憲（2013）。**資訊科技、資訊素養、工作特性與組織績效關係之研究——以電信業為例**。東吳大學資訊管理學系，台北市。

黃一婷（2017）。**資訊素養與使用者誤點釣魚信件的關聯分析——以C電信公司的使用者為例**。（未出版碩士論文）。國立中正大學會計與資訊科技學系碩士在職專班，嘉義市。

黃思華（2013）。問題解決取向之資訊融入教學發展原則分析。**教育研究月刊**，**236**，頁57-71。

黃昭妍、陳昭珍（2014）。我國生醫領域研究生資訊素養初探：以分子生物學研究生論文題目發現歷程為例。**圖書資訊學刊**，**12**（1），頁77-107。

黃雲龍、陳正和（2016）。新媒體素養與數位策展的整合理論發展探索。**國立臺灣戲曲學院通識教育學報**，**2**，頁106-117。

楊于萱（2013）。**資訊素養、訊息可信度與可信度查核行為之關聯性**。（未出版碩士論文）。明道大學課程與教學研究所，台中市。

楊美華、張如瑩（2010）。「圖書資訊應用」數位學習課程規劃與評析。**大學圖書館**，**14**（2），頁1-26。

趙貞怡（2017）。**資訊科技應用課程對樂齡族資訊素養能力與學習經驗影響之研究**。科技部PF10601-0670，國立臺北教育大學課程與教學傳播科技研究所。

趙燕婷（2011）。**科技大學學生資訊素養能力評估之研究**。（未出版碩士論文）。國立臺灣師範大學圖書資訊學研究所，台北市。

劉毓芬（2013）。PBL應用於通識課程問題設計研究──以資訊素養與倫理課程為例。**通識學刊：理念與實務，2**（2），頁225-240。

蔡欣怡（2018）。**數位包容理論建構與實踐：第四層數位落差、媒體素養與中介傳播**。科技部PF10707-0457，國立交通大學傳播與科技學系。

盧東華（2014）。資訊素養與倫理教材第三版編輯紀實。**國教新知，61**（4），頁3-12。

薛智中（2019）。**資訊素養、工作壓力、工作績效與自我效能之研究──以海洋委員會海巡署為例**。（未出版碩士論文）。國立臺東大學環境經濟資管碩專，台東縣。

American Library Association (2000). *The Information Literacy Competency Standards for Higher Education*. Chicago, Illinois: The Association of College and Research Libraries.

Association of College and Research Libraries (2015). 高等教育資訊素養框架 (*Framework for Information Literacy for Higher Education*). (中國清華大學圖書館, 譯者) 擷取自 http://www.ala.org/acrl/standards/ilframework

Hsieh, P. N., Chuang, T. M., & Wang, M. L. (2013). A bibliometric analysis of the theses and dissertations on information literacy published in the United States and Taiwan. In Chang R. S., Jain, L. & Peng, S.L. (eds.), *Advances in Intelligent Systems and Applications - Volume 1. Smart Innovation, Systems and Technologies*. Vol. 20, pp. 337-348. Berlin, Heidelberg: Springer. doi: https://doi.org/10.1007/978-3-642-35452-6_35

Organization for Economic Cooperation and Development (n.d.). *PIAAC design*. Retrieved from OECD Skills Survey: http://www.oecd.org/skills/piaac/piaacdesign/

The Library and Information Association (2018). *CILIP definition of information literacy 2018*. UK: CILIP. https://infolit.org.uk/ILdefinition CILIP2018.pdf

第15章
臺灣K-12資訊素養研究回顧與展望

陳昭珍、涂芸芳

本文簡介

資訊素養在美國已被廣為實踐於各級學校及大學部，然而不同的理論取向
與定義，會發展出不同的應用與實踐。本文首先檢視美國近十年來有關資
訊素養理念的改變與發展，並蒐集2000-2019年臺灣有關幼稚園至高中學生
（K-12）資訊素養研究議題之期刊論文，採用書目計量分析臺灣近十年資
訊素養研究趨勢，並以VOSviewer軟體，進行關鍵字視覺化歸類處理，以
回顧近十年來臺灣K-12資訊素養教育之研究趨勢，並建議未來可能的發展
方向。

前言

　　資訊素養常被定義為查詢、選擇、思辨、評估及使用資訊以解決複雜
問題的能力。資訊素養雖然已廣被應用在圖書資訊界，並實踐在各級學校
及大學部教育課程，但資訊素養一詞其實並非源自於圖書資訊學界，而是
出現於1974年由Paul Zurkowski撰寫的美國工商業界未來需要的各種能力
之報告中（Bawden, 2001；Bruce, 1997；Kapitzke, 2003）。

　　每一階段的學習都需奠基於前一階段的知能，相鄰兩個階段的學習若
在態度、能力及期待上得以接軌，學習才會有效能；幼稚園至高中生

（kindergarten through twelfth grade, K-12）與大學對資訊素養概念的對準，是各級學校資訊素養教育銜接的基礎。對資訊素養不同的理論取向與定義，會發展出不同的資訊素養教育實踐。美國資訊素養相關的理論與實務發展，也會深深影響世界各國的發展。本文在文獻分析中，首先檢視近十年美國有關資訊素養理論概念之文獻，以及美國大學院校暨研究圖書館學會（Association of College and Research Libraries, ACRL）及美國學校圖書館員學會（American Association of School Librarians, AASL）有關資訊素養相關標準的改變，希望以這樣的發展來看臺灣有關 K-12 資訊素養相關研究之樣貌。

　　書目計量與視覺化工具是近年來常被用來分析某領域文獻長期發展的方法，本文主要蒐集 2000-2019 年臺灣有關 K-12 資訊素養研究之期刊論文，採用書目計量法分析臺灣近十年資訊素養教育研究發展趨勢，並以 VOSviewer 軟體，進行關鍵字分類，以了解近十年臺灣 K-12 資訊素養研究趨勢，並建議未來可能的發展方向。

文獻分析

從資訊素養標準到資訊素養框架：資訊素養理論取向的改變

　　2010-2019 年美國資訊素養相關文獻，最令人注意的是有關資訊素養理論及其取向的改變。2012 年，Limberg 等人（2012）認為資訊素養有三個理論取向：（1）現象學取向（phenomenographic perspective）—此取向探討人類經歷不同現象時方法的改變；（2）社會文化取向（sociocultural perspective）—此取向採用 Les Vygotsky 的社會文化理論，認為學習強調的是個人與不同類型群體的關係；（3）言談分析取向（discourse analystic perspective）—此取向主要透過「詮釋語庫」（interpretive repertoires），對資訊能力與實踐賦予意義。Limberg 等人認為不同的理論取向，所帶出來資訊素養之定義、標準、研究或教育實踐也有所不同。2013 年，Addison & Meyers 發表 Perspectives on information literacy: a framework for conceptual understanding 一文，回顧過去有關資訊素養概念（concept of information literacy）之文獻，並定義出三個不同的概念取向，說明這些取向的起源及其與圖書館及資訊科學實務的連結。此三個概念取向為：（1）資訊素養是資訊時代技能之獲取（information literacy as the acquisition of "information age" skills）；（2）資訊素養是思維習慣之培養（information literacy as the cultivation of habits of mind）；（3）資訊素養是在資訊豐富的社會之參與（information literacy as engagement in information-rich social practices）。Budd與Lloyd在ASIST 2014年研討會邀請四位與談人提出做為資訊素養理論架構的四個可能性：（1）後設認知（metacognition）面向；（2）資訊素養教育實踐的本體與知識面向（ontological and epistemological dimensions of information literacy a practice）；（3）社會文化取向（sociocultural perspective）；（4）自主性素養（autonomous literacy）面向，Street（1984）認為素養隨著知識成長，個人從可以讀、寫、推理、辯論，到成為自主性的公民，自主性素養又稱為「意識型態素養」（ideological literacy）。2020年，Sample回顧2000年到2015年間（亦即ACRL公布高等教育資訊素養能力標準到廢止該標準，發佈高等教育資訊素養框架的15年），美國在大學入門或通識教育教授資訊素養的文獻，探討有關資訊素養的定義。該回顧採用Addison與Meyers的分類，將資訊素養定義分為三類：（1）將資訊素養定義為一組技能（information literacy defined as a set of skills），並認為高等教育資訊素養標準對資訊素養的定義屬於這一類；（2）將資訊素養定義為思考的方法（information literacy defined as a way of thinking），Kuhlthau的資訊查詢處理（Information Search Process）六步驟、Devin的意義建構（sense making），以及PBL學習模式都屬於此類；（3）將資訊素養定義為一種社會實踐（information literacy defined as a social practice），此取向主要認為資訊素養是人在資訊豐富，科技快速變化的社會，生活、學習、工作的通用能力。多元素養（multiliteracies）屬於此取向，此外Sample也將後設素養（metaliteracy）、閾值理念（threshold concepts），以及ACRL 2015 發佈的高等教育資訊素養框架歸在此類。

有關資訊素養理論性概念的探討與辯論，促使ACRL對其高等教育資訊素養標準的修改。2000年，ACRL發佈高等教育資訊素養知能標準

（Information Literacy Competency Standards for Higher Education），雖然很多學術圖書館以此標準已發展出很多資訊素養教育課程、工具及資源（learning outcomes, tools, and resources），然而在快速變化的環境下，生活及工作的資訊生態是動態且具不確定性，很多學者專家認為資訊素養應該將焦點放在此生態系統之基礎性概念上，而非僅止於一組資訊檢索的技能。2011年，ACRL組成資訊素養標準修訂任務小組，並於2015年廢止原標準，公布《高等教育資訊素養框架》（*Framework for Information Literacy for Higher Education*），此框架於2016年1月11日正式實施。《高等教育資訊素養框架》以互相關連的核心概念（core concepts）為基礎，重視學科的閾值理念（Threshold concepts），並認為在複雜的資訊生態環境下，學生應有更重大的角色及責任去創造新知識，去了解資訊世界的輪廓及動態，及合乎學術倫理的使用資訊及資料；老師有責任設計課程讓學生參與及投入學科資訊與學術之核心概念；館員有責任去辨識自己如何在相關學科領域中去延伸學生學習之核心概念，去建立有凝聚性的新資訊素養教育課程，且更廣泛的與教師合作。

這框架包含六個概念：

1. 權威的構建性及情境性（Authority Is Constructed and Contextual）

2. 資訊創建的過程性（Information Creation as a Process ）

3. 資訊的價值屬性（Information Has Value）

4. 探究式研究（Research as Inquiry）

5. 對話式學術研究（Scholarship as Conversation）

6. 策略探索式查詢（Searching as Strategic Exploration）

每一個概念除了闡釋意義之外，另外加上（1）知識技能（Knowledge practices），主要在列舉方法讓學習者對資訊素養概念理解；（2）行為方式（dispositions），主要在說明學習的情意、態度、價值面向。此外，此《框架》採用後設素養（metaliteracy）概念，後設素養是指學生做為資訊消費者和創造者成功參與合作性領域所需的一組全面性綜合能力，它開啟資訊素養的全新願景。後設素養要求從行為、情感、認知以及後設認知上參與

到資訊生態系統中。《框架》基於後設素養之核心理念，特別強調後設認知，或稱為批判式反思（critical self-reflection），因為這對於在快速變化的生態系統中變得更加自主至關重要（ACRL, 2015）。

從《資訊力量》到《21世紀學習者之標準》：學校圖書館資訊素養教育的轉變

美國學校圖書館學會（AASL）於1998出版了《資訊力量：為學習建立夥伴關係》並於此文獻特別提出「學生學習之資訊素養教育標準」（Information Literacy Standards for Student Learning），不過這份資訊素養標準也另外獨立出版（AASL & AECT, 1998b）。資訊素養標準包括資訊素養教育、獨立學習、社會責任三大構面，9項標準、29個指標，以熟練程度、行動方案和學科標準示例來充實應用，達到資訊素養融入各科學習的理想。2007年的《21世紀學習者之標準》（Standards for the 21st-Century Learning），則由4項標準、4種學習範疇、83個指標為主架構，並搭配數個基準、行為示例、發展階段、自我提問示例共同組成，以促進學生的學習，引領學校圖書館的發展（AASL, 2007）。該標準主張館員應引導學生具備探究、批判思考以及獲取知識的能力；培養學生能根據資訊以推斷結論、做出決策，在新情境中應用和創造新知識；促進學生能分享知識，以符合道德規範、卓有成效的方式參與民主社會；鼓勵學生追求個人及美學的成長，並能發展多元素養，包括資訊素養、數位素養、媒體素養、視覺素養、文本素養、科技素養等。為了促進多元素養，2018年的《為學習者、學校圖書館員、學校圖書館之全國學校圖書館標準》（National School Library Standards for Learners, School Librarians, and School Libraries）則整合前一部標準，提出了6大共享基石、4種能力範疇來引導館員致力於更全面的專業實踐（AASL, 2018）。6大共享基石分別是探究（inquire）、包容（include）、合作（collaborate）、庋用（curate）、發現（explore）、實踐（engage），這六項是學習者、館員和圖書館三者共享的基礎概念。共享基石乃延續前一部標準的探究學習、批判思考以建構知識，理解與包容多元觀點，透過合作和庋用來發現新思維，並於實踐的歷程能以負責任的態度，合乎道德規

範參與社群和分享成果，進而落實在思考（think）、創造（create）、分享（share）和成長（grow）的範疇（曾品方、陳雪華，2019）。這四種能力範疇連結探究過程階段，也與布盧姆知識分類學（Bloom's Taxonomy）從認知到發展之理念相對應（Gerrity, 2018）。AASL新標準修訂過程廣納各界之意見，共有1,300名學校圖書館員及利害相關人士給予回饋意見。此標準有一些創新的概念，但也有過去熟悉的概念，如：

1. 新標準仍強調探究式學習（inquiry-based learning）：包括問題形成、蒐集資訊、找尋不同資源、合乎倫理的使用資訊、評估資訊、在全球學習社群分享；這些都是舊標準就有的概念，不過新標準更強調工作場域與教育的動態性，因此學習者需具跨學科的能力；

2. 重視合作取向的認知過程：和舊標準一樣，新標準也重視認知技能（cognitive skills），但舊標準強調的是個人的資訊查詢過程，新標準則強調整個過程的合作取向，以利學習者面對未來複雜的社會；

3. 新標準強調設計思考（design thinking）：學習者透過設計循環（cycles of design）、執行（implementation）、反思（reflection）以解決問題；

4. 新標準納入成長心態（growth mindset）：強調自我動機、自動學習，學校圖書館員應以明確的方式幫助學生及教育者成為主動終身學習者；

5. 新標準強調學習情境的多樣性：應尊重學習社會中的多樣性，要具有同理心及公平性；

6. 強調過程中的批判思考重於最後的成果：最後的產出不應只是打分數後歸檔，而應該進入學術對話，開放心胸採納意見，與其他學習者交換有意義的方法；

7. 從對資訊科技精熟，轉為希望學生個人化的使用資訊科技；此外也強調資訊責任、學術倫理、創用CC等。

由於教育體系是連接的，大學生的資訊素養基礎來自於中小學的學習；因此ACRL的標準也銜接AASL的標準。事實上過去ACRL的標準修訂時，也視其為AASL/AECT標準之連續體（AASL & AECT, 1998a; Schroeder & Cahoy, 2010）；在2000年高等教育資訊素養能力標準中之標準使用一節

（Use of the Standards）陳述：本標準延伸了AASL資訊素養教育標準的工作，以培養持續性的資訊素養能力。所以當ACRL修訂高等教育資訊素養框架時，也參考了《21世紀學習者之標準》（*Standards for the 21st -Century Learner*）（Filbert, 2016）相關概念，諸如發展取向（developmental approach）、探究式學習（inquiry-based learning）、知識建立（knowledge creation）、態度範疇（affective domain）及合作學習等概念，都在ACRL的框架中被描述。（ACRL, 2015; Farmer, 2014）。Burke（2017）認為在理論上，ACRL框架是社會建構主義（social constructivism），而AASL過去的標準是行為主義（behaviorism），但AASL 2018年的新標準，已經和ACRL對準，脫離只是指出與點擊（point-and-click）之技能的實踐，轉而強調學生的投入與自我導向之學習而能得到高層次思考能力。

　　總而言之，資訊素養能力的發展是一連續體，需從小學到大學持續培養，因此AASL與ACRL資訊素養的理念也需一致，我們從高等教育資訊素養框架，以及全國圖書館學習者標準可以看出兩個標準在理論上互相呼應，以社會建構為取向，並強調發展取向、探究式學習、知識建立、態度範疇及合作學習等概念。臺灣較少從理論層面探討資訊素養，且近十年來的研究似乎有式微的趨勢，但詳細情況如何，需有較有效的方法來加以鳥瞰。

研究方法與工具

檢索標準與定義來源

　　為了解臺灣K-12資訊素養教育的研究現況，本研究透過「臺灣期刊論文索引系統」搜尋2010～2019年發表的K-12資訊素養之期刊文獻。首先搜尋在文獻主題、摘要和關鍵詞出現「資訊素養」、「電腦素養」、「網路素養」、「Big6」、「CORI」、「Super3」、「媒體素養」、「多元素養」、「後設素養」、「新素養」、「數位素養」等關鍵字的期刊文獻，共獲得347篇文獻。根據文獻的主題、摘要和關鍵詞進行人工審視，剔除重覆、與探討K-12資訊素養主題無關、非中文（如德文、日文等）和無全文的文獻，再進一步以全文閱讀的方式進行文獻的篩選，最後以84篇文獻進行本研究分析與探討。

編碼

本研究根據Chang、Lai與Hwang（2018）和Hwang與Tsai（2011）的編碼方式作為內容分析的參考，包括研究對象、研究方法、主要研究之議題與學科領域，並進一步針對文獻的作者關鍵字進行分析。

茲將每個面向的編碼方式說明如下：

研究對象

本研究參考Hwang與Tsai（2011）的研究，將研究對象分為國小學生、國中學生、高中學生、教師、家長、二種以上研究對象、其他、及沒有研究對象。二種以上研究對象即為該研究涉及二種以上的研究對象，無研究對象表示該文獻為提出概念框架或趨勢探討。

研究方法

依據McMillan與Schumacher（2005）的研究，本研究將研究方法分為量化研究法、質性研究法、混合研究法。

學科領域

本研究將學科領域分為科學（包含物理、化學、生物等）、數學、藝術、語言、歷史文化、工程及電腦、醫學護理、商業、資訊科學、STEM（即科學、技術、工程及數學）、未具體指出學科領域、二種以上科目與其他。未具體指出學科領域係指該研究為推動資訊素養教育但未具體指出應用的學科領域。二種以上科目即為該研究有二種以上學習科目領域。

研究面向

本研究參考Chang、Lai與Hwang（2018）將主要研究面向分為為認知、情意、技能、學習行為、相關性、內容設計、閱讀策略、趨勢分析和其他等面向。情意面向包括研究對象對資訊素養教育的接受度、態度與經驗等；認知面向在探討資訊素養教育的學習成就；技能面向乃指透過資訊素養教育所學到的技能與能力；行為面向探討資訊素養教育的學習行為；相關性指的是受資訊素養教育之影響或因果分析；內容設計指的是學習內容的設計；趨勢分析主要在提出概念框架或趨勢分析。

資料分析

在本研究中，依據Chang、Lai與Hwang（2018）和Hwang與Tsai（2011）的研究，進行分析所篩選出來的文獻，包含文獻的年代與期刊名稱、研究對象、研究方法、主要研究之議題、學科領域與作者所使用的關鍵字，並採用VOSviewer軟體進行關鍵字視覺化類聚。在編碼與數據分析的過程，由兩位經驗豐富的研究人員，根據編碼針對文獻進行閱讀和分類，如果遇到編碼值不一致，研究人員會進行討論直到達成協議。

研究結果

資訊素養教育期刊文獻出版分布年代

圖1顯示2010-2019年探討K-12資訊素養教育的中文期刊文獻出版分布。從圖1得知，2010-2014年發表59篇，2015-2019年發表25篇，有逐年遞減趨勢。

資訊素養教育相關研究出版期刊分布

從圖2得知，2010-2019年出版K-12資訊素養教育文章數量前三名的期刊，分別為教育資料與圖書館學（8篇文獻）、區域與社會發展研究（6篇文獻）、教育傳播與科技研究（4篇文獻）、圖書資訊學研究（4篇文獻）。2010-2014年發表文章數量前三名的期刊，分別為教育資料與圖書館學（6篇文獻）、區域與社會發展研究（4篇文獻）、教育傳播與科技研究（3篇文獻）、學校行政（3篇文獻）、科學教育學刊（3篇文獻）。2015-2019年發表文章數量前三名的期刊，分別為圖書資訊學研究（3篇文獻）、教育資料與圖書館學（2篇文獻）、區域與社會發展研究（2篇文獻）、國民教育（2篇文獻）。

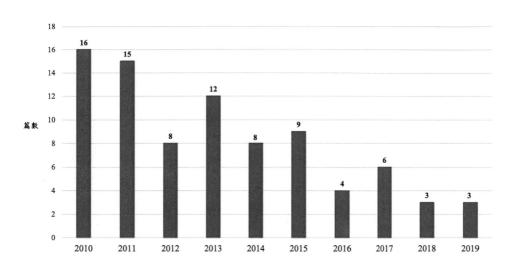

圖1　2010-2019年K-12資訊素養教育

中文期刊文獻出版分布

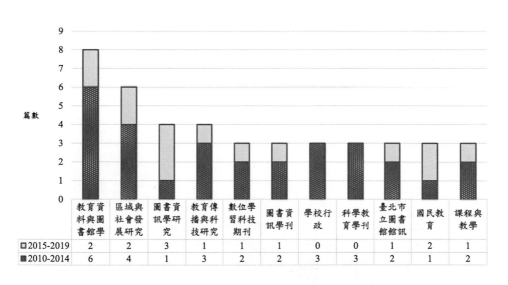

	教育資料與圖書館學	區域與社會發展研究	圖書資訊學研究	教育傳播與科技研究	數位學習科技期刊	圖書資訊學刊	學校行政	科學教育學刊	臺北市立圖書館館訊	國民教育	課程與教學
2015-2019	2	2	3	1	1	1	0	0	1	2	1
2010-2014	6	4	1	3	2	2	3	3	2	1	2

圖2　2010-2019年以K-12資訊素養教育為主題之

出版量前十一名的期刊

資訊素養教育研究對象

　　圖3為2010-2019年K-12資訊素養教育期刊文獻之研究對象分布。2010-2019年K-12資訊素養教育文獻所探討的研究對象，前三名分別為國小學生（34篇文獻）、二種以上研究對象（15篇文獻）、教師（14篇文獻）。2010-2014年文章所探討的研究對象，前三名分別為國小學生（23篇文獻）、教師（11篇文獻）、二種以上研究對象（9篇文獻）。2015-2019年文章所探討的研究對象，前三名分別為國小學生（11篇文獻）、二種以上研究對象（6篇文獻）、教師（3篇文獻）。二種以上研究對象主要為國小學生與老師，沒有單獨以家長為對象的研究，而是包含在以學生學習為對象的研究中。例如：林菁與郭玫叔（2012）有關資訊素養教育課程教學實踐研究，發現經過一年資訊素養課程，透過師生與家長對資訊素養課程的看法，與學生的自我評估，明顯地發現學生的圖書館素養和圖像媒體素養皆有進步。也有探討家長與教師在推廣學童閱讀所扮演的角色，與對學童的學習成效影響，如張祐華與宋慧筠（2017）以31位兒童、26位家長、3位圖書館員為研究對象，探討公共圖書館實施兒童圖書資訊利用教育活動的感知學習成效，研

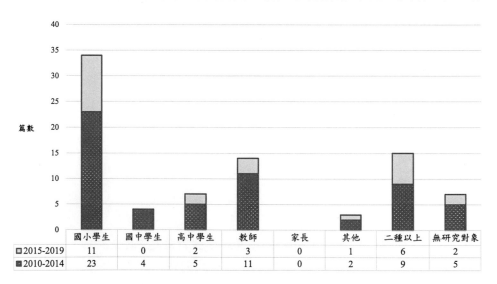

篇數	國小學生	國中學生	高中學生	教師	家長	其他	二種以上	無研究對象
2015-2019	11	0	2	3	0	1	6	2
2010-2014	23	4	5	11	0	2	9	5

圖3　K-12資訊素養教育文獻之研究對象

究指出參與活動的兒童之學習成效（包含兒童專注力、閱讀能力、寫作能力、邏輯思考、人際互動的關係等）明顯提升，也發現在兒童的學習過程，家長大多為扮演陪伴與協助的角色，而館員大多為規劃與舉辦活動、鼓勵及成為兒童的朋友。

採用之研究方法

　　圖4為2010-2019年K-12資訊素養教育文獻所採用的研究方法。從圖4得知，2010-2019年所發表的文獻採用的研究方法，以混合研究法占大部份（42.86%），其次為量化研究法（34.52%）與質性研究法（22.62%）。K-12資訊素養教育研究大多為教學實證研究，以混合研究法為主。例如：靳知勤、楊惟程與段曉林（2010）結合「引導式Toulmin論證模式」（簡稱引導式TAP）於國小六年級學童的讀寫活動，分析學童的閱讀理解成績、撰文得分與課程回饋意見等資料，研究發現引導式TAP可協助學童科學讀寫中整理思考，以提升讀寫表現。此外，根據臺灣近來在PISA和PIRLS評量的表現，林菁（2018）結合量化分析與訪談法，探討學生的數位閱讀素養和篩選資訊能力不足之處。

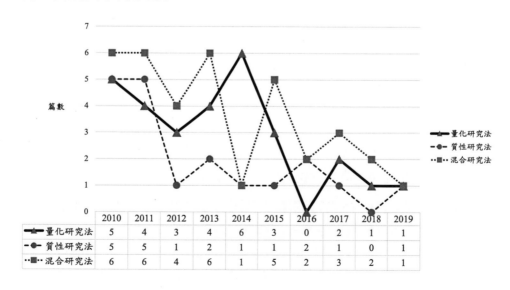

	2010	2011	2012	2013	2014	2015	2016	2017	2018	2019
量化研究法	5	4	3	4	6	3	0	2	1	1
質性研究法	5	5	1	2	1	1	2	1	0	1
混合研究法	6	6	4	6	1	5	2	3	2	1

圖4　K-12資訊素養教育文獻之研究方法

結合之學科領域

圖5為2010-2019年之研究主要與哪些學科合作進行資訊素養教育。從圖5發現，2010-2019年，相關研究未指出與哪一學科合作者占最多（46篇文獻），其次為科學（包含物理、化學、生物等）（9篇文獻）與歷史文化（9篇文獻），第三為資訊科學（8篇文獻）。這樣的情況，可能因為多數的研究對象為國小學生，而國小教師主要為包班制，而非學科制。

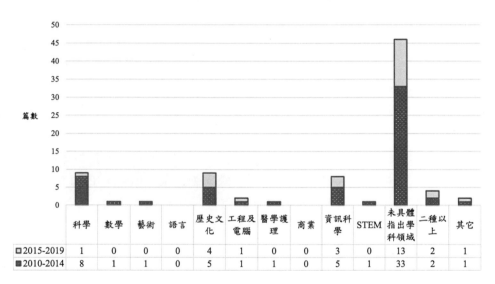

	科學	數學	藝術	語言	歷史文化	工程及電腦	醫學護理	商業	資訊科學	STEM	未具體指出學科領域	二種以上	其它
2015-2019	1	0	0	0	4	1	0	0	3	0	13	2	1
2010-2014	8	1	1	0	5	1	1	0	5	1	33	2	1

圖5 K-12資訊素養教育文獻之學科領域

研究面向

從圖6得知，K-12資訊素養教育研究以情意面向的研究最多（55篇文章），其次認知面向（45篇文章），第三為其他面向（14篇文章）。

情意面向主要在了解研究對象對資訊素養的想法／看法與學習態度／動機等，例如：郭藍儀與陳海泓（2011）為了解教師及學生對Super3技能融入生活課程的看法與學習反應，透過教師的教學省思札記與學生的Super3學習單，得知教師與學生對於Super3技能融入生活課程有正面肯定，且能增進學生解決問題的能力。張志銘與周倩（2019）採用講述教學及思

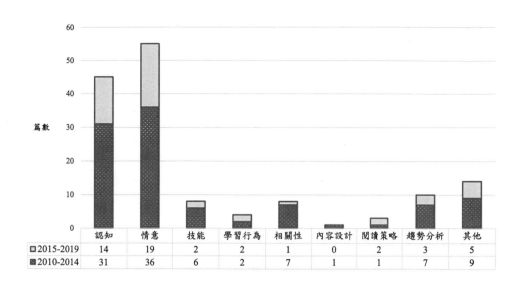

	認知	情意	技能	學習行為	相關性	內容設計	閱讀策略	趨勢分析	其他
□2015-2019	14	19	2	2	1	0	2	3	5
■2010-2014	31	36	6	2	7	1	1	7	9

圖6　K-12資訊素養主要研究面向

辦討論教學法於網路品德教育課程，學生多持肯定的態度，且在品德認知概念與行為上都有較好的表現。

認知面向主要探究應用學習策略對資訊素養能力的影響。例如：謝欣穎與林菁（2013）採用Super3模式，將資訊素養教育融入自然與生活科技領域，以了解學生科學探究之學習態度與學習表現。侯政宏與崔夢萍（2013）應用網路問題導向系統與網路著作權課程，發現其能促進學生的學習態度，而透過討論能讓學生主動建構知識且助於小組合作。陳昭珍等人（2017）發現以概念導向閱讀教學（Concept-Oriented Reading Instruction, CORI）可以提升國中生之閱讀興趣。

其他面向的研究，如：林珊如（2010）探討多元素養與批判性閱讀在數位時代的重要性；黃雅純與施錦村（2015）以科技接受模式（Technology Acceptance Model, TAM），探討資訊品質、教師資訊素養、認知有用性、認知易用性，與國小教師使用Youtube影音分享網站「行為意圖」的關係；陳海泓與陳昭珍（2018）分析中小學資訊素養教育實施情形。

關鍵字群聚分析

作者提供的關鍵字通常表達該文章的重點，而關鍵字分析可以幫助研究人員了解特定領域的趨勢（Guo et al., 2016）。本研究採用VOSviewer進行關鍵字聚類分析（Cluster analysis），以了解2010-2019年K-12資訊素養主要的熱點議題，其引用關聯性程度愈高代表文獻之間的相關或相似性愈高。

本研究所蒐集的84篇文章共有219個作者關鍵字。圖7為關鍵字出現高於2次，使用VOSviewer進行關鍵字共現分析而產生的知識地圖。從圖7與表1得知，84篇文章所用的關鍵字前三名為資訊素養（頻率＝25）、媒體素養（頻率＝13）、資訊融入教學（頻率＝7）、探究式學習（頻率＝7）。2010-2014年，前三名的關鍵字分別為資訊素養（頻率＝18）、媒體素養（頻率＝8）、資訊融入教學（頻率＝7）。2015-2019年，前三名的關鍵字分別為資訊素養教育（頻率＝7）、媒體素養（頻率＝5）、社會學習領域（頻率＝2）、Big6模式（頻率＝2）、公共圖書館（頻率＝2）、學習成效（頻率＝2）、協同教學（頻率＝2）。以VOSviewer分析，219個關鍵字主要可以分為三個群組。

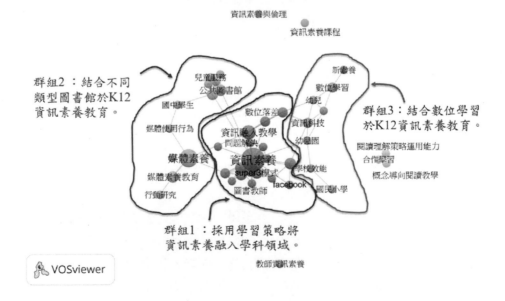

圖7 2010-2019年K-12資訊素養教育研究
作者關鍵字共現分析

表1　2010-2019年最常被K-12資訊素養教育文獻採用的前十六名之作者關鍵字
（頻率≧3）

關鍵字	2010-2014	2015-2019
資訊素養[*]	18	7
媒體素養[*]	8	5
資訊融入教學	7	0
探究式學習	6	1
Super3模式[*]	4	0
社會學習領域	2	2
Big6模式[*]	2	2
學校圖書館	3	1
公共圖書館	2	2
媒體素養教育	3	1
學習成效	2	2
數位落差	3	0
資訊近用	3	0
資訊科技	3	0
協同教學	1	2
數位學習	1	2

備註：[*]代表為本研究在搜尋策略中採用的關鍵字。

　　群組1主要的關係為：採用學習策略將資訊素養融入學科領域。這一群組的關鍵字包含：資訊素養（頻率＝25）、探究式學習（頻率＝7）、資訊融入教學（頻率＝7）、Big6模式（頻率＝4）、Super3模式（頻率＝4）、學習成效（頻率＝4）、社會學習領域（頻率＝4）、協同教學（頻率＝3）、數位落差（頻率＝3）、資訊近用（頻率＝3）、Facebook（頻率＝2）、問題解

決（頻率＝2）、圖書教師（頻率＝2）、學業成就（頻率＝2）、性別（頻率＝2）、檔案評量（頻率＝2）、自然學習領域（頻率＝2）、自然與生活科技領域（頻率＝2）。例如：陳海泓（2015）以概念導向閱讀教學融入社會領域教學，探討對國小五年級學生閱讀動機、閱讀理解策略的運用能力與閱讀理解力的影響。陳昭珍等人（2017）建議從提高動機開始，採用CORI為框架引導學生投入閱讀活動，進行專題探究。林菁（2018）以Super3和Big6教學，對學科內容的學習與學習能力的提升都有具體的成效，並指出資訊素養教學和師資培育的重要性。賴苑玲等人（2019）探討社會領域與圖書教師協同教學，將Big 6模式應用於社會學科的影響，發現學生的積極度、小組合作程度明顯影響學習成果，並指出探究主題的選擇、資訊檢索能力、練習時間與小組合作意願的加強，是未來所需努力的方向。

群組2主要關係為：結合不同類型圖書館於K-12資訊素養教育。這一群組的關鍵字包含：媒體素養（頻率＝13）、公共圖書館（頻率＝4）、媒體素養教育（頻率＝4）、學校圖書館（頻率＝4）、兒童服務（頻率＝2）、合作服務（頻率＝2）、國中學生（頻率＝2）、夥伴關係（頻率＝2）、媒體使用行為（頻率＝2）、流行歌曲（頻率＝2）、行動研究（頻率＝2）、青少年服務（頻率＝2）。例如：賴苑玲（2011）探討公共圖書館與國小如何共同推廣閱讀活動，以提升學童的閱讀習慣與興趣。溫晏與柯皓仁（2011）透過資料整理與訪談館員，提出結合公共圖書館與學校圖書館服務的建議，期以提供更多資源、更完善與多元的服務給兒童、青少年以及學校教師。李宗薇與高麗娟（2012）以七首流行歌曲為素材融入教學活動，探討國小學童對流行歌曲的媒體素養之認知、情緒、美學、道德四面向的影響。李淑卿等人（2015）發展菸酒媒體素養教育課程，並評估教育介入之成效，研究結果顯示菸酒媒體素養教育介入可顯著提升學生菸酒媒體自我效能、批判菸酒媒體技能。

群組3之關係為：結合數位學習於K-12資訊素養教育。這一群組的關鍵字包含：數位學習（頻率＝3）、資訊科技（頻率＝3）、國民小學（頻率＝2）、學校效能（頻率＝2）、幼兒（頻率＝2）、幼兒園（頻率＝2）、幼教人員（頻率＝2）、新素養（頻率＝2）。例如：游寶達與賴膺守（2010）探討偏遠地

區數位落差的情況及其因應策略，並探討縮減偏遠地區國小學童數位落差的策略，預防學童在近用電腦與通訊設備不足的因素下造成資訊貧富的差距，並提出建議鼓勵偏遠地區家長參與學校資訊研習課程，藉以提升資訊能力與資訊素養，能夠協助教師進行教學活動或指導孩童學習。黃思華（2013）探討如何充分運用學校資訊科技資源，提升學生資訊素養及問題解決的能力。科技與網路的進步，線上閱讀已是普遍的閱讀活動之一，劉宜芳與柯華葳（2014）的研究發現，僅有14%的學童達精熟線上閱讀能力，建議在課程內容增加多文本間的整合能力，以及在線上搜尋時，關鍵字的產出對學童有一定之難度，建議在搜尋系統提供提示或範例的功能，期能有助於學童進行線上閱讀。

　　此外，從關鍵字分析得知，K-12資訊素養研究近期較新探討的議題為自然與生活科技領域（頻率＝2）、資訊素養教育與倫理（頻率＝2）、性別（頻率＝2）、流行歌曲（頻率＝2）、學習成效（頻率＝4）、問題解決（頻率＝2）。例如：林菁與張再明（2014）比較不同性別和學業成就之國小三年級學生資訊素養學習之差異情形，發現女生對資訊素養課程的學習成效較男生佳。莊盛宇與林菁（2017）的研究發現，資訊素養課程能持續提升高年級學生的問題解決能力，但不同性別的學習表現並無顯著差異，意即性別不是一個調節變項。莊雅婷（2019）運用大六教學法（Big6模式）融入自然與生活科技領域，發現此學習策略能提供學生的問題解決能力與學習成效，尤其對釐清問題能力有明顯地提升效果。張志銘、周倩（2019）實施不同教學法探討學生對資訊素養與倫理的學習成效與滿意度。

結論與建議

研究結論

　　整體而言，由上述分析可以得到下列結論：

（一）臺灣K-12資訊素養研究近十年呈現大幅減少的趨勢，相關研究者原本就不多，且K-12資訊素養教育通常都和中小學教育現場有連結，

很多研究者泰半已退休，而年輕的研究者並未銜接上來，這是一個值得關切的現象。

（二）K-12資訊素養相關研究發表的期刊以教育資料與圖書館學、圖書資訊學研究等圖書資訊領域期刊最多，此外因為資訊素養教育有跨領域屬性，所以發表在區域與社會發展研究、教育傳播與科技研究、科學教育、數位學習科技等期刊的研究也不少。

（三）就學制而言，K-12資訊素養研究對象以小學最多，高中次之，國中最少；顯示國中教師對資訊素養教育較少關心，相關研究者也比較少有機會和國中教師合作。

（四）資訊素養教育通常會和某領域結合，但從統計分析來看，大多數的研究並未有特定的合作領域，這可能和多數的研究對象是小學有關，因為小學教師通常為包班制，而非學科制。

（五）認知、情意、技能是教育相關研究重要的面向，而近十年來資訊素養相關研究面向以情意最多，其次為認知面向。

（六）研究採用VOSviewer 進行資訊素養相關研究之關鍵字聚類分析，得到三個關係較緊密的類群，第一類是：採用學習策略將資訊素養融入學科領域，第二類是：結合不同類型圖書館於K-12資訊素養教育，第三類是：結合數位學習於K-12資訊素養教育。

（七）數位素養、新素養、多元素養等新概念近十年來也出現在臺灣K-12資訊素養相關研究，但由圖書資訊領域學者發表者少，有關後設素養的研究則尚未出現。

（八）從近十年相關研究來看，臺灣K-12資訊素養教育比較少探討資訊素養之定義、理論概念及其變遷，多著重在資訊素養教育的實踐研究，相關實踐研究也尚未反應美國ACRL 2016年開始採用的高等教育資訊素養架構或AASL 2018年學習者標準之改變趨勢。

研究建議

資訊素養教育是108課綱非常重要的一環，但是臺灣在K-12資訊素養方

面的研究卻大幅下降，這是值得擔心的警訊。因為資通訊科技的進步，社會快速的改變，近十年除了資訊素養外，還有「媒體素養」、「數位素養」、「新素養」、「多元素養」、「後設素養」等名詞與概念出現，這些名稱與資訊素養相結合或取代之。美國ACRL在《資訊素養框架》中，採用後設素養（metaliteracy）概念，以強調學生做為資訊消費者和創造者成功參與合作性領域所需的一組全面性的綜合能力，它開啟資訊素養的全新願景。後設素養要求從行為、情感、認知以及後設認知上參與到資訊生態系統中。《資訊素養框架》基於後設素養之核心理念，特別強調後設認知，或稱為批判式反思（critical self-reflection），因為這對於在快速變化的生態系統中變得更加自主至關重要。而AASL2018年的《全國學校圖書館學習者標準》所強調的探究式學習、合作取向的認知過程、設計思考、成長心態、學習情境的多樣性、批判思考重於產生、個人化的使用資訊科技等理念都和臺灣的108課綱自發、互動、共好的精神不謀而合。國際發展趨勢以及臺灣108素養導向教育，值得圖書資訊學界關心並投入未來相關研究。

參考文獻

李宗薇、高麗娟（2012）。流行歌曲文本分析及教學：以國小六年級學生為例。**課程與教學**，**15**（1），pp91-118。

李淑卿、張鳳琴、李景美、苗迺芳（2015）。學生菸酒媒體素養教育介入效果評價研究。**學校衛生**，**67**，49-72。

林珊如（2010）。數位時代的閱讀：青少年網路閱讀的爭議與未來。**圖書資訊學刊**，**8**（2），29-53。

林菁（2018）。國小探究式資訊素養教育融入課程之研究：理論與實踐。**教育資料與圖書館學**，**55**（2），103-137。

林菁、張再明（2014）。國小三年級資訊素養教育課程成效之研究。**教育科技與學習**，**2**（1），35-70。

林菁、郭玫叔（2012）。國小一年級資訊素養教育教育課程實施成效之探討。**教育資料與圖書館學**，**50**（1），41-74。

林菁、謝欣穎（2013）。資訊素養教育與閱讀策略融入國小四年級〔我們的水族箱〕主題探究：以Big6模式為例。**圖書資訊學刊**，**11**（1），95-130。

侯政宏、崔夢萍（2013）。問題導向網路學習系統應用於國小五年級資訊素養教育與倫理之研究——著作權單元為例。**教育傳播與科技研究**，**104**，17-36。

張志銘、周倩（2019）。國小六年級網路品德教育的課程設計與實施之研究。**課程與教學**，**22**（4），1-25。

張祐華、宋慧筠（2017）。兒童圖書資訊利用教育之實施方式與感知學習成效——以國立公共資訊圖書館親子博士信箱為例。**圖書資訊學刊**，**15**（1），103-130。

莊盛宇、林菁（2017）。國小探究式資訊素養教育融入課程與問題解決能力之長期研究。**教育傳播與科技研究，116**，1-16。

莊雅婷（2019）。大六技巧教學法融入自然與生活科技領域教學對偏鄉國小五年級學生問題解決能力與學習成就之影響。**教育研究論壇，10**（2），219-246。

郭藍儀、陳海泓（2011）。Super3 技能融入國小一年級生活課程之探究。**區域與社會發展研究，2**，329-362。

陳昭珍、林吟燕、陳雅萍、高榛澧、張羽芳、梁鴻栩（2017）。概念導向閱讀教學（CORI）對國中生閱讀投入影響之研究。**圖書資訊學研究，12**（1），37-78。

陳海泓（2015）。CORI融入社會領域教學對國民小學五年級學生閱讀成效的影響。**教育科學研究期刊，60**（1），99-129。

陳海泓、陳昭珍（2018）。國民中小學閱讀與資訊素養教育融入教學現況調查。**圖書資訊學研究，13**（1），1-50。

曾品方、陳雪華（2019）。圖書館營運標準之研究：以美國學校圖書館為例。**圖書館學與資訊科學，45**（2），39-65。

溫晏、柯皓仁（2011）。臺灣公共圖書館與學校合作服務之研究。**國家圖書館館刊，100**（1），133-158。

游寶達、賴膺守（2010）。縮減偏遠地區數位落差行動研究。**數位學習科技期刊，2**（3），61-82。

黃思華（2013）。問題解決取向之資訊融入教學發展原則分析。**教育研究月刊，236**，57-71。

黃雅純、施錦村（2015）。教師使用 YouTube 影音分享網站行為意圖之研究。**華人前瞻研究，11**（2），129-141。

靳知勤、楊惟程、段曉林（2010）。引導式Toulmin論證模式對國小學童在科學讀寫表現上的影響。**科學教育學刊，18**（5），443-467。

劉宜芳、柯華葳（2014）。國小學生「線上閱讀素養測驗」之編製與線上閱讀能力表現之初探。**測驗學刊，61**（4），509-532。

賴苑玲（2011）。從推廣閱讀活動談公共圖書館與國小的合作機制。**臺北市立圖書館館訊，29**（1），25-36。

賴苑玲、伍桐慰、沈佩怡、陳曉萍、蔡如惠（2019）。圖書教師與社會領域教師協作教學之行動研究。**區域與社會發展研究，4**，3-27。

謝欣穎、林菁（2013）。國小三年級學生在資訊素養教育融入主題探究的科學探究學習態度表現。**教育傳播與科技研究，103**，1-15。

Association of College and Research Libraries, ACRL (2015, February 2). Framework for information literacy for higher education. American Library Association. http://www.ala.org/acrl/standards/ilframework

Addison, C., & Meyers, E. (2013). Perspectives on information literacy: A framework for conceptual understanding. *Information Research: An International Electronic Journal, 18*(3), n3.

American Association of School Librarians, & Association for Educational Communications and Technology, AASL & AECT (1998a). *Information power: Building partnerships for learning.* American Library Association.

American Association of School Librarians & Association for Educational Communications and Technology, AASL & AECT (1998b). *Information literacy standards for student learning.* American Library Association.

American Association of School Librarians, AASL (2007). *Standards for the 21st-century learner American Library Association.*

American Association of School Librarians, AASL (2018). *National school library standards for learners, school librarians, and school libraries.* American Library Association.

Bawden, D. (2001). Information and digital literacies: a review of concepts. *Journal of Documentation, 57*(2), 218-259.

Bruce, C. (1997). *The seven faces of information literacy*. Auslib Press.

Burke, J. L. (2017). From AASL standards to the ACRL framework: Higher education shifts in pedagogical strategies. *In the Library with the Lead Pipe*. Retrieved from http://www.inthelibrarywiththeleadpipe.org/2017/from-aasl-standards-to-the-acrl-framework-higher-education-shifts-in-pedagogical-strategies/

Budd, J. M., & Lloyd, A. (2014). Theoretical foundations for information literacy: A plan for action. *Proceedings of the American Society for Information Science and Technology, 51*(1), 1-5.

Chang, C. Y., Lai, C. L., & Hwang, G. J. (2018). Trends and research issues of mobile learning studies in nursing education: A review of academic publications from 1971 to 2016. *Computers & Education, 116*, 28-48.

Farmer, L. S. (2013). How AASL Learning Standards Inform ACRL Information Literacy Standards. *Communications in Information Literacy, 7*(2), 171-176. https://doi.org/10. 15760/comminfolit.2013.7.2.149

Filbert, N. W. (2016). Framing the Framework: The rigorous responsibilities of library and information science. *Reference & User Services Quarterly, 55*(3), 199-202.

Guo, L., Xu, F., Feng, Z., & Zhang, G. (2016). A bibliometric analysis of oyster research from 1991 to 2014. *Aquaculture International, 24*(1), 327-344.

Gerrity, C. (2018). The New National School Library Standards: Implications for Information Literacy Instruction in Higher Education. *The Journal of Academic Librarianship, 44*(4), 455-458. http://doi.org/10.1016/j.acalib.2018.05.005

Hwang, G. J., & Tsai, C. C.. (2011). Research trends in mobile and ubiquitous learning: a review of publications in selected journals from 2001 to 2010. *British Journal of Educational Technology, 42*(4), E65-E70.

Kapitzke, C. (2003). Information Literacy: A Review and Poststructural Critique. *The Australian Journal of Language and Literacy, 26*(1), 53-66.

Limberg, L., Sundin, O., & Talja, S. (2012). Three theoretical perspectives on information literacy. *Human IT: Journal for Information Technology Studies as a Human Science, 11*(2).

McMillan, J. H., & Schumacher, S. (2005). *Research in Education: Evidence-Based Inquiry* (6th ed.). Pearson.

Schroeder, R., & Cahoy, E. S. (2010). Valuing information literacy: Affective learning and the ACRL standards. *portal: Libraries and the Academy, 10*(2), 127-146.

Sample, A. (2020). Historical development of definitions of information literacy: A literature review of selected resources. *The Journal of Academic Librarianship, 46*(2), 102116. https://doi.org/10.1016/j.acalib. 2010.102116

Street, B. V. (1984). *Literacy in theory and practice*. Cambridge University Press.

第*16*章

2011-2020臺灣圖書資訊學領域之書目療法研究探析

陳書梅

本文簡介

本文聚焦於探討與分析2011年1月至2020年9月約十年間，臺灣圖書資訊學領域在書目療法方面的研究成果；筆者從臺灣的多個資料庫蒐集相關文獻，包括全國圖書書目資訊網、臺灣期刊論文索引系統、臺灣博碩士論文知識加值系統、政府研究資訊系統等。檢索所得顯示，近十年間有關書目療法研究的文獻，總計有104篇，其中53篇為實證研究文獻，51篇為非實證研究所得之文章；此等文獻的類型，包括期刊論文、專書、專書論文、研討會論文、研究計畫與研究報告、碩士學位論文、政策白皮書、研習班手冊等。接著，筆者運用內容分析法進行分析與歸納；同時，對照2011年之前書目療法研究發展的概況，最終，提出2011至2020年書目療法研究在臺灣圖書資訊學領域的趨勢，以及未來發展的前瞻方向。

書目療法的基本概念與歷史發展

　　自古以來即存在著閱讀能療癒心靈的概念。1916年，Crothers將此種概念稱為「書目療法」（bibliotherapy），此詞由"biblion"（圖書）與"therapeia"

（療癒）組合而成（Rubin, 1978）。由相關文獻可知，書目療法的英文名稱並不一致，舉例言之，如"reading therapy"（Clarke & Bostle, 1988）、"healing reading"（Jones, 2001）、"biblioguidance"、"literatherapy"等，但以"bibliotherapy"一詞為最多人所採用（Lu, 2005; Rubin, 1978）。而其中文名稱，亦有不同的譯名，如療癒閱讀、書目療癒、書目治療法（林呈潢，2003；柯明秀，2003；譚修雯，1994）、圖書醫療法（陳敏珍，1995）、圖書治療（鄭瑞菁，2005）、讀書治療（王萬清，1997；施常花，1988）、閱讀治療（吳淑玲，2001）、閱讀療法（王波，2014）等；觀諸文獻可見，在臺灣的圖書資訊學領域，近年多以「書目療法」稱之；而無論中譯名為何，其核心概念，皆是透過閱讀來療癒情緒，並增進個人的心理健康。

　　詳言之，書目療法是自然療法（naturopathic therapy）的一環，屬於非臨床醫學的心理治療輔助方式，其乃是以適當的素材為媒介，包括圖書資料和影音資源，讓因遭遇挫折或困境而陷入情緒低潮者，藉由閱讀舒緩負面情緒，使其能恢復到恬然安適（well-being）的狀態，並得以重啟個體內在的心理韌性與挫折復原力（resilience），最終，能勇敢面對現實生活中的挫折與不如意事件（陳書梅，2014a；McNicol & Brewster, 2018; Tukhareli, 2014）。

　　而書目療法的情緒療癒（emotional healing）原理，在於個人可透過與適合的閱讀素材互動，藉此意識到自己與素材中的角色人物有相似之境遇和生活經驗，因而產生共鳴，並對角色衍生心有戚戚焉之感；由此，當事者會覺察到個人所面臨的情緒困擾問題為何，此即為所謂的「認同」（identification）作用；在閱讀的過程中，當事者會隨著角色人物起起伏伏的境遇而心情波動，從而一起經歷喜怒哀樂；藉此，個人能釋放負面情緒，並使心情恢復平靜，如此，得以發揮情緒上的「淨化」（catharsis）作用。最終，當事者能對角色人物的作為，產生觀察學習（observational learning）的效果；亦即，其能由素材裡角色人物解決問題的方式獲得啟發，進而體悟到應如何解決自身的情緒困擾；其後，當事者或是仿效角色人物的作法，或是思考更妥適的方法，來面對個人的困境，此乃是素材對當事者發揮了「領悟」（insight）的作用。而經過上述的三個心理歷程，即是素材對

當事者產生情緒療癒的效用（陳書梅，2014a；McNicol & Brewster, 2018; Rubin, 1978; Tukhareli, 2014）。

在書目療法的類型上，一般多依施行的對象分為兩大類。首先，由醫療專業人員針對心理疾病患者實施的，稱為「臨床性書目療法」（clinical bibliotherapy）；而由圖書館員、助人工作者等，對心理健康、但遭遇情緒困擾問題的一般民眾施行，或是由當事者個人或其親友為之者，則稱為「發展性書目療法」（developmental bibliotherapy）（陳書梅，2014a；McNicol & Brewster, 2018; Rubin, 1978; Tukhareli, 2014）。另外，書目療法進行的方式，可由他人導讀素材，並與之互動討論，以從中引導當事者經歷認同、淨化、領悟的心理狀態，此種作法是為「互動式書目療法」（interactive bibliotherapy）；而若係當事者自行閱讀情緒療癒素材，並未與他人互動討論，則稱為「閱讀式書目療法」（reading bibliotherapy）（Forrest, 1998; Hynes & Hynes-Berry, 1986; Stanley, 1999）。

就書目療法發展的歷史看來，在國外，其正式發軔於圖書館與圖書館學（Baruchson-Arbib, 1996; Rubin, 1978; Tukhareli, 2014）。詳言之，在20世紀以來，英國的許多圖書館，皆對書目療法產生興趣，彼等將閱讀視為療癒處方的一環；一些醫院圖書館亦施行「書目療法服務」（bibliothera-peutic service），協助患者紓解病痛所致的負面情緒，也認同圖書館係醫師們取得具情緒療癒效用圖書之重要機構（Clarke & Bostle, 1988）。

近年來，英國、澳洲、紐西蘭等，皆有由醫療專業機構和公共圖書館合作的「處方書」（Books on Prescription, BOP）計畫。此計畫最早於2003年在英國威爾斯（Wales）的卡地夫（Cardiff）推行，由心理醫師與諮商師挑選心理自助書，供輕度心理疾病的患者閱讀，作為藥物之外的輔助治療方式；有需要者可至公共圖書館中免費借閱圖書（Hall-Tout, 2003）；而此模式取得正面的迴響，在政府單位的支持下，英國的多個地區亦相繼推動此計劃，將醫療專業人員提供的書單，置於公共圖書館中，供民眾自由借閱（Brewster, 2009）。

而自2013年起，慈善機構The Reading Agency整合相關資源，於全英國實施"Reading Well Books on Prescription"（簡稱Reading Well），其所提供的

書目，除了針對生理與心理疾病患者外，近年亦開始提供兒童與青少年的書單，以及由英國的一般讀者、讀書會等挑選的「情緒提振書單」（mood-boosting books）。同時，讀者亦可在Reading Well網站上填寫表單，向該單位提供個人的閱讀心得（The Reading Agency, 2020）。而澳洲與紐西蘭亦效法英國，推出處方書計畫，在部分地區的圖書館推展書目療法服務，藉此提升公眾對心理健康的意識，並得以讓未求診但有需求的民眾，或因偶發事件而陷入情緒低潮者，能在醫療機構以外，取得可信之健康相關資源，並透過閱讀來自我療癒（Carty, Thompson, Berger, Jahnke, & Llewellyn, 2016）。

　　至於美國方面，則係自20世紀起，醫院圖書館亦常針對住院的病患，施行書目療法服務（Lu, 2005; Moody & Limper, 1971; Perryman, 2006）。其後，書目療法亦被納入圖書館學的課程中，並正式獲得美國圖書館學會（American Library Association, ALA）認可為圖書館事業的一環（Jack & Ronan, 2008; Moody & Limper, 1971; Rubin, 1978; Tukhareli, 2014）；同時，一些醫師、心理學家、教育界人士以及社會工作者等，也關注此議題（Jack & Ronan, 2008; Lu, 2005）。及至1950年代，書目療法更在美國一般社區的公共圖書館、學校等發展開來（McNicol & Brewster, 2018; Rubin, 1978）。迄今，ALA網站之「圖書館學會研究及圖書館相關議題」（ALA research and library topics）中，亦列有書目療法的介紹，並彙整圖書館推展書目療法服務時可參考的文章、研究報告及專書書目等相關資料（American Library Association, 2012）。

　　綜合上述可知，在國外，書目療法源起於圖書館界，且行之有年。晚近，國內一項書目療法期刊文獻的資訊計量研究指出（黃聖芬，2018），1916至2017年的百年之間，收錄於國外的綜合性資料庫Web of Science之三個子資料庫：社會科學引文索引資料庫（SSCI）、自然科學引文索引資料庫（SCIE）和藝術與人文學引文索引資料庫（A&HCI），以及ProQuest的SciTech Premium Collection與Social Science Premium Collection兩個資料庫中的書目療法文獻，總計共有1,345篇；其中，美國與英國分別出版691篇及352篇；文獻量最多的是2005至2017年，12年間共出版592篇文獻，平均

每年49篇。此結果顯示出，書目療法已發展成一個跨領域的學科，而且自20世紀以來，英國與美國的書目療法研究持續發展，無論在圖書資訊界、醫學界、心理學界、教育界等，皆有豐富的研究成果（陳書梅，2008；黃聖芬，2018）。

書目療法研究在臺灣圖書資訊學領域之過往發展

由前述的書目療法期刊文獻的資訊計量研究（黃聖芬，2018）亦可發現，在1916至2017年間，收錄於國外的相關資料庫中，臺灣的書目療法研究僅有8篇，由此，反映出此議題的研究在臺灣的圖書資訊領域，尚有再充實的空間。

2013年，筆者曾撰寫〈書目療法研究在臺灣圖書資訊學領域之發展〉一文，當中蒐集了1994至2010年間，臺灣圖書資訊學領域書目療法研究的相關文獻，並運用內容分析法進行探討（陳書梅，2013a）。結果顯示，自1994年開始即可見書目療法的文獻（陳書梅，2003；譚修雯，1994）；然至2005年，始有此議題之實證研究發表（盧宜辰，2005；陳書梅、盧宜辰，2005）。而在此17年之間，臺灣圖書資訊學領域的書目療法文獻總計有21篇，包括期刊論文11篇、專書2冊、研究計畫及研究報告3篇、碩士論文5篇。

然而，前次的研究迄今已近十年。隨著時間更迭，在臺灣的圖書資訊領域，已有更多的研究探討書目療法議題，且亦有不少圖書館在施行書目療法服務；因此，了解書目療法研究在臺灣圖書資訊領域之新近發展與研究的趨勢，確有其意義和必要性。爰此，筆者乃再次檢索臺灣的資料庫，蒐集2011年1月至2020年9月的約十年間，發表於圖書資訊學領域之書目療法文獻；同時，透過內容分析法，分析所蒐集的文獻；接著，對照筆者於2013年發表的〈書目療法研究在臺灣圖書資訊學領域之發展〉之研究結果，從而歸納出書目療法研究於晚近十年間的進展情形；最後，則提出前瞻與未來研究的建議，供學術界和圖書館實務界同道參考，期能促進書目療法研究在臺灣圖書資訊學領域之蓬勃發展。

書目療法研究在臺灣圖書資訊學領域之發展現況

　　筆者以中文關鍵詞「書目療法」、「書目療癒」、「療癒閱讀」、「閱讀療法」、「讀書治療」，以及英文關鍵字"bibliotherapy"、"healing reading"、"reading therapy"等，檢索「全國圖書書目資訊網」、「臺灣期刊論文索引系統」、「臺灣博碩士論文知識加值系統」，以及「政府研究資訊系統」等資料庫，查詢臺灣地區圖書資訊學領域之書目療法文獻；同時，亦透過Google檢索「書目療法論文」，以補充未收錄於上述資料庫中的研討會論文和相關資料。筆者蒐集資料的範圍，包括圖書資訊學領域之學術期刊論文、臺灣各大學圖書資訊學相關研究所之學位論文、發表於相關期刊之文章，以及國內外研討會的論文等。

　　由檢索結果可知，近十年之間，臺灣圖書資訊學領域的書目療法文獻，已累積至104篇；其中，包括實證研究和非實證研究之相關文章。詳言之，從2011年1月至2020年9月為止，臺灣圖書資訊學領域裡的104篇書目療法文獻中，屬於實證研究者，共計53篇；包含學術期刊論文22篇、專書3冊、專書論文3篇、研討會論文4篇、研究計畫及研究報告6篇、碩士論文15篇。另外，亦有刊載於一般期刊的文章35篇、專書論文2篇、研討會論文3篇、電子報8篇、圖書館年報1篇、政策建言書1篇、研習班手冊1冊，共計51篇。以下茲依照實證研究與非實證研究的順序，分別詳述此等文獻之主題與內容。

實證研究之文獻

　　首先，在學術期刊論文部分，則在全部22篇當中，18篇為陳書梅之個人著作或擔任第一作者之文獻；其中，發表在圖書資訊學領域的一級期刊者計有6篇，如〈電影的情緒療癒效用研究——以失戀之大學生為例〉（陳書梅、葉瑋妮，2016）、〈愛情小說之情緒療癒效用研究——以遭遇感情困擾的大學生為例〉（陳書梅，2014c）、〈小說對大學生之情緒療癒效用研究〉（陳書梅、張簡碧芬，2014）等。除了陳書梅之外，亦有4篇由其他作者發表的書目療法期刊論文，例如王姿元、楊美華（2014）〈高中圖書館施行發

展性書目療法服務之研究〉；吳善揮（2017）〈以蘇打綠歌曲提升青少年的挫折復原力——兼論香港公共圖書館向青少年讀者提供相關服務之建議〉、陳綉麗、江姮姬（2020）〈書目療法個案研究——以一位園藝工作者為例〉等。

　　其次，在專書方面，臺灣圖書資訊學領域近十年間出版之書目療法專書共有3冊。詳言之，3冊專書皆由陳書梅所撰，分別為《從沉鬱到淡定：大學生情緒療癒繪本解題書目》、《從迷惘到堅定：中學生情緒療癒繪本解題書目》以及《從孤寂到恬適：樂齡情緒療癒繪本解題書目》（陳書梅，2014a，2018a，2018b）。此3本解題書目，皆綜整自「科技部專題研究計畫」與教育部「國立臺灣大學邁向頂尖大學研究計畫」（簡稱邁頂計畫）之實證研究成果，其中，針對中學生、大學生及樂齡族等不同年齡層常見的情緒困擾問題，臚列了適合彼等閱讀的情緒療癒繪本；同時，亦附上內容簡介、繪本的認同、淨化、以及領悟之情緒療癒效用分析。

　　再次，在專書論文方面，亦有3篇的作者為陳書梅，分別是《一〇八年中華民國圖書館年鑑》中的專文〈圖書館書目療法服務在臺灣之發展與前瞻〉（陳書梅，2020）、《王振鵠教授九秩榮慶論文集》中的〈發展性繪本書目療法與兒童之心理健康〉（陳書梅，2014b），以及《圖書資訊學學術研究》中的〈書目療法研究在臺灣圖書資訊學領域之發展〉（陳書梅，2013a）。

　　另外，學術性之書目療法研討會論文共有4篇，皆由陳書梅擔任第一作者，其中，Exploring the emotional healing efficacy of the Holy Bible: The case of the Christian students of National Taiwan University（Sheih & Chan, 2019），發表於國立臺灣師範大學主辦之「2019年圖書館學與資訊科學國際研討會」（Proceedings for the 2019 International Conference on Library and Information Science（ICLIS）；另外3篇則分別發表於2014年、2015年及2017年由輔仁大學舉辦之「圖書館與資訊社會研討會」（陳書梅，2017；陳書梅、李宜玲，2015；陳書梅、葉瑋妮，2014）。

　　至於研究計畫與研究報告方面，則計有6篇，其中5篇係由陳書梅擔任主持人。詳言之，有兩項「科技部專題研究計畫」，包括「繪本的情緒療癒功能研究——以臺灣地區之中學生為例」（陳書梅，2014d），以及2016年「繪本對樂齡者之情緒療癒效用研究」，後者與臺灣大學社會工作學系楊

培珊教授協同主持。另外3篇則係邁頂計畫，時間先後依序為「大學生情緒療癒繪本書目建置之研究」、「電影情緒療癒功能之質化研究——以困惑於生涯發展之大學生為例」以及「國中生情緒療癒繪本之研究」（陳書梅，2013b，2014e，2016a）。再者，中華民國圖書館學會「閱讀與心理健康委員會」（簡稱閱讀與心理健康委員會）與「公共圖書館委員會」，於2019年4月至5月間，針對臺灣兩所國立公共圖書館以及22縣市之公共圖書館總館，以線上問卷的方式，進行「公共圖書館提供書目療法服務現況及意願調查」，研究結果於「繪本療癒，預約幸福：2019年公共圖書館繪本書目療法服務論壇」中發表（閱讀與心理健康委員會、公共圖書館委員會，2019）。

　　而在學位論文方面，則計有15篇碩士論文，係以書目療法為研究主題，或在研究中，應用書目療法的原理，分析部分的研究資料。其中，探討素材對特定對象之情緒療癒效用者，包括周士茹（2018）《成人繪本對成年初期族群之情緒療癒效用研究——以幾米繪本為例》、陳倩兒（2016）《《聖經》對基督徒之情緒療癒效用探析——以臺大學生為例》、孫聖昕（2015）《繪本對高中職學生之情緒療癒效用研究——以遭遇自我認同情緒困擾者為例》、黃士軒（2015）《影視作品的情緒療癒效用研究——以台北市之男性街友為例》、李宜玲（2013）《資優女高中生情緒療癒之研究——繪本書目療法之應用》等。另外，圖書館實施書目療法服務之個案研究，如于美真（2019）《大學圖書館設置發展性書目療法服務專區之個案探討》、蔡欣融（2020）《情緒療癒繪本於公共圖書館書目療法服務之應用——以鹿野鄉立圖書館為例》；至於圖書館書目療法服務之需求研究，則有王姿元（2013）《高中職圖書館施行發展性書目療法服務之研究》等。同時，亦有黃聖芬（2018）從事《1916-2017書目療法期刊文獻資訊計量研究》。再者，亦有一些論文，其主題雖非聚焦於書目療法方面，但其中的部分內容，係從書目療法的觀點來探討，如楊函倞（2019）《反烏托邦小說迷閱讀行為研究：以《飢餓遊戲》讀者為例》、陳絹諺（2018）《於繪本療癒中親職化兒童心理轉變歷程之探索性研究》、張婕妤（2015）《愉悅閱讀過程中的正面情緒——以臺灣女性閱讀BL作品所得之「療癒感」為例》等。

非實證研究文獻

在非實證研究之文獻中，計有期刊文章35篇、專書論文2篇、研討會論文3篇、電子報8篇、年報1篇、政策建言書1篇、研習班手冊1篇，共計51篇。以下詳述之。

非實證研究的期刊文章，常見的內容包括介紹書目療法的理念、國內外圖書館推展書目療法服務的概述、閱讀素材的情緒療癒效用分析、館員推展書目療法服務的實務經驗等，相關刊物包括《全國新書資訊月刊》、《臺灣出版與閱讀》、《公共圖書館研究》、個別圖書館之館刊等。例如，彭懷真（2019）〈閱讀與摺痕：分享幾本減輕創傷的好書〉、蔡明曄（2019）〈淺談英國的閱讀療癒〉、陳書梅（2016b）〈運用「書目療法」找回挫折復原力〉、〈書目療法特展——與暖心的知己相遇〉（曾昱嬙，2019）等。其中，2019年，期刊《公共圖書館研究》邀請「繪本療癒，預約幸福：公共圖書館繪本書目療法服務論壇」的5位主講者，將各館推展書目療法服務的經驗，撰寫為實務論文發表，包括〈公共圖書館推展書目療法服務之實務探討——以臺中市立圖書館為例〉（陳書梅、張曉玲、陳綉麗，2019）、〈公共圖書館推展發展性互動式兒童書目療法服務經驗談——以桃園市立圖書館「心靈處方箋」系列活動為例〉（胡心慈，2019）、〈高雄市立圖書館推展書目療法服務之實務初探〉（郭千蜜、潘莉娟，2019）、〈兒童與樂齡族之繪本書目療法服務——斗六市立繪本圖書館的實務工作分享〉（沈秀茹，2019），以及〈從主題書展到「書目療癒區」——鹿野鄉立圖書館書目療法服務之實務經驗談〉（鄭瑞蓮，2019）。

其次，2篇專書論文，分別為《散播閱讀火苗的人：臺灣圖書教師的故事》一書中的〈歡迎光臨解憂圖書館——一間有溫度的圖書館〉（賴玉敏，2019）；以及陳書梅（2011）〈繪本書目療法與臺灣之兒童閱讀推廣活動〉一文，刊載於澳門圖書館暨資訊管理協會出版之《兩岸三地閱讀推廣》一書中。

而在研討會論文方面，則有3篇發表於臺灣、大陸以及韓國的研討會，其中2篇由陳書梅發表，包括於大陸江蘇省南通市舉辦之「第六屆全國情感教育年會」，以及韓國首爾舉行的「The 6th International Symposium on

Library Services for Children & Young Adults」（陳書梅，2015；Sheih, 2012）。同時，亦有王嘉萍、甘邵文（2019）共同撰寫〈由「知識殿堂」發展到「心靈療癒所」──談中學圖書館在發展性書目療法服務上的施行與推廣〉一文，發表於「第八屆世界華文學校圖書館論壇」中，會議地點為台北市。

　　而電子報及圖書館年報，則多係書目療法論壇之紀實、館員參加研習班或培訓課程之心得紀錄等。舉例言之，〈「2017年書目療法服務圖書館實務經驗分享」論壇活動回顧〉（陳書梅、童敏惠，2017）、〈發現閱讀的療癒力──參加「2017年書目療法種子教師」培訓課程有感〉（沈守真，2017）、〈用閱讀培養青少年的堅韌力：「2018年書目療法服務中學圖書館實務經驗分享」論壇紀實〉（陳書梅、蔡天怡，2018）、〈2019年「公共圖書館繪本書目療法服務」論壇紀要〉（童敏惠、胡心慈，2019），此等電子報，多刊登在《中華民國圖書館學會電子報》；而〈「閱讀、健康、堅韌力：書目療法專業知能」研習──紀要及心得〉（陳怡婷，2018），則收錄在作者所屬之圖書館的年報中。

　　此外，在2016至2017年間，國家衛生研究院「兒童醫學及健康研究中心」，接受衛生福利部的委託，主導《2030兒童醫療與健康政策建言書》之編撰工作。該單位邀請圖書資訊學領域的學者陳昭珍與陳書梅，分別擔任召集人與副召集人，並由圖書資訊、教育、醫療領域之13位專家學者展開跨界合作，撰寫及研議「閱讀與健康」的章節。該章節內容，包括臺灣目前以閱讀促進兒童身心健康的現況、執行上的困難、以及未來如何推動以閱讀促進兒童健康的目標與實施之策略等具前瞻性的專業建議，供政府相關部會制訂政策和施政的參考（閱讀與健康，2019）。至於研習手冊，則為國立臺灣大學圖書資訊學系（2018）所編之「107年閱讀、健康、堅韌力：書目療法專業知能研習班」的研習班手冊。該研習班由閱讀與心理健康委員會、國立臺灣大學圖書資訊學系合辦，對象為圖書館從業人員，以及對書目療法有興趣者。研習班共有五天課程，除了由陳書梅講授書目療法的基礎理論外，亦邀請曾出版情緒療癒繪本之出版社的負責人、擁有書目療法實務經驗的醫師、圖書館員等，分別以不同的專業角度，切入書目療法

的各個層面。

　　整體而言，在實證研究方面，自2011年以來，所有研究皆屬於針對一般心理健康者的發展性書目療法之範疇。至於研究主題方面，則以探討素材是否對特定族群產生情緒療癒效用的研究為大宗；其中，在53篇實證研究中，39篇探討素材對不同族群讀者之情緒療癒效用、5篇為不同類型圖書館讀者對書目療法服務的需求研究、4篇為圖書館施行書目療法服務之現況調查、2篇為圖書館推展書目療法服務的個案研究、2篇為對個人施行書目療法的個案研究、1篇為全球書目療法學術期刊文獻之書目計量研究。

　　而在作者方面，產量最豐富者為陳書梅，計有專書3冊、專書論文4篇、學術期刊論文18篇、研討會論文6篇、研究計畫及研究報告5篇，非實證研究文章10篇，總計46篇，並指導6位碩士研究生之學位論文。除了陳書梅外，亦有多位圖書資訊學研究所之碩士研究生、大學及公共圖書館館員、中學校長、圖書館主任、圖書教師、文化工作者等，撰寫書目療法的實證研究論文與非實證研究的文章。

　　綜整檢索所得之相關文獻可發現，截至2020年9月為止，臺灣圖書資訊學領域的書目療法研究，實證研究有53篇，非實證研究有51篇，合計共有104篇。相較於2011年以前之21篇，近十年的書目療法研究之文獻量，呈現了約五倍數的成長。而分析此104篇文獻發表的年份，得知2011及2012年，各有3篇及1篇發表，其中2篇為實證研究之論文；及至2013年開始，則有大幅度的成長；其中，發表最多者為2019年，共計有30篇，包括6篇實證研究文獻與24篇非實證研究文獻；最少為2015年的9篇；而在2013至2019年，平均每年發表13.8篇。由此可見，自2013年起，書目療法的實證研究文獻與非實證研究文獻，在臺灣皆穩定成長。

　　經進一步分析，吾人可發現，在期刊論文方面，2011年之前共有11篇，而其中之實證研究論文僅有1篇。然自2011年以來，實證研究之期刊論文呈現極高倍數的成長，計有22篇；究其原因，應如前文所提，近十年投入書目療法研究的學者著作量增加，且有更多專家學者從事此議題的探討。另一方面，2011年迄今，非實證研究文獻亦大幅增加至34篇，此等文獻的作者包括專家學者、圖書館從業人員、文化工作者等。

在專書方面，2011年之前，正式出版的專書僅有1冊《兒童情緒療癒繪本解題書目》（陳書梅，2009），以及2008年辦理之書目療法研討會之會議手冊；加上近十年出版的3冊情緒療癒繪本解題書目，至今已有5冊專書面世。然而，由前述可知，閱讀與心理健康委員會在2017至2019年間，連續三年皆辦理全國性的圖書館書目療法服務之大型論壇，但因現今網際網路發達，主辦單位僅建置網站，上傳講者演講的投影片，供有需要者下載。故此，近十年來並未見書目療法研討會之會議手冊。

至於研討會論文方面，則在2011年之前，並未見任何以書目療法為主題之研討會論文。但自2011年迄今，則共有7篇發表；其中4篇為實證研究結果之呈現，3篇則為論述性的論文；同時，7篇論文中，有2篇係以英文撰寫，投稿於國際研討會中；另外5篇則以中文撰寫。而由前述亦可知，在2011年之前，並未見有任何圖書資訊學領域之專書論文和電子報，刊載書目療法相關議題之文章；及至2011年之後，始有相關文獻收錄於專書論文與電子報中。

而在研究計畫與研究報告方面，觀諸2011年之前發表者，皆為教育部提供經費的邁頂計畫；而在2011至2020年間，除了三項邁頂計畫外，亦有兩項科技部之研究計畫。同時，亦有一項針對兩所國立公共圖書館，以及全臺灣22縣市之公共圖書館總館進行之調查研究，凡此，皆顯示書目療法實證研究的範疇更廣，面向更趨多元，且規模也更擴大。

此外，在學位論文方面，2011年之前計有5篇碩士論文，皆為國立臺灣大學圖書資訊學研究所之研究生所撰寫。2011年以來，則有15篇碩士論文，呈三倍數成長。其中，有7篇之作者係國立臺灣大學圖書資訊學研究所之碩士生；7篇出自國立政治大學圖書資訊與檔案學研究所，當中有5篇係該所的數位碩士在職專班學生所撰。而國立臺灣師範大學圖書資訊學研究所之論文則有1篇；換言之，近十年間，除了國立臺灣大學圖書資訊學研究所之外，有更多學校的研究生對此議題感到興趣，進而投入此方面的研究。

書目療法研究在臺灣圖書資訊學領域之前瞻

綜整前述所蒐集之104篇書目療法文獻的特性，吾人可發現，在臺灣圖書資訊學領域之書目療法研究，無論在研究的主題、研究對象及研究場域方面，皆有可再拓展與精進的空間。基此，筆者提出八項建議，以供未來研究者參考。茲詳述如下。

擴展書目療法研究的主題與採用多元的研究方法

深入分析2011年1月以來的53篇實證研究文獻可知，探討素材是否具有情緒療癒功能之研究共有39篇，約佔全部研究的70%，可見此為近十年來書目療法研究主要的面向。換言之，書目療法其他面向的研究，例如讀者對書目療法服務需求之研究，抑或是圖書館服務現況調查等層面的研究較少。基此，建議未來之研究，可擴大研究主題的範圍，例如針對全臺灣各類型的圖書館，進行此等面向之研究。

而在研究方法方面，目前可見，許多研究係以訪談法與內容分析法來進行，問卷調查法、行動研究法、實驗法等則仍不多。根據過往文獻可知，實驗法、訪談法及評量表皆為常見的書目療法之實證研究方式；其中，針對心理健康的一般人，適合透過訪談法，引導當事者敘述個人閱讀相關素材後的心理感受，以從中了解所運用的素材是否具有情緒療癒功能。至於採用評量表進行前測、後測，並將研究對象分為實驗組及對照組作比較，則較適合用以評估心理疾病患者在閱讀素材後的心理變化狀態。而臺灣圖書資訊學領域近十年來的實證研究，多係針對心理健康、但有情緒困擾者，進行探索性研究；因此，此等研究主要以訪談法來進行。建議未來的研究，可與醫師、臨床心理師等醫療專業人員合作，以心理疾病患者為對象，從事臨床性書目療法的研究。研究者可選擇適合的場域，嘗試採取實驗法、評量表等進行資料蒐集，如此，得以量化數據分析何種素材能對心理疾病患者發揮情緒療癒之效；同時，亦能更加厚實書目療法的理論基礎。

加強不同類型素材的情緒療癒功能研究

誠如前述，2011至2020年9月間，共有39篇文獻，主題係素材之情緒療癒功能的實證研究。其中，有19篇針對繪本之情緒療癒功能進行分析，8篇以電影為主題，涉及小說者則有4篇，另有2篇為聖經、1篇為流行音樂；至於漫畫、傳記、散文、詩歌、心理自助書、兒童故事等素材，則並未見有完整的研究探討；此外，亦有5篇文獻，係分別以兒童、大學生及女性BL作品讀者為對象，比較不同類型的文學作品，對此三族群是否具有情緒療癒效用。事實上，書目療法可應用的素材類型甚為廣泛，舉凡人類文明的紀錄，無論以何種形式的載體出現，包括文字印刷的圖書資料或是非文字印刷之影音資源，皆是可以運用的素材。

舉例言之，屬於心靈勵志書籍的心理自助書（self-help books），在臺灣大受歡迎（王乾任，2017；陳宛茜，2019）；尤其，許多由精神科醫師、臨床心理師、諮商心理師等專業人士撰寫的優質心理自助書，亦紛紛在臺灣出版。國外有不少研究指出，心理自助書是書目療法常運用的情緒療癒素材之一（McNicol & Brewster, 2018）；如前文所提，英國、澳洲、紐西蘭等之處書方計畫，亦納入許多心理自助書。然而在臺灣，目前僅見3篇非實證研究的文章，分析心理自助書的情緒療癒作用（凃均翰，2019；彭懷真，2019；詹宇霈，2019）。再者，當代是圖像世代和影音世代，民眾偏好閱讀圖像化的資料和影音資源，因此，繪本、圖文書、漫畫、以及動畫、電影、電視連續劇等影視作品、或是音樂歌曲等，皆深受現代民眾喜愛，而此等素材的情緒療癒效用，亦是書目療法研究可探討的範疇。

觀諸近十年來的研究，雖然繪本的情緒療癒功能研究相對較為豐富，但圖文書、漫畫等圖書資料，以及影視作品等影音資源方面，仍較少相關的研究成果；具體而言，有關電影的情緒療癒功能之實證研究有9篇，尤其，探討音樂歌曲者更僅有1篇，實屬少數。因此，建議未來之研究，可再加強心理自助書、圖像式的圖書資料，以及音樂歌曲、影視作品等影音資源的情緒療癒功能探討。

加強編撰書目療法素材解題書目

　　將適合的情緒療癒素材，給予有需要者，係讓個人閱讀後獲得情緒療癒之效的關鍵，此亦是圖書資訊界一直以來所秉持的「在適當的時間，提供適當的圖書給適當的讀者（to provide the right book to the right reader at the right time）」（Drury, 1930）的理念所在。因此，若能事先蒐集具有情緒療癒效用之素材，並分析該素材適合何種年齡層、因哪些情緒困擾問題而衍生負面情緒之族群，當有助於圖書館書目療法服務之推展。目前，臺灣已有4本由陳書梅撰寫之情緒療癒繪本解題書目，其針對兒童、中學生、大學生、樂齡族等常見的情緒困擾問題，臚列適合彼等閱讀的繪本；至於其他類型的情緒療癒素材，則仍散見於各項實證研究之期刊論文、研究報告、會議論文、一些圖書館的網頁以及碩士論文中；舉例言之，如國立清華大學圖書館的「心靈驛站」部落格、高雄市立圖書館的「心靈維他命」書單、臺中市立圖書館的「閱讀解憂書房」等。

　　然而，市面上不斷有新的繪本、小說、音樂、歌曲、影視作品等出版或發行，因此，建議從事書目療法研究者，可定期針對新近出版的素材，編撰解題書目；如此，可讓有心推展書目療法服務的圖書館，有便利的管道來蒐集與發展情緒療癒館藏資源，最終造福讀者。

針對更多元的族群與場域進行書目療法研究

　　2011至2020年9月的文獻中，有39篇實證研究係探討不同素材對特定族群是否具有情緒療癒效用。在此等研究之對象中，若以年齡層區分，則可見以大學生在內的成年期初期最多，共有17篇；其次為國中及高中職的青少族群，共計10篇；而12歲以下的學齡兒童和55歲以上的樂齡族，則分別有4篇及3篇。再者，有5篇研究之對象並未以年齡劃分，包括台北市之男性街友2篇、BL作品女性讀者2篇、反烏托邦小說讀者1篇。

　　換言之，目前書目療法研究的對象，主要係學齡兒童、青少年、大學生以及樂齡族群，至於在學齡前的嬰幼兒以及中壯年族群方面，則仍缺少相關的研究。然而，嬰幼兒也會因一些需求未得到滿足，或遇到挫折與壓

力事件，而衍生負面情緒；但因其語言表達能力尚未成熟，常會以哭鬧的方式為之，讓父母或照顧者感到擔憂與煩惱（洪儷瑜，2009）。另一方面，新聞媒體指出，中壯年族群係「三明治世代」，除了面臨工作上的壓力外，更同時肩負奉養父母、養育未成年子女的責任，可謂是社會中壓力最沉重的族群，容易積累負面情緒（翁浩然，2019；黃漢華，2015）。換言之，此二族群亦有情緒療癒的需求；對此，建議可針對嬰幼兒及中壯年族群常見的情緒困擾問題，進行情緒療癒素材的研究。

近年來，社會包容（social inclusion）與弱勢族群的福祉，也是圖書館實務界和社會關注的議題（Muddiman, Durrani, Dutch, Linley, Pateman, & Vincent, 2000; Pateman & Vincent, 2010）。而弱勢族群有其獨特的情緒困擾問題，故如何提升此等族群的心理韌性，並增進其心理健康，亦值得探討。然而，在近十年的書目療法研究中，僅有3篇係以弱勢族群為對象，包括街友、中輟生等。因此，建議後續可針對更多弱勢族群之心理需求，以及適合彼等閱讀的情緒療癒素材進行研究。另外，亦可將研究的場域擴大，例如，在安養機構、醫療院所、矯正機構等場域進行書目療法研究。

加強個別圖書館書目療法服務模式的研究

閱讀與心理健康委員會自2015年11月中旬成立以來，曾多次針對不同類型圖書館從業人員辦理培訓課程；因此，近年來，無論是公共圖書館、大學圖書館、學校圖書館及專門圖書館，皆已有一些曾接受培訓的館員，藉由辦理療癒閱讀活動，來推展書目療法服務；同時，亦將參與培訓課程的心得，或後續辦理活動的相關經驗，發表於《中華民國圖書館學會電子報》、個別圖書館之館刊等；而就目前所見的文獻，又以公共圖書館施行書目療法服務模式的個案佔大宗，其他類型圖書館的文章，則相對較少。

爰此，建議各類型圖書館，尤其是大學圖書館、學校圖書館及專門圖書館等，可鼓勵館員，將參與培訓、推展書目療法服務模式等經驗撰寫為文，以供其他館員推展服務時參考，同時促進書目療法服務實務工作的經驗交流。

加強圖書館書目療法服務需求之研究

　　2011年迄今的書目療法研究中，僅有5篇探討特定族群對圖書館書目療法服務之需求研究，包括1篇兒童讀者對公共圖書館的需求、2篇探討高中職師生對學校圖書館的需求、2篇則討論大學生對大學圖書館的需求；而且，5篇文獻發表的年份皆為2014年或之前；換言之，2015年迄今的五年來，並未見有研究著墨於圖書館書目療法服務需求方面的研究。

　　然而，圖書館為讀者而存在，讀者的需求會隨著時代變遷、社會脈動而變化，因此，吾人應定期評估讀者對圖書館服務的需求，並依此精進服務的內容與項目。國家圖書館的《臺灣閱讀風貌及全民閱讀力年度報告》、以及媒體報導等皆揭示，值此亂世，臺灣社會興起了療癒閱讀的潮流（王乾任，2017；國家圖書館，2019，2020；陳宛茜，2019），民眾有著療癒閱讀的需求；基此，建議各類型的圖書館，可定期針對讀者，進行深入的調查，以從中了解彼等對書目療法服務及情緒療癒館藏資源的需求，如此，一方面可讓圖書館更明瞭讀者的多元需求，從而能提供相應的服務，並得以善盡圖書館的社會責任。

進行跨領域合作與長期縱貫性的研究

　　爬梳過往的文獻可知，書目療法係屬跨領域的研究議題；但整體而言，目前的研究仍以小範圍的探索性研究、個別圖書館的個案探討為主，系統性的大型研究與跨領域研究皆較為少見；其中，僅有一項跨領域的研究—《2030兒童醫療與健康政策建言書》，其係由圖書資訊界的學者擔任召集人與副召集人，並邀請教育界之專家學者、兒童醫療與青少年心智科醫師等參與撰寫與研議工作。

　　事實上，在當代社會，異業結盟、跨領域協作蔚為趨勢，故吾人可加強和教育界、出版界、社會工作界等進行跨領域合作；尤其，更可與醫療人員異業結盟，針對心理疾病患者，進行臨床性書目療法研究。在初級醫療的「階梯式照護模式」（stepped care model）中，即將書目療法列為最基礎的層級，其功效獲得臨床及初級醫療保健人士認可（Tukhareli, 2014）。

如同前述,在英國、澳洲、紐西蘭等國,皆已由圖書館與醫療專業人員合作,推動地區性乃至於全國性的合作計畫;爰此,建議臺灣可仿效國外的作法,積極展開跨領域研究與合作,來嘉惠更多的民眾。

而倘若欲落實社會大眾以閱讀促進身心健康與福祉(health and well-being)的理念,則與教育部、文化部、衛生福利部等政府部門息息相關;因此,有跨部會協作與資源整合之必要性。對此,建議有志於書目療法研究的圖書資訊學領域之專家學者,可向上述之政府部門提出整合型的大型計畫,藉此展開全國性的長期縱貫性研究,例如可針對不同族群、不同年齡層的國民常見的身心發展問題及情緒困擾,評選書目療法素材,並評估相關閱讀素材對個體情緒療癒與促進心理健康等方面的作用。

加強培育書目療法研究的人才

本文蒐集之書目療法104篇文獻中,部分文獻係單一作者,部分則為多人合著,作者的人數共計有89人。其中,陳書梅的著作共46篇,約佔總數的一半;至於其他作者的著作量為1至4篇;由此可見,近十年來,圖書資訊學領域在書目療法研究上,研究的人口增加了些許,但持續深耕者仍不多。對此,筆者分別針對圖書資訊學界與圖書館實務界提出以下的相關建議。

針對圖書資訊學界的建議

一般而言,圖書資訊學相關系所的學生在畢業後,於各類型圖書館服務,亦是彼等的就業選項之一;而圖書館是主要的閱讀機構,典藏著許多療癒性的素材;當代社會的民眾,亦存在著療癒閱讀的潛在需求;因此,了解如何為讀者推薦與導讀情緒療癒素材,也是學生未來進入圖書館服務時必備的知能。然而,目前僅有國立臺灣大學與淡江大學兩所學校,由專業師資每學年開設選修課程。

基此,建議尚未有書目療法專業師資之圖書資訊學相關系所,可先在讀者服務、館藏發展等課程中,加入書目療法的單元,教導學生選擇與分析療癒閱讀素材,以及如何導讀此等素材,期能增進學生的書目療法專業知能,以利未來在圖書館實務界服務,或投入此議題的學術研究。

　　另一方面，也建議書目療法的專業單位，如閱讀與心理健康委員會或圖書資訊學相關系所，可定期辦理書目療法之講座、工作坊、研習課程、學術研討會、論壇等，藉此聚集學者與圖書館實務工作者，交流分享彼此的經驗，以引發大家對書目療法的關注和興趣，並吸引更多有志之士投入此議題的研究。

針對圖書館實務界的建議

　　目前，已有一些圖書館從業人員，將參加研習班、工作坊、論壇等之心得，以及在培訓中所習得的書目療法知能，撰寫為文發表；同時，亦可見圖書館推展書目療法服務之模式的文章。藉由這些活動的紀錄與服務的經驗談，亦有助於吾人了解，圖書館可如何將書目療法的理念，運用至讀者服務的實務工作中。

　　在此，建議各類型圖書館館員，可進一步地展開實證研究。尤其，在目前書目療法研究人口仍不多的情況下，館員可以行動研究探討自身圖書館書目療法服務推展的過程。此外，亦建議規模較大、療癒性館藏資源較為豐富的圖書館，在辦理活動之餘，進行活動成效評估的研究。舉例言之，可邀請讀者以文字或口述方式，提供情緒療癒素材的閱讀心得；或館員在帶領情緒療癒素材讀書會時，記錄與分析參與者的討論內容，並將之整理為書目療法論文。此外，亦可透過問卷調查、訪談等方式，評估讀者對書目療法服務的需求。如此，當能讓書目療法的本土化理論基礎更加厚實；同時，也能讓圖書館實務界，有更多成功的書目療法服務推展模式可茲參考。

　　綜合前文可知，臺灣圖書資訊學領域，無論學術界或圖書館實務界，皆已體認到療癒閱讀對當代讀者心理健康之維持與促進有所助益。由此，書目療法的研究逐漸獲得關注。是故，在2011年1月至2020年9月約十年期間，臺灣圖書資訊學領域之書目療法實證研究，較諸2011年之前，無論在研究的主題、研究對象、研究場域等面向，皆更為廣泛，且有更多的研究成果；同時，在非實證研究方面，也有圖書館實務界與相關人士，將推展書目療法服務的案例、參加書目療法研習的心得等撰寫為文，讓有意願推廣此項服務的圖書館可以參考。凡此種種，皆顯示2011年以來，臺灣圖書資訊學領域之書目療法研究，已然見到一些成效，且奠立了良好的根基。

　　然而，較諸英國與美國等先進國家之書目療法研究，臺灣的圖書資訊學領域在此議題方面之探討，尚有很大的發展空間；而上述筆者所提之書目療法研究前瞻與未來研究建議，仍有待同道們持續努力耕耘，如此，方能在未來有更豐碩的研究成果。筆者深信，藉由書目療法的研究，吾人可將專業之研究所得，應用於一般社會大眾心理健康與福祉的提升，以及幸福和諧社會之營造上；最終，得以專業淑世，並善盡社會責任。

參考文獻

于美真（2019）。**大學圖書館設置發展性書目療法服務專區之個案探討。**（未出版之碩士論文）。國立政治大學圖書資訊學數位碩士在職專班，台北市。

王波（2014）。**閱讀療法**（二版）。北京市：海洋。

王姿元（2013）。**高中職圖書館施行發展性書目療法服務之研究。**（未出版之碩士論文）。國立政治大學圖書資訊學數位碩士在職專班，台北市。

王姿元、楊美華（2014）。高中圖書館施行發展性書目療法服務之研究。**圖書資訊學研究，8**（2），161-196。

王乾任（2017）。寫字書熱潮竟未歇，療癒系作品在臺灣出版市場的逆勢突圍。**全國新書資訊月刊，220**，4-6。

王萬清（1997）。**讀書治療。**台北市：心理。

王嘉萍、甘邵文（2019，7月）。**由「知識殿堂」發展到「心靈療癒所」——**談中學圖書館在發展性書目療法服務上的施行與推廣。在國教署全國高級中等學校圖書館輔導團、臺灣學校圖書館館員學會、國立臺灣師範大學圖書資訊學研究所主辦，第八屆世界華語學校圖書館論壇，台北市。檢自http://wcsl.ptgsh.ptc.edu.tw/ischool/public/news_view/show.php?nid=47&fbclid=IwAR2OXqMjJq8cCiUqdJX_vqDJfg_i9NCGhISX-92iIPASOKskVrju5BMBkzc

吳淑玲（2001）。**繪本與幼兒心理輔導。**台北市：五南。

吳善揮（2017）。以蘇打綠歌曲提升青少年的挫折復原力——兼論香港公共圖書館向青少年讀者提供相關服務之建議。**臺北市立圖書館館訊，34**（1），79-106。

李宜玲（2013）。**資優女高中生情緒療癒之研究——繪本書目療法之應用。**（未出版之碩士論文）。國立臺灣大學圖書資訊學研究所，台北市。

沈守真（2017年8月28日）。**發現閱讀的療癒力──參加「2017年書目療法種子教師」培訓課程有感**。中華民國圖書館學會：會務報導。檢自：http://www.lac.org.tw/conference_report/20170828-8882-2143851734

沈秀茹（2019）。兒童與樂齡族之繪本書目療法服務──斗六市立繪本圖書館的實務工作分享。**公共圖書館研究**，**10**，120-133。

周士茹（2018）。**成人繪本對成年初期族群之情緒療癒效用研究──以幾米繪本為例**。（未出版之碩士論文）。國立臺灣大學圖書資訊學研究所，台北市。

林呈潢（2003）。參考服務概論。在張淳淳等編著，**參考資源與服務**（頁285-304）。新北市：國立空中大學。

凃均翰（2019）。生死、閱讀與療癒。**臺灣出版與閱讀**，**8**，70-76。

施常花（1988）。**臺灣地區兒童文學作品對讀書治療適切性的研究**。台南市：復文。

柯明秀（2003）。書目治療在公共圖書館之應用。**臺北市立圖書館館訊**，**21**（2），79-96。

洪儷瑜（2009）。我的孩子有情緒困擾嗎？**親子天下**，**5**，192-197。

胡心慈（2019）。公共圖書館推展發展性互動式兒童書目療法服務經驗談──以桃園市立圖書館「心靈處方箋」系列活動為例。**公共圖書館研究**，**10**，87-103。

孫聖昕（2015）。**繪本對高中職學生之情緒療癒效用研究──以遭遇自我認同情緒困擾者為例**。（未出版之碩士論文）。國立臺灣大學圖書資訊學研究所，台北市。

翁浩然（2019，8月27日）。壓力世代 輕生人數攀升。**聯合報**，A7。

國立臺灣大學圖書資訊學系（2018）。**107年閱讀、健康、堅韌力：書目療法專業知能研習班研習手冊**。台北市：編者。

國家圖書館（2019）。**107年臺灣閱讀風貌及全民閱讀力年度報告**。檢自：
https://nclfile.ncl.edu.tw/files/201902/b311feeb-c04d-45ff-9c0f-470c0c58
810a.pdf

國家圖書館（2020）。**108年臺灣閱讀風貌及全民閱讀力年度報告**。檢自
https://www.ncl.edu.tw/periodical_305_1037.html

張婕妤（2015）。BL（Boys' Love）閱讀的「治癒感」及其發生情境。**教育
資料與圖書館學**，**52**（4），359-388。

郭千蜜、潘莉娟（2019）。高雄市立圖書館推展書目療法服務之實務初探。
公共圖書館研究，**10**，104-119。

陳宛茜（2019年12月7日）。「亂」時代 臺灣人不看小說看心理書。**聯合新
聞網**。檢自：https://udn.com/news/story/12660/4212781

陳怡婷（2018）。「閱讀、健康、堅韌力：書目療法專業知能」研習——紀
要及心得。在**108年臺大醫學院圖書室年報**（頁76-80）。檢自https://ntuml.
mc.ntu.edu.tw/manage/upload/cabfile/f_20190319094837808.pdf

陳倩兒（2016）。**《聖經》對基督徒之情緒療癒效用探析——以臺大學生為
例**。（未出版之碩士論文）。國立臺灣大學圖書資訊學研究所，台北市。

陳書梅（2003）。後SARS時代與書目療法。**臺北市立圖書館館訊**，**20**（4），
78-82。

陳書梅（2008）。圖書館與書目療法服務。**大學圖書館**，**12**（2），15-41。

陳書梅（2009）。**兒童情緒療癒繪本解題書目**。台北市：國立臺灣大學出版
中心。

陳書梅（2011）。繪本書目療法與臺灣之兒童閱讀推廣活動。在澳門圖書館
暨資訊管理協會編，**兩岸三地閱讀推廣**（頁1-7）。澳門：編者。

陳書梅（2013a）。書目療法研究在臺灣圖書資訊學領域之發展。在卜小蝶
主編，**圖書資訊學學術研究**（頁349-360）（中華民國圖書館事業百年
回顧與展望，8）。台北市：五南。

陳書梅（2013b）。**大學生情緒療癒繪本書目建置之研究**（國立臺灣大學102年邁向頂尖大學學術領域全面提升計畫）。台北市：國立臺灣大學圖書資訊學系暨研究所。

陳書梅（2014a）。**從沉鬱到淡定：大學生情緒療癒繪本解題書目**。台北市：國立臺灣大學出版中心。

陳書梅（2014b）。發展性繪本書目療法與兒童之心理健康。在王振鵠教授九秩榮慶籌備小組編，**王振鵠教授九秩榮慶論文集**（頁255-270）。台北市：師大書苑。

陳書梅（2014c）。愛情小說之情緒療癒效用研究——以遭遇感情困擾的大學生為例。**圖書資訊學刊**，**12**（2），39-79。

陳書梅（2014d）。**繪本的情緒療癒功能研究——以臺灣地區之中學生為例**（行政院科技部專題研究計畫，MOST 103-2410-H-002-166）。台北市：國立臺灣大學圖書資訊學系暨研究所。

陳書梅（2014e）。**電影情緒療癒功能之質化研究——以困惑於生涯發展之大學生為例**（國立臺灣大學103年邁向頂尖大學學術領域全面提升計畫）。台北市：國立臺灣大學圖書資訊學系暨研究所。

陳書梅（2015）。繪本書目療法在青少年情緒療癒上的運用。在南通市大學情緒教育研究所編，**第六屆全國情感教育年會暨中陶會教育與情感文明專委會成立大會論文集**（159-165頁）。江蘇省南通市：編者。

陳書梅（2016a）。**國中生情緒療癒繪本之研究**（國立臺灣大學105年邁向頂尖大學學術領域全面提升計畫）。台北市：國立臺灣大學圖書資訊學系暨研究所。

陳書梅（2016b）。運用「書目療法」找回挫折復原力。**樂讀誌**，**2016**（3），1-6。

陳書梅（2017，5月）。**高中職學生情緒療癒繪本之探索性研究**。在輔仁大學圖書資訊學系、輔仁大學圖書館、中華圖書資訊學教育學會主辦，2017輔仁大學圖書館與資訊社會研討會，新北市。檢自http://web.lins.

fju.edu.tw/conference/2017/ppt/B4_高中職學生情緒療癒繪本之探索性研究.pdf

陳書梅（2018a）。**從迷惘到堅定：中學生情緒療癒繪本解題書目**。台北市：旺文社。

陳書梅（2018b）。**從孤寂到恬適：樂齡情緒療癒繪本解題書目**。台北市：旺文社。

陳書梅（2020）。圖書館書目療法服務在臺灣之發展與前瞻。在國家圖書館編，**中華民國一〇八年圖書館年鑑**（頁35-54）。台北市：國家圖書館。

陳書梅、李宜玲（2015）。繪本的情緒療癒效用探究——以北一女中之資優班學生為例。在輔仁大學圖書資訊學系、輔仁大學圖書館編，**2015輔仁大學圖書館與資訊社會研討會會議論文集**（183-208頁）。新北市：編者。

陳書梅、張曉玲、陳綉麗（2019）。公共圖書館推展書目療法服務之實務探討——以臺中市立圖書館為例。**公共圖書館研究**，**10**，62-86。

陳書梅、張簡碧芬（2014）。小說對大學生之情緒療癒效用研究。**教育資料與圖書館學**，**51**（2），293-331。

陳書梅（主持人）、楊培珊（共同主持人）（2016）。**繪本對樂齡者之情緒療癒效用研究**（行政院科技部專題研究計畫，MOST 105-2410-H-002-229)。台北市：國立臺灣大學圖書資訊學系暨研究所。

陳書梅、童敏惠（2017）。「2017年書目療法服務圖書館實務經驗分享」論壇活動回顧。**中華民國圖書館學會電子報**，**178**。檢自：http://163.13.175.46/wordpress/?p=312

陳書梅、葉瑋妮（2014）。電影對失戀大學生之情緒療癒效用分析【光碟】。在輔仁大學圖書資訊學系暨輔仁大學圖書館編，**輔仁大學2014圖書館與資訊社會研討會論文集**。新北市：編者。

陳書梅、葉瑋妮（2016）。電影的情緒療癒效用研究——以失戀之大學生為例。**圖書資訊學刊**，**14**（2），21-57。

陳書梅、蔡天怡（2018）。用閱讀培養青少年的堅韌力：「2018年書目療法服務中學圖書館實務經驗分享」論壇紀實。**中華民國圖書館學會電子報，189**。檢自：http://163.13.175.46/wordpress/?p=712

陳書梅、盧宜辰（2005）。我國公共圖書館施行兒童書目療法服務之研究。**圖書與資訊學刊，54**，58-83。

陳敏珍（1995）。**圖書醫療法**。在圖書館學與資訊科學大辭典。檢自 https://pedia.cloud.edu.tw/Entry/Detail/?title=圖書醫療法

陳絹諼（2018）。**於繪本療癒中親職化兒童心理轉變歷程之探索性研究**。（未出版之碩士論文）。國立臺灣師範大學圖書資訊學研究所，台北市。

陳綉麗、江姮姬（2020）。書目療法個案研究——以一位園藝工作者為例。**公共圖書館研究，11**，80-112。

彭懷真（2019）。閱讀與摺痕：分享幾本減輕創傷的好書。**東海大學圖書館館刊，44**，11-18。

曾昱嫥（2019）。書目療法特展——與暖心的知己相遇。**東海大學圖書館館刊，42**，117-118。

童敏惠、胡心慈（2019）。**2019年「公共圖書館繪本書目療法服務」論壇紀要**。中華民國圖書館學會：會務報導。檢自http://www.lac.org.tw/conference_report/20191031-9858-693301897

黃士軒（2015）。**影視作品的情緒療癒效用研究——以台北市之男性街友為例**（未出版之碩士論文）。國立臺灣大學圖書資訊學研究所，台北市。

黃聖芬（2018）。**1916-2017書目療法期刊文獻資訊計量研究**。（未出版之碩士論文）。國立政治大學圖書資訊學數位碩士在職專班，台北市。

黃漢華（2015）。三代責任一肩扛！30至49歲壓力最大。**遠見雜誌**。檢自 https://www.gvm.com.tw/article/20601

楊函倞（2019）。**反烏托邦小說迷閱讀行為研究：以《飢餓遊戲》讀者為例**。（未出版之碩士論文）。國立政治大學圖書資訊與檔案學研究所，台北市。

詹宇霈（2019）。閱讀・療癒・初心。**臺灣出版與閱讀，8**，18-21。

蔡明曄（2019）。淺談英國的閱讀療癒。**臺灣出版與閱讀，8**，40-44。

蔡欣融（2020）。**情緒療癒繪本於公共圖書館書目療法服務之應用——以鹿野鄉立圖書館為例**。（未出版之碩士論文）。國立政治大學圖書資訊與檔案學研究所，台北市。

鄭瑞菁（2005）。**幼兒文學**（二版）。台北市：心理。

鄭瑞蓮（2019）。從主題書展到「書目療癒區」——鹿野鄉立圖書館書目療法服務之實務經驗談。**公共圖書館研究，10**，134-155。

閱讀與心理健康委員會、公共圖書館委員會（2019）。**公共圖書館提供書目療法服務現況及意願調查報告**。（取自中華民國圖書館學會閱讀與心理健康委員會）

閱讀與健康（2019）。**2030兒童醫療與健康政策建言書**。檢自https://chrc.nhri.org.tw/professionals/files/chapters/12_2_閱讀與健康.pdf

盧宜辰（2005）。**我國公共圖書館施行兒童書目療法服務之研究**。（未出版之碩士論文）。國立臺灣大學圖書資訊學研究所，台北市。

賴玉敏（2019）。歡迎光臨解憂圖書館——一間有溫度的圖書館。在陳昭珍主編，**散播閱讀火苗的人：臺灣圖書教師的故事**（頁3-15）。台北市：方集。

譚修雯（1994）。書目治療法之探討。**圖書與資訊學刊，9**，14-24。

American Library Association (2012). *Bibliotherapy. American Library Association: Tools, Publications & Resources*. Retrieved from http://www.ala.org/tools/atoz/bibliotherapy

Baruchson-Arbib, S. (1996). *Social information science: Love, health and the information society*. Brighton: Sussex Academic.

Brewster, L. (2009). Books on prescription: Bibliotherapy in the United Kingdom. *Journal of Hospital Librarianship, 9*(4), 399-407.

Carty, S., Thompson, L., Berger, S., Jahnke, K., & Llewellyn, R. (2016). Books on Prescription – community-based health initiative to increase access to mental health treatment: An evaluation. *Australian and New Zealand Journal of Public Health, 40*(3), 276-278.

Clarke, J. M. & Bostle, E. (Eds.).(1988). *Reading Therapy*. London: The Library Association.

Drury, F. K. W. (1930). *Book selection*. Chicago, IL: American Library Association.

Forrest, M. E. S. (1998). Recent developments in reading therapy: A review of the literature. *Health Libraries Review, 15*, 157-164.

Hall-Tout, J. (2003, June 5). *Patients prescribed books on NHS*. BBC News. Retrieved from http://news.bbc.co.uk/2/hi/uk_news/wales/2966296.stm

Hynes, A. M. & Hynes-Berry, M. (1986). *Bibliotherapy: The interactive process*. Boulder, CO: Westview.

Jack, S. J., & Ronan, K. R. (2008). Bibliotherapy. *School Psychology International, 29*(2), 161-182. doi:10.1177/0143034308090058

Jones, E. H. (2001). *Bibliotherapy for bereaved children: Healing reading*. London, England: J. Kingsley.

Lu, Y.-L. (2005). *How children's librarians help children cope with daily life: An enhanced readers' advisory service (Unpublished doctoral dissertation)*. University of California, Los Angeles, United States.

McNicol, S. & Brewster, L. (Eds.). (2018). *Bibliotherapy*. London, England: Facet.

Moody, M. T., & Limper, H. K. (1971). *Bibliotherapy: Methods and materials*. Chicago, IL: American Library Association.

Muddiman, D., Durrani, S., Dutch, M., Linley, R., Pateman, J., & Vincent, J. (Eds.). (2000). *Open to all? The public library and social exclusion*.

London, England: Resource: The Council for Museums, Archives and Libraries.

Pateman, J., & Vincent, J. (2010). *Public libraries and social justice*. Burlington, VT: Ashgate.

Perryman, C. (2006). Medicus Deus: A review of factors affecting hospital library services to patients between 1790-1950. *Journal of the Medical Library Association, 94*(3), 263-270.

Rubin, R. J. (1978). *Using bibliotherapy: A guide to theory and practice*. Phoenix, AZ: Oryx.

Sheih, Chen Su-may, & Chan, Sin Yi (2019, July). Exploring the emotional healing efficacy of the Holy Bible: The case of the Christian students of National Taiwan University. In 2019 International Conference on Library and Information Science (ICLIS) Conference Committee (Ed.), *Proceedings for the 2019 International Conference on Library and Information Science (ICLIS)* (pp. 537-568). Taipei City: National Taiwan Normal University.

Sheih, Chen Su-may (2012). Bibliotherapy with picture books and children reading promotion activities in Taiwan. In The National Library for Children and Young Adults (Eds.), *Reading makes the world come together* (pp. 203-212). South Korea: The National Library for Children and Young Adults.

Stanley, J. D. (1999). *Reading to heal: How to use bibliotherapy to improve your life*. Boston, MA: Houghton Mifflin Harcourt.

The Reading Agency (2020). *Reading Well Books on Prescription evaluation 2018/19.* Retrieved from https://readingagency.org.uk/adults/impact/reading-well-books-on-prescription-evaluation-201819.html

Tukhareli, N. (2014). *Healing through books: The evolution and diversification of bibliotherapy*. Lewiston, NY: The Edwin Mellen.

第17章
電子書與數位閱讀發展趨勢
（2010-2019）

林維真

本文簡介

本文延續先前中華民國圖書館學會於2013年出版《中華民國圖書館事業百年回顧與展望》系列叢書中對電子書及數位閱讀之概念簡介，進一步彙整及探討電子書與數位閱讀的相關研究趨勢與發現，以了解研究主題領域及派典觀點的轉移。本文首先簡要回顧圖書資訊學領域自1970年起與電子書與數位閱讀相關研究共2,703篇文獻，以呈現電子書研究整體發展背景，再進一步深入探索2010年之後，與電子書閱讀行為與閱讀表現相關之25篇實證研究文獻，由其研究目的與研究方法進行探討，並參考人機互動研究派典，分別就人因、人機以及人資互動觀點歸納並說明相關研究的取徑。最後，反思圖書館電子書推廣服務時如何運用相關研究發現，以體現圖書館在數位閱讀時代的角色與功能。

電子書與數位閱讀研究發展背景

2010年因電子紙技術發展突破進入量產階段，而被標記為電子書元年，相關研究在數量及議題面向上也有突破性的成長。根據胡德佳與林維真（2017）對圖書資訊學領域電子書研究趨勢的分析，雖然電子書（ebook）

一詞早在1971年古騰堡計畫（Project Gutenberg）即出現過（Lebert, 2008），而1978年則有首篇相關研究提出電子書籍應用管理的可能性（Whitlatch & Kieffer, 1978），但電子書及數位閱讀的研究趨勢，長期與科技技術的發展具有高度關連，因此早期受限於軟硬體技術尚未成熟，一直沒有大規模的應用，相關研究文獻至1990年都是數量極少且不穩定的狀態，直到2000年之後才開始顯著且穩定成長。並於2000年至2002年間達到第一波高峰，在電子書相關包括內容、科技、出版、市場與應用等類別主題均有大幅成長，但2003年至2007年即經歷從高峰下滑但趨向穩定的發展階段，所有類別的討論數量減少但卻是穩定的曲線。2007年Amazon推出的Kindle電子書閱讀器熱賣（Hastings, 2008），引發了軟硬體和出版業者的積極投入，科技與市場相關研究也在2008至2010年快速大幅成長，達到第二波高峰，討論消費者對電子書的接受和採用。而2010年之後隨著各種載具的普及，才有越來越多以使用者及讀者為焦點的相關研究，深入了解及探討各種電子書的應用場域、閱讀行為與閱讀表現等議題（Delgado et al., 2018; Tanner, 2014; Underwood & Farrington-Flint, 2015；胡德佳、林維真，2017）。

　　若由技術發展角度來解讀過去電子書研究趨勢，可發現1995年全球資訊網蓬勃發展，讓網際網路擴散到世界各個角落、各個領域、各種層次，漸漸成為生活的必需品。而今萬物聯網的數位生活，讓整個網際網路環境成為一個規模龐大、一站式的文本資源，軟硬體的蓬勃發展，讓所有使用者都能透過電腦或行動裝置，閱讀及取用包括新聞、書籍、休閒閱讀等文本，了解科學、技術、專業或學術的各種主題內容，使用者也能透過社群媒體或平臺共享與創造原生資訊。以臺灣為例，自2002年起透過幾項大型政策行動逐步鞏固且完善整體資訊網路通訊基本建設，包括2002年數位臺灣計畫（e-Taiwan）、2005年行動臺灣計畫（M-Taiwan）、2008年優質網路社會計畫、2008年數位典藏與數位學習國家型科技計畫、2012年深耕數位關懷計畫，到2016年普及偏鄉數位應用計畫等，均累積且活化了整體網際網路環境資源（國家發展委員會，2019a），讓大多數的資訊都能透過電子形式產製與呈現。隨著科技技術成熟，透過數位裝置近用資訊的習慣逐漸普及，電子書使用與閱讀的研究也因此蓬勃發展，同時反映出研究者、科

技發明者、出版商及使用者本身面對既便利又頻繁的數位近用過程，對各種數位媒體裝置所抱持的期待與疑問。總體研究趨勢顯示：1978年到1991年間對電子書無限的可能性抱持興趣，認為技術發展會開創整個書籍出版與閱讀的新未來（Goodrum & Dalrymple, 1985）；90年代前期則積極定義電子書以與紙本書區別（Clark, 1995; Machovec, 1998; Pack, 1994），開始探索閱讀行為與表現；而1998年最早的電子書閱讀器Rocket E-book問世，讓整體市場及相關研究都對專用閱讀載具寄與厚望（DiNucci, 1999），積極投入各種內容形式與技術規格的電子書閱讀器開發。面對各種規格百花齊放，美國出版商協會（Association of American Publishers, AAP）就在2000年發布電子書標準，嘗試規範內容通用格式與版權管理準則（AAP, 2000a, 2000b），來確保多元格式的內容能夠相互溝通、順利近用。這個時期設定了電子書與數位閱讀的基礎研究取向，以技術特徵為主軸，著重於閱讀載具的研究（胡德佳、林維真，2017），嘗試探索數位裝置如何進入個人生活、學習以至於社會（Underwood & Farrington-Flint, 2015; Wilson, 2001）。

除了專屬電子書閱讀器之外，行動載具與智慧型手機在過去20年間有多項重大突破，都加速了數位裝置在生活中的應用：2002年微軟公司推出Windows XP tablet PC edition，使得平板電腦漸漸開始流行；2010年Apple公司推出iPad，造成一股新的平板電腦使用熱潮。智慧型手機的普及則帶動了行動App快速的發展，聯結日常生活工作需求，自2008年7月Apple公司推出App Store、同年10月Google公司推出Google Play，使用者能夠自由方便地選擇、下載訂閱各種工具與內容，跨載具接收閱讀訊息並更有系統性地近用、組合各種資訊資源與服務。基礎建設與數位內容服務的整備及累積，對於民眾發展數位閱讀行為影響重大，以臺灣為例，2020年全球數位競爭力評比資料顯示，臺灣的資通訊基礎建設整備程度在全球63個主要經濟體中整體排名第11，在技術與未來準備度兩大項目表現突出，整體技術架構與使用環境相對成熟穩定（IMD, 2020），受惠於完善的基礎建設，民眾更有機會與意願近用數位資訊，2019年行政院國家發展委員會所發布的數位機會調查報告，即指出近90%的臺灣民眾使用行動上網（84.9%），且近用各種服務與資訊的廣度跟深度都持續上升，顯示民眾具備資訊應用技能，也習慣在日常生活中運用手機或行動裝置聯網（國家發展委員會，

2019b）。

　　當載具愈趨成熟普及，數位裝置作為閱讀與學習工具的重要性也日益提高（Giebelhausen, 2016; Shishkovskaya et al., 2015），但是相關研究倡議對於電子書接受度的預期則有所差異，早期研究主張認為數位閱讀因不足以作為替代性的閱讀經驗，預期無法普及（Proulx, 1994），但近年在北美的調查卻顯示年輕世代的數位閱讀行為已是持續成長的常態，即使是長篇文章，30歲以下的使用者也有近50%是習慣使用數位載具來閱讀（Rainie & Zickuhr, 2012）；臺灣民眾的數位閱讀概況也反應類似的結果，2018年《臺灣民眾閱讀及消費行為調查報告》就指出臺灣民眾數位閱讀的頻率、閱讀時間和閱讀數量上都大於紙本閱讀（文化部，2019），這些結果顯示消費者或使用者所認知的電子書，並不只是單純的科技產物或一時的熱潮，而是一種已經被廣泛接受的、內容傳輸的新形式。讀者們在包括電腦、平板電腦、智慧型手機、電子書閱讀器、甚至智慧手錶等數位裝置上，不僅能閱讀並更改文字大小、標註重要段落，在閱讀過程中也能即時查詢、檢索相關字彙與概念，此外還能跨載具同步記錄留存閱讀記錄，支援各種閱讀場域的目的和需求，這樣的數位閱讀經驗與紙本閱讀大相徑庭，並擴充及延伸了閱讀的意涵。因此，透過電子書所建構的數位閱讀經驗，可能逐步改變或形塑閱讀對人們的目的與意義，而長期以來閱讀研究領域所重視的閱讀理解與表現衡鑑，在評量面向與標準上，也需要與時俱進（劉宜芳 & 柯華葳，2017）。有鑑於此，基於上述電子書科技快速發展，以及數位閱讀經驗不斷演化的背景，本研究預期描述與涵蓋電子書與數位閱讀研究的整體發展背景，並依據研究取徑與研究發現進行分類與綜整分析，以呈現重要的研究議題與趨勢。

電子書與數位閱讀研究取徑

　　胡德佳與林維真（2017）參考電子書產業面向與圖書館服務等相關研究（Coyle, 2008; Sawyer, 2002; Tennant, 2000），將電子書研究主題分成總論、內容、類型、科技、出版與供應、規範、市場、使用與應用、圖書館

業務之九大類別（詳見表1），據此分析圖書資訊學領域電子書研究自1970年起共40年間2793篇電子書相關研究文獻，發現過去研究主要以電子書出版及供應模式、趨勢與未來發展的論述倡議型研究為多，實證型研究則集中在電子書科技的設計發展，而探討電子書內容、文本類型等關於閱讀使用與應用的研究相對較少。

表1　電子書研究分析類目及說明

類別	類目及說明
A	電子書總論（**Generalities of Ebook**） 說明：舉凡廣泛提及電子書議題的論述或討論，以及探究電子書定義、特色、優缺點、電子書發展、可能造成的影響、歷史和未來等文獻入此類。
B	電子書內容（**Ebook content**） 說明：著重於電子書、數位素材所承載的資訊、欲傳遞的內涵本身，例如對書籍內容的評述。
C	電子書類型（**Ebook type**） 說明：探討電子書之不同資源類型，例如電子資源、電子期刊、電子教科書、電子有聲書等。
D	電子書科技（**Ebook technology**） 說明：以探究電子書閱讀器、閱讀裝置、電子書軟體、硬體以及電子書應用程式之技術開發與設計為主之文獻入此類。
E	電子書出版與供應（**Ebook publishing and supply**） 說明：針對電子書出版與供應相關業務之研究入此類，包含電子書出版商、出版模式、零售商、代理商、網路書店及其供應平臺等，機構所進行之數位典藏計畫也歸入此類。
F	電子書規範（**Ebook standard**） 說明：與電子書標準及規範相關的議題入此類，如電子書版權與盜版、合法性、標準、格式等。

（續）

表1　電子書研究分析類目及說明（續）

類別	類目及說明
G	**電子書市場（Ebook market）** 說明：文獻內容若契合電子書市場脈動，如電子書推廣與行銷、銷售量、銷售排名、市場狀況、定價機制、稅收等，與價格和銷售相關之研究入此類。
H	**電子書使用與應用（Ebook usage and application）** 說明：探討電子書的使用行為及使用狀況、羅列電子書使用率之統計量，或討論電子書或電子書載具之相關應用等皆入此類，例如電子書閱讀行為、電子書支援教學等研究。
I	**圖書館業務（Library business）** 說明：探究與電子書相關的圖書館業務，如圖書館中的電子書採購、編目、近用、借閱、管理以及向使用者提供的服務等入此類。

資料來源：胡德佳、林維真（2017）。圖書資訊學領域電子書研究之趨勢分析。**教育傳播與科技研究，116**，49-71。

　　本文則根據上述概況，進一步探索2010年之後，有關電子書的應用場域、閱讀行為與閱讀表現等閱讀應用與使用研究文獻，並對研究目的與研究方法進行內容分析，發現各研究文獻是透過不同的取徑（approach）在探索人與電子書科技之間的互動：有重視電子書的科技特徵，由光學角度探討人與電子書的物理互動與方法；也有對於人如何理解與建構數位閱讀經驗感到好奇，以認知觀點探討人的數位閱讀決策與行為；以及從後設認知層面，更深入探索數位裝置的互動形式和閱讀理解表現的關係。以下即參考人機互動研究派典，分別就人因（ergonomics, human factors）、人機（human-computer interaction）以及人資互動（human-information interaction）觀點歸納並說明上述研究取徑：

人因觀點：閱讀舒適度與閱讀理解

　　隨著各種電子書閱讀器的蓬勃發展，研究者與科技發明者對於數位閱

讀裝置所抱持的基礎互動期待與問題，早期常根基於視覺感知與閱讀表現。數位閱讀的人因（Ergonomics）研究觀點探索人在操作互動時所遭遇的問題，主張使用者的生理不適或感知困難，會對閱讀理解造成影響，因此高度重視對科技的設計與安排，以讓人與裝置進行最有效和安全的互動。相關實證研究測量並分析讀者在閱讀時的生理行為與表現，包括視覺集中、眨眼頻率、疲勞與光敏感等議題（Benedetto et al., 2013; Conlon & Sanders, 2011; Wästlund et al., 2005），以據此改進螢幕呈現科技與技術。認知人因學家Simone Benedetto（2013）根據實驗結果，提出電子紙（electronic paper，或稱電子墨水或電泳顯示器），在視角、視線還有眨眼等使用者行為表現上，都已經可與紙本媒介匹敵，認為電子紙是良好的替代媒介。相關顯示技術的比較研究結果（Kretzschmar et al., 2013; Withers, 2013）則進一步支持，在數位閱讀裝置上，可以調整行距、字型大小等功能設定，不僅超越紙本閱讀體驗，更重要的是對讀者的閱讀理解表現有益。實證研究陸續指出讀者的生理特徵與認知特徵，以及數位閱讀裝置上的文本結構、篇幅長短、內容密度等，都會影響讀者對閱讀裝置的選擇和閱讀理解表現：當面對需要較少認知處理、或是較短閱讀時間的閱讀任務，可能液晶顯示器（LCD）的光學品質就能夠滿足閱讀需求（Rosenfield, 2011），這或許也解釋了為什麼許多人選擇使用螢幕來閱讀報紙新聞或雜誌，而對於需要長時間閱讀或困難的文本，讀者則仍傾向透過印刷紙本進行閱讀（Wu & Chen, 2011）。在臺灣，一般民眾的數位閱讀現況也符合上述趨勢，根據2018年《臺灣民眾閱讀及消費行為調查報告》指出（文化部，2019），12歲以上民眾平均每天閱讀數位內容的時間是7.7小時，遠高於民眾平均每週閱讀電子書之時間（1.2小時）、電子漫畫（0.7小時）以及電子雜誌（0.5小時），顯示民眾在面對時短快速的閱讀任務，例如瀏覽網路文章、社群媒體、數位平臺或是數位文件等網路文字資訊，多選擇手機、電腦等液晶螢幕閱讀方式。

人機互動觀點：認知表現與心智模式

　　當我們試圖回想自己所閱讀過的特定訊息時，我們通常會記得它在書裡面差不多哪個位置、頁面的上方或下方，或是大概翻多少頁的地方等，

像這樣遍歷文本以找到該訊息位置的記憶，是一種認知功能的展現，以協助我們處理資訊。除了前述關注光學與機構等人因觀點外，以認知經驗為基礎，重視讀者如何處理與儲存閱讀訊息，研究讀者主觀偏好和學習行為的相關研究文獻，被本研究定義為人機互動（Human-Computer Interaction）觀點，這類研究重視閱讀中記憶與提取的歷程，嘗試探索文本的物理性如何影響閱讀，例如心理學家Mangen（2013）的實證研究結果指出，當經由虛擬文本中進行閱讀學習時，上述聯繫物理空間位置與讀者心智模式的能力就沒有機會展現，而導致螢幕閱讀的理解表現低於紙本閱讀（Mangen et al., 2013）。另外神經心理學家透過腦波和眼動監測，探索讀者閱讀超連結文本（hypertext）的表現，則提出閱讀中與無關訊息的互動，即便像是決定是否要點擊連結這樣的小任務，也會對讀者造成認知負荷而影響專注及抑制理解（Pynte et al., 2004）。

　　比較人因觀點與人機互動觀點的相關研究結果，則發現即便是相同的數位閱讀裝置，也會因為情境與任務的不同，而有閱讀表現上的差異（Chenet et al., 2014; Noyes & Garland, 2005；林珊如，2010），電子書閱讀器或數位閱讀裝置仿紙本書籍的介面和操作互動，確實提供了讀者一定程度的空間定位和閱讀體驗，但是作為一種外部認知的工具，讀者經常將對紙本書籍的心智模式套用在電子書上，例如期待書籍有裝訂、可翻頁，或是從重量或厚度來感知內容的長度，因此電子書或螢幕文本的不可觸知性，可能會抑制讀者的認知歷程，讀者預期的心智模式與裝置設計的概念模式有差異，會造成所謂觸覺失諧（Gerlach & Buxmann, 2011）而在操作、回饋上發生錯誤或遲延，影響閱讀經驗，這也說明了即便數位閱讀載具提供高度便利性，也無法使零售電子書的銷售量大幅超越印刷書籍的銷售量（文化部，2019）。另一方面，數位閱讀經驗或許並不必要是紙本閱讀的替代性經驗，讀者也可能發展出不同的認知處理方式：Noyes與Garland（2005）曾針對螢幕文本與印刷文本的閱讀理解進行系列性比較研究，研究結果提出在同樣的閱讀測驗表現下，閱讀印刷文本的讀者能夠理解材料，但閱讀數位文本的讀者主要只有記住材料，相關研究結果也揭示了可能的隱憂，如果讀者缺乏理解，那麼新近學習的概念可能只停留在短期記憶，而無法作為儲存及提取複雜概念的基礎（Bruning, 2012; Carr, 2020; Jabr, 2013）。

由認知互動觀點來看，積極有效的閱讀經驗強調讀者對文本的參與，而不僅是被動地接收文字，讀者一面跟隨作者的邏輯、一面反思參照自己過去的知識經驗，以形成並確認閱讀理解。因此未來在數位閱讀載具的設計上，除了重視螢幕閱讀的機構安排，更應將文本呈現形式與使用經驗納入考量。

人資互動觀點：後設認知與自我調控

若以人為中心來觀照數位閱讀經驗，相關研究文獻經常藉由比較紙本閱讀與數位閱讀，來了解數位閱讀行為與表現。本研究借鏡圖書資訊學領域對於資訊行為的研究派典，由人資互動觀點（Marchionini, 2008）來說明與歸納電子書與數位閱讀研究文獻中，如何探索發現人與資訊之間的關係，以及場域情境對於科技接受與採用的影響（Fidel, 2012）。教育心理學研究（Ackerman & Goldsmith, 2011）使用後設認知策略問卷，對70位大學生在紙本閱讀與螢幕閱讀情境下的閱讀行為表現進行測量，結果指出數位閱讀者不僅不容易理解眼前的訊息內容，也經常難以合理準確地判斷他們自己的理解程度，比起在紙本閱讀中人們通常對自己大概會花多少時間閱讀、能閱讀到什麼程度等形成較為準確的期待，研究者認為在電子教科書的數位閱讀場景中，學習者由於缺乏外部認知與內部認知的線索，所以難以形成認知策略，自我調控（self-regulation）的效能也會下降。相關研究也發現大學生在使用數位閱讀裝置時，比起紙本書籍閱讀，讀者利用翻頁複習已讀過段落的頻率和偏好都會降低（Margolin et al., 2013；林維真、岳修平，2012），凸顯出目前的數位閱讀裝置仍不足以輔助讀者認知策略的展現。此外，學習者經常對自己透過數位閱讀的學習表現有所質疑，這類自我效能低落的狀況，可由認知策略相關研究結果說明，人們透過手寫筆記的理解程度經常優於逐字記錄的鍵盤輸入筆記，是因為手寫筆記是讀者自己的用詞組合，讀者運用了換句話說的認知策略，來處理所接收的訊息，這類後設認知策略的選擇與運用有助於抽象思維，也更能精確地交流思想（Mueller & Oppenheimer, 2014）。

人類的資訊行為是複雜的，以數位閱讀行為為例，不論是行為的物理表現或是心理態度上，其實都受到各種規範、傳統、社會地位、個人偏好、

情境場域等環境條件的影響。在電子書與數位閱讀的推廣上，不論是科技研發與研究者、或是教學與閱讀指導者，應更深入了解後設認知策略在各種數位文本上的適用性，並提供更完整的情境設定，對於複雜的人資互動有更多的理解與掌握，以有助於資訊系統或服務的設計。

結語

　　對於圖書館而言，電子書推廣服務是因應圖書資訊整體發展趨勢，配合圖書館科技準備度所產生的服務需求，屬於偶發的非程序化決策，因此在決策過程中經常缺乏可參考的資訊與資源，決策方案的規模與決策的頻率不一，相對而言執行決策的難度也較高。本研究試圖綜整過去電子書與數位閱讀相關研究結果，即希望提供圖書館在規劃與執行這類非程序化決策時的參考，以期對定義問題與流程、提高決策品質有所助益。由本文所歸納之實證研究結果，發現不論是由資訊科技與操作角度出發，或專注於人的閱讀選擇與行為表現，相關研究雖然有不同的焦點，卻都具備一致的、尋求人機互動綜效極大化的目標，重視人的感知、態度與績效表現。圖書館在規劃與推廣電子書與數位閱讀服務時，除了從館藏與資訊資源的角度思考，也越來越希望能系統性納入讀者特徵與閱讀需求，如林維真與黃瀞瑩（2013）對公共圖書館推廣電子書閱讀服務的研究，蒐集訪談臺灣學者專家與圖書館實務專家對電子書閱讀推廣服務決策的看法並進行分析，研究結果就顯示出，雖然電子書與資訊科技密不可分，但在數位閱讀推廣服務決策中，不論是學者專家或是實務專家，都更為重視讀者服務面向大於技術服務面向；不過實務專家也反應，在實務操作上常因不知如何蒐集分析讀者的行為經驗，而只能就可行技術面向進行評估。因此根據本文的彙整，或許圖書館在服務的推動與執行上，包括電子書館藏發展及數位閱讀推廣規劃，可先就本文所提出的人因、人機與人資互動研究取徑，對應自身推廣服務目標與需求，以進行技術採用、內容提供以及整體服務模式的不同決策，為讀者提供更好的服務，以發揮現代圖書館更積極的中介服務角色，持續確保讀者對電子書資源的近用，並輔助讀者在數位閱讀中受益。

參考文獻

文化部（2019）。**107年臺灣民眾閱讀及消費行為調查報告**。臺灣：台北：文化部。

林珊如（2010）。數位時代的閱讀：青少年網路閱讀的爭議與未來。**圖書資訊學刊**，**8**（2），29-53。

林維真、岳修平（2012）。大學生閱讀行為與電子書閱讀器需求之初探研究。**圖書資訊學刊**，**10**（2），113-142。

林維真、黃瀞瑩（2013）。應用AHP探討公共圖書館推廣電子書閱讀服務決策因素。**圖書資訊學刊**，**11**（2），117-148。

胡德佳、林維真（2017）。圖書資訊學領域電子書研究之趨勢分析。**教育傳播與科技研究**，**116**，49-71。

劉宜芳、柯華葳（2017）。線上閱讀研究之回顧與展望。**教育科學研究期刊**，**62**（2），61-87. doi:10.6209/JORIES.2017.62(2).03

國家發展委員會（2019a）。**108年個人家戶數位機會調查報告**。臺灣：台北市。Retrieved from https://www.ndc.gov.tw/cp.aspx?n=55c8164714dfd9e9

國家發展委員會（2019b）。**108年持有手機民眾數位機會調查**。臺灣：台北。Retrieved from https://www.ndc.gov.tw/cp.aspx?n=55c8164714dfd9e9

Ackerman, R., & Goldsmith, M. (2011). Metacognitive regulation of text learning: on screen versus on paper. *Journal of Experimental Psychology: Applied, 17*(1), 18.

Association of American Publishers (2000a). *Digital Rights Management for Ebooks: Publisher Requirements*. Retrieved 2017/06/15, from https://www.w3.org/2000/12/drm-ws/pp/macgrawhill-bolick.html

Association of American Publishers (2000b). *Metadata Standards for Ebooks*. Retrieved 2017/06/15, from https://citeseerx.ist.psu.edu/viewdoc/download?

doi=10.1.1.199.1958&rep=rep1&type=pdf

Benedetto, S., Drai-Zerbib, V., Pedrotti, M., Tissier, G., & Baccino, T. (2013). E-readers and visual fatigue. *PloS One, 8*(12), e83676.

Bruning, D. (2012). What purpose reading. *Mercury Magazine, 41*(4), 11.

Carr, N. (2020). The shallows: What the Internet is doing to our brains: WW Norton & Company.

Chen, G., Cheng, W., Chang, T.-W., Zheng, X., & Huang, R. (2014). A comparison of reading comprehension across paper, computer screens, and tablets: Does tablet familiarity matter? *Journal of Computers in Education, 1*(2), 213-225.

Clark, T. (1995). On the Cost Differences between Publishing a Book in Paper and in the Electronic Medium. *Library Resources & Technical Services, 39*(1), 23-28.

Conlon, E., & Sanders, M. (2011). The reading rate and comprehension of adults with impaired reading skills or visual discomfort. *Journal of Research in Reading, 34*(2), 193-214.

Coyle, K. (2008). E-reading. *The Journal of Academic Librarianship, 2*(34), 160-162.

Delgado, P., Vargas, C., Ackerman, R., & Salmerón, L. (2018). Don't throw away your printed books: A meta-analysis on the effects of reading media on reading comprehension. *Educational Research Review, 25*, 23-38.

DiNucci, D. (1999). Palm Readers: Why would anyone want to read on-screen? A first wave of e-books is coming up with answers. *PRINT-New York, 53*, 58-61.

Fidel, R. (2012). Human Information Interaction: An Ecological Approach to Information Behavior: MIT Press.

Gerlach, J., & Buxmann, P. (2011). Investigating the acceptance of electronic books–the impact of haptic dissonance on innovation adoption. *Proceedings of 2011 European Conference on Information Systems, 141.*

Giebelhausen, R. (2016). The paperless music classroom. *General Music Today, 29*(2), 45-49.

Goodrum, C., & Dalrymple, H. (1985). The Electronic Book of the Very Near Future. *Wilson Library Bulletin, 59*(9), 587-590.

Hastings, J. (2008). The Kindle, iLiad Reviewed. *School Library Journal, 54*(2), 18-19.

IMD World Competitiveness Center (2020). The IMD World Digital Competitiveness Ranking 2020. https://www.imd.org/wcc/world-competiti veness-center-rankings/world-digital-competitiveness-rankings-2020/

Jabr, F. (2013). The reading brain in the digital age: The science of paper versus screens. *Scientific American, 11*(5).

Kretzschmar, F., Pleimling, D., Hosemann, J., Füssel, S., Bornkessel-Schlesewsky, I., & Schlesewsky, M. (2013). Subjective impressions do not mirror online reading effort: Concurrent EEG-eyetracking evidence from the reading of books and digital media. *PloS One, 8*(2), e56178.

Lebert, M. (2008). Project Gutenberg (1971-2008). Retrieved from https://www. gutenberg.org/ebooks/27045

Machovec, G. S. (1998). Book on the World Wide Web: Issues and Trends. *Online Libraries and Microcomputers, 16*, 1-6.

Mangen, A., Walgermo, B. R., & Brønnick, K. (2013). Reading linear texts on paper versus computer screen: Effects on reading comprehension. *International Journal of Educational Research, 58*, 61-68.

Marchionini, G. (2008). Human–information interaction research and development. *Library & Information Science Research, 30*(3), 165-174.

Margolin, S. J., Driscoll, C., Toland, M. J., & Kegler, J. L. (2013). E-readers, computer screens, or paper: Does reading comprehension change across media platforms? *Applied Cognitive Psychology, 27*(4), 512-519.

Mueller, P. A., & Oppenheimer, D. M. (2014). The pen is mightier than the keyboard: Advantages of longhand over laptop note taking. *Psychological Science, 25*(6), 1159-1168.

Noyes, J., & Garland, K. (2005). Students' attitudes toward books and computers. *Computers in Human Behavior, 21*(2), 233-241.

Pack, T. (1994). Electronic Books - A New Spin on the Great American Novel. *CD-ROM PROFESSIONAL, 7*(2), 54.

Proulx, A. (1994, May 26th). *Books on Top. The New York Times*. Retrieved from https://archive.nytimes.com/www.nytimes.com/books/99/05/23/specials/proulx-top.html

Pynte, J., Kennedy, A., & Ducrot, S. (2004). The influence of parafoveal typographical errors on eye movements in reading. *European Journal of Cognitive Psychology, 16*(1-2), 178-202.

Rainie, L., & Zickuhr, K. (2012). *Younger Americans' Reading and Library habits*. Pew Internet & American Life Project.

Rosenfield, M. (2011). Computer vision syndrome: a review of ocular causes and potential treatments. *Ophthalmic and Physiological Optics, 31*(5), 502-515.

Sawyer, S. K. (2002). Electronic books: Their definition, usage and role in libraries. *LIBRES: Library and Information Science Research Electronic Journal, 12*(2), 1-28.

Shishkovskaya, J., Sokolova, E., & Chernaya, A. (2015). "Paperless" foreign languages teaching. *Procedia-Social and Behavioral Sciences, 206*, 232-235.

Tanner, M. J. (2014). Digital vs. print: Reading comprehension and the future of the book. *School of Information Student Research Journal, 4*(2), 6.

Tennant, R. (2000). INFOTECH-Digital Libraries-The Emerging Role of E-Books. *Library Journal, 125*(13), 38-43.

Underwood, J. D., & Farrington-Flint, L. (2015). Learning and the E-Generation: John Wiley & Sons.

Wästlund, E., Reinikka, H., Norlander, T., & Archer, T. (2005). Effects of VDT and paper presentation on consumption and production of information: Psychological and physiological factors. *Computers in Human Behavior, 21*(2), 377-394.

Whitlatch, J. B., & Kieffer, K. (1978). Service at San Jose State University: Survey of Document Availability. *Journal of Academic Librarianship, 4*(4), 196-199.

Wilson, R. (2001). Evolution of portable electronic books. Ariadne (29).

Withers, N. (2013). Reading devices - Comprende? Can the device that you read from really change your reading speed and comprehension. *Optometry Today, 53*(15).

Wu, M. D., & Chen, S. C. (2011). Graduate students' usage of and attitudes towards e-books: experiences from Taiwan. *Program, 45*(3), 294-307.

第六篇

資訊技術與人機互動

第*18*章
資訊技術與人機互動綜述

曾元顯、吳怡瑾、袁千雯

本文簡介

近年來資訊技術和人機互動研究促進了資訊服務的方式,本章介紹三個相關的重要議題和其關聯性,包括人工智慧與資訊檢索、人資互動與檢索研究趨勢,以及人機互動、社群運算與科技輔助協同合作研究發展與趨勢。

　　圖書資訊學以宏觀的角度,從政策、策略、社會因素到科技應用等面向,探討各類資訊在生產與消費的生命週期中,牽涉到的採訪、編目、典藏、存取、加值、利用與服務⋯⋯等議題。資訊檢索在資訊的生命週期中,扮演各類議題的技術支援以及系統實現的關鍵角色。在電腦網路普及、數位文件風行之後,舉凡網頁資料查找、學術文件搜尋、法律前案檢索、新聞事件歸類、垃圾郵件過濾、文件自動摘要、關聯資訊擷取、生物資訊探勘、主題趨勢辨識、商業智慧分析、自動詢答系統⋯⋯等,都成為資訊檢索技術探討的課題。拜數位資訊處理技術進步之賜,除了文字類型的資訊外,多媒體影音內容,如廣播電視節目、語音信件、上課或演講錄影、會議影音記錄和各式數位典藏內容等,近十多年來也成為資訊檢索技術探討的重要課題。由於這類技術的發展,在滿足使用者需求或特定的應用目的,沒有標準答案可供遵循,常須實驗加以比較驗證,因此實驗所需之文件測試集的蒐集或製作,在資訊檢索領域的研究當中,扮演非常重要的角色,而正確可靠的成效評估方法,也是不可忽視的議題。美國於1990年代初開

始資助一系列的相關研究。特別是Text Retrieval Conference（TREC）評比
會議提供一套共用的測試集（包含文件集、問題集以及對應於每道問題的
答案文件集），以及相同的評估準則與程序，可以在相同的實驗環境底下，
反覆的自我與互相比較。日本、歐洲、印度紛紛起而效尤，仿照TREC形式，
各自舉辦了NII Test Collection for IR Systems（NTCIR）（始於1999年）、
Conference and Labs of the Evaluation Forum（CLEF）（始於2000年）與Forum
for Information Retrieval Evaluation（FIRE）（始於2008年）等具該國語文特
色的資訊檢索評比會議。國內在資訊檢索的研究，自1990年代起，圖書資
訊界與電腦科學界陸續有：網頁版公用目錄搜尋系統、整合代理搜尋系統、
模糊搜尋、中文搜尋引擎、音樂內容檢索、語音檢索、智慧搜尋、網頁資
訊擷取、中文詢答系統、文字探勘、影像內容檢索等研究投入，近年來培
養出相當多的碩、博士級人才，相關的研究成果、技術與人力資源，也都
逐漸移轉至國內產業界。

　　近十年來由於雲端技術興起強化電腦運算力、大數據時代提供許多可
用的訓練資料、以及機器學習演算法的精進與突破，使得人工智慧
（Artificial Intelligence, AI）在電腦視覺、語音辨識、自然語言的理解與生
成等方面，有突破性的進展，而被廣泛應用於搜尋引擎、智慧型手機、自
動駕駛等系統，逐漸融入到人們的日常生活中。本書第19章〈人工智慧與
資訊檢索〉一文著重在新技術的介紹，包含：嵌入向量、深度學習、語言
模型、文字生成及理解與文意比對，本文並以實例展示其優點，以及說明
其不足而仍須搭配傳統檢索方法之處。這一波人工智慧的發展，對資訊檢
索的影響既快速且深遠。以搜尋引擎見長的Google公司，於2019年10月宣
布將運用自然語言理解的BERT（Bidirectional Encoder Representations from
Transformers）技術在Google搜尋中，其可讓美國地區的英文搜尋提升10%
的成效，且將逐漸擴展此技術到其它語言與地區。這些新技術：嵌入向量、
BERT、GPT等導入到搜尋引擎中，對資訊檢索領域在學術與實務上的衝擊，
快速到令人瞠目又振奮，為過去十年來最佳的技術突破，並可能大幅度的
影響未來的趨勢走向。學校教育與產業實務，應多關注、了解、推廣並善
加應用。Word2Vec詞嵌入向量在2013年出現後，立刻被廣泛應用，且論文

被引用約2萬次。在2017年Transformer、2018年GTP、BERT出現後，也有類似的現象。近兩年來，相關技術的推陳出新，不勝枚舉。在某些任務上成效比BERT、GPT更好的重要技術陸續被推出，且多數也都開源出來，以促進技術的快速發展。雖然在各種中文處理的支援方面，目前仍以BERT最為廣泛、穩定，但未來效率更高、訓練資料更多、成效更好的技術與應用，將指日可待。

資訊檢索為探討從各種型態的文件中，分析、轉換、提取、過濾出有用的訊息，並進行排序、組織、呈現、串連，再以主動、被動或互動等方式，來滿足使用者資訊需求的各種技術。人資互動（human information interaction, HII）則是由生態觀點看待人、資訊與科技間整個生態的互動關係，其中人與資訊的關係一直是圖書資訊學重視之領域，近年隨著科技與技術的鵲起，則是擴展了人資互動研究方法的多元性與應用範疇，研究趨勢更佳重視人與資訊之間的互動關係。本書第20章〈人資互動與檢索研究趨勢〉一文中，首先由資訊探求與檢索（information seeking and retrieval, IS&R）之研究脈絡闡述人資互動研究的背景，闡明本研究為由前一章節之資訊檢索角度探討如何開啟近年人資互動研究篇章，即由系統導向之資訊檢索、以人為本之資訊探求、任務情境之IS&R到真實情境之複雜任務情境之IS&R行為的研究，進而介紹人資互動近年所關注的議題與評估模型，最後回顧國內外相關重要的應用研究。

在人資互動研究趨勢章節，由1992年指標性的Conceptions of Library and Information Science（CoLIS）會議討論傳統圖書館學（Library Science）領域與資訊科學（Information Science）領域對於資訊探求與檢索領域合作的序曲，期間經歷主要由認知心理學觀點主導的資訊行為理論與概念模型到1990年起至今如雨後春筍般的實證研究的誕生，其中，HII研究更可由資訊檢索Salton Award得獎者主題與相關會議的變化，觀其發展。Belkin與Järvelin先後於2015與2019年獲得Salton Award，肯定了使用者導向之資訊檢索與行為研究的重要性，並確立人資互動研究為近代圖書資訊學領域重要的研究方向之一，是以使用者模型觀點被納入資訊檢索重要模式之一（柯皓仁、謝順宏，2019; Togia, & Malliari, 2017; Tuomaala, Järvelin &Vakkari,

2014）。TREC會議於1997年評比活動開始加入Interactive Track of TREC，即加入使用者因素與整體評估過程，而評估方法亦由實驗評估法（laboratory-based evaluation in IR）轉而為互動式資訊檢索評估方法（Borlund & Ingwersen, 1997; Borlund, 2000; Borlund & Ruthven, 2008; Ruthven & Kelly, 2011; TREC, 2003）。Dumais與Belkin（2005）在TREC會議之interactive track探討以使用者為中心之搜尋模式與評估；德國Dagstuhl互動式資訊檢索會議、ACM SIGIR的人資訊互動與檢索會議（CHIIR）以及Information Interaction in Context（IIiX）會議，自2016年起，HCIR與IIiX整併為ACM SIGIR之人資互動與檢索會議（CHIIR）會議（https://https://chiir.org），將評估的研究重點放在人資互動、資訊尋求情境與使用者導向方法的資訊檢索與取用。由於傳統資訊檢索評估方法無法展現人資互動的精神，近年陸續有相關領域學者基於不同理論與觀點針對人資互動提出適合的評估模型，但整體而言以由傳統評供檢索相關性（relevance）朝向評估有用性（usefulness）為主要的目標（Belkin, 2015; Vakkari, 2020）。在人資互動評估方法上以Borlund（2000, 2003）基於Ingwersen（1992）的認知溝通模型（cognitive communication models）所提出模擬任務概念最被採用，相關研究建立設計模擬任務方針。

　　人資互動研究趨勢中介紹三個近年頗受重視之評估概念與模型，分別為（1）Fidel（2012）提出的認知工作分析（Cognitive Work Analysis, CWA）架構，在圖書資訊學領域受到矚目與探討；（2）Järvelin等人（2015）提出任務導向資訊互動（TBII）評估模型，其程式觀點（program theory）評估（Järvelin et al. 2015; Rogers et al. 2000; Rossi et al. 2004）考慮任務中活動之輸入變項（input）、活動中各種相依變數與獨立變數的關係，任務預期結果（output）與帶來的影響（outcome）；與（3）Vakkari（2016）由outcome角度彙整與提出搜尋即學習（Searching as learning, SaL）之評估指標與方法，探索由知識結構的角度系統性的歸納搜尋與學習之間的關聯，進而產生不同的搜尋行為與策略。人資互動由早期主要基於認知心理學之資訊尋求行為的概念發想、模型推展到近十年實證研究的蓬勃發展。其中值得重視的是，隨著各種資訊行為擷取與分析工具的普及，混和研究方法（mixed research method），即兼顧質性與量化分析，更廣為被人資互動研究採納；透過有效的工具擷取人類的資訊行為將提供更多證據進行人資互動的研究並提出更有效的模型與應用。Järvelin（2016）於Sonnenwald專書*Theory Development in the Information Sciences*中對人資研究方法建議為由真實任務情境探索使用者於工作情境之資訊使用與搜尋行為，將之歸納各情境變數，後續可進行可控制的模擬任務或者實驗為基礎的研究，此亦為透過混和研究方法進行人資互動研究之框架。本章節最後回顧國內外相關應用研究以提供有興趣之讀者參考，顯示目前人資互動研究議題與方法的多元性，未來將可見理論與方法更廣為應用在各領域並展現了人資互動研究與實務的價值性。

從由資訊探求與檢索延伸之人資互動研究到人機互動（Human-Computer Interaction）研究更是超越了「科學工程」與「人文社會」的學科界線，以人機互動為主軸所發展出來的相關研究領域包括以人為本（human-centered）的軟硬體系統與工程科技輔助協同合作（computer-supported cooperative work, CSCW）、社群運算（social computing）與科技中介溝通（computer-mediated communication, CMC）等，可見相關領域的發展十分蓬勃。本書第21章〈人機互動、社群運算與科技輔助協同合作研究發展與趨勢〉一文探討人機互動領域除了追求科技發展的精進外，學界開始從心理學、行為科學、社會學、傳播學、資訊科技、設計等多元角度切入，關注使用者如何與科技互動。也因此，跨領域的人機互動研究主題逐漸受到重視，為的就是避免科技研發與設計在追求新穎、效能之外，缺乏足夠的理論與實證基礎作為依據，忽略使用者的角色（王浩全，2012）。在人機互動研究的範疇裡除了資工領域的系統以及工程研究（例如電腦協作環境以及群眾外包／人智運算等系統），也有從社會科學角度出發的研究，不管從哪個角度，研究的共識是科技不僅來自於人性，更要為人所用。其中，人機互動主要關注的是使用者在不同情境下利用不同科技載具時的行為；此外，也有許多情境是探討多位使用者透過科技進行協同合作的需求，也是CSCW所關注的議題。

對於國內資訊相關領域來說，CSCW是一個新興的議題，然而在國際

間其研究已有近40年歷史，也是人機互動領域中第二大的學術社群。其中提醒讀者的是，「社群運算」一詞在資訊領域也常被用於指涉社群網路的資料探勘技術研究（social data mining），並不一定帶有與「人」、「機」互動方面的意涵。也就是說，「人機互動」的社群運算研究與「資料探勘」的社群運算研究兩者之間並不存在概念上、知識體系上或研究方法上的直接連結。兩者之間或許偶爾因誤解相互引用，或是因「社群運算」一詞本身模糊性所造成的歧義解讀，兩者並無從屬優劣。本章節將以CSCW為主軸，介紹人機互動中從社會科學角度出發探討使用者行為與科技使用最相關之社群運算與CMC研究。CSCW研究探討如何利用不同科技功能輔助，跨越物理距離與不同時區的限制，增進人際間的遠距溝通與合作。九〇年代CSCW相關研究興起初期，研究主軸在於如何在工作場域中幫助使用者利用不同的電腦系統進行更好的溝通過程，以增進、修補、或簡化工作流程，提升職場表現與效率。隨著科技中的社會性元素越來越受重視，系統研發設計也漸漸從單純的科技應用，到著重社會技術（sociotechnical）層面。CSCW早期較偏業界應用的取徑也慢慢加入了有關使用者心理、人際傳播、組織與社會等不同層面的行為科學理論架構，研究主題涵蓋資訊、科技、社會、設計等角度如何增進協同合作過程，是個重視理論發展、嚴實研究方法、與實務應用的領域。而CSCW中的科技（computer）、協同（cooperative）、工作（work）的定義也越趨兼容並蓄，定調了CSCW跨領域與多元的研究（Grudin & Poltrock, 1997）。

　　舉例來說，CSCW討論的科技應用或是系統搭建可以是以電子郵件、視訊系統、即時通訊，或甚至是近年來盛行的社群媒體、行動科技、機器人、物聯網科技、穿戴式科技、虛擬與擴增實境、人工智慧等。協同的方式也可以是雙人、小組、社群、組織、社會、與文化等層級。應用的場域則是跳脫了組織與企業，包含了線上與線下各式社群，以非同步（asynchronous）或是同步（synchronous）形式的溝通、互動、學習等。這些主題皆吸引跨領域學者的投入，同一主題常見有社會科學家從使用者行為、資訊科學家從系統建置與軟體發展、設計學者從原型打造改善體驗等不同角度切入。

　　近十年來，人工智慧技術（AI）在自然語言的理解與生成等方面，有突破性的進展，相關技術除讓資訊檢索在近幾年有大幅度的進展，此外，亦帶動以人為本之人機互動研究的發展。在人機互動研究部分，無論是承襲資訊探求與檢索（IS&R）之基礎，融合資訊科技與使用者行為觀點之人資互動研究；或者由人機互動為主軸所發展而來，涵蓋資訊、科技、社會、設計……等領域之科技輔助協同合作（CSCW）、社群運算（social computing）與科技中介溝通（CMC）之研究皆揭示人機互動著重為人所用的要性，更說明了相關研究日益被受重視的原因。本篇涵蓋四個章節，透過檢視重要文獻與技術，勾勒資訊技術與人機互動之發展現況與願景，期能對圖書資訊學術界與產業界培植新興技術的研究與實務人才有所助益。

參考文獻

王浩全（2012）。人機互動導向線上社群研究之概貌。**網路通訊國家型科技計畫簡訊，38**。

柯皓仁、謝順宏（2019）。探索2006～2015年圖書資訊學領域研究議題。**圖書館學與資訊科學，45**（1），65-96。

Belkin, N. J. (2015). Salton award lecture: People, interacting with information. In R. B. Yates, (chair), SIGIR '15: Proceedings of the 38th International ACM SIGIR Conference on Research and Development in Information Retrieval (pp.1-2). New York, USA: Association for Computing Machinery.

Borlund, P., & Ingwersen, P. (1997). The development of a method for the evaluation of interactive information retrieval systems. *Journal of Documentation, 53*(3), 225-250.

Borlund, P. (2000). Experimental components for the evaluation of interactive information retrieval systems. *Journal of Documentation, 56*(1), 71-90.

Borlund, P. (2003). The IIR evaluation model: A framework for evaluation of interactive information retrieval systems. *Information Research, 8*(3). Retrieved from http://informationr.net/ir/8-3/paper152.html

Borlund, P., & Ruthven, I. (2008). Introduction to the special issue on evaluating interactive information retrieval systems. *Information Processing & Management, 44*(1), 1-3.

Dumais, S. T., & Belkin, N. J. (2005). The TREC interactive tracks: Putting the user into search. In E. M. Voorhees & D. K. Harman (Eds.), TREC: Experiment and Evaluation in Information Retrieval (pp. 123-153). Cambridge, USA: MIT Press.

Fidel, R. (2012). *Human Information Interaction: An Ecological Approach to Information Behavior*. Cambridge, USA: MIT Press.

Grudin, J., & Poltrock, S. E. (1997). Computer Supported Cooperative Work and Groupware. *Advances in Computers, 45*, 269-320.

Ingwersen, P. (1992). *Information Retrieval Interaction*. London, UK: Taylor Graham.

Järvelin, K., Vakkari, P., Arvola, P., Baskaya, F., Järvelin, A., Kekalainen, J., ...& Sormunen, E. (2015). *Task-based information interaction evaluation: The viewpoint of program theory, ACM Transactions on Information Systems, 33*(1), Article 3.

Rogers, P., Petrosino, A., Huebner, T. A., & Hacsi. T. A. (2000). Program theory evaluation: Practice, promise, and problems. *New Directions for Evaluation, 87*, 5-13.

Rossi, P. H., Lipsey, M. W., & Freeman, H. E. (2004). *Evaluation: A Systematic Approach*. Thousand Oaks, USA: Sage.

Ruthven, I., & Kelly, D. (Eds.) (2011). *Interactive Information Seeking Behaviour and Retrieval*. London, England: Facet.

Sonnenwald, D.H. (2016). *Theory Development in the Information Sciences*. Austin, TX: University of Texas Press.

Text Retrieval Conference (TREC) Interactive Track (2003, March 4). Retrieved February 05, 2021, from https://trec.nist.gov/data/interactive. html.

Togia, A., & Malliari, A. (2017). Research methods in Library and Information Science. In: S. Oflazoglu (Ed.), *Qualitative versus Quantitative Research* (pp. 43-64). London : InTech.

Tuomaala, O., Järvelin, K., & Vakkari, P. (2014). Evolution of library and information science, 1965-2005: Content analysis of journal articles. *Journal of the Association for Information Science and Technology, 65*(7), 1446-1462.

Vakkari, P. (2016). Searching as learning: A systematization based on literature. *Journal of Information Science, 42*(1), 7-18. doi:10.1170/0165551515615833.

Vakkari, P. (2020). The usefulness of search results: A systematization of types and predictors. *CHIIR '20: Proceedings of the 2020 Conference on Human Information Interaction & Retrieval* (pp. 240-252).

第*19*章
人工智慧與資訊檢索

曾元顯

本文簡介

近十年來人工智慧技術在自然語言的理解與生成等方面，有突破性的進展，而被應用於資訊檢索中。這些進展表現在嵌入向量、深度網路架構、語言模型、文字生成、文字理解、語意比對等方面，而讓資訊檢索在近幾年有大幅度的進展。本文以產業應用案例導引出資訊檢索的實務應用趨勢，再以實例展示新一代資訊檢索技術推廣的可行性。透過此種方式，取代過去數十年文獻的回顧，來呈現資訊檢索技術的快速進展。這些進展，其技術艱深且進入門檻高，對現今的研究環境與產業應用是一大挑戰。展望未來十年，學術界與產業界須積極培植新興技術的人才，才能及早因應產業環境的變遷。

前言

近十年來由於雲端技術興起強化電腦運算力、大數據時代提供許多可用的訓練資料、以及機器學習演算法的精進與突破，使得人工智慧（Artificial Intelligence, AI）在電腦視覺、語音辨識、自然語言的理解與生成等方面，有突破性的進展，而被廣泛應用於搜尋引擎、智慧型手機、自動駕駛等系統，逐漸融入到人們的日常生活中。

　　以搜尋引擎見長的Google公司，於2019年10月宣布將運用自然語言理解的BERT（Bidirectional Encoder Representations from Transformers）技術在Google搜尋中，其可讓美國地區的英文搜尋提升10%的成效，且將逐漸擴展此技術到其他語言與地區（Nayak, 2019）。

　　以確保AI造福大眾為使命的OpenAI公司，發展的GPT（Generative Pre-Training）系列技術，其能自動生成擬真文章外，也能根據查詢語句的語意（而非關鍵詞）進行檢索（https://beta.openai.com/）。

　　而開源碼搜尋引擎Elasticsearch，除了在2016年3月宣布其預設的搜尋相似度比對算法將從向量模式的TF/IDF改成機率模式的BM25外（https://www.elastic.co/elasticon/conf/2016/sf/improved-text-scoring-with-bm25），也在2019年8月支援嵌入向量（embedding vector）欄位以提供快速的語意比對。

　　這些新技術：嵌入向量、BERT、GPT等導入到搜尋引擎中，對資訊檢索領域在學術與實務上的衝擊，快速到令人瞠目又振奮，為過去十年來最佳的技術突破，並可能大幅度的影響未來的趨勢走向。學校教育與產業實務，應多關注、了解、推廣並善加應用。本文著重在介紹這些新技術，並以實例展示其優點，以及說明其不足而仍須搭配傳統檢索方法之處。

嵌入向量

　　向量空間模型（Vector Space Model, VSM）是經典的傳統資訊檢索方法（Salton, 1989）。其將語料中每份文件的重要詞彙（有主題意義的詞彙），都視為向量中的一個維度，而詞彙在文件中的出現次數（Term Frequency, TF）以及在整個語料中出現篇數的倒數（Inverse Document Frequency, IDF）的乘積（TF×IDF），做為該維度的權重。如此n篇文件的語料庫若共有m個詞彙，就形成一個$m×n$的矩陣，其中每一行向量代表一篇文件，而每一列向量則對應到一個重要詞彙。依向量餘弦公式（cosine），可計算任意兩文件或是兩詞彙的相似度。

　　另一種VSM的表示法，則跟語料無關，單純以「獨熱編碼」（one-hot encoding）表示。亦即m個詞彙，每個詞彙都佔一個維度，該詞彙在該維度上的值為1，其餘為0。例如，假若全部詞彙只有三個：政治、經濟、運動，則其獨熱表示法，分別為[1,0,0]、[0,1,0]、[0,0,1]。其優點是：（1）詞彙跟其向量的對應，只需簡單的查表即可；（2）很多機器學習演算法，只能做二分法，亦即偵測一個詞彙有出現或沒出現，因此需用到獨熱編碼。

　　上述兩種VSM表示法的問題，在於用個別詞彙做為向量的維度：當有不同詞彙卻語意相近時，因屬不同維度，也無法增加其相似度，造成詞彙不匹配問題（vocabulary mismatch）。例如：「宇宙」跟「太空」，以VSM表示的話，其相似度為0。因此，在1990年左右，隱含語意索引法（Latent Semantic Indexing, LSI）或是稱做隱含語意分析法（Latent Semantic Analysis, LSA）被提出來（Deerwester, Dumais, Furnas, Landauer, & Harshman, 1990）。其運用線性代數的奇異值分解（Singular Value Decomposition, SVD）方法，將$m \times n$的矩陣降維（dimension reduction）轉換出$d \times d$的主題矩陣，其中$d < m$且$d < n$。亦即，下式的語料C被降維，並以新的矩陣來近似整個語料，如下式：

$$C_{m \times n} = U_{m \times r} \Sigma_{r \times r} (V_{n \times r})^T \approx U_{m \times d} \Sigma_{d \times d} (V_{n \times d})^T \qquad （1）$$

個別文件（或詞彙）的向量仍可從這個降維的矩陣算出近似值，然後依此亦可算出任意兩篇文件（或是任意兩個詞彙）的相似度。此種降維的作法，讓語意相近的文件（詞彙），被放在同一維度，解決了前述詞彙不匹配的缺點，如圖1範例所示[1]。

---

[1]　此例改自：https://www.youtube.com/watch?v=K38wVcdNuFc&t=10，accessed on 2020/04/15。

$$
\begin{matrix}
T1 \\ T2 \\ T3 \\ T4 \\ T5 \\ T6 \\ T7
\end{matrix}
\begin{bmatrix}
\mathbf{1} & \mathbf{1} & \mathbf{1} & 0 & 0 \\
\mathbf{3} & \mathbf{3} & \mathbf{3} & 0 & 0 \\
\mathbf{4} & \mathbf{4} & \mathbf{4} & 0 & 0 \\
\mathbf{5} & \mathbf{5} & \mathbf{5} & 0 & 0 \\
0 & \mathbf{2} & 0 & \mathbf{4} & \mathbf{4} \\
0 & 0 & 0 & \mathbf{5} & \mathbf{5} \\
0 & \mathbf{1} & 0 & \mathbf{2} & \mathbf{2}
\end{bmatrix}
=
\begin{bmatrix}
\mathbf{0.13} & 0.02 & -0.01 \\
\mathbf{0.41} & 0.07 & -0.03 \\
\mathbf{0.55} & 0.09 & -0.04 \\
\mathbf{0.68} & 0.11 & -0.05 \\
0.15 & \mathbf{-0.59} & 0.65 \\
0.07 & \mathbf{-0.73} & -0.67 \\
0.07 & \mathbf{-0.29} & 0.32
\end{bmatrix}
\times
\begin{bmatrix}
12.4 & 0 & 0 \\
0 & 9.5 & 0 \\
0 & 0 & 1.3
\end{bmatrix}
\times
$$

星 地 星 電 海
際 心 際 子 角
大 引 效 情 七
戰 力 應 書 號

$$
\begin{bmatrix}
\mathbf{0.56} & \mathbf{0.59} & \mathbf{0.56} & 0.09 & 0.09 \\
0.12 & -0.02 & 0.12 & \mathbf{-0.69} & \mathbf{-0.69} \\
0.40 & -0.80 & 0.40 & 0.09 & 0.09
\end{bmatrix}
$$

圖1　降維矩陣範例

　　圖1中語料C矩陣有「星際大戰」等5篇文件，若只蒐錄7個詞彙，各詞彙出現的次數（或權重）表示在等號左邊的矩陣。等號的右邊有三個矩陣，分別為詞彙到主題的U矩陣、主題矩陣 Σ、以及主題到文件的V矩陣。從 Σ 對角線矩陣可知，此語料C其實只有兩個主題比較重要（姑且稱為「動作科幻」、「文藝愛情」兩個主題），且重要程度分別為12.4與9.5，而第三個主題權重只有1.3，相較之下可以忽略。因此，等號右邊的三個矩陣都可以再縮減成7×2、2×2、2×5的矩陣。這時，若再多收納兩個新詞彙T8（如：宇宙）、T9（如：太空），且其在這5篇文件出現的情況分別為：T8=[5,0,0,0,0]與T9=[0,4,5,0,0]，則此兩詞彙的向量餘弦公式cosine相似度為0；但若其向量轉換到主題空間，亦即各自乘以縮減後的V矩陣，如下：

$$
T8* = \begin{bmatrix} 5 & 0 & 0 & 0 & 0 \end{bmatrix} \times \begin{bmatrix} 0.56 & 0.59 & 0.56 & 0.09 & 0.09 \\ 0.12 & -0.02 & 0.12 & -0.69 & -0.69 \end{bmatrix}^T = \begin{bmatrix} 2.81 & 0.63 \end{bmatrix} \text{（2）}
$$

$$
T9* = \begin{bmatrix} 0 & 4 & 5 & 0 & 0 \end{bmatrix} \times \begin{bmatrix} 0.56 & 0.59 & 0.56 & 0.09 & 0.09 \\ 0.12 & -0.02 & 0.12 & -0.69 & -0.69 \end{bmatrix}^T = \begin{bmatrix} 5.18 & 0.52 \end{bmatrix} \text{（3）}
$$

則轉換後的詞彙向量T8*=[2.81, 0.63]、T9*=[5.18, 0.52]，其cosine相似度高達0.99，表示詞彙T8與T9屬於同一主題的訊息相當明確。

　　而運用神經網路，可將C矩陣送入學習，得出如上述將五維詞向量轉換成二維詞向量的功能，如圖2（筆者自製）神經網路與其連結上的權重所示。其中間兩個神經元的輸出值，相當於公式（2）或是（3）的二維向量；亦即相同主題的五維整數向量輸入，會有相似的二維實數值輸出。

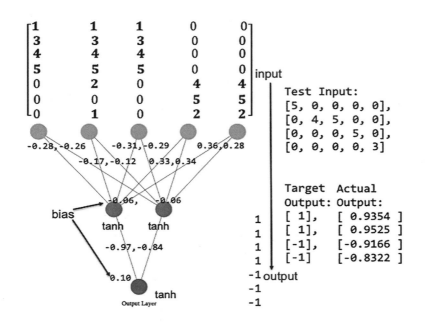

圖2　透過神經網路的學習，可將五維的整數詞向量，
轉成二維的實數詞向量

　　而獨熱編碼的詞向量，也可從高維度的整數向量，以各種嵌入語意的方式降維成低維度的實數向量，此動作被稱為詞嵌入（word embedding）過程。2013年Mikolov、Chen、Corrado與Dean（2013）發展出稱為Word2Vec的詞嵌入技術，其運用You shall know a word by the company it keeps（Firth, 1957）的原則，透過大量的語料，將每個詞彙都轉換成300維[2]的實數向量

---

[2] 此維度亦可設為 50 維、100 維、500 維或是其他數量的維度，視應用而定。

（如T8*與T9*，只是此兩詞彙向量只有二維），並具有下列加、減法的類比特性：

$$\text{Word2Vec}(國王) - \text{Word2Vec}(男人) +$$
$$\text{Word2Vec}(女人) \approx \text{Word2Vec}(皇后) \qquad （4）$$

亦即國王的詞嵌入向量，減去男人的詞向量，再加上女人的詞向量，會近似皇后的詞向量。

　　除了上述的類比，Word2Vec等詞嵌入向量還可以抓住語料中多種語意，如圖3中還有動詞型態的變化、國家與首都的類比等。

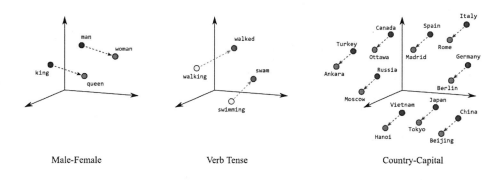

Male-Female　　　　　Verb Tense　　　　　Country-Capital

圖3　將高維度的詞向量投影到三維度後，呈現不同型態的類比關係
（"Embeddings: Translating to a Lower-Dimensional Space," n.d.）
（資料來源：Embeddings: Translating to a Lower-Dimensional Space. (n.d.). https://developers.google.com/machine-learning/crash-course/embeddings/translating-to-a-lower-dimensional-space）

　　從中文語料，也可以得出如圖4的程式效果：透過詞嵌入向量，在4個詞彙中，可計算出跟早、午、晚餐比較起來，最不相同的是豆漿這個詞彙；而跟中秋節最相似的詞彙，有：端午節、元宵節等而可運用於查詢擴展（曾元顯、許瑋倫、吳玟萱、古怡巧與陳學志，2020）。換言之，這些詞向量，幾乎抓住了人們對於詞彙語意的認知，只是這些詞向量都是數字而已。

```
>>> import gensim
>>> model = gensim.models.word2vec.Word2Vec.load("wiki.zh.model")
>>> print(model.wv.doesnt_match(['早餐', '豆漿', '午餐', '晚餐']))
豆漿
>>> print(model.wv.most_similar('中秋節', topn=4))
[('端午節', 0.8020), ('元宵節', 0.7719), ('清明節', 0.7596), ('重陽節', 0.7514) ]
```

圖4　詞向量運算範例

　　這引發了一項問題：傳統圖書資訊學提倡索引典的概念，透過詞彙之間的上、下位、相關、反義等關係的建構，來輔助系統提升檢索成效，這樣的期望，是否還有其實務上的需要？事實上，上述詞向量的加減與向量類比運算，已可得出很多詞彙關係，但詞彙關係實在太多，並非單獨詞向量能夠全面並精準的涵蓋。只是詞向量可由大量語料的計算處理獲得，相對於索引典需人力建構，可節省時間、人力，但並未能全面取代索引典的功能。其抉擇取決於成本與效益的考量。

深度學習

　　自1950年代開始，人工智慧經歷了三、四次研究熱潮的起伏。而近十年來人工智慧重新獲得重視，此次熱潮幾可歸功於深度學習（LeCun, Bengio, & Hinton, 2015）的發展與運用。

　　以往，只有輸入層與輸出層的人工神經網路，其功能有限，無法學習出像是「互斥或」（exclusive OR）這類函數（Minsky & Papert, 1969）。之後科學家證明出只要在輸入層與輸出層中間多加一層隱藏層，就可以學習出任意的函數（Hornik, 1991）。可惜針對某一函數的學習（例如依照前導文，生成後續相關的文字），隱藏層中需要多少非線性處理單元才能學出該函數的輸入輸出對應，在理論上卻無法提供答案。

　　近年來透過多層的隱藏層，逐層的學出越來越複雜的對應，多層神經網路終於展現出其廣泛的應用能力。以影像辨識函數為例，2012年Krizhevsky、Sutskever、與Hinton（2012）採用8層的神經網路，達到比第

二名26.2%的影像辨識錯誤率更低的15.3%。從此之後影像辨識使用神經網路的層數，從數十層，到上百層都有，而且效果越來越好。由於這數量遠超過理論上的需要值（理論上只要一層隱藏層），因此被稱為深度神經網路（deep neural network）或簡稱深度學習（deep learning）。

2017年Vaswani et al.（2017）提出了Transformer編解碼器（encoder-decoder）深度神經網路架構，如圖5。其運用可以平行運算且能夠處理長距離依賴（long-distance dependency）的自我注意力機制（self-attention），取代需要循序運算的遞歸神經網絡（recurrent neural network），而在自然語言處理領域，開啟了類似影像處理那樣突飛猛進的時代。

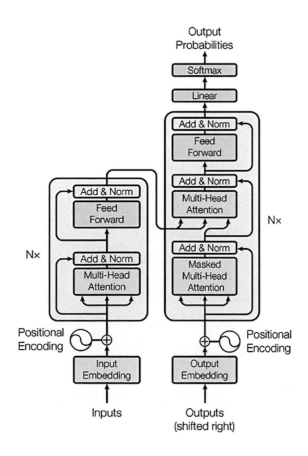

圖5　Transformer架構（Vaswani et al., 2017, p. 3）

Transformer中的多重注意力（multi-head attention）對最後的成效是極為重要的運算機制。其讓每個注意力專注於不同面向，例如有的注意力關注在動詞與其發起者或是作用對象的資訊交流而抓住了文句的重點，有的則讓代名詞注意到其所代表的主詞而緩和了指代消解（Coreference Resolution）的問題等。

除了具備多重注意力機制，Transformer還運用Byte Pair Encoding（BPE）解決詞彙量不夠與未知詞問題、引入位置編碼以學習詞彙的順序與距離、採用layer normalization與residual connection以增進網路的學習效率和穩定性，而在語言理解與生成上，得到很好的成效。

語言模型

許多自然語言處理的任務中，都需要建構一個準確的語言模型（language model）。亦即在獲知前t個字詞後，需要準確的估計下一個字詞的條件機率：

$$P(w^{(t+1)} | w^{(t)}, w^{(t-1)}, ..., w^{(1)}) \qquad (5)$$

例如，從語音訊號辨識出「mao zhuo lao shu」四個音以及前三個字「貓捉老」之後，下面的條件機率應該要符合：

$$P(鼠 | 老, 捉, 貓) > P(樹 | 老, 捉, 貓) \qquad (6)$$

亦即「貓捉老鼠」應有較大的機率，雖然其音跟「貓捉老樹」一樣（音調不計），但依照常識在自然語言的表達上更為常見、更為合理。

建構此語言模型的過程，稱為語言建模（language modeling）。然而語言建模過去很難做得好，亦即「估計下一個字詞的條件機率」不易做得準確。以語料庫C=(貓跳, 狗躍, 貓奔, 狗跑, 跑車)為例，用此極小（五個字句）的語料庫擬訓練出$P(跳|貓)$等條件機率，應用傳統方法「最大似然估計」（maximum likelihood estimation）可得出：

$$P(跳|貓) = P(貓跳) / P(貓) = 1/2 = 0.5 \qquad (7)$$

$$P(奔|貓) = P(貓奔) / P(貓) = 1/2 = 0.5 \qquad (8)$$

等數據，因為在C中貓出現2次，而貓跳、貓奔各出現1次。但是條件機率：

$$P(跳|狗) = P(狗跳) / P(狗) = 0/2 = 0.0 \qquad (9)$$

$$P(奔|狗) = P(狗奔) / P(狗) = 0/2 = 0.0 \qquad (10)$$

亦即(狗跳, 狗奔)兩詞的機率都為0，因為他們都沒有在語料庫C中出現過。換言之，以C訓練出來的語言模型，幾乎不會產生(狗跳，狗奔)的詞句。但事實上，不僅C中有類似的概念(狗躍，狗跑)，於一般語言常識上也應該允許該詞彙的出現。

　　顯然傳統的方法不夠好，其原由為離散空間的字詞表達方式（discrete space word representation），亦即將貓、狗、跳、躍、奔、跑、車各字視為完全不同的概念（如同前述VSM表示法），導致類似的概念無法類推，且訓練語料沒有的字句，便難以估計其條件機率。

　　有鑒於此，神經機率語言模型於2000年左右被提出（Bengio, Ducharme, Vincent, & Jauvi, 2003），其將各個字詞w以n維實數向量V(w)表示，亦即每個字都是n維連續空間上的一個點，此種稱為連續空間的字詞表達方式（continuous space word representation），與前述嵌入向量類似。當神經機率語言模型從語料庫學習完後，V(貓)在連續空間上會近似於V(狗)、V(跳)會近似於V(躍)、而V(奔)會近似於V(跑)，因而可用於推論。

　　如圖6的範例所示，每個字詞可以是二維空間中任意連續座標上的一點，當訓練完後貓的座標（-1.1, 0.8）接近於狗的座標（-0.9, 1.0），跳（1.2, -1.1）近似於躍（1.1, -0.8），依此類推。那麼語料庫原有的(貓跳, 貓奔)會有較高的機率值（例如0.45），而語料庫中沒有的(狗跳, 狗奔)也可在連續空間中推論出其機率值（例如0.35），而不再等於0了。而車則因為與貓、狗較不相似，難以類推，使（車跳、車奔）這些字詞的機率較低，但也並非完全不可能出現。

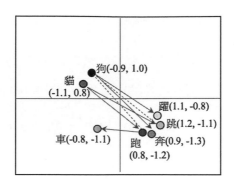

圖6　在二維連續空間中表示貓、狗、跳、躍、跑、奔、車等字詞向量與關係
　　　之示意圖（實線為語料庫中原有的詞句，虛線為可推論計算出來的詞句）

　　這種以連續空間表示字詞的向量表示法，降低了訓練語料無論大小，
都無法窮舉所有語言現象的困擾；而且透過神經網路的學習，可以學出「類
似概念有近似向量」（similar concepts having similar vectors）的表達方式。

　　將類似「概念」轉換成近似「向量」的表達方式，被廣為運用，並以
前述的「嵌入」（embedding）一詞稱之。若此「概念」為詞，則稱為詞嵌
入（word embedding）（Mikolov, Sutskever, Chen, Corrado, & Dean, 2013），
若為句，則稱為句嵌入向量（sentence embedding vector）表示法，若用在
圖形（graph）的節點（node）上，則簡稱為圖嵌入（graph embedding）等等。

　　將一群離散的物件進行嵌入轉換後，除了容易進行相似度計算、推論
原先不存在的關係外，也可以從極大量資料中，訓練出品質較佳的嵌入向
量（稱為預訓練模型, pre-trained model），而可以分享給其他類似的任務進
行微調（fine-tuning）運用。

　　使用大型的預訓練（語言）模型，以進行下游的自然語言處理任務，
如：問答、分類等，目前已經越來越普遍。原因如下：（1）從極大量資料
中預先訓練出來的模型涵蓋較廣的知識、具備較佳的泛化能力
（generalization），運用於特定任務時，可以利用這些特點而提昇成效；
（2）極大量資料通常不易取得與處理，訓練過程耗費許多時間與能源，在
開源（open source）概念普及下，很多大公司紛紛釋出其耗資龐大的預訓

練模型，以降低大家的總成本，並加快此領域研發與應用的進展。

文字生成

　　語言建模的方式與架構有很多種，效率與成效各異。OpenAI公司於2018年6月提出GPT（Generative Pre-Training）模型（Radford, Narasimhan, Salimans, & Sutskever, 2018），其為12層Transformer疊加的深度神經網路，可用以學出估計下一個字詞的條件機率函數，且GPT比之前應用LSTM（Long-Short Term Memory）（Hochreiter & Schmidhuber, 1997）的準確度還高，而且可以預測更長的文句。亦即GPT的深度神經網路架構可學出非常優良的語言模型。

　　由於以Transformers為基礎的GPT成效良好，OpenAI續於2019年2月推出GPT-2（Radford et al., 2019），其比GPT的模型架構更大，從12層到48層，最大的架構有15億個可學習參數，訓練資料量也更大，從GPT所用的5GB提升到40GB。

　　GPT-2可用來準確地預測下個字，並且用預測出來的下個字來預測下下個字，以致於能預測出整段文字，如圖7所示。在輸入「American dream is」之後，系統對所有下個字皆做出預測，但以「to」的機率最高，為33.3%，其次為「that」有5.6%。若選「to」則「American dream is to」的下個字為「be」的機率最高。即便依其預測選擇機率低者，如第4、5張圖的other，GPT-2依然能產生符合文法的下個字，直到選擇句點為止。

Sentence:	Predictions:
American dream is	33.3% to
	5.6% that
	4.1% a
	3.7% not
	2.7% the
	← Undo

Sentence:	Predictions:
American dream is to	11.9% be
	8.8% have
	4.5% make
	3.7% create
	3.6% become
	← Undo

Sentence:	Predictions:
American dream is to be	28.0% able
	19.4% a
	6.6% the
	4.2% an
	2.0% in
	← Undo

Sentence:	Predictions:
American dream is to be able to do something that is not possible in	20.2% the
	8.2% our
	6.6% a
	5.9% other
	5.9% any
	← Undo

Sentence:	Predictions:
American dream is to be able to do something that is not possible in other	18.3% countries
	5.6% industries
	5.2% ways
	4.8% parts
	4.6% places
	← Undo

Sentence:	Predictions:
American dream is to be able to do something that is not possible in other countries	29.2% .
	15.5% ,"
	13.2% ,
	11.8% ."
	5.1% and
	← Undo

圖7　AllenAI網站上（https://demo.allennlp.org/next-token-lm）
使用GPT-2的展示

2020年5月OpenAI更進一步發表了GPT-3（Brown et al., 2020)，其最大的模型有96層Transformer，可學習的參數有1,750億之多，使用的訓練資料將近45TB（模型訓練好的花費，網路上傳言約需460萬美金[3]）。其效果又比GPT-2好很多，可不用再訓練就可以解決很多自然語言處理的問題。GPT系列的神經網路，是以自我監督方式訓練（self-supervised training）出來的。亦即，只要蒐集品質良好的語料，不必進行任何的人工標記與判斷，將語料中的每一文本當作輸入，如圖8之輸入：「人之初，性……」，並將該句子的下個字句子當作輸出目標，如：「之初，性本善……」，然後要求GPT

---

[3] https://www.reddit.com/r/MachineLearning/comments/h0jwoz/d_gpt3_the_4600000_language_model/, accessed on 2020/07/06.

圖8　訓練GPT學習三字經等文句示意圖

（此例之輸入字串最長允許512個字詞）

進行生成預測，若相對應位置的字詞有錯誤，就將誤差以倒傳遞（error backpropagation）方式，按梯度下降法（gradient descent）調整參數（Rumelhart & McClelland, 1986）。GPT使用內部遮罩機制，確保在預測第i個輸出字詞時，只用到輸入的第1到第i個字詞，不會用到(i+1)以後的字詞資訊。

圖9展示訓練GPT對話後的結果（楊德倫、曾元顯，2020）。上圖最下面為輸入區，使用者可輸入如：「可以節制一點，不要越來越美麗好嗎」，然後選擇「開心」的情緒，按送出後，系統設定由GPT生成五句回應的結果。其中第一句「呵呵，謝謝，節制總是那麼艱鉅啊。」，並沒有出現340萬筆訓練資料中，如下圖所示。此例顯示GPT真的能生成流暢（合於文法）、連貫又符合發文意境與指定情緒的回應。

上圖

可以節制一點，不要越來越美麗好嗎[開心]

1.0126343965530396
呵呵，謝謝，節制總是那麼艱鉅啊。

0.9653858542442322
哈哈，那是，不要老是吃虧啊

0.7156751155853271
哈哈，這個是必須的。

0.1575155407190323
嗯嗯，謝謝，我會的

0.12595832347869873
哈哈，這話聽着舒服啊，你自己看着辦吧！

| Type your message here... | [開心] ⌄ | Send |

下圖

呵呵，謝謝，節制總是那麼艱鉅啊。 | Search

id	es_score	text	type	label
722758	35.53026	呵呵，任務 很 艱鉅 啊。	response	5 開心 (Happiness)
965114	33.71705	呵呵 那 謝謝 啊	response	5 開心 (Happiness)
1377558	33.449272	呵呵，謝謝 郭總	request	5 開心 (Happiness)
1010480	33.40194	呵呵，謝謝 王總！	response	5 開心 (Happiness)
1538144	33.331985	呵呵。那麼 要 謝謝 你 啊。	request	1 喜歡 (Like)
1559523	31.711836	呵呵，那 謝謝 誇獎 啊	response	5 開心 (Happiness)
672266	31.680882	呵呵 謝謝 謝謝～～ 節日 快樂 哈	response	5 開心 (Happiness)
1434969	31.659916	呵呵 謝謝 謝謝～～ 節日 快樂 哈	response	5 開心 (Happiness)
1697312	31.659916	謝謝 謝謝，呵呵，中秋 節 快樂	response	5 開心 (Happiness)

圖9 訓練GPT對話後，其生成的文句在訓練資料中未曾出現

文字理解

　　GPT只使用到Transformer的解碼器架構，且只看前面出現過的文字來預測下一個字。但在閱讀文句時，有時會需要看前後文，以便對文意有完整的理解。2018年10月Devlin, Chang, Lee, 與Toutanova（2018）提出BERT（Bidirectional Encoder Representations from Transformers）模型，是基於Transformer的編碼器架構，能夠接受整句或整段文字，進行如：主題分類、情感分析、自動問答、文意比對等需要某種程度文字理解的任務。

　　BERT的訓練方式是基於遮罩式的語言模型（Masked Language Model, MLM），以及下一句的預測（Next Sentence Prediction, NSP），如圖10所示。給予訓練資料「人之初，性本善」、「性相近，習相遠」等文句，在插入[CLS]、[SEP]特殊符號後，MLM的訓練是將輸入的15%字詞代換成遮罩符號（如[m]或是[MASK]），要求BERT預測出正確的被遮罩字詞；而NSP則將下一句以50%的機率代換成語料中的其他句子，並將[CLS]位置的輸出送入一個簡單的神經網路（Neural Network, NN）學習，以預測用[SEP]分開的兩句話是否為上下句的關係，從而做出「是」或「否」的輸出預測。[CLS]是特殊的符號，其大略代表整個輸入的句嵌入向量。跟GPT一樣，BERT的訓練，不需要人工標記的語料，這是最大的優點。

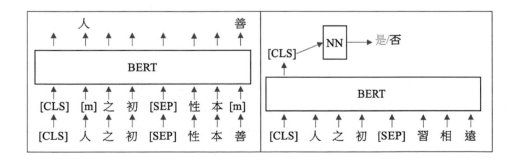

圖10　BERT訓練方式示意圖，左圖為遮罩式語言模型，
右圖為下一句的預測

Google以Wikipedia（2,500M words）及BooksCorpus（800M words）等龐大的語料庫做這兩項任務的訓練，在大型雲端設備上訓練四天共100萬回合，做成預訓練模型開源出來。運用此預訓練模型再針對下游任務（如分類、問答等）微調訓練後，BERT在11項自然語言處理評測任務上，達到當時最佳的效果。

圖11展示的範例，是採用Google釋出的中文BERT預訓練模型，再利用臺達閱讀理解資料集（https://github.com/DRCKnowledgeTeam/DRCD）約3萬多筆資料微調訓練BERT，然後針對使用者的問題，查詢約110萬筆中文維基百科，從相關條目的解釋中找出答案。此例中使用者提問的是：「珍珠奶茶是哪國人發明的？」，在維基百科「珍珠奶茶」詞條的前言摘要中，並沒有「發明」一詞，但BERT仍可某種程度上理解其義，如「起源於臺灣」、「從臺灣流行至周邊國家地區甚至世界各地」，而能正確回答「臺灣」。

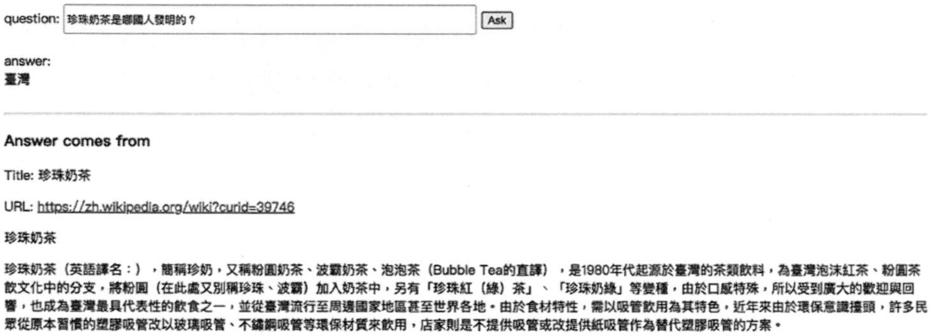

question: 珍珠奶茶是哪國人發明的？　　　　　　　　　　　Ask

answer:
臺灣

Answer comes from

Title: 珍珠奶茶

URL: https://zh.wikipedia.org/wiki?curid=39746

珍珠奶茶

珍珠奶茶（英語譯名：），簡稱珍奶，又稱粉圓奶茶、波霸奶茶、泡泡茶（Bubble Tea的直譯），是1980年代起源於臺灣的茶類飲料，為臺灣泡沫紅茶、粉圓茶飲文化中的分支，將粉圓（在此處又別稱珍珠、波霸）加入奶茶中，另有「珍珠紅（綠）茶」、「珍珠奶綠」等變種，由於口感特殊，所以受到廣大的歡迎與回響，也成為臺灣最具代表性的飲食之一，並從臺灣流行至周邊國家地區甚至世界各地。由於食材特性，需以吸管飲用為其特色，近年來由於環保意識擡頭，許多民眾從原本習慣的塑膠吸管改以玻璃吸管、不鏽鋼吸管等環保材質來飲用，店家則是不提供吸管或改提供紙吸管作為替代塑膠吸管的方案。

圖11　運用BERT進行中文問答

再以中文主題分類任務為例，比較Naïve Bayes（NB）、Support Vector Machine（SVM）（Cortes & Vapnik, 1995）、Facebook開發的fastText（Joulin, Grave, Bojanowski, & Mikolov, 2016)與BERT四種文件分類器，在四種資料集的分類效果如表1所示（Tseng, 2020）。

就效能（efficiency）而言，BERT針對這些資料集的再訓練與預測所費總時間非常長，在Google的雲端平臺上運用NVIDIA的K80 GPU（Graphical Processing Unit），要數千秒到上萬秒。而就成效（effectiveness）

表1　四種分類器在四個主題分類測試集的成效比較

Dataset	Models	Best Features	MicroF1	MacroF1	Time（seconds）
WebDes	NB	Word Count	0.8004	0.6129	0.01
	SVM	TFxIDF	0.8346	0.7160	0.07
	fastText	Word Bi-gram	0.8024	0.6281	<1
	BERT		**0.8730**	**0.7684**	3332.31
News	NB	Word Count	0.7444	0.6244	0.01
	SVM	Char N-gram	0.7851	0.7388	0.16
	fastText	Word Bi-gram	0.7518	0.6186	<1
	BERT		**0.7963**	**0.8283**	4106.27
Joke	NB	Word Count	0.5229	0.4297	0.77
	SVM	Char N-gram	0.5417	0.4705	0.84
	fastText	Word Bi-gram	0.5036	0.4195	5.05
	BERT		**0.6429**	**0.6183**	13108.68
CTC	NB	Word Count	0.4243	0.1669	0.96
	SVM	**TFxIDF**	**0.4963**	**0.3706**	32.12
	fastText	Word Bi-gram	0.4557	0.2838	<5
	BERT		0.4217	0.3394	107890.33

而言，BERT在前三個資料集的成效，都大幅領先其他分類器，且此種領先程度，其他分類器再怎麼調校，都不太可能超越。但是在CTC分類測試集，BERT成效就比傳統的SVM差。CTC是一個橫跨十七年（1966～1982）中國大陸新聞的人工分類資料，其用字遣詞可能跟BERT的預訓練資料（pre-trained data）差距頗大，且該資料分類一致性低、類別分布極端不平均、文件平均長度較長（約800個中文字，而BERT只能處理最長512個中文字，超過此長度的文字全部捨棄不用）。這顯示了運用BERT時，仍需考慮資料本身的特性，並與傳統方式比較，選擇其中效果較好的來運用。

文意比對

前述Word2Vec詞嵌入向量的概念，後來被拓展到文句、段落或文件嵌入向量，而稱為Doc2Vec（Lau & Baldwin, 2016; Le & Mikolov, 2014），以便對文件進行直接的分析、比對、歸類。當然，Doc2Vec最簡單的作法，就是將文件中的Word2Vec詞嵌入向量，加總後平均，如此也具有一定的成效，但仍以訓練過的Doc2Vec效果較佳。

需要再訓練的原因，是因為類似Word2Vec的詞嵌入向量，包括後續提出的Glove（Pennington, Socher, & Manning, 2014），還是有缺點。亦即同形異義詞，會有相同的詞向量。例如bank，有「銀行」跟「河岸」的雙重意義，但其Word2Vec詞嵌入向量都一樣。如此，會造成文字語意處理的困擾。

例如，在「Google翻譯」中輸入圖12左邊的英文，得出的中文如圖右欄所示。此例顯示，電腦對於前後文的判斷，還不是非常準確，需要我們多給一些線索（在此例中，我們多給了river「河流」這個線索），就可以做得更好。

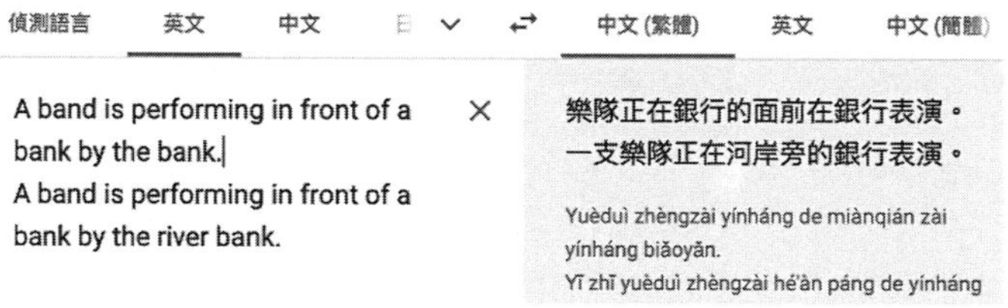

| 偵測語言 | 英文 | 中文 | | | 中文 (繁體) | 英文 | 中文 (簡體) |

A band is performing in front of a bank by the bank. × 樂隊正在銀行的面前在銀行表演。
A band is performing in front of a bank by the river bank. 一支樂隊正在河岸旁的銀行表演。

Yuèduì zhèngzài yínháng de miànqián zài yínháng biǎoyǎn.
Yī zhī yuèduì zhèngzài hé'àn páng de yínháng

圖12　Google翻譯的英翻中案例

除了人工給予較為足夠的脈絡文詞之外，前述的BERT已經具有：相同的輸入詞彙，可以得出與前後文有關的不同詞向量，從而將同形異義詞的向量表示方式，解決得更完善。但是，卻不能拿BERT的嵌入向量來直接比對文件。

Xiao（2018）將BERT包裝成一個稱為BERT-as-Service（BaS）的服務，

410

並展示了圖13的實例。針對BaS網頁上的33個常見問題，當輸入：how is backend built？亦即詢問：BaS的後臺（伺服器端）是如何建構的？由BaS建構的查詢比對系統，得出最相關的問題為：What is backend based on？而第二相關的是：Can I run the server side on CPU-only machine?第一筆結果無意外是最相關的，而第二筆結果從語意、語境以及意圖上，都跟詢問的題目完全相關，卻沒有一個詞彙跟查詢用語一樣（猜想應該是backend跟server side語意非常相近）。由此可見BERT的語意泛化（generalization）能力真的很強。但可能也因為太強，使得第三到第五筆的回應分數跟第二項很接近，卻跟使用者的問題相去較遠。

```
33 questions loaded, avg. len of 9
your question: how is backend built?
top 5 questions similar to "how is backend built?"
> 145.0 What is backend based on?
> 139.3 Can I run the server side on CPU-only machine?
> 136.3 How do you get the fixed representation? Did you do
  pooling or something?
> 134.7 What are the available pooling strategies?
> 134.6 I encounter 'aimq.error.ZMUrror: Operation cannot
  be accomplished in current state' when using 'BertClient',
  what should I do?
your question:
```

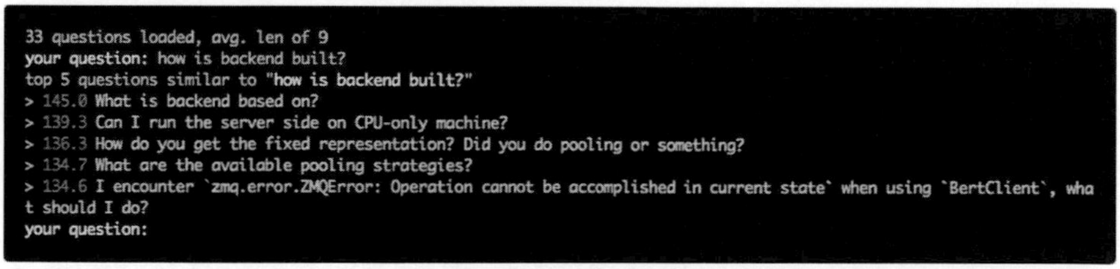

圖13　運用英文BERT查詢常見問答的結果（Xiao, 2018）

　　在中文的腎臟病常見問答集上，也可觀察到類似的現象，如圖14。運用上述BaS程式進行中文的查詢詞與常見問題的比對，並與傳統的向量空間模型（VSM）結合cosine相似度做比較，結果如圖14所示。左欄是運用

Top 5 questions similar to "腎臟病"	Enter a query string: 腎臟病
1. 16.29　腎臟病的危險因子？	1. 0.6023　什麼是慢性腎臟病？
2. 16.18　間質性腎臟病為什麼會變成慢性腎臟病？	2. 0.4693　間質性腎臟病為什麼會變成慢性腎臟病？
3. 16.11　多囊腎的遺傳機率？	3. 0.4409　為什麼我會得慢性腎臟病？
4. 16.07　腎臟病的原因與類型？	4. 0.4260　腎臟病的症狀有那些？
5. 16.06　那些職業因素引起的慢性腎臟病？	5. 0.3506　怎樣發現我有沒有腎臟病？
Top 5 questions similar to "如何量 BMI"	Enter a query string: 如何量 BMI
1. 16.40　BMI 要怎麼算？	1. 0.6059　BMI 要怎麼算？
2. 16.14　鮪魚肚如何測量？	2. 0.2187　鮪魚肚如何測量？
3. 15.82　如何從食物中計算蛋白質攝取量？	
4. 15.61　如何計算飲料的含糖量，是否超過一日所需？	
5. 15.55　要怎麼計算蛋白攝取是否超過或不足？	

圖14　左欄：運用中文BERT模型的查詢結果；右欄：運用VSM的查詢結果

BERT的查詢結果，在查詢「腎臟病」的回應結果中，相似度大於16者有五篇，但第三篇專指性（specificity）太強了，一般使用者查詢「腎臟病」時，大概還不了解有「多囊腎」這種疾病，顯示BERT推論過度。第二個查詢「如何量BMI」，結果也有類似情形：前五篇相似度太接近，而其後面三筆跟問題無關。右欄VSM則可以設定相似度門檻（此例為0.2），因為其相似度的範圍介於0.0到1.0之間，而可去掉較不相關的回應。

以上是個案的探討，較為廣泛的實驗亦證實上述的觀察。Reimers 與 Gurevych（2019)在多種測試資料集的實驗顯示其總體效果真的不好，如圖15所示，第三列的BERT CLS-vector（亦即圖13方法的預設方式）平均成效29.19是各種方法中最低者。

Model	STS12	STS13	STS14	STS15	STS16	STSb	SICK-R	Avg.
Avg. GloVe embeddings	55.14	70.66	59.73	68.25	63.66	58.02	53.76	61.32
Avg. BERT embeddings	38.78	57.98	57.98	63.15	61.06	46.35	58.40	54.81
BERT CLS-vector	20.16	30.01	20.09	36.88	38.08	16.50	42.63	29.19
InferSent - Glove	52.86	66.75	62.15	72.77	66.87	68.03	65.65	65.01
Universal Sentence Encoder	64.49	67.80	64.61	76.83	73.18	74.92	**76.69**	71.22
SBERT-NLI-base	70.97	76.53	73.19	79.09	74.30	77.03	72.91	74.89
SBERT-NLI-large	72.27	**78.46**	**74.90**	80.99	76.25	**79.23**	73.75	76.55
SRoBERTa-NLI-base	71.54	72.49	70.80	78.74	73.69	77.77	74.46	74.21
SRoBERTa-NLI-large	**74.53**	77.00	73.18	**81.85**	**76.82**	79.10	74.29	**76.68**

Table 1: Spearman rank correlation ρ between the cosine similarity of sentence representations and the gold labels for various Textual Similarity (STS) tasks. Performance is reported by convention as $\rho \times 100$. STS12-STS16: SemEval 2012-2016, STSb: STSbenchmark, SICK-R: SICK relatedness dataset.

圖15　多種嵌入向量在文句相似性比對的成效

（Reimers & Gurevych, 2019）

再如圖16，Qiao, Xiong, Liu, and Liu（2019）的實驗也顯示，直接以查詢語句的BERT嵌入向量，跟文件的BERT嵌入向量來計算cosine相似度（圖13的方法），亦即BERT（Rep）那一列，其全部測試案例的平均效果非常差。但若將查詢語句與文件串接，以訓練其匹配度後做排序，亦即BERT（Last-Int）那一列，在MS MARCO問句類型的測試資料集裡，效果非常好，但在以關鍵詞查詢為主的ClueWeb測試資料集裡，則沒有效果。亦即，對於簡短的關鍵詞查詢方式，BERT不會增進查詢成效。

Table 1: Ranking performances. Relative performances in percentages are compared to LeToR, the feature-based learning to rank. Statistically significant improvements are marked by † (over Base), ‡ (over LeToR), § (over K-NRM), and ¶ (over Conv-KNRM). Neural methods on ClueWeb are pre-trained on MS MARCO, except Conv-KNRM (Bing) which is trained on user clicks.

Method	MS MARCO Passage Ranking				ClueWeb09-B Ad hoc Ranking			
	MRR@10 (Dev)		MRR@10 (Eval)		NDCG@20		ERR@20	
Base	0.1762	−9.45%	0.1649	+13.44%	$0.2496^§$	−6.89%	0.1387	−14.25%
LeToR	0.1946	−	0.1905	−	0.2681	−	0.1617	−
K-NRM	$0.2100^{†‡}$	+7.92%	0.1982	+4.04%	0.1590	−40.68%	0.1160	−28.26%
Conv-KNRM	$0.2474^{†‡§}$	+27.15%	0.2472	+29.76%	$0.2118^§$	−20.98%	$0.1443^§$	−10.78%
Conv-KNRM (Bing)	n.a.	n.a.	n.a.	n.a.	$0.2872^{†‡§¶}$	+7.12%	$0.1814^{†‡§¶}$	+12.18%
BERT (Rep)	0.0432	−77.79%	0.0153	−91.97%	0.1479	−44.82%	0.1066	−34.05%
BERT (Last-Int)	$0.3367^{†‡§¶}$	+73.03%	0.3590	+88.45%	$0.2407^{§¶}$	−10.22%	$0.1649^{†§¶}$	+2.00%
BERT (Mult-Int)	$0.3060^{†‡§¶}$	+57.26%	0.3287	+72.55%	$0.2407^{§¶}$	−10.23%	$0.1676^{†§¶}$	+3.64%
BERT (Term-Trans)	$0.3310^{†§¶}$	+70.10%	0.3561	+86.93%	$0.2339^{§¶}$	−12.76%	$0.1663^{†§¶}$	+2.81%

圖16 多種重新排序方法的比較（Qiao et al., 2019, p. 3）

前述圖9中GPT產生的五句回話，就是將貼文與個別回話串接後，以類似圖10那樣運用BERT進行下一句的線性回歸預測，亦即評估回話與貼文是否具有語句的連貫性，再按照此連貫性分數將這五句回話排序輸出。若只輸出第一句，即可獲得良好的自動回話效果。

回到前言Google運用BERT到搜尋系統的聲明，其搜尋副總裁Nayak（2019)撰文提到，對於文字更長的查詢，或是諸如for和to之類的介詞在查詢語句中有其意義的搜索，運用BERT能將查詢結果排序得更好，而讓使用者可以用自然的方式進行搜索。例如，查詢：「2019 brazil traveler to usa need a visa」可以區別to的旅行方向，而不再將U.S. citizens traveling to Brazil等較常用的網頁排序在前面。又如查詢：「can you get medicine for someone pharmacy」，透過BERT能夠理解for someone是重點，使第一筆結果就出現：「Can a patient have a friend or family member pick up a prescription...」，

而非一般填寫處方籤的結果。

結論

　　這一波人工智慧的發展，對資訊檢索的影響既快速且深遠。Word2Vec詞嵌入向量在2013年出現後，立刻被廣泛應用，且論文被引用約2萬次。在2017年Transformer、2018年GTP、BERT出現後，也有類似的現象。近兩年來，相關技術的推陳出新，不勝枚舉。在某些任務上成效比BERT、GPT更好的XLNet（Yang et al., 2019）、ERNIE 2.0（Sun et al., 2019）、T5（Raffel et al., 2019）、BART（Lewis et al., 2020)、ELECTRA（Clark, Luong, Le, & Manning, 2020)、DialoGPT（Zhang et al., 2020)等20幾種相關的重要技術陸續被推出，且多數也都開源出來，以促進技術的快速發展。雖然在各種中文處理的支援方面，目前仍以BERT最為廣泛、穩定，但未來效率更高、訓練資料更多、成效更好的技術與應用，將指日可待。

　　目前這些深度學習技術，動輒上億個參數的神經網路模型，對計算資源的要求非常龐大，且技術艱深進入門檻高，對現今的研究環境與產業應用是個挑戰。惟展望未來十年，這些問題將逐漸解決，學術界與產業界仍須培植人才，及早因應。

　　本文中列舉的部分範例，其效果之佳，在數年前是難以想像的。然而，這並沒有解決所有的問題。即便是目前令人讚嘆的技術，在各領域的各類問題上，是否能得到更好的成效，也有待更多的實證研究。而如何解釋決策過程、如何進行邏輯推論、確保沒有偏見的結果等，則是目前還在起步、亟需探索的課題。

參考文獻

曾元顯、許瑋倫、吳玟萱、古怡巧與陳學志（2020）。基於檢索方法的中文幽默對話系統之建置應用與評估。**圖書資訊學刊**，**18**（2），73-101。

楊德倫、曾元顯（2020）。建置與評估文字自動生成的情感對話系統。**教育資料與圖書館學**，**57**（3），355-378。

Bengio, Y., Ducharme, R., Vincent, P., & Jauvi, C. (2003). A Neural Probabilistic Language Model. *Journal of Machine Learning Research, 3*, 1137-1155.

Brown, T. B., Mann, B., Ryder, N., Subbiah, M., Kaplan, J., Dhariwal, P., ... Amodei, D. (2020). Language Models are Few-Shot Learners. arXiv: 2005.14165.

Clark, K., Luong, M.-T., Le, Q. V., & Manning, C. D. (2020). ELECTRA: Pre-training Text Encoders as Discriminators Rather Than Generators. arXiv, 2003.10555.

Cortes, C., & Vapnik, V. N. (1995). Support-Vector Networks. *Machine Learning, 20*(3), 273-297.

Deerwester, S., Dumais, S. T., Furnas, G. W., Landauer, T. K., & Harshman, R. (1990). Indexing by Latent Semantic Analysis. *Journal of the American Society for Information Science, 41*(6), 391-407.

Devlin, J., Chang, M.-W., Lee, K., & Toutanova, K. (2018). BERT: Pre-training of Deep Bidirectional Transformers for Language Understanding. arXiv. Retrieved from https://arxiv.org/pdf/1810.04805.pdf

Embeddings: Translating to a Lower-Dimensional Space (n.d.). https://developers.google.com/machine-learning/crash-course/embeddings/translating-to-a-lower-dimensional-space

Firth, J. R. (1957). A synopsis of linguistic theory 1930-1955. In J. R. Firth (Ed.), Studies in Linguistic Analysis (pp. 1-32). Oxford: Blackwell.

Hochreiter, S., & Schmidhuber, J. (1997). Long Short-Term Memory. *Neural Computation, 9*(8), 1735-1780.

Hornik, K. (1991). Approximation capabilities of multilayer feedforward networks. *Neural Networks, 4*(2), 251-257. doi:https://doi.org/10.1016/0893-6080(91)90009-T

Joulin, A., Grave, E., Bojanowski, P., & Mikolov, T. (2016). *Bag of Tricks for Efficient Text Classification*. CoRR, abs/1607.01759. Retrieved from http://arxiv.org/abs/1607.01759

Krizhevsky, A., Sutskever, I., & Hinton, G. E. (2012). *ImageNet classification with deep convolutional neural networks*. Paper presented at the International Conference on Neural Information Processing Systems, Lake Tahoe, Nevada, USA.

Lau, J. H., & Baldwin, T. (2016). *An Empirical Evaluation of doc2vec with Practical Insights into Document Embedding Generation*. Paper presented at the 1st Workshop on Representation Learning for NLP, Berlin, Germany. https://www.aclweb.org/anthology/W16-1609.pdf

Le, Q., & Mikolov, T. (2014). *Distributed Representations of Sentences and Documents*. Paper presented at the 31st International Conference on Machine Learning, Beijing, China. http://proceedings.mlr.press/v32/le14.pdf

LeCun, Y., Bengio, Y., & Hinton, G. (2015). Deep learning. *Nature, 521*, 436. doi:10.1038/nature14539

Lewis, M., Liu, Y., Goyal, N., Ghazvininejad, M., Mohamed, A., Levy, O., ... Zettlemoyer, L. (2020). BART: Denoising Sequence-to-Sequence Pre-training for Natural Language Generation, Translation, and Comprehension.

Paper presented at the 58th Annual Meeting of the Association for Computational Linguistics.

Mikolov, T., Chen, K., Corrado, G., & Dean, J. (2013). *Efficient estimation of word representations in vector space.* arXiv preprint arXiv:1301.3781.

Mikolov, T., Sutskever, I., Chen, K., Corrado, G. S., & Dean, J. (2013). Distributed representations of words and phrases and their compositionality. *Paper presented at the Advances in neural information processing systems.*

Minsky, M., & Papert, S. (1969). *Perceptrons: an introduction to computational geometry.* Cambridge MA: The MIT Press.

Nayak, P. (2019). *Understanding searches better than ever before.* Retrieved from https://blog.google/products/search/search-language-understanding-bert/

Pennington, J., Socher, R., & Manning, C. (2014). *Glove: Global Vectors for Word Representation.* Paper presented at the Conference on Empirical Methods in Natural Language Processing (EMNLP), Doha, Qatar. https://www.aclweb.org/anthology/D14-1162

Qiao, Y., Xiong, C., Liu, Z., & Liu, Z. (2019). *Understanding the Behaviors of BERT in Ranking.* CoRR, abs/1904.07531. Retrieved from http://arxiv.org/abs/1904.07531

Radford, A., Narasimhan, K., Salimans, T., & Sutskever, I. (2018). *Improving Language Understanding by Generative Pre-Training.* Retrieved from https://cdn.openai.com/research-covers/language-unsupervised/language_understanding_paper.pdf

Radford, A., Wu, J., Child, R., Luan, D., Amodei, D., & Sutskever, I. (2019). *Language Models are Unsupervised Multitask Learners.* Retrieved from https://d4mucfpksywv.cloudfront.net/better-language-models/language_m

odels_are_unsupervised_multitask_learners.pdf

Raffel, C., Shazeer, N., Roberts, A., Lee, K., Narang, S., Matena, M., ... Liu, P. J. (2019). *Exploring the Limits of Transfer Learning with a Unified Text-to-Text Transformer*. arXiv, 1910.10683.

Reimers, N., & Gurevych, I. (2019). Sentence-BERT: Sentence Embeddings using Siamese BERT-Networks. *Paper presented at the Conference on Empirical Methods in Natural Language Processing*. Hong Kong, China.

Rumelhart, D. E., & McClelland, J. L. (1986). *Parallel Distributed Processing*, Vol. 1: Foundations. Cambridge, MA: MIT Press.

Salton, G. (1989). *Automatic Text Processing: The Transformation, Analysis, and Retrieval of Information by Computer*. Reading, MA: Addison-Wesley.

Sun, Y., Wang, S., Li, Y., Feng, S., Tian, H., Wu, H., & Wang, H. (2019). *ERNIE 2.0: A Continual Pre-training Framework for Language Understanding*. Retrieved from http://arxiv.org/abs/1907.12412

Tseng, Y.-H. (2020). The Feasibility of Automated Topic Analysis: An Empirical Evaluation of Deep Learning Techniques Applied to Skew-Distributed Chinese Text Classification. *Journal of Educational Media & Library Sciences, 57*(1), 121-144.

Vaswani, A., Shazeer, N., Parmar, N., Uszkoreit, J., Jones, L., Gomez, A. N., ... Polosukhin, I. (2017). *Attention Is All You Need*. Paper presented at the 31st Conference on Neural Information Processing Systems (NIPS 2017), Long Beach, CA, USA. https://arxiv.org/abs/1706.03762

Xiao, H. (2018). *bert-as-service*. Retrieved from https://github.com/hanxiao/bert-as-service

Yang, Z., Dai, Z., Yang, Y., Carbonell, J. G., Salakhutdinov, R., & Le, Q. V. (2019). *XLNet: Generalized Autoregressive Pretraining for Language*

Understanding. Retrieved from http://arxiv.org/abs/1906.08237

Zhang, Y., Sun, S., Galley, M., Chen, Y.-C., Brockett, C., Gao, X., ... Dolan, B. (2020). *DIALOGPT: Large-Scale Generative Pre-training for Conversational Response Generation.* arXiv, 1911.00536v3.

第20章
人資互動與檢索研究趨勢

吳怡瑾

本文簡介

傳統圖書館學（Library Science）領域與資訊科學（Information Science）領域對於資訊探求與檢索領域受限於研究方法與背景的不同而少有機會交流；然而1992年舉行之CoLIS會議開啟了兩造合作的濫觴，該會議之重要性為參考相關領域重要學者從歷史、實證與理論觀點探討圖書館學與資訊科學的關係與發展遠景，影響了圖書資訊學未來的走向（楊曉雯，2000；劉英享，2000；Vakkari & Cronin, 1992; Ingwersen & Järvelin, 2005），其中對當代資訊檢索（Information Retrieval, IR）與資訊探求（Information Seeking, IS）之整合研究更是影響深遠。本文首先由資訊探求與檢索（Information Seeking and Retrieval, IS&R）之研究脈絡闡述人資互動研究的背景，進而介紹人資互動近年所關注的議題與評估模型，最後回顧國內外相關應用研究以提供有興趣之讀者參考。

前言

　　傳統資訊檢索（IR）主要著重系統面向之探討，如：文件表達、搜尋策略……等等；而資訊探求（IS）則重視工作者完整資訊搜尋、獲取與使用過程的探討（Kuhlthau, 1991, 1993）；相關領域學者進一步由IR觀點指出

資訊探求過程為長期且複雜的資訊檢索程序，知識工作者透過一系列的檢索以解決問題、完成任務或進行決策（Ingwersen & Järvelin, 2005; Vakkari, 2000; Wilson & Walsh, 1996）。心理學之認知觀點對圖書資訊學有深遠的影響，具有影響力的學者Belkin（1977, 2005, 2015; Belkin et al., 1982a, 1982b）早期即提出Anomalous State of Knowledge（ASK）理論，作者指出資訊需求者對資訊一開始處於混沌不清的狀態，使用者搜尋時間與歷程將受到資訊來源、方法與線索不同的影響。根據ASK理論，作者進而提出ASK-based資訊檢索系統（ASK-based Information Retrieval System），相關著作指出IR系統的主角應為使用者，系統應支援使用者有效的資訊物件互動以協助使用者於資訊探求過程中完成任務或目標；其更具體指出應考慮使用者對問題的認知狀態來呈現資訊搜尋結果，並非使用傳統資訊檢索根據最佳檢索結果來排序資訊先後。相關研究驅動使用者導向的評估方式成為重要的議題，學者Järvelin提出著名的使用者導向互動式資訊檢索的評估方法Discounted Cumulative Gain（DCG）與後續的normalized DCG（nDCG），該方法評估網路互動環境下的資訊檢索效力，將搜尋排名納入有效性評估考量（Järvelin, & Kekäläinen, 2002; Järvelin, 2019）。

　　使用者導向資訊檢索研究近十年如雨後春筍般崛起，資訊探求相關研究中Taylor（1968）指出使用者資訊需求演化的過程為由無意識之需求到知覺需求最後得到折衷解（compromised need）的過程。前述Belkin（1977; Belkin et al., 1982a, 1982b）基於此概念提出ASK的假設，該假設探討工作知識需求與具備知識之落差，而該落差將引發資訊探求活動進而解決問題。Bates（1989）則提出"berrypicking"模型以類比使用者資訊探求的行為，該"bit-at-a-time"搜尋方法就是所謂的"berrypicking"模型，也闡釋了使用者的資訊需求會隨時間而演化的特性。重要的認知觀點之資訊探求模型，包括：Taylor（1968）的資訊需求階段理論、Kuhlthau（1993）之搜訊搜尋程序（簡稱ISP）、利用與決定模型、Ingwersen（1992）與Saracevic（1996）的概念模型（conceptual model）、Wang-Soergel（1998; Wang & White, 1999）的文件選擇、Vakkari（2001）的工作搜尋階段理論……等。

・**Taylor（1968）的線性資訊需求模型：**Taylor（1968）為資訊行為之認知

典範作者（有別於早期的系統典範），主要提出使用者資訊需求發展過程源自於心理層次對資訊的認知觀點而建構的內在模型。該線性模型（linear model）主要分為四個需求層次，分別為visceral、conscious、formalized與compromised需求層次，即資訊需求者會由模糊的想法中逐步建構對問題的理解。Taylor未分析使用者的資訊需求狀態如何受到情境或工作的影響，但明確指出人因認知內心有重要的需求才產生一連串的資訊行為，而往往使用者認知的需求與所表達之間有很大的落差，Taylor研究啟發了後續Belkin提出的ASK理論，近期並有學者Ruthven（2019）依其理論進行實證研究。

- **Kuhlthau（1991, 1993）資訊搜尋過程模型：** 資訊檢索（IR）與資訊探求（IS）相關研究領域對於工作環境中如何滿足工作者資訊需求有廣泛之探討；因此，由工作過程中所產生之一連串IR行為被視為一種IS活動。一般而言，學術工作者完成一學術作品或專題計畫需要花費相當心力與時間，在工作執行期間亦將遭遇許多待研究與解決議題；因此，單次資訊搜尋並無法滿足其資訊需求。相關研究指出，研究者從事知識密集工作的資訊搜尋過程具有階段性，因此，觀察工作者於不同工作階段的資訊需求特徵是有必要的（Kuhlthau, 1993; Vakkari, 2001; Vakkari et al., 2003; Wang & Soergel, 1998）。根據Kuhlthau（1993）實證研究觀察，受試者從開始接受一研究議題到完成該研究，共經歷六個資訊搜尋過程（ISP），以逐步建構其對研究議題的了解，完成其被指派之工作。該研究對受試者在每一個工作階段呈現的認知特徵（如：行為、想法與情意感受）有詳盡的描述與探討，並啟發後續長期IS實證研究的基礎。

- **The Bystrom-Järvelin（1995）的任務複雜度模型：** 早期Bystrom與Järvelin（1995）提出任務導向資訊探求行為是問題解決的過程，故提出考量任務複雜度、資訊型態與資訊來源的理論模型以探討其與IR及IS行為的關係。作者將任務複雜度分為不同程度，研究採用質性研究方法，以公務員的資訊探求行為為對象。研究使用問卷填寫了解受訪者背景、以訪談了解使用者之任務與一般資訊行為、透過結構化的日記填寫每日任務與執行任務期間資訊取用情形，透過日誌填寫也可得知受訪者任務開始到

結束的認知狀態。該研究除建立任務導向資訊探求行為理論框架並為人資互動中複雜任務研究先驅之一。其後亦有一系列文獻由任務複雜度角度透過真實任務情境探索使用者於工作情境之資訊使用與搜尋行為，研究場域包含了市政工作與分子醫學研究工作（Kumpulainen & Järvelin; 2012; Saastamoinen et al., 2013）。

· **Wang-Soergel（1998）的文件選擇、利用與決定模型：**Wang-Soergel的文件選擇、利用與決定模型系列文章主要提出使用者文件選用之研究模型（Wang & Soergel, 1998; Wang & White, 1999）。該研究主要分為兩個部分，第一部分為研究使用者的文件選擇過程，作者指出文件選擇過程為人類價值評估的程序，透過不同資訊片段（document information elements, DIEs）而產生價值判斷與選擇。研究的第二部分為使用者決定閱讀與引用文章的過程，文章透過多個案例分析使用者最後決定閱讀並引用文章的因素。作者分析使用者決定文章是否有價值受到多個層面的影響，並歸納了六個決定的規則、十一個評估條件與五個價值面向。該研究開啟從決策模式觀點了解使用者之文件選擇、閱讀與引用過程。

· **Vakkari（2001）任務導向資訊探求模型：**Vakkari等人（2003）以Kuhlthau（1993）的研究為基礎，提出三個階段的資訊變化模式，其分別為pre-focus, focus formulation and post-focus階段。Vakkari（2000; Vakkari et al., 2003）首先明確定義工作任務（work task）與搜尋任務的差異（search task）並指出工作者在完成工作任務時需考量其資訊檢索與搜尋行為過程，其後更進行相關實證研究並指出工作者長期資訊需求在不同任務階段變化將反映在檢索行為上。學者觀察搜尋特徵主要為研究者在關鍵字的選用與文件型態類別的選擇，在不同工作階段有明顯差異，例如：在工作初始階段，工作者無法知道如何正確檢索出符合目前工作的資訊，因此會使用較一般化（generalized）的字彙，另外在檢索到的資訊中，會比較偏好概述性的，以便揣摩出目前工作的輪廓；而後期階段的工作者，已經清楚知道該如何去正確檢索出符合目前工作的資訊，使用的字彙就比較專一性（specialized），在檢索到的資訊中，就會比較偏向深入探討性質，如：系統與實作方面的資訊，以便刻劃出目前工作的細節。

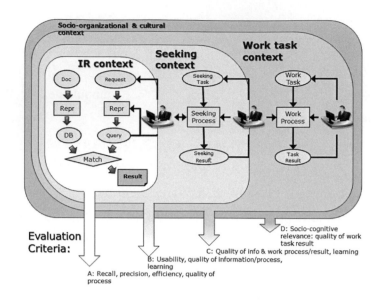

圖1　任務為基礎之IS&R多元情境與評估標準

（重繪自Ingwersen, & Järvelin, 2005, p. 322）

筆者過去研究專注於長期知識密集性工作之資訊搜尋行為實證研究，參照Kuhlthau（1991）與Vakkari等人（2003）的理論模型將其觀察應用於資訊系統開發中，研究透過log data自動偵測使用者所處的工作階段，研究結果顯示分析使用者於系統的文件搜尋行為可預測工作階段，將之反饋於系統將可提昇文件搜尋的準確率（Wu et. al, 2008; Wu, 2011）。

其後，相關研究更逐步擴展至任務導向的資訊需求研究（Byström & Järvelin, 1995; Ingwersen & Järvelin, 2005; Järvelin, 1986; Vakkari et al., 2003），學者Järvelin將之整理如圖1所示，更擴大資訊探求與檢索（Information Seeking and Retrieval, IS&R）研究疆界從系統、人到工作情境之中，是以確認人資互動研究的範圍。事實上，資訊探求相關研究眾多，其中包含討論任務型態、工作情境、相關性評估、使用者類型……等對資訊探求的影響（Byström & Järvelin, 1995; Kuhlthau, 1993; Vakkari, 2001; Vakkari et al., 2003; Wang & Soergel, 1998; Wang, & White, 1999），無論為觀察性或實證研究均將使用者放在系統情境之中，探討使用者在

不同的情境，是以後續稱之人資互動（Human Information Interaction, HII）或互動式資訊檢索（Interactive Information Retrieval, IIR）更貼切表達近年的研究議題，而其中任務導向資訊互動或檢索議題在過去十年備受重視（Allan et al., 2012）。

Kelly（2009）定位IIR為兼顧系統（system focus）與使用者（human focus）兩面向之研究。其中TREC形式的文件搜尋評比活動與由任務特點出發以觀察使用者搜尋行為與經驗為兩種主要的IIR研究方法。

- **Selective Dissemination of information（SDI）**：1970年有大量相關研究探討如何建構使用者側寫檔（profile）以過濾特定主題的資訊給使用者。相關研究主要探討如何建構好的profile以表達使用者的資訊需求，因此，資訊需求、文件與使用者為SDI研究之主軸，並開啟觀察使用者行為研究之先驅（Finkelstein et al., 2002）。

- **Log Analysis**：Log分析之相關研究已經存在許久，故網路搜尋行為的Log分析已成為重要的方法，其主要分析使用者的查詢語、搜尋結果與連結瀏覽行為以調整搜尋排序演算法或者測試新的介面工具（Anick, 2003; Bilenko & White, 2008; Jansen & Spink, 2006）。

- **TREC Interactive Studies**：在TREC評比中有三個主要的互動資訊檢索分項評估，分別為：Interactive Track（TRECs 3-11），the HARD Track（TRECs 12-14），and ciQA（complex interactive Question Answering），其中以Interactive Track最早且對IIR的理論發展已有貢獻。評比活動發展至今日，Interactive Track已經為Web Track的其中一項，其評比內容為要求使用者根據特定主題建立資源頁面，其包含有用的URL。相關評估主要衡量系統或介面特徵對搜尋的影響，其中涉及的理論包含：使用者行為、資訊探求情境與認知心理學；此外，評估範圍常包含系統效能、互動評估與可用性。較為近期活動為TREC於2015至2017進一步舉辦任務導向文件搜尋評比活動，以了解使用者為搜尋相關文件所進行的關鍵字查詢行為（TREC, 2016）。

- **IS Behavior with IR System and then in Context**：IIR後期越來越專注在

使用者端的搜尋行為且是在自然的搜尋情境下發生，初期相關研究專注在IR系統的搜尋策略、如何進行文件相關評估或如何在網路上進行再發現的過程，其目的在提供IR系統改善的方針。越近期的研究已經把整個搜尋框架擴大到真實的工作情境，更在乎使用者的需求、資訊科技的採用、工作流程（情境）、任務複雜度、任務型態與使用者資訊行為，任務導向之互動式資訊檢索與其系統支援為其中一個重要研究方向（Järvelin et al., 2015）。

人資互動評估發展趨勢與模型

人資互動評估發展趨勢

傳統Cranfield的實驗模式已無法說明當今的搜尋環境，基於Cranfield實驗的TREC（Text REtrieval Conference）也開始因應資訊環境之變化而設計新的評比活動，以鼓勵各研究單位之研究團隊針對新議題進行研究，並預期在學術與實務上帶來影響與啟發。早期資訊檢索領域主要著重在透過測試集合（test collection）以評估理論（methodology）與演算法（algorithm）之優劣（Jones & van Rijsbergen, 1976），TREC協會（Text REtreieval Conference）即由1992年起提供大型測試集合，鼓勵資訊檢索方法理論發展研究。其實驗評估過程主要之限制為沒有真正的使用者參與，晚近之TREC會議開始加入Interactive Track of TREC（1997），即加入使用者因素與整體評估過程，而評估方法亦由實驗評估法（laboratory-based evaluation in IR）轉而為IIR評估方法（Borlund & Ingwersen, 1997; Borlund, 2000; Borlund & Ruthven, 2008; Ruthven & Kelly, 2011; TREC, 2003）。IIR探討使用者在搜尋期間的行為與經驗，如：實際的資訊使用狀況、認知改變與情境的影響並分析人與系統互動的過程（Ingwersen, 1992; Ingwersen & Järvelin, 2005; Ruthven, 2008）。

資訊檢索評估方法之議題陸續被探討（唐牧群，2013），如：Harman（1992）於IP&M專刊探討資訊檢索的評估方法；Dunlop等人（1998）在Interacting with Computers專刊探討人機互動與資訊檢索；Dumais與Belkin

（2005）在TREC會議之interactive track探討以使用者為中心之搜尋模式與評估；Borlund與Ruthven（2008）於IP&M專刊則正式探討IIR系統的評估方法。人資互動的會議仍方興未艾進行中，德國Dagstuhl互動式資訊檢索會議、ACM SIGIR的人資訊互動與檢索會議（CHIIR）以及Information Interaction in Context（IIiX）會議，自2016年起，HCIR與IIiX整併為ACM SIGIR之人資互動與檢索會議（CHIIR）會議（https:// https://chiir.org），將評估的研究重點放在人資互動、資訊尋求情境與使用者導向方法的資訊檢索與取用。事實上，IIR最核心的精神為摒除過去只專注在查詢語與文件媒合之排序問題，而轉為專注在使用者真正的資訊需求與資訊能力。目前廣為被採用的為Borlund（2000, 2003）提出之IIR任務設計評估框架以改善傳統基於Cranfiled模型之系統導向IR模型的評估方式，在其所提出的HII框架中有三個重要的部分，包含：（1）必須具有功能性、正確性與滿足真實情境以確保可以評估HII系統的的一組元件，包含：招募具潛在使用者特質之受試者、設計滿足真實情境且可控制的模擬任務、對檢索結果可進行多面向與動態相關性評估；（2）設計與推薦滿足真實情境的模擬任務，其中受試者選擇、提供足夠可想像情境資訊進行模擬任務、任務設計與操作方式……等為重點工作，並建議進行前導測試以確保模擬任務的有效性；（3）提供非二元傳統資訊檢索系統評估方法的效能評估方法，評估指度需更能反映HII的結果。Borlund（2000, 2003）在其HII模型中主要貢獻為提出模擬任務概念並建立設計模擬任務方針，該概念主要源自於Ingwersen（1992）的認知溝通模型（cognitive communication models）模擬任務為一個簡短的封面故事，其描述任務情境讓使用者進行資訊檢索，該封面故事必須具有系統性而非只是開放性的描述任務的情境，故須包含：資訊需求來源、環境的情境、需被解決的問題與讓受試者了解搜尋的目的。HII所提之模擬任務概念恰與人機互動（Human Computer Interaction）之任務概念相似，即使用者為完成目標必須透過工具而展開的行動，故可定義為一種任務的概念。是故，近年來HII與HCI同樣對於設計任務導向介面的效能議題十分重視（Belkin, 2015, Hearst, 2009）。

　　觀之文獻，近年人資互動另一趨勢為學者嘗試制定人資互動搜尋任務

題目設計架構，Kelly等人（2015）提出針對健康、科學與科技、商務與娛樂四種主題之搜尋任務（search task）的題目設計方針，其研究主要根據Anderson等人（2000）修訂之Bloom教育目標架構設計不同認知程序面向的搜尋任務題目，包含：記憶（remember）、理解（understanding）、應用（apply）、分析（analyze）、評估（evaluate）與創造（create）面項，是以該研究建立搜尋任務題目的標準以提供後續進行搜尋任務參考的方向。後續Wildemuth等人（2018）即以Kelly等人（2015）所設計之搜尋任務題目進行人資互動研究，該研究主要針對不同領域知識程度與認知複雜度以了解使用者的搜尋關鍵詞選用行為與策略。無論是Borlund模擬任務設計架構或Kell等人（2015）基於教育目標架構而設計任務皆提供人資互動評估方針並值得後續發展。

人資互動評估模型

由於傳統資訊檢索評估方法無法展現人資互動的精神，近年陸續有相關領域學者基於不同理論與觀點針對人資互動提出適合的評估模型，但整體而言以由傳統評供檢索相關性（relevance）朝向評估有用性（usefulness）為主要的目標（Belkin, 2015; Vakkari, 2020），以下簡介具代表性的模型。

認知工作分析（Cognitive Work Analysis, CWA）架構

Fidel（2012）提出的認知工作分析（Cognitive Work Analysis, CWA）架構，在圖書資訊學領域受到矚目與探討。Fidel（2012）指出過去人資互動研究主要專注在認知或社會單一觀點分析與解釋資訊行為，但更需要的是多面向觀點以進行人在工作情境中的資訊行為探討。CWA為 Rasmussen等人（1994）提出的概念架構用以分析工作情境中的認知性工作並進而改善資訊系統與服務。此分析架構基於許多理論基礎，如：系統化思維（general system thinking）、適應控制系統（adaptive control systems）、Gibson的環境心理學（Ecological Psychology）以及各種不同工作領域中支援系統開發的實地研究結果（Vicente, 1999）。Fidel與Pejtersen（2004）由內在個人認知，到外在整體環境共計七個面向，包含：環境、工作領域、組織分析、工作領域的工作分析、工作分析中的決策、工作分析中採用的

策略與與使用者特徵分析。Fidel等人（2004）將CWA分析架構應用於分析Microsoft設計工程師於開發Help and Support Center計畫時進行協同資訊檢索工作的動機與資訊行為，研究透過觀察與訪談由七個面向進行廣泛探索。相關研究提供由心理、組織、社會與系統多元觀點分析與探討使用者於工作中為達成目標而產生的資訊互動行為與其背後的動機，擴大了人資互動的理論基礎疆界（Fidel, 2012；Sonnenwald, 1999），筆者以為這是值得參考的使用者需求與系統分析方法。

程式觀點（program theory）探討任務導向資訊互動評估

　　Järvelin等人（2015）提出任務導向資訊互動（Task-based Information Interaction, TBII）評估模型，其程式觀點（program theory）評估（Järvelin et al. 2015; Rogers et al. 2000; Rossi et al. 2004）考慮任務中活動之輸入變項（input）、活動中各種相依變數與獨立變數的關係（或者稱之為活動間的流程），任務預期結果（output）與帶來的影響（outcome），圖2可說明此理論框架。其中若以搜尋為例，輸入變數可能包含工作情境因素、科技因素、工作者的資訊需求與不同工作者角色，而結果可能是搜尋文件的相關度、數量……等，帶來的影響可能是是否發生學習？輔助決策？……等。Järvelin等人（2015）所提出的TBII理論框架已經包含了更多要素，搜尋僅是為達成工作任務中的其中一項活動，其研究更根據該TBII理論框架基於Ingwersen與Järvelin（2005）所提出的工作程序中所發生之五個階段的資訊互動逐一提出案例說明，其中包含了：工作計畫階段、資訊物件搜尋階段、資訊物件選擇階段、資訊物件閱讀、組織、分析……等階段、綜合理解與成果表現階段。

　　當談到TBII不免會與傳統資訊檢索進行比較，相較於傳統資訊檢索，因TBII設計人與工作複雜度多項新的變因（或稱之為獨立變數），將需要不同的指標以評估搜尋結果（output）與影響（outcome）。對於任務導向評估重要的議題是究竟甚麼系統或介面特徵（工具）能有效的幫助人類執行任務，評估也應該包含了系統與行為面向。Järvelin（1986）即開啟工作任務、資訊系統、資訊探求與檢索系列研究，相較於個人的資訊探求活動，工作任務需要考量更多資訊尋求過程以設計更好的資訊系統，故其特別重視任

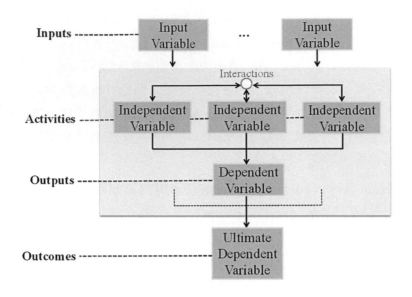

圖2　TBII理論模型框架

務、資訊與資訊來源之間的交互作用且進而提出模型（Ingwersen, & Järvelin, 2005）。Järvelin等人（2015）TBII架構深受Kuhlthau（1991, 1993）的ISP模型的影響，亦是由學習觀點分析複雜任務，不過ISP模型較為著重的是流程面向，TBII則是比較全面的分析人、資訊與科技之間的關係，並由個人資訊需求擴張到工作資訊需求。

搜尋即學習（Searching as Learning）評估模型

Marchionini（2008）提到探索式搜尋（exploratory search）為一種從發現到學習的過程，其中隱含使用者的搜尋目標也會改變與演化並最終促成使用者對主題認識的提升或進行學習活動。Marchionini（2008）提出三種主要的搜尋活動：查詢（lookup）、學習（learn）與研究（investigate），其中支援查詢相關的工具已經十分完備，但支援學習與研究的工具仍然十分有限。人資互動的研究帶動了更多可用性評估的研究，故由任務導向搜尋研究到近期的搜尋即學習（Searching as Learning, SaL）之評估指標與方法於資訊科學社群有更多討論與但仍缺乏有規模的實證研究（Agosti, et al.,

2013; Rieh et al., 2014, 2016; Vakkari, 2016）。Vakkari在2018年人資互動與檢索（ACM Human information interaction and retrieval）會議中（隸屬於SIGIR會議，http://sigir.org/chiir2018/）揭示了由知識結構的角度系統性的歸納搜尋與學習之間的關聯，並提出學習是相依或獨立變數兩個角度檢視學習與搜尋歷程之間的關聯，也就是搜尋將因為不同的學習階段而產生不同的搜尋行為與策略。Kuhlthau（1991, 1993）的研究雖主要以研究資訊搜尋過程為主，其實證研究是建構在觀察學生專案學習的歷程，故其理論可某種程度推論到任務的學習歷程，文中並指出過去資訊探求研究專注在書目典範的文件蒐集與分類並基於系統擬定搜尋策略，但搜尋應是以使用者為中心的過程，即所謂學習建構的歷程。Vakkari（2016, 2018）進一步探討學習在不同搜尋階段在知識結構產生的變化，將學習定義為知識結構的改變，依序有3種模式：重建（restructuring）、調整（tuning）及增添（assimilation）。資訊搜尋的過程則包含4個階段：（1）搜尋形成（search formulation）；（2）資源選擇（selection sources）；（3）資源互動（interacting with sources）與（4）統合呈現（synthesizing and presenting），該研究提供關於搜尋與學習建構關聯重要的評估線索。

結論與未來展望

　　人資互動研究重視人、資訊與科技之間的互動關係，其中人與資訊更是資訊科學領域長久重視的場域，晚近帶入科技對人資互動的影響，三者之間構成緊密統合的生態關係；並有HCI社群將人機互動改稱為人資互動，如：全錄公司，人資互動與檢索成為資訊學院重要的學科，其主因在重視人與資訊之間關係，其中認知領域的人類資訊處理模型提供了解人類如何使用資訊解決問題的方法，而資訊科技（系統）在其中對人類進行資訊處理的幫助也是值得探討的議題（Belkin, 2015; Järveling, 2018; Marchionini, 2008）。人資互動與搜尋理論模型與研究方法已成為各領域了解使用者資訊行為重要的基礎，此外，分析工具的普及更促使人資研究方法有新的進展，其中大數據分析已成為重要的研究方法。若提及近代受歡迎的分析工具，

如：Morae可用來觀察使用者螢幕的點擊行為、INTERACT software by Mangold International可用來分析影片與可以與許多分析工具整合的The Observer XT資訊行為分析工具，以上這些工具皆可以儲存Log、協助編碼並進行量化的分析以協助後續質性分析。此外，目前質性工具如MAXQDA、ATLAS.ti與NVivo也都可進行質性與量化的分析。隨著各種資訊行為擷取與分析工具的普及，人資互動的研究趨勢已朝向混和研究方法（mixed research method），即兼顧質性與量化分析（Fidel, 2012）；透過有效的工具擷取人類的資訊行為將提供更多證據進行人資互動的研究並提出更有效的模型與應用。

　　目前除透過可用性測試軟體了解使用者線上行為亦可透過眼動儀與腦波儀獲得更多使用者生理資料並以人工智慧技術進行更精準的分析預測，近年人機互動研討會有廣泛的討論，如：頗具歷史的Human Computer International 會議更將人工智慧納入人資互動中重要議題。若從人工智慧（Artificial Intelligence, AI）角度觀之，近年來最大的突破是機器的感知（perception）與認知（cognition）能力有大幅的提升，可解釋性的AI（explainable AI）成為發展重點。因此AI已從演算法與技術問題轉而變成設計問題，如何讓機器能跟人類進行友善的互動並從中學習互動的技巧成為重要的研究議題，這也彰顯了人機互動與人資互動研究的重要性（Brynjolfsson & McAfee, 2017）。如前所述，人資互動主要著重在人、資訊與科技間整個生態的互動關係，其中人與資訊之間的關係一直是資訊科學尤其重視之領域，科技與技術則是強化了分析與預測能力。近年興新科技趨勢為擴增實境、虛擬實境與混合實境應用於閱讀輔助、科學教育、博物館展演、電子商務體驗到智慧住宅……。舉例而言，Lin等人（2019）將擴增實境應用於博物館展覽以分析使用者的心流狀態與學習表現或以眼動（eye tracking）分析了解擴增實境對於古書閱讀的效益。郭俊桔（2019）提出應用Aurasma擴增實境技術於公共圖書館讓兒童可以順利尋找書籍而無須定位，實驗結果顯示透過Aurasma應用程式正確率優於傳統自行尋書與智慧型手機定位尋書方式。在研究主題上，人資互動分析已應用於各領域，在網路推薦研究上Tang與Yang（2017）以Spotify為研究對象，探索音樂平

臺的搜尋行為與偏好結構對音樂選擇的影響；Wu與Vakkari（2018）提出基於所設計之encyclopedia-based的視覺化知識搜尋與瀏覽系統，透過所提出之評估概念延伸評估法（extended evaluation measure）進行可用性評估，其主要探討不同視覺搜尋輔助工具如何協助使用者進行不同搜尋活動，進而觀察所設計視覺化輔助工具是否能夠協助具不同領域知識程度之使用者達成預期的目標。Wu與Yu（2020）基於消費者不同需求狀態角度側錄與分析其於電商網站之功能使用行為進而推論不同型態消費者的搜尋樣式；在學習科學研究上，Yang等人（2015）透過學生於線上學習系統的互動搜尋路徑輔以two-tier 測試法之學習策略評估理論，了解傳統學習方式與採用two-tier 測試法對學習程式語言的效益；黃元鶴（2018）、Huang（2020）透過設計檢索任務了解圖書資訊學與其他學科背景學生對於科學爭議之搜尋行為的差異。Skov與Ingwersen（2014）針對線上博物館特殊愛好者（special interest visitors）從資訊尋探求觀點進行研究，其採取量化與質性研究方法，透過模擬任務評估使用者在丹麥國家軍事史博物館的瀏覽行為。Wu與Xu（2019）進一步透過眼動儀分析預期更精確的補充使用者線上瀏覽行為，仍透過模擬任務由滿意度、效率與效益探索中國數位敦煌平臺的可用性。以上顯示目前人資互動研究議題與方法的多元性，未來將可見理論與方法更廣為應用在各領域並展現了人資互動研究與實務的價值性。本文限於篇幅與檢索範疇，對於重要著作仍有疏漏之處，有待同好者探索與遨遊。

參考文獻

唐牧群（2013）。以使用者為導向的系統評估。載於卜小蝶（主編），**圖書資訊學學術研究**（407-416頁）。台北市：五南。

郭俊桔（2019）。行動裝置上無室內定位之兒童尋書定位系統。**圖書館學與資訊科學**，**45**（2），66-95。

黃元鶴（2018）。大學生於科學爭議資訊之檢索行為研究。**圖書資訊學刊**，**16**（1），45-75。

楊曉雯（2000）。由CoLIS看圖書館學與資訊科學研究之發展。**圖書館學與資訊科學**，**26**（1），61-78。

劉英享（2000）。探索與省思：圖書資訊學的新契機。**圖書館學與資訊科學**，**26**（1），79-87。

Agosti, M., Fhur, N., Toms, E. & Vakkari, P. (Eds.) (2013). *Evaluation of methodologies in information retrieval*. Report from Dagstuhl Seminar 13441.

Allan, J., Croft, B., Moffat, A. & Sanderson, M. (Eds). (2012). Frontiers, challenges and opportunities for Information retrieval: Report from SWIRL 2012. *SIGIR Forum, 46*(1), 2-32.

Anderson, L. W., Krathwohl, D. R., Airasian, P. W., Cruikshank, K. A., Mayer, R. E., Pintrich, P. R., Raths, J., & Wittrock, M. C. (2000). *A taxonomy for learning, teaching and assessing: A revision of Bloom's taxonomy of educational objectives*. New York, USA: Longman.

Anick, P. (2003). Using terminological feedback for web search refinement: a log-based study. In C. Clarke, G. Cormack, (chair), SIGIR '03: *Proceedings of the 26th Annual International ACM SIGIR Conference on Research and Development in Information Retrieval* (pp. 88-95). New York, USA: Association for Computing Machinery.

Bates, M. J. (1989). The design of browsing and berrypicking techniques for the online search interface. *Online Review, 13*(5), 407-424.

Belkin, N. J., Oddy, R.N., & Brooks, H. M. (1982a). Ask for information retrieval: Part I. Background and theory. *Journal of Documentation, 38*(2), 61-71.

Belkin, N. J. (2005). Anomalous state of knowledge. In K. E. Fisher, S. Erdelez, & L. McKechnie (Eds.), *Theories of Information Behavior* (pp. 44-48), Medford, USA: Information Today.

Belkin, N.J., Oddy, R.N., & Brooks, H.M. (1982b). Ask for information retrieval: Part II. Results of a design study. *Journal of Documentation, 38*(3), 145-164.

Belkin, N. J. (2015). Salton award lecture: People, interacting with information.. In R. B. Yates, (chair), *SIGIR '15: Proceedings of the 38th International ACM SIGIR Conference on Research and Development in Information Retrieval* (pp. 1-2). New York, USA: Association for Computing Machinery.

Borlund, P., & Ingwersen, P. (1997). The development of a method for the evaluation of interactive information retrieval systems. *Journal of Documentation, 53*(3), 225-250.

Borlund, P. (2000). Experimental components for the evaluation of interactive information retrieval systems. *Journal of Documentation, 56*(1), 71-90.

Borlund, P. (2003). The IIR evaluation model: A framework for evaluation of interactive information retrieval systems. *Information Research, 8*(3). Retrieved from http://informationr.net/ir/8-3/paper152.html

Borlund, P., & Ruthven, I. (2008). Introduction to the special issue on evaluating interactive information retrieval systems. *Information Processing & Management, 44*(1), 1-3.

Bilenko, M., & White, R. W. (2008). Mining the search trails of surfing crowds: identifying relevant websites from user activity. *Proceedings of the 17th International Conference on World Wide Web*, pp. 51-60.

Brynjolfsson E. & McAfee, A. (Oct. 2017). *The business of artificial intelligence*. Harvard Business Review.

Byström, K., & Järvelin, K. (1995). Task complexity affects information seeking and use. *Information Processing & Management, 31*(2), 191-213.

Dumais, S. T., & Belkin, N. J. (2005). The TREC interactive tracks: Putting the user into search. In E. M. Voorhees & D. K. Harman (Eds.), *TREC: Experiment and Evaluation in Information Retrieval* (pp. 123-153). Cambridge, USA: MIT Press.

Dunlop, M. D., Johnson, C. W., & Reid, J. (1998). Exploring the layers of Information retrieval evaluation. *Interacting with Computers, 10*(3), 225-236

Fidel, R. (2012). *Human Information Interaction: An Ecological Approach to Information Behavior*. Cambridge, USA: MIT Press.

Fidel, R., Pejtersen, A.M., Cleal B., & Bruce, H. (2004) A Multidimensional Approach to the Study of Human-Information Interaction: A Case Study of Collaborative Information Retrieval. *Journal of the American Society for Information Science and Technology, 55*(11), 939-953.

Finkelstein, L., Gabrilovich, E., Matias, Y., Rivlin, E., Solan, Z., Wolfman, G., & Ruppin, E. (2002). *Placing Search in Context: The Concept Revisited. ACM Transactions on Information Systems, 20*(1), 116-131.

Harman, D. (1992). Evaluation Issues in Information Retrieval. *Information Processing & Management, 28*(4), 439-440.

Hearst, M. A. (2009). *Search User Interfaces. Cambridge*. Cambridge, England: Cambridge University Press.

Huang, Y. H. (2020). Exploring Students' Search Behavior and the Effect of Epistemological Beliefs on Contradictory Issues. In F. FH. Nah, & K. Siau,(Eds), HCI in Business, Government and Organizations 7th International Conference, HCIBGO 2020, Copenhagen, *Denmark*, July 19-24, 2020, Proceedings (pp. 59-68). Berlin, Germany: Springer.

Ingwersen, P. (1992). *Information Retrieval Interaction*, London, UK: Taylor Graham.

Ingwersen, P., & Järvelin, K. (2005). *The Turn: Integration of Information Seeking and Retrieval in Context*. Berlin, Germany: Springer.

Jansen, B. J. & Spink, A. (2006), How are We Searching the World Wide Web? A Comparison of Nine Search Engine Transaction Logs. *Information Processing & Management, 42*(1), 248-263.

Järvelin, K. (1986). On information, information technology & the development of society: An information science perspective. In P. Ingwersen, L. Kajberg, & A. M. Pejtersen (Eds.), *Information technology and information use: Toward a unified view of information and information technology* (pp. 35-55). London, England: Taylor Graham.

Järvelin, K., & Kekalainen, J. (2002). Cumulated gain-based evaluation of IR techniques. *ACM Transactions on Information Systems, 20*(4), 422-446.

Järvelin, K. (2019). Salton award keynote: Information interaction in context. *Proceedings of the 41th Annual International ACM SIGIR Conference on Research and Development in Information Retrieval (SIGIR '18)*, An Arbor, MI, USA, pp. 1-2.

Järvelin, K., Vakkari, P., Arvola, P., Baskaya, F., Järvelin, A., Kekalainen, J., … & Sormunen, E. (2015). Task-based information interaction evaluation: The viewpoint of program theory, *ACM Transactions on Information Systems, 33*(1), Article 3.

Jones, K.S. & Van Rijsbergen, C.J. (1976). Information Retrieval Test Collection. *Journal of Documentation, 32*(1), 59-75.

Kelly, D. (2009). Methods for evaluating interactive information retrieval systems with users. *Foundations and Trends in Information Retrieval, 3*(1-2), 1-224.

Kelly, D., Arguello, J., Edwards, A., & Wu, W. C. (2015). Development and evaluation of search tasks for IIR experiments using a cognitive complexity framework. In J. Allan, B. Croft, (chair), *ICTIR '15: Proceedings of the 2015 International Conference on The Theory of Information Retrieval* (pp. 101-110). New York, USA: Association for Computing Machinery.

Kuhlthau, C.C. (1991). Inside the search process: Information seeking from the user's perspective. *Journal of the American Society for Information Science, 42*(5), 361-371.

Kuhlthau, C.C. (1993). *Seeking meaning: A process approach to library and information services*. New York, USA: Ablex Publishing Corp.

Kumpulainen, S., & Järvelin, K. (2012). Barriers to task-based information access in molecular medicine. *Journal of the American Society for Information Science and Technology, 63*(1), 86-97.

Lin, W., Lo, W. T., & Yueh, H. (2019, March). How the Multimodal Media in Augmented Reality Affects Museum Learning Experience. 2019 12th Asia *Pacific Workshop on Mixed and Augmented Reality*, 1-4. doi:10.1109/APMAR.2019.8709286

Marchionini, G. (2008). Human-information interaction research and development. *Library & Information Science Research, 30*(3), 165-174.

Rasmussen, J., Pejtersen, A.M., & Goodstein, L.P. (1994). *Cognitive systems engineering*. New York, USA: Wiley.

Rieh, S.Y., Collins-Thompson, K., Hansen, P. & Lee, H.J. (2016). Towards searching as a learning process: A review of current perspectives and future directions. *Journal of Information Science, 42*(1), 19-34.

Rieh, S. Y., Gwizdka, J., Freund, L., & Collins-Thompson, K. (2014). Searching as learning: Novel measures for information interaction research. *Proceedings of the American Society for Information Science and Technology, 51*(1), 1-4.

Rogers, P., Petrosino, A., Huebner, T. A., & Hacsi. T. A. (2000). Program theory evaluation: Practice, promise, and problems. *New Directions for Evaluation, 87*, 5-13.

Rossi, P. H., Lipsey, M. W., & Freeman, H. E. (2004). *Evaluation: A Systematic Approach*. Thousand Oaks, USA: Sage.

Ruthven, I. (2008). Interactive information retrieval. *Annual Review of Information Science and Technology, 42*(1), 43-91.

Ruthven, I. (2019).The language of information need: Differentiating conscious and formalized information needs. *Information Processing & Management, 56*(1), 77-90.

Ruthven, I., & Kelly, D. (Eds.) (2011). *Interactive Information Seeking Behaviour and Retrieval*. London, England: Facet.

Saastamoinen, M., & Järvelin, K. (2017). Search task features in work tasks of varying types and complexity. *Journal of the Association for Information Science and Technology, 68*(5), 1111-1123.

Saastamoinen, M., Kumpulainen, S., Vakkari, P., & Järvelin, K. (2013). Task complexity affects information use: a questionnaire study in city administration. *Information Research, 18*(4), paper 592.

Saracevic, T. (1996). Relevance Reconsidered '96. In P. Ingwersen, & N.O. Pors, (Eds.), *Proceedings of CoLIS 2, Second International Conference on*

Conceptions of Library and Information Science: Integration in Perspective (pp. 201-218). Copenhagen, Danmark: Royal School of Librarianship.

Skov, M. & Ingwersen, P. (2014). Museum web search behavior of special interest visitors. *Library & Information Science Research, 36*, 91-98. doi:10.1016/j.lisr.2013.11.004

Sonnenwald, D.H. (1999). Evolving perspectives of human information behaviour: Contexts, situations, social networks and information horizons. In T.D. Wilson & D.K. Allen (Eds.), *Exploring the Contexts of Information Behaviour: Proceedings of the Second International Conference on Research in Information Needs, Seeking and Use in Different Contexts* (pp. 197-204). London: Taylor Graham.

Sonnenwald, D.H. (2016). *Theory Development in the Information Sciences.* Austin, TX: University of Texas Press.

Tang, M.C., Yang, M. Y. (2017). Evaluating Music Discovery Tools on Spotify: The Role of User Preference Characteristics. *Journal of Library and Information Studies, 15*(1), 1-16.

Taylor, R.S. (1968). Question negotiation and information seeking in libraries. *College and Research Libraries, 29*(3), 178-198.

Text Retrieval Conference (TREC) Interactive Track. (2003, March 4). Retrieved February 05, 2021, from https://trec.nist.gov/data/interactive.html.

Text Retrieval Conference (TREC) Tasks Track. (2016, March 16). Retrieved February 05, 2021, from https://trec.nist.gov/data/tasks.html.

Tuomaala, O., Järvelin, K., & Vakkari, P. (2014), Evolution of library and information science, 1965-2005: Content analysis of journal articles. *Journal of the Association for Information Science and Technology, 65*(7), 1446-1462.

Turpin, A., & Scholer, F. (2006). User performance versus precision measures for simple search tasks. In E. N Efthimiadis, (chair), *SIGIR '06: Proceedings of the 29th Annual International ACM SIGIR Conference on Research and Development in Information Retrieval* (pp. 11-18). New York, USA: Association for Computing Machinery.

Vakkari, P., & Cronin, B. (eds). (1992). *Conceptions of library and information science: historical, empirical and theoretical perspectives: proceedings of the international conference held for the celebration of the 20th anniversary of the Department of Information Studies*, University of Tampere, Finland, 26-28 August 1991. London, England: Taylor Graham.

Vakkari, P. (2000). Relevance and contribution information types of searched documents in task performance. In E. Yannakoudakis, N. J. Belkin, M. K. Leong, & P. Ingwersen (chair), *SIGIR '00: Proceedings of the 23rd Annual International ACM SIGIR Conference on Research and Development in Information Retrieval* (pp. 2-9). New York, USA: Association for Computing Machinery.

Vakkari, P. (2001). A theory of the task-based information retrieval process: A summary and generalization of a longitudinal study. *Journal of Documentation, 57*(1), 44-60.

Vakkari, P., Pennanen, M., & Serola, S. (2003). Changes of search terms and tactics while writing a research proposal: A longitudinal case study. *Information Processing & Management, 39*(3), 445-463.

Vakkari, P. (2016). Searching as learning: A systematization based on literature. *Journal of Information Science, 42*(1), 7-18. doi:10.1170/0165551515615833.

Vakkari, P. (2018). Information search processes in complex tasks. *CHIIR '18: Proceedings of the 2018 Conference on Human Information Interaction & Retrieval* (pp. 1-1).

Vakkari, P. (2020). The usefulness of search results: A systematization of types and predictors. *CHIIR '20: Proceedings of the 2020 Conference on Human Information Interaction & Retrieval* (pp. 240-252).

Vicente, K.J. (1999). *Cognitive Work Analysis: Towards safe, productive, and healthy computer-based work*. Boca Raton, USA: CRC Press.

Wang,P., & Sogergel, D. (1998). A cognitive model of document use during a research project. Study I. Document selection. *Journal of the American Society for Information Science, 49*(2), 115-133.

Wang, P., & White, M. D. (1999). A cognitive model of document use during a research project. Study II. Document at reading and citing stage. *Journal of the American Society for Information Science, 50*(2), 98-114.

Wildemuth, B. M., Kelly, D., Boettcher, E., Moore, E. & Dimitrova, G. (2018). Examining the impact of domain and cognitive complexity on query formulation and reformulation. *Information Processing & Management, 54*(3), 433-450.

Wilson, T.D., & Walsh, C. (1996). *Information Behavior: An Interdisciplinary Perspective*. London, England: University of Sheffield, Department of Information Studies.

Wu, D., & Xu, S. (2019). How Users Gaze and Experience on Digital Humanities Platform?: A Model of Usability Evaluation. In: Taylor N., Christian-Lamb C., Martin M., Nardi B. (eds) *Information in Contemporary Society. iConference 2019*. Lecture Notes in Computer Science, vol. 11420. Springer, Cham.

Wu, I. C. (2011). Toward supporting information seeking and retrieval activities based on evolving topic-needs. *Journal of Documentation, 67*(3), 525-561.

Wu, I-C., Liu, D.-R., & Chang, P. C. (2008). Toward incorporating a task-stage identification technique into the long-term document support process. *Information Processing & Management, 44*(5), 1649-1672.

Wu, I-C., & Vakkari, P. (2018). Effects of subject-oriented visualization tools on search by novices and intermediates. *Journal of the Association for Information Science and Technology, 69*(12), 1428-1445.

Wu, I-C., & Yu, H. K. (2020). Sequential Analysis and Clustering to Investigate Users' Online Shopping Behaviors Based on Need-states. *Information Processing & Management, 57*(6), Article102323.

Yang, T.C., Chen, S.Y., & G.J., Hwang (2015). The influences of a two-tier test strategy on student learning: A lag sequential analysis approach. *Computers and Education, 82*, 366-377.

第21章
人機互動、社群運算與科技輔助協同合作研究發展與趨勢

袁千雯

本文簡介

從社會科學角度出發的人機互動（Human-Computer Interaction, HCI）以及以人為本的科技輔助協同合作與社群運算研究（Computer Supported Cooperative Work and Social Computing, CSCW）關注使用者如何與科技互動，以及透過科技跨越物理距離與不同時區的限制，增進人際間的遠距溝通與合作。由於網際網路與科技發展不斷演進，使用者能利用近年來盛行的社群媒體、行動科技、機器人、物聯網科技、穿戴式科技、虛擬與擴增實境、到人工智慧等，進行不同的協同合作、溝通、互動、學習等行為。這些應用與研究也是HCI與CSCW研究領域所關心的議題。本章節將簡介CSCW研究核心以及相關應用科技與重點發展之主題，最後帶到圖書資訊學之應用以及未來研究的發展與契機。

前言

由於網際網路與行動科技發展不斷演進，在科技使用與透過科技中介溝通互動的過程中，使用者的角色與主動性越趨明顯。使用者從以往大眾

傳播過程中單向、被動的內容接收者角色，轉變成更加主動的文本製造者角色，利用不同科技載具創造、改變、產出多元模式（multimodal）的文本與資訊，且能與其他使用者雙向或多向進行即時連結、分享、共創等活動。在這樣的情境下，除了追求科技發展的精進外，學界開始從心理學、行為科學、社會學、傳播學、資訊科技、設計等多元角度切入，關注使用者如何與科技互動。也因此，跨領域的人機互動（Human-Computer Interaction）研究主題逐漸受到重視，為的就是避免科技研發與設計在追求新穎、效能之外，缺乏足夠的理論與實證基礎作為依據，忽略使用者的角色（王浩全，2012）。在人機互動研究的範疇裡除了資工領域的系統以及工程研究（例如電腦協作環境以及群眾外包／人智運算等系統），也有從社會科學角度出發的研究，不管從哪個角度，研究的共識是科技不僅來自於人性，更要為人所用。

　　人機互動研究超越了「科學工程」與「人文社會」的學科界線，以人機互動為主軸所發展出來的相關研究領域包括以人為本（human-centered）的軟硬體系統與工程，科技輔助協同合作（Computer-Supported Cooperative Work, CSCW）、社群運算（social computing）與科技中介溝通（Computer-Mediated Communication, CMC）等，可見相關領域的發展十分蓬勃。美國圖書資訊學教育學會（Association for Library and Information Science Education, ALISE）也將人機互動、CSCW、社群運算等列入圖資研究主要領域之範疇[1]。對於國內資訊相關領域來說，CSCW是一個新興的議題，然而在國際間其研究已有近40年歷史，也是人機互動領域中第二大的學術社群。其中提醒讀者的是，「社群運算」一詞在資訊領域也常被用於指涉社群網路的資料探勘技術研究（social data mining），並不一定帶有與「人」、「機」互動方面的意涵。也就是說，「人機互動」的社群運算研究與「資料探勘」的社群運算研究兩者之間並不存在概念上、知識體系上或研究方法上的直接連結。兩者之間或許偶爾因誤解相互引用，或是因「社群運算」一詞本身模糊性所造成的歧義解讀，兩者並無從屬優劣。本章節將以CSCW為主軸，介紹人機互動中從社會科學角度出發探討使用者行為與科技使用最相

---

[1]　參見 https://www.alise.org/about-alise-2。

關之社群運算與CMC研究。

CSCW研究探討如何利用不同科技功能輔助，跨越物理距離與不同時區的限制，增進人際間的遠距溝通與合作。九〇年代CSCW相關研究興起初期，研究主軸在於如何在工作場域中幫助使用者利用不同的電腦系統進行更好的溝通過程，以增進、修補、或簡化工作流程，提升職場表現與效率。隨著科技中的社會性元素越來越受重視，系統研發設計也漸漸從單純的科技應用，到著重社會技術（sociotechnical）層面。CSCW早期較偏業界應用的取徑也慢慢加入了有關使用者心理、人際傳播、組織與社會等不同層面的行為科學理論架構，研究主題涵蓋資訊、科技、社會、設計等角度如何增進協同合作過程，是個重視理論發展、嚴實研究方法、與實務應用的領域。而CSCW中的科技（computer）、協同（cooperative）、工作（work）的定義也越趨兼容並蓄，定調了CSCW跨領域與多元的研究（Grudin & Poltrock, 1997）。

舉例來說，CSCW討論的科技應用或是系統搭建可以是以電子郵件、視訊系統、即時通訊，或甚至是近年來盛行的社群媒體、行動科技、機器人、物聯網科技、穿戴式科技、虛擬與擴增實境、人工智慧等。協同的方式也可以是雙人、小組、社群、組織、社會、與文化等層級。應用的場域則是跳脫了組織與企業，包含了線上與線下各式社群，以非同步（asynchronous）或是同步（synchronous）形式的溝通、互動、學習等。這些主題皆吸引跨領域學者的投入，同一主題常見有社會科學家從使用者行為、資訊科學家從系統建置與軟體發展、設計學者從原型打造改善體驗等不同角度切入。本章節將簡介CSCW研究以及相關應用科技與重點發展之主題，最後帶到圖書資訊學之應用以及未來研究的發展與契機。

CSCW起源

2020年因新冠肺炎疫情席捲全球之影響，許多國家為降低病毒傳染風險，採取減少人際接觸、維持社交距離（social distancing）等措施，以大

幅降低國內與跨國集會與移動頻率。「遠距互動」漸漸成為生活常態，包含人與人之間的社交娛樂、教育學習，以及各行各業的工作與合作等。由於「面對面（face-to-face）」的互動受到維持社交距離限制，數位科技的輔助與中介便順理成章地成為維持社會關係（social relations）與互動必須倚賴之模式。Zoom、Google Meet、Microsoft Team、Skype等協作平臺因應遠距合作、遠距教學的需求，整合了同步影音溝通、與聊天室文字互動，幫助解決不同人數的溝通活動。從一對一、三至五人的小組、到動輒上百上千人等集會規模，這些原本可能因距離而受限的互動，現在可因科技輔助將影響降至最低。

　　由於新冠肺炎疫情波及的人數、行業與層級十分廣大，讓大眾開始正視軟硬體的建設與數位轉型的必要，其中使用者的體驗與如何利用科技進行不同行為與滿足不同需求更是推動科技發展的核心。然而透過科技輔助以解決無法面對面溝通與互動的情況雖因這次疫情影響而成為焦點，但這並非是全然新興的現象，在九〇年代興起的CSCW早已開始關注如何利用科技輔助進行協同合作。

　　CSCW初始是因實務面的需求產生，許多科技公司如Microsoft、IBM、Xerox等旗下研發單位有大量員工從事以知識導向的工作，每天處理的任務與實際產出不盡然是軟硬體產品，而往往與資訊、知識高度相關（Grudin & Poltrock, 1997）。再加上這些跨國企業中員工的團隊合作可能需要靠在世界各地不同分部的人互相齊心協力完成，因此，這些科技公司中的研發團隊與行為科學學者開始思考如何在組織中，透過科技輔助提升員工生產力，降低遠距溝通與協作的疏失與成本，並且輔助員工利用科技處理、儲存、共享、與應用彼此擁有的資訊與知識（e.g., Yang et al., 2018）。也就是說，CSCW初始是為了解決在工作場域中不同單位、甚至是跨國企業中不同分公司的員工、部門間要如何擁有更順暢的合作與溝通而產生的實務導向型的研究領域。

　　由於CSCW起源於知識密集產業，早期關注的科技包括email、通訊工具（messaging tools）、資料庫系統、視訊會議系統原型等。CSCW研究發展至今，場域已經不再只限於大型企業中員工的協同合作，由於個人電腦、

行動科技、與網際網路的普及，每位使用者在日常生活中有許多資訊處理的需求與機會，CSCW超越了人機互動中使用者一對一利用不同科技載具的互動情境（如單一使用者如何利用搜尋引擎查找資訊），開始關注不同人數、跨越時間空間的協同合作。應用的科技與載具也越趨多元，如社群媒體、即時通訊軟體、直播平臺等。以下小節介紹CSCW研究中重要的核心類型。

CSCW的研究核心

Grudin與Poltrock（1997）指出，所謂協同合作的形式與相應輔助的科技共有三種類型與目的：（1）溝通、（2）資訊或知識分享、（3）協同合作（詳見圖1）。此外，協同合作可以用以下幾個維度（dimensions）區分：（1）單向或雙向；（2）同時進行（synchronous collaboration）或是不同時間進行（asynchronous collaboration）；（3）多元模式內容（multimodal content），包含文字、圖像、聲音、影像等傳播媒介。為了要增進團隊合作的效率與有效性，CSCW在考慮科技中介時，必須盡力還原人際互動、合作在面對面合作時的實際情況，彌補因為時間、空間等距離所造成的隔閡，甚至可能的話，強化某些因為科技使用的優勢。舉例來說，CSCW研究中有許多主題在探討因為科技中介所產生的新互動方式與相應的互動規則，甚至在某些情況下能改善或避免面對面交流時令人困擾的狀況。除了上述研究核心，CSCW研究也企圖將科技中介下難以避免的*環境*因素，如軟硬體設備是否相容、網路穩定性問題等以及*設計功能*因素，如科技工具之功能對使用者是否清晰明瞭，具有足夠的可視性（visibility）或是使用者操作系統時，系統是否給予明確的反饋（feedback）等問題降到最低（Norman, 2013; Treem & Leonardi, 2013）。

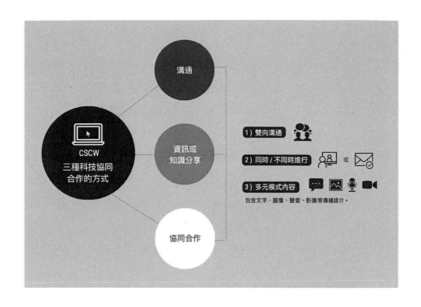

圖1　CSCW科技協同合作的三種方式

CSCW中的溝通

　　首先,「溝通」在合作中扮演十分重要的角色,一起合作的夥伴不管是在面對面或是透過遠距互動,都免不了需要交換、討論、協調許多事項。在溝通過程中,除了努力達成對任務本身細節的傳達、釐清想法或整理重點,以及協調步驟、時程外,溝通也能夠幫助人際關係的培養,達到社交需求,甚至與夥伴培養良好的關係,還能反過來幫助任務的完成。

　　因此與溝通相關的研究,不管是任務導向還是人際導向,在CSCW領域中是相當常見的主題,另外相關的名稱是電腦中介傳播(CMC),其中最重要的研究主軸是了解因為需要完成合作任務而必須進行溝通的使用者們,在過程當中要如何獲取「共同理解」(common ground building)(Clark & Brennan, 1991)。舉例來說,現在大家常用的LINE是一個以文字為主且非同步即時的通訊軟體。也就是說,通常訊息送出後,要視對方是否正使用手機或是在電腦前、且有空看見訊息並立即回覆,使用者溝通的意圖或

是想要開啟的話題才得以延續溝通行為。這與面對面溝通時可以同步、即時地進行對話有很大的不同。因此，LINE中常見的已讀不回現象、或是溝通雙方難以透過文字精準抓住對方的語氣、情緒、是否有言外之意等情形，就是常見的共同理解有誤差的現象，這種誤差或是溝通雙方無法得到彼此的理解甚至在最親近的人身上都可能發生，遑論只是因為工作合作需求而必須互動的夥伴（Tu et al., 2018）。

達成共同理解的過程（或稱grounding）困難之處就在於溝通透過電腦中介時，眼神、表情、語氣、聲調、手勢、肢體語言等許多非文字的線索都因遠距而無法獲得，因此較難以真正捕捉對方的意思（Clark & Brennan, 1991），更不用說CSCW的情境往往超越了一對一的互動。在多人的情境中要如何確保彼此都能了解成員的意圖，是件十分困難的挑戰。由此可以想見在電腦中介溝通初始，利用簡單的冒號與半括弧所形成的第一個微笑表情符號「:)」可以稱之為是CMC劃時代的創新設計，因為這提供了很重要的非語言線索（Dresner & Herring, 2010）。

因為電腦中介導致溝通中grounding的困難，在使用通訊軟體、email等等文字為主的非同步溝通工具時可以透過時下流行的貼圖（stickers）、動圖（GIFs）、或表情符號（emoticons）來表達文字未竟完整之處。能夠支持越多非語言線索的科技工具，被視為具有越高的媒體豐富性（media richness），如影像、聲音、文字皆具的同步視訊會議平臺就比以文字為主的即時通訊要更「豐富」，更能輔助溝通的成員間達成共同理解（Dennis & Kinney, 1998）。

非語言線索的呈現在不同科技載具中也有了新的詮釋，比如使用者可以利用虛擬實境與遠距臨場機器人（telepresence robots）降低距離所帶來的溝通障礙，增加非語言線索表達的多元性，並讓使用者即便遠在他方，仍能體驗有如親身在場的互動（Stahl et al., 2018）。相關的CSCW應用角度可以是輔助醫生從遠端取得所需的資訊，並進行即時的診斷工作（Tsui et al., 2011）、以及針對高齡化社會，提供高齡者適切的遠距居家照護（Tsai et al., 2007）、或甚至是讓本尊在家辦公，分身機器人可以在辦公室與同事互動（Herring, 2013）等。其他影響遠距溝通的因素包括了不同人數、跨

時區、跨文化等互動模式，這些都是CSCW研究中豐富而多樣的切入角度，因應新科技的推陳出新，了解使用者如何透過新科技進行不同形式之協同合作互動。

CSCW中的資訊或知識共享

除了溝通之外，在合作過程中也常需要彼此分享、傳遞資訊與知識。舉例來說，在App公開上架前，大多需要經歷以下過程：首先需要使用者經驗研究部門的成員分享對於目標使用者的需求分析，工程部門的成員負責將相關需求轉化成App相應的功能並設計系統程式架構，最後使用者介面由前端的設計人才進行可用性與使用體驗上的優化；App上架之後則可能還需要有客戶服務部門負責處理使用者實際使用時所出現的問題。在這過程中，每個部門的成員都必須將自己所知的資訊、知識分享給其他部門，以完成該合作項目。合作過程可能兼具面對面合作與科技中介合作兩種形式；此外，因為是跨部門合作，每位成員所知或所擁有的資訊都不盡相同，但需要各方的協調合作，將所有的資訊整合，以完成任務。

上述資訊、知識的分享傳遞在正式或是非正式以及不同類型的合作中十分常見，因此許多領域會選擇從各自特有的角度切入來研究這個行為。具體而言，在資訊管理領域中，與知識和資訊分享相關主題常被歸類在資訊系統應用與知識管理下，科技的角度較不是重心，且組織文化與社會面的情境影響也較不在討論的範圍；在學習科學領域中，此類研究關注科技如何輔助學習與教育，主要從教育機構的角度出發為主；在資工領域中，與資訊、知識分享相關的研究與資料庫系統與人工智慧相關，研究取徑也較偏工程與系統模型程式搭建（Ackerman et al., 2013）。CSCW的角度則是著重資訊傳遞與分享過程中的社會面，並更強調使用者的角色（Ackerman, 2000）。由於合作需要靠成員們各自的貢獻，資訊與知識往往是分散（distributed）在不同組織成員間。因此，在合作過程中，成員除了先了解、內化（internalize）資訊與知識外，也需要有效地具體化（externalize）所知、所擁有的資訊，以達成有效地分享與傳遞。

早期CSCW依循資料庫研究的模式，建立文件管理系統讓成員得以共

享資訊，儲存組織記憶（organizational memory），以利不同成員在不同時間點獲取所需資訊，維持組織的運作與發展（Ackerman, 2000）。資料庫的應用需考慮資訊取用（information access）的便利性，在遠距合作的情境下系統要能支援並維持成員之間所需的互動與資訊知識交換過程。隨著科技的發展，多人協同編纂資料系統如維基百科（Wikipedia）則成為新的資訊管理模式，衍生的相關研究題目包括協作編輯的資訊品質、可信度、編纂者的專業背景、協作動機、管理與審核機制等（Grudin & Poltrock, 1997）。

此外，讀者需要注意的是，溝通、資訊或知識分享，以及下面小節將要談到的協同合作三者是相輔相成，並且需要同時被納入考慮。舉例來說，在資訊、知識分享與傳遞時，資訊與知識本身不見得是唯一的重心。Yang等人（2018）的研究發現，在企業組織中，老手要將資訊傳遞給新手、或是新手需要向老手諮詢專業所需知識時，一般從理性的角度來看，專業度或是資訊量是考量的重點，但學者發現在組織中的知識傳遞管道，反而是取決於社會面的影響，如某成員是否有空、或是誰最「友善」並願意分享等，更能決定在組織網絡間的知識傳遞。

CSCW中的協同合作

CSCW科技除了溝通、資訊或知識分享外，也必須支援協作流程。協調、協作（coordination）其實無所不在。舉例來說，即時通訊上的聊天其實也包含了協作過程，也就是說雙方都需要理解與同意「聊天」這個行為該如何與何時開啟（例如看到「嗨！」、「安安～」就知道對方有開啟對話的意圖）、聊天過程該如何進行（例如對話需要有一來一往的順序，而不是一方在唱獨角戲，另一方都已讀不回）、以及聊天如何結束（例如「掰掰」或是一個常用的笑臉貼圖表示對話終止），如果雙方沒有達成對於聊天協作過程的理解，可能就會造成溝通誤會，像是誤以為對方「已讀不回」等（Hancock et al., 2009; Tu et al., 2018）。

然而要進行一項任務的合作往往比一段聊天的過程要長且複雜，中間可能涉及計畫制定、組織流程、實際操作、統整成果等不同階段，且遠距合作的成員各自處理任務的一部分，過程往往機動性高也難以預測對方進

度或是對於整體計畫的掌握程度。甚至合作過程可能涉及獨自（separately）、同時（concurrently）、依序（sequentially）等合作方式，但成員之間彼此卻得相互依賴才得以完成整體任務。在這樣複雜的過程中，成員所需要的是經常協調各自與整體的工作狀態、進度（Schmidt & Simonee, 1996）。

所謂「遠距」協同合作隱含著任務、合作本身具有「散佈（distributed）」的特質：時間與空間是散佈的（如跨國、跨時區合作的成員們可能在不同的時間與空間下合作）（Olson & Olson, 2000）；合作成員所擁有的知識是散佈的（如系統前端設計師與後端工程師所擁有的知識不同，兩方的知識卻又是系統搭建所必須的）（Yang et al., 2018）；合作時可能會使用或產出的文件資料、相關產物（artifacts，如行事曆、進度表、清單、列表等）也可能散佈在不同處。這項散佈的特質讓遠距協同合作的複雜程度提高，科技輔助也必須要滿足這些因為散佈特質而導致的合作挑戰。

未來相關研究想從CSCW的角度切入，可以試著從科技如何輔助溝通、資訊或知識分享、以及協同合作的過程加以分析。要注意的是，這三個面向並非獨自截然區分，而是相輔相成。此外，學者也指出，在利用科技輔助合作時，除了追求科技進步與運算能力的增進，合作過程中的「社會面」也不能忽略，CSCW的科技皆屬於「社會科技系統（sociotechnical systems）」，科技系統在追求技術上進步與效率的同時，也會對社會系統帶來影響，社會系統中的個人和群體行為，也會反過來影響科技的使用與改進的方向（Kies et al., 1998）。因此，科技面與社會需要相互協調，因為往往決定合作與科技使用是否成功的關鍵在於「使用者」以及彼此之間的社交互動中。以人為主的面向應該先於科技主導的偏誤（Kling, 1991; Norman, 1991）。

不同人數與群體大小的協同合作

CSCW科技並不侷限於單一使用者與科技工具之間的「人機互動」，更已延伸至使用科技來媒介與輔助人與人之間互動的人際互動、群體互動的層次上。例如即時通訊軟體（instant messaging）、視訊軟體（video conferencing）等電腦中介溝通工具的設計，其意圖便在於讓使用者能不受時空限制，達成與其他使用者間良好的溝通效果與協同合作，而非僅止於針對單一使用者提高介面操作的可用與易用。另外像是社交網站與線上論壇（online discussion forum）的設計，也不能僅著眼於個別使用者的需求與滿意度，亦需將群體的狀態與行為列入考慮與評估的範圍。以下將簡單介紹不同群體層級的CSCW溝通合作。

首先，從一對一的人際互動層面來看，使用者常利用不同科技功能表達、維繫人際關係。Scissors等人（2016）檢視Facebook使用者按讚態度（Like）與相關行為即是一例。按讚相較於直接在朋友牆上發言、回覆留言、利用即時通訊對話等溝通方式而言是比較輕量（lightweight）且簡易的社會線索（social cues），可用來表達對於互動方的認同與接受度，並能維繫與不同親疏遠近朋友間的感情。然而按讚對於不同使用者來說可能代表著不同的意義，Scissors等人（2016）將使用者對於按讚的態度按照分數區分為低、中、高程度，以解釋這三組是否在人際互動、團體互動上有任何不同。他們的研究發現，使用者其實關心的是「誰」按了讚，好朋友、情人、家人（但不是父母！）的讚對於他們來說更重要，一般朋友的按讚或是收到幾個讚就不是這麼要緊。由此可見，在社群媒體上即便一樣的行為，對於不同社會連結（social ties）的影響會不一樣。

再者，利用科技輔助三至五人的小團體溝通、資訊分享、協同合作也是CSCW常見的主題。舉例來說，隨著科技的發展，有學者開始研究行動裝置上AR介面的設計會如何影響同處一地（collocated）的合作，研究發現行動裝置上的AR對使用者來說有很大的精神負擔（mental load）並容易帶來挫折感，導致小組成員更常替換裝置進行小組討論，也減少了小組成員間的互動（Wells & Houben, 2020）。除了利用最新科技來研究如何輔助小組合作外，也有學者透過科技的進展，發展出新的資料搜集技術，如利用多模態學習數據分析（multimodal learning analytics）來收集小組成員的生理數據，以理解在小組合作中創意產生的時間點。研究發現成員的皮膚電流反應（galvanic skin response）是小組成員投入活動、情緒反應、認知反應的指標（Furuichi & Worsley, 2018）。

從小群體擴大為社群（community）間的互動，可以區分為如何利用科技輔助線上社群、或線下社群、以及橫跨線上與線下社群的連結。CSCW中常見的線上社群研究以社群媒體為大宗，如使用者如何透過Facebook建立人際關係與人際網絡，以獲得相關資源（Yuan & Fussell, 2017）。或是因為共同興趣而聚集在線上討論的社群，如線上讀書社團，要如何利用平臺所支援的虛擬社群功能，將原本偏向個人導向的閱讀行為，透過網路的連結與分享，成為經驗共享、與他人共同形塑的活動（Golsteijn & Hoven, 2011）。社群的發展與活躍的地點最常見的當然是線下社群，而CSCW的相關研究則著眼於探討是否可以利用科技提供更佳的社會連結與成員間的互動體驗。舉例來說，在邁入老年化社會的情境下，銀髮族的健康是許多領域關注的議題，從CSCW以及健康資訊學（Health Informatics）的角度來看，銀髮族如何與同儕社群進行健康共創（health coproduction），而科技如何簡化成員們溝通的成本與流程，讓銀髮族可以隨時隨地找到一起做想做活動的夥伴，則是一個從社群的角度來促進健康行為的例子（Yuan et al., 2018）。

最後，擴大到社會甚至是文化層面，CSCW關注的角度之一是跨文化的合作要如何透過科技來降低因為文化差異、語言不同的溝通、協作成本，並增進成員間對於任務的共同理解（common ground）。舉例來說，在跨文化溝通中，說不同母語的成員們往往需要選擇並使用一種共同語言（如英語），而研究發現，母語使用者（如美國人）可能在合作互動中容易語速過快，往往讓非母語的使用者需要花上一些時間才能跟上並且回應，造成沒有效率的溝通。有鑑於此，學者就研究是否能夠透過科技輔助，讓英語母語使用者清楚地意識到自己的語速，並且視其是否因此放慢速度，以增加溝通的品質（Duan, et al., 2019）。也有學者利用聊天機器人作為輔助，讓聊天機器人代替非母語使用者詢問母語使用者不清楚的溝通內容，解決非母語使用者不好意思問、不知道怎麼問的窘況（Duan et al., 2018）。

在介紹CSCW的研究核心以及不同群體的層次後，最後要介紹的是到底哪些角度的研究可以被稱上CSCW的相關研究。CSCW已經超越了單純工作、企業組織的場域，關懷的面向越趨多元，更符合跨領域研究的發展。

CSCW研究取徑與面向

王浩全（2012）指出CSCW相關研究可以從以下三個角度切入：（1）以科技輔助使用者；（2）以科技了解使用者；（3）使用者作為科技的一部分。首先，使用者的需求以及科技如何幫助使用者完成任務是「科技輔助使用者」面向的重心。這裡指的任務可以是利用科技工具進行溝通、資訊或知識分享、協同合作（如探討使用者如何利用通訊軟體與另一半互動）（Tu et al., 2018），也可以是更廣泛的社群參與、培養社會連結（如社群媒體像是Facebook的興起如何讓使用者可以有效率地維持與社會網絡的聯絡並增進社會資本、或是如何透過線上社群推動公民參與）（Lee & Hsieh, 2013; Yuan & Fussell, 2017）。CSCW兼具了任務導向以及社會情感導向的互動。根據Stephens（2007），圖資領域逐漸結合科技發展，在圖書管理、讀者服務、讀者資訊行為、資訊素養等領域中結合相關web 2.0科技，在溝通互動過程中強調讀者的主動參與、線上閱讀社群的發展、讀者主動參與文本以及知識產製、並且在公開場合可以與其他讀者分享等研究方向，與CSCW關懷的重心十分相符。

再者，「了解使用者（understanding users）」一直是人機互動與CSCW國際研討會相當重要的面向，大多研究都是透過實證研究方法，包括質化與量化、甚至是近年來十分盛行的資料數據（data science）來了解使用者的行為、經驗、態度、想法等。不過，以資料科學導向的了解使用者研究可能採取非理論導向的機器學習建模（machine learning modeling）與預測式分析（predictive analysis）作為貢獻的途徑，與社會科學導向的人機互動研究所要求的知識產出有一定差異。

後者的研究一般來說，對於使用者的了解可以區分為兩種研究方向，首先是了解使用者的一般行為，在這階段可以不涉及任何科技的使用與操作，透過深度的了解後，將研究結果做為科技輔助設計的洞見，甚至成為引領科技設計趨勢的推手。舉例來說，Yang等人（2018）先了解在金融組織中常常需要內部任務輪調的情況下，成員間是怎麼透過不同的文件或是物品以及人際間互動進行知識傳遞。有趣的是，在這過程當中，學者發現

該組織的成員其實仰賴常見的科技，如電話、email或是即時通訊來進行知識傳遞。不過，與知識傳遞行為更相關的因素卻無法透過現有的科技使用得到，也就是在該組織中，有個隱形的知識網絡（誰知道什麼、誰是專家、誰曾經是前手、誰知道該去哪裡找到什麼文件解決問題等）存在，而這個網絡並不如想像中明顯。此外，除了專業知識外，成員是否有空回答（availability）或是是否願意把撇步教給新手的「社會面」其實更是使用者所看重的。文章中也列出未來協同科技系統的設計應該將這些研究成果的洞見納入其中，如應該在系統中將所謂「知識網絡的知識（meta knowledge network）」這樣的詮釋、後設的資訊更清楚的視覺化，以方便新成員或是輪調到新職位的成員可以快速找到擁有專業知識的成員詢問。此外，系統中也應該清楚標示成員的狀態，以方便需要詢問問題的成員知道對方是否有空或是願意回答。

另外一種了解使用者的研究方向是透過現有或是原型科技設計，來了解其使用行為。首先，時下熱門的科技往往容易成為研究者關注的目標，CSCW近年來有許多關於社群媒體的研究，就是想要透過不同的方向了解使用者在社群媒體上的不同面向。舉例來說，使用者除了透過社群媒體與朋友互動外，其個人網頁可能被當作是抒發個人意見、心得、想法等等的地方，久而久之，就成為個人的館藏（personal archive）。使用者認為怎樣的多媒體內容是值得被放在自己的社群媒體網頁上，就成了一種篩選展出的行為（curate）（Zhao & Lindley, 2014）。而Zhao與Lindley的研究發現使用者在社群媒體上發展出不同種類的篩選策略，做為自我展現（self-presentation）、自我反思（reflection）之用。

此外，社群媒體的主要功能是連結不同關係（social ties）、不同網絡（social network）的朋友，Burke等人（2011）發現在社群媒體上有幾種溝通方式，包括有明確對象的主動互動（directed communication），像是透過Facebook Messenger直接跟某位朋友聊天或是在某個朋友的個人頁面上發文。另外，還有被動地接收、瀏覽社群媒體上朋友的動態（passive consumption）以及公開的發文（broadcasting）。其中，只有第一種有明確對象的主動互動才有助於社會資本（social capital）的形成與利用。

有時研究者會想要探究特定的科技或是相關設計功能會如何影響使用者，而現有的科技工具難以讓研究者自由更改想要的功能，且已經運行的平臺或是App也無法打擾既有使用者的正常使用，排除一些干擾因素（confounding variables）。在這樣的情況下，研究者往往會設計原型工具（prototype），再進行質化或量化的使用者研究，以達成目的。也有可能研究者想要了解的行為是在特定的情況下才會產生，因此必須利用原型工具來創造這樣的研究環境，像是Convertino等人（2011）想要知道在危機管理的狀況下，所有的利害關係人（stakeholders）如果需要透過遠距合作，彼此要怎麼分享知識，成員間又是如何對彼此的活動保持敏銳的覺察（awareness）。由於無法真的等到實際的天災或人禍出現才來研究這麼重要的議題，學者們因此搭建了原型工具，設計出符合研究需求的情境，了解使用者的行為，並提出更確切的設計洞見，為危機管理的發生做好準備。（Zhao & Lindley, 2014）

最後，使用者作為科技的一部分是探討使用者如何延伸科技的應用，讓科技更具社會性，對使用者來說也更為適用、實用，也是社群運算（social computing）的核心。實際應用的案例可以從時下十分熱門的穿戴式裝置，如Apple Watch或是Fitbit，追蹤個人健康資訊為例來討論。常見的穿戴式裝置因為備有感測器，能夠追蹤與個人健康相關的數據，包括心跳、步數、久坐時間、睡眠時間等，然而這些數據對於許多使用者來說因為不夠個人化，或是缺乏相關情境，可能難以理解並且加以運用。這中間存在許多值得討論的議題，首先，感測器是否能精確感測到使用者的活動，而不是誤判（false positive or false negative，如沒有走路卻記錄到步數、躺著失眠卻被記錄成在睡覺等）仍需要靠相關軟硬體設備的研發才能達成。再者，何謂有活動力（active）、健康，對於不同年齡層、健康狀態的使用者，應有不同的標準，而不能用齊頭式的平等判定（Yuan et al., 2018）。且使用者有了相關數據不見得能夠進一步解讀、消化、轉化成對健康促進更有力的行動。甚至關於個人的數據在量化累積之後，再與大數據的模式比對可能對使用者造成負面的影響，如因為個人睡眠數據低於平均，導致使用者在入睡時壓力變大，難以入眠（Ravichandran et al., 2017）。

　　因此，You et al.（2019）認為，在個人資訊學（personal informatics）與個人數據追蹤（personal tracking）外，應加入社群感測（social sensing）的概念，由使用者本人以及其親近的社會網絡，如家人等，來協助判讀穿戴式裝置所感測的數據，以提供更個人化、具情境性（contextualized）的解讀，並增加使用者對於數據的感知、理解、應用，促進真正的健康行為。上述的例子即是透過使用者與其社會網絡延伸感測科技與健康資訊（health informatics），讓科技使用更具社會性的應用。

　　研究者可以選擇適合的研究取徑跟面向來探討三個CSCW的核心（詳見圖2），根據近年來CSCW國際研討會的主題，可以發現學術社群中涵蓋了多元的研究主題、方法、取徑、領域，在最新科技發展的基礎之上，將主題緊扣在使用者的行為，利用來自社會學、心理學、資訊學、工程科技的角度深化對使用者的了解：

- 社群與群眾運算（Social and crowd computing）：社群媒體、社群網絡、wikis、部落格、線上遊戲、群眾智能、虛擬世界相關研究、設計、系統、理論。

- 系統設計：輔助協同合作系統之硬體、結構、架構、互動設計、演算法等。

- 理論發展：批判分析或是與社群、協同合作系統相關之理論。

- 行為科學與心理學面之實證研究：質化、量化方法皆具。

- 資料探勘與數據建模：大數據分析相關研究或一般規模數據分析、建模。

- 與社會或合作相關之特定領域應用：如健康照護、交通、遊戲、以發展為主軸的資訊傳播科技（Information Communication Technology for Development，ICT4D）、永續發展、教育、無障礙可達性研究（accessibility）、國際合作等。

- 與協同合作系統相關之新興科技：人工智慧、機器人、行動與普及運算、遊戲、虛擬世界、視覺或手勢辨認、多點觸控、新興顯示科技、大數據、社群媒體、MOOCs、群眾外包平臺、感測系統等。

- 倫理與政策應用：社會科技系統（socio-technical systems）、演算法分析所帶來的含義。

・跨界研究：跨領域、語言、文化之研究以幫助了解如何超越社會、時間、空間之邊界。

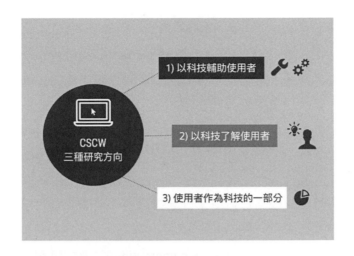

圖2　CSCW三種研究方向

研究契機

　　新科技的出現總是為市場、使用者的既有習慣先帶來擾亂的影響（disruptive），讓使用者開始思考創新的應用可能，而科技要被使用者接受並廣泛使用，也需要累積到關鍵多數（critical mass），才能形成行為模式。CSCW相關研究的出發點除了探索新科技在功能上的創新，以及其會如何影響使用者外，也運用新科技進行資料收集，以更深刻地回答關於使用者態度、行為的研究問題。人機互動的相關研究更是強調使用者的主體性，讓使用者能夠根據自身的需求、所在的情境、受到的社會文化影響，進行超越科技設計的挪用（appropriation）。也就是說，CSCW的取徑可貴之處就是跳脫了完全以科技主導的範疇，將以人為本的角度放在實際使用的情境之中，了解使用者的行為。甚至有許多領先業界的科技設計趨勢是透過CSCW研究所得出的設計建議而來。

　　在圖書資訊、CSCW領域，除了資訊行為是兩方所共同關心的面向外，圖資領域以讀者（間）、館員（間）以及讀者館員間互動而出發的研究也與CSCW取徑相同。可能的研究方向包括館員如何與讀者透過科技輔助協作進行資訊檢索、提供參考服務等（Twidale & Nichols, 1998）。對於讀者與讀者之間的連結，相關的研究題目可以是協作進行閱讀的標註或是書籍評比、找到有共同閱讀興趣的夥伴，跨越時間空間的疆界形成社群。此外，圖書館也常引進新型數位科技以輔助智慧圖書館運作，以及因應時下讀者需求。如利用人工智慧打造讀者服務聊天機器人、數位圖書館系統、物聯網科技連結線上線下館藏輔助讀者查找書籍（Ma et al., 2019）、遊戲化設計以增進年輕讀者的閱讀素養（Urban, 2019）、以及穿戴式裝置在圖書館的應用等（Wójcik, 2019）。這些科技對於讀者、館員、圖書館方的影響以及相關應用行為更是CSCW所關注的重點。

本文感謝以下學者協助，給予初稿修改意見：

加州大學戴維斯分校資工系王浩全教授（Hao-Chuan Wang, Department of Computer Science, University of California at Davis）

華盛頓大學人本設計工程學系謝同濟教授（Gary Hsieh, Human-Centered Design and Engineering, University of Washington）

國立臺灣大學IoX中心畢南怡博士

參考文獻

王浩全（2012）。人機互動導向線上社群研究之概貌。**網路通訊國家型科技計畫簡訊**，**38**。

Ackerman, M. S. (2000). The intellectual challenge of CSCW: the gap between social requirements and technical feasibility. *Human-Computer Interaction, 15*(2-3), 179-203. doi:https://doi.org/10.1207/S15327051HCI1523_5

Ackerman, M. S., Dachtera, J., Pipek, V., & Wulf, V. (2013). Sharing knowledge and expertise: The CSCW view of knowledge management. *Computer Supported Cooperative Work (CSCW), 22*(4-6), 531-573. doi: 10.1007/s10606-013-9192-8

Burke, M., Kraut, R. E., & Marlow, C. (2011). Social capital on Facebook: Differentiating uses and users. Proceedings of the SIGCHI Conference on *Human Factors in Computing Systems*, 571-580. doi:10.1145/1978942.1979023

Clark, H. H., & Brennan, S. E. (1991). Grounding in communication. *Perspectives on socially shared cognition, 13*(1991), 127-149.

Convertino, G., Mentis, H. M., Slavkovic, A., Rosson, M. B., & Carroll, J. M. (2011). Supporting common ground and awareness in emergency management planning: A design research project. *ACM Trans. Comput.-Hum. Interact., 18*(4), Article 22. doi:10.1145/2063231.2063236

Dennis, A. R., & Kinney, S. T. (1998). Testing media richness theory in the new media: The effects of cues, feedback, and task equivocality. *Information systems research, 9*(3), 256-274.

Dresner, E., & Herring, S. C. (2010). Functions of the nonverbal in CMC: Emoticons and illocutionary force. *Communication theory, 20*(3), 249-268. doi:https://doi.org/10.1111/j.1468-2885.2010.01362.x

Duan, W., Yamashita, N., & Fussell, S. R. (2019). *Increasing native speakers' awareness of the need to slow down in multilingual conversations using a real-time speech speedometer.* Proc. ACM Hum.-Comput. Interact., 3(CSCW), Article 171. doi:10.1145/3359273

Duan, W., Yamashita, N., Hwang, S. Y., & Fussell, S. (2018). *"Let me ask them to clarify if you don't want to" - A clarification agent for nonnative speakers.* Paper presented at the Extended Abstracts of the 2018 CHI Conference on Human Factors in Computing Systems, Montreal QC, Canada. https://doi.org/10.1145/3170427.3188600

Furuichi, K., & Worsley, M. (2018). *Using physiological responses to capture unique idea creation in team collaborations.* Paper presented at the Companion of the 2018 ACM Conference on Computer Supported Cooperative Work and Social Computing, Jersey City, NJ, USA. https://doi.org/10.1145/3272973.3274099

Golsteijn, C., & Hoven, E. (2011). Facilitating communication about books through an online community. *Personal Ubiquitous Comput, 15*(2), 197-217. doi:10.1007/s00779-010-0301-0

Grudin, J., & Poltrock, S. E. (1997). Computer Supported Cooperative Work and Groupware. *Advances in Computers, 45*, 269-320.

Hancock, J., Birnholtz, J., Bazarova, N., Guillory, J., Perlin, J., & Amos, B. (2009). Butler lies: awareness, deception and design. *Paper presented at the Proceedings of the SIGCHI Conference on Human Factors in Computing Systems.*

Herring, S. C. (2013). Telepresence robots for academics. Paper presented at the Proceedings of the 76th ASIS& T Annual Meeting: Beyond the Cloud: Rethinking Information Boundaries, Montreal, Quebec, Canada.

Kies, J. K., Williges, R. C., & Rosson, M. B. (1998). Coordinating computer-supported cooperative work: A review of research issues and strategies. *Journal of the American Society for Information Science, 49*(9), 776-791. doi:https://doi.org/10.1002/(SICI)1097-4571

Kling, R. (1991). Cooperation, coordination and control in computer-supported work. *Communications of the ACM, 34*(12), 83-88.

Lee, Y.-H., & Hsieh, G. (2013). Does slacktivism hurt activism? The effects of moral balancing and consistency in online activism. *Paper presented at the Proceedings of the SIGCHI Conference on Human Factors in Computing Systems.*

Ma, Y., Ping, K., Wu, C., Chen, L., Shi, H., & Chong, D. (2019). *Artificial Intelligence powered Internet of Things and smart public service.* Library Hi Tech. doi:https://doi.org/10.1108/LHT-12-2017-0274

Norman, D. (2013). *The design of everyday things: Revised and expanded edition.* Basic books.

Norman, D. A. (1991). Collaborative computing: collaboration first, computing second. *Communications of the ACM, 34*(12), 88-90.

Olson, G. M., & Olson, J. S. (2000). Distance matters. *Human-Computer Interaction, 15*(2-3), 139-178. doi:https://doi.org/10.1207/S15327051HCI1523_4

Ravichandran, R., Sien, S.-W., Patel, S. N., Kientz, J. A., & Pina, L. R. (2017). *Making sense of sleep sensors: How sleep sensing technologies support and undermine sleep health.* Paper presented at the Proceedings of the 2017 CHI Conference on Human Factors in Computing Systems, Denver, Colorado, USA. https://doi.org/10.1145/3025453.3025557

Schmidt, K., & Simonee, C. (1996). Coordination mechanisms: Towards a conceptual foundation of CSCW systems design. *Computer Supported Cooperative Work (CSCW), 5*(2-3), 155-200.

Scissors, L., Burke, M., & Wengrovitz, S. (2016). What's in a Like? Attitudes and behaviors around receiving Likes on Facebook. *Paper presented at the Proceedings of the 19th acm conference on computer-supported cooperative work & social computing.*

Stahl, C., Anastasiou, D., & Latour, T. (2018). Social Telepresence Robots: The role of gesture for collaboration over a distance. *Paper presented at the Proceedings of the 11th PErvasive Technologies Related to Assistive Environments Conference, Corfu, Greece.* https://doi.org/10.1145/3197768.3203180

Stephens, M. (2007). Web 2.0, Library 2.0, and the hyperlinked library. *Serials review, 33*(4), 253-256.

Treem, J. W., & Leonardi, P. M. (2013). Social media use in organizations: Exploring the affordances of visibility, editability, persistence, and association. *Annals of the International Communication Association, 36*(1), 143-189.

Tsai, T.-C., Hsu, Y.-L., Ma, A.-I., King, T., & Wu, C.-H. (2007). Developing a telepresence robot for interpersonal communication with the elderly in a home environment. *Telemedicine and e-Health, 13*(4), 407-424. doi: https://doi.org/10.1089/tmj.2006.0068

Tsui, K. M., Desai, M., Yanco, H. A., & Uhlik, C. (2011). Exploring use cases for telepresence robots. *Paper presented at the Proceedings of the 6th international conference on Human-robot interaction, Lausanne, Switzerland.* https://doi.org/10.1145/1957656.1957664

Tu, P.-Y., Yuan, C. W., & Wang, H.-C. (2018). Do you think what I think: Perceptions of delayed instant messages in computer-mediated communication of romantic relations. *Paper presented at the Proceedings of the 2018 CHI Conference on Human Factors in Computing Systems.*

Twidale, M., & Nichols, D. (1998). *A survey of applications of CSCW for digital libraries: Technical Report CSEG/4/1998*. In: Lancaster University.

Urban, A. C. (2019). *Serious games for information literacy: a scoping review and design recommendations*. Library Hi Tech. doi:http://10.1108/LHT-01-2019-0010

Wells, T., & Houben, S. (2020). *CollabAR - Investigating the Mediating Role of Mobile AR Interfaces on Co-Located Group Collaboration*. Paper presented at the Proceedings of the 2020 CHI Conference on Human Factors in Computing Systems, Honolulu, HI, USA. https://doi.org/10.1145/3313831.3376541

Wójcik, M. (2019). *Wearable computing in libraries-applications that meet the needs of users and librarians*. Library Hi Tech.

Yang, C.-L., Yuan, C. W., Wang, T.-Y., & Wang, H.-C. (2018). Knowing That You Know What I Know Helps? Understanding the Effects of Knowledge Transparency in Online Knowledge Transfer. Proceedings of the ACM on Human-Computer *Interaction, 2*(CSCW), 1-21. doi:https://doi.org/10.1145/3274458

You, C.-W., Lin, H.-Y., Shih, L.-H., Chuang, Y., Yuan, C. W., & Wang, H.-C. (2019). Using sensing technologies, self-reported information, and interpersonal observations to promote health and well-being in the workplace. *Paper presented at the Adjunct Proceedings of the 2019 ACM International Joint Conference on Pervasive and Ubiquitous Computing and Proceedings of the 2019 ACM International Symposium on Wearable Computers*.

Yuan, C. W., Hanrahan, B. V., Rosson, M. B., & Carroll, J. M. (2018). Coming of old age: understanding older adults' engagement and needs in coproduction activities for healthy ageing. *Behaviour & Information Technology, 37*(3), 232-246.

Yuan, C. W. T., & Fussell, S. R. (2017). A tale of two sites: Dual social network site use and social network development. *Computers in Human Behavior, 74*, 83-91. doi:https://doi.org/10.1016/j.chb.2017.04.011

Zhao, X., & Lindley, S. E. (2014). *Curation through use: understanding the personal value of social media*. Paper presented at the Proceedings of the SIGCHI Conference on Human Factors in Computing Systems, Toronto, Ontario, Canada. https://doi.org/10.1145/2556288.2557291

第22章
數位人文研究資訊計量分析

柯皓仁

本文簡介

數位人文乃是運用資訊科技於數位化資料，協助人文研究，使人文學者有效、有效率地在數位化資料中檢索、探勘、分析、綜整，進而從中發掘有意義的知識，使人文學者本於客觀的資料，形成個人主觀的詮釋與論見。自1990年代以來，資訊技術的成熟、網際網路的蓬勃發展、數位圖書館及大量電子文本的產生，加速了數位人文的進展。本文藉由資訊計量方法，分析數位人文研究在國內外的發展情況，俾利讀者掌握數位人文研究發展的概況。

前言

數位人文運用數位化媒材（無論是原生數位或數位化的）和數位工具（如資料視覺化、資料與文本探勘、社會網絡分析、地理資訊系統）於人文與社會科學，可謂資訊科技和人文社會學科的匯流（Cambridge Digital Humanities, 2021; Digital Humanities, 2021）。在現今人文社會學科的研究素材已大量數位化的情形下，運用電腦程式輔助人文社會學者整理、分析、詮釋數位化研究素材，讓研究者快速完成比對和分析作業，繼而使用此結果進行相關決策，相信能使人文社會研究起事半功倍之效。

「數位人文（Digital Humanities）」一詞首見於2004年出版的《數位人文指南（*A Companion to Digital Humanities*）》，該書從發展歷史、原理原則、應用，以及產製、散播、典藏等面向論述「人文計算（Humanities Computing）」，卻也因為採用了數位人文一詞而引起熱烈的討論（項潔、陳麗華，2014）。該書中細述數位人文在考古學、藝術史、古希臘羅馬學、史學、辭典編纂學、語言學、文學、音樂、多媒體、表演藝術、哲學、宗教等學科的歷史與發展，由此呈現數位人文運用於人文社會學科的樣貌（Schreibman et al., 2004）。

相較於其他學科，人文計算的起源十分明確。1949年，一位義大利耶穌會神父羅伯特·布薩神父（Roberto Bua）嘗試為聖湯瑪斯·阿奎那（St Thomas Aquinas）和相關作者之作品中總計約1,100萬個中世紀拉丁語單詞進行索引（index verborum）。布薩神父前往美國IBM尋求湯瑪斯·華生（Thomas J. Watson）的支持。布薩神父將整個文本逐漸轉移到打孔卡（punch card）上，藉由用詞索引（concordance）電腦程式的協助下進行半自動分析。經歷了二十餘年的奮鬥後，終於將成果印刷出版。布薩神父的這項壯舉，被視為人文計算的起源（Schreibman et al., 2004）。

數位人文的發展一大部分取決於資訊科技的發展。如今看來非常普遍的鍵盤與滑鼠輸入、萬用字碼、隨機存取的儲存媒體、關聯式資料庫管理系統、即時電腦系統在布薩神父著手進行拉丁與單詞索引之時都還是不可求的；網際網路問世之初，ListServ和Email成為維繫人文計算學術社群的重要工具；標準通用標示語言（Standard Generalized Markup Language, SGML）、可延伸標示語言（eXtensible Markup Language, XML）、文本編碼標準格式標準（Text Encoding Initiative, TEI）促進了電子文本的語意標示；全球資訊網（World Wide Web, WWW）及超文本標示語言（HyperText Markup Language, HTML）做為一個很好的出版媒體，讓人文學者的成果得以便捷地向學術社群推廣；數位圖書館（digital library）和數位典藏（digital archives）使人文學者取得豐富的數位資料用於研究（Schreibman et al., 2004）。

究竟什麼是數位人文？表1呈現專家學者所認知的數位人文看法共156

則，其中約三分之一認為數位人文乃是「應用科技於人文研究」。另一方面，有學者認為數位人文僅是人文學研究面對數位科技和數位媒體而引發的新方法論、新觀點和新問題，數位人文僅是暫時性名詞，終究會被人文學所吸納。若以折衷觀點視之，則可將數位人文視為框架概念，以涵納新方法、新媒體、著作財產權、資訊取用、數位資源庋用、出版等數位人文學者關注的議題（Gibbs, 2013；謝順宏，2020）。

表1 數位人文的定義

票數	類別	回應範例
55	與「應用科技於人文研究」相關的定義	數位人文是人文學科（研究、教學、寫作）與科技（工具、網絡、互動）的交集，特別是研究者有意識地同時探索人文學科和技術方法。 計算機技術在人文學科主題的理論化、發展，以及應用。
22	運用數位媒體或數位環境	任何人文學者透過數位媒體中介所進行的工作，尤其是當藉由數位媒體中介而擴大討論的參與面時。
15	數位人文與人文研究間的差異極小	數位人文是一個標誌著轉折時刻的名字，它只是一個暫時的稱呼，強調由計算機或原生數位研究對象驅動或依賴的人文主題探究，終究會被吸納入人文學科。 隨著時日漸進，數位人文終究會僅被稱為人文學。新工具帶來了新方法論、新觀點和新問題，這些是所有人文學者都應該意識到並關注的。
12	為一大的框架概念，涵蓋現階段人文研究面對的議題	數位人文是一個涵蓋性術語，乃是涉及科技和人文領域中許多不同活動的總稱。數位人文包括諸如開放取用、智慧財產權、工具開發、數位圖書館、資料探勘、原生數位物件保存、多媒體出版、視覺化、地理資訊系統、數位重建、科技如何影響各領域發展的研究、教育與學習技術、可持續性模型等。
12	使用數位與研究數位	數位人文是以下兩個議題的組合：（1）運用計算機技術於研究人類文化；（2）研究計算機技術對人類文化的影響。

（續）

表1　數位人文的定義（續）

票數	類別	回應範例
12	拒絕定義何謂數位人文	我厭惡這個問題，而且沒有答案 我極度不願意回答這個問題
10	方法及社群	數位人文是由對人文領域中的數位方法和／或數位內容感興趣之學術社群所宣稱的名稱。
9	數位化／典藏	數位圖書館是數位人文成果的一個很好的例子。新數位時代與歷史、圖書館管理、文學等的互動和結合為所有不同學科的研究人員提供了更廣闊的框架。
9	研究數位相關議題	認知到人類的創意在此時此刻與科技工具和網路密切相關，數位人文聚焦在探討人們如何在數位環境下學習、研究、思考與互動

資料來源：Gibbs, F. (2013). Digital Humanities Definitions by Type. In M. Terras, J. Nyhan & E. Vanhoutte. (Eds.). Defining Digital Humanities: A Reader (chap. 21, pp. 289-297). Burlington, VT: Ashgate Publishing Company. 轉引自：謝順宏（2020）。臺灣歷史人物傳記數位人文系統設計與建置之研究。國立臺灣師範大學圖書資訊學研究所博士論文，台北市。檢自：http://doi.org/10.6345/NTNU202001515。

　　概略來說，數位人文可以定義為運用資訊科技於數位化資料，協助人文研究，使人文學者有效、有效率地在數位化資料中檢索、探勘、分析、綜整，進而從中發掘有意義的知識，使人文學者本於客觀的資料，形成個人主觀的詮釋與論見（項潔、涂豐恩，2011）。無可諱言的，數位工具和系統是數位人文研究的關鍵要素，唯有從人文研究需求和資料特質設計適合人文研究環境的系統，人文學者方能自由地依研究所需，藉由系統進行人文學者個人的觀察、綜合、分析、解釋（項潔、翁稷安，2011；項潔、陳麗華，2014；王汎森，2014）。

　　臺灣自2002年開始執行的「數位典藏國家型科技計畫」（及而後的「數位典藏與數位學習國家型科技計畫」）將大量珍貴的文物數位化，已然為臺

灣的數位人文研究奠定了厚實的基礎。國立臺灣大學於2007年成立之「數位典藏研究發展中心」（於2012年更名為「數位人文研究中心」）是數位人文研究在臺灣紮根茁壯的里程碑；由國立臺灣大學自2009年發起的「數位典藏與數位人文國際研討會」（至2021年1月已舉辦11屆）、2016年成立的「臺灣數位人文學會」，及該學會於2017年創立的《數位典藏與數位人文》期刊彰顯了數位人文研究社群的蔚然成形。

　　為了解數位人文在國內外的發展情形，本文以資訊計量方法分析臺灣與國外數位人文文獻，闡述如後。

臺灣數位人文文獻計量分析

　　筆者於2021年1月11日檢索國家圖書館「臺灣人文及社會科學引文索引資料庫（Taiwan Citation Index-Humanities and Social Sciences, TCI）」，在題名、關鍵詞、摘要、書刊名搜尋出現「數位人文」、「人文計算」的文獻。同日，筆者檢索「華藝線上圖書館」，在所有欄位搜尋出現「數位人文」、「人文計算」的期刊論文與博士論文。將二資料庫搜尋結果取交集後，共有188篇文獻，文獻類型包含期刊論文、博士論文、專書、專書論文。

　　表2為數位人文相關文獻的年代分布，最早出現的文獻是1998年由黃寬重、劉增貴二位作者發表在《漢學研究通訊》的〈中央研究院人文計算的回顧與前瞻〉一文，而後進入21世紀的前十年都僅有零星的文獻發表。2011-2012年迎來第一次高峰，最主要是由國立臺灣大學出版中心將「數位典藏與數位人文國際研討會」中發表的文章集結出書，包含《從保存到創造：開啟數位人文研究》、《數位人文研究的新視野：基礎與想像》、《數位人文在歷史學研究的應用》、《數位人文要義：尋找類型與軌跡》、《數位人文研究與技藝》。爾後，自2014年起，每年數位人文的相關文獻都在10篇以上，2018年之後的文獻數都在20篇以上。

表2　數位人文文獻的年代分布

年代	篇數
2020	27
2019	27
2018	28
2017	12
2016	13
2015	11
2014	11
2013	2
2012	12
2011	39
2010	1
2009	2
2007	2
1998	1
合計	188

　　在文獻類型方面，以期刊論文為最多，共122篇（64.9%）；其次為專書論文，共53篇（28.2%）；博士論文有八本（4.3%）；專書有五本（2.7%），皆為國立臺灣大學出版中心所出版。

　　分析收錄文獻的書刊，前十五名如表3所示，收錄文章最多者為由「臺灣人文學會」於2017年創刊之《數位典藏與數位人文》期刊，共28篇，顯示該刊已是促進數位人文學者對話交流的重要管道；由臺灣大學出版中心所出版的五本專書則高佔二、三、五、六、七名；《東亞觀念史集刊》排名第四。前十五名的期刊中不乏圖書資訊學界所熟悉的期刊，此亦顯示數位人文實為圖書資訊學的研究主題之一。

表3 收錄數位人文文獻的書刊與篇數

書刊名	數量	書刊類型
數位典藏與數位人文	28	期刊
從保存到創造：開啟數位人文研究	12	專書
數位人文研究的新視野：基礎與想像	11	專書
東亞觀念史集刊	10	期刊
數位人文研究與技藝	10	專書
數位人文要義：尋找類型與軌跡	10	專書
數位人文在歷史學研究的應用	10	專書
圖書館學與資訊科學	6	期刊
國家圖書館館訊	5	期刊
中國文哲研究通訊	5	期刊
國家圖書館館刊	5	期刊
圖資與檔案學刊	4	期刊
圖書館論壇	4	期刊
漢學研究通訊	4	期刊
海洋文化學刊	3	期刊

　　188篇文獻總共由246位作者撰寫而成，其中發表文獻數在4篇以上的作者共有13位（佔總作者數5.3%），如表4，發表文獻總篇數（不排除彼此間為共同作者的文獻數）共87篇（46.3%），其中以項潔、邱偉雲為最多產；另一方面則有202位作者僅撰寫過1篇文獻（佔總作者數82.1%）；此外，由這13位學者擔任第一（單一）作者的情形來看，亦可看出學者在數位人文文獻發表中扮演的多元角色。

　　進一步分析文獻的共同作者數，結果如表5，以單一作者的文獻為最多，佔102篇（54.3%），二或三位作者合著的文獻有66篇（35.1%），最多

表4　數位人文文獻發表量在4篇以上的作者

作者	篇數	第一（單一）作者篇數
項潔	17	13
邱偉雲	11	5
杜協昌	8	2
金觀濤	8	5
劉青峰	7	1
蔡宗翰	5	0
劉吉軒	5	4
陳詩沛	5	2
翁稷安	5	0
鄭文惠	4	4
陳淑君	4	4
劉昭麟	4	2
王昱鈞	4	2

合著者為9人，但僅有1篇。從前述兩項作者分析來看，有少數學者致力於數位人文文獻的發表，但有超過80%的作者僅發表1篇文獻；而數位人文雖然是數位科技與人文的跨領域合作，但由多位作者共同發表文獻的情形仍未過半。

分析文獻中出現的關鍵字，在188篇文獻中共出現883個不同的中英文關鍵字，總次數為1,175次，平均每篇文獻出現6.3個中英文關鍵字。出現頻率超過二次以上的關鍵字僅有81個，為所有關鍵字的9.2%；這些關鍵字的總出現次數為373次，約佔所有關鍵字總次數的31.7%，關鍵字出現頻率圖如圖1，文獻中最常出現的前十名關鍵字如表6。前述分析顯示作者所採用的關鍵字較為分散。

表5　數位人文文獻共同作者數

文獻共同作者數	篇數
1	102
2	42
3	24
4	7
5	8
6	3
7	1
8	0
9	1

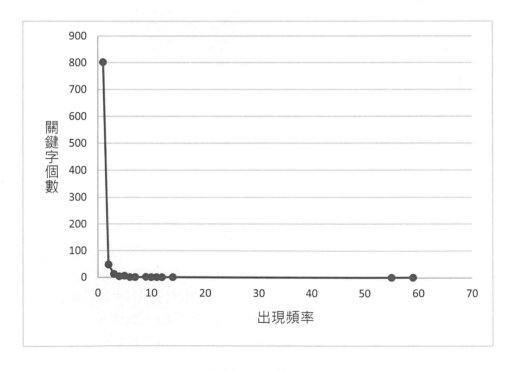

圖1　關鍵字出現頻率圖

表6　文獻中最常出現的前十名關鍵字

前十名關鍵字	篇數
數位人文	59
digital humanities	55
數位科技	14
數位典藏	12
文獻數位化	11
人文學	10
數位人文研究	9
數位人文學	9
text mining	7
數位化	6

　　筆者進一步將出現次數在二次以上的81個關鍵字根據其主題給予標記（tags），結果如表7所示，共有學科領域、計算機科學、一般、數位圖書館、平臺、知識組織、機構、教育等八類關鍵字。分析如下：

　　（一）關於學科領域的關鍵字計有26個，共出現68次，其中與人文學相關的關鍵字有人文學、人文研究、humanities，與史學相關的關鍵字有概念史、現代中國、明代、觀念史、人物志、歷史文獻、古籍研究、史料、歷史研究等。

　　（二）關於計算機科學的關鍵字共有19個，共出現57次，包含text mining（出現7次）、文本探勘（出現5次）、社會網絡分析（出現5次）、textual analysis（出現3次）、擴增實境（出現3次）、虛擬實境（出現3次）、資訊視覺化（出現2次）等。

　　（三）一般性的關鍵字共有13個，共出現173次，包含數位人文（出現59次）、digital humanities（出現55次）、數位科技（出現14次）、數位人文

表7　出現二次以上的81個關鍵字之主題類別

關鍵字標記	關鍵字個數	出現次數
學科領域	26	68
計算機科學	19	57
一般	13	173
數位圖書館	12	51
平臺	5	10
知識組織	3	7
機構	2	4
教育	1	3

研究（出現9次）、數位人文學（出現9次）、大數據（出現5次）、人文計算（出現5次）等。

（四）關於數位圖書館的關鍵字共有12個，共出現51次，包含數位典藏（出現12次）、文獻數位化（出現11次）、數位化（出現6次）、digital archives（出現5次）、數位圖書館（出現3次）。

（五）與平臺相關的關鍵字共有5個，共出現10次，用來標示特定數位人文平臺或系統，包含臺灣歷史人物傳記資料庫、羅家倫先生文存、docusky、docusky數位人文學術研究平臺、docusky collaboration platform。

（六）與知識組織相關的關鍵字共有3個，共出現7次，包含linked data、knowledge sharing、鏈結資料。

（七）與機構相關的關鍵字共有2個，共出現4次，包含故宮博物院、中央研究院。

（八）與教育相關的關鍵字共有一個，共出現3次，即課程設計。

就以上各類的關鍵字來看，一般性關鍵字雖然排名第三，但出現的次數很高，其作用主要是將文獻領域設定為「數位人文」；在學科領域方面，

則主要集中於史學研究；從計算機科學的關鍵字來看則凸顯了數位人文文獻運用的資訊技術。與數位圖書館和知識組織相關的關鍵字則顯示出圖書資訊學與數位人文的相關性。

　　筆者於2021年1月21日從國家圖書館「臺灣博碩士論文知識加值系統」針對論文名稱、關鍵字、摘要等欄位進行精確檢索，檢索結果有80篇。其後藉助該系統層面分析／後分類的功能進行出版年、畢業學校／系所／學門／學類、指導教授、作者給定關鍵字等面向的探索，闡述如下。

　　圖2為學位論文出版年代，最早一篇數位人文學位論文出現在2009年，每年出版的學位論文並非持續成長，分別在2016、2020年達到二次高峰，各有12、15篇。

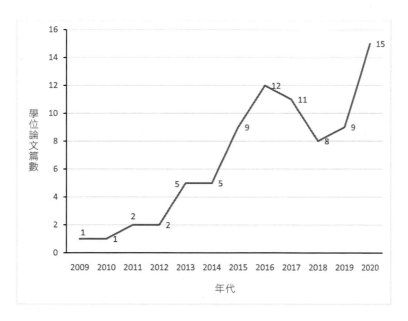

圖2　學位論文出版年代

　　研究生畢業的學校以國立政治大學最多（26位）、其次為國立臺灣大學（25位）、國立臺灣師範大學（6位），國立臺北大學、國立臺南大學及國立中山大學各有2位。學系方面，以資訊工程學研究所為最多，計12位，其次為圖書資訊學研究所（10位）或圖書資訊與檔案學研究所（9位），資訊網路與多媒體研究所或資訊科學學系則各有7位。在學門方面，以傳播學門為最多，共22位，工程學門次之，20位。以降分別為人文學門（11位）、電算機學門（8位）、社會及行為科學學門（6位）、商業及管理學門（4位）、數學及統計學門（3位）、設計學門（2位）、教育學門（2位）、醫藥衛生學門（1位）、藝術學門（1位）。至於學類方面以圖書資訊檔案學類為最多，計21位；其次為電資工程學類，計20位；網路學類、中國語文學類各7位；統計學類3位；綜合設計、政治、其他商業及管理、公共行政等四學類各有2位；電算機應用、醫學、行銷與流通、美術、社會、歷史、新聞、教育科技、專業科目教育、宗教、外國語文、區域研究、其他人文、企業管理等14個學類各1位。

　　在指導教授方面，以項潔指導19位以數位人文為研究主題的研究生為最多，其次為陳志銘（7位）、劉昭麟（5位）；柯皓仁、劉吉軒、余清祥各指導3位，陳至潔、林巧敏、唐牧群、劉文強、丘昌泰各指導2位。

　　在關鍵字方面，出現2次以上的關鍵字共有27個，其中以數位人文出現次數最多，計56次；其次之文本探勘、文字探勘各6次；社會網絡分析出現5次、人機互動出現4次；出現3次的有鏈結資料、資訊視覺化、滯後序列分析、機器學習、主題分析；出現2次的則有非營利組織、關鍵字擷取、資訊檢索、資料庫、臺灣歷史數位資料庫、臺灣歷史人物傳記資料庫、臺灣史、社群媒體、漢語語言學、清實錄、正史、文本分析、數位圖書館、數位人文學、學習成效、地理資訊系統、古今圖書集成。與之前期刊論文／專書論文／博士論文／專書的主題標記若合符節。

　　在80篇學位論文中有11篇為博士論文，如表8所示，以畢業系所來看，圖書資訊學系所和中國文學系所各培育了3位博士、資訊工程系所培育了2位，設計學院、中醫學系、管理科學學系各培育1位博士。

表8 數位人文博士論文

姓名	畢業學年度	博士論文題名	畢業系所
邱健洲	108	沉浸式藝文活動與古蹟導覽體驗設計之研究	國立臺北科技大學設計學院設計博士班
陳名婷	108	桂林古本《傷寒雜病論》的文獻學研究——以理法條文的結構分析為例	中國醫藥大學中醫學系博士班
陳雅琳	108	明清《列女傳》的學術譜系	國立中正大學中國文學研究所
劉崑誠	108	數位人文下夢的研究：以先秦至隋唐為範圍	國立中山大學中國文學系研究所
謝順宏	108	臺灣歷史人物傳記數位人文系統設計與建置之研究	國立臺灣師範大學圖書資訊學研究所
林妙樺	107	數位人文學研究計畫參與者之資訊行為研究	國立臺灣大學圖書資訊學研究所
宋浩	104	自動化資料豐富程序	國立臺灣大學資訊工程學研究所
陳明照	103	差異化學習型組織在供應鏈間知識共享促成及加速模式之建構	淡江大學管理科學學系博士班
邱偉雲	101	中國近代平等觀念的形成（1895-1915）——以康有為、嚴復、章太炎為中心	國立政治大學中國文學研究所
陳詩沛	99	資訊技術與歷史文獻分析	國立臺灣大學資訊工程學研究所
吳紹群	98	臺灣地區人文學學術出版與學術傳播之研究	國立臺灣大學圖書資訊學研究所

國際數位人文文獻計量分析

　　筆者於2020年11月21日檢索Scopus資料庫，搜尋文獻名稱、摘要、關鍵字中出現"digital humanities"或"humanities computing"等檢索詞，共檢得3,194篇文獻。圖3為這些文獻的年份分布圖，在Scopus資料庫所收錄的文獻中，以數位人文為主題的文獻最早出現於1968年，在2000年以前各年出現的文獻篇數多為個位數，2001-2011年間各年的文獻篇數增加到兩位數，2012年後各年的文獻篇數則都在百篇以上。

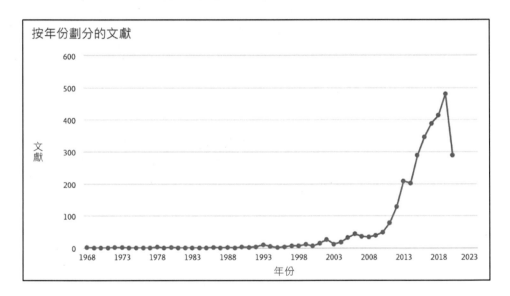

圖3　數位人文相關文獻的年份分布圖

　　圖4為數位人文文獻的類型分布圖，從圖中可看出期刊論文比例最高，共有1,399篇（43.8%），但研討會論文的比例也不低（1,037篇、32.5%），其他類型的文獻則都在10%以下。就此觀察可發現，雖然數位人文已有學術期刊做為研究成果發表的管道，但學者亦普遍參加學術研討會與其他學者討論、交流。

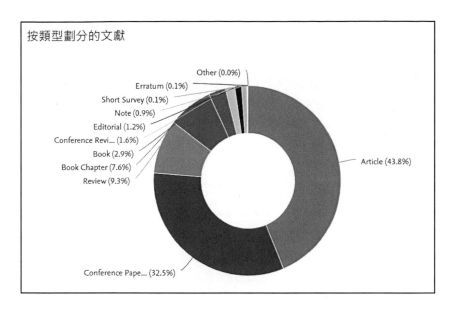

圖4 數位人文文獻的類型分布

　　圖5為數位人文文獻的國家或地區分布圖，從圖中可看出美國的發表量最為突出（1,001篇、31.3%），遠遠超出第二名的英國（397篇、12.4%）和第三名的德國（307篇、9.6%）。臺灣在數位人文相關文獻的發表量排名為17名，共發表40篇文章。

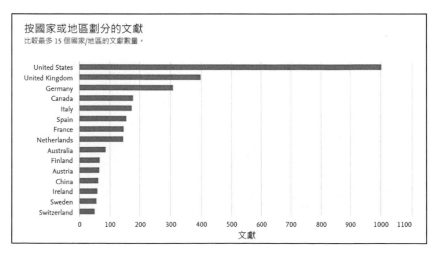

圖5 數位人文相關文獻的國家或地區分布

　　圖6為數位人文文獻的發表機構分布圖，以英國倫敦國王學院（King's College London）的發表量最多，有78篇；其次為倫敦大學學院（University College London），發表量為59篇；第三名為法國國家科學研究中心（Centre National de la Recherche Scientifique, CNRS），發表量為36篇。

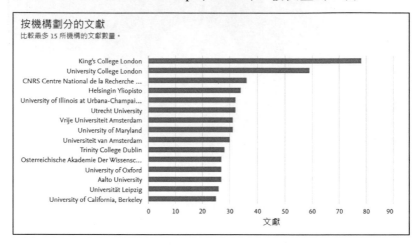

圖6　數位人文相關文獻的發表機構分布圖

　　若以作者發表量來看，則以Terras, M.發表量最多，共19篇，其次則依序為Hyvönen, E.、Nyhan, J.，各發表18、16篇。

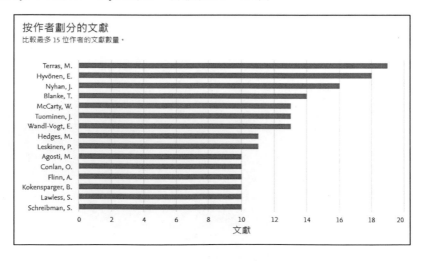

圖7　數位人文相關文獻的作者發表量分布圖

至於數位人文文獻的學科領域方面，如圖8所示，以社會科學為最多，共有1,562篇（29.0%），其次依序為計算機科學（1,556篇、28.9%）、藝術與人文（1,310篇、24.3%）。

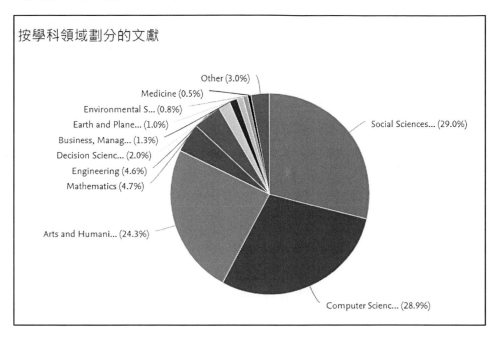

圖8　數位人文相關文獻的學科領域劃分

分析數位人文相關文獻中由作者給定的關鍵字，在3,194篇文獻中共出現10,405個不同關鍵字，總出現頻率為24,086次，平均每篇文獻由作者給定7.5個關鍵字。圖9為關鍵字出現頻率圖，其中出現頻率最高1,664次的關鍵字僅有一個，即為*digital humanities*，次高450次的關鍵字亦僅有一個，即為*humanities computing*；另一方面，出現一次的關鍵字共有7,855個，達75.5%。由此觀察可發現，或因數位人文是跨領域匯流的研究主題，研究方向多元，導致關鍵字亦形多元。

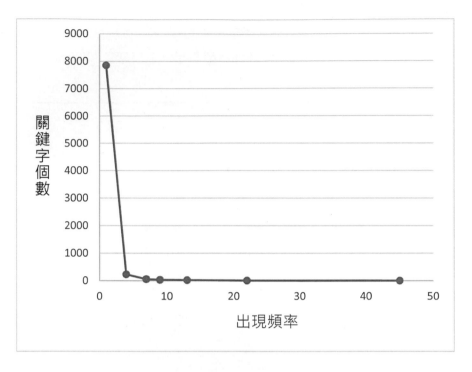

圖9　關鍵字出現頻率圖

　　研究者進一步將出現次數在10次以上的共284個關鍵字（出現總頻率為38.1%）根據其主題類別給予標記，結果如表9所示，共有計算機科學、學科領域、研究方法、數位圖書館、一般、知識組織、教育等標記有十個以上的關鍵字。分析如下：

　　（一）屬於計算機科學的關鍵字共有96個，共出現2,259次，包含視覺化（出現109次）或資料視覺化（出現61次）、自然語言處理系統（出現85次）或自然語言處理（出現35次）、資料探勘（出現71次）、人工智慧（出現59次）、資訊檢索（出現58次）。其他尚有線上社會網絡分析、虛擬實境、擴增實境、機器學習、檢索引擎、計算機語言、文本分析、文本探勘、演算法、命名實體辨識、影像處理、深度學習、計算機圖學、資料庫、情感分析、雲端運算等。這些關鍵字呈現了數位人文與計算機科學的密切關係。

表9　關鍵字標記

關鍵字標記	關鍵字個數
計算機科學	96
學科領域	68
研究方法	21
數位圖書館	15
一般	13
知識組織	12
教育	10
人機互動	8
數位化學術研究	8
網際網路	7
資訊科學	6
圖書館	5
資料來源	4
資訊建模	3
開放科學	2
其他	6

　　（二）屬於學科領域的關鍵字計有68個，共出現1,546次，包含史學（出現114次）或數位史學（出現45次）、人文（出現92次）或人文研究（出現86次）、文化遺產（出現75次）、藝術計算（出現58次）、社會科學（出現40次）。其他尚有檔案、語料庫語言學、新聞、生態、文學、考古學、傳記、詩、文體學、群體傳記學、經濟、口述歷史等。這些關鍵字凸顯了數位人文可以應用的學科領域。

（三）屬於研究方法的關鍵字共有21個，共出現449次，包含研究（出現82次）、方法論（出現45次）、研究基礎建設（出現46次）、研究問題（出現25次）、調查（出現25次）、人類實驗（出現15次）。其他尚有數學模型、統計、研究呈現、評估、敘事法等。

（四）關於數位圖書館的關鍵字共有15個，共出現426次，包含數位圖書館（出現186次）、數位典藏（出現43次）、數位化（出現40次）、數位館藏（出現33次）、數位保存（出現20次）。其他尚有數位出版、電子出版、數位資源、數位、類比數位轉換等。

（五）一般性的關鍵字共有13個，共出現2,415次，包含數位人文（出現1,664次）、人文計算（出現450次）、大數據（出現59次）、設計（出現48次）。其他尚有協作、工具、不確定性、創新等。

（六）與知識組織相關的關鍵字共有12個，共出現589次，包含語意（出現127次）、知識本體（出現101次）、詮釋資料（出現96次）、語意網（出現89次）。其他尚有鏈結資料、資訊分類、知識組織、知識表徵等。

就表9和前述分析來看，一般性的關鍵字雖然有僅13個，但出現次數極高，顯示在此新興跨領域學科中，需要以一般性的關鍵字將研究成果設定為數位人文。分析結果亦顯示，圖書資訊學與數位人文並非兩條平行的道路。國內圖書資訊學有許多研究和人工智慧、資訊檢索、文本分析、文本探勘相關，而數位圖書館、知識組織、人機互動、數位化學術研究、圖書館、資訊建模、開放科學等標記亦是圖書資訊學領域的發展重點，因此建議國內圖書資訊學學者可如同之前「數位典藏與數位學習國家型科技計畫」時期一般，多參與數位人文專案計畫，發揮圖書資訊學跨學科領域的特質。

結語

本文根據國家圖書館「臺灣人文及社會科學引文索引資料庫」、「華藝線上圖書館」、國家圖書館「臺灣博碩士論文知識加值系統」、Scopus檢索得到的資料，運用資訊計量分析臺灣與國際的數位人文文獻，探索數位人

文此一新興學術領域的發展趨勢。由於僅從文獻名稱、摘要、關鍵字等欄位判斷「數位人文」、「人文計算」、"digital humanities"或"humanities computing"等檢索詞，未能閱讀文章全文進行判讀，恐有若干文章之主題非為「數位人文」，此乃本文的研究限制，但應已能了解數位人文的發展趨勢。茲將研究結果整體歸納如下：

（一）臺灣數位人文文獻首篇發表於1998年，但在2011年後較有穩定成長的發表量。在文獻類型方面，以期刊論文、專書論文為多。《數位典藏與數位人文》期刊是促進數位人文學者對話交流的重要管道。少數學者致力於數位人文文獻的發表，但超過80%的作者僅發表一篇文獻。作者採用的關鍵字較為分散，關鍵字的主題以學科領域、計算機科學、一般關鍵字、數位圖書館的標記為多。

（二）臺灣各系所產出的數位人文學位論文共有80篇，最早一篇出現在2009年，以國立政治大學、國立臺灣大學、國立臺灣師範大學培育的數位人文主題研究生為最多；圖書資訊檔案學類和電資工程學類培育的數位人文主題研究生為最多。學位論文中的關鍵字以數位人文、文本探勘、文字探勘、社會網絡分析、人機互動出現最多次。在80篇論文中有11篇為博士論文，學生畢業系所主要為圖書資訊學系所、中國文學系所、資訊工程系所。

（三）國際上數位人文／人文計算的文獻最早出現在1968年，2001年後各年發表的文獻量突破二位數，2012年後各年的文獻篇數都在百篇以上。期刊論文與研討會論文是最主要的二種文獻類型，顯示數位人文除有嚴謹的學術傳播管道外，亦積極藉由研討會進行學者間的討論與交流。數位人文文獻作者最多來自美國，其次為英國、德國。數位人文文獻學科領域以社會科學、計算機科學、藝術與人文為前三位。作者採用的關鍵字較為分散，關鍵字的主題以計算機科學、學科領域、研究方法、數位圖書館、一般關鍵字、知識組織的標記為多。

參考文獻

王汎森（2014）。數位人文學之可能性及限制——一個歷史學者的觀察。在項潔編，**數位人文研究叢書5：數位人文研究與技藝**（頁25-35）。台北市：臺大出版中心。

項潔、涂豐恩（2011）。導論——什麼是數位人文。在項潔編，**數位人文研究叢書1：從保存到創造：開啟數位人文研究**（頁9-28）。台北市：臺大出版中心。

項潔、翁稷安（2011）。導論——關於數位人文的思考：理論與方法。在項潔編，**數位人文研究叢書2：數位人文研究的新視野：基礎與想像**（頁10-18）。台北市：臺大出版中心。

項潔、陳麗華（2014）。數位人文——學科對話與融合的新領域。在項潔編，**數位人文研究叢書5：數位人文研究與技藝**（頁9-23）。台北市：臺大出版中心。

謝順宏（2020）。**臺灣歷史人物傳記數位人文系統設計與建置之研究**。（未出版之博士論文）。國立臺灣師範大學圖書資訊學研究所，台北市。檢自：http://doi.org/10.6345/NTNU202001515。

Cambridge Digital Humanities (2021, March 9). Introducing CDH. Retrieved from https://www.cdh.cam.ac.uk/introducing-cdh.

Digital Humanities (2021, January 20). In *Wikipedia*. https://en.wikipedia.org/wiki/Digital_humanities.

Gibbs, F. (2013). Digital Humanities Definitions by Type. In M. Terras, J. Nyhan & E. Vanhoutte. (Eds.), *Defining Digital Humanities: A Reader* (chap. 21, pp. 289-297). Burlington, VT : Ashgate Publishing Company

Schreibman, S., Siemens, R., & Unsworth, J. (Eds.). (2004). *A companion to digital humanities*. Blackwell Publishing.

第23章
數位人文研究平臺之技術發展現況與支援人文研究及教育應用評析

陳志銘

本文簡介

數位人文學（Digital Humanities, DH）為資訊科技與人文科學的交匯學科，旨在探討輔以數位工具解讀數位化文本或圖像等對於提升人文學科領域研究探察與研究發現的助益與影響。因此，國內外許多學術機構開始發展基礎設施以支持數位人文學研究，但是由於資訊技術的瓶頸、使用者介面設計的優使性，以及人文學者的個人不同需求，致使許多數位工具或者數位人文研究平臺的發展無法滿足人文學者的實際研究需求。此外，目前也非常缺乏針對所發展數位人文研究平臺之使用者研究，以及探討其應用於創新數位人文教育之探討。因此，本文將深入淺出探討發展數位人文研究平臺的理論基礎、工具類型與應用模式、採用資訊技術，並且分析目前已發展出來之數位人文研究平臺的功能差異，也針對數位人文研究平臺之支援人文研究及教育應用現況與發展瓶頸進行探討，最後提出數位人文研究平臺未來需要突破的技術與發展方向。

緒論

　　數位人文學最初乃源自於人文計算（Humanities Computing），係指利用電腦運算能力協助人文學者整理文本內容，以降低資料處理與取得之成本（Hockey, 2004）。數位人文學的發展最早可追溯至1949年，Busa神父發展出一套可以自動化分析文本內容的系統，並將人文計算定義為自動化分析包括音樂、戲劇、繪畫、詩詞等人類的意念表達，然而其論述的核心乃紙本數位化後的文本（陳光華、薛弼心，2015）。在傳統的人文研究中，人文學者要進行研究並非易事，需透過大量的紙本書面文本閱讀，並進行歸納與分析，例如用各種方式標註來源文本，亦或是在相應的文本段落旁撰寫自己的筆記，從而整理並發現文本中的主題脈絡與思想內容，然而此一過程需耗費極大的時間與人力。隨著網際網路與資訊科技的發展，數位化的技術越來越成熟，帶動了數位資料庫的興起，逐漸改變了人文學者的資料蒐集、分析與應用方式，進而發展為「數位人文學」（Digital Humanities）之新興研究領域。因此，Berry（2012）將數位人文定義為藉由資訊科技技術以輔助人文學者從事人文研究，進而發現過去難以觀察的現象、無法想像的議題，以及無法進行的研究，為資訊技術在人文領域的應用。隨著人文計算研究的興起，已有越來越多紙本文獻被轉換為數位資料，到了1980年代，為了因應紙本文本的數位化，使其能夠有更完善的紀錄保存為數位化格式，讓這些數位資料更方便的被分享、檢索，以滿足研究者的需求，學者們開始對數位文本的標準進行規範，並於1987年發起文件編碼規範（Text Encoding Initiative, TEI），隨後出版文件編碼規範的指導方針（TEI Guidelines），讓數位資料能更有效的被典藏、分享與取用（Hockey, 2004）。至此之後，各國即開始建立各種不同型態的數位典藏資料庫，以支援數位典藏、展示、教育與研究等功能（陳志銘、陳佳琪，2008）。數位典藏資料庫的興起，除了將文獻進行永久保存外，也在網路上開放學術利用，為人文學者帶來豐富的研究資料來源，已有越來越多研究者嘗試利用這些數位化文獻結合資訊科技進行研究，其應用範圍已不再侷限於過去僅利用電腦運算能力來輔助人文研究的「人文計算」，而是走向以數位典藏資料庫為基

礎，並結合各種創新的數位人文分析工具，輔助人文學者解決過去無法透過人工閱讀來進行的研究與探討的議題。

因此，Schreibman等人（2008）重新定義「數位人文學」一詞，此後數位人文學一詞才被廣泛使用，時至今日，使用數位工具輔以人文學者進行研究已成為重要的人文學研究方法與趨勢（Kirschenbaum, 2012）。就研究而言，隨著文獻的數位化工程，啟動了知識微縮革命，此一改變也主導了知識產製與文明型態的發展方向，當然，無國界、無地域，不分你我而同潤共享的龐大數位資源，也對人文研究造成巨大的衝擊與影響，全球學術研究更將因此產生前所未有的蛻變與進展。所謂「數位人文研究方法」係指研究者在進行研究時處理電腦資料的新方法，它有助於研究者思考如何從資料庫中提取資料，並透過分析發現研究標的中易被忽略的關係與向度。在巨量多元的數位文本作為研究的文獻類型語境下，研究者必須開始嘗試轉向「人文研究思維」與「數位推論技術」結合下所形成的「數位思維邏輯」，方能適切而有效的運用巨量的數位文獻。然而，無以計數的數位化文獻如何為學術研究所用？或是學術研究如何帶動文獻數位化工程更加智慧可用？無疑是一個全新的挑戰。

發展數位人文研究工具之理論方法基礎

祝平次（2018）提到，部分人文研究者認為發展單純的計量工具、建置資料庫、繪製分析圖表等，都只是「技術性的操作」，沒有對於欲分析文本內容「融會貫通」的研究者，即難以利用這些技術產出好的人文研究成果。數位分析不能完全代替人透過閱讀文獻來進行概念解讀過程，也無法做到歷史過程於研究者心中的重演，更無法判斷應該去尋找那些關鍵詞。因此，數位分析工具的建立並非用來取代人文研究者，而是當作輔助工具使用，以加快人文研究者的研究效率（金觀濤，2011）。在2010年的數位人文研究國際會議中，Saito, Ohno與Inaba（2010）等人即提及，近年來人們往往被各種情境下產生的大量資訊所淹沒，因此，資訊視覺化（information visualization）作為一種使資訊更易於被理解方法之論點是可以被理解的。

這種趨勢主要的推動力係來自於Moretti（2005）出版的*Graphs*, *Maps*, *Trees*一書，提出了所謂的文本資料遠讀（distant reading）方法，有別於傳統的細讀（close reading）方式，引導人文學研究方法開始走向一個全新的方向。細讀的特性在於其保留了閱讀原始文本之便利，並且不會破壞其文本結構；但遠讀則恰恰相反，遠讀目的在於生成抽象的視圖，藉由從觀察文本的內容轉變到視覺化單個或多個文本的全局特徵。因此，遠讀不是去「閱讀」，而是利用數學工具等方法將文本進行拆解後重組（Moretti, 2005），並透過視覺化方法呈現。在數位人文領域的研究中，Correll等人（2014）指出細讀的鏈接是支持遠讀假設的重要方法。在Jänicke, Franzini, Cheema與Scheuermann（2017）等人的研究中也提及，在使用遠讀視覺化工具時，若可以直接鏈結到來源文本，對於人文學者來說非常重要。目前所發展的數位人文分析工具的準確度仍難達成百分之百，因此，數位人文分析工具應該具有可以顯示內容摘要或者抽象層次的遠讀，同時也要具有能夠鏈結遠讀與細讀的功能，如此會更便於研究人員對於分析文本的解讀（Moretti et al., 2016）。

　　未來數位人文研究平臺的發展需要考量納入以下理論與方法的支持，以提升其完備性：（1）計算科學（computational science）；（2）數位素養（digital literacy）；（3）計算素養（computational literacy）；（4）神經和認知科學（neuron and cognitive science）；（5）社會網絡理論與分析（social network theory and analysis）；（6）機器和深度學習（machine and deep learning）；（7）計算教學法（computational pedagogy）；（8）資訊視覺化（information visualization）；（9）圖像分析（image analysis）；（10）資料探勘（data mining）；（11）統計學（statistics）。此外，一個完整數位人文研究平臺發展之技術工具應包括：（1）掃描的數位圖像、後設資料、全文數位檔案資料庫；（2）自動斷詞和斷句技術，此一部分對於中文文本特別重要；（3）數位閱讀工具；（4）標註工具（包括手動、自動與半自動工具）；（5）資訊檢索技術：包括後設資料檢索、全文搜索、檢索後分類、前後綴詞檢索、雙詞檢索等資訊檢索技術，並發展為人文研究者需求而設計的新檢索系統方法，非傳統的檢索系統預設文件彼此之間沒有關聯，除了重視

precision/recall之模式外，亦應將檢索結果視為子合集（sub-collection）進行系統分析，並提供子合集中文件間之脈絡及觀察脈絡的環境；（6）詞頻分析技術：標籤雲、詞頻統計與分布；（7）文字分析技術：情緒分析、語義分析、主題分析；（8）資料探勘技術：人物社會網絡分析、事件關聯探勘、時序模式探勘；（9）圖像識別技術；（10）資訊視覺化技術；（11）地理資訊系統。儘管現今已經成功開發了許多數位人文工具或平臺來支持數位人文研究，但由於部分技術發展上的困難，這些工具中有許多不能適當地滿足人文學者的需求（Picca & Egloff, 2017）。此外，不同類型或者領域的人文學者對於典藏內容的了解也存在很大差異，需要不同程度的支持，而且每個人文學者都有自己的特殊研究興趣和優先研究事項。因此，使用者研究（user study）對於開發可行的數位人文研究工具或平臺是非常重要的。綜合上述，數位人文學的發展已逐漸轉向透過數位人文分析工具來輔助人文學者進行研究，而數位人文分析工具應該要扮演的角色是輔助人文學者研究，而不是取代它（Moretti et al., 2016）。因此，能讓人文學者可以檢視並自行修正機器產生之結果，機器也會再次進行學習與調整的人機合作模式，亦是數位人文研究工具或平臺開發不可或缺的要素。除了發展輔助人文學者探查文本內容的數位人文分析工具外，能夠細讀來源文本進行交互探索與驗證也相當重要，透過遠讀宏觀視野與細讀深層探究之鏈結，可提供人文學者不同面向與細粒度的分析。

　　綜合上述，本文提出如圖1所示之數位人文研究平臺發展之理論框架，數位人文研究平臺應納入計算科學、數位素養、神經和認知科學、資訊視覺化、資料探勘、統計學等多重理論與方法，以增強其所發展數位工具的理論與方法上的完備性。此外，透過上述技術與理論方法支持，應該發展支持人文學者進行細讀與遠讀彼此鏈結的資料觀察與解讀功能，而人文學者亦應可透過人機合作的方式與細讀與遠讀之分析結果進行來回地調整與修正，以獲取更佳的分析結果，並從中洞察、挖掘、產出其感興趣的研究議題與相關內容。最後，數位人文研究工具或平臺的發展亦應重視使用者評估研究，深入了解人文學者的實際需求，並據此不斷改善系統功能與介面，以提升數位人文研究平臺支持人文學者進行研究的價值。

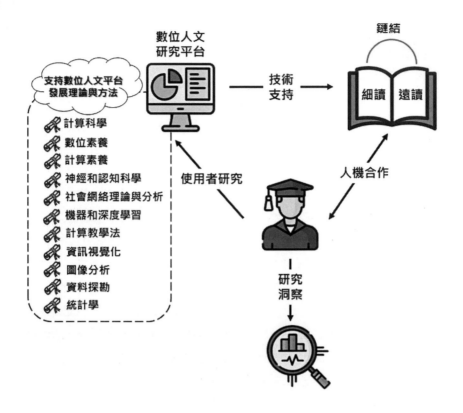

圖1　數位人文研究平臺發展理論與方法框架

數位人文工具類型與應用模式

　　目前已經開發出來支持數位人文研究的現有數位工具類型包括（1）手動方法：人文學者使用數位工具執行手動數據分析；（2）半自動方法：數位工具根據數據分析結果提供建議，以輔助人文學者進一步執行數據分析程序；（3）自動方法：數位工具根據計算機算法自動執行數據分析，以供人文研究者探索新的線索或知識。在手動方法中，已經存在一些用於手動標註歷史文本的系統，這些系統可輔助人文學者將資訊附加到歷史圖像或文本中，以支援數位人文研究，例如SMART-GS（Hashimoto, 2014）與協作標註系統（Collaborative Annotation System, CAS）（Chen & Tsay, 2017）。

其中Chen與Tsay（2017）提出了一種新穎的協作標註系統（CAS），提供了包括文字、圖像、語音和影片的標註類型，並且此一標註系統可以嵌入任何HTML的網頁中，使得人文學者可以在這些網頁上協作添加和管理標註，以一種共享的機制讓人文學者進行知識的分享與討論。Chen與Tsay的研究顯示，CAS在數位人文研究的應用中具有很高的潛力，包括基於資料探勘技術從歷史文本的大量標註中挖掘有用的知識、透過社會網絡分析探索人文學者在協作標註過程中所產生的大量互動數據，並且記錄其操作過程，以進行人文學者研究行為之分析。此外，Sato（2016）等人也提出以網絡為基礎的原型系統，可以支援多位不同地理位置的人文研究者透過合作的方式，同時對同一份歷史文檔進行標註，以及提供標註建議。此外，Haslhofer, Robitza與Lagoze（2013）指出語意標籤（semantic tagging）是使用者選擇從知識脈絡中提取網路資源，並關聯其資源的協作過程，其研究將語意標籤技術應用於線上歷史地圖的特定脈絡中，並允許人文學者進行注釋與標記。結果顯示，與基於標籤（label-based）的標籤技術相比，語義標籤技術不僅不影響標籤的類型和類別分布，而且還可以提高使用者的滿意度。

在半自動方法中，Picca與Egloff（2017）提出了一個名為 DH ToolKit（DHTK）的新型Python函式庫，此一函式庫提供了一種快速直觀的工具，可從鏈結開放資料（linked open data, LOD）中使用語意知識資源。DHTK的主要特點在於數位人文取向（digital humanities orientation）、易用性（ease of use）、模組化（modularity）、效率（efficiency）、可擴展性（extensibility）和文檔化（documentation）。Uboldi（2013）等人設計了一種可用於探索歷史社交網絡的數位工具Knot，為人文學者提供探索多維、異質資料的環境，使其能夠輔助人文學者發掘與創造人、地點與事件之間的顯性與隱性關係。此外，Jackson（2017）亦使用社會網絡分析來識別法夫伯爵鄧肯二世（Duncan II Earl of Fife）所扮演的角色，並基於中世紀蘇格蘭群像資料庫（People of Medieval Scotland Database），應用網絡密度模型確認意見領袖。Brooke（2015）等人亦推出一套軟件工具GutenTag，可輔助文學研究者使用自然語言技術來分析古騰堡語料庫計畫（Project

Gutenberg Corpus）中的文本。Harris（2014）等人與歷史學家和語言學家合作設計Samtla 線上綜合研究環境，Samtla與標準的文本搜尋／探勘系統不同，後者仰賴於文本詞袋表示，而Samtla則強調模糊文本模式（fuzzy text patterns）的檢索和發現，這對於數位人文研究至關重要。此外，Luczak-Roesch等人（2018）亦提出一種可應用於數位人文的新穎工具，該工具利用了時間數據探勘、網絡科學與視覺化分析等技術支援數位人文研究。研究結果顯示，這種方式促進了一種細讀與遠讀混合的新協作方式之實踐。

在自動方法中，Yohan等人（2014）提出了一個基於規則的命名實體識別和分類系統，可以自動識別文本中的命名實體，並為它們提供對應於泰盧固語（Telugu language）的適當類別。Kestemont與Gussem（2017）則在深度學習領域應用了分層神經網絡架構，可自動解決包括詞性標記（part-of-speech tagging）和詞形還原（lemmatization）的序列標記任務。然而，儘管已有許多數位工具成功開發，以支持數位人文研究，但在功能和可用性上，仍與人文學者實際的需求存在巨大的差距（Harris et al., 2014）。因此，王汎森（2014）指出數位人文工具與人文學者之間應是一種夥伴式的合作關係，以人的識解去了解研究對象的整體脈絡及內在的意義結構，以數位工具去幫助釐清研究主題的細節、對資料進行梳理與探勘，「人」與「數位工具」兩者之間不斷的往返與對話，才是最具生產力的工作模式。

數位人文工具發展採用技術

詞頻分析

人文學者於研究過程中最常使用兩類數位工具進行文本探勘，其一為大規模資料統計和運算分析工具，其二為關鍵字詞的檢索與查找工具（項潔、翁稷安，2011）。而其中「大規模資料統計和運算分析工具」則是將資訊科技與計量學進行結合，並藉由詞頻統計分析，以幫助人文學者觀察詞彙在文本中的分布狀況，及其隨著時間演進上的變化。Craig（2004）即利

用詞頻分析比較、統計莎士比亞作品中慣用詞彙的出現，試圖以此推論作品的著者；杜協昌（2012）則以量化方式分析「紅樓夢」中虛詞的出現頻率，藉此比較前80回與後40回的差異；劉昭麟等人（2015）亦透過詞頻分析技術，分析和比較《全唐詩》中李白與杜甫作品中「風」、「月」，以及「白」所構成的詞彙，觀察兩位詩人用到這些詞彙的比例，以比較其作詩風格。除了統計圖表之外，標籤雲（tag-clouds）是詞頻分析結果視覺化的另一種常見表現方式，可以透過變更字體大小或顏色，直觀地突顯文本字詞相對於整體文本或語料庫的權重或顯著性。但這種方式僅能將字詞出現的頻率作為相關性衡量，無法保證字詞在視覺化呈現上的順序位置，亦或者字詞與其他字詞之間的關聯性（Alencar, de Oliveira, & Paulovich, 2012）。為了解決上述問題，ManiWordle可以支持使用者自行定義操作標籤雲的佈局，並且能針對單個字詞的排版、顏色與組成進行操作，從而讓使用者能更好的控制佈局結果（Koh, Lee, Kim & Seo, 2010）。Collins, Viegas與Wattenbery（2009）使用並列標籤雲（parallel tag clouds）視覺化各地法院案件的記錄，例如專利、侵權、迫害與安非他命等詞彙，藉以探討各地方法院處理案件種類之差異與變化。Jänicke, Blumenstein, Rücker, Zeckzer與Scheuermann（2015）亦提出Tag Pies，透過圓餅圖的形式呈現多個數據面的字詞標籤，有助於人文學者比較文本中的字詞脈絡，並引導其至感興趣的文本段落進行閱讀。雖然將詞頻分析技術、計量學應用於數位化後的文本分析中，已經可以幫助人文學者探究許多有趣的研究問題，然而許多研究也都提到，統計工具分析的結果並無法得到「確切的決定性證據」，只是「輔助人文研究者判斷」的工具。詞頻統計的結果，並不能、也不該直接導致任何結論，而是作為輔助分析與觀察之用。因此，統計的結果固然可以呈現出某些現象，然而針對這些現象的解讀、詮釋，依然需要仰賴人文研究者的專業知識（項潔、涂豐恩，2011）。

文本標註

在傳統的人文研究領域當中，人文學者在進行文本細讀時會使用各種方法進行文本注釋，例如使用不同顏色、劃線的方式，亦或在相應的句子

旁撰寫筆記內容。但現今透過大量的數位資料庫和數位化文本的提供，為文本細讀開闢了新的可能性，特別是文本標註功能。文本標註功能可針對文本中特定的詞彙，利用演算法的方式，從網路或相關資料庫中擷取與該詞彙相關的參考資料，進而快速引導使用者至所需的資料來源進行閱讀（Diaz-Aviles, Fisichella, Kawase, Nejdl, & Stewart, 2011）。而命名實體識別（Named Entity Recognition, NER）是標註功能中常使用到的技術之一，可以識別文本中具有特定意義或代表性的命名實體，包括人名、地名、組織名、時間日期等專有名詞，亦廣泛應用於地理資訊系統（Geographic Information System, GIS）的地名識別、社會網絡分析（Social Network Analysis, SNA）的人物名稱識別上。在不同語種的文本分析上，英文的命名實體識別相關研究發展甚早，但由於只需考慮詞本身的特徵而不涉及分詞問題，因此實現難度相對較中文低。而在中文的命名實體分析上，因其內在的文本特殊性，促使在文本處理時必須先進行詞法分析，因此相較於英文命名實體識別更具挑戰性（Sun & Wang, 2010）。荷蘭萊頓大學的MARKUS文本分析和閱讀平臺即是一個線上文本標註工具，允許使用者上傳文本，並選取所需的標註類型，系統會為人名、地名、官名等專有詞彙進行標註，並提供使用者維基百科、中國歷代人物傳記資料庫（CBDB）、中國歷史地理地名資料庫（TGAZ）與漢典（ZDict）等資源進行外部參照（Ho & Hilde, 2014）。「中國哲學電子書計劃」是一個線上開放數位圖書館，為中外學者提供中國歷代傳世文獻，典藏從先秦、兩漢至民國的文獻，並提供文本注釋功能，方便使用者進行閱讀與研究（中國哲學電子書計劃，2019）。Chen, Chen與Liu（2019）等人亦開發「文本自動標註系統」，藉由Linked Data的概念匯集來自不同資料庫的資源並加以整合後，替文本進行自動標註，讓使用者在解讀文本的同時能夠即時參照其他資料庫的資源，並提供友善的文本標註閱讀介面，輔助人文學者進行文本解讀。除此之外，國家圖書館與政治大學圖書館共同開發的「通用型古籍數位人文研究平臺」（Chen & Chang, 2019）、政治大學圖書館的「羅家倫先生文存數位人文平臺」（陳志銘、張鐘、徐志帆，2020）、臺灣大學數位人文研究中心研發的「DocuSky數位人文學術研究平臺」（杜協昌，2018b）、法鼓山的「CBETA

數位研究平臺」（Tu, Hung, & Lin, 2012），以及中央研究院的數位人文研究平臺（中央研究院，2018）等，皆致力於發展中文文本斷詞、標註的文本閱讀功能，以促進人文學者對於文本的理解與探索。

　　除了外部參照的自動標註功能外，能支持多個使用者同時對一文檔進行標註的功能也相當重要，此種工具可以讓使用者有效地協作標註同一個數位文本，透過帶有不同觀點標註的數位文本，具有分享不同觀點與想法的優點，而解讀這樣的文本內容有助於激盪新的知識與見解。例如Sato, Goto, Kimura與Maeda（2016）等人開發基於web的系統，以支援身處不同區的多位人文學者能共同對歷史文檔進行標註、分享信息。eMargin（Kehoe & Gee, 2013）發展基於Wiki為設計理念的合作標註工具，允許人文學者合作進行文學作品的標註與分析，此一工具亦會視覺化參與合作標註的人文學者對於數位文本的標註內容與評論，並透過不同顏色突顯不同的文本特徵，以達到知識匯總的目的。透過這種協作標註數位文本的方式，使用者不僅能添加有價值的信息、共享想法並創造知識，更重要的在於與未經標註的數位文本內容相比，帶有標註的文本更能幫助使用者更深入地了解文本，達到更好的細讀效果（Chen & Tsay, 2017）。

情感分析

　　情感分析（sentiment analysis），亦稱為觀點挖掘，目的是從文本或資料中分析人們所表達出的觀點、情感、情緒與態度。近年來，隨著互聯網與社交媒體蓬勃發展，透過網路即可輕易獲取大量文本內容，使得情感分析的應用與研究也隨之受到關注，例如：產品服務推薦、政治選舉預測、社交網站分析、部落格文章分析、文學小說分析等（Liu, 2015）。Mohammad（2011）的研究即針對格林童話和小說進行情感分析與追蹤，結果發現挖掘童話故事比小說具有更廣泛的情感詞密度。Groh與Hauffa（2011）則是針對電子郵件的內容，利用情感分析技術來描述其社會網絡關係。

　　在情感觀點的定義上，Liu（2012）將情感表達分成四個元素，分別為觀點持有者（holder）、評價對象（target）、極性（polarity）與時間（time）。其中，極性係用於所表達的情感類型，包括喜、怒、哀、樂、褒貶、情感

評分等。在文本的情感分析上，通常可以使用簡單的規則進行上述資訊的抽取，而獲取極性情感相關的信息，對於理解人類情感、態度與行為具有十分關鍵且廣泛的意義。史丹福大學的文學實驗室整理了18世紀至19世紀倫敦文學作品中所提及的地名，並進行情感分析，以了解當時文學作品與實際社會轉變之間的關係（Ryan, Franco, & Erik, 2016）。Moretti（2016）等人則藉由SentiWordNet與WordNet-Affect情感詞彙庫，將正面詞彙以綠色節點呈現、負面以紅色節點表示，進而對Kennedy總統當時競選的內容進行共現詞網絡與情感極性分析。鄭文惠等人（2016）則利用詞頻分析技術，從14,566份唐詩中取出2,293份含有「白」關鍵字為構詞的詩歌，搭配中文古典詩歌之構詞方式（如對仗、搭配詞與句鍊），分析「白色」概念在情感與政治應用上的變化。

主題建模分析

　　隨著大數據時代的來臨，想要有效率的尋找、整理並理解大量資訊內容越來越困難。主題建模（topic modeling）是近年來文本探勘領域中最受關注的發展方向之一，主題（topic）被定義為彼此高度相關的單詞集，主題建模則是指應用概率模型從大型文檔集合中，提取隱藏主題的方法（Yang et al., 2017）。Blei等人（2003）提出潛在狄氏配置（Latent Dirichlet Allocation, LDA），促使主題建模成為研究的熱門焦點。例如Sugimoto, Li, Russell, Finlay與Ding（2011）等人分析北美圖書資訊學系1930年至2009年之間博士論文的內容，並透過LDA主題建模探討隨著時間改變，各個時期論文主題的變化。邱偉雲（2019）則使用LDA主題建模技術進行數位記憶史研究，將每個主題視為一個記憶場，主題中所包含的詞彙，則被視為記憶場中的事件要素，藉以挖掘《清季外交史料》中近代涉日記憶與各事件要素之間的關聯。Vytasek, Patzak與Winne（2019）等人亦使用LDA，針對學術文章中的引言、段落與結論等文本內容進行主題建模分析，並以視覺化呈現，藉以討論、加強文章內容的清晰度與連貫性。

　　階層式潛在狄氏配置（hierarchical Latent Dirichlet Allocation, hLDA）是一套建構在巢狀中國餐廳過程（nested Chinese Restaurant Process, nCRP）

上的主題模型，目的是在給定的文檔語料庫中，建立一棵階層式主題樹，其中，越具一般性或抽象性之主題位於主題樹中越上層的位置，越具體之主題則位於主題樹中越下層位置（Blei, Griffiths, & Jordan, 2010）。階層式潛在狄氏配置已被廣泛被應用在各個領域中，例如線上論壇的帖子、產品的評論和反饋、期刊上發表的論文主題層次結構分析等（Chen et al., 2017）。Chen等人（2017）利用階層主題樹的概念，分析紐約時報等新聞數據集的主題分類。Li, Tang, Wang, Liu與Lu（2016）也透過hLDA，針對網路上的多媒體新聞摘要進行主題分析，以探討每個主題中新聞事件的關聯。

　　儘管主題建模已廣泛被應用於各個領域，但具有時間戳記等重要資訊的資料或文檔，卻很難反映在主題建模的結果中（Yang et al., 2017）。但理解與分析帶有時間戳記的文檔集合中的主題變化也越來越受到關注（Alencar, de Oliveira, & Paulovich, 2012）。主題流（ThemeRiver）即可幫助使用者了解文本主題隨著時間演化的趨勢。主題流以橫軸表示時間之演進，每一條不同顏色的線條可視為一條河流，而每條河流則表示一個主題，河流的寬度則代表在當前時間點上某一個主題的強度，藉此提供使用者宏觀的觀察多個主題的視角變化（Alencar et al., 2012）。Wei等人（2010）結合LDA主題建模技術、主題流與標籤雲，將文本關鍵詞根據時間點放置在主題流圖上，幫助使用者快速分析文本具體內容隨著時間變化的規律。TextFlowy則是依據主題流為基礎進行拓展的應用，其不僅讓使用者能觀看主題的變化，更能了解各主題之間在不同時間點合併與分裂的情況（Cui et al., 2011）。

地理資訊

　　數位人文工具除了需具有文字的分析、標註與文字探勘功能外，近年來，借助廣泛應用於各個層面的地理資訊系統（Geographic Information System, GIS），可以打破純粹的文字限制，得以對文本進行「空間分析」（spatial analysis），以利於觀察、發掘、思考、分析社會現象的空間意涵（鄧志松、裘怡婷，2009）。除此之外，伴隨著人文社會領域興起的「空間轉向（spatial turn）」思維，「空間」已成為理解過去歷史的現代思考核心詞

彙（Bol, 2013；陳剛，2018），也逐步形成了以GIS為支撐的空間人文學（Spatial Humanities）研究領域，為歷史、考古與文學等領域提供創新的探察方法。王汎森（2014）也指出，在GIS等特定工具的幫助下，歷史學者可以從空間的角度去思考問題，人文研究的成果可以擺脫過去偏重文字呈現的方式，將圖書、影音帶入空間資訊中，擴充其各種展示的可能。

　　近年來，國內外學術研究機構皆致力於GIS相關技術整合於數位人文工具的發展，例如，中央研究院的「地理資訊數位典藏與空間人文學發展計畫」已累積了豐富的空間數據資料庫，並據此發展空間人文學，也結合各類網絡服務技術，建立一個人文地理領域的基礎網絡設施（cyberinfranstructure），提供使用者無障礙地引用其所累積的地理資訊數位典藏成果資源（中央研究院，2020a）。其中，「中華文明之時空基礎架構（CCTS）」系統，係以譚其驤先生主編之《中國歷史地圖集》為基礎，將上古至清代的中國古地圖整合，讓使用者可以不同透明度重疊的方式，比對不同時代的地圖，以快速了解古今地名、行政區的差異（中央研究院人社中心GIS專題中心，2018）。吳承翰等人（2018）則將古籍中災害紀錄文本以Word2Vec詞向量數值化後，以分群技術進行整理，利用CCTS系統中地名時空對位應用服務進行坐標定位，建立涵蓋1647至1795年中國災害紀錄的時空資訊應用系統。此外，由哈佛大學、上海復旦大學與中央研究院合作開發的中國歷史地理信息系統（China Historical Geographic Information System, CHGIS），收錄了自西元前221年至1911年間行政區劃分體系與主要市鎮的空間數據資料，並整併至中國歷代人物傳記資料庫（CBDB）中，供學術研究之用（China Biographical Database, n.d.）。臺灣大學的「DocuSky數位人文學術研究平臺」亦具備DocuGIS功能，能夠將文本中所提及之地理資訊呈現在地圖上，以提供人文學者一個簡便的方式進行空間資訊分析（杜協昌，2018a）。此外，熱圖（heatmap）是地理資訊系統中的另外一種視覺化呈現方法，可以讓使用者立即識別出文本中最常被提及的區域或文檔發布的地理位置。ALCIDE文本數據分析平臺，即可針對文章發布或提及的城市與地點進行命名實體識別（NER）與標記，並以熱圖方式進行視覺化呈現，藉此比較1960年代美國總統競選期間Nixon與Kennedy兩位候選

人發表的演講內容，如何隨著不同訪問地點而變化（Moretti et al., 2016）。

社會網絡分析

　　相較於其他領域，社會網絡分析應用於人文研究尚處於起步階段（趙薇，2016），但仍有些相關研究應用社會網絡分析進行文本脈絡探究。Moretti（2011）將社會網絡理論應用於文本的情節分析中，利用社會網絡分析將敘事性的文本中內容的空間與時間結構、核心角色等轉換成網絡結構圖，用邊與節點形成情節中的社會網絡，而隨著情節的發展，網絡圖也會有所變化，能讓研究者輕易了解文本中關係與情節的變化，以進行更深一層的探究。Moretti（2011）藉由莎士比亞的名著《哈姆雷特》的社會網絡圖，找出關鍵人物Horatio，並從Horatio的社會網絡關係探討故事的脈絡。趙薇（2016）也用此一概念研究李劼的《大波》三部曲中的人物關係，以及故事的情節變化。眾多國內外經典或著名文學，例如《聖經》、《魔戒》、《儒林外史》、《紅樓夢》、《三國演義》等，皆有許多學者運用社會網絡分析對文本中的人物關係、故事情節進行探討（Duling, 2000；Aparecido Ribeiro, 2015；廖僑凡，2010；黃家富，2017）。此外，亦有採用網絡分析結合多來源文本呈現人物的生平交往或遷移過程，以及整個大環境時空脈絡的研究。例如So與Hoyt（2013）曾分析跨太平洋的文學社團與文學活動，並從中整理出1920年代現代主義詩歌在全球傳播的路徑；劉吉軒（2012）分析臺灣海外左派刊物，用社會網絡圖呈現出海外臺灣人民部分的政治思想輪廓；金觀濤等人（2016）研究《新青年》雜誌中群眾觀念的變化，分析重要關鍵詞變化，並利用概念網絡圖呈現《新青年》雜誌從自由主義轉向馬列主義的過程。史丹福大學的「Mapping the Republic of Letters」網站呈現啟蒙時代知識份子透過書信交流所形成的社會網絡（Stanford University, 2013）。葉韋君（2017）也同樣利用群體傳記的方式，運用社會網絡分析國民黨刊物——《婦女共鳴》與商業刊物《婦女雜誌》作者群體的差異，解釋國民黨內部的分化與合作情形。Liu（2015）等人從唐代詩人的詩歌中，推斷出唐代詩人們之間交往的社會網絡關係。古籍數位人文研究平臺中的「史料人物關係圖工具」則是使用CBDB所提供的本名、別名、

官名及謚號等人名資訊建立人名權威檔，用以判斷明代文集中的人物資訊，再經由人機互動的方式，輔助人文學者更有效率地建立欲分析之文本的人物關係，並透過社會網絡圖之遠讀視角，輔以人文學者進行更進一步地人物關係探索（Chen & Chang, 2019）。而「臺灣歷史人物傳記資料庫（TBDB）」則是在CBDB發展的基礎上，專注於臺灣人物類別、屬性與關聯資訊等知識本體建置，開發人物資料檢索、勘考工具及網絡分析工具（TBDB臺灣歷史人物傳記資料庫，2020）。謝順宏等（2018）使用此一資料庫內收錄的彰化縣人物傳記全文，配合自動分群技術探索人物的社會關係，並產出關係網絡圖。

圖像分析

近年來，在數位圖像的相關研究中，以人文學者的角度出發來關注其如何，以及為何使用圖像來進行研究的探討仍相對較少（McCay-Peet & Toms, 2009；Lorang et al., 2015）。其中，一些探討圖像資訊系統如何支援圖像使用者的研究中，Beaudoin（2014）定義了「圖像使用」係指在檢索和選擇圖像之後如何使用圖像，同時關注了人文學者中的專業圖像使用族群，確定了這些專業人員在工作中使用圖像的幾個原因，結果顯示最為主要的原因為發展知識、激發靈感、保留和回憶資訊。Eklund, Lindh, Maceviciute與Wilson（2006）亦指出在教育環境中，使用圖像是因為它們提供了獨特的內容，可以激發思考並促進理解。而隨著數位化的發展，圖書館、檔案館和博物館也擁有越來越多的數位化和原生數位照片，其中關鍵字檢索是協助使用者有效取用圖像資料的主要方式，但其檢索功能往往過於簡略而不夠完善，不符合研究人員的期望與需求（Friedrichs, Münster, Kröber, & Bruschke, 2018）。而在數位圖像檢索工具的設計上，若只考量指定目標的檢索作為檢索系統的設計基礎，是不夠充分也不恰當的，因為人們在指定有助於他們找到目標的檢索內容方面，存在很大的困難（Belkin, 2008）。因此，應鼓勵在圖像內容的系統開發領域進行創造性探索，為使用者提供額外的資訊發現和分析方法來探索數位圖像集，以改善使用者在進行圖像取用、評估和互動時的體驗（Beaudoin, 2014），從中發掘出潛藏於

圖像中的有趣事物，以有效解讀大量圖像內容實刻不容緩。

　　Bhagat與Choudhary（2018）指出，當人類透過圖像中存在的物件來管理和回想圖像時，會具有更好的組織圖像能力。因此，如何從辨識大量圖像資料中的物件，以有效地獲取能夠代表圖像的後設資料，並加以分析的需求，變得更加重要，而要達成這樣的技術發展，便需要仰賴人工進行「圖像中物件標註」的前置工作，以利於後續透過機器學習來辨識圖像中的物件名稱，進而達成獲取更豐富且能代表圖像內涵之後設資料目的。Zhang等人（2012）定義圖像標註是基於該圖像的視覺內容，產生數位圖像的後設資料（文本或關鍵字）過程，圖像標註的目的便是決定適當的單詞來描述圖像內容，並降低「人類使用者對於圖像的解釋」以及「圖像低級特徵」之間的語義落差（Cheng et al., 2018; Ivasic-Kos et al., 2015; Zhang et al., 2012）。然而，傳統的圖像標註工作，乃由專家手動標記語義級的圖像內容，但此一方法並不適用於大數據（big data）時代，並且手動圖像標註的主要缺點是直觀的。在這個圖像資料庫成長快速的時代，手動標註這些圖片的代價變得極為昂貴（Wang et al., 2006），雖然許多研究透過群眾外包（crowdsoursing）方式，以解決需投入大量人力之問題。然而，由於教育背景、思維模式，甚至生活經歷的差異，不同的人對於同一圖像可能有完全不同的理解（Cheng et al., 2018），這也成為群眾外包方式的缺點。此外，手動標註的主觀性將導致圖像內容的模糊性。因此，能以語義方式描述圖像的自動圖像標註（automatic image annotation）技術發展，便日益受到重視，透過機器學習之語義關鍵詞標記圖像工具，來促進基於語義文字的圖像檢索，具有高效率及低主觀性之優點（Cheng et al., 2018; Chen, Wang, Xie, & Lu, 2018）。

　　自動圖像標註的出現得以一定程度正確地快速解釋圖像，因應了人類活動中大量圖像的處理需求，並對人文學者產生很大的附加價值。然而，數位人文的問題不是擁有大量資料，而是難以從大量資料中提取有用的資訊（Llamas et al., 2016）。發展自動化圖像標註分析技術，既可以找出大量圖像中人眼無法觀察到的潛在訊息，也可以檢索並分析龐大的圖像資料庫，為人文研究者獲取更多有用的資訊（Terras, 2012）。例如Llamas, Lerones,

Zalama與Gómez-García-Bermejo（2016）探討自動圖像標註技術，在輔助分析文化遺產圖像集的成效；Im與Park（2015）則提出了一種基於鏈結標籤（linked tag）的圖像標註系統，利用鏈結資料（如DBPedia）在語義關鍵詞之間自動插入語義關係。然而，自動圖像標註領域的研究不是關注自動圖像標註的新技術實踐，就是嘗試如何標註出更高級的語義關鍵詞，缺乏嘗試從大量數位圖像中找出人文學者有興趣的資訊與呈現方式的研究。Whitelaw（2015）指出，只要給定合適的資料，就可以揭示圖像集的內容，並將這些概述連接到圖像集的預覽介面上。Terras（2012）更表示，圖像處理可以透過捕獲人眼或大腦無法獨立處理的資訊來擴展我們的理解，以揭示圖像中的潛在特徵，而這些特徵往往是人文學者難以察覺的資訊。因此，自動圖像標註工具應能進一步統計和分析標註之關鍵詞，以協助人文學者透過不同視角來檢視所檢索出來之圖像集合內涵。

　　此外，當前自動圖像標註領域研究所發展之數位圖像工具，在新技術的發展過程中，往往忽視了人機互動的重要性。人文學者是數文人文研究過程的主體，而機器目前對於圖像中物件辨識和整個圖像之「語義」情境分析的能力仍有侷限，因此仍需聚焦於人文學者對於資料的個體解釋和分析上（Chen & Tsay, 2017; Friedrichs et al., 2018）。因此，自動圖像標註工具仍應保留人機互動的機制，讓使用者得以檢視並修正機器自動標註產生之錯誤識別圖像物件，以及針對識別圖像物件之錯誤標註結果，以強化工具的有用性與正確性。最後，有鑑於許多圖像使用者研究中，都指出目前已發展出來的許多輔助數位人文研究之數位工具，並未能完全滿足使用者的期望和需求（Beaudoin, 2014; Beaudoin & Brady, 2011; Friedrichs et al., 2018; Münster, Kamposiori, Friedrichs, & Kröber, 2018）。Beaudoin與Brady（2011）指出，評估圖像的可用性和可取用性（availability and accessibility）是圖像應用的最關鍵因素。Münster等人（2018）也提出提高數位人文工具易用性的方法，指出基於使用者對界面設計的反饋意見，並加以修正，不僅會增加工具的實用性，也會贏得使用者的信任，而且還可以延長該資源的使用壽命。綜合上述，數位人文研究平臺或數位人文工具的開發，評估使用者之需求是至關重要的。

數位人文研究平臺發展現況與功能比較

要藉由數位科技輔助人文學者進行文本研究與分析，首要條件是需具備數位化之文本資料，其次是需要發展數位人文分析工具。因此，數位人文研究平臺的發展可以將其分為兩個階段，第一個階段是「數位典藏」（digital archive），即是將原先的紙本進行全文數位化；第二階段即是發展數位人文分析工具。中國哲學書電子化計畫以電子化圖書館的方式典藏自先秦、兩漢至民國的中文文獻（中國哲學書電子化計畫，2020），漢籍電子文獻資料庫則為「史籍自動化計劃」的延伸，收錄超過1,300多種歷代重要的漢語典籍（中央研究院，2020b）。上述的數位典藏計畫除了將人文資料進行永久保存外，也在網路上開放學術利用，為各領域的人文研究者帶來易取得而豐富的研究資料，從而提高了人文研究者的研究資料來源。此外，「中國歷代人物傳記資料庫（CBDB）」是由哈佛大學、臺灣中央研究院歷史語言研究所及北京大學三個機構合作建置，該資料庫收錄超過470,000中國歷代人物傳記和譜系資料，研究者可以透過此資料庫檢索歷史人物之籍貫、官職等資料，並提供API介接的方式供數位人文研究者使用數位工具取得其中的資料（中國歷代人物傳記資料庫，2020）。然而，現代的數位人文研究者已不再滿足於建立單純只具典藏功能的資料庫，而是希望資料庫發展可以輔助進行資料分析的各式各樣數位人文研究工具，特別是發展同時具有各種不同面向數位工具的整合虛擬研究環境（Virtual Research Environment, VRE），此類VRE支持對資訊進行概念化，視覺化和分析，並且促使人文學者可以協同工作（Steiner et al., 2014）。其中，法鼓山的「CBETA數位研究平臺」除了提供漢文佛經的線上閱讀介面之外，亦提供對讀文本編輯、部類、年代、作者與譯者統計分析、詞彙前後綴詞、分布地圖等功能，輔以佛學研究者進行研究（Tu, Hung, & Lin, 2012）。DocuSky數位人文學術研究平臺由國立臺灣大學數位人文研究中心與資訊工程學系數位典藏與自動推論實驗室所開發，係一個針對數位人文研究需要所開發的平臺。此一平臺由「機構導向資料庫」轉向「個人導向資料庫」方向發展，讓研究者能透過工具自行建立資料庫（翁稷安，2016；謝博宇，

2016)。研究者除了可以上傳自身所典藏的文本外，平臺亦提供數位工具讓研究者能夠對建構的文字庫進行統計分析，幫助其查找資料、進行內文比對，以及進行字詞相關統計等，增加研究者對於文本內容的掌握（杜協昌，2018b）。此外，「羅家倫先生文存數位人文研究平臺」則是由國立政治大學社會科學資料中心所發展，主要典藏「羅家倫先生文存」合計共十二冊之數位化版本，並且為了因應研究需求，平臺亦提供掃描檔與對照全文、全文檢索與後分類、自動文本標註（Chen, Chen, & Liu, 2019）及觀點變遷分析等功能，以輔助人文學者進行文本閱讀與多面向的文本分析。而「通用型古籍數位人文研究平臺」則除了提供文本閱讀介面、全文檢索、雙詞檢索與自動標註（Chen, Chen, & Liu, 2019）等功能外，亦提供人物關係分析圖，可以自動從文本中識別人名，並透過視覺化方式呈現人物與人物之間的關係脈絡，協助人文學者理解文本中的人物社會網絡關係（Chen & Chang, 2019）。

　　本文整理出目前現有的數位人文平臺功能並進行功能比較，如表1所示，包括羅家倫先生文存數位人文平臺（http://lcl.lib.nccu.edu.tw/）、通用型古籍數位人文研究平臺（http://ming.ncl.edu.tw/）、漢籍電子文獻資料庫（http://hanchi.ihp.sinica.edu.tw/ihp/hanji.htm）、臺灣歷史數位圖書館（http://thdl.ntu.edu.tw/index.html）、DocuSky數位人文學術研究平臺（https://docusky.org.tw/DocuSky）、CBETA數位研究平臺（http://cbeta-rp.dila.edu.tw）、中央研究院數位人文研究平臺（https://dh.ascdc.sinica.edu.tw/）、中國哲學書電子化計畫（https://ctext.org/zh）與CULTURA（Steiner et al., 2014）。從表1可以發現所有平臺皆具備全文資料典藏功能，其中中國哲學書電子化計畫典藏之全文資料最為豐富，收錄超過30,000部文本著作；CBETA數位研究平臺僅收錄佛經資料；Docusky數位人文學術研究平臺與中研院數位人文研究平臺除了提供公開資料庫資源外，亦支持使用者自行上傳文本至平臺上進行分析；羅家倫先生文存數位人文平臺、通用型古籍數位人文研究平臺、臺灣歷史數位圖書館、CBETA數位研究平臺與中研院數位人文研究平臺均提供自動標註功能；關鍵詞查詢功能則是每個平臺皆具備的基本功能；在外部參照資料的部分，漢籍電子文獻資料

表1　數位人文平臺功能比較

數位人文平臺功能比較	羅家倫先生文存數位人文平臺	通用型古籍數位人文研究平臺	漢籍電子文獻資料庫	臺灣歷史數位圖書館	DocuSky 數位人文學術研究平臺	CBETA 數位研究平臺	中研院數位人文研究平臺	中國哲學書電子化計畫	CULTURA
全文資料典藏	○	○	○	○	○	○	○	○	○
自動標記	○	○	×	○	×	○	○	○	○
查詢詞彙	○	○	○	○	○	○	○	○	○
外部參照	○	○	○	○	×	○	×	○	○
詞頻統計	○	○	×	○	○	○	○	○	○
社會網絡分析	×	○	×	×	×	×	○	○	○
地理資訊分析	×	×	×	○	○	○	○	×	×

（續）

表1 數位人文平臺功能比較（續）

數位人文平臺功能比較	羅家倫先生文存數位人文平臺	通用型古籍數位人文研究平臺	漢籍電子文獻資料庫	臺灣歷史數位圖書館	DocuSky數位人文學術研究平臺	CBETA數位研究平臺	中研院數位人文研究平臺	中國哲學書電子化計畫	CULTURA
觀點變遷分析	○	×	×	×	×	×	×	×	×
推薦機制	×	×	×	×	×	×	×	×	○
閱讀介面（圖文）	○	○	○	×	×	○	×	×	○
記錄使用者歷程	○	○	×	×	×	×	×	×	×
Open API	×	×	×	×	○	○	×	○	×

庫可以連結到清代官職查詢系統；臺灣歷史數位圖書館則連結到異體字知識庫；CBETA數位研究平臺則連結收錄之佛經規範資料庫；羅家倫先生文存數位人文平臺與通用型古籍數位人文研究平臺的外部參照資源最多，包括CBDB、TGAZ、萌典、英漢字典及維基百科等供使用者查閱；詞頻統計功能則是漢籍電子文獻資料庫缺乏的；除了基本的統計分析功能外，通用型古籍數位人文研究平臺、中研院數位人文研究平臺、中國哲學書電子化計畫與CULTURA皆提供社會網絡分析功能；而臺灣歷史數位圖書館、DocuSky數位人文學術研究平臺、CBETA 數位研究平臺與中研院數位人文研究平臺亦提供地理資訊分析工具。此外，羅家倫先生文存數位人文平臺則發展觀點變遷和年代劃分工具，以輔助人文學者探勘文本觀點隨著時間的變化；文章推薦機制則是CULTURA獨有的功能；在閱讀介面上，羅家倫先生文存數位人文平臺、通用型古籍數位人文研究平臺、漢籍電子文獻資料庫、CBETA數位研究平臺與CULTURA皆具備圖文並陳的數位閱讀介面；此外，羅家倫先生文存數位人文平臺與通用型古籍數位人文研究平臺則具有記錄使用者歷程的功能；而目前僅有DocuSky數位人文學術研究平臺、CBETA數位研究平臺與中國哲學書電化計畫提供Open API的功能，能與其他數位人文研究平臺共享其平臺開發之功能或典藏內容。

　　綜合以上所述，人文學者已越來越仰賴應用「數位工具」輔助，探察過去難以透過人力進行的研究。然而，目前雖已有許多數位人文研究平臺及工具可以輔助人文學者進行數位人文研究，但是每個平臺典藏之內容與功能皆不盡相同，且均有其不足之處，未來是否有機會達到典藏資源或開發技術的合作與共享、以避免重複建置平臺與工具的時間與成本，進而提供人文學者更加容易操作且便利的數位人文研究環境，無疑是一項巨大的挑戰。

數位人文研究平臺之支援人文研究應用現況與發展瓶頸

　　自2002年臺灣發起「數位典藏國家型科技計畫」後，至今已累積了極為龐大的數位典藏資料庫，而隨著資訊科技的發展與進步，文本標註與探

勘、自然語言語意分析、地理資訊系統、社會網絡分析、圖像識別等多樣技術也已陸續被提出，無疑擴展了這些典藏資源的加值應用，並帶領人文學者從傳統人文研究中，逐步轉向藉由資訊科技來輔助其分析大量數位文本資料，並從中發掘過去難以觀察、分析的研究議題，開啟「數位人文學」的新興領域。數位人文概念的提出，促使越來越多人文學者開始運用數位工具進行數位人文研究，儼然已成為現代人文學研究的發展趨勢（Kirschenbaum, 2012）。現代的數位人文研究者已不再滿足於建立只具單純典藏功能的資料庫，而是開始建置各式各樣的數位人文研究平臺與工具輔以研究之進行。其中，林淑惠（2011）以《臺灣文獻叢刊》、《臺灣文獻匯刊》所收錄之采風詩文為素材，搭配臺灣歷史數位圖書館（THDL）、臺灣清代官職表等資料庫系統與工具，並蒐集故宮博物院、中央研究院與中國第一歷史檔案館典藏之官方行政檔案，藉此回答作者的生平、作品、學養、經歷和采風詩文之間的關聯等問題，並分析采風詩文的敘事意義，進而呈現該時期文化情境的複雜面向。陳志豪（2011）亦使用臺灣歷史數位圖書館（THDL）中典藏的「淡新檔案」，並搭配THDL所提供之全文電子檔、數位影像檔與詞頻分析等功能，探討清代地方衙門處理地方人民的墾戶案過程，並挖掘出每份文書之間的關聯性，跳脫既有分類的框架，重新梳理出案件的完整脈絡。邱詩雯（2018）則運用DocuSky數位人文學術研究平臺提供的文本詞彙頻率統計工具，以《史記》30篇世家作為目標文本，比較分析司馬談、司馬遷、續史者三人運用虛詞字頻之差異。透過此種數位人文研究平臺的輔助，可以更加迅速且客觀的角度，補強當代《史記》相關的研究成果。

　　雖然已有部分研究學者透過數位人文平臺輔以進行人文研究，但實際相關研究成果仍相當少。並且多數人文學者對於數位人文的想像，大多仍停留在文本史料數位化或數位典藏的階段。陳志豪（2011）指出，臺灣史學界對於各類資料庫的實際介紹甚少，缺乏實際操作說明，這對有興趣利用數位歷史資料的研究者或學生而言，要如何從資料庫中找尋到自己需要的資源，即成為第一個需要跨越的門檻，致使降低使用者的使用意願。此外，近年雖然累積了大量的數位化文本資料，但這些數位典藏資料庫或數

位人文研究平臺所承載之異質文本、影像資料與開發的技術，仍多處於各自獨立之階段，難以達到資源與技術的有效整合、利用與分享，並提供人文學者一個友善的研究環境。項潔、翁稷安（2011）指出，在人文學者們關注數位技術所能帶來的研究突破之時，亦擔心一旦史料數位化之後，會不會造成使用者以快速檢索取代全文閱讀，產生以管窺天的誤導。而王汎森（2014）也指出使用者應用數位資料庫或平臺探索資料時，不同於人工閱讀的逐字逐句，往往都是「中了就跑」，資料相當程度上變成了關鍵字的組合，抹去了傳統閱讀的整理感受與觸類旁通的可能性。同時，Goodwin與Holbo（2011）等人亦提及，數位平臺所提供的遠讀分析工具，是將文本進行拆解重組，以顯示文本量化資訊與抽象示圖，背離了傳統的細讀文本研究，可能造成研究對象視野的窄化。綜合上述，全文細讀對於人文研究仍屬不可或缺的一環。因此，在發展數位人文研究平臺時，除了提供人文學者能夠快速檢索、掌握文本脈絡的遠讀功能外，同時亦應能鏈結至細讀來源文本，讓人文學者能進行交互的探索與驗證。最後，數位人文研究平臺是否能符合使用者的需求，將影響其被應用於研究的狀況，故進行使用者研究（user study）將至關重要（Warwick, 2012）。欲達成有效的使用者研究，可以透過多元方法來完成，包含問卷調查、訪談，以及軟體和界面易用性測試等，使系統開發者能與使用者不斷進行對話與修正，進而創造出更適切的數位人文研究平臺與工具來支持人文研究。

數位人文研究平臺之支援人文教育應用現況與發展瓶頸

近年來隨著數位人文領域的發展以及數位人文教育之推廣，數位人文工具結合人文教育的研究開始受到重視。我國教育部於108學年度正式實施的十二年國民基本教育課程綱要總綱提到，在歷史學科中，「歷史考察」可視為是一種探究式學習，歷史考察活動旨在引導學生進行閱讀與解析歷史資料，以提升學生的歷史思維。此一課程活動在108課綱中才被正式確立，而課程實施後也有許多執行上的問題需要解決，例如引導探究學習的方法不明確、缺乏問題發現的歷程、課程缺乏整體性的設計、缺乏資料的分析

運用等。與一般學習工具不同的是,數位人文工具在支援探究式教學中不是直接給予學生問題的解答,而是著重於給予學生不同於近讀的遠讀視野以及啟示,以便他們針對問題進行更加深入的探究與分析(Tracy & Hoiem, 2017)。此外,在目前科技與人文密切結合的時代,我國教育部也於2018年開始推動「數位人文創新人才培育計畫」,企圖推廣數位人文領域的人才教育。在此一教育環境下,學生必須懂得如何善用數位人文工具解決人文問題。秉持著此一理念,陳勁佑(2020)的研究採用具「觀點變遷與年代劃分工具」之「羅家倫先生文存數位人文平臺」支援高中歷史科目之探究式學習,此一工具即同時包含了細讀以及遠讀的功能,細讀的部分是指學習者可以以數位閱讀方式閱讀具有影像掃描檔及全文數位典藏的羅家倫文存;遠讀的部分則是學習者可以 Word2Vec 技術萃取出在文存中的關聯詞語意向量關係,並透過資料視覺化的社會網路圖來呈現,以輔助使用者得到高階摘要及抽象化之文本概念。其研究探討學習者在課程前後之探究學習成效、學習動機以及學習滿意度是否有顯著的差異,並以半結構式訪談了解學習者對於使用此一數位人文平臺進行歷史探究課程的感受與建議。最後,透過滯後序列分析(Lag Sequential Analysis, LSA)比較不同高低學習成效學習者使用此一平臺輔以歷史科探究式課程之有效行為模式。研究結果發現,使用具「觀點變遷與年代劃分工具」之「羅家倫先生文存數位人文平臺」輔助歷史科探究課程能有效促進學習者的學習成效,且呈現良好的學習滿意度。此外,根據滯後序列分析的結果,高學習成效學習者在使用此一數位人文平臺的行為模式較符合探究式學習的精神,意即其會反覆探索在「觀點變遷與年代劃分工具」觀點網路圖中不同時期的關鍵詞概念以及資料、主動去查看與關鍵詞相關聯的詞彙之文本資料,並運用平臺中不同的分析方式來探索文本。其研究顯示,規劃歷史科探究課程結合數位人文工具的學習模式,具有潛力發展為人文教育創新教學模式。

此外,邱詩雯(2019)將數位人文工具放置至中文相關科系之學生的「國學導讀」課程中,進行翻轉教學,並根據十三經之內容設計教學活動,採用DocuSky、Corpro與Ctext等工具分析詞頻風格,探討導入詞頻分析系統作為國學導讀課程學習任務的可能性,並輔以問卷調查法的前後測,比

較分析透過數位人文工具支援教學活動，對於學生的學習成效與學習意願的影響。結果顯示，多數學生肯定數位人文能幫助學生提升對於傳統文史知識的認知，並正視學習運用數位技術增加學習效率的方法。戴榮冠（2019）則使用ArcGIS平臺，將楊廷理的詩集《知還書屋詩鈔》進行GIS文本標記，重新建構楊廷理詩歌的宦遊路線，以獲得楊廷理文學地圖教材，使學生在學習過程中，能以圖像化的方式思考清代人文學路線，除了能有效改善學生閱讀文本之困境、激發學習動機與創意發想外，亦能引導學生對數位人文工具有全新的認識。何捷（2019）在天津大學建築學院的「軟體實習」課程中，導入ArcGIS與空間人文的概念，試圖打破傳統填鴨式教學。其研究以唐代傳奇小說《李娃傳》與《華州參軍》進行文學空間解讀和時空分析，繼而輔助學生進行數位人文與空間人文探索。

綜合上述，藉由數位人文研究平臺或工具來支援人文教育，已越發受到重視，但至今相關研究仍相對較少，且尚未有完善的數位人文教學設計框架被提出，以提供教師依循。另外，在現今部分已開發的數位人文研究平臺中，其典藏之相關文本內容，並不一定能支援K-12（kindergarten through twelfth grade）或大學文、史、哲相關領域課程。再者，數位人文為數位技術與人文學科融合的新興領域（Drucker, 2013），雖為教師們提供了創新的方式進行教學活動，但也因其跨領域之特性，教師們必須額外熟悉數位人文相關之技術與應用，才能夠達到良好的教學成效，進而提出使用數位平臺或工具結合人文教學之建議與改善教學策略，同時提升數位人文研究平臺支援人文教育的普及和適用性。

結論與未來發展方向

數位人文學除了可以「繼往」——驗證傳統人力可及的研究議題與成果外；更可以「開來」——開展出傳統人力所不及之研究議題，而以一種超越傳統研究視域與方法，獲致更豐碩、更深入、更具開展性、前瞻性的議題與成果，甚至可能建立新的人文學研究典範，促成「從人文到數位人文」之人文研究範式的移位與轉向。此外，數位人文研究平臺除了支援數

位人文研究外，更為支援數位人文教育之重要基礎建設，有發展為支援創新人文教育之數位人文學習平臺的高度潛力，值得重視。

　　未來的數位人文平臺應該具有：（1）可同時典藏不同來源文獻與型式（例如文字及圖像）之數位內容；（2）具有豐富且完整之支援研究主題數位內容；（3）需具有過濾與檢索人文學者欲分析之目標數位內容，並儲存為My Collection Content的設計；（4）需具有Deploy所發展文本及影像數位分析工具至My Collection Content的功能；（5）能夠儲存每一個人文學者基於所Deploy數位工具之分析結果，以利於累積分析結果與經驗；（6）具有跟其他數位人文平臺進行資料交換功能；（7）發展與其他數位人文研究平臺進行資料或者分析結果介接的Open API功能；（8）支援人文學者可以上傳自己感興趣數位內容，並進行數位人文分析功能。與此同時，數位人文平臺應該繼續增進數位工具分析技術包括：（1）具有針對所典藏數位內容之內部文件與外部資源之鏈結資料（Linked Data）功能；（2）持續強化自然語言與影像分析技術，發展層次之數位分析工具。最後，透過「數位」與「人文」不斷來回對話與激盪，進而創造出更加理想的數位人文研究與教學的典範轉移。

參考文獻

TBDB臺灣歷史人物傳記資料庫（2020）。TBDB臺灣歷史人物傳記資料庫。上網日期：109年9月11日，檢自：http://tbdb.ntnu.edu.tw/index.jsp#about

中央研究院（2018）。**數位人文研究平臺**。上網日期：109年9月11日，檢自：https://dh.ascdc.sinica.edu.tw/member/

中央研究院（2020a）。**地理資訊數位典藏與空間人文學發展計畫**。上網日期：109年9月18日，檢自：https://ascdc.sinica.edu.tw/

中央研究院（2020b）。**漢籍電子文獻資料庫**。上網日期：109年9月20日，檢自：http://hanchi.ihp.sinica.edu.tw/

中央研究院人社中心GIS專題中心。**中華文明之時空基礎架構系統**。上網日期：2020年9月11日。檢自：http://gissrv4.sinica.edu.tw/gis/cctslite.aspx

中國哲學書電子化計劃（2020）。**中國哲學書電子化計劃**。上網日期：109年9月11日，檢自：https://ctext.org/zh

中國歷代人物傳記資料庫。CBDB querying and reporting system -online。上網日期：109年9月18日，檢自：http://db1.ihp.sinica.edu.tw/cbdb/help/systemintro.html

王汎森（2014）。數位人文學之可能性及限制——一個歷史學者的觀察。載於項潔（主編），**數位人文研究與技藝**（25-35頁）。台北市：國立臺灣大學出版中心。

何捷（2019）。本科生地理資訊系統課程中的數位人文教育實踐。「**第十屆數位典藏與數位人文國際研討會**」發表之論文，國立臺灣師範大學。

吳承翰、吳尚芸、白璧玲、蔡融易、黃詩芸、蔡宗翰、范毅軍（2018）。基於史籍所載氣象紀錄之事件分類與時空資訊整合研究。「**第九屆數位典藏與數位人文國際研討會**」發表之論文，法鼓文理學院。

杜協昌（2012）。利用文本採礦探討《紅樓夢》的後四十回作者爭議。「**第四屆數位典藏與數位人文國際研討會**」發表之論文，國立臺灣大學。

杜協昌（2018a）。DocuSky與文本字詞關聯圖的視覺化應用。「**第九屆數位典藏與數位人文國際研討會**」發表之論文，法鼓文理學院。

杜協昌（2018b）。DocuSky：個人文字資料庫的建構與分析平臺。**數位典藏與數位人文**，**2**，71-90。

林淑慧（2011）。臺灣歷史數位圖書館（THDL）於清治前期采風詩文研究的應用。載於項潔（主編），**數位人文在歷史學研究的應用**（137-155頁）。台北市：國立臺灣大學出版中心。

邱偉雲（2019）。主題模型與歷史記憶：數字人文視野下數字記憶史研究理論方法芻議。「**文本探勘‧圖像標記——數位工具與人文詮釋國際工作坊**」發表之論文，華人文化主體性研究中心。

邱詩雯（2018）。《史記》作者數位化研究初探——以三十世家虛字字頻為例。**數位典藏與數位人文**，**2**，49-69。

邱詩雯（2019）。數位人文在國學導讀課程的設計與實踐。「**第十屆數位典藏與數位人文國際研討會**」發表之論文，國立臺灣師範大學。

金觀濤（2011）。數位人文研究的理論基礎。載於項潔（主編），**數位人文研究的新視野：基礎與想像**（43-61頁）。台北市：國立臺灣大學出版中心。

金觀濤、邱偉雲、梁穎誼、陳柏聿、沈錳坤、劉青峰（2016）。觀念群變化的數位人文研究——以《新青年》為例。**數位人文：在過去、現在和未來之間**。

祝平次（2018）。**數位工具與文史研究**。上網日期：2019年9月23日，檢自：https://kam-a-tiam.typepad.com/blog/2018/01/數位工具與文史研究.html

翁稷安（2016）。從「機構導向資料庫」到「個人導向資料庫」：數位人文下一階段的可能發展。**第七屆數位典藏與數位人文國際研討會**，台北。

陳光華、薛弼心（2015）。數位人文研究的在地特性與全球特性之探討。**人文與社會科學簡訊，17**（1），83-88。

陳志豪（2011）。臺灣歷史數位圖書館與歷史研究的實際應用——以「淡新檔案」為例。載於項潔（主編），**從保存到創造：開啟數位人文研究**（67-94頁）。台北市：國立臺灣大學出版中心。

陳志銘、張鐘、徐志帆（2020）。羅家倫先生文存數位人文研究平臺之建置與應用。**數位典藏與數位人文，5**，73-115。

陳志銘、陳佳琪（2008）。數位典藏支援數位學習現況與發展。**臺灣圖書館管理季刊，4**（2），9-23。

陳勁佑（2020）。**數位人文平臺支援探究式學習模式發展與學習成效評估研究**。國立政治大學圖書資訊與檔案學研究所碩士論文。

陳剛（2018）。歷史地理信息系統與空間人文研究——構建城市歷史地理學研究的時空GIS基礎框架。**「第九屆數位典藏與數位人文國際研討會」發表之論文**，法鼓文理學院。

陳淑君、王祥安、凌宇謙（2019）。以國際圖像互通架構為方法的佛教石窟與圖像之數位呈現、閱覽及標註。**數位典藏與數位人文，3**，63-100。

項潔、涂豐恩（2011）。導論——什麼是數位人文。**從保存到創造：開啟數位人文研究**，9-28。

項潔、翁稷安（2011）。數位人文和歷史研究。載於項潔（主編），**數位人文在歷史學研究的應用**（11-20頁）。台北市：國立臺灣大學出版中心。

黃家富（2017）。**小說對話標註系統研究與實作**。臺灣大學資訊工程學研究所碩士論文。

葉韋君（2017）。媒體、性別與動員：《婦女共鳴》社會網絡分析（1929-1944）。**第八屆數位典藏與數位人文國際研討會**，台北。

廖偉凡（2010）。中國古典白話小說中的社會網路關係：以《儒林外史》為例臺灣大學資訊網路與多媒體研究所碩士論文。

劉昭麟、張淳甯、許筑婷、鄭文惠、王宏甦、邱偉雲（2015）。《全唐詩》的分析、探勘與應用——風格、對仗、社會網路與對聯。**第廿七屆自然語言與語音處理研討會論文集**，頁43-57。

趙薇（2016）。「社會網路分析」在現代漢語歷史小說研究中的應用初探——以李劼人的《大波》三部曲為例。**數位人文：在過去、現在和未來之間**。

劉吉軒、柯雲娥、張惠真、譚修雯、黃瑞期、甯格致（2012）。以文本分析呈現海外史料政治思想輪廓。**數位人文要義：尋找類型與軌跡**，頁83-114。

鄧志松、裘怡婷（2009）。GIS中國經社指標網路資料庫：建置與推廣。**地理資訊系統季刊**，**3**（4），15-22。

鄭文惠、劉昭麟、邱偉雲、許筑婷（2016）。情感現象學與色彩政治學——中唐詩歌白色抒情系譜的數位人文研究。載於項潔（主編），**數位人文：在過去、現在和未來之間**（207-257頁）。台北市：國立臺灣大學出版中心。

戴榮冠（2019）。運用GIS重構楊廷理《知還書屋詩鈔》宦遊蘭陽路線及其教學設計。「**第十屆數位典藏與數位人文國際研討會**」發表之論文，國立臺灣師範大學。

謝博宇（2016）。以DocuSky為核心的工具開發與建置。**第七屆數位典藏與數位人文國際研討會**，台北。

謝順宏、柯皓仁、張素玢（2018）。自動分群應用於傳記人物關係建立。「**第九屆數位典藏與數位人文國際研討會**」發表之論文，法鼓文理學院。

Alencar, A. B., de Oliveira, M. C. F., & Paulovich, F. V. (2012). Seeing beyond reading: a survey on visual text analytics. *Wiley Interdisciplinary Reviews: Data Mining and Knowledge Discovery, 2*(6), 476-492. doi: 10.1002/widm.1071

Aparecido Ribeiro, M., Vosgerau, R. A., Larissa Pereira Andruchiw, M., & Ely de Souza Pinto, S. (2015). *The complex social network from The Lord of The Rings*. ArXiv E-Prints, 1606, arXiv:1606.02610.

Beaudoin. J.E., Brady, J. (2011). Finding visual information: A study of image resources used by archaeologists, architects, art historians, and artists. *Art Documentation 30*(2), 24-36.

Beaudoin, J. E. (2014). A framework of image use among archaeologists, architects, art historians and artists. *Journal of Documentation, 70*(1), 119-147. doi: 10.1108/JD-12-2012-0157

Belkin, N. J. (2008). Some (What) Grand Challenges for Information Retrieval. In C. Macdonald, I. Ounis, V. Plachouras, I. Ruthven, & R. W. White (Eds.), *Advances in Information Retrieval* (pp. 1-1). Springer Berlin Heidelberg.

Berry, D. (2012). *Understanding digital humanities*. Springer.

Bhagat, P. K., & Choudhary, P. (2018). Image annotation: Then and now. *Image and Vision Computing, 80*, 1-23. doi: 10.1016/j.imavis.2018.09.017

Blei D., Ng A., & Jordan M. (2003). Latent dirichlet allocation. *The Journal of Machine Learning Research, 3*, 993-1022.

Blei, D. M., Griffiths, T. L., & Jordan, M. I. (2010). The nested chinese restaurant process and bayesian nonparametric inference of topic hierarchies. *Journal of the ACM, 57*(2), 1-30. doi: 10.1145/1667053.1667056

Bol, P. K. (2013). On the cyberinfrastructure for GIS-enabled historiography. An*nals of the Association of American Geographers, 103*(5), 1087-1092.

Brooke, J., Hammond, A., & Hirst, G. (2015). Gutentag: an NLP-driven tool for digital humanities research in the project Gutenberg corpus. In Proceedings of the Fourth Workshop on Computational Linguistics for Literature, *Association for Computational Linguistics*, 42-47.

Craig, H. (2004). Stylistic Analysis and Authorship Studies. In R. Siemens & S. Schreibman (Eds.), *A Companion to Digital Humanities*. Oxford: Blackwell.

Chen, C. M., & Chang, C. (2019). A Chinese ancient book digital humanities research platform to support digital humanities research. *The Electronic Library, 37*(2), 314-336.

Chen, C. M., Chen, Y. T., & Liu, C. Y. (2019). Development and evaluation of an automatic text annotation system for supporting digital humanities research. *Library Hi Tech, 37*(3), 436-455.

Chen, C. M., & Tsay, M.Y. (2017). Applications of collaborative annotation system in digital curation, crowdsourcing, and digital humanities. *The Electronic Library, 135*(6), 1122-1140.

Chen, J., Wang, D., Xie, I., & Lu, Q. (2018). Image annotation tactics: transitions, strategies and efficiency. *Information Processing & Management, 54*(6), 985-1001. doi: 10.1016/j.ipm.2018.06.009

Chen, P., Zhang, N. L., Liu, T., Poon, L. K. M., Chen, Z., & Khawar, F. (2017). Latent tree models for hierarchical topic detection. *Artificial Intelligence, 250*, 105-124. doi: 10.1016/j.artint.2017.06.004

Cheng, Q., Zhang, Q., Fu, P., Tu, C., & Li, S. (2018). A survey and analysis on automatic image annotation. *Pattern Recognition, 79*, 242-259. doi: 10.1016/j.patcog.2018.02.017

China Biographical Database (n.d.). Retrieved September 14, 2020, from https://projects.iq.harvard.edu/cbdb

Collins, C., Viegas, F.B., & Wattenbery, M. (2009). Parallel tag clouds to explore and analyze faceted text corpora. *IEEE Symposium on Visual Analytics Science and Technology*, 91-98.

Correll, M., Alexander, E., Albers, D., Sarikaya, A., & Gleicher, M. (2014). Navigating reductionism and holism in evaluation. *In Proceedings of the*

Fifth Workshop on Beyond Time and Errors: Novel Evaluation Methods for Visualization, pp. 23-26.

Cui, W., Liu, S., Tan, L., Shi, C., Song, Y., Gao, Z., ... Qu, H. (2011). TextFlow: Towards Better Understanding of Evolving Topics in Text. *IEEE Transactions on Visualization and Computer Graphics, 17*(12), 2412-2421. doi: 10.1109/TVCG.2011.239

Diaz-Aviles E., Fisichella M., Kawase R., Nejdl W., & Stewart A. (2011) Unsupervised Auto-tagging for Learning Object Enrichment. In: Kloos C.D., Gillet D., Crespo García R.M., Wild F., Wolpers M. (eds) *Towards Ubiquitous Learning. EC-TEL 2011. Lecture Notes in Computer Science*, vol 6964. Springer, Berlin, Heidelberg. https://doi.org/10.1007/978-3-642-23985-4_8

Drucker, J. (2013). *Intro to digital humanities: Introduction*. UCLA Center for Digital Humanities. Web available at http://dh101.humanities.ucla.edu/?page_id=13, Retrieved January 28, 2018.

Duling, D. C. (2000). The Jesus Movement and Social Network Analysis: (Part II. The Social Network). *Biblical Theology Bulletin, 30*(1), pp. 3-14.

Eklund, P., Lindh, M., Maceviciute, E., & Wilson, T. D. (2006). EURIDICE Project: The Evaluation of Image Database Use in Online Learning. *Education for Information, 24*(4), 177-192.

Franco Moretti. (2011). Network theory, plot analysis. New Left Review.

Friedrichs, K., Münster, S., Kröber, C., & Bruschke, J. (2018). Creating Suitable Tools for Art and Architectural Research with Historic Media Repositories. In S. Münster, K. Friedrichs, F. Niebling, & A. Seidel-Grzesińska (Eds.), *Digital Research and Education in Architectural Heritage* (pp. 117-138). Springer International Publishing.

Goodwin, J., & Holbo, J. (2011). *Reading Graphs, Maps, Trees: Responses to Franco Moretti*. Parlor Press, Anderson, SC.

Groh, G., & Hauffa, J. (2011). Characterizing Social Relations Via NLP-based Sentiment Analysis. *In Proceedings of the Fifth International AAAI Conference on Weblogs and Social Media*, 502-505.

Harris, M., Levene, M. & Zhang, D. (2014). The anatomy of a search and mining system for digital humanities. In *Proceedings of the 14th ACM/IEEE-CS Joint Conference on Digital Libraries*, 165-168.

Hashimoto, Y. (2014). SMART-GS web: a HTML5-powered, collaborative manuscript transcription platform. *Japanese Association for Digital Humanities Annual Conference*, Ibaraki, Japan.

Haslhofer, B., Robitza, W., & Lagoze, C. (2013), Semantic tagging on historical maps, *Proceedings of the 5th Annual ACM Web Science Conference*, 148-157.

Ho, H. I. B., & Hilde, D. W. (2014). MARKUS text analysis and reading platform. Retrieved September 11, 2020, from https://dh.chinese-empires.eu/markus/beta/

Hockey, S. (2004). The history of humanities computing. *A Companion to Digital Humanities*, 3-19.

Im, D.-H., & Park, G.-D. (2015). Linked tag: image annotation using semantic relationships between image tags. *Multimedia Tools and Applications, 74*(7), 2273-2287. doi: 10.1007/s11042-014-1855-z

Ivasic-Kos, M., Ipsic, I., & Ribaric, S. (2015). A knowledge-based multi-layered image annotation system. *Expert Systems with Applications, 42*(24), 9539-9553. doi: 10.1016/j.eswa.2015.07.068

Jackson, C. (2017). *Using social network analysis to reveal unseen relationships in medieval Scotland, Digital Scholarship in the Humanities, 32*(2), 336-343.

Jänicke, S., Blumenstein, J., Rücker, M., Zeckzer, D., & Scheuermann, G. (2015). V*isualizing the results of search queries on ancient text corpora with tag pies*. Digital Humanities Quarterly.

Jänicke, S., Franzini, G., Cheema, M. F., & Scheuermann, G. (2017). Visual text analysis in digital humanities: Visual text analysis in digital humanities. *Computer Graphics Forum, 36*(6), 226-250.

Kehoe, A., & Gee, M. (2013). eMargin: a collaborative textual annotation tool. *Ariadne*, 71.

Kestemont, M., & Gussem, J. D. (2017). Integrated sequence tagging for medieval Latin using deep representation learning. *Journal of Data Mining and Digital Humanities*, Special Issue on Computer-Aided Processing of Intertextuality in Ancient Languages. available at: https://jdmdh. episciences.org/3835

Kirschenbaum, M. (2012). What is digital humanities and what's it doing in English departments? *Debates in the Digital Humanities*, 3.

Koh, K., Lee, B., Kim, B., & Seo, J. (2010). ManiWordle: Providing flexible control over wordle. *IEEE Transactions on Visualization and Computer Graphics, 16*(6), 1190-1197.

Li, Z., Tang, J., Wang, X., Liu, J., & Lu, H. (2016). Multimedia news summarization in search. *ACM Transactions on Intelligent Systems and Technology, 7*(3), 1-20. doi: 10.1145/2822907

Liu, A. (2004). Transcendental data: Toward a cultural history and aesthetics of the new encoded discourse. *Critical Inquiry, 31*(1), 49-84.

Liu, B. (2012). *Sentiment Analysis and Opinion Mining*. Morgan & Claypool Publishers.

Liu, B. (2015). *Sentiment Analysis: Mining Opinions, Sentiments, and Emotions*. New York: Cambridge University Press.

Liu, C.L., Chang, C.N., Hsu, C.T., Cheng, W.H., Wang, H.S., & Chiu, W.Y. (2015). Textual Analysis of Complete Tang Poems for Discoveries and Applications-Style, Antitheses, Social Networks, and Couplets. *Proceedings of the 27th Conference on Computational Linguistics and Speech Processing* (ROCLING 2015), 43-57.

Llamas, J., Lerones, P. M., Zalama, E., & Gómez-García-Bermejo, J. (2016). Applying Deep Learning Techniques to Cultural Heritage Images Within the INCEPTION Project. In M. Ioannides, E. Fink, A. Moropoulou, M. Hagedorn-Saupe, A. Fresa, G. Liestøl, … P. Grussenmeyer (Eds.), Digital Heritage. *Progress in Cultural Heritage: Documentation, Preservation, and Protection* (pp. 25-32). Springer International Publishing.

Lorang, E., Soh, L.-K., Datla, M. V., & Kulwicki, S. (2015). Developing an Image-Based Classifier for Detecting Poetic Content in Historic Newspaper Collections. *D-Lib Magazine*, 21(7/8). doi: 10.1045/july2015-lorang

Moretti, F. (2011). *Network theory, plot analysis*. New Left Review.

Münster, S., Kamposiori, C., Friedrichs, K., & Kröber, C. (2018). Image libraries and their scholarly use in the field of art and architectural history. *International Journal on Digital Libraries, 19*. doi: 10.1007/s00799-018-0250-1

McCay-Peet, L., & Toms, E. (2009). Image use within the work task model: Images as information and illustration. *Journal of the American Society for Information Science and Technology, 60*(12), 2416-2429. doi: 10. 1002/asi.21202

Mohammad, S. (2011). From Once Upon a Time to Happily Ever After: Tracking Emotions in Novels and Fairy Tales. In Proceedings of the ACL Workshop on Language Technology for Cultural Heritage, *Social Sciences, and Humanities* (LaTeCH), 105-114.

Moretti, F. (2005). *Graphs, Maps, Trees: Abstract Models for a Literary History*. Verso, London and New York.

Moretti, G., Sprugnoli, R., Menini, S., & Tonelli, S. (2016). ALCIDE: Extracting and visualising content from large document collections to support humanities studies. *Knowledge-Based Systems, 111*, 100-112.

Picca, D., & Egloff, M. (2017), *DHTK: The digital humanities toolkit*, 2nd Workshop on Humanities in the Semantic Web, pp. 81-86.

Ryan, H., Franco, M., & Erik, S. (2016). The Emotions of London. Retrieved September 20, 2020, from https://litlab.stanford.edu/LiteraryLabPamphlet 13.pdf

Saito, S., Ohno, S., & Inaba, M. (2010). A platform for cultural information visualization using schematic expressions of cube. *In Proceedings of the Digital Humanities*.

Sato, T., Goto, M., Kimura, F., & Maeda, A. (2016). "Developing a collaborative annotation system for historical documents by multiple humanities researchers", *International Journal of Computer Theory and Engineering, 8*(1), 88-93.

Schreibman, S., Siemens, R., & Unsworth, J. (2008). *A companion to digital humanities*. John Wiley & Sons.

So, R. J., & Hoyt L. (2013). Network analysis and the sociology of modernity, *boundary 2, 40*(2), 147-182.

Stanford University (2013). Mapping the Republic of Letters, Retrieved September 14, 2020, from http://republicofletters.stanford.edu/

Steiner, C.M., Agosti, M., Sweetnam, M.S., Hillemann, E.C., Orio, N., Ponchia, C., …Conlan, O. (2014). Evaluating a digital humanities research environment: the CULTURA approach", *International Journal on Digital Libraries, 15*(1), pp. 53-70.

Sugimoto, C.R., Li, D., Russell, T.G., Finlay, S.C., & Ding, Y. (2011). The shifting sands of disciplinary development: analyzing north American library and information science dissertations using latent dirichlet allocation. *Journal of the American society for information science and technology, 62*(1), 185-204.

Sun, Z. & Wang, H. (2010). Overview on the advance of the research on named entity recognition. *New Technology of Library and Information Service, 26*(6), 42-47.

Terras, M. (2012). Image Processing and Digital Humanities. In M. Terras, J. Nyhan, & C. Warwick (Eds.), *Digital Humanities in Practice* (pp. 71-90). Facet. Retrieved from http://discovery.ucl.ac.uk/1327983/

Tracy, D., & Hoiem, E. F. M. (2017). Teaching Digital Humanities Tools at a Distance: A Librarian-Instructor Partnership Integrating Scalar into a Graduate Distance Course. At the Helm: Leading Transformation: The *Proceedings of the ACRL 2017 Conference March*, 22-25.

Tu, A., Hung, J.-J., & Lin, Y.-H. (2012). Building a text analysis platform for Chinese Buddhist text-An example based on CBETA and Tripitaka Catalog Projects. Presented at the PNC 2012 Annual Conference and Joint Meetings, UC Berkeley School of Information, USA. Retrieved from http://joeyhung.info/publications/

Uboldi, G., Caviglia, G., Coleman, N., Heymann, S., Mantegari, G., & Ciuccarelli, P. (2013). Knot: an interface for the study of social networks in the humanities. In *Proceedings of the Biannual Conference of the Italian Chapter of SIGCHI (CHItaly '13), 9.*

Vytasek, J.M, Patzak, A., & Winne, P.H. (2019). Topic development to support revision feedback. *LAK19: Proceedings of the 9th International Conference on Learning Analytics & Knowledge*, 220-224.

Wang, J. Z., Grieb, K., Zhang, Y., Chen, C., Chen, Y., & Li, J. (2006). Machine annotation and retrieval for digital imagery of historical materials. *International Journal on Digital Libraries, 6*(1), 18-29. doi: 10.1007/s00799-005-0121-4

Wei, F., Liu, S., Song, Y., Pan, S., Zhou, M. X., Qian, W., ... Zhang, Q. (2010). TIARA: A visual exploratory text analytic system. *Proceedings of the 16th ACM SIGKDD International Conference on Knowledge Discovery and Data Mining - KDD '10*, 153-162. doi: 10.1145/1835804.1835827

Whitelaw, M. (2015). Generous Interfaces for Digital Cultural Collections. *Digital Humanities Quarterly*, 009(1).

Yang, Y., Yao, Q., & Qu, H. (2017). VISTopic: A visual analytics system for making sense of large document collections using hierarchical topic modeling. *Visual Informatics, 1*(1), 40-47. doi: 10.1016/j.visinf.2017.01.005

Yohan, P.M., Sasidhar, B., Basha, S., A.H., & Govardhan, A. (2014). Automatic named entity identification and classification using heuristic based approach for Telugu. *International Journal of Computer Science Issues, 11*(1), pp. 173-180.

Zhang, D., Islam, M. M., & Lu, G. (2012). A review on automatic image annotation techniques. *Pattern Recognition, 45*(1), 346-362. doi: 10.1016/j.patcog.2011.05.013

第八篇

資訊服務機構

第24章
資訊服務機構管理綜述

黃元鶴

本文簡介

資訊服務機構是一個健全社會所不可或缺的部門,資訊服務機構管理則涉及經營資訊服務機構的專業知能。本文簡介三個資訊服務機構管理議題,包括公共圖書館管理、大學圖書館管理,以及檔案管理。為本篇之第25章、第26章與第27章提供導讀,簡述各章彙整之重要研究主題,以及相較於民國百年出版《圖書資訊學學術研究》之相關內容主題脈絡的變化。

　　中華民國圖書館學會於民國百年出版之《圖書資訊學學術研究》一書,「圖書館與資訊服務機構管理」與「檔案學研究」分列不同篇章,近十年由於圖書資訊學研究發展變化快速,此書為融入更多新興議題,由於篇幅限制,整併資訊服務機構管理與檔案管理於此篇。

　　圖書館依其設立機關、服務對象及設立宗旨,可區分為國家圖書館、公共圖書館、大專校院圖書館、中小學圖書館、專門圖書館等類型。不同類型圖書館管理有其共同關注的議題,亦有其各自的特色。楊美華(2013)曾收集1950-2010年於圖書館管理相關的期刊論文、碩博士論文、專書與研究計畫等資源,綜論大學圖書館、公共圖書館、學校圖書館、專門圖書館、國家圖書館等各類型圖書館的重要管理議題,研究結果呈現重要主題依文獻發表量依次為行政管理、策略規劃、建築設備、館藏管理(館藏發展、

合作館藏、館藏評鑑）、組織結構、組織文化與溝通、人力資源（人事管理、圖書館志工、專業發展）、行銷推廣、績效評估、新興議題（知識管理、專案管理、危機管理）等主題。隨著時代的變遷，經常以「資訊服務機構」來做為「圖書館」代名詞，近十年的重要管理議題，亦有所轉變，本篇分別由公共圖書館管理、大學圖書館管理，以及檔案管理等三大面向，綜整我國近十年研究文獻呈現重要研究主題，以及主題變化的脈絡。

　　第25章「我國公共圖書館管理相關研究之回顧與展望」由輔仁大學圖書資訊學系黃元鶴教授撰稿，收集2010-2020年之期刊論文與博碩士論文，採用內容分析法以呈現重要研究主題，包含讀者服務、閱讀推廣、行銷策略、建築與空間規劃設計、績效管理與創新管理、人力資源與志工管理、技術服務、網站建置、倫理與法制、資訊素養、政策與價值、社群媒體／社會性軟體等主題。相較於楊美華（2013）統整各類型圖書館的分析結果，相同的重要研究主題是建築與空間規劃設計、績效管理與創新管理、人力資源與志工管理等項，然而，近十年公共圖書館管理研究更重視讀者服務與行銷策略等研究主題，而行政管理、組織結構與設計等主題則較少出現。近年亦增加了新興科技於服務之研究，如擴增實境技術與行動服務於公共圖書館之科技應用。黃元鶴（2020）檢視歐美各國實際導入人工智慧概念或技術的個案，區分為應用、倡議與育成等三種類型，除了應用人工智慧技術於圖書館服務之外，亦提出圖書館於人工智慧素養促進之實務建議。

　　第26章「我國大學圖書館管理相關研究之回顧與展望」由臺北醫學大學通識教育中心教授兼圖書館館長邱子恒撰稿，收集2010-2019年之期刊論文與博碩士論文，主題分析重要研究主題如下：服務管理、人力資源、空間規劃、館藏管理、特定讀者群、行銷推廣。相較於楊美華（2013）呈現之重要研究主題，相同的重要研究主題是人力資源、空間規劃、館藏管理、行銷推廣，近十年大學圖書館管理研究更重視服務管理研究主題，而行政管理、組織結構與設計等主題亦較少出現。邱子恒建議未來大學圖書館管理研究方向可朝向學術傳播服務、開放取用運動、學術不端、學術研究力指標、人工智慧、數據科學與數據管理等研究主題。

　　第27章「我國檔案管理相關研究之回顧與展望」由國立政治大學圖書

資訊與檔案學研究所教授兼任圖書館副館長以及社會資料中心校史與檔案組組長林巧敏撰稿。檔案資料管理的重點在於關注原始產生的一手資料，如手稿、書信、契書、會議紀錄、通訊記錄、以及機關公文書等。因此，任何機構中相關於前述資料範疇之收集、組織整理與應用，均可應用檔案管理知識與技巧。林巧敏（2013）曾收集2010年以前之檔案學研究文獻，並提出檔案學理論與概念、現行文件與文書作業、檔案編排與描述、檔案鑑定與清理、檔案修復與維護、庫房與典藏管理、檔案媒體與微縮複製、特殊類型檔案與手稿、檔案應用與推廣、史料編輯與出版、教育與專業發展、檔案法規與行政、電子文件作業與系統、檔案與歷史研究等十四項研究主題。

在本書中，作者收集2010-2019年國內檔案管理相關之期刊論文及學位論文，整理分析論文呈現如下計量資訊：研究主題、論文採用研究方法、刊登期刊、學位論文發表系所分布、作者特性分析等項。依據林巧敏（2013）之十四項主題來歸類，研究結果呈現文獻量較多之前五項主題為：檔案與歷史研究、檔案應用與推廣、特殊類型檔案與手稿、史料編輯與出版、電子文件作業與系統。而在檔案媒體與微縮複製、現行文件與文書作業等主題研究則偏少。近十年的研究趨向檔案應用及檔案內容分析之研究主題，因此，林巧敏建議刪除檔案媒體與微縮複製之分類主題，調整為十三項主題分類如下：檔案功能及其社會價值、文書作業及制度、檔案徵集及鑑定、檔案編排及描述、檔案維護及修復、檔案館建築及典藏設施、特殊類型檔案、檔案應用及推廣、史料編輯及出版、檔案教育及專業發展、檔案法規及行政、電子文件管理、檔案內容研究等。

本篇提供公共圖書館管理、大學圖書館管理，以及檔案管理等三項研究文獻回顧，呈現近十年資訊服務機構管理之研究重點為融入當代創新科技，強化內外在環境品質與美感，提升資訊服務內容的廣度與深度，充分掌握多元特性之服務對象需求以提供有效率的資訊服務。

參考文獻

林巧敏（2013）。檔案學研究文獻回顧與前瞻。**在圖書資訊學學術研究**（卜小蝶主編，頁197-223）（中華民國圖書館事業百年回顧與展望，8）。台北市：五南。

黃元鶴（2020）。人工智慧於圖書館之應用、倡議與育成：歐美加圖書館個案發展芻議。**國家圖書館館刊**，**109**（2），1-20。

楊美華（2013）。圖書館與資訊服務機構管理綜述。**在圖書資訊學學術研究**（卜小蝶主編，頁483-515）（中華民國圖書館事業百年回顧與展望，8）。台北市：五南。

第25章
我國公共圖書館管理相關研究之回顧與展望

黃元鶴

本文簡介

公共圖書館提供社會大眾圖書資訊服務，其研究主題常來自經營實務。本文樣本文獻來自我國2010-2020年間期刊論文130篇與博碩士論文135篇，採用內容分析法以呈現重要研究主題，包含讀者服務、閱讀推廣、行銷策略、建築與空間規劃設計、績效管理與創新管理、人力資源與志工管理、技術服務、網站建置、倫理與法制、資訊素養、政策與價值、社群媒體／社會性軟體等主題。讀者服務依兒童或學齡前兒童、青少年、中高齡者，以及視障者、聽障者、語文弱勢者、身心障礙者、新住民等不同對象分述其研究重點。

前言

　　公共圖書館是以社會大眾為主要服務對象，提供圖書資訊服務，推廣閱讀與終身學習之圖書館。公共圖書館之隸屬層級可分為國立圖書館、直轄市立圖書館、直轄市山地原住民區立圖書館、縣（市）立圖書館及鄉（鎮、市）立圖書館等。其類型包含總館、分館、區館、閱覽室、館外服

務站等，依據中華民國108年圖書館年鑑，公共圖書館數量共計1,145所（劉仲成，2020），居全國各類型圖書館數量之冠。因此，公共圖書館管理相關研究數量不少，本文以近十年國內公共圖書館研究文獻為範疇，採用內容分析方法以呈現重要研究主題。

近十年國內公共圖書館研究文獻回顧

文獻收集資料範疇

　　主要收集臺灣的期刊文章與博碩士論文，期刊文章是在「Airiti Library 華藝線上圖書館」於題名、關鍵字、摘要等欄位中以「公共圖書館」檢索，並限定文獻類型是「期刊文章」，出版地區是「臺灣」，年代限定自2010-2020年為止，2020年資料至7月31日為止，再經人工篩選後，最終共計130篇期刊文章納入文獻回顧分析。博碩士論文收集自「臺灣博碩士論文知識加值系統」，於題名、關鍵詞等欄位中以「公共圖書館」檢索，畢業學年度限定自99-108年為止，108年學年度畢業論文資料至2020年7月31日為止，再經人工篩選後，最終共計135篇博碩士論文納入文獻回顧分析。

文獻主題綜覽

　　分別將期刊論文與博碩士論文樣本文獻依研究主題分群如表1，讀者服務研究主題是公共圖書館管理研究的主軸，分別占四分之一之期刊論文樣本數與近三分之一的博碩士論文樣本數，若合併閱讀推廣的研究，則讀者服務與閱讀推廣之研究主題約占期刊論文樣本數32%與博碩士論文樣本數40%。其次是建築與空間規劃設計，分別各占期刊論文與博碩士論文約14%。

　　讀者服務為公共圖書館管理研究的主軸，分齡分眾讀者研究分別占期刊論文樣本數之34.6%與博碩士論文樣本數之37.8%，即大約30%的公共圖書館相關研究為特定讀者研究。表2呈現不同類型讀者研究之數量與所占百分比，在分齡分眾讀者研究中，超過50%的期刊論文研究重點在兒童或學

表1 研究主題分布

主題	期刊論文（N＝130）		博碩士論文（N＝135）	
	N	百分比（%）	N	百分比（%）
讀者服務	33	25.4	41	30.4
建築與空間規劃設計	19	14.6	19	14.1
績效管理	14	10.8	16	11.9
創新管理	11	8.5	4	3.0
技術服務、網站建置	10	7.7	8	5.9
閱讀推廣	9	6.9	14	10.4
行銷策略	7	5.4	9	6.7
倫理與法制	7	5.4	0	0.0
資訊素養	6	4.6	1	0.7
志工管理	5	3.8	5	3.7
政策與價值	4	3.1	7	5.2
人力資源	3	2.3	9	6.7
社群媒體／社會性軟體	2	1.5	2	1.5

齡前兒童、青少年等讀者，而博碩士論文則超過60%。由於此年齡層一直是公共圖書館重點服務的對象，所以比例較高的研究集中在此年齡層是相當合理的。近年邁入高齡化社會，所以針對中高齡者為對象的研究比例也不少，超過六分之一期刊論文與近四分之一博碩士論文在特定讀者研究重點在中高年齡族群。除了前述的熱門的讀者研究對象之外，亦有相關論文著重於少數族群如視障、聽障、語文弱勢者、身心障礙者、遊民、新住民，以及失智症照護者等對象。

表2　分齡分眾讀者研究主題

讀者類型	期刊論文（N＝45）		博碩士論文（N＝51）	
	N	百分比（%）	N	百分比（%）
兒童或學齡前兒童	20	44.4	24	47.1
青少年	5	11.1	9	17.6
樂齡、銀髮族、中高齡者	8	17.8	12	23.5
問題讀者	1	2.2	0	0.0
視障、聽障、語文弱勢者、身心障礙者	5	11.1	2	3.9
新移民／新住民	3	6.7	3	5.9
遊民／街友	3	6.7	1	2.0
失智症照護者	0	0.0	1	2.0

註：博碩士論文共51篇論文為特定讀者類型研究，其中1篇為祖孫共讀研究，重複歸類至兒童與樂齡讀者。

重要研究主題回顧

讀者服務、閱讀推廣與行銷策略

　　公共圖書館相當重視讀者服務與閱讀推廣活動，以分齡分眾的方式來提供讀者服務是最有效率的機制，下一節依不同背景讀者分述相關研究主題。閱讀推廣研究大多聚焦於兒童或學齡前兒童，少數研究對象是銀髮族或新住民，當今數位時代，若干研究是聚焦於電子書的推廣（陳莞捷，2012；王梅玲，2013；呂春嬌、李宗曄，2013；張維容，2015）。行銷策略的研究，各館或各該館的活動行銷之個案研究是典型的研究主題，黃昭謀（2014）以數位內容策展方式來建構參與式文化的公共圖書館是較為特殊的行銷策略。

分齡分眾讀者研究

兒童或學齡前兒童、青少年

不少研究由資訊素養、閱讀推廣與讀者服務角度，包含與學校圖書館的合作推廣（陳婉煊、賴怡婷，2011；周倩如，2010；溫晏、柯皓仁，2011；曾品方，2016；呂依芳，2019；沈宛蓁，2016；溫晏，2011；洪偉翔，2016；梁淑貞，2013）、心理健康等主題（陳書梅、程書珍，2013；吳善揮，2017）。以親子活動來推廣閱讀是典型的模式，孫雲倩（2015）則以祖孫共讀的主題來研究其閱讀活動效益，掌握了高齡化社會的時代趨勢，比較特別的是莊登洋（2016）探討治療犬於協助兒童閱讀教育的主題。結合新科技運用於兒童讀者服務的是沈宗霖與鄭嘉雯（2018）探討服務型機器人應用於兒童圖書館的可行性，提出未來可提供的功能與服務：尋書功能、導覽功能、個人化服務、陪伴功能、說故事服務、諮詢服務、保全功能。

多項研究著重於空間規劃，探討空間規劃設計要素與需求（范豪英，2010；林立昇，2018；沈宗霖，2019；塗欣宜，2015；張慧秋，2013；強美玟，2013；鄭伊婷，2011），以及空間滿意度調查（王梅玲、江宜蓁，2020；沈宗霖，2017；江宜蓁，2017），也有結合智慧型手表等技術來輔助兒童尋書（郭俊桔，2019）。

著重於兒童或青少年資訊資源之內容選粹與建置（林奕宏，2019；林麗娟、李正吉、賴彥銘，2017），另外亦曾有研究探索青少年志工與服務學習的主題（梁鴻栩、吳彩鳳，2015；曾燮茜，2015），當代青少年較早即接觸社群媒體，黃雨菲（2020）探索公共圖書館應用社群媒體Instagram行銷效果，對於前青少年（preadolescence）行為意圖的因素，建構說服訊息與信念態度對前青少年行為意圖影響的理論模型，以利公共圖書館經營社群媒體之參考。

中高齡者、樂齡、銀髮族

高齡化社會是全世界已開發與開發中國家出現的現象，因此近十年公共圖書館相當重視中高齡者讀者服務，臺灣往往以銀髮族、樂齡等用語來稱呼高齡者族群，銀髮族泛指年齡65歲以上之年長者，而樂齡則是來自新

加坡的用語，指60歲以上老年人[1]。由於此族群的生理機能逐步老化，因此若干研究探索圖書館的空間規劃設計以貼近中老年人的需求（廖禎婉、林詣筑，2014；陳格理，2015；洪玉貞，2019；林芷君，2018；林芷君、邱銘心，2019），志工招募是公共圖書館重要的人力資源管理議題之一，因此亦有研究探索老年人參與公共圖書館志工的動機、影響因素（李珮漪、林珊如，2011；林珊如、李珮漪，2013）。老年生活品質與社會網絡密切相關，許郁翎（2016）由社會資本角度探索公共圖書館服務對於中高齡者的影響狀況，掌握老年人藉由社會網絡所獲取之工具性、情緒性及資訊性等不同的支持面向，以利圖書館規劃更適切的服務內容。

特殊讀者

公共圖書館服務對象多元，除了前述兒童與老年人是重要的服務對象之外，視障者、聽障者、語文弱勢者、身心障礙者、新移民或新住民等特殊讀者，亦有相關研究，為消弭取用資訊落差，前述類型的讀者，由於身心障礙或語言隔閡，對於館藏資源與設備有其特殊需求，主要研究方向為三大類型：（1）朝向其資訊需求或行為之探索研究（葉怡君，2011）吳奕祥，2012；陳書梅，2016；楊喻好，2017）；（2）特殊資源與現況調查研究（林巧敏、賀迎春，2015）；（3）服務設計相關議題之探討，包含問題與限制之探討（林巧敏，2016）、內容與類型、創新方法（陳書梅，2016）之建議。

建築與空間規劃設計

北中南各地公共圖書館總館陸續於近十年完工啟用，如國立臺中圖書館新總館於2012年啟用，並於2013年更名為「國立公共資訊圖書館」，高雄市立圖書館新總館於2014年完工啟用，新北市立圖書館新總館於2015年完工啟用等，以及其他具特色的新館建築，如2015年啟用的桃園市立圖書館龍崗分館。新館建築能引領大眾討論的話題，往往兼具行銷圖書館的效應，

---

[1] 依據國家圖書館學術知識服務網站提供關於樂齡的定義說明，https://ref.ncl.edu.tw/%E5%AD%B8%E7%A7%91%E5%B0%88%E5%AE%B6%E8%AB%AE%E8%A9%A2%E5%B9%B3%E5%8F%B0/%E7%9F%A5%E8%AD%98%E5%85%B1%E4%BA%AB%E5%9C%88-%E6%96%87%E7%AB%A0/%E6%AA%A2%E8%A6%96%E6%96%87%E7%AB%A0/1104-。

但新館的建築費用相當高，為改善現存老舊館舍，以空間再造方式改良現有空間。然而是否能兼顧建築與空間設計的美感與功能性，是值得研究的面向，李磊哲（2010）以建築師觀點以及與館員溝通的經驗，提出12個常發生的問題及10個雙贏策略。若干研究著眼於用後評估與使用滿意度的觀點（李英豪，2014；鄭信維，2014；黃俊熹等人，2018；徐琬琳，2018；洪玉貞，2019；劉韻涵，2019；王梅玲、江宜蓁，2020）。此外，吳可久（2014）討論數位時代影響公共圖書館建築與空間規劃設計的轉型的不同面向，包含書籍排列與尋書、遠距典藏與後設資料、主題分類與社會性標籤、多元讀者與人機介面、身分識別與彈性服務、智慧建築與管理等議題。高貞貞（2012）調查分析不同身分別對圖書館環境及數位科技化圖書館之使用需求及概念。蔡素娥、傅俊淇（2019）以及郭俊桔（2019）應用當代技術分別建置不同的尋書定位系統。少數研究探討圖書館的餐飲空間（陳格理、曾俊郎，2011）、展覽空間（蘇俊銘，2011），以及公共藝術（洪聆真，2017）。

績效管理與創新管理

圖書館績效管理是管理者與館員間如何制定任務與目標、研擬資源分配與行動方案以實現圖書館發展目標，並檢視成效的相關管理方法。首先就全國政策層面來看，呂明珠（2014）曾檢視全國性公共圖書館營運績效評量結果與評鑑工具，提出建立評鑑制度、成立公共圖書館評鑑資料庫、評鑑委員協助輔導鄉鎮圖書館的建議。張裕鳳（2011）應用平衡計分卡之四構面：財務、顧客、內部流程、學習成長等構面，為臺北市立圖書館發展績效衡量指標。柯皓仁（2014）以及王梅玲、藍翊瑄（2016）則從投入、產出層面的績效評估進展到成效評估來論述公共圖書館績效評估。高詠茹（2017）由公共圖書館在教育、工作與職涯、日常活動及休閒活動四項功能以使用效益評估觀點，來探索公共圖書館服務成效。此外，不少研究由讀者服務滿意度調查與分析來檢視服務成效與改進項目，以促進圖書館服務品質（劉玉玲，2015；林鶴，2016；王群雅，2017；王彥筑，2017；徐玉金，2017；陳淑莉，2016；吳立仁，2015；鄭美蓮，2015；洪鈺茹，2014；林怡君，2014；何雯婷、歐陽崇榮，2013）。

創意常需跳出思考的框架，圖書館跨界合作來激發創新服務的創意，經由異業結盟，可將服務觸角延伸至館外，鄭來長（2018）分享各項跨界合作作法並提出合作原則，蘇郁婷（2019）也提出公共圖書館的異業結盟為雙方帶來的效益包含提升知名度、取得資源、提升形象等。江芊儒（2019）運用社會網絡分析與統計分析等量化方式，探索圖書館的公共關係，包含府會與媒體記者關係，納入預算與營運量等績效指標，試圖提出有效的公共關係營運模式。

創新科技應用

資訊科技應用已融入圖書館各項服務中，電子資源館藏如電子書服務平臺之推展與使用（劉彥愷，2012；何雯婷、歐陽崇榮，2013；陳冠羽，2017；劉仲成、賴麗香，2018；楊子靚、廖英佑、鍾佳穎、賴思綺，2019），納入擴增實境技術於繪本資料庫及行動服務之應用（林麗娟、李正吉、賴彥銘，2017；林麗娟、周德嫌，2013），近來研究朝向行動服務之科技應用，如智慧型尋書機制之設計與建置，吳可久等人（2017）結合穿戴式手錶，而蔡素娥、傅俊淇（2019）以及郭俊桔（2019）則結合行動裝置提出兒童尋書應用程式與系統。

人力資源與志工管理

圖書館人力資源短缺，提升人力資源素質與志工參與度亦是公共圖書館重要的管理議題，人力資源管理議題如組織文化與領導效能（劉杏怡，2011；邱慧瑩，2013），館員教育訓練與職能精進成長的相關研究（張秀蓮，2011；許純菁，2015；鍾穎潔，2017；彭于萍，2018），派遣人力資源運用相關研究（呂宜欣，2013；周躚洋，2013）。

志工管理工作，包括招募、訓練、管理、運用、輔導及考核等項目（彭于萍，2015），由實證資料來探討志工管理制度設計的研究（洪慈芬，2013；張雅怡，2013；王令惠，2019）。此外，邁入高齡化社會，若干關於銀髮族參與志工的研究（李珮漪、林珊如，2011；林珊如、李珮漪，2013），而青少年族群往往也是志工招募的潛在對象，梁鴻栩、吳彩鳳（2015）探討青少年暑期志工，而曾斐茜（2015）則由服務學習角度探討青少年志工參與。

未來研究發展趨勢與議題

　　各類型圖書館中，公共圖書館最貼近民眾生活的場域，其研究主題常來自管理經營實務層面。曾淑賢（2014）由經營觀念、技術、服務、建築、空間、家具、館藏管理、行銷、通路及人員等面向探討翻轉模式。在經營觀念上，以圖書館是放鬆與社交的場域，是快樂、活潑與現代化的；空間翻轉走向舒適化、環保化、數位化、合作化、自由化及分眾化，為吸引青少年到圖書館，將青少年喜愛的音樂元素引進圖書館空間設計，如舊金山市立圖書館的青少年專屬場域The Mix設有Audio Booth，他們可以利用其所提供的樂器和設備製作音樂（黃元鶴、唐宗忻，2017）。除了學習之外，圖書館亦融入靈感激發與表演的空間氛圍。

　　隨著當代科技的演進發展，行動裝置普及，公共圖書館需提供更多行動資訊服務，近年歐美已有若干人工智慧應用於圖書館的議題，赫爾辛基市立圖書館於2019年啟用基於人工智慧資料管理系統，採取浮動館藏機制，系統依據讀者借還記錄來決定館藏資料的正確位置，因此，書或資料不再依典型圖書館排序方式，而是依讀者需求來客製化其個人取書箱的書或資料，希望能節省館員時間，爭取更多時間服務讀者（黃元鶴，2020）。因此，導入新科技於公共圖書館，提升服務效能，將是未來持續研究的課題。

參考文獻

王令惠（2019）。公共圖書館志工招募訓練與管理之研究：以臺中二所圖書館為例。（未出版之碩士論文）。政治大學圖書資訊學數位碩士在職專班，台北市。

王彥筑（2017）。提升公共圖書館服務品質之研究——以新竹縣政府文化局圖書館為例。（未出版之碩士論文）。政治大學圖書資訊學數位碩士在職專班，台北市。

王梅玲（2013）。從電子書數位閱讀探討圖書館推廣策略。臺北市立圖書館館訊，30（4），9-24。

王梅玲、江宜蓁（2020）。公共圖書館青少年空間教育部改造計畫後使用與滿意度研究。國家圖書館館刊，109（1），31-58。

王梅玲、藍翊瑄（2016）。圖書館成果評鑑意涵與相關研究。臺北市立圖書館館訊，33（4），50-72。

王群雅（2017）。電子資源館藏使用與滿意度研究——以臺北市立圖書館大直分館讀者為例。（未出版之碩士論文）。政治大學圖書資訊學數位碩士在職專班，台北市。

江芊儒（2019）。以量化方法探討臺灣公共圖書館之公共關係經營成效：以臺北市立圖書館及臺中市立圖書館為例。（未出版之碩士論文）。臺灣大學圖書資訊學研究所，台北市。

江宜蓁（2017）。空間改造後青少年公共圖書館空間使用與滿意度研究。（未出版之碩士論文）。政治大學圖書資訊與檔案學研究所，台北市。

何雯婷、歐陽崇榮（2013）。國立公共資訊圖書館電子書服務平臺使用者滿意度之研究。臺北市立圖書館館訊，31（2），60-76。

吳可久（2014）。數位時代趨勢下公共圖書館建築轉型。臺北市立圖書館館訊，31（3），9-21。

吳可久、陳圳卿、邱子恒、蔣以仁、林杰穎、王薇晴、趙恩襄、李牧微、周佳靜（2017）。兒童圖書館智慧化導航及視覺化界面之建置。**國家圖書館館刊，106**（2），85-108。

吳立仁（2015）。**公共圖書館服務品質影響因素之研究：以行天宮附設玄空圖書館為例**。（未出版之碩士論文）。中興大學國家政策與公共事務研究所，台中市。

吳奕祥（2012）。新移民使用公共圖書館之行為探析。**臺北市立圖書館館訊，30**（2），30-37。

吳善揮（2017）。以蘇打綠歌曲提升青少年的挫折復原力——兼論香港公共圖書館向青少年讀者提供相關服務之建議。**臺北市立圖書館館訊，34**（1），79-106。

呂依芳（2019）。**縣市交界之小學圖書館與公共圖書館資源整合利用之研究——以桃園市龜山區某國小為例**。（未出版之碩士論文）。政治大學圖書資訊學數位碩士在職專班，台北市。

呂宜欣（2013）。**公共圖書館使用非典型勞動力的影響與策略之研究**。（未出版之碩士論文）。輔仁大學圖書資訊學研究所，新北市。

呂明珠（2014）。我國公共圖書館評鑑之發展與建議。**圖書與資訊學刊，85**，22-38。

呂春嬌、李宗曄（2013）。公共圖書館數位閱讀新體驗——以國立公共資訊圖書館為例。**臺北市立圖書館館訊，30**（4），45-66。

李英豪（2014）。公共圖書館整建之用後評估研究：以臺北市立圖書館松山分館為例。**臺北市立圖書館館訊，31**（3），33-56。

李珮漪、林珊如（2011）。臺北市立圖書館老年人參與公共圖書館志願服務之研究。**教育資料與圖書館學，49**（1），3-38。

李磊哲（2010）。圖書館與建築師的雙贏策略。**臺北市立圖書館館訊，28**（1），44-55。

沈宗霖（2017）。**公共圖書館兒童閱讀空間使用與滿意度研究**。（未出版之碩士論文）。政治大學圖書資訊學數位碩士在職專班，台北市。

沈宗霖（2019）。從兒童空間需求看兒童圖書館氛圍營造。**臺北市立圖書館館訊**，**35**（2），1-16。

沈宗霖、鄭嘉雯（2018）。淺談服務型機器人在兒童圖書館之應用。**臺北市立圖書館館訊**，**34**（4），35-49。

沈宛蓁（2016）。**國民中學圖書館與公共圖書館社區資源共享研究：以基隆市為例**。（未出版之碩士論文）。政治大學圖書資訊學數位碩士在職專班，台北市。

周倩如（2010）。公共圖書館學生班訪及導覽方案設計與執行。**臺北市立圖書館館訊**，**28**（1），56-77。

周躡洋（2013）。**公立公共圖書館勞動派遣人力及其工作績效研究**。（未出版之碩士論文）。中興大學圖書資訊學研究所，台中市。

林巧敏（2016）。公共圖書館提供身心障礙讀者服務問題之探討。**大學圖書館**，**20**（2），33-55。

林巧敏、賀迎春（2015）。公共圖書館視障資源與服務現況調查。**圖書資訊學刊**，**13**（1），69-98。

林立昇（2018）。**新北市立圖書館總館之兒童閱讀空間構成要素及使用現況之研究**。（未出版之碩士論文）。雲林科技大學建築與室內設計系，斗六市。

林怡君（2014）。**新北市公共運輸場站行動圖書館服務品質探究**。（未出版之碩士論文）。臺灣師範大學圖書資訊學研究所，台北市。

林芷君（2018）。**樂齡讀者對公共圖書館樂齡學習中心服務環境偏好研究**。（未出版之碩士論文）。師範大學圖書資訊學研究所，台北市。

林芷君、邱銘心（2019）。Senior Citizens' Servicescape Preferences Regarding Senior Active Learning Centers in the Public Libraries。**圖書資訊學刊**，**17**（1），117-149。

林奕宏（2019）。**我國公共圖書館兒童繪本選書工作與適齡選書工具應用之研究**。（未出版之碩士論文）。政治大學圖書資訊與檔案學研究所，台北市。

林珊如、李珮漪（2013）。銀髮族參與公共圖書館志願服務：動機、影響因素與招募策略。**臺北市立圖書館館訊**，**31**（1），34-51。

林麗娟、李正吉、賴彥銘（2017）。擴增實境繪本資料庫之建置與應用。**國家圖書館館刊**，**106**（1），83-110。

林麗娟、周德嫌（2013）。擴增實境融入公共圖書館行動服務之發展及應用。**臺北市立圖書館館訊**，**30**（3），9-29。

林鶴（2016）。新北市立圖書館深坑分館讀者服務滿意度之研究。**中華印刷科技年報**，316-333。

邱慧瑩（2013）。**以CVF與MSQ探討臺灣公共圖書館組織文化與館員工作滿意度之關係**。（未出版之碩士論文）。中興大學圖書資訊學研究所，台中市。

柯皓仁（2014）。淺談公共圖書館績效評估。**臺北市立圖書館館訊**，**32**（2），1-20。

洪玉貞（2019）。**閱讀環境優質改造後樂齡族使用公共圖書館滿意度研究：以臺南市為例**。（未出版之碩士論文）。政治大學圖書資訊學數位碩士在職專班，台北市。

洪偉翔（2016）。**公共圖書館電子資源支援新北市國小教學使用需求之調查研究**。（未出版之碩士論文）。政治大學圖書資訊學數位碩士在職專班，台北市。

洪聆真（2017）。**國立公共圖書館之公共藝術研究**。（未出版之碩士論文）。中興大學圖書資訊學研究所，台中市。

洪慈芬（2013）。**公共圖書館志工人口變項、相關經驗與教育需求之差異性研究——以高雄市立圖書館為例**。（未出版之碩士論文）。南華大學文化創意事業管理學系，嘉義縣。

洪鈺茹（2014）。**探討讀者行為對圖書館數位服務品質之分析——以大臺南市公共圖書館為例**。（未出版之碩士論文）。南臺科技大學資訊傳播系，台南市。

范豪英（2010）。公共圖書館的青少年服務空間。**臺北市立圖書館館訊，28**（1），1-13。

孫雲倩（2015）。**臺灣公共圖書館之祖孫共讀活動研究**。（未出版之碩士論文）。臺灣大學圖書資訊學研究所，台北市。

徐玉金（2017）。**苗栗縣公共圖書館閱讀推廣成效評鑑與讀者滿意度研究**（未出版之碩士論文）。政治大學圖書資訊與檔案學研究所，台北市。

徐琬琳（2018）。**圖書館空間改造歷程之意見調查：以臺北市立圖書館為例**。（未出版之碩士論文）。政治大學圖書資訊學數位碩士在職專班，台北市。

高貞貞（2012）。**公共圖書館空間環境之數位應用**。（未出版之碩士論文）。南華大學建築與景觀學系環境藝術碩士班，嘉義縣。

高詠茹（2017）。**從使用者觀點探討公共圖書館使用效益**。（未出版之碩士論文）。臺灣大學圖書資訊學研究所，台北市。

張秀蓮（2011）。**臺北市立圖書館及上海圖書館館員教育訓練之比較研究**。（未出版之碩士論文）。臺灣師範大學圖書資訊學研究所在職進修碩士班，台北市。

張雅怡（2013）。**從志工管理議題探討都會公共圖書館志工之管理**。（未出版之碩士論文）。臺灣大學圖書資訊學研究所，台北市。

張裕鳳（2011）。**平衡計分卡運用於公共圖書館績效評估之研究——以臺北市立圖書館為例**。（未出版之碩士論文）。臺灣師範大學社會教育學系在職進修碩士班，台北市。

張維容（2015）。**參與「數位閱讀到您家」計畫之讀者電子書閱讀行為研究**。（未出版之碩士論文）。臺灣師範大學圖書資訊學研究所，台北市。

張慧秋（2013）。**兒童閱覽室空間規劃與活動行為之研究——以臺中市公共圖書館為例**。（未出版之碩士論文）。臺中科技大學室內設計系，台中市。

強美玟（2013）。**從臺中市在學青少年的角度探討公共圖書館青少年服務與專屬空間**。（未出版之碩士論文）。中興大學圖書資訊學研究所，台中市。

梁淑貞（2013）。**公共圖書館與小學圖書館圖書資源合作之研究——以新竹市為例**。（未出版之碩士論文）。政治大學圖書資訊學數位碩士在職專班，台北市。

梁鴻栩、吳彩鳳（2015）。淺談公共圖書館青少年暑期志工規劃與執行。**臺北市立圖書館館訊**，**32**（3），15-30。

莊登洋（2016）。**治療犬在公共圖書館協助兒童閱讀教育之研究**。（未出版之碩士論文）。逢甲大學公共政策研究所，台中市。

許郁翎（2016）。**從社會資本觀點看公共圖書館服務對中高齡者之影響**。（未出版之碩士論文）。臺灣大學圖書資訊學研究所，台北市。

許純菁（2015）。**公共圖書館員資訊素養與專業成長之研究**。（未出版之碩士論文）。暨南國際大學，南投縣。

郭俊桔（2019）。行動裝置上無室內定位之兒童尋書定位系統。**圖書館學與資訊科學**，**45**（2），66-95。

陳冠羽（2017）。**公共圖書館電子書借閱機制探討——以臺灣雲端書庫為例**。（未出版之碩士論文）。政治大學圖書資訊與檔案學研究所，台北市。

陳書梅（2016）。公共圖書館問題讀者行為類型之探索性研究。**教育資料與圖書館學**，**53**（3），311-344。

陳書梅（2016）。以電影《當幸福來敲門》找回街友的「挫折復原力」——兼論公共圖書館之街友讀者服務創新。**臺北市立圖書館館訊**，**33**（3），29-44。

陳書梅、程書珍（2013）。公共圖書館發展性兒童書目療法服務需求之研究。**國家圖書館館刊**，**102**（2），1-34。

陳格理（2015）。試論公共圖書館中高齡者的閱讀環境。**臺北市立圖書館館訊**，**33**（1），1-18。

陳格理、曾俊郎（2011）。圖書館餐飲服務之研究。**大學圖書館**，**15**（2），62-77。

陳婉煊、賴怡婷（2011）。透過「班訪」、「圖書館相關繪本」建構幼兒與公共圖書館的橋樑。**臺北市立圖書館館訊**，**29**（1），37-53。

陳淑莉（2016）。**新北市立圖書館新總館服務品質與讀者滿意度研究**。（未出版之碩士論文）。臺北市立大學歷史與地理學系社會科教學碩士學位班，台北市。

陳莞捷（2012）。**公共圖書館兒童電子書推廣活動之研究**。（未出版之碩士論文）。政治大學圖書資訊與檔案學研究所，台北市。

彭于萍（2015）。淺談公共圖書館志工人力資源管理。**臺北市立圖書館館訊**，**32**（3），1-13。

彭于萍（2018）。資訊時代公共圖書館兒童服務館員職能探討。**圖書資訊學刊**，**16**（2），103-133。

曾品方（2016）。學校圖書館與公共圖書館合作服務之探析。**臺北市立圖書館館訊**，**33**（3），45-65。

曾淑賢（2014）。轉型時代的圖書館──新觀念・新空間・新服務・新體驗。**國家圖書館館刊**，**102**（1），1-47。

曾嬿茜（2015）。**從服務學習探討青少年志工之經驗與公共圖書館互動關係**。（未出版之碩士論文）。中興大學圖書資訊學研究所，台中市。

溫晏（2011）。**臺灣公共圖書館與國民小學合作服務之研究**。（未出版之碩士論文）。臺灣師範大學圖書資訊學研究所，台北市。

溫晏、柯皓仁（2011）。臺灣公共圖書館與學校合作服務之研究。**國家圖書館館刊**，**100**（1），133-158。

黃元鶴（2020）。人工智慧於圖書館之應用、倡議與育成：歐美加圖書館個案發展芻議。國家圖書館館刊，**109**（2），1-20。

黃元鶴、唐宗忻（2017）。無所不在的圖書館服務——舊金山市立圖書館觀摩學習分享。臺北市立圖書館館訊，**34**（2），67-85。

黃雨菲（2020）。**利用資訊採用模式探索早期青少年受公共圖書館社群媒體行銷之影響——以Instagram為例**。（未出版之碩士論文）。臺北大學互動設計系，台北市。

黃俊熹、戴劭耕、商德緣、張靜宜、賴俊榮（2018）。臺灣鄉鎮圖書館用後評估與計畫效益研究——以彰化縣為例。建築學報，**103**，101-122。

黃昭謀（2014）。參與式文化的公共圖書館：從數位內容策展談起。**臺北市立圖書館館訊**，**32**（1），17-36。

塗欣宜（2015）。**從兒童發展探討公共圖書館兒童服務空間之規劃設計——以中部地區為例**。（未出版之碩士論文）。臺灣大學圖書資訊學研究所，台北市。

楊子靚、廖英佑、鍾佳穎、賴思綺（2019）。新北市立圖書館電子書借閱平臺效能之研究。**圖文傳播藝術學報**，314-328。

楊喻好（2017）。**萬華地區公共圖書館遊民之研究**。（未出版之碩士論文）。臺灣師範大學圖書資訊學研究所，台北市。

葉怡君（2011）。**新住民使用公共圖書館之動機與行為研究**。（未出版之碩士論文）。輔仁大學圖書資訊學研究所，台北市。

廖禎婉、林詣筑（2014）。公共圖書館樂齡專區規劃與經營：以國立公共資訊圖書館為例。**圖書與資訊學刊**，**84**，77-91。

劉玉玲（2015）。提升公共圖書館使用滿意度增進高齡者幸福感之研究。**大仁學報**，**46**，57-73。

劉仲成（2020）。公共圖書館。在中華民國一〇八年圖書館年鑑（國家圖書館編輯，頁75-116）。台北市：國家圖書館。

劉仲成、賴麗香（2018）。臺灣公共圖書館讀者數位閱讀新風貌——以電子書服務平臺之調查研究為例。**國家圖書館館刊，107**（2），55-74。

劉杏怡（2011）。**臺中市公共圖書館主管領導行為與領導效能之研究**。（未出版之碩士論文）。中興大學圖書資訊學研究所，台中市。

劉彥愷（2012）。公共圖書館電子書服務平臺系統評估之研究：以國立臺中**圖書館電子書服務平臺為例**。（未出版之碩士論文）。中興大學圖書資訊學研究所，台中市。

劉韻涵（2019）。臺北市立圖書館萬興分館空間改善過程。**臺北市立圖書館館訊，35**（2），44-51。

蔡素娥、傅俊淇（2019）。尋書導引iLib Guider APP之建置經驗：國立公共資訊圖書館智慧圖書館服務。**國家圖書館館刊，108**（1），37-60。

鄭伊婷（2011）。**公共圖書館青少年空間規劃配置之研究——以臺北市立圖書館為例**。（未出版之碩士論文）。淡江大學資訊與圖書館學系，台北市。

鄭來長（2018）。談圖書館跨界合作——以國立臺灣圖書館創新服務為例。**國家圖書館館刊，107**（1），53-66。

鄭信維（2014）。**以建築節能觀點探討既有公共圖書館空間改善策略之研究——以新北市市立圖書館三重分館為例**。（未出版之碩士論文）。臺北科技大學建築與都市設計研究所，台北市。

鄭美蓮（2015）。**從使用者角度評估公共圖書館之服務品質：以雲林縣L鄉立圖書館為例**。（未出版之碩士論文）。南華大學文化創意事業管理學系文創行銷碩士班，嘉義縣。

鍾穎潔（2017）。**臺灣地區公共圖書館館員專業能力認證研究**。（未出版之碩士論文）。臺灣師範大學圖書資訊學研究所，台北市。

蘇俊銘（2011）。**圖書館展覽空間之研究**。（未出版之碩士論文）。東海大學建築學系，台中市。

蘇郁婷（2019）。**臺灣公共圖書館異業結盟合作之探討**。（未出版之碩士論文）。臺灣大學圖書資訊學研究所，台北市。

第26章
我國大學圖書館管理相關研究之回顧與展望

邱子恒

本文簡介

大學圖書館最主要的功能就是支援研究與教學，並進行推廣服務，而這些服務都需要館方進行規劃、執行、推廣、評估與優化等管理環節。本文以計量及主題分析之方式回顧2010年至2019年間我國發表的與大學圖書館管理相關之文獻，資料來源限於在關鍵字欄位以「大學圖書館」檢索、出版地在臺灣、出版年界定在2010-2019所檢索出來的期刊與專書論文41篇及學位論文53篇，在文獻選取上則是以大學圖書館為研究場域、內容涉及任何層面之規劃、執行、推廣、評估等作為之相關研究皆收錄之。除勾勒過去十年來我國研究者在此方面的研究成果之外，文末並提出未來對成果發表及研究方向之建議。

前言

我國〈圖書館法〉第四條中提到各類型圖書館服務對象及設立宗旨，其中提到大專校院圖書館是指由大專校院所設立，以大專校院師生為主要服務對象，支援學術研究、教學、推廣服務，並適度開放供社會大眾使用之圖書館。由此可知，大學圖書館最主要的功能就是支援研究與教學，並

進行推廣服務，而這些服務都需要館方進行規劃、執行、推廣、評估與優化等管理環節。

考選部在其網站上公佈之「2020公務人員高等考試三級考試暨普通考試行政類科命題大綱彙編目錄」中載及「圖書館管理」之專業知識及核心能力，具體羅列出身為一個圖書館員應掌握的相關管理知能之範疇：

1. 圖書館管理與管理學之發展歷史與趨勢——西方、中國及臺灣之管理學發展史；近代管理學發展現象與國際新趨勢；圖書館管理與管理學之關係。

2. 圖書館管理之專業範疇知識——意義與重要性、學科範疇與內涵、研究理論、變革管理與創新、組織與規劃、人力資源管理、財務控制、領導與溝通、行銷、顧客關係管理。

3. 圖書館管理專業實務——激勵與獎勵、個人與工作團隊、協調與合作、行政權責與相關法規、安全管理（如建築、館藏等）、各項業務績效評估。

本文以計量及主題分析之方式回顧2010年至2019年間我國發表的與大學圖書館管理相關之文獻，資料來源限於期刊與專書論文及學位論文，在文獻選取上則是以大學圖書館為研究場域、內容涉及任何層面之規劃、執行、推廣、評估等作為之相關研究皆收錄之。除勾勒過去十年來我國研究者在此方面的研究成果之外，文末並提出未來對成果發表及研究方向之建議。特別要說明的是，筆者在檢索相關文獻時，是在資料庫的關鍵字欄位以「大學圖書館」查檢，因此若作者沒有將「大學圖書館」這個詞列為其論文之關鍵字，就不會在本文的收錄與分析範圍中，此為本研究之限制。

我國近十年相關研究概況

期刊與專書論文

筆者於檢索「華藝線上圖書館資料庫」，檢索條件為在關鍵字欄位以「大學圖書館」檢索、出版地限制在臺灣、出版年界定在2010-2019、資料類型限於期刊與文集之文章，共檢得48篇文獻。之後逐一檢視每篇文章之題名

與摘要，刪除7篇內容較不相關的文獻，因此本節針對近十年來我國大學圖書館管理的41篇相關文獻進行分析。

筆者審視每篇文章之題名、摘要和關鍵字之後，將其分為服務管理、人力資源、角色與功能、空間規劃、館藏管理、行銷推廣等六大主題，其中服務管理方面的文章最多，佔41.5%，之後依序為人力資源管理、角色與功能、空間規劃、館藏管理、行銷管理（詳見表1）。

表1　2010-2019年大學圖書館管理相關期刊專書論文主題分布表

主題	篇數	百分比（%）	文章內容（編號）
服務管理	17	41.5	館際互借服務品質（J01），電子資源服務品質（J02），學習共享空間服務品質（J03），Rapid ILL使用及效益（J06），活動與設施使用調查（J08），行動服務需求調查（J09），飲食服務態度（J14），多媒體中心使用滿意度（J15），參考服務部落格使用效率（J18），圖書館網站好用性評估（J20），學科服務使用情形（J21），部落格迴響研究（J22），讀者負面情緒（J23），生涯資訊服務（J26），應用線上遊戲於利用指導（J30），飲食服務問卷調查（J34），服務設計（J35）。
人力資源	7	17.1	使用部落格繼續教育（J17），館員職場資訊需求（J19），流通館員情緒勞務-1（J24），流通館員情緒勞務-2（J25），館員情緒勞務與工作滿意度（J28），館員領導者-成員交換關係及創意自我效能（J29），人才需求研究（J40）。
角色與功能	6	14.6	全校知識管理中心（J12），休閒功能（J13），在新學術傳播體系之角色（J32），在數位時代之價值（J36），大學圖書館之經營（J37），人社研究圖書館之轉型與創新（J38）。

（續）

表1　2010-2019年大學圖書館管理相關期刊專書論文主題分布表（續）

主題	篇數	百分比（%）	文章內容（編號）
空間規劃	5	12.2	問題導向學習與空間規劃（J04），建築設計溝通（J05），學習共享空間（J07），環境設計與氛圍營造（J10），研究共享空間（J33）。
館藏管理	4	9.8	影音資源徵集（J16），情緒療癒閱讀素材需求研究（J27），核心期刊支援教師研究需求之評估（J31），特色館藏發展（J41）。
行銷推廣	2	4.9	機構典藏之推廣-1（J11），機構典藏之推廣-2（J39）。

學位論文

　　學位論文方面，筆者則是檢索國家圖書館建置之「臺灣博碩士論文知識加值系統」，檢索條件亦是在關鍵字欄位檢索「大學圖書館」，並將其界定在99-108學年度提交之學位論文。共檢得61本，之後逐一檢視其題名與摘要，刪除不相關之論文8本，因此本節共分析53本學位論文，其中2篇是博士論文（編號T06和T28）、51篇是碩士論文。

　　在研究生所屬學校方面，由圖書資訊學相關研究所產出之碩士論文共39本（佔75%），分別是：政大13本（其中7本為在職專班）、師大7本（其中1本為在職班）、中興大學6本、輔仁大學5本、淡江大學4本、臺灣大學3本。有13本（編號T04，T05，T06，T08，T17，T25，T28，T30，T31，T43，T46，T51，T52）為非圖書資訊領域的系所之相關論文（佔25%），這些研究生所屬大學及系所相當多元（詳見表2），顯示大學圖書館亦是其他領域感興趣的研究場域。

表2 99-108學年度非由圖資系所產出之我國大學圖書館管理相關學位論文之
學校與系所一覽表

學校	系所	篇數
中華大學	企業管理學系碩士在職專班	1
育達商業科技大學	企業管理所	1
東海大學	建築學系	1
國立成功大學	企業管理學系碩士在職專班	1
國立高雄師範大學	工業科技教育學系	1
	成人教育研究所	1
國立高雄第一科技大學	資訊管理系企業電子化碩士班	1
國立雲林科技大學	設計學研究所	1
國立暨南國際大學	成人與繼續教育研究所	1
國立臺中科技大學	室內設計系	1
逢甲大學	公共政策研究所	2
遠東科技大學	創新設計與創業管理研究所	1

在畢業年度方面，99學年度12本、100學年度6本、101學年度4本、102學年度3本、103學年度6本、104學年度8本、105學年度7本、106學年度3本、107學年度4本。此外，筆者認為論文的篇幅某種程度上反應出其質量，半數（50.9%）的學位論文篇幅在101-150頁之間，但有兩篇少於50頁（分別是資管及企管領域的碩士論文），一篇多於251頁（為建築領域的碩士論文）（詳見表3）。

在學位論文主題方面，除前文所述的六個主題之外，尚有探討特定讀者群的碩士論文3篇，以及研究大學圖書館募款的1篇，其中與服務管理（39.6%）和人力資源（18.9%）相關主題的學位論文數量最多（詳見表4），與期刊專書論文之情況相同，表示這兩個主題在大學圖書館的相關研究論文中最為大宗，是為顯學。

表3　99-108學年度我國大學圖書館管理相關學位論文頁數篇幅分布表

頁數分布	篇數	百分比（%）
小於50頁	2	3.8
51-100頁	9	17.0
101-150頁	27	50.9
151-200頁	9	17.0
201-250頁	5	9.4
251頁以上	1	1.9

表4　99-108學年度我國大學圖書館管理相關學位論文主題分布表

主題	篇數	百分比（%）	論文內容（編號）
服務管理	21	39.6	績效評估指標（T02），多媒體中心資源利用與服務品質（T04），服務品質、品牌形式與忠誠度之關係（T08），電子資源服務品質評鑑（T14），服務創新、品牌權益與讀者行為意圖之關係（T17），網站首頁讀者視覺注意力眼動分析（T19），對網路技術之迷思（T20），學習共享空間服務品質指標建構（T22），社群網路服務之應用（T26），推廣學科服務之模式（T31），資訊素養服務現況與館員資訊素養認知（T34），圖書館FB經營效益（T35），自助式服務科技使用情形與意願（T36），網站底層標籤分析（T39），館內飲食策略（T42），對學科服務之認知態度（T45），使用圖書館需求及影響因素（T46），服務補救與讀者後續行為意圖（T47），績效評估指標（T48），行動應用程式需求與功能（T49），服務品質調查（T51）。

（續）

表4 99-108學年度我國大學圖書館管理相關學位論文主題分布表（續）

主題	篇數	百分比（%）	論文內容（編號）
人力資源	10	18.9	館員對MOOCs之認知與態度（T10），館員資訊需求與資訊尋求行為（T12），志工參與動機與工作滿意（T15），職員離職傾向（T16），內部服務品質因素與館員工作滿意度（T18），參考館員工作焦慮（T27），館員對學術傳播認知與態度（T29），推動全面品質管理教育訓練（T33），非典型勞力之運用與影響（T38），館員個人背景、工作價值觀與工作滿意度之相關性（T53）。
空間規劃	8	15.1	書目療法服務專區（T01），資訊市集之使用及滿意度（T03），讀者導向室內設計評量模式（T06），學習共享空間的使用情形評估（T13），讀者對大學圖書館服務環境氛圍之偏好（T21），期刊閱覽空間使用環境偏好（T25），技術服務空間需求與館員使用滿意度（T41），圖書館展覽空間（T52）。
館藏管理	6	11.3	館藏發展政策執行與評估（T07），大學生使用圖書館電子書影響因素（T11），電子資源使用行為模式建構（T28），館藏發展政策執行成效（T30），電子期刊使用統計（T32），特色館藏發展（T50）。
特定讀者群	3	5.7	體育研究生館藏使用滿意度（T23），學習障礙學生服務現況分析（T37），日文系學生圖書館資源使用（T44）。
行銷推廣	2	3.8	行銷策略與讀者滿意度（T05），電子書推廣策略（T24）。
角色與功能	2	3.8	擔任學術電子期刊出版者之可行性（T09），對學生學習效益及生涯發展之影響（T43）。
募款	1	1.9	臺灣之大學圖書館募款研究（T40）。

　　學位論文是研究生學習成果的呈現，筆者認為其中研究方法這個章節相當重要，因為研究方式的選擇、研究工具的設計、研究對象、樣本及資料分析等，在在影響研究發現的信、效度，更影響到研究結果的品質。筆者因此由學位論文摘要之文字描述整理出53篇學位論文採用的研究方法，發現只有一篇來自建築系的學位論文在摘要中沒有提及研究方法，而有41.5%的論文使用一種以上的研究方法，這種方法學上的三角檢定可提高研究結果的效度，對研究生是很好的訓練（詳見表5）。

表5　99-108學年度我國大學圖書館管理相關學位論文研究方法分布表

類型（%）	研究方法	篇數
多元22（41.5）	問卷＋訪談	12
	焦點團體＋問卷	3
	訪談+實驗（卡片排序，分類）	2
	內容分析＋問卷＋訪談	3
	實驗+問卷＋訪談	1
	內容分析＋焦點團體＋訪談	1
量化19（35.9）	問卷調查	16
	德菲法	2
	數據分析	1
質性11（20.8）	訪談	9
	照片引談法	2
沒有提及研究方法（1.9）		1

我國近十年相關研究內容回顧

　　比對這94篇文獻的作者與題名，筆者發現53篇學位論文當中，只有6本（編號12，13，21，22，42，50）後續有投稿成為期刊論文，佔11.3%。

由於學位論文屬灰色文獻，且只有指導教授與口試委員的把關，並沒有經過投稿及同儕審查的過程，筆者認為「習作」的性質較高，因此本節僅依六大主題回顧前述41篇發表於學術期刊與專書之論文（詳見表1），以勾勒出近十年來我國在大學圖書館管理各面向之研究發現與成果。

服務管理

應用網路科技之服務

2010年以來探討我國大學圖書館應用網路科技所提供的服務之研究有5篇，主題包括行動服務、部落格、線上遊戲、網站等的應用及成效，其中只有1篇研究對象包括33所大學圖書館，另外4篇則是針對單一大學或單一圖書館之研究，以下簡述研究內容與發現。

為了解大學生使用行動載具的現況及對圖書館提供行動服務之需求，以做為大學圖書館規劃行動服務之參考，林惠美與陳昭珍（2010）以師大為研究對象，問卷調查該校學生對行動服務之認知與需求，研究發現筆記型電腦為受調學生常用的行動載具，他們對大學圖書館之行動服務以個人服務與館藏查詢之需求度最高，而價格是影響他們使用行動服務的最主要因素。圖書館為因應web 2.0時代發展出許多應用服務，2000年以來我國已有多所大學圖書館提供部落格服務，陳盈蓁（2011）研究臺灣33所大學圖書館的80個部落格，以內容分析法分析這些部落格迴響之內容，再以訪談法與問卷調查法分別了解內容分析中迴響數量最高之5所圖書館部落格之館員與讀者的看法。研究發現：攸關讀者權益之文章迴響數量較多，迴響類別以「回應作者」最多，且多數填答者會持續追蹤圖書館部落格，但是於部落格上留下迴響的意願較低；而館員則表示可從部落格的迴響數量得知讀者關心的議題，並且了解讀者的意見與需求。幾年之後，張育銘、陳巧倫與陳芷洛（2015）則以臺大圖書館參考服務部落格為對象，利用網站計量軟體Google Analytics做為分析工具，了解包括該部落格之造訪、點擊、訪客使用工具、訪客流量來源等之使用情形，並評估實際效益。而童敏惠（2012）從圖書館實務工作的觀點，探討線上遊戲在大學圖書館利用指導之應用，首先簡介美國各大學圖書館應用電腦遊戲或線上遊戲實施圖書館

利用教育的情況和實務案例，之後以臺大圖書館在2011年推出的「探索遊樂園」為例，敘述其建置過程、遊戲內容的教學設計及讀者使用調查結果，探討以線上遊戲方式實施圖書館利用教育能否達成吸引學生興趣之目的。許文馨，吳頡琳，陳俊宇與吳怡臻（2015）從圖書資訊學系學生觀點，以臺大圖書館網站之中文版本進行網站好用性評估，結果發現雖然臺大圖書館網站整體並無嚴重的缺漏，但常以專有名詞進行敘述，且導覽列中的顏色區格亦不明顯，甚至有內容過多導致導覽列過長的現象。

應用館藏之服務

探討使用者使用大學圖書館館藏之情況與成效評估的研究有3篇，範疇包括學科服務、生涯資訊及電子資源，以下簡述研究內容與發現。

陳巧倫（2014）問卷調查臺大研究生，試圖了解他們在查找研究資料時的資訊需求與行為以及使用圖書館學科服務之情形。研究發現研究生查找資料時使用電子資源的頻率大於使用紙本資源，且優先使用Google搜尋引擎，其次才會使用圖書館網頁；他們「偶爾」到圖書館且主要目的是圖書借閱；對學科服務的主要印象以參考諮詢服務為主，對其他學科服務所知有限，但對於圖書館的學科服務大都抱持肯定態度，利用過後的滿意度也相當高。陳書梅與劉益君（2014）則對24位大學生進行半結構式深度訪談，探討其評估生涯資訊的標準、尋求生涯資訊過程中遭遇之困難、希望大學圖書館提供之生涯資訊服務內容，及對大學圖書館與校內職涯輔導單位合作提供生涯資訊服務的看法。研究發現大學生用以評估生涯資訊之標準，包括相關性、周延性、可信度、新穎性及客觀性；主要遭遇之困難則係缺乏資訊檢索技巧。受訪者希望大學圖書館提供考試相關資訊、設置生涯資訊專區等，亦建議大學圖書館可嘗試與學生職業生涯輔導單位合作提供生涯資訊服務。王梅玲與李函儒（2015）透過焦點團體訪談，建構大學圖書館電子資源服務品質模式，包括電子資源館藏、網站服務與取用、服務影響三構面與28項指標；之後以某大學為對象，問卷調查其教師與研究生之電子資源服務使用現況與對其服務品質的看法。研究發現受測者最期望的10項電子資源服務，與最不滿意的8項服務，並顯示該研究建構之服務品質模式具可行性，可以有效應用於電子資源服務品質評鑑。

館際互印服務

探討館際互印服務的研究有兩篇，研究者了解該服務的使用狀況及經驗之後，分別由經濟效益與服務品質的角度來探討，以下簡述研究內容與發現。

為深入了解輔仁大學圖書館RapidILL服務的使用狀況，吳政叡（2010）分析2008年6月至2009年12月這19個月期間該服務之電腦日誌檔，發現總申請次數為8,983次，碩士及博士研究生申請次數最多（佔70.9%），其次是教職員（佔20.5%），大學生申請次數最少；進一步分析研究生之系所背景，發現各研究所學生利用的情況差異很大。而在經濟效益方面，光是98學年度因為可由RapidILL提供文獻互印服務，該館凍結期刊經費成長，初估約節省新臺幣3百萬元。幾年之後，王梅玲（2016）邀請使用過館際互借服務的大學教師和研究生、以及館際合作館員共16人參與焦點團體訪談，蒐集教師與研究生對館際互借服務的資訊需求與使用經驗，以探討影響館際互借服務品質之因素。根據焦點團體與談師生的看法，研究者歸納出影響館際互借服務品質決定因素，包括服務申請、資料提供、與館員服務等三個因素共20項指標，期可提供各大學圖書館評鑑其館際互借服務品質時之參考。

館內專區之服務

探討大學圖書館內專區服務的研究有2篇，對象分別是多媒體中心和學習共享空間，以下簡述研究內容與發現。

洪翠錨（2011）於2009年對臺大圖書館多媒體服務中心讀者進行使用情形與滿意度調查，研究發現：使用者以大學部學生最多，所屬學院別以文學院最多；使用該中心之目的以「休閒娛樂」最多，「自我學習或個人研究需要」次之；讀者對於各項服務滿意度情形，以「空間寬敞舒適」的滿意度最高，其次為「工作人員的服務態度親切，能盡力答覆讀者問題」，滿意度最低為「視聽資料指定參考教材的使用」與「電腦隨選資訊系統的使用」；整體而言，讀者對於各項服務滿意度，趨近於「滿意」的程度。幾年之後，王梅玲與侯淳凡（2014）探討大學圖書館學習共享空間服務品質評

鑑指標及其應用,研究者先透過三場焦點團體訪談獲得學習共享空間意涵,以及三個評鑑構面共23個評鑑指標,做為學習共享空間的評鑑工具。接著應用指標設計問卷,針對某大學圖書館學習共享空間進行問卷調查,探討學生使用該校圖書館學習共享空間現況與滿意度。研究發現:網路使用頻率影響受調者進入圖書館的次數;認可圖書館具有學習價值;認為學習共享空間最重要的服務為舒適的環境與館藏資源提供;最滿意圖書館人員的服務態度;認為最需改進的部分為區隔討論區與自習區;整體滿意度有待提升,需要改善並提升能見度。

館內飲食服務

　　探討大學圖書館內飲食服務的研究有兩篇,1篇是以單一圖書館之館員及讀者為對象進行問卷調查,另1篇則是對15所大學圖書館的使用者進行訪談,以下簡述研究內容與發現。

　　楊惠雯與吳政叡(2013)探討大學圖書館館內飲食之相關議題,對輔大圖書館全體26位館員和隨機抽樣的242位讀者進行問卷調查。研究發現:限制在少數區域的館內飲食型態是大多數館員與讀者較可接受的形式;茶水間是館員與讀者共同首選的館內飲食區域,其次是自修室,讀者認為適合開放飲食的其它區域尚有團體討論室、樓梯間、研究小間等;大多數館員或讀者認為不適合開放飲食的區域包括電腦區、資訊檢索區、書架區、閱覽區、參考區、期刊區等。在開放館內飲食的影響方面,一半左右的讀者認為開放館內飲食對圖書館的使用率和形象沒有什麼影響,也認為對做事效率沒有什麼影響,同時將近60%的讀者表示不會因為圖書館禁止飲食而前往飲食場所自習或閱讀。邱子恒(2014)則採質性的研究方法,對15所大學圖書館館內讀者共76名進行訪談,探索我國大學圖書館使用者對館內飲食服務的看法與意義。研究發現,因為環境衛生、館藏保護、噪音問題、味道影響、圖書館功能、空間不足等原因,近60%的受訪者反對在大學圖書館內提供飲食服務;而另外40%同意的是「條件式」的開放,贊成的原因則是因為「氛圍好」和「方便進食」。

顧客關係管理

探討大學圖書館顧客關係管理的研究有3篇，分別探討讀者負面情緒、讀者的設施使用與活動參與、以及提升使用者體驗之服務設計，以下簡述研究內容與發現。

陳書梅（2011）研究大學圖書館讀者負面情緒類型與成因，以半結構式深度訪談32位大學圖書館使用者以了解其負面情緒經驗。最後歸納受訪者在使用圖書館的過程中所產生的七類負面情緒，包括：憤怒、焦慮、驚恐、挫折感、無助感、難過、羞愧感等，而其成因則是因為規定制度／管理、其他讀者、設備、環境／空間規劃、圖書館工作人員、館藏、資訊科技／軟體等。而沈育樹，藍美英，羅翔聖與尤奇瑜（2012）調查大學生對大學圖書館的活動與設施之使用需求與滿意程度，該研究從兩方面著手，一方面針對圖書館員作專家訪談問卷調查，設計訪談題目並與館員訪談，由廣至深地探討圖書館在舉辦活動與設施使用方面的策略擬定；另一方面針對學生實施問卷調查，以了解他們對活動舉辦與設施使用的喜好程度。楊舜云，黃恩亭，鍾學威，法子晴與葉雯玓（2017）應用使用者體驗創新設計法，探討大學圖書館之服務設計。研究者首先使用「使用者體驗創新設計」之手法和步驟，藉由文獻分析、實地觀察和訪談法蒐集使用者資料；而後利用「使用者旅程圖」，分析服務流程中使用者與服務互動的接觸點，以及使用者的「痛點」與「甜蜜點」；然後透過「需求與價值分析模式」和「創新挑戰分析」洞察使用者的需求，擬定創新挑戰課題，再邀請使用者一起參與創新概念發想，並藉由情境模擬和原型製作把創新概念具體化，最後設計出一款APP串連整個創新服務概念，並提出策略藍圖說明將創新服務提案付諸實現的展開方式。經由該研究設計之APP 展現的圖書館創新服務，把大學圖書館變成一個資訊交流中心，方便使用者以經濟而有效率的方式吸收更多有用的知識。

人力資源

探討我國大學圖書館人力資源管理之相關研究有7篇，研究對象皆廣及全國的大學圖書館，其中有1篇探討大學圖書館人才需求、3篇探討館員的

情緒勞務、3篇探討館員的專業成長，以下簡述研究內容與發現。

蕭淑媛與林呈潢（2010）內容分析美國線上徵才廣告，探討美國大學圖書館之人才需求，並以問卷調查全國大學圖書館館長對於人才需求之態度，共計發出163份問卷，回收97份，有效問卷96份。研究發現：美國的大學圖書館所需之圖書資訊專業人才要擁有美國圖書館學會認可之圖書館學或圖書資訊學碩士學位，並有3年工作經驗，希望其具有團隊合作、獨立自主、有效率之人格特質，並有正確使用英語溝通之能力，且會使用文書處理軟體。而問卷調查結果顯示，我國大學圖書館對圖書資訊專業人才知識與技能之需求，則是以服務熱誠、積極的工作態度、團隊合作、工作有效率、人際溝通、專業倫理等的需求程度較高。

在研究大學圖書館館員情緒勞務方面，陳書梅（2011；2012）發表兩篇關於流通館員情緒勞務的研究，第1篇呈現其問卷調查141所大學院校圖書館編制內流通館員的個人背景因素及其付出情緒勞務的情況之結果，個人背景因素包括年齡、性別、學歷、婚姻狀況、圖書館工作年資、部門職務年資、圖書資訊專業背景、是否擔任主管職等；研究發現流通館員的個別差異確實會影響其付出情緒勞務的情況。研究者因此期許大學圖書館主管深切了解其館員的個別差異，進而發展適切之情緒管理策略，以提升圖書館整體服務品質。第2篇則呈現前述問卷調查中關於受調者遭遇刁難讀者頻次、情緒勞務以及情緒耗竭程度等題項之研究結果，該研究發現：大學圖書館流通館員很少或偶爾遭遇刁難讀者，其遭遇之刁難讀者以「外向歸因型」及「挑剔型」居多；而流通館員確實屬於高情緒勞務工作者，其情緒勞務偏重在處理他人負面情緒表達個人正面情緒兩方面；此外，流通館員很少或僅偶爾有情緒耗竭感覺；整體而言，流通館員遭遇刁難讀者的頻次與情緒耗竭程度呈現正相關，而館員之情緒勞務和情緒耗竭程度則呈現負相關。彭于萍（2015）亦針對大學圖書館員情緒勞務進行研究，其運用結構方程模式與競爭模式分析，建構並驗證大學圖書館館員情緒勞務與工作滿意構面層次之關係模式，探討淺層飾演與深層飾演對內在滿意與外在滿意之影響。研究者立意抽樣全國大學圖書館館員，共發出510份問卷、回收445份，有效問卷計有420份，研究發現大學圖書館館員採取淺層飾演策

略對其內在及外在滿意均有顯著負向影響，採取深層飾演策略則對其內在滿意有顯著正向影響，與外在滿意之間則無顯著關係。

在大學圖書館館員專業成長方面的研究，張正威與邱銘心（2010）深度訪談12位曾利用部落格進行繼續教育的大學圖書館館員，探討部落格吸引館員使用其繼續教育之因素、部落格在繼續教育管道中之定位、以及部落格資訊對館員工作生涯的影響。而張郁蔚與呂淑慧（2014）希望了解身為資訊服務提供者之大學圖書館館員面對工作上之資訊問題時，如何尋求資訊解決問題，因此對16位大學圖書館館員進行訪談。研究發現：大學圖書館館員之資訊需求種類與其工作任務密切相關；因為受過圖書資訊學課程之專業訓練，他們並沒有明顯的資訊尋求障礙；館員會透過多種管道取得資訊，但偏好自人際網絡尋求協助及使用網路資源蒐集資訊；且不同的工作任務及資訊尋求之緊急程度會影響館員之資訊管道使用。彭于萍（2016）則以問卷調查法蒐集資料，再運用結構方程模式分析方法驗證研究變數間之關係模式，探討領導者──成員交換關係及創意自我效能對大學圖書館館員創新行為產生之直接影響效果與調節效果。研究發現領導者─成員交換關係與創意自我效能均正向影響館員創新行為，且創意自我效能對領導者──成員交換關係與館員創新行為之間關係具有顯著正向調節效果。

角色與功能

探討我國大學圖書館角色與功能之相關研究有6篇，其中3篇論及數位時代大學圖書館的轉型與新定位，另外3篇則具體提出知識管理中心、學術傳播服務及休閒功能等新角色，以下簡述研究內容與發現。

廖賢娟（2010）認為面對時代之進展大學圖書館之內涵已日漸豐富且多元化，因此必須為在大學校園中的存在找到全新定位。研究者因此整理相關文獻，討論2010年代經營大學圖書館可思考的方向，包括：配置圖書館社會學習空間與資訊共享空間、落實媒體素養教育、開發大學特有館藏、深化RSS服務、推動閱讀教育與活動、拓展連結社區的網絡、建立目標規劃型圖書經費分配模式、投入投資報酬觀點制定館務發展策略等。劉吉軒（2014）則以政治大學社會科學資料中心的人文社會科學研究圖書館角色

為基礎，提議大學圖書館轉型定位的策略，描述功能發展框架，並展現具體實踐成果，總結實際發展經驗，希望能提供學術研究與實務發展的參考案例。研究者認為研究圖書館轉型的關鍵在於引進前瞻資訊科技及跨領域專業，致力於資料與知識的創造性連結，實現徵集、典藏、展示及應用四大面向的整合性功能，以建置具探索性之人文社會學術資源服務平臺，打造人文社會科學實驗室，成為學術單位開創獨特領域的重要夥伴。葉乃靜（2017）討論近年來臺灣社會少子化的現象為高教環境帶來的危機，學校經費不足，在節省經營成本的前提下，圖書館再次面臨人力和經費短少的困境。研究者從大學圖書館所處環境的改變：數位內容的快速成長、使用者的本質改變（線上資源的使用重於紙本資源）、母機構行政組織結構改變（圖書館與電算中心合併）等三個面向，探討學術界對圖書館在數位時代何去何從的看法。文末並呼籲圖書館從業人員應重新思考圖書館的本質、核心價值，並認為應該重新定義圖書館的願景、任務和手段，讓圖書館能再次為人民和社會創造意義。

在具體角色方面，邱子恒（2010）主張圖書館是人類知識的寶庫，大學圖書館更是大學的心臟，其在所屬大學導入知識管理相關活動時應可扮演舉足輕重的角色。因此發放問卷普查我國175所大專校院圖書館進行知識管理相關活動之現狀與態度，回收有效問卷168份，回收率為96%。研究結果呈現從學校與圖書館的角度，受調圖書館對內部／外部／顯性／隱性知識之管理、知識交流、隱性知識顯性化等層面現在的表現與未來的規劃，此外亦排序大學圖書館主管認為在推動知識管理相關活動時之困難與阻礙因素，期使大學了解大學圖書館在知識經濟時代擔任全校知識管理中心之可能性，並使大學圖書館主管與館員了解其可能扮演的新角色。楊美華（2012）則探討大學圖書館在新學術傳播體系的角色，首先由相關研究報告勾勒大學圖書館未來發展趨勢，之後探討學術傳播的定義與功能、學術傳播的變遷與相關議題以及學術傳播的新模式，接著闡述美國大學圖書館如何擬定學術傳播計畫的宣導策略，最後建議大學圖書館在學術傳播體系可以扮演的角色。之後邱子恒（2014）的另1篇研究提及傳統上大學圖書館最主要的任務是支援教學與研究，然而近年來我國各大學圖書館紛紛設置

休閒氛圍之閱聽空間吸引讀者入館，因此試圖從讀者觀點探索大學圖書館的休閒功能。該研究對國內15所大學圖書館的館內76位使用者進行半結構性訪談法，研究問題包括：受訪者利用大學圖書館從事那些休閒活動，以及其休閒使用大學圖書館的原因、時機與感受。文末建議大學圖書館回應使用者需求，開始重視休閒方面的功能，並可參考研究結果重新規劃具休閒功能的空間與館藏。

空間規劃

探討我國大學圖書館空間規劃之相關研究有5篇，其中有1篇探討館員與建築師的溝通、1篇研究讀者對服務環境氛圍之偏好、1篇論述問題導向學習對圖書館空間規劃之影響，另外2篇則是針對特定空間進行研究，以下簡述研究內容與發現。

吳可久與謝寶煖（2010）探討大學圖書館員對圖書館建築規劃典型訊息之認知，問卷調查365位大學圖書館員，以確認性因素分析統計方法界定館員認知各類圖書館建築設計主題分類與屬於圖書館員或是建築師在意之範疇，對設計溝通資訊之分類方式，及建築需求書中呈現專業典型訊息之方法。研究者認為若典型訊息可合宜釐定，即協助圖書館員及建築師利用圖書館建築設計資訊進行合理溝通，制定符合兩造需求之圖書館建築需求書。林詣筑與邱銘心（2012）採用照片引談法研究讀者對大學圖書館服務環境氛圍的偏好，共訪談9位讀者，徵集到213張照片作為分析資料。研究發現：大學讀者對環境中的視覺因素較為敏感；雖最重視的服務環境因素為與使用目的最為相關的功能設計，但美感設計因素對讀者在館內的服務體驗有極大的加分效果；對於館內的社會互動則最為注重館員的服務態度及館方管理方式。在了解讀者對於服務環境因素之偏好同時，研究者亦以受訪者提供的照片中所含概念來完善圖書館服務環境衡量架構，做為未來大學圖書館設計館內服務環境時之參考。而隨著醫學教育改革的進行，國內越來越多的醫學院校開始利用問題導向式學習法於醫學教育之中，田國慶（2014）因此從空間規劃的角度，根據相關文獻及個人觀察，探討問題導向式學習型態對醫學圖書館設備、空間、利用方面造成的改變，並對未

來空間規劃提出建議。

在大學圖書館內特定空間規劃方面，李佩瑾與吳政叡（2012）以問卷調查法研究輔仁大學圖書館學習共享空間的使用狀況、效益和滿意度。研究發現：超過90%使用者知道小組討論是學習共享空間的特色，近80%使用者可以接受有聲音的討論；寬敞、舒適、良好軟硬體設備、小組討論，確實有助於吸引學生來使用學習共享空間，幾乎全部的使用者都認為設置學習共享空間增加了他們使用圖書館的意願，有90%的使用者認為此空間對於課業學習是有助益的；近80%使用者表示經常來使用學習共享空間，且每週至少使用一次的比例為74.8%，他們在學習共享空間內所從事的主要活動為資料檢索、自修、小組討論、娛樂；分析結果顯示使用者對各項服務的滿意度平均值都接近5分量表中的4分。而研究共享空間是大學圖書館專為大學教師與研究生打造的空間，楊婕（2016）透過文獻分析法，探討研究共享空間的意義與內涵、大學教師與研究生的研究任務與需求，並對三件個案進行研究，整理該主題的相關資訊，最後提出結論和建議。

館藏管理

探討我國大學圖書館館藏管理之相關研究有4篇，分別涉及情緒療癒閱讀素材、影音資源、特色館藏及核心期刊，以下簡述研究內容與發現。

陳書梅與洪新柔（2012）認為大學圖書館具備豐富多元的館藏資源，除可發揮傳統支援教學與研究的功能之外，亦可以針對大學生的情緒療癒需求，提供情緒療癒閱讀素材以協助其透過閱讀來舒緩負面情緒，因此對20位臺灣大學大學部學生進行半結構式深度訪談，探索他們對於情緒療癒閱讀素材之需求。研究發現：受訪者常見之情緒困擾問題包括「學業問題」、「同儕人際關係問題」及「愛情問題」等，而當其遭遇情緒困擾問題時，則會考量「個人興趣喜好」、「情緒困擾問題類型」及「素材內容主題」等因素來選擇情緒療癒閱讀素材；至於對於情緒療癒閱讀素材館藏資源之需求，則包括希望大學圖書館「發掘並推薦圖書館中具情緒療癒效用之館藏資源」、「增加多元媒體類型之情緒療癒閱讀素材」以及「制訂合宜的情緒療癒閱讀素材館藏資源之管理政策」等。洪翠錨（2013）則從實務論點，

闡述影音資源對大學圖書館服務的重要性與必然性，並說明進行各項視聽服務影音資源徵集時的程序、方法與應注意事項，特別是合法影音授權問題；亦提出相關建議，期望大學圖書館能持續徵集利於師生教學、研究、自學與可涵養身心的各項影音資源，以不斷提升視聽服務品質。賴雅柔與柯皓仁（2013）利用問卷調查與訪談法蒐集資料，研究我國大學圖書館之特色館藏發展。研究發現：因學校性質繼承具特色的資源是最主要的特色館藏發展緣起，特色館藏的發展方式多數涵蓋在館藏發展政策中，學科主題為最常見的特色館藏類別，館舍空間是影響圖書館發展特色館藏的重要因素；而建立特色館藏的優點是提升館藏的質量，但卻可能因此忽略一般館藏發展；同一所圖書館可能會以數種方式管理特色館藏，且多數會限制僅在館內利用，但使用權利不因身分別而有所差異；圖書館最常透過自身網站來推廣館內的特色館藏。黃俊升與周惠婷（2014）以中興大學為研究對象，利用引文分析法以2012年該校自然及工程等相關學科師生投稿SCI期刊論文的引用文獻為研究標的，評估該館之核心期刊館藏支援教師研究需求的程度。研究發現：核心期刊館藏的使用率高於非核心期刊館藏；核心期刊館藏在支援本校師生的教學研究程度遠高於非核心期刊館藏。作者因此總結該館核心期刊的使用率以及支援校內師生研究程度均高於非核心期刊，顯示現階段核心館藏發展策略符合使用者需求。

行銷推廣

探討我國大學圖書館對所提供服務之行銷推廣的文獻有兩篇，對象都是機構典藏系統，分別為臺大及政大的經驗分享，為同一本期刊同一期之內容。以下簡述研究內容與發現。

林鳳儀（2010）探索企業管理中行銷概念在機構典藏上的應用，說明市場行銷導向如何增進機構典藏效率的方法；接著介紹國外3所採用DSpace作為機構典藏系統之大學所採行的方案及運作機制；最後分享臺大機構典藏推廣經驗及實際推展上所遭遇問題，並提供有效解決方案，以供國內其他大學建置機構典藏時之實作參考。而劉吉軒、陳靜宜與王乃昕（2010）則論述大學推展機構典藏服務之重要性與在推廣上所遭遇的問題，如學校

行政支援、教師自我典藏意識不高、數位化典藏之著作權授權、人力資源的訓練等困難，並提出圖書館目前因應的現況與採行的解決辦法，並分享政治大學圖書館推展機構典藏的過程、經驗與階段性成果提供各界參考。

結論與建議

本文分析與回顧我國2010至2019十年間關於大學圖書館管理之相關研究共94篇，包括期刊專書論文41篇及學位論文53篇，經比對篇名與著者之後，發現只有6篇學位論文（11.3%）後續有投稿成為期刊論文發表其研究成果。研究生花費了時間與精力進行研究設計、資料蒐集與資料分析，並在指導老師與口試委員的審查與指導之下完成論文，拿到學位後若僅依〈學位授與法〉提交至母校圖書館與國家圖書館典藏，實在甚為可惜。因此建議指導教授宜鼓勵研究生在畢業後將學位論文精進、濃縮、改寫後投稿，經同儕審查後修改登刊到學術期刊，才能使其研究在知識傳播鏈中形成影響力。

此外，筆者審視正式出版的41篇期刊專書論文之書目資料，發現十年來我國大學圖書館管理的相關研究，近50%（20篇）發表在臺大圖書館主編的「大學圖書館」、4篇在政大主編的「圖書與資訊學刊」、2篇在師大主編的「圖書館學與資訊科學」、4篇在「國家圖書館館刊」，刊載於國內圖資領域一級期刊者只有5篇。此外，這些相關文獻以應用型研究為主，屬於理論建構的基礎型研究相對稀少；以單一大學或圖書館為研究對象者多，研究結果類推到其他大學圖書館的可行性不高；在作者方面，主要以圖資系教師及研究生為多，由現職館員從實證圖書館學的觀點所做的行動研究較少，為這批相關文獻的特徵。因此建議有志於投入大學圖書館管理相關研究者，將來在主題選擇、研究方法設計、資料分析上更具嚴謹性，以提高我國此方面研究之學術價值。

從管理學角度來看，管理的主要任務是維護一個機構、行銷其活動、提供創造力和領導力；管理者在組織內執行的主要職能則為：規劃、組織、人員管理、領導與控制；此外，管理也是一種資源分配，而組織機構內的

資源主要有人力資源、財務資源、實體資源、資訊資源等四種類型（張慧銖、林呈潢、邱子恒與黃元鶴，2019）。依據本文的分析，2010年以來我國大學圖書館管理的相關研究，內容主題包括服務管理、人力資源、角色與功能、空間規劃、館藏管理、行銷推廣、特定讀者群、募款等，除財務資源管理方面的研究較為欠缺之外，大致涵蓋前述範疇。然而圖書館是個成長的有機體，大學圖書館的經營與服務勢必要隨著高等教育的蛻變而演進，因此建議未來可以學術傳播服務、開放取用運動、學術不端、學術研究力指標、人工智慧、數據科學與數據管理、後疫情時代遠距學習等在大學圖書館之應用為方向，進行理論建構與實徵研究，以呼應未來十年大學教育的發展與趨勢。

參考文獻

期刊專書論文

王梅玲（2016）。從大學圖書館使用者經驗探討館際互借服務品質因素。**國家圖書館館刊**，**105**（1），73-105。（J01）

王梅玲、李函儒（2015）。大學圖書館電子資源服務品質模式與應用研究。**圖書館學與資訊科學**，**41**（2），77-105。doi:10.6245/JLIS.2015.412/658。（J02）

王梅玲、侯淳凡（2014）。大學圖書館「學習共享空間」服務品質評鑑指標建構與應用。**圖書館學與資訊科學**，**40**（1），101-121。doi:10.6245/JLIS.2014.401/640。（J03）

田國慶（2014）。談問題導向式學習法與醫學大學圖書館空間的演變。**國立成功大學圖書館館刊**，**23**，24-42。（J04）

吳可久、謝寶煖（2010）。大學圖書館員對圖書館建築規劃典型訊息之認知。**大學圖書館**，**14**（2），113-133。doi:10.6146/univj.2010.14-2.06。（J05）

吳政叡（2010）。輔仁大學圖書館RapidILL使用分析與經濟效益評估。**大學圖書館**，**14**（2），48-61。doi:10.6146/univj.2010.14-2.03。（J06）

李佩瑾、吳政叡（2012）。大學圖書館學習共享空間的使用情形研究：以輔仁大學為例。**大學圖書館**，**16**（1），73-89。doi:10.6146/univj.2012.16-1.05。（J07）

沈育樹、藍美英、羅翔聖、尤奇瑜（2012）。大學圖書館舉辦活動與設施使用之調查研究。**中州管理與人文科學叢刊**，**2**（1），133-148。doi:10.7114/CCJMHSS.201212.0133。（J08）

林惠美、陳昭珍（2010）。大學生對圖書館行動服務需求之研究。**圖書與資訊學刊**，**73**，36-46。doi:10.6575/JoLIS.2010.73.03。（J09）

林詒筑、邱銘心（2012）。大學讀者對大學圖書館服務環境氛圍偏好研究。**教育資料與圖書館學**，**49**（4），609-636。（J10）

林鳳儀（2010）。臺灣大學機構典藏推廣經驗分享。**大學圖書館**，**14**（1），131-156。doi:10.6146/univj.2010-14-1.07。（J11）

邱子恒（2010）。臺灣地區大學圖書館進行知識管理相關活動之研究。**大學圖書館**，**14**（2），62-82。doi:10.6146/univj.2010.14-2.04。（J12）

邱子恒（2014）。大學圖書館休閒功能之初探：臺灣十五所大學圖書館讀者觀點之研究。**大學圖書館**，**18**（2），69-94。doi:10.6146/univj.18-2.04。（J13）

邱子恒（2014）。**大學圖書館使用者對館內飲食服務態度之初探**。王振鵠教授九秩榮慶論文集。頁271-289。doi：10.6491/WCK.2014.271。（J14）

洪翠錨（2011）。國立臺灣大學圖書館多媒體服務中心使用情形與讀者滿意度調查研究。**大學圖書館**，**15**（2），171-194。doi:10.6146/univj.2011.15-2.09。（J15）

洪翠錨（2013）。大學圖書館影音資源徵集之探討。**大學圖書館**，**17**（1），122-141。doi:10.6146/univj.17-1.07。（J16）

張正威、邱銘心（2010）。大學圖書館員利用部落格進行繼續教育之初探。**圖書與資訊學刊**，**75**，53-71。doi:10.6575/JoLIS.2010.75.04。（J17）

張育銘、陳巧倫、陳芷洛（2015）。臺灣大學圖書館參考服務部落格使用效益分析研究。**大學圖書館**，**19**（2），129-157。doi:10.6146/univj.19-2.06。（J18）

張郁蔚、呂淑慧（2014）。大學圖書館館員於職場之資訊尋求行為研究。**大學圖書館**，**18**（1），14-32。doi:10.6146/univj.18-1.02。（J19）

許文馨、吳頡琳、陳俊宇、吳怡臻（2015）。國立臺灣大學圖書館網站之好用性評估：以圖書資訊學系學生觀點為例。**大學圖書館**，**19**（1），115-139。doi:10.6146/univj.19-1.06。（J20）

陳巧倫（2014）。國立臺灣大學研究生對圖書館學科服務使用情形初探。**大學圖書館**，**18**（2），166-179。doi:10.6146/univj.18-2.08。（J21）

陳盈蓁（2011）。大學圖書館部落格迴響之研究。**大學圖書館**，**15**（2），124-145。doi:10.6146/univj.2011.15-2.07。（J22）

陳書梅（2011）。大學圖書館讀者負面情緒類型與成因之質化研究。**圖書資訊學刊**，**9**（1），77-121。doi:10.6182/jlis.2011.9（1）.077。（J23）

陳書梅（2011）。流通館員背景因素的個別差異對其情緒勞務影響之研究－以臺灣地區之大學圖書館為例。**圖書資訊學研究**，**6**(1)，31-67。（J24）

陳書梅（2012）。流通館員情緒勞務與情緒耗竭之調查研究：以大學圖書館之刁難讀者服務為例。**教育資料與圖書館學**，**50**（1），5-39。doi:10.6120/JoEMLS.2012.501/0482.RS.AM。（J25）

陳書梅、劉益君（2014）。大學圖書館施行生涯資訊服務之質化研究。**國家圖書館館刊**，**103**（2），77-104。（J26）

陳書梅、洪新柔（2012）。大學生對大學圖書館情緒療癒閱讀素材需求之探索性研究。**大學圖書館**，**16**（1），12-35。doi:10.6146/univj.2012.16-1.02。（J27）

彭于萍（2015）。大學圖書館館員之情緒勞務與工作滿意之構面關係模式探析。**國家圖書館館刊**，**104**（1），89-118。（J28）

彭于萍（2016）。大學圖書館館員之領導者——成員交換關係、創意自我效能與館員創新行為之關係模式探析。**教育資料與圖書館學**，**53**（1），27- 61。doi:10.6120/JoEMLS.2016.531/0044.RS.AM。（J29）

童敏惠（2012）。線上遊戲在大學圖書館利用指導之應用。**大學圖書館**，**16**（2），125-148。doi:10.6146/univj.2012-16-2.07。（J30）

黃俊升、周惠婷（2014）。核心期刊館藏支援教師研究需求的評估：以中興大學圖書館為例。**大學圖書館**，**18**（2），95-118。doi:10.6146/univj.18-2.05。（J31）

楊美華（2012）。大學圖書館在新學術傳播體系的角色。**大學圖書館，16**
（2），1-19。doi:10.6146/univj.2012-16-2.01。（J32）

楊婕（2016）。從個案研究探討大學圖書館研究共享空間。**大學圖書館，20**
（2），56-75。doi:10.6146/univj.20-2.04。（J33）

楊惠雯、吳政叡（2013）。大學圖書館館內飲食策略初探：以輔仁大學圖書
館為例。**國家圖書館館刊，102**（2），35-56。（J34）

楊舜云、黃恩亭、鍾學威、法子晴、葉雯玓（2017）。應用使用者體驗創新
設計法探討大學圖書館之服務設計。**設計學研究，20**（1），73-94。
（J35）

葉乃靜（2017）。數位時代大學還需要圖書館嗎？。**臺北市立圖書館館訊，
34**（2），87-101。（J36）

廖賢娟（2010）。2010年代大學圖書館經營可以思考的面向。**大葉大學通識
教育學報，5**，99-118。（J37）

劉吉軒（2014）。人文社會科學研究圖書館之轉型與創新：以政治大學社會
科學資料中心為例。**圖書與資訊學刊，84**，1-23。doi:10.6575/JoLIS.
2014.84.01。（J38）

劉吉軒、陳靜宜、王乃昕（2010）。大學機構典藏推展之策略與實踐：以國
立政治大學圖書館為例。**大學圖書館，14**（1），16-36。doi:10.6146/
univj.2010-14-1.02。（J39）

蕭淑媛、林呈潢（2010）。從美國線上徵才廣告探討我國大學圖書館人才需
求之研究。**圖書與資訊學刊，75**，37-52。doi:10.6575/JoLIS.2010.75.03。
（J40）

賴雅柔、柯皓仁（2013）。臺灣地區大學圖書館特色館藏發展之研究。**大學
圖書館，17**（2），95-118。doi:10.6146/univj.17-2.05。（J41）

學位論文

于美真（2019）。**大學圖書館設置發展性書目療法服務專區之個案探討。**

（未出版之碩士論文）。國立政治大學圖書資訊學研究所，台北市。取自https://hdl.handle.net/11296/ywzf6w。（T01）

王怡璇（2011）。**大學圖書館績效評估指標之研究**。（未出版之碩士論文）。國立臺灣師範大學圖書資訊學研究所，台北市。取自https://hdl.handle.net/11296/74n6u4。（02）

王姝茵（2017）。**淡江大學圖書館資訊市集之使用及其滿意度研究**。（未出版之碩士論文）。淡江大學資訊與圖書館學系研究所，新北市。取自https://hdl.handle.net/11296/gcknct。（T03）

王春香（2015）。**大學圖書館多媒體中心資源利用與服務品質之研究——以中部某國立大學為例**。（未出版之碩士論文）。逢甲大學公共政策研究所，台中市。取自https://hdl.handle.net/11296/4q7ey6。（T04）

王美惠（2011）。**大學圖書館行銷策略與讀者滿意度關係之研究——以中山大學為例**。（未出版之碩士論文）。國立高雄師範大學成人教育研究所，高雄市。取自https://hdl.handle.net/11296/5p3z43。（T05）

王琮惠（2013）。**大學圖書館讀者導向的室內設計評量模式之構建與實證研究**。（未出版之博士論文）。國立雲林科技大學設計學研究所，雲林縣。取自https://hdl.handle.net/11296/xdrrsf。（T06）

王雅蘭（2017）。**大學圖書館館藏發展政策執行與評估之研究**。（未出版之碩士論文）。國立政治大學圖書資訊學研究所，台北市。取自https://hdl.handle.net/11296/8ccee5。（T07）

王鈴翔（2011）。**大學圖書館服務品質、品牌形象與忠誠度關係之研究——以育達商業科技大學為例**。（未出版之碩士論文）。育達商業科技大學企業管理研究所，苗栗縣。取自https://hdl.handle.net/11296/6ymz9y。（T08）

成維寧（2011）。**大學圖書館擔任學術電子期刊出版者之可行性研究——以國立臺灣師範大學圖書館為例**。（未出版之碩士論文）。國立臺灣師範大學圖書資訊學研究所，台北市。取自https://hdl.handle.net/11296/675k7y。（T09）

吳亭亭（2016）。**大學圖書館員對MOOCs之認知與態度**。（未出版之碩士論文）。國立中興大學圖書資訊學研究所，台中市。取自https://hdl.handle.net/11296/3xhzy6。（T10）

吳雅嵐（2011）。**大學生使用圖書館電子書影響因素之研究**。（未出版之碩士論文）。國立中興大學圖書資訊學研究所，台中市。取自https://hdl.handle.net/11296/p3qxcx。（T11）

呂淑慧（2013）。**大學圖書館館員資訊需求與資訊尋求行為之探討**。（未出版之碩士論文）。輔仁大學圖書資訊學系研究所，新北市。取自https://hdl.handle.net/11296/frw3g7。（T12）

李佩瑾（2011）。**大學圖書館學習共享空間的使用情形評估研究：以輔仁大學為例**。（未出版之碩士論文）。輔仁大學圖書資訊學系研究所，新北市。取自https://hdl.handle.net/11296/d7n6m7。（T13）

李函儒（2014）。**大學圖書館電子資源服務品質評鑑：以國立政治大學為例**。（未出版之碩士論文）。國立政治大學圖書資訊與檔案學研究所，台北市。取自https://hdl.handle.net/11296/ey5334。（T14）

李麗美（2011）。**大學圖書館志工參與動機與工作滿意之研究**。（未出版之碩士論文）。國立中興大學圖書資訊學研究所，台中市。取自https://hdl.handle.net/11296/3fy424。（T15）

林均憶（2019）。**大學圖書館館員離職傾向及其與主管領導風格、館員工作鑲嵌相關研究**。（未出版之碩士論文）。國立政治大學圖書資訊學研究所，台北市。取自https://hdl.handle.net/11296/c5ht3t。（T16）

林育圭（2011）。**圖書館服務創新、品牌權益與讀者行為意圖關係之研究──以遠東科技大學圖書館為例**。（未出版之碩士論文）。遠東科技大學創新設計與創業管理研究所，台南市。取自https://hdl.handle.net/11296/y4gtx5。（T17）

林彥維（2018）。**大學圖書館內部服務品質因素與館員工作滿意度之研究**。（未出版之碩士論文）。國立政治大學圖書資訊與檔案學研究所，台北市。取自https://hdl.handle.net/11296/x2bw7f。（T18）

林惠卿（2014）。**大學圖書館網站首頁讀者視覺注意力之眼動分析研究**。（未出版之碩士論文）。國立政治大學圖書資訊學研究所，台北市。取自https://hdl.handle.net/11296/4792vr。（T19）

林揚凱（2016）。**圖書館對網路技術的迷思：以Library 2.0功能談起**。（未出版之碩士論文）。國立臺灣師範大學圖書資訊學研究所，台北市。取自https://hdl.handle.net/11296/8q5bs7。（T20）

林詣筑（2011）。**大學讀者對大學圖書館服務環境氛圍偏好研究**。（未出版之碩士論文）。國立臺灣師範大學圖書資訊學研究所，台北市。取自https://hdl.handle.net/11296/xa52tu。（T21）

侯淳凡（2012）。**大學圖書館「學習共享空間」服務品質指標建構之研究**。（未出版之碩士論文）。國立政治大學圖書資訊與檔案學研究所，台北市。取自https://hdl.handle.net/11296/n3w785。（T22）

洪妃（2015）。**從體育研究生資訊需求探討館藏使用與滿意度研究**。（未出版之碩士論文）。國立政治大學圖書資訊學研究所，台北市。取自https://hdl.handle.net/11296/t5ua9s。（T23）

唐雅雯（2017）。**圖書館電子書推廣策略之研究——以淡江大學為例**。（未出版之碩士論文）。淡江大學資訊與圖書館學系研究所，新北市。取自https://hdl.handle.net/11296/6dyxcy。（T24）

唐肇廷（2016）。**大學圖書館期刊閱覽空間使用者環境偏好研究**。（未出版之碩士論文）。國立臺中科技大學室內設計系研究所，台中市。取自https://hdl.handle.net/11296/8a26f3。（T25）

徐心儀（2011）。**社群網路服務在大學圖書館之應用研究：以Facebook和噗浪為例**。（未出版之碩士論文）。國立政治大學圖書資訊與檔案學研究所，台北市。取自https://hdl.handle.net/11296/f5wx4d。（T26）

徐銘絃（2011）。**我國大學圖書館參考館員工作焦慮之研究**。（未出版之碩士論文）。輔仁大學圖書資訊學系研究所，新北市。取自https://hdl.handle.net/11296/2zf349。（T27）

張松山（2012）。**大學圖書館電子資源使用行為模式建構之研究**。（未出版

之博士論文）。國立高雄師範大學工業科技教育學系研究所，高雄市。取自https://hdl.handle.net/11296/t2f6eb。（T28）

張莉慧（2015）。**探討國內大學圖書館員對學術傳播的認知與態度**。（未出版之碩士論文）。國立中興大學圖書資訊學研究所，台中市。取自https://hdl.handle.net/11296/w9gu63。（T29）

張瀞文（2015）。**大學圖書館館藏發展政策執行成效之研究**。（未出版之碩士論文）。逢甲大學公共政策研究所，台中市。取自https://hdl.handle.net/11296/trfj86。（T30）

許人友（2015）。**以服務創新觀點探討大學圖書館推廣學科服務模式研究**。（未出版之碩士論文）。國立暨南國際大學成人與繼續教育研究所，南投縣。取自https://hdl.handle.net/11296/fn5umn。（T31）

許嘉珍（2011）。**大學圖書館電子期刊使用統計研究**。（未出版之碩士論文）。國立臺灣大學圖書資訊學研究所，台北市。取自https://hdl.handle.net/11296/y86gs5。（T32）

郭嵩麟（2016）。**大學圖書館推動全面品質管理教育訓練研究**。（未出版之碩士論文）。淡江大學資訊與圖書館學系研究所，新北市。取自https://hdl.handle.net/11296/sn4462。（T33）

陳佩妤（2014）。**臺灣地區大學圖書館資訊素養教育現況與館員資訊素養認知之研究**。（未出版之碩士論文）。國立政治大學圖書資訊與檔案學研究所，台北市。取自https://hdl.handle.net/11296/8gwhd4。（T34）

陳瑞軒（2018）。**以社會資本觀點探討圖書館Facebook經營效益——以臺灣大學圖書館粉絲專頁為例**。（未出版之碩士論文）。國立臺灣師範大學圖書資訊學研究所，台北市。取自https://hdl.handle.net/11296/7peugh。（T35）

陳詩旻（2017）。**從科技接受模型與科技準備度探討大學圖書館自助式服務科技使用情形與使用意願**。（未出版之碩士論文）。淡江大學資訊與圖書館學系研究所，新北市。取自https://hdl.handle.net/11296/gj43pq。（T36）

曾瓊瑩（2017）。**大學圖書館對於學習障礙學生服務現況分析**。（未出版之碩士論文）。國立政治大學圖書資訊學研究所，台北市。取自https://hdl.handle.net/11296/dkjfua。（T37）

黃聆覲（2017）。**政治大學圖書館非典型勞動力運用與影響研究**。（未出版之碩士論文）。國立政治大學圖書資訊學研究所，台北市。取自https://hdl.handle.net/11296/53pcs4。（T38）

黃琬姿（2016）。**大專院校圖書館網站底層標籤分析之研究**。（未出版之碩士論文）。國立臺灣師範大學圖書資訊學研究所，台北市。取自https://hdl.handle.net/11296/zmy7r3。（T39）

黃麗（王民）（2015）。**臺灣之大學圖書館募款研究**。（未出版之碩士論文）。國立臺灣大學圖書資訊學研究所，台北市。取自https://hdl.handle.net/11296/eve7rd。（T40）

楊婕（2015）。**大學圖書館技術服務空間需求與館員使用滿意度評估**。（未出版之碩士論文）。國立政治大學圖書資訊與檔案學研究所，台北市。取自https://hdl.handle.net/11296/j8my86。（T41）

楊惠雯（2016）。**大學圖書館館內飲食策略初探——以輔仁大學圖書館為例**。（未出版之碩士論文）。輔仁大學圖書資訊學系研究所，新北市。取自https://hdl.handle.net/11296/q66jme。（T42）

楊智麟（2017）。**圖書館對學生學習效益及生涯發展之影響——以國立科技大學為例**。（未出版之碩士論文）。國立高雄第一科技大學資訊管理系企業電子化研究所，高雄市。取自https://hdl.handle.net/11296/gv6dka。（T43）

趙郡慧（2018）。**輔仁大學日本語文學系學生圖書館資源使用之研究**。（未出版之碩士論文）。輔仁大學圖書資訊學系研究所，新北市。取自https://hdl.handle.net/11296/8c5kew。（T44）

蔡妍芳（2011）。**大學圖書館對學科服務的認知態度研究**。（未出版之碩士論文）。國立臺灣師範大學圖書資訊學研究所，台北市。取自https://hdl.handle.net/11296/gw265z。（T45）

蔡佩真（2019）。**科技大學師生使用學校圖書館需求及影響因素之研究——以南部某科技大學為例**。（未出版之碩士論文）。國立成功大學企業管理學系研究所，台南市。取自https://hdl.handle.net/11296/yu86g5。（T46）

蔡宜珊（2011）。**大學圖書館服務補救與讀者後續行為意圖之研究**。（未出版之碩士論文）。國立中興大學圖書資訊學研究所，台中市。取自https://hdl.handle.net/11296/y935dv。（T47）

蔡欣如（2013）。**大學圖書館績效評估指標可行性之研究**。（未出版之碩士論文）。國立臺灣師範大學圖書資訊學研究所，台北市。取自https://hdl.handle.net/11296/n66367。（T48）

黎慧雯（2016）。**大專院校圖書館行動應用程式需求與功能之研究**。（未出版之碩士論文）。國立臺灣大學圖書資訊學研究所，台北市。取自https://hdl.handle.net/11296/2642z2。（T49）

賴雅柔（2013）。**臺灣地區大學圖書館特色館藏發展之研究**。（未出版之碩士論文）。國立臺灣師範大學圖書資訊學研究所，台北市。取自https://hdl.handle.net/11296/6g3nb2。（T50）

謝采穎（2016）。**探討大學圖書館服務品質——以北部某大學為例**。（未出版之碩士論文）。中華大學企業管理學系研究所，新竹市。取自https://hdl.handle.net/11296/xtctmx。（T51）

蘇俊銘（2011）。**圖書館展覽空間之研究**。（未出版之碩士論文）。東海大學建築學系研究所，台中市。取自https://hdl.handle.net/11296/m4jyba。（T52）

鐘杏芬（2011）。**大學圖書館館員個人背景、工作價值觀與工作滿意度相關性之研究**。（未出版之碩士論文）。國立中興大學圖書資訊學研究所，台中市。取自https://hdl.handle.net/11296/az2guq。（T53）

圖書

張慧銖、林呈潢、邱子恒、黃元鶴（2019）。**圖書資訊服務機構管理**。新北市：華藝。

第*27*章
我國檔案管理相關研究之
回顧與展望

林巧敏

本文簡介

專業研究文獻的產出主要為期刊論文及學位論文，因此，本文進行近十年（2010年1月至2019年12月）我國檔案管理專業文獻研究成果之分析，採用「臺灣期刊論文索引系統」及「臺灣博碩士論文知識加值系統」，分別蒐集國內檔案管理相關之期刊論文及學位論文，經人工瀏覽剔除無關之研究文獻後，總計有347篇相關期刊論文以及117篇學位論文，進行書目量化統計及其內容概要分析。

前言

　　檔案學是對於檔案資料從事有效管理與妥善運用的學科，不同於圖書資訊學以處理公開發行之文獻紀錄為主，檔案學更專事於關注原始產生的一手資料，如手稿、書信、契書、會議紀錄、通訊記錄、以及機關公文書等。檔案學為能妥善管理及運用此類「紀錄性資訊」（recorded information），發展出基於檔案資料特性之學科理論基礎，諸如：文件生命週期理論、全宗理論、來源原則、原始順序原則、文件保存期限（retention periods）以

及價值鑑定基準等特有之資料管理內涵（Couture & Ducharme,2005；林巧敏，2013）。

　　檔案管理受到重視並成為一門學科，起源於西方國家對於資料管理的實際需求；溯自16世紀，因應國家政權的維持需要有效管理公務文書，對於文書檔案的整理與編排逐步發展出系統性的管理方式，此時發展出檔案全宗理論，做為檔案整編作業的圭臬；到18世紀開始至19世紀初，檔案被賦予法律信證與歷史研究的功能，此時強調典藏管理的重要性，也加入歷史學者研究檔案內容的產出，檔案專業教育開始萌芽，諸如檔案行政、編排描述、檔案法與檔案解讀能力，成為當時檔案管理學習知識的重點（林巧敏，2019）。

　　進入19世紀的前五十年，由於政府文件形式與數量不斷增加，對於檔案價值鑑定與各種類型檔案的管理受到重視，除了原有的公務與教會檔案外，商業檔案、議會檔案、政黨或社團檔案也成為需要保存的歷史紀錄，在歐美國家各種檔案管理指南與手冊紛紛出版，檔案學專業期刊與專業學會逐漸蓬勃發展；然而，到19世紀後半期，對於原屬於唯一性的檔案資料，因複製技術的普及化，對於如何永久保存檔案並確認檔案真實性的議題受到關注，繼而受到各國資訊自由法案的通過，檔案檢索與使用者研究的議題方興未艾，成為當時重要的研究主題。近年則是因應資訊與網路技術的進展，以電子形式產生的檔案數量有增無減，讓電子檔案管理問題成為顯學（Rumschottel, 2001；林巧敏，2019）。

　　可知檔案學科的本質在於探討檔案資料的管理與應用，但隨著資訊載體與社會需求重點的改變，檔案管理專業知識內涵與研究重點，勢必因應社會需求與資訊技術的發展，而產生主題變遷。國內過往對於檔案學研究內容之論述，曾有張淑惠（2002a，2002b）、林巧敏與范蔚敏（2010）、林巧敏（2013）以書目計量方式呈現檔案學歷年文獻成長、研究主題分布與作者特性。而針對國內檔案學文獻回顧之研究，亦有2016年召開之「臺灣檔案學研究回顧與展望研討會」，於隔年根據會議論文出版《臺灣檔案學研究回顧暨書目彙編（1946-2016）》一書，由檔案學者分述檔案教育、檔案徵集與鑑定、檔案編排描述、電子文書檔案、檔案保存維護、檔案應用推

廣、檔案史料出版等各項檔案管理議題之歷年研究成果與觀察（薛理桂、王麗蕉，2017）。

由於學科文獻的產出代表學科知識的成長，將研究論述加以有系統的分析，可以探知該學科知識的發展軌跡。過往雖已有相關文獻探討檔案學文獻成長及其研究主題分布，但本文基於前人研究成果，以近十年研究產出為分析對象，兼採量化分析與質性內容描述方式，回顧十年來檔案管理相關研究發展重點，並透過文獻成長與分布趨勢分析，預測檔案管理學科知識的未來發展趨勢。

檔案學研究主題

文獻的發表是人類知識的紀錄，既有的知識紀錄是提供產生更多知識紀錄的基礎。學科研究扮演了促進一個學科發展的基礎角色，而檔案學研究文獻正是促成檔案學成為學科的重要因素之一（Stephenson, 1991）。

由學科知識之分類，可了解學科研究內容梗概，對於檔案學研究之知識架構，根據檔案學者對於檔案專業知識的探討，可概分為兩大類：一是探討檔案管理作業的原則、概念與技術；另一重點是致力於理論與歷史的探索（Munoz,1994）。學術研究的產出代表特定學科領域的專業內涵，首先將檔案學研究成果加以有系統分類者，為Cox（1987）根據書目分析1901至1987年檔案學術期刊、圖書與年報資料，將檔案文獻研究主題分為十大類。

其後Pederson（1994）將檔案研究文獻，歸納為六大領域；Craig（1996）則是簡要歸納為三大研究領域。Couture與Ducharme（2005）根據1988至1998年間以英文或法文發表之檔案學術期刊為對象，採內容分析法檢視研究文獻探討的重要主題，而整理成為九項檔案學研究重點。

國內對於檔案學專業知識之分類，最初係由林巧敏（2013）基於Cox（1987）的架構基礎，根據臺灣檔案管理環境加入前端文書作業與電子檔案管理需求，增列檔案學研究主題架構為十四項分類，而成為後續許蒹咪（2016）、林巧敏（2019）等人進行檔案學文獻主題分析，所引用之主題分

類依據。薛理桂、王麗蕉（2017）主編出版之《臺灣檔案學研究回顧暨書目彙編（1946-2016）》，是將檔案學研究文獻書目，衡酌文獻量之均衡性，而歸併為十大類。綜合前述文獻對於檔案學專業研究主題提出之知識架構，整理表列如下：

表1 檔案學知識主題分類架構說明表

學者（年代）	檔案學知識主題分類名稱
Cox（1987）	1. 檔案編排與描述（arrangement and description） 2. 歷史、組織與典藏機構（history, organization and activities of repositories） 3. 現行文件管理（management of current records） 4. 一般文件管理（general literature） 5. 儲存、保存與維護（preservation, restoration and storage） 6. 圖像處理應用（application of photographic processes） 7. 檔案鑑定與清理（appraisal and disposition） 8. 專業發展與訓練（training and professional development） 9. 特殊檔案與手稿（special physical types of records and manuscripts） 10. 史料編輯與出版（historical editing and documentary publication）
Pederson（1994）	1. 資訊與歷史性文獻的本質（nature of information and of historical documentation） 2. 社會歷史及其機構變遷（history of society and its institutions） 3. 社會中的檔案（archives in society） 4. 各項議題與關係（issues and relationships），如倫理、資訊技術 5. 檔案的功能（archival functions） 6. 檔案計畫管理（management of archival programs）

（續）

表1　檔案學知識主題分類架構說明表（續）

學者（年代）	檔案學知識主題分類名稱
Craig（1996）	1. 檔案與歷史（archives and history） 2. 檔案與技術（archives and technology） 3. 檔案案例研究（archival case study）
Couture & Ducharme（2005）	1. 檔案學目標與目的（object and aim of archival science） 2. 檔案與社會（archives and society） 3. 檔案與檔案學歷史（history of archives and of archival science） 4. 檔案功能（archival functions） 5. 檔案計畫及服務管理（management of archival programs and services） 6. 檔案技術（technology） 7. 媒體類型與檔案（types of media and archives） 8. 檔案環境（archival environments） 9. 相關的特殊議題（specific issues related to archives）
林巧敏（2013）	1. 檔案學理論與概念（archival theory and concepts） 2. 現行文件與文書作業（current records and record-keeping） 3. 檔案編排與描述（arrangement and description） 4. 檔案鑑定與清理（appraisal and disposition） 5. 檔案修復與維護（storage and preservation） 6. 庫房與典藏管理（repositories and collection management） 7. 檔案媒體與微縮複製（archival media and microforms） 8. 特殊類型檔案與手稿（special types of archives and manuscripts）

（續）

表1 檔案學知識主題分類架構說明表（續）

學者（年代）	檔案學知識主題分類名稱
林巧敏（2013）	9. 檔案應用與推廣（archival access and promotion） 10. 史料編輯與出版（historical editing and documentary publication） 11. 教育與專業發展（education and professional development） 12. 檔案法規與行政（archives legal and administration） 13. 電子文件作業與系統（electronic recordkeeping and systems） 14. 檔案與歷史研究（archives and historical studies）
薛理桂、王麗蕉（2017）	1. 檔案專業與法制發展 2. 檔案館設置與營運管理 3. 檔案徵集與鑑定 4. 編排描述與資訊系統 5. 檔案微縮與數位化掃描 6. 電子文件與資訊安全 7. 檔案保存維護與庫房管理 8. 檔案應用與推廣 9. 檔案內容研究與編纂 10. 檔案編纂出版

資料來源：參酌林巧敏（2019）。檔案專業知能與專業教育課程概況。**檔案，18**（2），頁127-128增修而完。

　　基於前述文獻對於檔案學專業主題的探討，可歸納得知：文件（文書）管理、檔案管理技術、媒體保存、各類型檔案、檔案應用、檔案教育、組織與行政、歷史研究與出版等主題是比較聚集和凸顯的主題知識。本文為了可詳細區分我國檔案學研究主題發展趨勢，因此，採用林巧敏（2013，2019）對於檔案學知識主題之十四項分類體系，也能便於比較近十年檔案

管理主題知識發展與過往研究結果的差異，以下分述此十四項主題知識內涵，並藉此了解檔案管理所涵蓋之學科知識的完整樣貌。

　　一、檔案學理論與概念：探討檔案意義、檔案本質與功能、檔案學理論內涵、或是有關檔案倫理與社會價值等內容。

　　二、現行文件與文書作業：探討文書工具演進、文書學研究、文書管理作業、文書制度、文書作業、公文書處理、公文書稽核等內容。

　　三、檔案編排與描述：探討檔案編排描述理論、規範與標準、檔案分類原則、檔案分類法、檔案權威檔、索引典等內容。

　　四、檔案鑑定與清理：探討檔案徵集、檔案移轉、檔案鑑定、檔案銷毀等理論與實務探討內容。

　　五、檔案修復與維護：探討檔案裱褙、損害修復、損害防治、蟲菌害防治、意外災害防治、紙張耐久性測試、檔案損害調查分析等內容。

　　六、庫房與典藏管理：探討檔案庫房設備、檔案數位化、數位典藏作業、典藏環境控制與機密檔案管理等內容。

　　七、檔案媒體與微縮複製：探討微縮技術、複製儲存概念與檔案媒體壽命比較分析等內容。

　　八、特殊類型檔案與手稿：探討醫療檔案、城建檔案、企業檔案、教育檔案、會計檔案、口述歷史檔案、校史檔案或大學檔案館等各種特殊專題檔案內容。

　　九、檔案應用與推廣：探討各種檔案檢索工具、使用與使用者研究、檔案行銷推廣、檔案加值應用、檔案展覽等內容。

　　十、史料編輯與出版：探討編輯方法與理論、專題檔案目錄彙編、檔案編纂、編輯成果發表等內容。

　　十一、檔案學教育與專業發展：探討人員專業素養、專業學會發展、人員教育訓練、國際交流與檔案事業發展等內容。

　　十二、檔案法規與行政：探討檔案組織、檔案作業規劃、檔案管理體制、檔案館建築、檔案法及其子法、檔案作業成效評估等內容。

十三、電子文件作業與系統：探討檔案資訊化、電子檔案管理、電子檔案資訊系統等內容。

十四、檔案與歷史研究：探討檔案內容研究、檔案史料研究、全宗或主題檔案內容介紹等內容。

本文將藉由書目計量方法先進行書目資訊數量成長與分布現象的觀察，以掌握檔案管理知識發展的過程，繼而以內容分析法進行內容綜合陳述，期許研究結果可提供檔案研究人員掌握學科研究重點與發展趨勢之參考。

研究設計與實施

研究工具

專業研究文獻的產出主要為期刊論文及學位論文，因此，本文進行近十年（2010年1月至2019年12月）我國檔案管理專業文獻研究成果之分析，採用「臺灣期刊論文索引系統」及「臺灣博碩士論文知識加值系統」，分別蒐集國內檔案機構管理與資訊服務相關之期刊論文及學位論文資料，進行書目量化統計及其內容概要分析。

期刊論文蒐集工具採用國家圖書館建置之「臺灣期刊論文索引系統」（http://readopac.ncl.edu.tw/nclJournal），該資料庫為收錄臺灣地區期刊論文文獻較完整之書目，嘗試不同檢索策略後，最後修正以進階查詢方式，設定檢索條件為篇名中含「檔案」或關鍵字含「檔案」進行查詢，較能兼顧回收與精確率。檢索限定資料時間為2010年1月至2019年12月之學術性論文，經查詢獲得660筆與「檔案」檢索值相關之期刊論文篇目。但國內對於「檔案」一詞有用於電子計算機學科泛指電子檔，也常見於教育學科指稱教學紀錄檔，因此，經人工檢視瀏覽篇目，刪除在電機、電算學類中出現（例如：檔案版本、檔案分享系統、檔案傳輸等）卻是指電子檔的用法，或是在教育學類中（例如：教學歷程檔案、教學評量檔案等）指教學過程紀錄之研究，此等雖有「檔案」二字卻非本文探究之檔案管理文獻。經人工逐一瀏覽判斷後，剔除無關者，總計有347篇與檔案管理相關之期刊論文。

「臺灣期刊論文索引系統」瀏覽檢索筆數限定最多300筆，且每次限定下載書目50筆，故採分段時間分次下載書目，書目格式選擇篇名、作者、刊名、卷期、出版年月、頁次、資料語文、關鍵詞、中文摘要等欄位，匯出採CSV格式，方便後續以EXCEL進行資料統計分析。

學位論文資料來源以根據《學位授予法》送繳至國家圖書館的「臺灣博碩士論文知識加值系統」（https://ndltd.ncl.edu.tw）進行檢索，同樣經過檢索策略嘗試及修正後，以論文名稱或關鍵字欄位有「檔案」一詞為最佳檢索策略，因學位論文之資料時間為學年度，故以相同資料時間之民國98學年至108學年度（出版年為2010至2019年）為限定條件，初步查詢結果為576筆書目，同樣經人工檢視刪除電資工程學類、電算機學類、教育學類與檔案資料管理無關之論文，總計有117篇相關學位論文，下載書目同樣有數量限制，以逐年註記、分次下載方式，取得完整書目與內容摘要。

資料處理

所有下載篇目資料匯入EXCEL，進行篇目關鍵字與摘要瀏覽，人工賦予主題分類，並根據文獻特性進行文獻年代、作者、期刊名、學校機構、研究主題之次數與百分比統計，以呈現量化分析結果，並根據內容摘要進行文獻內容分析，記錄研究方法與內容重點，藉以觀察並解釋研究主題之遞移現象。

研究結果分析

本文採用期刊論文與學位論文資料，探討我國近十年檔案管理相關研究成果，主要觀察文獻數量成長、研究主題分布、研究方法、作者特性以及文獻產出機構特性等項目，本研究資料分析將期刊論文與學位論文並列說明，較利於觀察兩者研究成果之異同。此外，本文也與中華民國圖書館學會於民國百年之際所出版之《圖書資訊學學術研究》一書中，曾分析2010年之前檔案學研究成果相互對照（林巧敏，2013），將能夠類比之內容加以比較說明，以呈現近十年與過往研究發現之差異，更有助於觀察趨勢與變化。

文獻數量成長

　　觀察2010-2019年整體期刊文獻數量成長，發現文獻數量上下起伏消長互見，但近兩年文獻數量有比往年減少的情形。期刊論文近十年文獻量平均數為34.7篇，學位論文平均數為11.7篇，期刊文獻產能在2014、2018為低點，學位論文在2011、2016、2019相對文獻產出量偏低。近十年文獻數量成長與林巧敏（2013）分析1920-2010年檔案學研究成長數量比較，近十年之文獻增長量已趨於緩和，顯然不如過往1980-2010年文獻量快速攀升時期的研究產能，可知文獻成長無法始終維持顛峰狀態，當文獻持續成長達顛峰之後，假使沒有新力量注入研究領域，研究數量將漸趨萎縮，其文獻成長速度也趨於緩和。

表2　檔案管理期刊與學位論文數量成長統計表

出版年	期刊論文		學位論文		小計	
	篇數	百分比（%）	篇數	百分比（%）	篇數	百分比（%）
2010	64	18.4	12	10.3	76	16.4
2011	35	10.1	9	7.7	44	9.5
2012	42	12.1	11	9.4	53	11.4
2013	38	11.0	13	11.1	51	11.0
2014	20	5.8	14	12.0	34	7.3
2015	28	8.1	18	15.4	46	9.9
2016	26	7.5	9	7.7	35	7.5
2017	41	11.8	13	11.1	54	11.6
2018	23	6.6	10	8.5	33	7.1
2019	30	8.6	8	6.8	38	8.2
小計	347	100.0	117	100.0	464	100.0

研究主題分布

分析臺灣檔案管理相關研究主題分布，文獻量較多之前五項主題為：「檔案與歷史研究」（96篇）、「檔案應用與推廣」（67篇）、「特殊類型檔案與手稿」（55篇）、「史料編輯與出版」（46篇）、「電子文件作業與系統」（44篇）。相反地，在「檔案媒體與微縮複製」（2篇）、「現行文件與文書作業」（8篇）是近十年研究文獻量偏少的主題，顯然對於探討微縮複製與文書作業已逐漸不受重視。

與十年前檔案學研究主題分布比較，發現十年前的研究主題是以「檔案與歷史研究」、「現行文件與文書作業」、「史料編輯與出版」、「教育與專業發展」較多（林巧敏，2013），但近十年的研究有明顯趨向檔案應用及檔案內容分析之研究主題。

比較期刊論文與學位論文研究主題的差異，發現期刊論文比較熱中於探討「檔案與歷史研究」、「史料編輯與出版」、「檔案應用與推廣」等偏向檔案內容分析與檔案使用等主題，而學位論文研究主題除了「檔案應用與推廣」與期刊論文一樣擁有高文獻量分布外，有比較多的研究探討「電子文件作業與系統」、「特殊類型檔案與手稿」等主題，顯示對於不同媒體形式檔案管理作業之關注。

表3　檔案管理期刊與學位論文主題分布統計表

主題	期刊論文		學位論文		小計	
	篇數	百分比（%）	篇數	百分比（%）	篇數	百分比（%）
檔案學理論與概念	15	4.3	2	1.7	17	3.7
現行文件與文書作業	2	0.6	6	5.1	8	1.7
檔案編排與描述	8	2.3	2	1.7	10	2.2
檔案鑑定與清理	12	3.5	3	2.6	15	3.2
檔案修復與維護	10	2.9	9	7.7	19	4.1

（續）

表3 檔案管理期刊與學位論文主題分布統計表（續）

主題	期刊論文		學位論文		小計	
	篇數	百分比（%）	篇數	百分比（%）	篇數	百分比（%）
庫房與典藏管理	18	5.2	3	2.6	21	4.5
檔案媒體與微縮複製	2	0.6	0	0.0	2	0.4
特殊類型檔案與手稿	38	11.0	17	14.5	55	11.9
檔案應用與推廣	43	12.4	24	20.5	67	14.4
史料編輯與出版	45	13.0	1	0.9	46	9.9
教育與專業發展	17	4.9	11	9.4	28	6.0
檔案法規與行政	27	7.8	9	7.7	36	7.8
電子文件作業與系統	25	7.2	19	16.2	44	9.5
檔案與歷史研究	85	24.5	11	9.4	96	20.7
小 計	347	100.0	117	100.0	464	100.0

研究方法分析

觀察研究方法有助於了解學科領域研究特性，本文根據內容摘要所示之研究方法，由人工編碼後統計數量分布，如果同一篇研究不只採用一種研究方法，則採分別記入方式，故篇數會大於原期刊及學位論文總數，百分比則採用此研究方法占原篇數的比例，以呈現使用該研究方法的頻繁程度。

期刊論文常用之研究方法前三項為：「文獻分析」（234篇）、「歷史研究」（31篇）、「個案研究」（25篇），可知檔案管理撰述之期刊論文多以文獻整理歸納為呈現方式。至於學位論文採用之研究方法前三項則為：「訪談調查」（51篇）、「問卷調查」（21篇）、「內容分析」（14篇）。比較兩者差異，可知期刊論文偏向以文獻基礎說明現象與管理作業問題，有為數不少實務經驗分享性質的論文，此為實務導向學科之文獻特質。但學位論文需要有實證研究過程，故多採用質性研究方法之訪談調查，或是量化研究之問卷

調查，探究檔案管理問題，文字探勘篇數雖少，卻是近兩年在學位論文嶄露的新興研究法。

表4　檔案管理期刊與學位論文研究方法統計表

研究方法	期刊論文		學位論文		小計	
	篇數	占總數百分比（%）	篇數	占總數百分比（%）	篇數	占總數百分比（%）
文獻分析	234	67.4	7	6.0	241	51.9
問卷調查	10	2.9	21	17.9	31	6.7
訪談調查	5	1.4	51	43.6	56	12.1
內容分析	20	5.8	14	12.0	34	7.3
歷史研究	31	8.9	12	10.3	43	9.3
個案研究	25	7.2	8	6.8	33	7.1
參與觀察	2	0.6	2	1.7	4	0.9
實驗研究	5	1.4	8	6.8	13	2.8
系統分析	5	1.4	5	4.3	10	2.2
文字探勘	0	0.0	3	2.6	3	0.6
書目計量	3	0.9	4	3.4	7	1.5
比較研究	7	2.0	6	5.1	13	2.8

作者特性分析

期刊作者合著分析

分析論著之合著人數有助於了解學科研究的合作現象，在總數347篇期刊論文中，76.7%為一人作者；19%的期刊論文是兩人合著；2.9%的期刊論文是三人合著，三人以上的比例則微乎其微。顯示檔案管理相關期刊文獻仍以個人發表為主，一人以上的合著研究比例僅占23.3%。合著作者數量往

往代表展開大型研究的程度，合著者數量不高，意味著檔案管理研究者對於合作研究態度較不積極。若與十年前期刊個人作者占89.4%比較，近十年合著比例已有增加，也符合研究生態的發展趨勢。

表5　檔案管理期刊文獻平均作者人數統計表

合著作者數	篇數	百分比（%）
一人作者	266	76.7
二人作者	66	19.0
三人作者	10	2.9
三人以上	5	1.4
總計	347	100.0

期刊論文核心作者分析

　　發表期刊文獻數量較多之作者，前三位為：林巧敏（19篇）主要研究檔案應用與檔案維護等議題、許芳銘（9篇）以研究電子文件作業與系統為主、薛理桂（8篇）以研究檔案編排描述及檔案法規行政為多。檔案管理研究主題範圍廣泛，發表文獻作者來自不同領域，除前幾位為高產能作者外，集中特定作者情形比較不明顯。

學位論文指導教授分析

　　因學位論文作者並無發表數量累計情形，故而統計指導論文篇數，以觀察學位論文產出貢獻，近十年學位論文指導數量前三名之教師為林巧敏（25篇）研究主題為檔案應用推廣、檔案修復與維護、特殊類型檔案等主題，指導論文主題與自身發表期刊主題相符；再者為薛理桂（20篇）指導論文主題涵蓋多元，從庫房管理到檔案應用推廣皆有。第三位為許芳銘（7篇）指導論文主題與自身發表文獻主題相同，是以探討電子文件作業與系統為主。

表6 檔案管理期刊文獻發表篇數前十位作者

排序	作者	篇數	發表文獻主題
1	林巧敏	19	檔案修復與維護、檔案應用與推廣
2	許芳銘	9	電子文件作業與系統
3	薛理桂	8	檔案編排與描述、檔案法規與行政
4	吳宇凡	6	教育與專業發展、檔案法規與行政
5	范秋足	6	電子文件作業與系統
6	陳淑美	6	庫房與典藏管理
7	何祖鳳	5	電子文件作業與系統
8	林秋燕	5	檔案法規與行政、電子文件作業與系統
9	王麗蕉	4	檔案編排與描述
10	陳世局	4	史料編輯與出版

表7 檔案管理指導學位論文篇數前六位教師

排序	指導教授	指導論文篇數	指導論文主題
1	林巧敏	25	檔案修復與維護、特殊類型檔案與手稿、檔案應用與推廣
2	薛理桂	20	庫房與典藏管理、特殊類型檔案與手稿、檔案應用與推廣、檔案法規與行政
3	許芳銘	7	電子文件作業與系統
4	歐陽崇榮	4	電子文件作業與系統
5	孫本初	3	現行文件與文書作業、檔案應用與推廣、檔案法規與行政
6	黃榮護	3	教育與專業發展

文獻來源特性分析

核心期刊分布

　　刊載與檔案管理相關之期刊論文數量較多之前8名期刊，排序由高至低分別為：《檔案》、《檔案與微縮》、《國史研究通訊》、《圖資與檔案學刊》、《大學圖書館》、《藝術觀點》、《臺灣文獻》、《澳門研究》等，其中前兩名刊物即占了40.9%的期刊文獻量，檔案管理期刊文獻有高度集中少數期刊的現象。

表8　收錄檔案管理文獻前八名期刊清單

期刊名稱	相關文獻篇數	占總數百分比（%）
檔案	121	34.9
檔案與微縮	21	6.1
國史研究通訊	16	4.6
圖資與檔案學刊	10	2.9
大學圖書館	7	2.0
藝術觀點	7	2.0
臺灣文獻	6	1.7
澳門研究	6	1.7

　　分析學位論文發表系所，可發現與檔案管理研究相關之學位論文系所分布廣泛，以圖書資訊學類（45.3%）為主，其他相關系所包括：資管資工學類（15.4%）、公共行政學類（10.3%）、藝術學類（8.5%）、歷史學類（6%）、文學與文化學類（5.1%）、法律學類（2.6%）等。可知因電子文件日趨重要，不乏資管資工領域探討電子文件議題，再者因檔案屬於公務產生之紀錄，故公共行政、法律學領域亦有相關研究，加上檔案具有史料供證及學術研究價值，故有歷史學及藝術學類研究所運用檔案資料進行學科內容主題探討。

表9　檔案管理相關學位論文發表系所學科分布統計表

系所學科	篇數	百分比（%）
圖書資訊學類	53	45.3
資管資工學類	18	15.4
公共行政學類	12	10.3
藝術學類	10	8.5
歷史學類	7	6.0
文學與文化學類	6	5.1
法律學類	3	2.6
工程學類	2	1.7
林產與自然資源學類	2	1.7
商管學類	2	1.7
教育學類	2	1.7
小計	117	100.0

結論

　　根據上述研究分析，歸納近十年檔案管理期刊及學位論文特性如下：

（一）近十年檔案管理發表文獻量成長起伏不定，期刊論文平均一年為34.7篇，學位論文平均為11.7篇，此主題已具有相當之文獻數量產能。文獻研究主題以「檔案與歷史研究」、「檔案應用與推廣」、「特殊類型檔案與手稿」、「史料編輯與出版」以及「電子文件作業與系統」，已從過往偏重檔案資料整理之技術與作業流程管理，走入檔案推廣應用、檔案內容分析以及特殊類型檔案等發揮檔案內容價值之研究主題。如果比較期刊論文與學位論文之研究主題分布，可知期刊論文較熱中於「檔案與歷史研究」、「史料編輯與出版」、「檔案應

用與推廣」等檔案讀者服務相關主題，而學位論文除了「檔案應用與推廣」外，也關注「電子文件作業與系統」、「特殊類型檔案與手稿」等不同媒體形式檔案管理工作之探討。

（二）檔案管理相關期刊論文常用之研究方法為「文獻分析」、「歷史研究」以及「個案研究」，多數期刊論文是根據文獻分析佐證檔案管理現象與作業問題。至於學位論文採用之研究方法則為「訪談調查」、「問卷調查」以及「內容分析」，顯然學位論文需要有實證研究過程，故多採用質性研究的訪談調查，或是量化研究的問卷調查，以探究檔案管理實務問題，但值得關注的是有採用文字探勘進行內容分析之研究，數量雖少卻是近兩年在學位論文出現的新興研究方法。

（三）檔案管理期刊文獻之作者數以個人發表為主，合著數量不高，意味著大型研究或跨領域研究程度不高，但近十年作者合著情形，與十年前相比，合著比例已有攀升，只是成長幅度不大。

（四）檔案管理相關期刊文獻及學位論文有集中特定作者與指導教授的情形，代表已有核心研究族群的發展，也形成特定作者發表論文主題和指導學位論文主題相同的狀況，亦即特定研究者已建立較為鮮明之個人研究主題專長。如將近十年研究文獻生產者與過往分析結果相比，可看到高產能作者名單排序略有變化，意味著作者群之研究產能會隨著時間有明顯的改變。

（五）發表檔案管理相關之期刊論文，有集中特定期刊情形，《檔案》、《檔案與微縮》、《國史研究通訊》、《圖資與檔案學刊》即占了一半以上之期刊文獻量，期刊文獻有高度集中少數期刊的現象。檔案管理相關學位論文則以集中圖書資訊學研究所為主，但在資管資工學類、公共行政學類、藝術學類、歷史學類也有相關論文產出，圖書資訊研究所論文是以探討檔案資料管理作業為主，其他學類論文是以檔案資料為使用標的，進行資料運用面向的探討。

基於前述文獻研究觀察，提出對於檔案管理研究之未來展望，如下：

（一）檔案管理期刊文獻作者與學位論文指導者有集中特定研究者情形，

為提升檔案學研究質量，需要鼓勵更多研究人才的投入與耕耘，始能豐富檔案管理研究成果，並發展出學科專業特色。

（二）近十年檔案管理文獻發表數量相較於十年前文獻數量成長緩慢，需要導入新的研究方法與技術，開發新興研究主題，始能刺激研究的產能。所幸在期刊文獻的合著作者數量有逐步成長，代表具有共同或合作研究規模的成果逐漸浮現，可期許未來在檔案管理研究能吸納不同領域之研究人口加入，而研究主題也將由檔案管理作業與技術，朝向檔案內容價值開發與應用的研究主題發展。

（三）檔案管理學位論文除了以圖檔、圖資研究所為主外，資管資工、公共行政、歷史、藝術、法律等研究所也有運用檔案資料的產出。尤其在資管資工領域會探討電子文件議題，且檔案為政府機關之稽憑紀錄，故公共行政、法律等領域有相關研究，加上檔案具有史料證據價值，歷史研究也挹注了產能，不同領域的研究可豐富檔案管理之研究內涵，未來可建立跨領域的合作發展，可讓檔案管理開展更多元的研究議題。

（四）檔案管理研究之主題很明顯已由檔案編排與描述、檔案鑑定與清理、文書與文書作業等對於資料處理技術之探討，漸趨檔案推廣應用、檔案內容分析以及電子文件等關於讀者服務和新技術應用之議題，尤其對於採用數位工具與技術，進行檔案內容分析之研究已漸嶄露頭角，可預見未來檔案管理需要藉助新技術發展，以優化並提升檔案內容之應用。

（五）分析近十年檔案管理研究文獻過程，發現隨著資訊環境變遷，原有檔案學研究主題分類之各類目文獻量有明顯消長，且基於文獻保證原則，現有十四項主題分類宜加以修正，始能符合時代需求，建議將原分類中「檔案媒體與微縮複製」刪除，在1970-1990年代曾有大量論文討論檔案微縮複製技術，但數位時代，微縮已走入歷史，文獻量已大不如前。此外，配合科技發展可調整部分類目名稱較為明確，建議調整後之十三項主題分類為：檔案功能及其社會價值、文書作業及制度、檔案徵集及鑑定、檔案編排及描述、檔案維護及修

復、檔案館建築及典藏設施、特殊類型檔案、檔案應用及推廣、史料編輯及出版、檔案教育及專業發展、檔案法規及行政、電子文件管理、檔案內容研究等，調整後之主題名稱較能反映目前研究趨勢，也能清楚呈現檔案管理研究主題現況。

參考文獻

林巧敏（2013）。**檔案學研究文獻回顧與前瞻**。在卜小蝶主編。圖書資訊學學術研究（頁198-223）。台北市：五南圖書出版。

林巧敏（2019）。檔案專業知能與專業教育課程概況。**檔案，18**（2），126-137。

林巧敏、范蔚敏（2010）。臺灣地區檔案學文獻計量分析。**圖書與資訊學刊，72期**，16-38。

張淑惠（2002a）。臺灣地區1991至2000年檔案學期刊論文探析（上）。**檔案與微縮，65**，13-24。

張淑惠（2002b）。臺灣地區1991至2000年檔案學期刊論文探析（下）。**檔案與微縮，67**，30-37。

許蒜咪（2016）。**國際檔案學文獻之書目計量分析（1976-2015）**。國立政治大學圖書資訊與檔案學研究所碩士論文，台北市。

薛理桂、王麗蕉主編（2017）。**臺灣檔案學研究回顧暨書目彙編（1946-2016）**。台北市：中央研究院臺灣史研究所，國立政治大學圖書資訊與檔案學研究所出版。

Couture, C. & Ducharme, D. (2005). Research in archival science : a status report. *Archivaria, 59*, 41-67.

Cox, R. J. (1987). American archival literature: expanding horizons and continuing needs 1901-1987. *American Archivist, 50*(3), 306-323.

Craig, B. (1996). Serving the truth: the importance of fostering archives research in education programmes, including a modest proposal for partnerships with the workplace. *Archivaria, 42*, 105-117.

Munoz, C. G. (1994). The state of research in archival science. *Archivum, 39*, 530-32.

Pederson, A. E. (1994). Development of research programs. *Archivum, 39*, 312-359.

Rumschottel, H. (2001). The Development of Archival Science as a Scholarly Discipline. *Archival Science, 1*, 143-155.

Stephenson, M. S. (1991). Deciding not to build the wall: Research and the archival profession. *Archivaria, 32*, 145-151.

第28章
2010-2020圖書資訊學教育研究回顧與前瞻：變革與擴疆

王梅玲

本文簡介

圖書資訊學教育近十年的研究發展多元並經歷不斷的變革，因為受到網路革命、新興資訊科技促成複雜的資訊生態、iSchools運動、遠距與線上教育成長、與未來趨勢之影響，在內涵與取徑產生許多變化。本論文概述2010到2020年間圖書資訊學教育相關研究的主要進程，一方面以書目計量法，統計分析英美、中國、臺灣在這段期間的2,007篇期刊論文相關研究成果。一方面以文獻探討法，從八大議題回顧2010-2020年間圖書資訊學教育領域的重要發展。最後依據全球發展概況與未來趨勢，提供我國圖書資訊學教育未來發展建議。

前言

　　圖書資訊學教育（Library and Information Science Education）隨著時代發展經常探討其名稱與內涵。在21世紀之初，係指圖書館與資訊服務專業人員的養成教育，培養具備專業能力，勝任專業工作，提升圖書館與資訊服務，以及促進圖書資訊學研究。圖書資訊學從圖書館學演化而成，兼具專業與科學性質，並納入資訊科學，使得本學科發展從「圖書館本位」，轉

向「資訊本位」；並存在「專業導向」或「學科導向」兩種爭議（Lynch，2008）。第一所圖書館學校肇始於1887年，杜威（Melvil Dewey）在美國哥倫比亞大學設立的圖書館學院（School of Library Economy），及至1980年代納入資訊科學改名為圖書資訊學，因此圖書資訊學教育以圖書館學及資訊科學二者為主要內涵。

臺灣地區圖書資訊學教育發展近六十年，已建立大學部、碩士班與博士班完整的教育體系。各校相繼改名為「圖書資訊學」，意為圖書館學與資訊科學，如今臺灣已成立7所學校，包括大學部4系，碩士班7所、博士班3所（莊道明、王梅玲，2018）。

近十年，網路革命蓬勃發展，新興科技大量出現，如雲端科技、行動科技、物聯網、區塊鏈、大數據、人工智慧、虛擬實境等，影響著社會各方面的發展。美國圖書館學會（American Library Association, ALA）（2014）提出〈動盪的世界趨勢報告〉（Trends Report: Snapshots of a Turbulent World），對圖書館未來發展提出三項影響原因與七項主要趨勢，其中網路新革命、資訊機構改變、以及資訊使用和消費轉型改變三項，是影響圖書館營運環境和轉變的因素。七項趨勢包含：（1）全球互聯世界形成；（2）環境恢復力提升；（3）人口統計呈現更大，更老，更多樣化面貌；（4）經濟不公平加劇；（5）公共部門預算不足；（6）教育朝向自我導向，協作和終身學習發展；（7）工作需要新技能與新結構。該報告引起圖書資訊學教育關注，美國馬里蘭大學資訊學院展開圖書資訊學教育環境掃描，重新探討圖書館學碩士教育（Bertot & Percell, 2014; 2015）。圖書資訊學畢業生就業市場改變也受到關注，Marshall等（2010）從事美國圖書資訊學碩士畢業生就業追蹤與評鑑系列研究。我國3所圖書資訊學校，臺灣師範大學、政治大學、臺灣大學參加國際iSchools聯盟，成為資訊學院成員。2009年開始，政治大學成立圖書資訊學數位碩士在職專班，其後淡江大學，臺灣師範大學也相繼設置，數位課程與線上教育對於圖書資訊學教育有何影響？這些現象均反映圖書資訊學教育圖像正在改變。

本論文回顧2010-2020年間圖書資訊學教育研究的發展，並前瞻未來趨勢。研究者採用書目計量法與文獻探討法，分為圖書資訊學教育書目計量分析與圖書資訊學教育文獻回顧兩部分，首先進行圖書資訊學教育研究書

目計量分析，檢索臺灣期刊論文索引，CNKI，SSCI，LISTA四個資料庫，以論文撰稿時程為資料收錄截止時間，分析2010年到2020年6月間，圖書資訊學教育、Library and Information Science Education與圖書情報學教育相關期刊論文，進行主題與期刊分析。其次針對圖書資訊學教育研究進行文獻探討，歸納八大重要主題，以文獻回顧析論圖書資訊學教育研究發展。

圖書資訊學教育研究書目計量分析

文獻特性

本論文蒐集2010年至2020年6月間出版之圖書資訊學教育相關期刊文獻，根據書目資料來源分為兩部分：第一部分為以西文文獻為主的LISTA資料庫及SSCI資料庫，LISTA所得文獻1,146篇、SSCI所得文獻421篇，去除重複書目後合計共1,472篇（資料蒐集時間至2020年6月2日）。第二部分為以中文文獻為主的CNKI資料庫與臺灣期刊論文索引，CNKI所得488篇、臺灣期刊論文索引所得47篇，合計共535篇（資料蒐集時間至2020年7月10日）。中西文文獻總計共2,007篇。本研究運用書目計量法，以該2,007篇文獻為研究對象進行探討，分析其出版年份、文獻成長情形、出版國別、主題領域、核心期刊等項目。

文獻成長

圖書資訊學教育中西文文獻共2,007篇依據出版年份進行統計列如表1，2010年出版量最多，之後逐年遞減，2014年之後出版量減至200篇以下。西文圖書資訊學教育文獻以2010年出版篇數為最多，其後出版量逐年遞減，2014年只有113篇文獻出版，2015年後出版量略微回升，然而至2019年出版量又減少。中文圖書資訊學教育文獻每年出版量相較西文文獻穩定，出版量最高的一年為2011年的62篇。中西文文獻加總，出版量以2010年的259篇為最高，其後受到西文文獻出版量減少的影響，整體出版量逐年減少。

表1　圖書資訊學教育文獻年份分布表（n＝2,007）

年份	西文文獻篇數	中文文獻篇數	總和	累積總和
2010	219	40	259	259
2011	150	62	212	471
2012	168	59	227	698
2013	167	45	212	910
2014	113	53	166	1,076
2015	141	49	190	1,266
2016	132	58	190	1,456
2017	132	54	186	1,642
2018	115	47	162	1,804
2019	103	56	159	1,963
2020	32	12	44	2,007
小計	1,472	535	2,007	—

出版國別

　　圖書資訊學教育文獻之出版國家分析如表2。有21國出版，出版量排名前三名的國家皆超過400篇，依序為美國581篇（29.0%）、中國490篇（24.4%）、英國411篇（20.5%），該三國的出版量佔了整體之73.8%。其後依序為德國62篇（3.1%）、加拿大51篇（2.5%）、印度49篇（2.4%）、臺灣46篇（2.3%）、澳洲43篇（2.1%）、荷蘭41篇（2.0%）。

主題分析

　　有關圖書資訊學教育研究期刊文獻的主題分析，本研究參考相關文獻，將主題分為十大類：B01圖書資訊學教育原理，B02圖書資訊學課程與教學，B03圖書資訊學研究與方法，B04圖書資訊專業繼續教育與認證，B05

表2 圖書資訊學教育文獻出版國家分布表（n＝2,007）

排序	國別	文獻篇數	百分比（%）	排序	國別	文獻篇數	百分比（%）
1	美國	581	29.0	12	匈牙利	23	1.2
2	中國	490	24.4	13	南非	21	1.1
3	英國	411	20.5	14	奈及利亞	19	1.0
4	德國	62	3.1	15	西班牙	14	0.7
5	加拿大	51	2.5	16	瑞典	13	0.7
6	印度	49	2.4	17	伊朗	8	0.4
7	臺灣	46	2.3	18	馬來西亞	8	0.4
8	澳洲	43	2.1	19	哥倫比亞	8	0.4
9	荷蘭	41	2.0	20	阿根廷	7	0.4
10	巴基斯坦	27	1.4	21	斯洛維尼亞	7	0.4
11	巴西	26	1.3		總計	2,007	100

檔案學教育，B06遠距與線上教育，B07圖書館與教育，B08 iSchools，B09學生與學習成效，B10圖書資訊學教育管理與評鑑。本研究依據文獻題名與摘要分析，將2,007篇文獻分入十大主題領域中最相關的研究主題。每篇文獻以分入一個主題領域為原則，但若無法辨識所偏重之主題，則給予該文獻數個主題領域。圖書資訊學教育文獻之主題領域分布結果如表3，圖書資訊學教育文獻前四大主題領域依序為圖書館與教育（413篇，20.6%）、圖書資訊學課程與教學（405篇，20.2%）、圖書資訊學教育原理（366篇，18.2%），圖書資訊學教育管理與評鑑，（216篇，10.8%）。其中圖書館與教育期刊文獻，大多探討圖書館服務中的圖書館利用教育與資訊素養教育。

表3　圖書資訊學教育文獻主題領域分布表（n＝2,007）

排序	代號	主題領域分類	文獻篇數	百分比（%）
1	B07	圖書館與教育	413	20.6
2	B02	圖書資訊學課程與教學	405	20.2
3	B01	圖書資訊學教育原理	366	18.2
4	B10	圖書資訊學教育管理與評鑑	216	10.8
5	B03	圖書資訊學研究與方法	175	8.7
6	B09	學生與學習成效	145	7.2
7	B08	iSchools	102	5.1
8	B06	遠距與線上教育	100	5.0
9	B04	圖書資訊專業繼續教育與認證	65	3.2
10	B05	檔案學教育	41	2.0
		總計	2,007	100.0

核心期刊

　　圖書資訊學教育2,007篇文獻，來自364種期刊，將期刊依出版文獻量排序，前十名期刊，以1960年創刊的Journal of Education for Library and Information Science為首，共出版了97篇文獻。其次依序為Library Philosophy and Practice（63篇）、圖書情報工作（50篇）、Library Trends（44篇）、圖書情報知識（40篇）、圖書館學研究（39篇）、Journal of Academic Librarianship（37篇）、Journal of the Australian Library and Information Association（36篇）、DESIDOC Journal of Library & Information Technology（32篇）、Libri: International Journal of Libraries and Information Services（32篇）。高生產力期刊出版頻率多為季刊與雙月刊；出版國家以美國、英國、中國為主，出版語言以英文與中文為主。

圖書資訊學教育研究文獻回顧

在2010-2020年間，有三篇圖書資訊學教育回顧的論文：Chu（2010）探討美國圖書資訊學教育21世紀第一個十年的發展，發現四項重要議題：圖書資訊學課程與核心課程改變，圖書資訊學遠距教育大量應用科技，iSchools出現，與圖書資訊學教育的問題。吳丹、余文婷（2015）回顧2010-2014年間圖書資訊學教育研究進展與趨勢，觀察iSchools聯盟成立後，圖書資訊學教育進入新的改革期。黃如花與黃雨婷（2019）探討全球視野下中國圖書情報學教育變革，歸納圖書館學教育變革。本論文採用文獻探討法，針對2010-2020年間圖書資訊學教育相關文獻進行評介，發現近十年全球圖書資訊學教育研究呈現著「轉型與擴疆」的樣貌。前節圖書資訊學教育文獻書目計量分析時，發現美國、中國、英國為主要文獻發表國家，英美二國的研究主題多為變革與擴疆，中國的研究呈現成長與躍升。本論文綜整歸納2010-2020年間圖書資訊學教育研究涵蓋下列八大方向：圖書資訊學教育指南更新、iSchools運動對圖書資訊學教育影響、系所名稱變革與多元學程、新興科技影響課程設置、圖書資訊學線上教育成長、圖書資訊學就業市場擴大、能力導向教育與未來圖書資訊學教育。

圖書資訊學教育指南更新

圖書資訊學教育標準與指南反映圖書資訊學教育的意涵與要件，為因應數位時代變革，美國圖書館學會、英國圖書館與資訊專業學會、以及國際圖書館協會聯盟三者均在這十年修訂圖書資訊學教育標準與指南，顯示圖書資訊學教育內涵更新。

美國圖書館學會（American Library Association）於2019年更新〈圖書館與資訊研究碩士學程認可標準〉（Standards for Accreditation of Master's Programs in Library and Informational Studies），這是美國圖書資訊學碩士學程評鑑認可制度依據的標準，也是美國圖書館員資格獲取的重要條件。該標準名稱依然採用「圖書館與資訊研究」（Library and Information Studies）一詞。該標準涵蓋五大要件：系統性規劃、課程、教師、學生，以及行政

管理、財務經費與資源等，再細分46項評估要點，提供認可委員會（Committee on Accreditation, COA）審查認可美國、加拿大圖書資訊學碩士班（American Library Association, 2019）。

國際圖書館協會聯盟（International Federation of Library Associations and Institutions, IFLA），在2012年修訂〈圖書館與資訊專業教育學程指南〉（Guidelines for Professional Library/Information Educational Programs），反映21世紀圖書館與資訊服務之發展，涵蓋大學部、碩士學位及專業學程。該指南包含圖書資訊學教育制度六大要件：圖書資訊學程核心、課程、教師、學生、行政支援、教學資源與設備等。該指南由下列7大準則與29項原則組成：（1）學程框架：包含學程任務、目的與目標，以及規劃與評估等原則。（2）課程核心要素：包含資訊環境、資訊社會的影響、資訊政策與倫理、歷史發展；資訊創造、傳播與使用；評估資訊需求與設計服務；資訊轉換歷程；資訊資源管理；資訊研究、分析與解釋；資訊與通訊技術的應用；知識管理；資訊機構管理；資訊與圖書館成效評鑑；了解在地知識典範等。（3）課程：課程應融入研究與實踐的理論框架與專業議題，包含公開文件、通識教育、實習、應用技能、教學方法、繼續教育以及審查課程等。（4）教師與職員。（5）學生：相關政策、入學要求、畢業要求、學習規劃等。（6）支援：行政與財務、管理、經濟支援等。（7）教學資源與設備：圖書館資源、資訊技術資源及實體設備等（Smith, Hallam, & Ghosh, 2012）。

美國圖書館學會與IFLA的圖書資訊學教育標準及指南，主要提供圖書資訊學學程的評鑑與設立參考。英國圖書館與資訊專業學會（Chartered Institute of Library and Information Professionals, CILIP）主責英國圖書資訊學學程認可，該學會2012年提出〈專業知識與技能基石〉（Professional Knowledge and Skills Base, PKSB）作為英國圖書資訊學學士與碩士課程的認可標準。該認可標準包括圖書館、資訊與知識專業技能四層級組合，第一層為核心道德與價值觀，第二層為專業知識與通用技能，第三層為其他圖書館、資訊與知識機構背景，第四層為其他機構與環境背景。第二層級專業知識包括：知識與資訊組織，知識與資訊管理，知識與資訊的使用和

利用，研究技巧，資訊治理與遵守，文件管理與典藏，館藏管理與發展，以及讀寫素養與學習8大項，64項指標。通用技能涵蓋：領導力與倡導，策略、規劃與管理，顧客服務導向設計與行銷，以及資訊科技與通訊指標。該標準概述圖書資訊領域所需的知識與技能，可用於個人或機構技能分析，員工培訓與發展計畫，並引導課程培訓與專業發展（Chartered Institute of Library and Information Professionals, 2012）。

iSchools運動對圖書資訊學教育影響

Chu（2010）吳丹、余文婷（2015）二篇文獻均指陳iSchools聯盟出現是21世紀圖書資訊學教育重大影響事件，並改變圖書資訊學校的經營方向。iSchools聯盟源自於1988年，Pittsburgh大學的圖書資訊學院，2005年，iSchools聯盟正式成立，25學校加入。近十年快速成長，2020年，iSchools聯盟增至116會員，遍及美洲、歐洲、亞洲、澳洲各洲，中國有7校，臺灣有3校參加。iSchools組織成員為關注圖書資訊學、資訊科技或資訊科學等領域的學院或系所，主張以使用者、資訊、科技三者為核心，發展資訊研究與教學，促進人類科學、商業、教育與文化領域的進步（Larsen, 2010；肖希明等，2016；iSchools Organization, 2020）。

iSchools聯盟成員中有許多美國圖書館學會認可的學校。吳美美（2018）將iSchools成員的組成模式歸納為：（1）原圖書館學與其他相關學術領域合併；（2）原圖書館學擴展重新調整組織，加強資訊及通訊科技研究；（3）以計算機科學、科學與工程為主，新設立資訊科學學程；（4）原圖書資訊學與以計算機科學為主所新設立之資訊科學併立於同一校中，此四種模式可能造成學科認同的差異。iSchools資訊學院與圖書館學院有何關係，Dillon（2012）探討iSchools資訊學院的意義，主張資訊學院（'iSchools'）的存在代表在傳統圖書資訊學取向模式之外以擴展對資訊和使用者的關注的一種努力。Lopatovska與Ransom（2014）主張iSchools和L-Schools是不同的兩個領域，所謂L學院是指由美國圖書館學會認可學校所授予的博士學位，相對於Wiggins與Sawyer（2012）i學院是指在iSchools聯盟的核心會員。

Shu與Mongeon（2016）分析1960到2013年美國認可圖書資訊學校的博

士學位論文中主題詞趨勢，以研究iSchools運動的演變。1960年至2013年間有3,555位博士從44所ALA學校畢業，圖書資訊學博士學位論文主題分析顯示，「圖書館學」是最受歡迎的主題，出現在2,322篇論文中（佔67.4%），但其優勢下降。「資訊科學」出現在1,539篇論文中（佔44.6%），成為最受歡迎的主題，其比例逐年上升。「計算機科學」、「教育科技」和「高等教育」排名第3至第5。這項研究結果證實了iSchools運動已從特定的方法轉向廣泛的方法，以促進知識的發展並吸收了圖書館學，且計算機科學和其他領域也被吸收到此無邊界的領域，稱為「資訊領域」（I Field）。iSchools運動反映了圖書資訊學研究主題的趨勢和跨學科研究，並為資訊領域合作研究提供平臺。

肖希明等（2016）分析iSchools運動對圖書資訊學教育影響，iSchools聯盟研究圍繞著資訊、科技與人，並與圖書資訊學教育變革相輔相成，研究的「跨學科性質」日益明顯，如教師背景廣泛，學生背景、課程設置、及科研項目研究均出現跨學科現象。iSchools運動也影響人才培養模式變革，李金芮與肖希明（2012）從學科設置，入學條件，培養目標，培養方式，培養內容，培養要求質量評估與認證等方向，對34所iSchools成員院校調查，發現iSchools聯盟人才培養模式突破了圖書館專業單面向的局限，根據寬廣的資訊專業需求適時調整人才培養目標，注重實踐能力培養。iSchools課程設置專業針對性較強，選修課數量大，注重實踐課程設置，課程設置反映iSchools聯盟學院的學科建設和發展思路。

系所名稱變革與多元學程

圖書資訊學校經常探討系所名稱與範疇，受到資訊科學與新興科技的影響，近十年圖書資訊學校出現改名、系所學院改隸、與設置多元學程的現象。

系所名稱與學院隸屬改變

Chu（2010）提到美國許多圖書資訊學校改名，學院改置或隸屬改變，圖書資訊學教育的組織變革通常採取重新定位（如學校改名）或重新安置（如與另一個單位合併）。Weech（2015）探討美國圖書館學會認可圖書資

訊學碩士班名稱變化，以2013年排名前十名的12校為研究對象，發現伊利諾大學厄巴納－香檳分校（University of Illinois, Urbana-Champaign）、北卡羅來納大學堂山分校（North Carolina-Chapel Hill）、西雅圖華盛頓大學（University of Washington）、雪城大學（Syracuse University）、印第安納大學（Indiana University Bloomington）、西蒙斯大學（Simmons University）、馬里蘭大學（University of Maryland）、卓克索大學（Drexel University）與匹茲堡大學（University of Pittsburgh）等9校保留圖書資訊學碩士學位，或將圖書館學與資訊科學分為2類學位，而Syracuse、Maryland、Washington等3校則設置資訊管理學程。作者指陳許多學校不再以圖書館為學程名稱，而設置新學位；同時線上學程促使圖書資訊學碩士畢業生擴大就業市場，不限於圖書館工作。

張譯文（2019）觀察美國圖書資訊學校學門隸屬改變為資訊領域，她分析美國認可的52所圖書資訊系所的名稱，分為四大類：圖書館與資訊類、資訊類、資訊與其他類、其他類。有關52校圖書資訊學碩士學程隸屬的學院，近半數的學院名稱僅使用資訊，或是資訊與其他詞彙，未見圖書館一詞。有關學院隸屬分析，有16所圖書資訊學校為獨立單位；其他36校隸屬學院並以資訊學門為多數；圖書館與資訊學門者，4校（25.0%）。有16校非獨立單位隸屬其他學院中，隸屬學門包括教育、資訊與傳播、人文與科學、電腦與資訊，社會科學，商業管理與資訊科學，自然科學，健康與人文學等。

設置多元學程

受到新興科技出現與iSchools運動影響，美國圖書資訊學校設置圖書資訊學以外的多元學程，中國在這十年快速發展建構多層次圖書館學情報學教育體系，臺灣也發展圖書資訊學模組化碩士班與在職專班。張譯文（2019）調查美國圖書資訊學校發展多元碩士學程，35校提供的56個非認可的碩士學程，大分為11大類，依序為資料科學、資訊科學、資訊管理、學校圖書館媒體、電腦科學、健康資訊學、資訊傳播與科技、教育、檔案、商學，以及其他。其他類包含管理學、專業研究、知識管理、資訊安全、神學、資訊學、生物資訊學、藝術設計、考古、文學、博物館學等碩士學程。資料科學學程與資訊科學學程是最多設置的學程，反映圖書資訊學學

門並擴大市場。

王梅玲（2011）探討臺灣圖書資訊學碩士教育發展，建立7所碩士班。中華圖書資訊學教育學會（2019）描繪臺灣圖書資訊學教育現況，發現若干優勢與問題，圖書資訊學學校擴大相關領域，朝分組與模組化發展，如政治大學圖書資訊與檔案學研究所設立圖書資訊學組與檔案學組。並提供三模組：圖書館學、檔案學、出版與資訊科技。圖書資訊學系所開設數位典藏課程與學程，培養數位內容人才。在職專班與數位學習碩士在職專班積極發展，擴大圖書資訊學教育版圖。

中國圖書資訊學教育分為圖書資訊學、情報學、檔案學，近十年成長快速，肖希明、溫陽（2019）回顧中國圖書館教育的發展，其分為三個階段：1978年－1989年圖書館教育體系的初步建立，1990年－1999年圖書館學教育體系向高層次發展，2000年－至今圖書館學教育體系進一步完善。中國對圖書館學專業人才的培養有五項重大發展：大學部辦學點的增減與調整，碩士點大幅度增加並擴大到圖書館，圖書情報碩士專業學位教育制度的建立，博士學位一級學科的設立與發展，博士後流動站的設立。至2018年，中國有45家高等院校和科研機構提供圖書館學教育，包括大學部22個，碩士授權點38個，博士授權點7個，博士後流動站11個。中國圖書館學教育形成由大學部—碩士班—博士班—博士後構成的多層次專業教育體系。2001至2010年間，共有47所學校獲得圖書館、情報與檔案管理一級學位碩士授權（陳傳夫等，2017）。2010年發展專業學位的研究生教育，2018年已有31所高校獲得圖書情報專業碩士的授予權（肖希明、溫陽，2019）。

新興科技影響課程設置

新興科技推陳出新，如雲端運算、行動科技、人工智慧、大數據分析等，影響圖書資訊學新課程設置，包括科技課程，eScience課程，資料科學／數位度用課程，數位人文課程與健康醫學課程等。

Scripps-Hoekstra、Carroll與Fotis（2014）探討美國圖書資訊學碩士學程培養學生的技術專業能力，以美國圖書館學會認可的58所圖書資訊學碩

士學程為研究對象。研究顯示，有45校課程具備技術能力要求，11校納為入學條件。技能要求方面，學校要求學生須具備文書處理技能，簡報軟體、文件管理與網際網路知識技能，電子試算表。評估技術能力方面，16校提供學生自我評估清單，5校要求透過測驗，15校要求修習技術課程學分。該研究表示圖書資訊學碩士班重視學生技術能力，但未有標準化的技術能力要求。Maceli（2015）調查56所美國圖書館學會認可碩士學程中的技術課程，與Code4lib技術相關招聘廣告要求技能，將課程分為93類技術主題，前5名為：使用者經驗設計、網站設計與開發、資料庫設計與開發、資訊技術概論、數位圖書館與資訊檢索。

Schmillen（2015）探討圖書資訊學碩士班提供eScience課程現況。研究者利用網站分析檢視美國圖書資訊學碩士班的eScience課程，包括：科學／建築／科技／健康／醫療資源；資料庫分析／設計／管理／內容管理系統，資訊組織，數位圖書館／典藏庫，後設資料，資料安全／資料管理，數位世界的知識／數位環境管理，使用者介面設計／資訊尋求行為／人機交互作用／資訊架構，網路資訊科技，可擴展標記語言，資訊學，資料探勘，資訊檢索存取，資料網路連結／混合文字系統，地理資訊系統，計畫書寫作等。研究者建議提供eScience服務，以促進圖書資訊學eScience與數據導向研究社群發展。

黃如花與黃雨婷（2019）觀察iSchools聯盟院校中有五分之一的成員院校開設了數據科學相關課程，課程內容涉及數據採擷、數據科學、數據分析、數據視覺化、機器學習等。iSchools聯盟採用學位教育、證書教育多種形式發展數據科學專案，Kim（2016）探討數據教育與數據專業人員需求，檢視北美圖書資訊學學校提供數據導向的課程。Ortiz-Repiso、Greenberg與Calzada-Prado（2018）以65所iSchools成員為研究對象，探討iSchools成員提供數據相關的學程與課程現況。研究顯示iSchools成員中提供數據相關學程的有37校（56.9%），提供87個（14.6%）數據相關學程，以碩士學程為主，包含：數據科學，數據度用，數據分析。數據科學與數據分析學程的性質是資訊學、電腦科學、商業與統計學等，數據度用學程則是偏重圖書館學與檔案學性質。

Sula、Hackney與Cunningham（2017）調查全球數位人文教育現況，收集2015年活躍的37個數位人文學程，包括學位和證書、人文學研究中心，涵蓋大學部、碩士班、博士班、證照班；13個大學部與24個研究所。多數學程設置於美國，加拿大，英國，愛爾蘭和澳大利亞。潘雪與陳雅（2017）探討iSchools聯盟成員的數位人文課程設置，從課程定位、課程內容、授課方式、考核方式四個方面剖析，歸納數位人文課程的設置特點，包括課程體系完備，重視實用性，教學形式多樣，兼顧可持續性。數位人文課程目標培養應用人才，使學生在不同學科應用數位人文學科方法，發展數位人文相關研究，促進數位人文科學發揮作用。課程內容包括基礎理論模式的介紹，與數位人文在相關領域的應用。

Raszewski、Dwyer與Griffin（January 2019）探討圖書資訊學碩士班設置健康資訊學（Health Informatics）課程現況，蒐集美國和加拿大的60所美國圖書館學會認可的圖書資訊學系所網站。39所圖書資訊學校（65%）提供健康資訊學課程，46所圖書資訊學校（76.6%）提供健康圖書資訊學校課程，僅三分之一學校同時開設健康資訊學和健康圖書資訊學課程，顯示健康圖書資訊學與健康資訊學二者相關，均應納入圖書資訊學校教學與課程之中。

圖書資訊學線上教育成長

這十年線上教育與數位學習大量成長，影響高等教育轉型，開放教育與MOOCs課程成為教育風潮。圖書資訊學線上教育研究豐富，包括圖書資訊學線上學程，圖書資訊學線上教育評鑑，線上課程與MOOCs，及學生數位學習與滿意度四方面。

圖書資訊學線上學程發展

1996年，美國University of Illinois圖書館學院成功實施線上碩士班實驗計畫——LEEP Library Education Experiment Project，開啟圖書資訊學線上教育紀元。Chu（2015）發現美國圖書資訊學教育大量應用科技教學，形成線上教育，但也引發圖書資訊學教育轉型、重新定位、與小學校關門等問題。LEEP實驗的成功帶動美國圖書資訊學線上教育成長，十年間加倍成

長。美國許多碩士生選擇線上教育，主要原因是「方便、彈性、與經費負擔得起」（Oguz et al., 2015）。

王梅玲（2019年1月）探討美國與臺灣圖書資訊學線上教育，美國40所圖書資訊學線上碩士班，臺灣自2009年開始，政治大學與淡江大學開辦圖書資訊學數位碩士在職專班，為圖書館在職人員打開專業繼續教育之門。美國40所線上碩士班有34所百分百線上學程，以線上課程為主輔以面授課程有12所，兩種模式採行共6校。本論文探討美國與臺灣圖書資訊學線上教育意涵，從線上學程名稱、線上教育模式、畢業條件、參與教師、授予的碩士學位種類，描繪美國與臺灣圖書資訊學線上教育制度。

San Jose State University 的School of Information設置圖書資訊學線上碩士班成效良好，從一班發展為三班，並且二次獲得國際著名的線上教育獎。San Jose State University資訊學院發展線上教育模式精細且運用多元策略，包括線上學程的品質控制、建構能力導向的學程與課程、提供線上學習環境並提高學生科技應用能力、依據數位學習標竿發展線上碩士班、發展多樣線上學程與認證學程、教師線上教學專業發展、推動開放教育、與推動MOOCs吸引圖書館員（王梅玲，2019b；Stephens, & Jones, 2014）。

圖書資訊學線上教育評鑑

線上教育提供學生不受時間與空間限制學習有彈性，但也引起質疑：如科技造成師生之間疏離感，其學習成效不如面授課程。Moore與Kearsley（2012)主張線上教育品質與評鑑十分重要，線上教育的評鑑常採用兩種，一為認可制度（Accreditation），二為品質保證制度（Quality Assurance），前者由民間學會團體主持，後者由國家的教育部主責。美國圖書資訊學線上碩士班，採認可制，臺灣圖書資訊學線上碩士班採用品質保證評鑑，由教育部的數位課程與數位學程認證通過核准開辦（王梅玲, 2019a）。

Sche（2012）探討Southern Connecticut State University（SCSU）圖書資訊學數位碩士教育成功因素，包括：（1）教師對於線上課程教學感到興趣。（2）該線上碩士班的優勢在於提供學生和教師減少通勤的費用和時間，使碩士班方便提供更多的需求者，並允許修課學分可在學校之間相互

承認。（3）該校採用的eCollege system是使用者友善的系統，促進教師和學生的學習，並促進線上課程的發展和學生興趣。（4）使用者友善和功能健全的電子學習系統eLearning Vista系統便於建構和傳遞線上教學，發揮線上課程輔助功能。（5）圖書資訊學院教師的熱情和持續努力是重要的因素。

Ballard與Tang（2013）發現圖書資訊學遠距教育有許多缺點，最大問題是溝通不良。他們建議圖書資訊學線上教育與課程品質需要評鑑，以保證線上學程成功。研究者探討科技評鑑、成本效益、與學生滿意度相關問題，教師與學生溝通與互動是最多討論的問題，線上教育互動又與課程結構、活動、作業與教師教學與鼓勵有關。線上課程師生互動會導致學生對課程滿意。若學生滿意電子通訊工具也會更適應遠距教育學習環境，老師教學法更能支持線上課程，因此學生可以有效地取得課程。

線上課程與 MOOCs

線上課程是線上教育的要件，由教師提供課程在線上傳遞給學生不受時間與空間進行數位學習。線上課程的類型、教學法、內容均與教室課程不同。數位課程模式常分為非同步模式、同步模式、混成模式三種。王梅玲（2013）探討數位課程的教學法與應用，以政治大學圖書資訊與檔案學研究所開設的「知識組織與資訊取用」數位課程為個案，運用Dabbagh的數位學習教學法模式框架，包括教學法模式、教學策略與學習科技，發展數位課程教學法與教學策略。本研究證實建構主義教學模式與專題導向教學模式適合應用在數位課程教學，並配合提出四項教學策略與線上同步課程傳遞方式。

MOOCs，全稱為Massive Open Online Courses，臺灣稱為磨課師、大陸叫慕課。是透過網路把課程開放給大眾參與學習的在線課程；具有大規模、開放式、與在線課程三種性質。學習者修習MOOCs達到課程要求，可獲得修課證書。全球MOOCs平臺以Udacity、Coursera、與edX著稱，臺灣地區有ewant育網、中華開放教育平臺，提供課程教學、數位學習、學習互動與認證功能（王梅玲、張譯文、林明儀，2019）。黃如花、李白楊（2015）探討信息素養MOOCs課程，調查世界各國有9所大學35個機構在14個MOOCs平臺開設信息素養相關課程，主題包括信息素養、數據素養、媒體素養、

教學素養、元數據與新信息素養。黃如花與黃雨婷（2019）指陳中國積極鼓勵高等學校和職業學校依據優勢學科專業開發線上開放課程，中國建設國家級精品課程、國家級精品資源分享課程，開設了「資訊檢索」、「資訊組織」、「目錄學」、「學術規範」等慕課。王梅玲、張譯文、林明儀（2019）探討臺灣的資訊素養能力導向磨課師課程發展與課程評估，以「資訊力與資訊搜尋」磨課師為研究個案。

學生數位學習與滿意度

線上課程學生學習動機與學習滿意度的議題經常在許多文獻討論，Oguz、Chu與 Chow（2015）研究美國圖書資訊線上課程學生的修課動機與經驗。問卷調查美國圖書館學會認可的圖書資訊學碩士班修線上課程的910名學生，發現背景多為女性、白人、住在市區，年齡以29至47歲為多，平均年齡為34.3歲。Kazmer、Gibson與Shannon（2013）深度訪談佛羅里達大學圖書資訊學研究所20位線上學習的碩士生，探討線上學習的感知和經驗。發現遠距學生常使用Facebook或其他網路社群軟體溝通，他們在網路上因缺乏與同儕間接觸，而有孤立、孤獨的感覺。此外，修課動機、先前的教育經驗、對課程的期待以及對課程的支援皆會影響遠距生對線上課程的滿意度。學生修習線上課程的動機多為距離因素、課程的品質、成本、和修課彈性。

王梅玲與張艾琦（2019年4月）探討數位碩士生的線上學習經驗、圖書館利用情形、學習成效。本研究採用問卷調查法，以臺灣數位碩士在職專班為研究對象進行問卷調查。研究顯示數位在職專班碩士生女性多於男性，平均年齡在31歲至40歲間，修習數位碩士班主要動機為自我追求、工作需要、升職；選擇數位學習上課因素主要考量家庭、工作與通勤時間。數位在職專班碩士生多使用圖書館電子資源並對圖書館感到滿意，肯定線上教學成效，線上課程平臺評價高，且自評學習成效良好。數位碩士生的線上教學成效、課程平臺與教材、圖書館滿意度高時，其自評學習成效也會提升。

圖書資訊學就業市場擴大

隨著新興科技出現，iSchool運動影響，圖書資訊學畢業生就業市場擴

大，不再限於圖書館事業。近十年出現圖書資訊學就業市場系列研究，有些調查圖書資訊學畢業生看法，有些調查圖書館與資訊機構雇主意見，有些分析廣告職缺。Marshall等（2010）進行「圖書資訊學工作就業力2」（Workforce Issues in Library and Information Science 2, WILIS2）研究計畫，邀請美國圖書館學會認可的31所圖書資訊學碩士班，3,507位學生參加，主要探討圖書資訊學碩士班評鑑與畢業生的工作經驗。在碩士班評鑑中，蒐集圖書資訊學研究所畢業生在工作時應用知能、工作準備度、工作滿意度、與碩士班品質評價看法。研究顯示93%的畢業生有工作；80%的畢業生在圖書館工作。畢業生評價圖書資訊碩士班培養知識和技能在以下領域最有用：圖書資訊學基礎知識，資訊搜尋，倫理，圖書資訊學價值與原則；知識自由。畢業生對圖書資訊學碩士班感到滿意。

Triumph與Beile（2015）調查美國圖書資訊學畢業生在學術圖書館就業現狀，分析2011年《高等教育紀事報》（Chronicle of Higher Education）公佈的957則學術圖書館招聘廣告，並與1988年及1996年市場研究比較。研究顯示2010年有156,100名圖書館員職缺，圖書館就業市場成長緩慢。學術圖書館招聘部門以讀者服務最多，其次為技術服務與電子服務。招聘職稱以讀者服務部門的參考、學科、教學館員最多。出現新職缺包括：數位電子資源、學術傳播、網站服務、取用服務、評鑑、學科館員、讀者服務、典藏與庋用、詮釋資料與特殊館藏等。美國學術圖書館的就業市場需求停滯，外語技能與工作經驗要求下降，要求更多電腦技能。

Goodsett與Koziura（2016）探討五年內畢業的美國圖書資訊學碩士生有關碩士教育對就業市場的影響，研究結果顯示，受試者73%為學術圖書館館員，17%為公共圖書館館員。受試者表示碩士教育最具有價值的是實習經驗，其次是建立人脈網絡以及理論課程。此外，19%的受訪者表示碩士教育缺乏實務經驗，16%認為缺乏教學課程，其餘則表示碩士學程未與因應新興技術需求，缺乏行政管理、技術管理、研究方法、市場行銷等課程。多數人皆會透過參加面授或線上課程等，補充缺乏的技能知識。

San Jose State University資訊學院（2019）調查圖書資訊學碩士畢業生就業市場與工作技能需求，分析圖書資訊學專業相關的400個職缺的工作職

務和具備資格。研究顯示圖書資訊學專業人員職缺以大學院校和公共圖書館館員為大宗。圖書館工作職缺較從前減少，法律圖書館服務增加，商業機構職缺顯著增加。依雇主組織類型將工作職缺分為八類：公共圖書館，大學院校與研究圖書館，學校圖書館，專門圖書館，檔案館、博物館和文化遺產組織，政府機構，法律學術與政府機構，醫學、製藥和科學機構，後四類反映圖書資訊學碩士畢業生就業市場擴大且多元化，已從圖書館界擴大到其他資訊服務機構。

王梅玲、張靜瑜（2020）探討臺灣圖書資訊學碩士班畢業生工作就業現況與碩士班評鑑。該研究調查6所圖書資訊學碩士班2011年以後的畢業生就業現況，發現在圖書館工作者有92位（50.5%），其中學術圖書館47位（25.8%），其他圖書館30位（16.5%），公共圖書館15位（8.2%）；在非圖書館相關工作者有90位（49.5%），其中文教機構36位（19.8%），電腦資訊網路公司23位（12.6%），其餘是非營利機構，出版／代理商／書店，檔案管理等。本研究與柯君儀、王梅玲（2007）研究相較，畢業生在圖書館工作從64%減少至50.2%，畢業生到圖書館以外的機構就業比例增加，就業機會多元化。多數畢業生對於碩士班評鑑感到滿意，碩士班價值與碩士班滿意度、工作知能與工作滿意度相關；任職在圖書館畢業生對碩士班比較滿意。

能力導向教育

圖書資訊學教育也是專業教育，圖書館專業能力是重要研究議題，並且隨著網路革命，新科技，圖書館典範轉移，能力研究不斷更新，並且有不同主張。圖書資訊學學科內涵轉變，專業人員能力調整，於是能力導向教育與課程受到關注，應用在圖書資訊學課程發展與評估。以下分為圖書館資訊專業能力與能力導向課程兩方面說明。

圖書資訊學專業能力

圖書資訊學專業能力（Professional Competency）代表圖書館與專業人員成功執行工作必須具備的能力，也反映圖書資訊學專業課程內涵及學生學習成果。美國圖書館學會（2009）依據圖書館事業核心價值，提出「圖書館員的核心能力」（Core Competencies of Librarianship）清單，訂定美國

圖書館學會認可碩士學程的畢業生應具備的基本知識，包含下列八大能力及40項指標：專業基礎、資訊資源、知識與資訊組織、科技的知識與技能、參考資源與使用者服務、研究、繼續教育與終身學習、行政與管理。美國圖書館學會要求認可的圖書資訊學碩士畢業生，必須了解並具備上述核心能力，以勝任圖書館與資訊專業工作（American Library Association, 2009）。Bertot與Sarin（2016）指陳圖書資訊學碩士學程的價值，包括：包容、隱私、公平、開放政府、公民參與、基本人權、知識自由、民主等，以及其他六項價值：日常資訊與資訊理論，滿足資訊與其他需求，關注多元素養，學習與協作空間，科技需求與能力，促進開放數據與政府。

　　Saunders（2015）質疑美國圖書館學會訂定的圖書館館員核心能力清單不符時代需求，從圖書資訊學專業教育的觀點探討圖書館員的核心能力。該研究顯示圖書資訊學專業人員對於美國圖書館學會館員核心能力清單，在技術、硬技能、與軟技能三方面看法不同。美國圖書館專業人員認為圖書資訊學教育與圖書館工作需求發生落差，尤其在科技、軟技能與硬技能專業知能需要加強。Saunders（2019）問卷調查美國圖書資訊專業人員與圖書資訊學教師對圖書館核心能力看法。研究者將53項技能分為一般、溝通、使用者服務、管理和科技五類。有11項核心能力依序為：人際溝通，圖書資訊學倫理知識，寫作，檢索技能，評估和選擇資訊來源，團隊合作，客戶服務技能，文化能力，與不同社群互動，基於多樣性反思實踐，參考晤談／問題協商。「軟技能」包括：人際溝通，寫作，團隊合作，客戶服務技能，文化能力，不同社群的互動力，與多樣性反思實踐等技能。

　　San Jose State University資訊學院調查圖書資訊學碩士畢業生就業工作和資格，職缺分成19類職務。針對職務與工作類型分析，研究者提出圖書資訊學11類44種專業能力，包括：館藏、徵集和流通，編目和詮釋資料，參考和研究，推廣、規劃和指導，領導和行政管理，檔案和保存，資料管理分析和保存，數位計畫、整合和管理，資訊管理，資訊系統與科技，網路服務、使用者經驗和社群媒體（San Jose State University School of Information, 2019）。

　　初景利、張穎與解賀嘉（2019）探討大陸圖書情報專業研究生核心能

力，網路調查圖書情報從業者對研究生核心能力掌握情況以及圖書情報核心能力的未來發展。作者以13項圖書情報核心能力進行調查，包括：資訊採集、文獻服務、文獻管理、知識組織、情報研究、資料分析、學科服務、智慧技術、智慧服務、智庫服務、數位出版、資料監管、出版服務。研究顯示研究生自評下列8種能力需要增強：資料分析、學科服務、情報研究、智慧服務、智慧技術、知識組織、智庫服務、資訊採集。王梅玲、張靜瑜（2020）探討臺灣圖書資訊學碩士班畢業生知能在工作應用看法，畢業生自碩士班學到的知能應用在工作未達高度同意，工作應用最多的專業知能為研究與企劃類，其次是個人管理類，資訊科技類；而圖書資訊學理論與服務類，行政與管理類知能同意最低，這些圖書資訊學核心能力研究顯示科技與軟實力的知能在工作應用受到重視。

能力導向課程

能力導向教育（Competency-based Education）是有系統的教學方式，需確定能力領域與指標，據以確定教學目標，並設計教學內容以及評量方式。San Jose State University School of Information（SJSU）將能力導向教育應用在圖書資訊學數位碩士班，開設能力導向課程，進行學習成果評鑑，引導學生發展各種職涯途徑。SJSU依據市場需求訂定圖書資訊學碩士班15種核心能力，提供課程教學設計，並要求每門課展現碩士生能力學習成果，各課程教學大綱必須將能力列入課程目標與學習成果。學生畢業時提報個人學習歷程e-Portfolio以展示15項能力的學習成果（San Jose State University, School of Information, 2020）。

Kim（2013）以探討數位庋用（digital curation）能力建模，從各種管道收集招聘廣告，建構數位庋用領域專業人員能力，確定七類數位庋用能力：溝通和人際交往能力，計算和保存內容能力，庋用技術能力，環境掃描能力，管理、規劃和評估能力，服務能力，系統、模型和建模能力。Kim（2015）基於前述研究，為University of North Texas圖書資訊學校發展能力導向的資料庋用課程，以培養數位庋用和數據管理實務（data management practice）專家。Kim依據數位庋用能力，設計四門數位庋用課程（數位庋用基礎知識，數位庋用工具和應用程序，數位庋用的保存計劃和實施，數

位庋用研討），本課程進行教學設計與Porfolio評估學生能力。Wang（2018）探討能力導向資訊組織課程與學生學習成效，從學生學習成果觀點，運用Kirkpartick模式評鑑學生修習資訊組織課程的學習成效。這些研究顯示能力導向課程是有效培養核心能力資訊專業人才與創新課程的方法。

未來圖書資訊學教育

近十年，網路革命與新興科技出現改變了人類社會的樣貌，美國圖書館學會（2014）探討未來世界趨勢發展，美國馬里蘭大學資訊學院探討圖書館學碩士教育（Master of Library Science, MLS），啟動「再探圖書館學碩士教育」（Re Envisioning the MLS）計畫，臺灣也在2018年舉行未來圖書資訊學教育研討會。Bertot與Percell（2014）分析影響未來圖書館學碩士教育的重要趨勢，提出圖書資訊學教育未來重要發展方向：（1）圖書館與資訊機構從實體館藏與服務焦點，轉為關注人與社群。（2）圖書館的核心價值觀仍然重要。（3）圖書資訊學專業人員需要未來新能力。（4）關注社群創新與變革，建立夥伴關係。（5）資訊機構應用大量資料在工作，資訊專業人員需具備數據技能。（6）重視數位資產與數位典藏的思維（Bertot, Sarin, & Percell, 2015）。

Bertot與Percell（2014）依據教育未來發展，分析圖書館學碩士教育需培養未來資訊專業人員具備下列能力：（1）人與專案計畫的領導與管理能力；（2）透過指導或互動促進學習和教育科技合作，以培養人們的科技能力；（3）行銷和價值宣傳技能；（4）良好的人際和書面溝通技巧與公眾合作；（5）解決問題、思考和調變能力；（6）募款、預算和政策制定和應用知能；（7）與同事、顧客、社群夥伴和資助者建立關係。圖書館學碩士班課程需要重新設計，建議未來課程涵蓋下列九大領域的知識與應用：科技、數位資產管理、數據、評估和評價、政策、文化知能、資訊需求、自造力、變革與管理（Bertot, Sarin, & Percell, 2015）。

美國博物館與圖書館服務研究院（Institute of Museum and Library Services, IMLS）召開「21世紀圖書資訊學研究所定位論壇」，邀請美國圖書館學會認可的圖書資訊學校共同討論未來圖書館就業市場，並訂定未來

行動計劃。本次論壇四場會議主題包括：圖書館事業的多樣性，21世紀圖書資訊學研究生的技能、專長和能力，圖書資訊學教育的替代模式，圖書資訊學研究所未來發展。有關21世紀圖書資訊學研究生的技能，討論結果需要下列能力：領導和管理能力，社區參與及經營能力，體驗式教育經驗，招聘高技能的圖書資訊學畢業生。圖書資訊學教育未來發展方向包括：傳遞圖書資訊學教育的價值，確定圖書資訊學教育的認同，圖書館與資訊機構從業者和教育者加強建立關係，增加圖書資訊學學生和從業人員的連結性與留職率，加強基礎設施和永續性（Sands, Toro, DeVoe, & Fuller, 2018）。

為因應未來發展，中華圖書資訊學教育學會啟動「我國圖書資訊學未來教育白皮書計畫」，舉行2018年、2019年二次論壇，匯集全國圖書資訊學系所教師、學生、圖書館與資訊專業人士，共同探討教育問題與未來發展。基於圖書資訊學教育環境掃描，擘劃未來十年，從2020年到2029年的發展策略。環境掃描應用SWOT分析，找出影響圖書資訊學正規教育的重要因素與重要趨勢，包括內部與外部分析。內部分析從圖書資訊學教育的要件，進行優勢與弱點分析。外部分析從社會、經濟、科技、圖書館、高等教育等進行機會與威脅分析。最後提出圖書資訊學教育策略規劃，涵蓋：核心價值、願景、目標、推動策略、與行動方案（莊道明，2018；中華圖書資訊學教育學會，2018，2019）。

結論

回顧這十年全球圖書資訊學學門與教育發展，受到網路革命，新興科技出現，iSchools運動影響，呈現出「變革與擴疆」樣貌。圖書資訊學教育主要培養圖書館與資訊專業人才，並促進圖書資訊學門研究與學科建設。但圖書資訊學門始終存在「專業焦點」或「學門焦點」二派論說。前者專業焦點，以圖書館事業為主要專業，但是圖書資訊學畢業生就業市場從圖書館界擴大至其他資訊機構。有關學門焦點，因為資訊科學與iSchools運動融入，從圖書館學轉向更廣泛與跨領域的「資訊領域」。這些說明圖書資訊

學教育的變革與擴疆現象業已成形。

從近十年的2,007篇圖書資訊學教育文獻的書目計量分析，看見美國、中國、英國是圖書資訊學教育研究的三大源頭。文獻主題以圖書館與教育，圖書資訊學課程與教學，圖書資訊學教育原理，圖書資訊學教育管理與評鑑四大主題最多探討。本論文回顧圖書資訊學教育研究分為八大議題：圖書資訊學教育指南更新，iSchools運動對圖書資訊教育影響，系所名稱變革與多元學程，新興科技影響課程設置，圖書資訊學線上教育成長，圖書資訊學就業市場擴大，能力導向教育與未來圖書資訊學教育。ALA、IFLA、CILIP三大圖書館學會回應時代變革，修訂圖書資訊學教育標準與指南，均以「圖書館與資訊」為標準或指南的主要標的，並以課程、教師、學生、行政管理、資源設備為教育制度核心元素。

iSchools運動對圖書資訊學教育影響巨大，美國許多圖書資訊學校改名為資訊學院，聘用圖書館學背景以外的教師，尤其是資訊背景者。也影響博士生論文研究，從圖書館學擴大至資訊領域。iSchools運動對圖書資訊學校名稱、教育內涵、論文研究均發生跨學科作用。許多圖書資訊學校更改名稱與變更隸屬學院，並設置多元學程，包括資訊科學、資訊管理、數據科學、學習科技等。

新興科技不斷推陳出新，圖書資訊學校大量設置新課程，如新科技與技術課程，eScience課程，數據科學／數據皮用課程，數位人文課程，與健康資訊課程，以培養資訊專業人才適用於廣大的市場需求。圖書資訊學線上教育成長，美國與臺灣發展出成熟的圖書資訊學線上碩士班，採用認可制度與品質保證對線上碩士班進行評鑑與品質。美國、中國、臺灣圖書資訊學系所積極發展MOOCs並展現成果。線上教學、數位學習與傳統課堂學習不同，需要不同的策略與教學法。

圖書資訊學畢業生就業市場擴大，畢業生到圖書館工作比例下降，而擴大至資訊服務，政府機構，法律醫學機構，檔案機構，與其他文教機構。當圖書資訊學生就業市場改變，也反映圖書資訊學專業能力定義與內涵改變。Saunders（2019）挑戰美國圖書館學會的館員核心能力清單，主張技術、軟技能、與硬技能是未來圖書館員重要的知能，圖書資訊學教育界應

以圖書館演變的環境生態討論圖書資訊學知能需求。此外，美國馬里蘭大學提出未來圖書館碩士教育樣貌：圖書館從實體館藏與服務為焦點轉成關注使用者與社區參與；並追求圖書館核心價值重視：公平、知識自由、包容、隱私、公民參與；關注圖書資訊學專業人員未來新能力需求，重視社群創新變革及建立夥伴關係。未來資訊機構需要大量數據，培養未來資訊專業人員具備數據技能，並且關注數位資產與數位典藏的思維。

　　我國近三年關注未來圖書資訊學教育，中華圖書資訊學教育學會進行相關研究，分析我國圖書資訊學校的優勢，碩士班優良且擁有多元優秀的教師，並且在文化數位內容計畫與線上教育發展良好。但是未來十年將面臨下列困難：圖書資訊學系所規模小，師資缺乏，招生不足，專任教師退休潮產生師資的缺口，圖書資訊學校缺少專業評鑑，品質難以提升並有礙國際化發展，以及博士教育招生人數減少，競爭力下降的問題。回顧近十年的發展，前瞻我國圖書資訊學未來教育討論議題：未來圖書資訊學人才與新能力模式，未來圖書資訊學市場需求與教育供應關係，未來圖書資訊學碩士班多元發展的策略，圖書資訊學教育評鑑與國際化策略，圖書資訊學課程與核心課程設置，以及圖書資訊學博士班發展策略。圖書資訊學教育發展與圖書資訊學科建設、圖書館事業與圖書資訊學研究息息相關，期望下個十年的圖書資訊學教育永續發展，勃運生機。

參考文獻

中華圖書資訊學教育學會（2018）。**圖書資訊學未來教育論壇手冊**。台北市：中華圖書資訊學教育學會。

中華圖書資訊學教育學會（2019）。**2020-2029臺灣圖書資訊學未來教育研究報告**。台北：中華圖書資訊學教育學會。

王梅玲（2011）。臺灣圖書資訊學碩士教育回顧與展望。**圖書館學與資訊科學**，**37**（2），20-40。

王梅玲（2013）。數位課程教學模式與應用：知識組織與資訊取用課程實例探討。**大學圖書館**，**17**（1），1-21。

王梅玲（2019a）。美國與臺灣圖書館與資訊科學線上教育研究。**圖書館論壇**，**2019**（1），153-170。

王梅玲（2019b）。美國圖書資訊學線上教育推動策略San Jose State University個案研究。劉安之主編，**2019數位學習的創新與應用論文集**（頁8-30）。宜蘭市：國立宜蘭大學。ISBN978-986-05-94768

王梅玲、張艾琦（2019）。數位碩士班研究生線上學習、圖書館利用與學習成效之研究，**圖書館學與資訊科學**，**45**（1），36-64。http://jlis.glis.ntnu.edu.tw/ojs/index.php/jlis/index

王梅玲、張靜瑜（2020）。從臺灣圖書資訊學碩士畢業生就業探討碩士教育價值之研究。**教育資料與圖書館學**，**57**（1），7-34。

王梅玲、張譯文、林明儀（2019）。信息素養能力導向磨課師課程發展與評估研究。**圖書館論壇**，**12**（1），119-135

吳丹、余文婷（2015）。近五年國內外圖書情報學教育研究進展與趨勢。**圖書情報知識**，**165**，4-15。

吳美美（2018）。大學圖書資訊學教育國際化發展。在國家圖書館編著，**中華民國圖書館年鑑一〇六年**（頁201-226）。台北市：國家圖書館。

李金芮、肖希明（2012）。iSchools人才培養模式研究。**圖書情報工作，23**，6-10。

肖希明、司莉、吳丹、吳鋼（2016）。**iSchools 運動與圖書情報學教育的變革**。武昌：武漢大學出版社。

肖希明、溫陽（2019）。改革開放以來我國多層次圖書館學教育體系的建立與發展。**圖書館，1**，1-8。

初景利、張穎、解賀嘉（2019）。新時代圖書情報專業研究生核心能力調查與分析。**圖書情報知識，191**，15-22。

柯君儀、王梅玲（2007）。臺灣圖書資訊學碩士生就業與能力需求之研究。**大學圖書館，11**（1），97-116。

張譯文（2019）。**從圖書館員專業養成探討美國圖書資訊學碩士教育**。未出版之碩士論文，國立政治大學圖書資訊與檔案學研究所，台北市。

莊道明（2018）。中華圖書資訊學教育學會教育政策白皮書規劃。在中華圖書資訊教育學會主編，**圖書資訊學未來教育論壇手冊**（頁77-78）。台北市：中華圖書資訊學教育學會。

莊道明、王梅玲（2018）。圖書資訊學教育。在國家圖書館主編，**中華民國圖書館年鑑一〇六年**（頁269-289）。台北市：國家圖書館。

陳傳夫、陳一、司莉、冉從敬、馮昌揚（2017）。我國圖書館情報研究生學位授權「四個十年」研究。**中國圖書館學報，43**，17-28。

黃如花、李白楊（2015）。MOOCs背景下信息素養教育的變革。**圖書情報知識，4**，14-25。

黃如花、黃雨婷（2019）。全球視野下我國圖書情報學教育變革之思考。**圖書情報知識，191**，4-11。

潘雪、陳雅（2017），國外高校數字人文課程設置結構分析——以iSchools聯盟為例。**數字圖書館論壇，10**，68-72。

American Library Association (2009). *ALA's Core competences of librarianship*. Retrieved from http://www.ala.org/educationcareers/sites/ ala.org.educationcareers/files/content/careers/corecomp/corecompetences/ finalcorecompstat09.pdf

American Library Association (2014). *Trends report: Snapshots of a turbulent world*. Chicago: American Library Association Policy Revolution Initiative. Retrieved from https://districtdispatch.org/wp-content/uploads/ 2014/08/ALA_Trends_Report_Policy_Revolution_Aug19_2014.pdf

American Library Association (2019). Standards for Accreditation of Master's Programs in Library and Information Studies Adopted by the Council of the American Library Association (the Council), February 2, 2015 Revision of standard element V.3 adopted by the Council, January 28, 2019 by request of the Committee on Accreditation. Retrieved from http://www.ala.org/educationcareers/sites/ala.org.educationcareers/files/co ntent/standards/Standards_2019_ALA_Council-adopted_01-28-2019.pdf

Ballard, R. M., & Tang, Y. (2013). The effect of online distance education on LIS programs: The experience at North Carolina Central University. In A. Sigal (Ed.), Advancing library education : technological innovation & instructional design (pp. 229-230). USA: IGI Global.

Bertot, J. C., & Percell, J. (2014). Re-envisioning the MLS: Issues, Considerations, and Framing. Retrieved from http://mls.umd.edu/wp-content/uploads/2015/08/ReEnvisioningFinalReport.pdf

Bertot, J. C., & Sarin, L. C. (2016). The value of American Library Association- Accredited master's programs in library & information studies: Serving our communities through a professional workforce. Retrieved from http://www.ala.org/educationcareers/value

Bertot, J. C., Sarin, L. C., & Percell, J. (2015). Re-envisioning the MLS: Findings, issues, and considerations. Retrieved from http://mls.umd.edu/ wp-content/uploads/2015/08/ ReEnvisioningFinalReport.pdf

Chartered Institute of Library and Information Professionals. (2012). Professional knowledge and skills base. Retrieved from https://www.cilip.org.uk/page/PKSB

Chu, H. (2010), "Library and Information Science Education in the digital age", Woodsworth, A. (Ed.) *Advances in librarianship: Exploring the digital frontier (Advances in Librarianship*, Vol. 32) (pp. 77-111), Emerald Group Publishing Limited, Bingley. https://doi.org/10.1108/S0065-2830(2010)0000032007

Dillon, A. (2012). What it means to be an iSchool. *Journal of Education for Library & Information Science, 53*(4), 267-273.

Goodsett, M., & Koziura, A. (2016). Are library science programs preparing new librarians? Creating a sustainable and vibrant librarian community. *Journal of Library Administration, 56*(6), 697-721.

iSchools Organization (2020). *iSchools*. Retrieved from https://iSchools.org

Kazmer, M. M., Gibson, A. N., & Shannon, K. (2013). Advancing library education: technological innovation and instructional design. In Ari Sigal (Eds.), Perceptions and experiences of E-Learning among on-campus students. (pp. 45-64). Hershey, Pennsylvania: IGI Global

Kim, J., Warga, E. J., & Moen, W. E. (2013). Competencies Required for Digital Curation: An Analysis of Job Advertisements. *International Journal of Digital Curation, 8*(1), 66-83.

Kim, J. (2015). Competency-Based Curriculum: An Effective Approach to Digital Curation Education. *Journal of Education for Library and Information Science, 56*(4), 283-297.

Kim, J. (2016). Who Is Teaching Data: Meeting the Demand for Data Professionals. *Journal of Education for Library and Information Science, 57*(2), 161-173.

Larsen, R. L. (2010). iSchoolss. In M. J. Bates & M. N. Maack (Ed.), Encyclopedia of library and information sciences (p. 3018). Boca Raton: CRC Press.

Lopatovska, I., & Ransom, E. (2014). The state of L-Schools: intellectual diversity and faculty composition. *Journal of Librarianship & Information Science, 48*(1), 1-18.

Lynch, B. P. (2008). Library education: Its past, its present, its future. *Library Trends, 56* (4), 931-953. doi:http://dx.doi.org.autorpa.lib.nccu.edu.tw/10.1353/lib.0.0016

Marshall, J. G., Morgan, J. C., Rathbun-grubb, S., Marshall, V. W., Barreau, D., Moran, B. B., & Thompson, C. A. (2010). Toward a shared approach to program evaluation and alumni career tracking: Results from the workforce issues in library and information science 2 study. *Library Trends, 59*(1-2), 30-42.

Maceli, M. (2015). Creating tomorrow's technologists: Contrasting information technology curriculum in North American library and information science graduate programs against Code4lib job listings. *Journal of Education for Library and Information Science, 3*(56), 198-212.

Moore, M. & Kearsley, G. (2012). *Distance education: A systems view of online learning* (2nd ed.). Belmont, CA: Wadsworth Cengage Learning.

Oguz, F., Chu, C. M., & Chow, A. S. (2015). Studying Online: Student Motivations and Experiences in ALA-Accredited LIS Programs. *Journal of Education for Library and Information Science, 56*(3), 213-231.

Ortiz-Repiso, V., Greenberg, J., & Calzada-Prado, J. (2018). A cross-institutional analysis of data-related curricula in information science programmes: A focused look at the iSchools: *Journal of Information Science, 44*(6), 768-784.

Raszewski, R., Dwyer, J., & Griffin, T. (2019). Health Informatics Educational Offerings through ALA-Accredited LIS Programs. *Journal of Education for Library and Information Science, 60*(1), 62-82.

San Jose State University School of Information (2019)MLIS Skills at Work: A Snapshot of Job Postings Spring 2019 Retrieved from https://iSchools.sjsu.edu/sites/main/files/file-attachments/career_trends.pdf

San José State University (2020).Master of Library and Information Science. Retrieved from https://ischool.sjsu.edu/master-library-and-information-science

Sands, A. E., Toro, S., DeVoe, T., Wolff-Eisenberg, C., & Fuller, S. (2018). Positioning Library and Information Science Graduate Programs for 21st Century Practice. Washington, D.C.: Institute of Museum and Library Services.

Saunders, L. (2015). Professional perspectives on library and information science education. *The Library Quarterly, 85*(4), 427-453.

Saunders, L. (2019). Core andmore: examining foundational andspecialized content in library and information science. *Journal of Education for Library and Information Science 60*(1). doi:10.3138/jelis.60.1.2018-0034

Scripps-Hoekstra, L., Carroll, M., & Fotis, T. (2014). Technology competency requirements of ALA-Accredited library science programs: An updated analysis. *Journal of Education for Library & Information Science, 55*(1), 40-54. Retrieved from http://search.ebscohost.com.autorpa.lib.nccu.edu.tw/login.aspx?direct=true&db=lih&AN=93983865&lang=zh-tw&site=ehost-live

Sche, J. C. (2012). The establishment of an e-learning program for the master of library science degree at Southern Connecticut State Univ.-case analysis. *Journal of Humanities & Arts Computing, 6*(1/2), 211-223. doi:

10.3366/ijhac.2012.0050

Schmillen, Hanna (2015). Library and Information Science Education and eScience: The Current State of ALA Accredited MLS/MLIS Programs in Preparing Librarians and Information Professionals for eScience Needs. Library and Information Science: Student Capstone Projects. 1. https:// digitalcommons.du.edu/lis_capstone/1

Shu, Fei, & Mongeon, Phillippe (2016).The evolution of iSchool movement (1988-2013): A bibliometric view. *Education for Information 32*(4), 359-74Smith, K., Hallam, G., & Ghosh, S. B. (2012). Guidelines for professional library/information educational programs. Retrieved from http://creativecommons.org/licenses/by/3.0/

Stephens, Michael, & Jones, Kyle M. L. (2014). MOOCs as LIS Professional Development Platforms: Evaluating and Refining SJSU's First Not-for-Credit MOOC. *Journal of Education for Library & Information Science, 55*(4), p345-361

Sula, CA, Hackney, SE, & Cunningham, P. (2017). *A Survey of Digital Humanities Programs*. Retrieved form https://dh2017.adho.org/abstracts/ 232/232.pdf

Triumph, T. F. & Beile, P. M. (2015). The trending academic library job market: An analysis of library position announcements from 2011 with comparisons to 1996 and 1988. *College & Research Libraries, 76*(6), 716-39.

Wang, Meiling (2018). Student learning outcomes assessment for an information organization curriculum based on the Kirkpatrick framework. *LIBRI - International Journal of Libraries and Information Studies, 68*(1), 43-57.

Weech, T. (2015). New career opportunities and their impact on library and information science degrees, an exploratory study. *BiD, 35*, 45-50. Retrieved from http://search.ebscohost.com.autorpa.lib.nccu.edu.tw/login. aspx?direct=true&db=lih&AN=112309462&lang=zh-tw&site=ehost-live

Wiggins, A., & Sawyer, S. (2012). Intellectual diversity and the faculty composition of ischools. *Journal of the Association for Information Science and Technology, 63*(1), 8-21. doi:10.1002/asi.216

第29章
iSchools相關文獻（2010-2019）
主題分析

吳美美

本文簡介

本文是2010年至2019年之間有關iSchool文獻主題分析，文獻獲取的方法主要是檢索書目索引系統中，題名有iSchool詞彙，並經同儕審查的論文，由於使用國內中文書目索引資料庫系統查檢時，並未獲得檢索結果，因此另外檢索EBSCO探索服務系統，獲得167篇，經過書目清理，刪除重複資料，共有英文和中文簡體字合計127篇。本文利用題名和摘要進行文獻主題分析，發現iSchool相關文獻近十年的議題發展，主要是iSchools運動、課程、多元和跨領域特質等，早期文獻主題以iSchools運動為多，晚近則以課程討論為多，新的單一課程也被提出來討論。

iSchools聯盟發展背景

　　iSchools運動的發展始於1988年新澤西州羅格斯大學（Rutgers University）、匹茲堡大學（University of Pittsburgh），以及雪城大學（Syracuse University）三所學校的圖書資訊學院院長開始提出相關的討論，1990年卓克索大學（Drexel University）加入，成為所謂的四人幫，發

645

起的學校都是「美國圖書館學會」（American Library Association, ALA）認證的圖書資訊學院、系、所（Dillon, 2012；Larsen, 2007；轉引自吳美美，2018），這幾個學校主要集中在美國東部，對於iSchools運動發展到今天的規模有很大的貢獻。

千禧年之後有更多的圖書資訊學校和相關的資訊科學領域加入iSchools運動，2003年有10個成員學校加入，並於2005年在美國賓州州立大學（Pennsylvania State University）舉辦第一屆iConference，到了2009年，會員學校增加一倍，有21所，到了2012年已經有全球規模，包括美、英、加、澳、德、丹麥、愛爾蘭、新加坡和中國大陸等33所資訊學院加入聯盟，至2017年有77個正式會員，4個觀察會員，總共81所全球知名大學參加iSchools聯盟，而至2020年有116個會員[1]，17年之間，從2003年的10個會員至2020年，成長有10倍。

2010年國立臺灣師範大學圖書資訊學研究所、中華民國圖書館學會，以及中華圖書資訊學教育學會共同主辦「2010圖書資訊學蛻變與創新國際研討會」，邀請iSchools聯盟在歐、美、亞洲等地區的重要學者進行專題演講，其中美國西雅圖華盛頓大學（University of Washington）Harry Bruce教授介紹美國iSchools聯盟的發展特色，包括跨領域（interdisciplinary）、多元（diversity）、合作和夥伴關係（collaboration and partnership）、卓越和傑出（excellence and distinction），以及領導（leadership），Bruce（2011）教授也用大膽、冒進（audacious）來形容iSchools聯盟積極嘗試定位和尋求認同的努力，認為iSchools聯盟所關注的領域，是以整體資訊社會與產業為對象；丹麥皇家圖書資訊學院（Royal School of Librarianship, Copenhagen）Borlund（2011）教授也介紹歐洲iSchools的規劃與運作模式，透過合作資源及國際化的運作，讓圖書資訊學領域整體思維及社會形象予以提升。

根據iSchools聯盟規定，獲選加入聯盟的學校所需要具備的條件包括：（1）提供圖書館管理、數位圖書館、資訊系統、資訊管理等學士、碩士、博士之多種學位學程；（2）健全、優越，獲有大量研究經費的研究團隊。

---

[1]　https://ischools.org/Directory [retrieved 20200908]

因此健全完整的學位課程，以及教師群的研究能量、積極的國際學術活動，是參加iSchools聯盟的基礎，而參加重要的國際相關學術會議，持續保持活躍的國際學術關係更是重要因素。Cox等人（2012）也提出申請加入iSchools聯盟的四大評鑑面向，包括學術聲譽、學術出版生產力、學生評價教學，以及學生滿意度，也就是iSchools聯盟接受會員申請的條件。

iSchools聯盟的會員依照學院教師和經費規模，早期分為三級，隨著會員增加，已經修改聯盟章程，各參加學校依規模和研究經費大小區分會員等級和繳費，分為六級[2]，有「核心會員」（iCaucus）、「啟能會員」（enabling）、「維繫會員」（sustaining）、「支援會員」（supporting）、「基礎會員」（basic），以及「觀察會員」（associate category）等，會員年費從美金5,000到1,000元，觀察會員是300美元；「核心會員」的年費最高為5,000美元，但是相對享有5票投票權，基礎會員年費為1,000美元，只有1票投票權。

2016年臺灣師範大學圖書資訊學研究所加入成為基礎會員，是臺灣第一所加入iSchools聯盟的正式會員，同年政治大學圖書資訊與檔案學研究所加入為觀察會員，2018年臺灣大學圖書資訊學系所加入，成為臺灣第二個基礎會員。

綜觀iSchools聯盟發展至今32年，第一個十年由3所學校開始，是萌芽期（1988-1997）；第二個十年成長到10餘所學校，是醞釀期（1998-2007）；第三個十年由21所學校成長到81所學校，並且已經發展為全球規模，是成長期（2008-2017）；第四個時期正在發生之中，難以命名，不過2020年有116個各類會員，組織規章和管理逐漸完備，例如以會員學校規模，計算會費和投票數，是很現代化的管理方式。未來會如何發展？這個聯盟關心哪些議題？也許可以從研究文獻中探知一二。

---

[2]　https://ischools.org/Apply-to-join [retrieved 20200630]

文獻檢索和書目資料清理

EBSCO 探索服務系統文獻檢索

為了解國內十年來有關iSchools聯盟的相關文獻發展，首先使用國內中文書目索引系統，查檢題名中有iSchool詞彙的文獻，但並未獲得檢索結果。國內討論iSchools運動的論文有限，有少部分文獻雖有涉及iSchools聯盟，不過因為只是部分提及，並未在題名中顯現，因此並未符合檢索條件。

接著使用EBSCO探索服務系統檢索，用關鍵詞iSchool查詢（詳見圖1），結果共有11,652筆；接著限縮，以題名檢索，有469篇（詳見圖2），限定年限為2010-2020，有412篇（詳見圖3）；限定同儕評鑑之學術刊物，共167篇（詳見圖4），限定年代為2010-2019年，則有158篇（詳見圖5）。2010年之前以題名檢索的iSchool文獻只有57篇，2010年之後，每年平均就有40篇；大約可以判斷iSchools運動，是到2010年之後，也就是第三個十年的發展期，文獻才逐漸成長發展。

圖1　關鍵詞iSchool查詢結果共有11,652筆

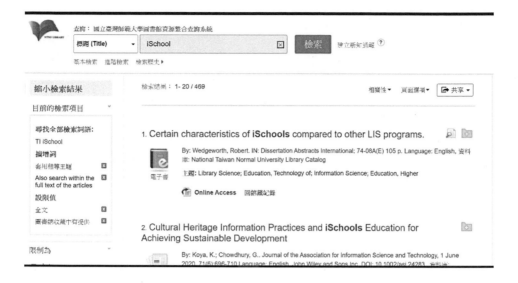

圖2　題名檢索有469篇

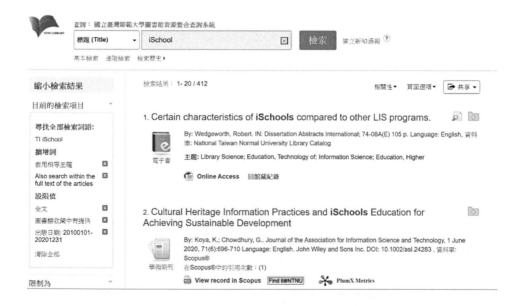

圖3　題名檢索限定年限為2010-2020有412篇

圖4 限定同儕評鑑之學術刊物共167篇

圖5 限定年代為2010-2019年有158篇

EBSCO探索服務主題分析工具利用

　　EBSCO探索服務（EBSCO Discovery Services）有主題字分析，總共提供了50個主題詞彙，由於每一篇的關鍵詞可以重複，所以這些主題出現的頻率總計有426次。從主題詞彙的分析中，看到資訊科學（information science）、資訊學院（iSchool）、圖書館學（library science）、圖書館教育（library education）、教育（education），以及圖資教育（lis education）這六個主題詞彙出現的頻率最高，可以推測以iSchool為題名檢索十年來的文獻以討論學科和教育為多，學科的屬性有跨學科、科技和多元性質；圖書館學教育和研究；以及一些新課程，如大數據、資料分析、資料探勘、數位策展、數位保存、資訊政策、符號學、文獻計量等。不過由於系統無法分辨資訊科學（information science）和資訊科學（information-science），前者出現44次，後者有5次，lis和library and information science也被視為是兩個主題，此外，只從主題詞彙也不易看出文獻的內涵，例如態度和知識是指甚麼？因此EBSCO探索服務系統所產生的主題清單（如附錄一），只能做為參考，用以了解以iSchool為題名，檢索結果的大約相貌。

書目資料的問題很多：文獻探討前的書目資料清理工作

　　此外，下載的書目資料問題很多，開始進行內容分析編碼之時，就發現書目重複和錯誤。首先要刪除重複的書目，如果重複的書目紀錄，著錄的資料都正確，就以有附摘要為優先選擇。然而endnote書目系統雖有提供抓出重複書目的功能，但是很多種錯誤，都是系統無法辨識，需要人力逐筆篩選，例如作者姓名、姓和名倒置、有無縮寫、題名有沒有雜訊、題名大小寫等，以及一些著錄的細節，包括是否為重複出版等，都需要經由人工篩選。這些書目的重複和錯誤，有可能是由於同一筆資料被不同的資料庫系統收藏或其他原因，著錄的形式品質不一。最後從158筆書目篩檢為127筆資料，由人工逐筆勘錯，可謂費時費力。由於學界普遍採用引文作為學術評鑑的標準，錯誤的書目就容易導致錯誤的評鑑，附錄二列出書目篩選錯誤的案例，作為日後書目品質管理之參考。

內容分析

　　用題名檢索，限定年限2010-2020，具同儕評鑑之學術刊物，共167篇。經過資料整理，排除重複著錄的書目，合計131篇，除去2020年有4篇不計列入計算，2010-2019年共有127篇文獻。國內一向重視書目計量研究，以本次篩選重複和錯誤的書目結果，錯誤書目比率為22%，換言之，每4到5篇書目，其中就會有一篇書目是重複的，可以想見，若未先排除錯誤書目，書目計量得到的研究結果，可信乎？

　　2010-2019年之間，總計有127篇文獻，英文文獻有65篇，中文簡體字有62篇（詳見圖6、表1）；另外英文文獻在2020年（至6月）有4篇，比較特別的是中文簡體字在2019和2020連續兩年都是0篇。

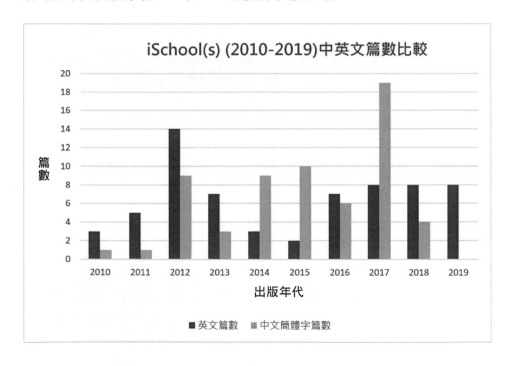

圖6　2010-2019 iSchool英文、中文簡體字出版篇數

表1　2010-2019 iSchool英文、中文簡體字出版篇數

年度	英文篇數	中文簡體字篇數	合計
2010	3	1	4
2011	5	1	6
2012	14	9	23
2013	7	3	10
2014	3	9	12
2015	2	10	12
2016	7	6	13
2017	8	19	27
2018	8	4	12
2019	8	0	8
總計	65	62	127

　　為了要有正確品質的文獻計量分析，光是書目除錯，就用掉好多天的寶貴時間。以目前書目品質這麼差的情況，書目計量研究的品質真是值得注意。主題分析編碼的工作需要專業判斷，比起整理錯誤書目來說，相對比較有趣，以下是英文文獻和中文簡體字文獻主題分析的結果。

英文文獻的主題分布

　　2010-2019年共有65篇文獻，平均每年有6.5篇。最多是2012年有13篇，最少是2015年只有2篇。主題分布以iSchools運動29篇最多，其次是課程共有15篇，包括資料科學6篇、數位典藏4篇、雲端運算1篇、多元化課程1篇，以及一般課程3篇；教學理念有7篇，其他零星主題有科技與教學3篇，比較、多元化教師特質、教師發展各2篇，合作策略、專業社團、畢業生、就業、評鑑等各1篇。比較特別的是沒有列入計算的，2020年有4篇文獻，分

表2 英文文獻的主題分析

編碼 \ 年度	2010	2011	2012	2013	2014	2015	2016	2017	2018	2019	總計
iSchools運動	1	2	8	1	2		6	3	4	2	29
教學理念			3	1				1		2	7
課程	2				1						3
單一課程_資料科學						1		1	1	3	6
單一課程_數位典藏		1					1	1		1	4
單一課程_雲端運算									1		1
多元化課程		1									1
科技與教學		1		1					1		3
比較				1				1			2
多元教師特質				1				1			2
教師發展				1		1					2
合作策略				1							1
專業社團									1		1
畢業生			1								1
就業			1								1
評鑑			1								1
總計	3	5	13	7	3	2	7	8	8	8	65

別是iSchools運動1篇、其他3篇都是課程,有1篇是一般課程,數位典藏課程和REU學程各1篇,其中REU(Research Experiences for Undergraduates)是指大學部學生的研究經驗,可知iSchool學院也開始注重大學部學生研究能力的訓練。

中文簡體字的文獻主題分析

　　分析iSchool中文簡體字的中文文獻，大約也是從2012年才開始有比較多的研究，共有9篇，2010和2011年各有1篇，2015年、2017年分別有10篇和19篇文獻最多，2018年4篇，不過2019年以至2020年6月沒有文獻紀錄，顯示iSchools的熱潮已經過了嗎？其實截至2020年，中國大陸已經有13所學校加入iSchools聯盟。在主題分布方面，62篇中有14篇討論iSchools運動，人才培育、課程設計的個案研究各有6例，課程設計的個案研究是指對於個別iSchool學校的碩士課程加以分析研究，其中有匹茲堡大學（University of Pittsburgh）、雪城大學（Syracuse University）、卓克索大學（Drexel University）、馬里蘭大學（University of Maryland）、北卡羅來納大學（University of North Carolina）、伊利諾大學厄巴納－香檳分校（University of Illinois, Urbana-Champaign）等。對於個別課程的討論也有12例，包括檔案學、研究方法、大數據、人機互動、研究資料、資訊組織、資訊架構、數位人文、出版與媒體等等課程的討論，學程討論方面有資料科學和檔案學，其他零星議題有iSchool評鑑、文獻計量、國際比較、國際交流、就業等，而近三年來，單一課程討論是比較受到重視的議題（詳見表3）。EBSCO探索服務系統中有收中文簡體字的文獻，而繁體字的相關文獻則沒有檢索到，這是值得專業社群關注的現象。

表3　中文簡體字文獻年代和主題分析

編碼＼年度	2010	2011	2012	2013	2014	2015	2016	2017	2018	2019	總計
iSchools運動	1	4	1	2	3			3			14
人才培育			1		1	1	2	1			6
課程設計個案研究			1		1		2	2			6
理念						1	1		1		3
課程					1	2					3

（續）

表3 中文簡體字文獻年代和主題分析（續）

編碼 ＼ 年度	2010	2011	2012	2013	2014	2015	2016	2017	2018	2019	總計
單一課程—檔案學					1			2			3
文獻計量分析			1	1							2
教師發展								2			2
單一課程—大數據						1		1			2
單一課程—研究資料管理				1				1			2
iSchool平臺	1										1
iSchool理念			1								1
iSchool評鑑						1					1
大學部課程							1				1
科學研究計畫								1			1
國際比較								1			1
國際交流			1								1
教學			1								1
單一課程—人機互動								1			1
單一課程—出版與媒體									1		1
單一課程—研究方法					1						1
單一課程—資訊架構								1			1
單一課程—資訊組織								1			1
單一課程—資訊管理					1						1
單一課程—數位人文								1			1
就業						1					1
跨學科人才培育								1			1
學程—資料科學									1		1
學程—檔案教育									1		1
總計	1	1	9	3	9	10	6	19	4	0	62

討論與結論

以下討論前述文獻觀察，作為本文的結論：

智識分布多元新星系產生

根據Dillon（2012，轉引自吳美美，2018）iSchools聯盟的成員大約有四種類型：第一種是原有圖書館學和相關學科領域合併，例如羅格斯大學將圖書館學課程與傳播和新聞學結合、加州大學洛杉磯分校（University of California, Los Angeles, UCLA）資訊研究與教育學合併；第二種是原有圖書館學積極擴展、重新調整組織，加強與資訊傳播科技（ICT）有關的領域，例如加州大學柏克萊分校（University of California, Berkeley）、雪城大學（Syracuse University）、密西根州立大學（Michigan State University），以及德州大學奧斯汀分校（University of Texas at Austin）；第三種是新設立以計算學（computing）、科學和工程為主的資訊科學課程，例如核心會員中，賓州州立大學（Pennsylvania State University）和喬治亞理工學院（Georgia Institute of Technology）、加州大學爾灣分校（University of California, Irvine）、新加坡管理大學（Singapore Management University），德州大學奧斯汀分校Dillon院長指出新興系所加入iSchools聯盟，稱為「新開發區」（green field）；第四種是同一大學中，在原有的圖書資訊學院以外新成立「資訊學院」（School of Informatics），例如印第安納（Indiana University）大學，新、舊學院共享相同的領域價值觀，原有的圖書資訊學領域（LIS）和新成立的資訊科學（IS）都一起加入iSchools聯盟，合稱為「資訊領域」（iField）。iSchools聯盟的核心價值包含資訊資源、資訊科技，以人為核心，是為了有助於人類的進步和發展，這個人文和科技兼容並蓄的理念，在聯盟的網頁宣告[3]上也可以看到。

2016年國立臺灣師範大學圖書資訊學研究所加入iSchools聯盟，2018年該校結合圖書資訊學研究所、資訊教育研究所，以及新成立的學習科學

---

[3]　https://ischools.org/About [retrieved 20200630]

學程，組成學習與資訊科學專業學院，是國內第一個合併多學科的案例，接近模式二類型。2019年威斯康辛大學麥迪遜分校（University of Wisconsin–Madison）也宣布該校「三個長期備受讚譽的L&S部門（L&S units）：計算機科學系、統計系，以及資訊學院（iSchool）合作」，成為文學與科學學院（College of Letters and Science）中的計算機、資料與資訊科學學院（School of Computer, Data & Information Sciences）的一部份。該校宣布合併的願景是：

> 通過新的合作，合作夥伴部門將能夠開發更強大的核心產品，並利用整個校園內的計算機、資料和資訊科學，不僅在科學領域，而且在計算和資料科學與社會科學、科學和技術交會之處，創建許多跨學科計劃，例如人文、人機互動，網絡安全和社會正義等領域。[4]

吳美美（1997）早於20多年前透過一篇討論〈尋找資訊研究的大方向〉的論文，透過文獻分析、理論和邏輯思考，在結論中推論一個「學科新星系的產生」，也就是說圖書資訊學的內容應該會從圖書館學經營服務開始，擴充到人類知識的保存和應用、科技的發展和影響、使用者的需求、尋求和使用模式、社會政策影響資訊獲取等議題，這些領域的範圍超越了人文學、社會科學，科學和科技，必然是跨領域的學門。這項預測在20年真的在陸續發生中。可知資訊充足，靠邏輯推論可以預測未來，只不過其中所討論的人文和科技領域的磨合問題仍未妥善解決。

iSchools和L-Schools爭議未歇

多元化和跨領域特質，對於學科的智識認同（intellectual identity）產生一定的挑戰，特別是近年來的新學科，例如資料科學（data science）、學習科學（learning science）等陸續加入資訊科學的大家族，有關學科的認同，特別值得關注。

最早期支持iSchools運動的圖書資訊領域學者，普遍認為圖書資訊學需要一個超越機構管理的學術範疇，成立iSchools聯盟可以協助促進圖書資訊

---

4 https://ls.wisc.edu/areas-of-study/computersciences/cdis-vision-mission-statements [retrieved 20200630]

學（LIS）更多演化的可能性（Dillon, 2012），因為iSchools聯盟在強調人、知識和科技，這三個元素正是構成圖書資訊服務最重要的元素，擴大傳統圖書館學領域的機構模式，延伸到資訊和使用者研究範圍，其知識覆蓋層面、跨學科領域特性，以及研究範圍，可以更有效全面表達資訊學的領域知識，這個理念也正是起初圖書資訊學院支持成立iSchools聯盟的主要理論背景。特別值得一提的是，早期參與發起推動iSchools聯盟者，都是美國排名前十名的圖書資訊學院，其課程都經美國圖書館學會（ALA）課程認證通過的。

Wiggins與Sawyer（2012；轉引自吳美美，2018, p.10）分析2009年iSchools聯盟中21個核心會員學校，以總共769位教師中，766人的博士學位領域描繪其智識分布（intellectual demographics），發現計算學領域的人口數最高，占總人數的30%；資訊學、圖書館學、社會行為管理政策、科學工程各約占總人數的10%；教育、人文和傳播各約占8%、7%和5%。Lopatovska等人（2012；轉引自吳美美，2018, p. 13, 20）在巴爾的摩舉辦的2012年ASIS&T年會中就有一個「iSchools and L-Schools: Converging or Diverging Communities?」論壇，並將Wiggins與Sawyer（2012）所分析的iSchools教師學術背景，進一步歸納為計算科學（Computational Science）、社會科技（Sociotechnical）、圖書館和資訊（Library and Information），以及適性集群（Niche Clusters）等四種。適性集群係指各校依特定主題領域發展，無特定學科代表。這些分析都指出，小人文、社會，而大計算和科技的現象，對於以資訊服務為主的傳統圖書資訊學領域，造成一定的危機。

Lopatovska等人（2012；轉引自吳美美，2018, p.13）指出iSchools和L-Schools兩者在i化運動過程和學術內涵方面的差異並不明顯，主要的差異在課程認證、提供的學位，以及品牌重組的差異。除了這三種差異，在國內還有其他的隱憂，就是研究資源的分配，以及以書目計量為主的學術出版評比，對於偏向人文和社會領域的圖書資訊學而言是很大的威脅。學科新星系的發展是趨勢，科技和人文結合的理想和方向也十分正確，然而除了iSchool和L-School化異求同的實質困難仍然有待學者繼續努力之外，圖書資訊學教育和圖書館服務品質是民主社會的重要機構和基石，國家社會需要發展正確而強健的資訊政策加以保護。

iSchools聯盟運動出版熱潮已過回歸課程討論

早期有關iSchools出版論文多討論iSchools聯盟運動的相關議題，近年來則比較多單一課程或新的學程，英文文獻中，近三年來討論的單一課程例如資料科學、數位典藏、雲端運算等，2020年還有討論大學部學生的研究經驗（Research Experiences for Undergraduates, REU)的課程；中國大陸簡體字出版在2019年和2020年6月之前都沒有以iSchools為題名的文獻出版，其中對於個別iSchools的個案研究最為特別，共有6例，包括分析了匹茲堡大學、雪城大學、卓克索大學、馬里蘭大學、北卡羅來納大學、伊利諾大學厄巴納－香檳分校的課程；對於個別課程討論也有12例，包括檔案學、研究方法、大數據、人機互動、研究資料管理、資訊組織、資訊架構、資訊管理、數位人文、出版與媒體等，學程討論方面有資料科學和檔案學等。

iSchools須注意重科技輕人文可能產生的偏差

從文獻的議題分布中看到早期文獻發表多關心聯盟運動發展本身，近期關注教師多元化和課程發展，特別是單一課程和部分學程的規劃。同時注意到iSchools運動，除了促進教師學科背景多元化，並朝向大學的相關系所整併，例如資訊科技、資料運算、資料分析（例如統計學）和圖書資訊學等，併為新領域，資訊學院正在朝向新星系的規模發展，一個新的星系逐漸長大、擴大，兼容並蓄包括了科學、科技、人文、社會、應用服務等範圍，不過也因此更加值得警惕，是否學術社群和學術政策會繼續重科技輕人文？也因此更需注意，避免科技排擠人文、社會和應用服務的後遺。

從長期發展來看，國內圖書資訊學應重視資訊社會和資訊政策議題

觀察美國一直擔任iSchools聯盟的帶頭領導者，有其優越的歷史淵源，早在20世紀60年代，1956年開始聯邦政府陸續通過圖書館服務法案、圖書館建設暨服務法案、乃至21世紀之後有博物館圖書館服務研究院法案（Institute of Museum and Library Services, IMLS），每年挹注大量經費贊助圖書館學教育和研究，因此傳統圖書館系所的教育和服務傳承，雖然為各

項新興科技環伺，仍然繼續蓬勃、發揚延續，不至於像國內的圖書館學研究能量，從歷年科技部的計畫中，看到經費和計畫數量等，甚至是排在體育學之後，值得圖書資訊學研究領域持續關注，也提醒圖書資訊學研究領域，也許需要關心，並增加資訊政策的研究人口。透過資訊政策運動引起更多人關心資訊環境，也許有可能改善圖書資訊學研究的發展。

書目品質不良會誤導引文分析的結果

本文獻分析從158筆書目由人工篩檢為127筆資料，逐筆勘錯，發現五種錯誤的類型，可提供未來改善書目品質的參考。不過錯誤書目比率為22%，換言之，每4到5篇書目，其中就有一篇書目是重複的，可以想見，若未先排除錯誤書目，書目計量得到的研究結果，並不正確。學界普遍採用引文作為學術評鑑的標準，可能也需要三思。

致謝： 作者感謝王梅玲教授、彭于萍教授、蘇小鳳教授，以及兩位匿名審查委員提供寶貴編修意見，特此致謝。

參考文獻

吳美美（1997）。尋找資訊研究的大方向。**資訊傳播與圖書館學，3**（3），34-48。

吳美美（2018）。大學圖書資訊學教育國際化發展。在國家圖書館編，**中華民國一〇六年圖書館年鑑**，頁 3-25。https://nclfile.ncl.edu.tw/files/201808/10d1e6de-8eec-4a6b-a624-e2c8fd367642.pdf

Borlund, P. (2011). The Case of the Royal School of Library and Information Science: A European iSchool. 圖書館學與資訊科學，**37**（1），11-17。

Bruce, H. (2011). The Audacious vision of information schools。圖書館學與資訊科學，**37**（1），4-10。

Cox, R. J., Matter n, E., Mattock, L., Rodriguez, R., & Sutherland, T. (2012). Assessing iSchools. *Journal of Education for Library & Information Science, 53*(4), 303-316.

Dillon, A. (2012). What it means to be an iSchool. *Journal of Education in Library and Information Science, 53*(4), 267-273.

Larsen, R. (2007). iSchools. *Encyclopedia of Library and Information Science*, 3rd edition, Taylor and Francis, 3018-3023.

Lopatovska, I., Bates, M. J., Hastings, S., Pattuelli, M. C., Buckland, M., Giannini, T., & Dalbello, M. (2012). iSchoolsand L-Schools: Converging or diverging communities? *Proceedings of the ASIST Annual Meeting, 49*(1). https://doi.org/10.1002/meet.14504901056

Wiggins, A. and Sawyer, S. (2012). Intellectual diversity in iSchools, evidence from faculty composition. *Journal of the American Society for Information Science and Technology, 63*(1), 8-21. doi: 10.1002/asi.2161

附錄一 EBSCO探索系統主題清單和初步編碼

主題	次數	初步編碼
資訊科學（information science）	44	學科
資訊學院（ischools）	37	學院
圖書館學（library science）	19	學科_圖書館
圖書館教育（library education）	18	教育_圖書館
教育（education）	16	教育
圖資教育（lis education）	13	教育
資訊技術（information technology）	11	技術
跨學科（interdisciplinary）	11	跨學科
跨學科教育（interdisciplinary education）	11	跨學科
圖書館與資訊科學（library and information science）	10	學科
研究（research）	10	研究
獲取資訊（access to information）	9	獲取
圖書館學校（library schools）	9	學校_圖書館
資料科學（data science）	8	學科
跨學科（interdisciplinarity）	8	跨學科
大數據（big data）	7	課程_大數據
教育技術（educational technology）	7	技術
資訊政策（information policy）	7	資訊政策
學校（ischool）	7	學校
專業身份（professional identity）	7	專業
學術課程（academic programs）	6	課程
學術研究（academic research）	6	研究

（續）

主題	次數	初步編碼
資料分析（data analytics）	6	課程_資料分析
資料探勘（data mining）	6	課程_資料探勘
數位策展（digital curation）	6	課程_數位策展
數位保存（digital preservation）	6	課程_數位保存
博士學程（doctoral programs）	6	博士學程
研究生教育（graduate education）	6	研究所教育
資訊專業人員（information professionals）	6	專業
圖書館（libraries）	6	圖書館
教學哲學（philosophy of teaching）	6	哲學
態度（attitudes）	5	態度
中國（China）	5	中國
大學教師（college teachers）	5	教師
課程（curriculum）	5	課程
教育多樣性（diversity in education）	5	多樣性
教育研究（education research）	5	研究
紮根理論（grounded theory）	5	理論
高等教育（higher education）	5	高等教育
資訊運作（information operations）	5	課程_資訊運作
資訊科學（information-science）	5	學科
跨學科研究（interdisciplinary research）	5	跨學科
知識（knowledge）	5	知識
圖書館（library）	5	圖書館
符號學（semiotics）	5	課程_符號學
社交媒體（social media）	5	社交媒體

（續）

主題	次數	初步編碼
美國圖書館學會（American library association）	4	專業學會
文獻計量學（bibliometrics）	4	課程_文獻計量
傳播（communication）	4	傳播
比較研究（comparative research）	4	比較研究
總數	426	

附錄二　書目篩選錯誤案例類型

以下列舉書目篩選錯誤案例的類型，共發現以下五類：

1. 同一筆資料，年代不同，便需要進一步找更多線索來辨識（詳見圖7、圖**8**）。

		Author	Year	Title	Rating	Journal
●	🖉	Subramaniam, Mega M.; Jaeger, P...	2011	Weaving Diversity into LIS: An Examination of Diversity Cour...		Education for Inf...
●		Subramaniam, Mega M.; Jaeger, P...	2010	Weaving diversity into LIS: An examination of diversity cours...		Education for Inf...

圖7　同一筆資料年代不同a

Durr, Angel Krystina Washington	2019	A Text Analysis of Data Science Career Opportunities and US iSchool Curriculum
Durr, Angel Krystina Washington	2020	A Text Analysis of Data-Science Career Opportunities and US iSchool Curriculum

圖8　同一筆資料年代不同b

有的是相同的題名，但是分屬會議論文和期刊論文，但是其中會議論文重複著錄，所以出現三筆（詳見圖9），會議論文被收錄在國際灰色文獻期刊（TGJ, An International Journal on Grey Literature - Grey Literature），所以判斷應該是同一篇文獻。因此選其中原始發表的2017年版，刪除另外兩筆。

	Author	Year	Title					Journal
●	Lipinski, Tomas A.; Kritikos, Katie ...	2017	How open access policies affect access to grey literature in u...	•	•	•	•	Conference Paper...
●	Lipinski, Tomas A.; Kritikos, Katie ...	2018	How open access policies affect access to grey literature in u...	•	•	•	•	Grey Journal (TGJ)
●	Lipinski, T. A.; Kritikos, K. C.	2018	How open access policies affect access to grey literature in u...	•	•	•	•	

圖9　相同文獻出現三筆

2. 姓名錯誤產生的重複

Burnett, K.; Bonnici, L. J.	2013	Rhizomes in the iField: What does it mean to be an iSchool?
Burnett, Kathleen; Bonnici, Laurie J.	2013	Rhizomes in the iField: What Does it Mean to be an iSchool?

圖10　名縮寫與否產生的書目重複

　　英文名縮寫與否，產生書目重複（詳見圖10），而英文的姓和名反置，產生的錯誤重複案例也更多，一旦姓名著錄相反，就會變成不同的作者，例如Fei, S.和Shu, F.（詳見圖11-15），這種錯誤造成的文獻重複情形的也很多。可見不論進行書目分析或引文分析，如果資料集沒有清理清楚，從惡劣品質的資料集所獲得的分析結果，將有多麼扭曲知識的原貌。因此，除了從姓名排序來檢查重複的版本之外，還需要從題名排序再檢查一次。

| Shu, Fei; Mongeon, Phillippe | 2016 | The Evolution of iSchool Movement (1988-2013): A Bibliometric View |
| Fei, Shu; Mongeon, Phillippe | 2016 | The evolution of iSchool movement (1988–2013): A bibliometric view |

圖11　姓和名錯置產生重複的書目的案例a

| Lili, Luo | 2013 | Being Interdisciplinary: A Look into the Background and Experiences of iSchool Faculty M |
| Luo, L. | 2013 | Being interdisciplinary: A look into the background and experiences of iSchool faculty m |

Luo, L. (2013). Being interdisciplinary: A look into the background and experiences of iSchool faculty members [Article]. Libres, 23(2).

Lili, L. (2013). Being Interdisciplinary: A Look into the Background and Experiences of iSchool Faculty Members. LIBRES: Library & Information Science Research Electronic Journal, 23(2), p. 1-20。

圖12　姓和名錯置產生重複的書目的案例b

So-Young, Yu	2013	Detecting collaboration patterns among iSchools by linking scholarly communication to social networking at the macro
Wedgeworth, Robert	2013	Certain characteristics of iSchools compared to other LIS programs
Yu, S. Y.	2013	Detecting collaboration patterns among iSchools by linking scholarly communication to social networking at the macro

圖13　姓和名錯置產生重複的書目的案例c

| Ding, N.; Pan, V.; Yang, C. | 2016 | The interdisciplinarity of iSchools: An analysis and visualization of research publications |
| Nan, Ding; Youneng, Pan; Chunyan, Y... | 2016 | The interdisciplinarity of iSchools: An analysis and visualization of research publications |

圖14　姓和名錯置產生重複的書目的案例d

| Carlos Paletta, Francisco; Malheiro d... | 2017 | Contribuição para o desenho e proposta de laboratorio de pesquisa e ensino a partir da análise de iSchools de referência |
| Paletta, Francisco Carlos; Silva, Arm... | 2018 | Contribuição para o desenho e proposta de laboratorio de pesquisa e ensino a partir da análise de iSchools de referência |

圖15　姓和名錯置產生重複的書目的案例e

3. 題名著錄不正確產生的重複

進入編碼階段，仔細比對篇章題名，又會發現有重複的書目，例如圖16、圖17。

| Pollack, M. E. | 2010 | Reflections on the future of iSchools from a dean inspired by some junior faculty |
| Pollack, Martha E. | 2010 | TIMELINESReflections on the future of iSchools from a dean inspired by some junior faculty |

圖16　進入編碼階段發現的重複多是題名有雜訊a

| Pia, Borlund | 2011 | The Case of the Royal School of Library and Information Science: A European iSchool |
| Pia Borlund Pia, Borlund | 2011 | 一般論述研究 / The Case of the Royal School of Library and Information Science: A European iSchool / Pia Borlund |

圖17　進入編碼階段發現的重複多是題名有雜訊b

4. 只有一頁屬於報導性質

有一種錯誤，是進入編碼的時候發現的，這種錯誤是系統的漏洞，例如只有一頁屬於報導性質（詳見圖18、圖19），系統仍以同儕審查的學術論文紀錄，也一樣需要人工的篩檢。

| Chant, Ian | 2013 | Drexel rolls iSchool into New College: College of Computer and Informatics to be helmed by iSchool dean |
| Chant, Ian | 2013 | Academic: Drexel Rolls iSchool into New College |

Chant, I. (2013). Drexel rolls iSchool into New College: College of Computer and Informatics to be helmed by iSchool dean, 138, 20.

圖18　屬於報導性質只有一頁a

Reinhardt, Eric	2016	Education-tech firm 2U assists SU's iSchool on online graduate programs
Reinhardt, Eric	2017	New online graduate program DataScience@Syracuse enrolls more than 60 in first class: Program us jointly offered by
Reinhardt, Eric	2019	New dean of Syracuse's iSchool begins work in the spring semester

Reinhardt, E. (2019). New dean of Syracuse's iSchool begins work in the spring semester. Business Journal (Central New York), 33(51), 3-3.

圖19　屬於報導性質只有一頁b

5. 其他著錄錯誤：題名相同，作者和年代都不同

　　還有一種錯誤，題名相同，作者和年代都不同，就需要立刻調閱原文，進一步查證，以圖20為例，找到John Budd 2019年是在 *COLLEGE & RESEARCH LIBRARIES*，2019年出版，80卷7期，頁碼1054-1055。不過 Chancellor, Renate（2020）就找不到文章，很明顯是系統著錄上的錯誤。

| Budd, John M. | 2019 | Educating Librarians in the Contemporary University: An Essay on iSchools and Emancipatory Resilience in Library and |
| Chancellor, Renate | 2020 | Educating Librarians in the Contemporary University: An Essay on iSchools and Emancipatory Resilience in Library and |

圖20　其他著錄錯誤：題名相同，作者和年代都不同

第30章
歐美國家圖書資訊學教育認證制度

林素甘

本文簡介

教育認證制度是確保大學得以提供高標準的圖書資訊學教育和培養高品質的圖書資訊學畢業生的重要機制，因而圖書資訊學教育認證制度成為圖書資訊學界關注的議題之一。本文以美加、英國、澳洲和紐西蘭等國圖書資訊學教育認證制度為對象，分析這些國家在專業課程認證制度方面的認證機構、認證標準和認證過程等三方面的情況。除藉此了解目前這些國家的作法外，亦希望能對我國圖書資訊學教育的品質發展有所啟示。

前言

　　認證（accreditation）制度在教育領域已行之多年，主要著重在確保教育機構提供高品質的教育水準，是控管教學品質的重要機制。透過認證能讓社會大眾了解，這些通過認證的教育機構具備優良教學品質，並在值得信賴的情況下運作。基本上，認證是由專門機構，如政府部門或專業組織（如專業學會）以既定的標準或規範，對特定學程（program）的目標、政策與流程進行評鑑，以保障其品質的過程（曾粵亮，2016，頁99）。Gann（2010, pp. 4-5）提到認證是一個過程，涉及認證標準的制訂與使用，藉以評估和強化教育機構的學術與教育品質。在高等教育中實施認證制度是希

望達到（1）保證高等教育機構及其所屬各級教學單位的品質與誠信符合適當的標準；以及（2）藉此改善這些機構提供的教育品質等兩個目標。

高等教育的認證可分為機構認證（institutional accreditation）與專業認證（specialized accreditation）。機構認證以整個機構為對象，檢視整個機構的教育品質是否符合最低程度的要求。專業認證則以機構中提供教學的學程、學院、系所或課程為對象。基本上，專業認證會與專業知識及實務有所連結，通常是由專業組織制訂標準，並應用標準進行認證。因此，專業認證顯示受證機構的學程能反映相對應的專業標準，意指提供教育者可向社會大眾保證其畢業生具有一定程度的教育品質，且符合相關專業標準的要求。同時，亦向學生保證，通過認證的學程符合其想要進入之專業領域的標準。此外，亦向專業領域保證，新進人員已具備進入該領域之基本專業能力（Gann, 2010, pp. 6-7）。

LIS教育認證制度

長久以來，圖書資訊學（Library and Information Science, LIS）被視為一種專業。在許多國家要成為LIS專業人員通常需先取得學術證書。因此，LIS教育認證一直以來都是LIS教育者與專業人員關注的議題（Ren, 2016, p. 74）。專業認證被視為一種強而有力的品質保證工具，可確保專業資格的地位。國外LIS教育認證制度反映上述專業認證的特點，透過評估準則、自我評鑑和外部審核等方式，評估教師教學品質與學生學習成果，證明其畢業生具備LIS領域專業人員需要的知識與能力（Gibbons & White, 2019, pp. 241-242）。Ocholla, Dorner與Britz（2013, p. 147）和Ren（2018, p. 114）的研究歸納出LIS教育認證模式可分為：

1. 由專業學會和政府機構共同規範LIS教育品質：專業組織從專業角度審核課程，政府機構從高等教育品質保證角度評鑑課程；

2. 政府和高等教育機構在LIS教育品質保證扮演主要角色，依賴政府和高等教育機構設定的LIS教育品質管控機制，專業學會無積極參與；以及

3. 政府和高等教育機構不介入，由專業學會負責LIS教育認證機制。

之前，我國LIS教育品質的認證是以財團法人高等教育評鑑中心基金會執行的系所評鑑為主，目前則以各系所自辦品質保證後，提交高等教育評鑑中心基金會之大專校院自辦品保認定委員會審議，決定認定結果方式進行（財團法人高等教育評鑑中心基金會，2020）。此評鑑制度與國外主要以專業學會為主的專業認證制度有所差異。因此，本文以美加、英國、澳洲和紐西蘭等國LIS教育認證制度為對象，分析其認證機構、認證標準及認證過程等，提供我國LIS教育專業認證發展之參考。

美加地區

認證機構

美國圖書館學會（American Library Association, ALA）為美國高等教育認證委員會（Council for Higher Education Accreditation）官方認定唯一的LIS（Library and Information Studies）學程認證機構，由其下屬之認證委員會（Committee on Accreditation, COA）負責執行認證過程，並發展和制訂LIS教育標準。COA共有12位成員，包括10位來自ALA的個人會員（代表教育界和實務界），任期為4年，其中包括1位與加拿大圖書館協會聯盟（Canadian Federation of Library Associations, CFLA）協商後任命的加拿大人，另一位是由圖書資訊學教育學會（Association for Library and Information Science Education, ALISE）協商後指派的學程負責人。其餘兩位成員需從公眾中選出，不可與LIS專業領域有任何關係，任期為2年（COA, 2020, pp. 8-10；Ren, 2016, pp. 74-75）。

ALA的1951年認證標準中明訂碩士學位為圖書館專業人員的最低要求，使得碩士學位成為圖書館專業館員的基本專業學位，因而美國LIS教育以碩士課程為骨幹，培育LIS領域所需的專業人員（王智博、盛小平，2013，頁42；Xue, Wu, Zhu, Chu, 2019, p. 3）。因此，ALA認證機制主要以碩士學位為對象。除認證美國及其屬地，如波多黎克的LIS碩士學位外，ALA亦與

CFLA協議，認證加拿大境內的LIS碩士學位（Gibbons & White, 2019, p. 247; COA, 2020, p. 10）。

在學校圖書館員的專業碩士學位認證方面，提供教育者需取得教育準備認證委員會（Council for the Accreditation of Educator Preparation, CAEP）認證，而在此教育機構內的學校圖書館員專業碩士學程則由美國學校圖書館員學會（American Association of School Librarians, AASL），以《ALA/AASL/CAEP學校圖書館員準備標準》（*ALA/AASL/CAEP School Librarian Preparation Standards*）2019為依據進行認證（AASL, 2020；ALA, 2020）。

除專業學會的專業認證外，LIS教育機構亦可申請機構認證，為此美國教育部需依法提供國家認可的區域認證機構清單，各區域高等教育機構可據此申請機構認證（COA, 2020, p. 7）。然而，此機構認證是以教育機構的整體評估為主，在保證LIS教育品質上仍以ALA的專業認證最為重要（Ocholla, Dorner & Britz, 2013, p. 137）。韋衣昶與鄭軼豪（2017，頁76-77）認為ALA認證機制及美國LIS教育發展之間存在緊密關係，因ALA認證機制對調整LIS課程和提升教學品質有重大影響。

認證標準

COA自1951年開始依據標準認證美國LIS教育，並陸續在1972、1992、2008年修訂標準，以反映圖書館相關資訊科技及新型服務之發展，確保其符合專業設定的評估準則。現今最新標準為2015年通過，2019年修訂之《圖書館與資訊研究碩士學程認證標準》（*Standards for Accreditation of Master's Programs in Library and Informational Studies*）（COA, 2019, p. 1；COA, 2020, p. 14）。該標準為指示性，而非強制性規定，期望教育單位藉此評估教育的有效性，進而追求教學的卓越成果。而通過ALA標準認證之LIS學程顯示其教學品質與成果獲得專業核可，其畢業生具備從事該專業領域工作所需的技能。（Ocholla, Dorner & Britz, 2013, p. 137）。

ALA標準採用質化方式進行評量，透過發展評估準則來評鑑學程效益，以追求教學卓越和保護大眾利益。該標準包括系統性規劃、課程、教師、學生及行政管理、財政與資源等5項標準（吳拓、傅文奇，2018，頁108-

110；COA, 2019）。

認證過程

ALA認證為自願性參與，其認證結果以認證狀態呈現，由COA會議投票產生。認證狀態顯示一個學程符合ALA認證要求的實際狀況，可分為以下7種（COA, 2020, pp. 15-33）：

1. 候選資格前（期限3年）：適用沒有ALA認證的新學程和既有學程，在COA會議前45天提出申請；

2. 候選資格（期限2年）：適用處於候選資格前狀態的學程，在預期的實地審核前2年提出申請。該狀態顯示學程已準備好進入為期2年，包括自評（self-study）、全面審核和COA的認證過程；

3. 首次認證（期限7年）：經歷候選資格前和候選資格兩種狀態，並通過全面審核後，獲得ALA認可；

4. 持續認證（期限7年）：經過全面審核後，學程持續證明其符合標準規範；

5. 有條件認證（期限3年）：學程必須進行重大或立即改善，以符合標準要求。在註銷認證前，必須先給予此狀態；

6. 註銷、上訴中（期限：直到最後的上訴結果）：認證資格已被COA註銷，但已進入上訴程序；及

7. 註銷認證（期限：永久）：自指定日期起，該學程不再有ALA認證，通常是經過全面審核或進度審核後決定給予此狀態，此外，學程亦可自願退出認證。

申請首次和持續認證的學程需由COA進行以下2種審核（COA, 2020, pp. 33-48）：

全面審核

由COA定期安排時程，審核步驟為：

（1）制訂一份自評計劃和執行自評

以認證標準為架構進行自我評鑑與評量，包括準備自評報告，需摘錄整個自我評鑑過程。報告需說明學程當前狀況，分析其挑戰及優缺點及解釋其成因，以及確認學程未來發展、自我評鑑計劃和目標。實施自評後，學程需在實地訪視前四個月提供自評報告初稿給OA負責人、外部審核小組（External Review Panel，以下簡稱ERP）主席和所有ERP成員；

（2）ERP審核

除審核自評文件外，ERP會進行二天實地訪視，並於訪視完成五週後提出最終審核報告，供COA做出認證決定。其報告內容包括前言（描述實地訪視和個別訪談情況）、分析（以學程提供符合每項標準程度的資料與證據為基礎）和摘要（對學程的優點、限制和挑戰的說明）。

（3）COA對該學程認證狀態的決定

依據ERP審核報告，由COA會議投票決定學程的認證狀態。

進度審核

若COA認為學程不需進行全面審核來收集證據決定認證狀態，則會在授予有條件認證或首次認證後安排進度審核，重點聚焦在收集有關學程特定面向的證據。

英國

認證機構

由圖書館與資訊專業學會（Chartered Institute of Library and Information Professionals, CILIP）負責認證英國所有LIS及相關學科（如博物館學和檔案學等）教育之各級學程，如文憑（diploma）、國家職業資格（National Vocational Qualification, NVQ）、大學部、碩士和博士學位等。除CILIP專業認證外，高等教育品質保證局（Quality Assurance Agency for Higher Education, QAA）亦訂定圖書館學與資訊管理的學科基準（subject benchmarking），作為政府監督LIS教育的機制；換句話說，英國LIS教育認證是以專業組織認證與政府監督的形式，共同承擔保證LIS教育品質的責任

（Ren, 2016, pp. 75-76）。其中，QAA負責評鑑學程的學術與教育品質，以院校為審核對象，制訂統一學科專業的參照標準，協助院校制訂自身評估標準進行院校自我評鑑；而CILIP認證則以評量學程符合專業領域必備知識與技能的程度為重。由於CILIP要求各校需提供QAA的評鑑結果，促使QAA與CILIP的認證有所結合（宛玲、繆園、範瑞娟，2009，頁19-20）。

CILIP認證有助於學生選擇圖書館、資訊和檔案等方面的適當學程，培養這些領域必備的技能與知識，為進入該領域做好準備。除認證正式學程外，CILIP在2020年開始認證短期課程。不同於正式學程認證提供欲成為LIS專業人員者選擇具有高品質的LIS教育提供者，短期課程認證主要是推薦給要進行組織訓練的人事部門和欲增強其技能的個人參考（CILIP, 2020a, 2020b）。另外，自2013年起，國外LIS學程亦可向CILIP申請認證。雖然CILIP不接受非英語資料，但會與申請者溝通，確保審核者了解不同文化的差異（Berner-Edwards, 2018a）。2020年有泰國、科威特、德國、阿曼、香港及大陸等共9所大學分別在LIS大學部、研究文憑和碩士學位取得CILIP認證（CILIP, 2020a）。

認證標準

CILIP制訂《專業知識與技能基礎》（*Professional Knowledge and Skills Base*, PKSB）來支援LIS教育認證，用以識別該專業的核心知識與技能（CILIP, 2020a）。PKSB建構LIS專業必備知識與技能的廣度與深度，作為該領域專業人員的能力架構。PKSB以輪子圖形呈現（詳見圖1），將倫理和價值置於中心，外以專業知識和通用技能圍繞。在這之外為廣泛的圖書館、資訊和知識部門情境，而最外一層為更大的組織和環境情境。該圖顯示LIS專業人員的知識與技能要以倫理和價值為中心，在各類圖書館、資訊與知識部門的情境中運作，藉此了解整個專業現況。最後，藉由考量部門外更廣泛的組織和環境情境，了解其策略性方向後，持續發展和改善提供的服務。PKSB專業知識包括組織知識與資訊、知識與資訊管理、使用和利用知識與資訊、研究技能、資訊治理與遵守、文書管理與典藏、館藏管理與發展、讀寫素養與學習等。通用技能則有領導與倡議、策略規劃與管理、以

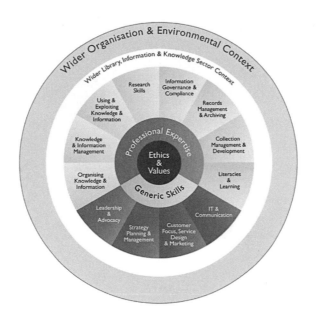

圖1　PKSB圖譜（Berney-Edwards, 2018b）

讀者為中心及服務設計和行銷、資訊科技與傳播等（黃麗珍，2015，頁89；Welsh & Inskip, 2015, pp. 5-6；Berney-Edwards, 2018b）。

　　PKSB涵蓋廣泛的知識與技能，各專業知識與通用技能再細分為6-10個細項，共有99個項目作為評估準則。申請CILIP認證時，申請者需證明學程課程是依據PKSB規劃，以便CILIP評量其課程與專業的相關程度，要求申請者必須符合（1）課程與PKSB的相關程度、（2）提供高品質的學習經驗、（3）與雇主合作，確保課程具有相關性、（4）教職員的最新專業技能及（5）鼓勵學習者參與CILIP等5項評估準則（王素芳、劉杰、黎嬌，2014，頁15-16；Edwards, 2015 pp. 8-9；Berney-Edwards, 2018a）。

　　除作為課程認證基礎外，PKSB更是LIS實務工作者的自我評量工具，可用以檢視自身知識與技能，進而運用持續專業發展來改善不足之處。CILIP鼓勵實務工作者成為其會員，並登入專業註冊（Professional Registration）系統，利用PKSB檢視其能力、知識與經驗，進而展示具備之知識與技能層級。個人的專業認證步驟如圖2所示。

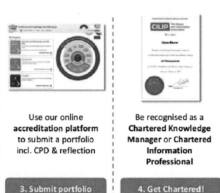

CILIP Professional Accreditation

	FELLOWSHIP		
	CHARTERSHIP		
	CERTIFICATION		
Join CILIP and use our interactive self-assessment tool to map strengths and development needs	Choose the **level of accreditation** which fits your experience and needs	Use our online **accreditation platform** to submit a portfolio incl. CPD & reflection	Be recognised as a **Chartered Knowledge Manager** or **Chartered Information Professional**
1. Get started	2. Choose a level	3. Submit portfolio	4. Get Chartered!

圖2　CILIP專業認證步驟（Poole, 2018）

　　上述QAA制訂學科基準，協助院校制訂自身評估標準進行院校自我評鑑，是英國LIS教育的外部審核機制。2019年，QAA頒布《圖書館學、資訊、知識、文書和檔案管理大學部與研究所的學科基準聲明》（*Subject Benchmark Statement for Librarianship, Information, Knowledge, Records and Archives Management* (undergraduate and postgraduate)）（QAA, 2019, p. 1）。該基準內容包括（QAA, 2019）：

1. 前言；

2. 圖書館／資訊／知識／文書與檔案管理的本質與範圍；

3. 主題知識／理解和應用：創造、捕捉、組織知識與資訊；管理和管理知識與資訊；管理與發展館藏；使用資訊科技；倫理、資訊治理與承諾；提供資訊解決方案；閱讀、素養和學習；

4. 技能：知識獲取與學習；研究技能；領導與倡議；管理、規劃與策略；以顧客為中心，服務設計與推廣；傳播與資訊科技；

5. 教學／學習和評量：教與學；評量；學習資源；特定主題軟體和其他資源的實務知識／經驗／意識；參與實務環境；

6. 榮譽學位基準：門檻標準和典型標準；以及

7. 碩士學位基準：門檻標準和典型標準。

認證過程

　　CILIP認證範圍包括整個學程或學程的部分模組課程，申請者可透過CILIP的虛擬學習環境提出申請，藉此與CILIP團隊共享資訊，以便其管理申請過程及察看申請狀態。申請者和CILIP會先協議所有時程，制訂明確的認證時程表，整個過程不超過8週。不像ALA設置COA來決定評鑑結果，CILIP團隊只負責審核管理，並不參與結果決策，而是由簽約的2位審核者組成審核小組，依據上述5項標準來決定結果。申請者需先提交認證申請書和適當文件，由審核小組進行初步審核。之後，審核小組會列出所有問題，讓申請者了解在實地訪視時要深入討論的議題，並確認最終的訪視時程。通常，審核小組會進行至少1天的實地訪視。結束訪視後，申請者會得知評鑑結果，並於1週內收到書面報告（喻楠清、盛小平、蔡嘉玲，2015，頁148；Berney-Edwards, 2018a）。正式學程的認證有效期為5年；而短期課程則是每3年進行一次獨立評鑑，確保該課程符合PKSB評估準則（CILIP, 2020b, 2020c）。

　　對已認證學程的後續監督，CILIP以每年訪視（境內）及電子郵件和網路會議討論（國外）方式進行年度考核。該程序並非正式評鑑程序，而是要讓CILIP掌握學程的發展情形，並找出其任何潛在變化。若CILIP認為雙方討論結果顯示有必要對學程進行審核，CILIP會列出所有問題給申請者。之後，申請者可針對這些問題，提出書面回應，並酌情附上相關證據作為佐證。若CILIP認為學程有重大改變時，則可能要求申請者進行全面或部分的評鑑（Edwards, 2015, p. 10）。

澳洲

認證機構

　　LIS相關領域的教育認證主要由相關專業學會，如澳洲圖書館與資訊學會（Australian Library and Information Association, ALIA）、澳洲檔案工作者學會（Australian Society of Archivists, ASA）、澳洲文書和資訊管理專業學會（Records and Information Management Professionals Australasia, RIMPA）及澳洲電腦學會（Australian Computer Society, ACS）各自負責，因此同個學程可能被1個以上的學會認證。而LIS教育認證主要由ALIA負責認證，範圍包括大學中培養LIS專業人員的大學部與研究所，包括學士、研究文憑和碩士學位及培養半專業人員的職業教育與訓練（Vocational Education and Training, VET）學程，如技職體系的文憑學位（曾粵亮，2016，頁101；Gibbons & White, 2019, p. 247）。對應不同的專業類別，ALIA（2020a）網站上分別列出通過認證的圖書資訊專家、圖書館助理館員和教師圖書館員等三類學程，供大眾參考。

　　ALIA著重課程認證，旨在確保LIS課程品質及其與當前和新興LIS實務的相關性，提供學生進入專業的管道。欲申請ALIA課程認證的學程，其所屬機構必須在高等教育品質與標準局（Tertiary Education Quality and Standard Agency, TEQSA）和澳洲技能品質局（Australian Skills Quality Authority, ASQA）註冊。ALA、TEQSA和ASQA在教育品質認證上具有相同目標，亦即都著重在檢視學程的設計與發展、課程進行方式與教學、及學習與評量的細節等。但AILA以課程為認證對象，TEQSA和ASQA則聚焦在機構的所有權、管理與治理，其中TEQSA亦審視機構的人力資源與基礎建設，特別著重機構建立課程專業認證的目的，以便與相關專業組織進行有效的溝通和合作（Hallam, 2013, pp. i-ii；ALIA, 2020b）。TEQSA依據《高等教育標準架構2015》（Higher Education Standards Framework 2015）對高等教育機構進行認證，凡未成為自我認證機構的高等教育機構都需通過TEQAS認證（TEQSA, 2020）。而ASQA則依據《VET認證課程標準2012》（Standards for VET Accredited Courses 2012）及《澳洲資格架構》（Australian Qualifications

Framework, AQF）實施VET課程認證，確保其獲得國家認可，符合品質保證要求。如同ALIA，ASQA亦關注產業與雇主參與課程，滿足產業和企業需求的證據（ASQA, 2020）。

認證標準

ALIA課程認證要求申請者需涵蓋以下兩項標準：

1. 從事檔案館、圖書館和文書管理工作的資訊專業人員的基礎知識、技能與特質（Foundation knowledge, skills and attributes relevant to information professionals working in archives, libraries and records management）（ALIA, 2015）

由ALIA、ASA和RIMPA共同發展，於2014年採用，2015年修訂，內容包括資訊環境的廣泛背景知識；資訊架構；組織和取用的目的和特徵；資訊管理的過程與實務；資訊來源、服務與產品；一般就業技能；專業發展。

2. 圖書館與資訊部門：核心知識、技能與特質（The Library and information sector: Core knowledge, skills and attributes）（ALIA, 2014）

ALIA於1998年公布，歷經2009、2012及2014年修訂。該標準提出在LIS部門進行有效的專業實務時需要獨特知識與技能，因而LIS專家需獲取這些領域知識，並展現與就業相關的技能，以準備好面對未來在各種環境中的挑戰和變動。其核心知識與技能包括資訊環境的廣泛背景知識；資訊尋求；資訊架構；資訊組織與取用；資訊服務、來源與產品；資訊管理；知識的產生；就業技能與特質。

在教師圖書館員課程方面，除要符合以上兩個標準外，亦要符合由ALIA和澳洲學校圖書館學會（Australian School Library Association, ASLA）共同頒佈的《教師圖書館員政策聲明》（*Teacher librarian policy statements*）（ALIA, 2020c）。

認證過程

申請者須繳交證明該課程符合標準規範的文件，其認證過程步驟為（曾

粵亮，2016，頁103）：

    1. 開設課程系所主動提出申請；

    2. 收到申請後，ALIA與申請者討論具體時程，並發送相關文件和問卷給申請者；

    3. 由ALIA確定認證小組名單，並寄發邀請函。在與申請者確認小組成員後，由申請者發送相關指示說明給小組成員，並讓認證小組使用學生管理系統。小組成員會與申請者舉行電話會議，審視提交的文件及討論實地訪視事宜；

    4. 在實地訪視6週前，申請者將問卷及相關文件寄回ALIA；

    5. ALIA將訪視專案計畫寄給系所；

    6. 認證小組進行實地考察；及

    7. 完成認證後產生課程報告與認證結果。

通過認證的有效期為5年，這期間學程需繳交年度課程彙報（Annual Course Return, ACR），作為ALIA監督課程發展之用，且至少要有一名教學人員出席ALIA兩年一次的教育論壇。在認證期滿後，若要重新認證可選擇紅色（免費）或金色（付費）認證過程。兩者採用同一標準，以審核文件方式進行認證，其差異在於金色認證過程會有認證小組的實地訪視（付費）（Halllam, 2013, pp. 49-50；Berney-Edwards, 2018）。

紐西蘭

認證機構

紐西蘭LIS教育認證由政府機構主負其責，紐西蘭圖書館與資訊學會（Library and Information Association of New Zealand Aotearoa, LIANZA）對LIS教育認證的影響不大，其主要角色為發展和維護專業標準。LIANZA並未負責正式的課程認證計劃，而是透過專業註冊（professional registration）系統，認可紐西蘭境內3所LIS教育單位畢業生的資格（Moran, 2016, p. 340；

Gibbons & White, 2019, p. 248）。因此，LIANZA網站並未提供通過認證的學程名單，而是在其所屬之Libraries Aotearoa（2020）列出提供LIS教育的機構與其開設之學程。

在Universities New Zealand的授權下，大學學術學程委員會（Committee on University Academic Programmes, CUAP）成為負責大學教育品質保證事務之機構。當大學的LIS教育有新設課程或既有課程發生重大改變時，均需取得CUAP的核准。而非大學教育機構，如理工學院（Polytechnics）或wānanga提供的LIS教育則由紐西蘭資格認證局（New Zealand Qualifications Authority, NZQA）監管，其任務為確保國內外都會將這些教育資格視為可靠的資格（Ocholla, Dorner & Britz, 2013, p. 140）。

由於LIANZA並未全權負責LIS教育認證，而是聚焦在實務工作者的專業發展，因而成立專業註冊委員會（Professional Registration Board）認證專業人員的知識技能，並為專業人員的持續專業發展計劃提供意見（LIANZA, 2020a）。此外，該委員會制訂《知識體系》（*Bodies of Knowledge*, BoK）作為評鑑實務工作者的專業知識的評估標準。Gibbons與White（2019, p. 248）提及LIANZA與ALIA都十分重視對LIS畢業生的專業狀態認可，希望藉由專業人員認可機制保證實務工作者的專業知識與能力。由於LIANZA的網站並未提供有關LIS教育認證的相關訊息，因此無法掌握LIANZA是否直接透過審核或評鑑來進行LIS教育認證。然而，Ocholla, Dorner與Britz（2013, pp. 144-145）指出在LIS教育的認證方面，CUAP和NZQA負責確保學程的品質，而LIANZA則是負責保證課程內容涵蓋的知識體系，亦即保證每個認證學程都能滿足畢業生要註冊成為專業LIS人員時所需的知識體系。因此各LIS學程會標示其獲得LIANZA認可，其畢業生符合LIANZA專業註冊的資格（Open Polytechnic, 2020）。此外，Ren（2018, pp. 110-111）亦提及CUAP和NZQA是課程的核准和認證機構，而LIANZA為認可（recognition）機構，由專業註冊委員會負責評估LIS教育及制訂標準，如BoK除應用在實務工作者專業狀態的審核外，亦是評鑑LIS教育課程的基礎。

認證標準

BoK主要是用來界定LIS專業在不同領域的能力，亦即藉由BoK，LIS專業人員可具備該領域的知識和技能。其內容包括以下6大群，11個項目（LIANZA, 2020b）：

1. 了解資訊環境：資訊環境、資訊政策與倫理；

2. 了解資訊需求、產生與近用：產生、傳播和使用資訊；資訊需求和設計；資訊取用過程；

3. 了解資訊資源和知識管理：資訊的組織、檢索、保存和維護；資訊資源管理和知識管理；

4. 了解資訊和傳播科技：資訊與傳播科技的應用；

5. 了解資訊機構的管理：研究、分析和詮釋資訊；資訊機構管理；評鑑服務效能；及

6. 了解毛利知識典範：對原住民知識典範的意識。

此外，在紐西蘭資格架構（New Zealand Qualification Framework, NZQF）的《學程批准與認證規則2018》（*Programme Approval and Accreditation Rules 2018*）規範下，CUAP（2019）與NZQA（2020b）批准新設課程與認證課程的評估準則十分類似。新設課程申請批准的衡量準則包括學程：（1）要達到的資格層級；（2）名稱、目標、學習成果和連貫性；（3）教學方式；（4）在學界、業界、專業領域的接受度；（5）相關規定，如入學許可、要求學分和課程架構實務要求等；（6）學習成果評量方式（NZQA）；（7）評估與審核（CUAP）／自評與外部審核（NZQA）；及（8）學位與研究所資格的研究（CUAP）／其他可能需要的特殊要求（NZQA）。若已獲批准的學程要申請認證，其評估準則有：（1）學習成果的評量（CUAP）／對政策和過程的評估與審核（NZQA）；（2）維持學程運作的資源，如教師、職員、實體資源和支援的服務；（3）對未獲批准學程的支持與評估（CUAP）／自評與外部審核（NZQA）；（4）傳遞學位及研究所資格所需的研究（CUAP）／其他可能需要的特殊要求。

認證過程

依據《學程批准與認證規則2018》，申請NZQA新設學程批准與課程認證過程為（NZQA, 2020c）：

1. 申請者填具申請表；

2. 若需要進一步細節，NZQA會通知申請者；

3. NZQA可能成立一個小組審核申請案件；

4. NZQA可能進行實地訪視；

5. 若NZQA對相關申請細節感到滿意，NZQA會通知申請者，批准該學程設立或授予該學程認證；

6. 若不滿意，NZQA將駁回申請，並通知申請者；及

7. NZQA在網站公布批准及認證學程之詳細資訊。

NZQA的認證有效期為4年，若要繼續維持其認證狀態，依據學程的資格層級，NZQA有不同的要求與規範（NZQA, 2020c）。

分析

認證機構

專業學會的角色

除LIANZA外，ALA、CILIP和ALIA等在LIS教育認證機制上都扮演極為重要的角色，強調由專業學會實施認證的價值。因此，專業學會不僅制訂嚴謹的認證標準，界定LIS領域專業人員的知識與技能，亦對LIS學程進行系統化認證。

政府機構的角色

政府機構以整體機構為認證對象，發揮外部審核功能，藉此管控機構的整體教育品質。然而，政府機構在LIS教育認證方面扮演的角色輕重不一。在美國強調政府不應干預大學運作，因此政府機構對LIS教育認證的介入較

低（桂思思，方婧、陸偉，2015，頁17）。基本上，美國教育部僅提供區域認證機構給該區域欲認證的高等教育機構參考，未強制規範教育機構要取得區域認證。相對於美加政府的低度介入，紐西蘭LIS教育認證分別由CUAP和NZQA各自認證大學和職業體系的學程，而專業學會（LIANZA）對保證LIS教育品質的影響較小。

其次，英澳由專業組織與政府機構共同管控LIS教育品質，其中政府機構認證高等教育品質，專業學會進行LIS課程專業認證。其中，英國QAA依據其制訂的學科基準，對LIS教育品質提供具體的評鑑框架。CILIP在進行LIS教育認證時會要求各校提供QAA評鑑結果，使得英國LIS教育認證同時具備內外雙重品質管控的機制。此外，澳洲亦有TEQSA和ASQA作為外部審核機構，但這兩者並未制訂學科標準作為評鑑依據。然而，ALIA會要求欲認證學程需先在TEQSA和ASQA註冊，以符合這兩者的教育品質要求。

認證範圍

除美加僅認證碩士課程外，英澳紐則進行各級學程認證，為欲選讀不同資格類別的學習者提供高品質的教育機構。此外，這些國家除認證大學提供的學術學位外，亦對技職體系學位進行認證。或許是因為英澳紐同屬大英國協，教育體制相近，因此發展出類似的認證體系。在這些國家中，CILIP認證範圍最為廣泛，其除認證正式學程外，亦將短期課程列入認證範圍，希望藉此滿足實務工作者持續專業發展的需求。其次，CILIP亦接受國外LIS教育學程的認證申請。現今已有來自泰國、德國、阿曼、科威特、香港和大陸等地的LIS教育機構通過認證。

認證結果揭露

這些國家均透過網路公開其LIS教育學制認證結果，提供欲要進入LIS專業領域的學生藉此選擇符合專業要求的學制，也讓社會大眾了解這些學制具備高水準的教學品質，並對維護教育品質有所承諾。美英澳LIS認證學制名單皆出現其專業學會網站，而紐西蘭LIS教育認證學程則出現在LIANZA所屬Libraries Aotearoa網站與NZQA網站。

ALA網站以資料庫和PDF檔提供現行通過認證的學程名錄，亦提供自1925年來通過認證的歷史名單、擁有候選資格名單及AASL認可的學校圖書館碩士學制名單，供大眾參考。CILIP以學校名稱列表方式，讓使用者直接點選學校名稱來了解其所屬學程的情況。再者，ALIA以職業導向分為LIS專業人員、圖書館助理人員和教師圖書館員等三類，點選各類後即可獲得通過認證的學制名單。最後Libraries Aotearoa網站先列出紐西蘭境內提供LIS教育的機構，之後再列出現今符合紐西蘭圖書館資格的學制以及停招的學制。相較於Libraries Aotearoa網站提供的資訊，NZQA網站以學制名稱列表，提供更加詳細的學制資訊。

認證標準

適用範圍

在這些LIS教育認證標準中（詳見表1），除ALA標準針對碩士課程外，其他標準均適用於境內包括大學和職業體系的LIS教育各級學程。透過一致的標準讓各級學程能維持一致的教育品質，且各級學程之間也有相同的比較基礎。再者，在適用於LIS教育學程的專業標準中，除ALA標準與實務工作者專業發展的關係不明顯外，英澳紐專業學會制訂的認證標準皆與LIS實務工作者專業發展有密切關係，亦即這些標準也被作為評估LIS專業人員知識與技能的基礎，讓專業人員掌握自身專業知識狀況，為持續專業發展做準備。例如英國LIS實務工作者可藉助PKSB進行自我評量，在CLIP專業註冊系統中展現知能層級。同樣地，LIANZA規範要成為其專業註冊系統成員須先取得LIANZA認可的學位，之後以BoK檢視自身知能，申請成為LIANZA的正式註冊專業人員。ALIA則是將認證學程與會員資格連結在一起，如完成專業人員和教師圖書館員認證課程者即可取得ALIA的associate會員資格，完成圖書館助理館員課程者則取得助理館員會員資格（ALIA, 2020a）。由此可知，通過ALIA認證標準的課程是ALIA界定其會員專業知識與技能的重要基礎。

表1 各國LIS教育認證標準

國名	名　稱	制訂者	最新版	適用範圍
美加	圖書館與資訊研究碩士學程認證標準	ALA	2019	碩士課程
英國	PKSB	CILIP	2013	LIS教育各級學程
	圖書館學、資訊、知識、文書和檔案管理大學部與研究所的學科基準聲明	QAA	2019	LIS教育各級學程
澳洲	從事檔案館、圖書館和文書管理工作的資訊專業人員的基礎知識、技能與特質	ALIA、ASA、RIMPA	2015	LIS相關學科各級學程
	圖書館與資訊部門：核心知識、技能與特質	ALIA	2014	LIS教育各級學程
	高等教育標準架構	TEQSA	2015	大學所有學程
	VET認證課程標準	ASQA	2012	職業體系所有學程
紐西蘭	BoK	LIANZA	2013	LIS教育所有學程
	學程批准與認證規則	NZQA	2018	大學與非大學所有學程

關注重點

　　綜合整理適用於LIS教育學程認證標準內容發現，ALA標準的評估面向與其他國家的標準有所不同（詳見表2）。整體而言，ALA標準重視全面架構，以系統性規劃為基礎，思考課程、教師、學生及行政管理、財政與資源等之管理與運作如何實現學程的任務、目標與目的。對學程而言，藉由評估上述面向，確保其能提供一個保障學生學習的環境，進而促進學生展現良好的學習成果，達到學程設定的教學目標。此外，ALA標準非常重視保存證據，強調各項運作的決策過程與核實各項評鑑的資料都需有明確的證明文件。最後，ALA標準要求各學程需詳細說明各項評鑑結果在改善學程現況及促進未來規劃的應用。

表2　LIS教育認證標準關注面向

面　　向	1※ ALA	2 CILIP	3 QAA	4 ALIA/ ASA/ RIMPA	5 ALIA	6 LIANZA
系統性規劃	◎					
課程	◎					
教師	◎					
學生	◎					
行政管理、財政與資源	◎					
資訊／知識組織		◎	◎	◎	◎	◎
資訊管理／管理與管理知識與資訊		◎	◎	◎	◎	◎
資訊環境		◎		◎	◎	◎
資訊政策與倫理		◎（倫理與價值）	◎（倫理）			◎
資訊的產生／創造			◎		◎	◎
資訊取用				◎	◎	◎
資訊與傳播科技		◎	◎			◎
資訊治理與承諾		◎	◎			
管理與發展館藏		◎	◎			
閱讀、素養和學習		◎（素養與學習）	◎			
領導與倡議		◎	◎			
管理、規劃與策略		◎	◎			

（續）

表2 LIS教育認證標準關注面向（續）

面　　向	1※ ALA	2 CILIP	3 QAA	4 ALIA/ ASA/ RIMPA	5 ALIA	6 LIANZA
以顧客為中心，服務設計與推廣	◎	◎				
研究技能	◎	◎				
資訊架構				◎	◎	
資訊服務、來源與產品				◎	◎	
傳播和使用資訊		◎				◎
資訊資源管理			◎			◎
圖書館、資訊和知識部門情境		◎				
文書管理與歸檔		◎				
提供資訊解決方案			◎			
知識獲取與學習			◎			
教與學			◎			
評量			◎			
學習資源			◎			
主題和資源的實務經驗			◎			
參與實務環境			◎			
一般就業技能				◎		
專業發展				◎		
就業技能與特質					◎	
資訊尋求					◎	
資訊需求和設計						◎
資訊的檢索、保存和維護						◎

（續）

表2　LIS教育認證標準關注面向（續）

面　　向	1※ ALA	2 CILIP	3 QAA	4 ALIA/ ASA/ RIMPA	5 ALIA	6 LIANZA
研究、分析和詮釋資訊						◎
資訊機構管理						◎
評鑑服務效能						◎
對原住民知識典範的意識						◎

※：1＝圖書館與資訊研究碩士學程認證標準；2＝PKSB；3＝圖書館學、資訊、知識、文書和檔案管理大學部與研究所的學科基準聲明；4＝從事檔案館、圖書館和文書管理工作的資訊專業人員的基礎知識、技能與特質；5＝圖書館與資訊部門：核心知識、技能與特質；6＝BoK。

　　不同於ALA標準從整體角度認證學程表現，英紐澳標準關注完成LIS學程的畢業生所要具備的專業知識與技能。相較於ALA未具體界定專業知識與技能內涵，僅以「課程要聚焦在促進資訊資源、服務與科技的管理與使用」及「設計一般性和專門課程時需考量相關專業組織制訂的知能聲明」等較籠統的概括性敘述（COA, 2019），英紐澳標準列出明確的專業知識與技能項目，其評鑑重點更聚焦在LIS學程的課程內容與標準明訂的知識及技能兩者之間的符合程度。

　　英紐澳標準皆為LIS學程的培育提供明確的知識與技能範圍，但各標準關注的面向仍有所差異。綜觀這些標準列舉的LIS專業知識及技能，全部5個標準均列舉資訊／知識組織及資訊／知識管理2項知能，顯示其為LIS最重要的核心知識。而資訊環境則出現在4個標準，強調對整體資訊環境的了解。其次，資訊政策與倫理、資訊與傳播科技、資訊／知識的產生及資訊取用等4項列入3個標準。此外，共有11項各列入2個標準，其中資訊治理與承諾；館藏發展；閱讀、素養和學習；領導與倡議；管理、規劃與策略；以顧客為中心，服務設計與推廣；研究技能等7項出現在CILIP和QAA的標

準，是英國專屬準則。而資訊架構和資訊服務、來源與產品等2項列入澳洲的2個標準，為澳洲專屬項目。至於傳播和使用資訊則出現在CLIP和LIANZ標準，而資訊資源管理列入QAA和LIANZA標準。

在所有項目中，共有19項僅出現在1個標準，如圖書館、資訊和知識部門情境及文書管理與歸檔等2項只出現在CILIP標準。其次，提供資訊解決方案；知識獲取與學習；教與學；評量；學習資源；主題和資源的實務經驗；參與實務環境等7項專屬英國QAA標準。這部分是有關教學與學習方面的評估項目，可能因其屬學科基準性質，除各學科的專業知識外，亦需顧及適用於各學科的通用技能與教學方面的評估。此外，一般就業技能與專業發展等2項僅出現在ALIA/ASA/RIMPA共同制訂的標準，而資訊尋求與就業技能與特質等2項只列入ALIA的核心知識與技能。最後，LIANZ標準列舉的資訊需求和設計；資訊的檢索、保存和維護；研究、分析和詮釋資訊；資訊機構管理；評鑑服務效能；對原住民知識典範的意識等6項為其特定評估項目。

認證過程

組成部分

認證機構在收到各學程的申請後，啟動的認證過程大致由下列幾個部分組成（Moran, 2016, p. 327）：

自評

申請者依據標準審核自身的表現與績效，形成自我評估報告作為認證基礎。基本上，各國認證機構都會要求申請者提供能夠說明學程現況及其符合標準情形的文件，但該文件不一定以自評報告稱之。ALA明確提出要申請者準備一份自評報告，說明自我評鑑過程及呈現學程符合標準的自我評估。英澳紐則未明確要求提交自評報告，如CILIP提及申請者需提供適當文件，供審核小組評估。而ALIA在收到申請後，提供相關文件給申請者，而申請者需在實地訪查6週前寄回ALIA。此外，CUAP和NZQA則規範申請者提交的文件需針對其設定的評估準則提供詳細的說明。

審核／認證小組

通常被視為外部審核機制，由同領域的學者和實務工作者組成，負責審核申請者提交之相關文件及進行實地訪視。審核小組都由認證機構負責組成，如ALA的ERP由學程負責人、COA和OA共同選出。CILIP的審核小組由CILIP簽約的審核者組成。此外，ALIA在確定認證小組，並與申請者確認小組成員；而CUAP和NZQA則視情況成立小組審核申請案件。

實地訪視

由審核小組進行實地訪視，於教育現場了解學程運作，並與相關人員如教職員生等面談，確保該學程符合標準要求。大多數認證機構會安排1-2天實地訪視，如ALA的ERP會安排2天實地訪視，並在訪視結束5週後，提出最終審核報告，提交COA（ALA）。而CILIP的委外審核小組會進行至少1天的實地訪視，釐清書面文件需要深入討論的議題。再者，ALIA會與申請者共同討論訪視計劃，確定時程後，由認證小組進行實地考察；至於CUAP和NZQA則是視需要程度決定是否安排實地訪視。

認證結果

在審視自評報告和實地訪視後，除美加外，由審核小組向認證機構提出建議，由認證機構據此做出認證決定外，其他國家都是由審核小組決定認證結果。此外，在這些國家中，ALA的認證結果最為複雜，包括候選資格前、候選資格、首次認證、持續認證、有條件認證、註銷、上訴中及註銷認證等7種認證狀態呈現。至於英澳紐的認證結果不似ALA般複雜，僅分為通過與未通過，通過者即列入各國LIS教育認證學程名單。

定期監督

認證機構藉由定期監督掌握授證學程的活動，以確認該學程持續符合標準的要求。大多數國家都有定期監督機制，如COA（ALA）要求各學程繳交年度統計報告和兩年一次的敘述性報告，藉此持續監督學程的教育品質。CILIP則以每年訪視國內已認證學程及以電子郵件或網路會議與國外授證學程討論的方式進行年度考核，確認其繼續符合認證標準內容；而ALIA則要求被認證學程每年繳交年度課程彙報，作為評估學程發展符合標準要

求的基礎。

認證時程與有效期限

在認證時程部分，以申請ALA首次認證的時程最長，大約需要5年時間，因獲准「首次認證」前需先獲得「候選資格前」狀態。此狀態維持大約3年時間後，再進入「候選資格」，2年後再完成「首次認證」。由此可知，ALA認證過程是一個耗費時間且成本較高的複雜過程。而CILIP則希望縮短認證時程，提高認證效率。在調整作法後，從收到申請到完成認證的整個過程不超過8週。

在認證有效期限方面，以ALA的7年最長。而CILIP給予正式學程5年有效期，短期課程則為3年。至於ALIA的有效期為5年，CUAP和NZQA授予4年有效期。

結論

LIS教育認證是保證LIS教育品質的重要手段，藉此促進LIS教育單位提供卓越的教學內容，確保學生都能經歷具有適當課程內容和獲得資源支持的高品質學程。在分析的各國LIS教育認證制度中，專業學會扮演主導地位，負責制訂認證標準、執行認證程序及監督管理學程等工作，在確保LIS教育品質下，讓學生成為合乎該領域專業資格的新進從業人員。來自政府機構的機構認證則是發揮外部審核功能，為LIS教育品質提供雙重保障。在認證範圍方面，除ALA僅認證碩士學程外，其他國家涵蓋LIS各級正式學程，進而呈現國內LIS教育的完整性。有別於其他國家，CILIP同時認證正式學程和短期課程，滿足學生和實務工作者的教育需求。此外，國外LIS教育單位亦可申請CILIP認證，展現CILIP認證的國際化情形。在認證結果揭露上，除紐西蘭外，其他國家均以專業學會網站為公開學程資訊的途徑。

認證標準是評估LIS教育品質，規範教學發展，保證LIS教育品質的重要工具。除ALA標準只適用於碩士學程外，其他標準均通用於LIS各級學程，

亦即各級學程採用一致的評估準則，為認證提供共通性架構。此外，英紐澳標準除是評鑑學程的工具外，亦應用到實務工作者的持續專業發展上。這些學會藉由認證標準將學生學習與從業人員專業發展連結在一起，在共通標準下，保證學生在LIS學程獲得的知識與技能在進入實務界後可在同個基礎上持續更新。雖然各標準的關注重點有所不同，但LIS認證標準的目的是一致的，皆以保證LIS教育品質，促進學生產出最佳學習成果為目的。ALA標準重視學程的整體面向，而英紐澳標準強調完成學程的畢業生所要具備的專業知識與技能，重視課程內容符合標準要求的程度。其次，這些標準以資訊／知識組織及資訊／知識管理為最核心之專業知識，而資訊環境、資訊政策與倫理、資訊與傳播科技、資訊／知識的產生以及資訊取用等項列入半數以上的標準，顯示這些知識與技能是國際認可的重要核心知能。

　　基本上，各國的認證過程差異不大，多以自我分析或自我評鑑所形成的報告為基礎，提交由專業學會或政府機構選定人選的審核小組，進行初步審查。若有需要，審核小組會進一步安排實地訪視。在完成文件審核、相關證據核實及實地訪視後，審核小組形成最終評鑑報告，作為決定認證結果的依據。美加地區由COA依據各學程實際狀況，投票決定其認證狀態；而其他國家則由審核小組決定，認證結果僅分為通過與未通過。由於這些國家的認證有效期為3-7年，因此認證機構十分重視通過認證學程在這段期間維持教育品質的情況，使用如繳交年度報告或定期討論等方式，確認各學程仍然能維持標準要求的水準，持續提供高品質的教育內容。

　　目前我國LIS教育認證主要為在財團法人高等教育評鑑中心基金會監管下的系所自辦品保認定機制，由系所依據該基金會公布的《大專院校自辦品質保證認定實施計劃》進行評鑑（財團法人高等教育評鑑中心基金會，民109）。相較於國外專業學會，中華民國圖書館學會並未涉及LIS教育認證活動。國內LIS教育單位若欲尋求專業認證，將認證焦點聚焦在LIS專業知識與技能的培育上，申請英國CILIP認證或許是可考慮的方向。若能通過CILIP認證，在與國際接軌的情況下，應能讓更多國家認可我國LIS畢業生的專業資格。此外，專業學會制訂的認證標準是鞏固LIS專業資格的核心基礎，這些標準設定的專業知識與技能不僅是LIS教育單位培育學生的具體

指引,亦是專業從業人員自我分析,更新知識與技能的重要工具。因此,中華民國圖書館學會或中華圖書資訊教育學會或許能借鏡上述標準,從中選擇適用的知識與技能項目,作為國內LIS教育培育與實務工作者培訓的引導架構,建立和更新LIS專業人員因應整體資訊環境與LIS服務快速變化的知識與技能。

參考文獻

王素芳、劉杰、黎嬌（2014）。國外圖書館行業組織LIS教育認證標準及其質量控制要素研究。**圖書情報知識，2014**（4），12-25。

王智博、盛小平（2013）。美國圖書館學與信息科學教育認可制度的變革與啟示。**圖書情報工作，57**（24），39-43。

吳拓、傅文奇（2018）。美國圖書情報學教育認證制度的演變與啟示。**大學圖書館學報，2018**（5），107-115。

宛玲、繆園、範瑞娟（2009）。國外圖書館學情報學教育質量標準的比較研究。**圖書情報工作，53**（5），19-23。

韋衣昶、鄭軼豪（2017）。美國圖書館協會的圖書情報學碩士教育認證機制。**大學圖書館學報，2017**（4），73-78。

桂思思、方婧、陸偉（2015）。中美圖書情報碩士專業學位教育質量保障體系比較分析及啟示。**圖書情報工作，59**（24），12-19。

財團法人高等教育評鑑中心基金會（2020）。**系所自辦品質保證認定**。檢索自https://www.heeact.edu.tw/1151/1196/1497/1331/.

財團法人高等教育評鑑中心基金會（民109）。**大專院校自辦品質保證認定實施計劃**。檢索自https://www.heeact.edu.tw/media/13947/%E5%A4%A7%E5%B0%88%E6%A0%A1%E9%99%A2%E8%87%AA%E8%BE%A6%E5%93%81%E4%BF%9D%E8%AA%8D%E5%AE%9A%E5%AF%A6%E6%96%BD%E8%A8%88%E7%95%AB-109%E5%B9%B47%E6%9C%88.pdf.

喻楠清、盛小平、蔡嘉玲（2015）。英國圖書館學與信息科學教育認可制度及啟示。**圖書館論壇，2015**（8），145-150。

曾粵亮（2016）。澳大利亞圖書館與情報學專業課程認證制度。**圖書館論壇，2016**（12），99-108。

黃麗珍（2015）。英國CILIP認證圖書館學信息科學教育研究。**四川圖書館學報**，**206**，89-92。

AASL (2020). *AASL-CAEP school librarianship education programs*. Retrieved from http://www.ala.org/aasl/about/ed/caep/programs.

ALA (2020). *Directory of ALA-accredited and candidate programs in library and information studies*. Retrieved from http://www.ala.org/educationcareers/accreditedprograms/directory.

ALIA (2014). *The Library and information Sector: Core knowledge, skills and attributes*. Retrieved from https://www.alia.org.au/about-alia/policies-standards-and-guidelines/library-and-information-sector-core-knowledge-skills-and-attributes.

ALIA (2015). *Foundation knowledge, skills and attributes relevant to information professionals working in archives, libraries and records management*. Retrieved from https://www.alia.org.au/foundation-knowledge-skills-and-attributes-relevant-information-professionals-working-archives.

ALIA (2020a). *Accredited courses and qualifications*. Retrieved from https://www.alia.org.au/lis-careers/accredited-courses-and-qualifications.

ALIA (2020b). *LIS educators*. Retrieved from https://www.alia.org.au/lis-educators.

ALIA (2020c). *Teacher librarians*. Retrieved from https://www.alia.org.au/teacher-librarians.

ASQA (2020). *What is an accredited course?* Retrieved from https://www.asqa.gov.au/course-accreditation/overview.

Beney-Edwards, S. (2018a). *Developing an international quality assessment framework*. Retrieved from https://www.slideshare.net/simonedwards9822/developing-an-international-quality-assessment-framework-v06-290416.

Beney-Edwards, S. (2018b). *Developing a competence model for library and information professionals in the UK*. Retrieved from https://www.linkedin. com/pulse/developing-competency-model-library-information-uk-berney-edwards.

CILIP (2020a). *CILIP accredited qualification*. Retrieved from https://www. cilip.org.uk/page/Qualifications?&hhsearchterms=%22accreditation%22.

CILIP (2020b). *CILIP launches new short course accreditation*. Retrieved from https://www.cilip.org.uk/news/news.asp?id=500221&hhSearchTerms=%22accreditation%22.

CILIP (2020c). *Apply for accreditation*. Retrieved from https://www.cilip.org. uk/page/AccreditationApplication?&hhsearchterms=%22accreditation%22.

COA (2019). *Standards for accreditation of master's programs in library and information studies*. Retrieved from http://www.ala.org/educationcareers/ sites/ala.org.educationcareers/files/content/standards/Standards_2019_ALA_Council-adopted_01-28-2019.pdf.

COA (2020). *Accreditation process, policies, and procedures* (AP3) (4th ed.). Chicago, Illinois: American Library Association. Retrieved from http:// www.ala.org/educationcareers/sites/ala.org.educationcareers/files/content/ AP3/4thedition/AP3_all_sections_4th_edition_final_current.pdf.

CUAP (2019). *CUAP handbook*. Retrieved from https://www.universitiesnz. ac.nz/sites/default/files/uni-nz/documents/CUAP_Handbook_2019_final_ Sept.pdf.

Edwards, S. (2015). *CILIP Accreditation: Ensuring students are prepared for professional practice*. Paper presented at: IFLA WLIC 2015 - Cape Town, South Africa in Session 169 - Education and Training with LIS Education in Developing Countries SIG and Library Theory and Research. Retrieved from http://library.ifla.org/1188/1/169-edwards-en.pdf

Gann, L. A. (2010). *The Development of the partnership between the American*

Library Association and the National Council for accreditation of teacher education [Unpublished Doctoral Dissertations]. University of Oklahoma.

Gibbons, L., & White, H. (2019). A Comparative study of LIS accreditation frameworks in Australia, New Zealand, United States, and Canada. *Journal of Education for Library and Information Science, 60*(4), 241-264.

Hallam, G. (2013). *Course accreditation review 2013*. Canberra, AU: Australian Library and Information Association. Retrieved from https://read.alia.org.au/alia-course-accreditation-review-2013.

LIANZA (2020a). *Registration Board*. Retrieved from https://lianza.org.nz/professional-development/professional-registration/registration-board/.

LIANZA (2020b). *Bodies of Knowledge (BOK)*. Retrieved from https://lianza.org.nz/professional-development/professional-registration/bodies-of-knowledge-bok/.

Libraries Aotearoa (2020). *Education providers*. Retrieved from https://www.librariesaotearoa.org.nz/qualifications.html.

Moran, B. B. (2016). *International quality assurance in LIS education*. In M. Seadle, C. M. Chu, U. Stocked, & B. Crumpton (Eds.), Educating the Profession: 40 Years of the IFLA Section on Education and Training (pp. 323-351). Berlin: De Gruyter Saur.

NZQA (2020a). *Criteria for programme approval and accreditation*. Retrieved from https://www.nzqa.govt.nz/providers-partners/approval-accreditation-and-registration/programme-approval-and-provider-accreditation/criteria-for-programme-approval-and-accreditation/.

NZQA (2020b). *Qualifications – search results*. Retrieved from https://www.nzqa.govt.nz/nzqf/search/results.do?q=&area=76569&searchSubject=Society+and+Culture+%C2%BB+Librarianship%2C+Information+Manageme

nt+and+Curatorial+Studies+%C2%BB+Librarianship+and+Information+ Management&type=&lvl=&credit=&status=Current.

NZQA (2020c). *NZQF programme approval and accreditation rules 2018.* Retrieved from https://www.nzqa.govt.nz/about-us/our-role/legislation/ nzqa-rules/nzqf-related-rules/Programme-Approval-and-Accreditation/gra nting-of-programme-approval-and-accreditation/8/.

Ocholla, D.,Dorner, D. & Britz, J. (2013). Assessment and evaluation of LIS education: Global commonalities and regional differences - South Africa, New Zealand, and U.S.A. *Libri, 63*(2), 135-148. Doi:10.1515/libri-2013-0011.

Open Polytechnic (2020). *Open Polytechnic Library and Information Studies.* Retrieved from https://www.openpolytechnic.ac.nz/qualifications-and-courses/information-and-library-studies/.

Poole, N. (2018). *Professional accreditation and the UK KM workforce.* Retrieved from https://www.slideshare.net/CILIP/professional-accreditation-for-the-km-community.

QAA (2019). *Subject benchmark statement for librarianship, information, knowledge, records and archives management* (undergraduate and postgraduate) (4th ed.). Gloucester, The Quality Assurance Agency for Higher Education. Retrieved from https://www.qaa.ac.uk/docs/qaa/ subject-benchmark-statements/subject-benchmark-statement-librarianship -information-knowledge-records-and-archives-management-(undergraduat e-and-postgraduate).pdf?sfvrsn=56e2cb81_5.

Ren, X. (2016). A Directory to international LIS educational accreditation processes: part I. *International Journal of Librarianship, 1*(1), 74-77.

Ren, X. (2018). A Directory to international LIS educational accreditation processes: part III. *International Journal of Librarianship, 3*(1), 110-114.

TEQSA (2020). *Applying for course accreditation*. Retrieved from https://www. teqsa.gov.au/applying-course-accreditation.

Welsh, A. & Inskip, C. (2015). "Intellectual and practical knowing": the Introduction of the professional knowledge and skills base at University College London. In *iConference 2015 Proceedings*. Retrieved from https://discovery.ucl.ac.uk/id/eprint/1464285/1/WelshInskip108_ready.pdf.

Xue, C., Wu, X., Zhu, L., & Chu, H. (2019). Challenges in LIS education in China and the United States. *Journal of Education for Library and Information, 60*(1), 35-61. doi:10.3138/jelis.60.1.2018-0006.

第31章
圖書館館員職能研究

彭于萍

本文簡介

現今國內外圖書館面臨資訊環境迅速變遷帶來的創新發展，對館員之職能內涵及需求造成顯著影響，圖書館領導者需要館員展現更良好的職能表現以因應環境變化。本文參酌統整現有之國內外相關文獻，闡述資訊時代圖書館館員職能意涵與價值、資訊時代圖書館館員職能研究概況，期盼研究結果能提供國內資訊時代圖書館館員職能學術研究及管理實務發展之參考。

圖書館館員職能研究之重要性與價值

　　圖書館館員職能議題由1980年代開始受到研究關注（王梅玲，2001；彭于萍，2018）。Griffiths與King（1986）在〈圖書資訊學教育新方向〉一文中，根據能力本位教育理論闡述職能意義及重要性，說明館員須具備的知識、技能與態度，作為圖書資訊學教育之基礎。

　　近年由於資訊環境的發展及創新，對圖書館館員知識與技能內涵及需求造成顯著影響（Bishop, Cadle, & Grubesic 2015; Farooq, Ullah, Iqbal, & Hussain, 2016; Khan & Bhatti, 2017; Peng, 2019），故國外圖書資訊學界探討圖書館館員職能議題相關研究數量有如雨後春筍般迅速增長，研究成果豐碩、不勝枚舉，蓬勃發展狀況足見館員職能研究之價值與重要性。惟職能

具有地域性（local）與情境脈絡（context）特質，故館員職能研究結果會因國家、地區、圖書館性質與館員工作性質產生差異而不斷更新調整（Al Ansari & Al Khadher, 2011；彭于萍，2018；Peng, 2019）。

更重要的是，日新月異的資訊技術和數位資源的深深驅動及影響現今圖書館館員應具備的職能內涵（Bronstein, 2015; Triumph & Beile, 2015），圖書資訊學的動態發展亦使得圖書館館員必須能夠適應這些變化，並且持續不斷更新和提升自我職能，以有效為使用者服務（Nielsen, 2013; Partridge, Lee, & Munro, 2010; Saunders, 2015）。資訊時代的館員除了保持原有的傳統使用者利用教育職能之外，更需具備能夠管理數位資訊系統之職能（Hamada & Stavridi, 2014; Hashim & Mokhtar, 2012）。甚至Raju（2014）強調圖書館能否成功順利轉型，全仰賴於館員能否將新興資訊技術轉化應用於圖書館服務內容中。許多學者亦呼籲圖書資訊學教育需重新檢視如何培養學生勝任不斷轉變的圖書館服務工作，例如Hamada與Stavridi（2014）研究指出埃及大學圖書館學課程內容與資訊時代圖書館館員實務需求有所差距，推論部分原因可能來自於資訊技術所帶來的影響。並非每個人都善於使用資訊技術，因此提供在職圖書館館員資訊技術繼續教育顯得格外需要，亦需教育在學的圖書資訊學相關系所學生能跟上當前資訊發展趨勢的技術。國內學者對於上述觀點也抱持相同看法，資訊資源的特徵及服務模式發生重大改變，使得圖書館館員工作內涵隨之改變，館員擔任角色更加多元化，需要具備傳統圖書館所需的核心知識和職能，但也需要不斷提升自身知識技能，去增加學習新的知識技術以應付持續改變的工作形態（王梅玲、劉濟慈，2009；林素甘、柯皓仁，2007；彭于萍，2018；Peng, 2019）。

綜上所述，有鑑於圖書館館員職能研究之重要性與價值，本文參酌統整近十年現有之國內外相關文獻，闡述職能概念意涵及圖書館館員職能研究發展概況，期盼研究結果能有助於發展國內資訊時代圖書館館員職能模式及職能發展實務之參考，及圖書資訊學界規劃、設計和評估相關專業課程的參考。

職能概念緣起及意涵

Competence或Competency所描述意涵係用於個人在組織中職務上應執行工作（任務）所需的能力，臺灣人力資源領域之學者、專家在早期將知識、能力結合翻譯成「知能」（李漢雄，2000；彭于萍，2018），目前則普遍翻譯為「職能」（方世榮，2005；彭于萍，2018），故本文一律採用「職能」一詞。

職能一詞由McClelland（1973）所提出，在學術界引起了相當多的討論。他找出員工高績效行為要素，態度、認知及個人特質等，統稱為「Competency」。職能涵蓋知識（knowledge）、技能（skills）、能力（ability）、以及其他特性（other characteristics），合稱為KSAOs（Rodriguez, Patel, Bright, Gregory, & Gowing, 2002；彭于萍，2018；Peng, 2019）。國內圖書資訊學領域學者亦說明職能包括知識、技能及態度，「知識」是具備相關之資訊、了解、熟悉於某事，有經驗的、精通某事；「技能」是指利用個人知識能力，有效執行圖書館與資訊業務所需具備之技能；「態度」則為面對某事與某人的心靈與感情表達的方式（王梅玲，2001；林呈潢，2011）。

整體而言，「職能」可定義為工作者具備正確且有效的執行工作或任務所需之知識、技能及個人特質，可經由訓練和發展來增長，亦可細分為專業職能與一般職能，專業職能是指在各學科領域的特別能力，一般職能則是指可應用於各領域的能力，如管理與行政能力，工作者具有高職能可使其達成工作目標並產生良好的工作績效（林呈潢，2011；彭于萍，2018；郭家妘，2019）。而「職能（competencies）」和工作表現「標準（performance standards）」不同，前者是個人成功完成工作角色所需具備的知識、技術、能力及態度的模式；後者則是需建立一系列的量化與質性評質，以證明受評者的表現（邱子恒，2013）。綜上所述，可發現在職能研究方面，各學者對於職能意涵詮釋相近但不盡相同，但均可區分為專業職能、一般職能，及態度與人格特質。

在彭于萍（2018）一文中回顧近十年圖書館館員職能研究結果發現，在資訊時代下的新一代圖書館專業人員需要「多技能（multi-skilled）」。例

如Raju（2014）分析過往十多項圖書館館員職能研究結果，歸整下列重點：
（1）館員需具備「混合性」知識技能，包括學科知識、一般技能和個人能
力；（2）學科知識相當重要；（3）一般技能逐漸被雇主強調並列為優先應
具備的技能；（4）個人能力雖然重要，但其優先序落在學科知識和一般技
能之後；（5）在資訊時代中，強烈需要具備應用於圖書資訊業的資訊技術
技能人才。此外，Nonthacumjane（2011）強調在數位化圖書館環境之下，
需要館員具備一般技能，例如有效溝通及人際關係的技巧、批判性思考、
問題解決能力及團隊合作能力。

　　圖書館管理者需要確定館員應具備的知識，技能和態度，以設計合適
的良好職能模型，以識別當前的角色能力並用其預測未來的職能要求，作
為圖書館人力資源規劃、招募甄選、教育訓練、績效評估與員工發展等人
力資源管理策略和實務之參考（Vazirani, 2010；Peng, 2019；Peng & Chuang,
2020；彭于萍，2018）。

圖書館館員職能研究發展概況

　　本文利用中英文關鍵字群（職能、知能、Competency、圖書館、館員）
檢索此議題相關學術文獻，藉以了解相關研究情形；檢索年代由2010年迄
今，檢索之中文資料庫為「臺灣期刊論文索引系統」、「臺灣博碩士論文知
識加值系統」及「Airiti Library華藝線上圖書館」，西文資料庫為「Library &
Information Science Scource」與「Library, Information Science and Technology
Abstracts with Full Text（LISTA FT）」。檢索欄位以「論文名稱」、「關鍵字」
與「摘要」為主，最後刪除檢索結果中的重複文獻。國內檢索結果文獻全
數納入，國外文獻檢索結果經人工篩選後，方納入回顧分析。

國外圖書館館員職能研究發展概況

　　近五年國外圖書館館員職能研究成果相當豐碩，從中可窺見國外館員
所需具備職能內容之多元化及豐富性，以下擇要介紹，並說明相關趨勢之
發展脈絡。

　　圖書館事業因應適應不斷變化的環境的需求、需要改善現有產品和服務，以及利用新機會的需要而迅速轉變，也造成圖書館館員角色迅速變化之趨勢（Edewor, 2020; Elves, 2017）。許多研究指出，大多數圖書館館員正面臨重新塑造工作模式和技術的需求。圖書館館員需要接受更多培訓，才能因應新的各項數位化議題（例如數位資源管理、共享、增強和保存等）（Colombati & Giusti, 2016; Tammaro, 2016）。也因此，近年明顯之研究趨勢之一是建構應用於各類型圖書館館員數位職能指標，例如醫學圖書館或大學圖書館（e.g., Barbuti, Di Giorgio, & Valentini, 2019; Baro, Obaro, & Aduba, 2019; Khan & Bhatti, 2017）。這類研究一致強調圖書館館員提升數位化職能之重要性，在瞬息萬變的數位世界中，數位化內容的數量正在不斷增長，數位化轉型正改變獲取和評估知識的視角（Barbuti, Di Giorgio, & Valentini, 2019）。重要的是，數位技術已經明顯改變使用者搜尋資訊的方式。為滿足這些不斷變化的需求，圖書館提供線上參考服務、聊天服務、個人諮詢、電子郵件，及其他社群網絡服務（Baro, Obaro, & Aduba, 2019）。Khan和Bhatti（2017）指出開發和管理數位圖書館的數位能力包括開發、管理數位圖書館和維護數位內容的數位能力。

　　此外，近年許多學者投入研究需具備跨學科領域知識及技術知能之圖書館館員職能，可謂一種新興趨勢。舉例來說，數據圖書館管理（Data Librarianship）是與英國、美國和加拿大的大學圖書館相關的研究趨勢，是超越傳統圖書館界限的領域。數據科學（Data Science）是融合計算機科學和統計技術的知識領域，對需要處理與數據管理分析有關問題的圖書館館員來說，是一個全新的知識領域，需要具備特定的專業知識，了解數學和編程語言的複雜性和新穎性，對圖書館館員來說帶來全新的學習挑戰（Semeler, Pinto, & Rozados, 2019）。還有應用在地理空間圖書館服務（Geospatial librarianship service, GIS）館員的職能指標，亦頗具特色與挑戰。誠如White與Powell（2019）所說，近年GIS科學與新興的數據科學領域相融合，GIS圖書館館員需具有專門的計算機知識與代碼素養，但是相關的圖書資訊學領域的文獻中相當缺乏對這些工具和技能的討論，故建議將編碼技能（如學習R和Python等編程語言）整合到GIS圖書館館員核心

能力的最基本層次中，以提高GIS圖書館館員之技術技能。近年也有持續探討醫學圖書館館員職能指標的文獻出現（Bass, Allen, Vanderpool, & Capdarest-Arest, 2020; Edewor, 2020）。

整體來說，雖然國外圖書館館員職能研究已相當成熟豐碩，但面對資訊科技帶來的影響，各類型圖書館館員職能仍有進一步研究之空間。

國內圖書館館員職能研究發展概況

彭于萍（2018）回顧國內近二十年來圖書館館員職能研究，發現僅有少數研究探討所有圖書館館員應具備之職能（王梅玲、劉濟慈，2009），或有碩士論文分析美國徵才廣告探討圖書館人才需求之研究（陳瓊后，2007；蕭淑媛，2009），但並非探討國內圖書資訊學領域職能需求現況；其餘研究主題多聚焦於某一類型圖書館之館員職能，如：學術圖書館（王梅玲，2001）、專門圖書館（李佩瑜，2000；楊美華、劉欣蓓，2003）、醫學圖書館（張惠媚、高熏芳，2003）、企業圖書館（林鳳儀，2003）；或某類型職務圖書館館員職能研究（王梅玲，2007；高千智，2004）。若更進一步分析可發現，相關研究多集中於近十一至二十年期間。

若單純回顧近十年的國內圖書館館員職能研究，最具代表性的系列研究由國家圖書館完成，讓國內各類型圖書館館員職能有明確性指標與共識，可謂國內圖書館館員職能研究有成之重大里程碑，居功厥偉。國家圖書館於民國100年編訂《全國圖書館發展政策及推動策略》，有益於圖書資訊界擘劃未來十年圖書館事業發展方向，亦可做為各級政府和圖書館建構前瞻政策與推動方案之具體依據。該計畫書基於社會變遷與挑戰、圖書館組織面臨的困境、人力資源的規劃等因素，遂將「行政管理專業化及館員專業知能的提升」列入全國圖書館發展政策之第二目標，其細項目標之一係「實施教育訓練以提升館員專業能力」，而具體之策略為「研訂各類型圖書館館員之專業知能指標」，已完成「公共圖書館工作人員專業知能指標」（102年12月）、「高中高職圖書館館員專業知能指標」（103年12月）、「國民中學圖書館館員專業知能指標」（104年12月）、「國民小學圖書館館員專業知能指標」（104年12月）及「大學圖書館館員專業知能指標」（105年12月）

之研訂，使我國各級圖書館館員專業知能指標建構齊備，能因應社會結構
之變遷、文教組織的困境及人力資源的匱乏等因素之影響，協助各級圖書
館確認館員應扮演之角色及任務，進而成為他們在專業成長及終身學習的
指引，亦有助於提升圖書館人力資源之品質（國家圖書館，2011，2013，
2014，2015a，2015b，2016）。各類型圖書館館員專業知能指標及其構面內
容列表整理如下，以資參考：

表1　各類型圖書館館員專業知能指標及其構面

圖書館館員專業知能指標	指標構面	
大學圖書館	1. 基本素養 2. 資訊資源 3. 資訊組織 4. 資訊服務	5. 資訊素養 6. 研究技能 7. 資訊科技 8. 行政管理
高中圖書館	1. 教學與學習 2. 領導 3. 課程參與 4. 管理	5. 閱讀推廣 6. 服務 7. 政策法規
國中圖書館	1. 課程領導 2. 資訊素養教育 3. 閱讀素養教育	4. 行政管理 5. 專業成長
國小圖書館	1. 教學與學習 2. 閱讀教育	3. 營運管理 4. 終身學習
公共圖書館	1. 基礎知能 2. 環境與政策法規 3. 通用技能 4. 繼續教育與終身學習 5. 資訊組織與管理	6. 讀者與資訊服務 7. 閱讀與推廣 8. 資訊科技運用 9. 行政與管理 10. 研究發展與創新

資料來源：國家圖書館（2013，2014，2015a，2015b，2016）。

　　但除上以外，國內圖書資訊學界對圖書館館員職能議題之專門論述相當有限，單純回顧近十年在期刊論文及學位論文方面的研究數量可謂屈指可數，值得國內研究者深入探索。在期刊論文方面，僅有三篇，其中兩篇主題均與公共圖書館兒童服務館員職能有關。張鳴燕（2010）在〈臺灣兒童圖書館館員對專業知能的需求與看法〉一文中，整理兒童圖書館館員可能所需之專業知能範圍，進而針對國內之兒童圖書館館員進行調查與訪談，以廣泛探知其對專業知能之需求現況及相關看法，統整歸納出臺灣地區兒童圖書館館員專業知能需求架構表。而彭于萍（2018）於〈資訊時代公共圖書館兒童服務館員職能探討〉文中說明之前國內外探究公共圖書館兒童服務館員職能模式內涵及測量指標之研究者對兒童服務館員職能模式指標較為偏重外顯專業知識與技能的測量（例如讀者群知識、館藏知識、使用者及參考服務等），而對於內隱特質層面（例如一般能力、態度、人格特質等）卻缺乏深入探討之研究。有鑒於此，參酌彙整現有之國內外圖書館及相關學會組織已發展之兒童服務知能規範與準則，以及資訊時代圖書館館員、公共圖書館館員之職能指標研究，初步建構具理論基礎之資訊時代公共圖書館兒童服務館員職能概念性架構，歸納職能可概分為專業知識技能、一般知識技能、態度及人格特質四大類，作為國內公共圖書館人力資源規劃、招募、教育訓練與績效評估之參考，確認未來館員職能繼續教育訓練需求及重點，提供業界及學界參考。另一篇則為高鵬（2014）在〈知能的律動與躍升——精進全國圖書館館員專業能力〉文中撰述國家圖書館擬訂研訂各類型圖書館館員之專業知能指標歷程始末。

　　在學位期刊論文方面，僅有兩篇。梁美玲（2016）在〈大專院校圖書館館員對自動化系統知能之研究〉中，以問卷調查大專院校圖書館館員對圖書館自動化系統知能需求程度，為內容偏向探討圖書館自動化系統功能居多。郭家妘（2019）則於〈臺灣地區圖書館館員徵才廣告內容分析之研究〉採用內容分析法，分析臺灣地區2014-2018年之圖書館館員線上徵才廣告，探討各類型圖書館館員職能需求現況及職能指標，提供近年國內各類型圖書館徵聘館員著重之職能需求，作為圖書資訊學系所教育、圖書資訊學系所學生、國內圖書館館員之參考。

結論

　　整體來說，綜觀近十年國內外圖書館館員職能研究發展現況，可發現國內外研究數量相較之下極為懸殊。

　　如前所述，近十年國外圖書館館員職能研究蓬勃發展，各國均相當重視圖書館館員職能議題，偏重探討各類型圖書館館員數位職能指標，以及獨特新興、具特殊性之圖書館館員職能（如數據圖書館管理）之趨勢，但亦有某些學者呼籲某些類型圖書館館員職能仍有進一步研究之空間，例如兒童服務館員職能之相關研究數量為相對少數，而美國重要的研究型大學已有將兒童圖書館相關課程減少或刪除之趨勢，更導致圖書資訊學領域博士生極少投入兒童服務館員職能議題之相關研究，形成令人憂心的惡性循環，亟需學者投入（e.g., Walter, 2014; Hamada & Stavridi, 2014）。

　　近十年國內圖書館館員職能研究最具代表性的成果應屬國家圖書館近年研訂之各類型圖書館館員專業知能指標，讓各類型圖書館執行人力資源管理實務時，對館員職能有明確的規範與詳細指標可參考及遵循，其他的專門論述（如期刊論文、學位論文、研究計畫）均寥寥無幾，少見相關研究出現，此景對於圖書館職能學術研究發展及圖書館人力資源管理實務推動極為不利。就圖書館發展實務來看，國內《全國圖書館發展政策及推動策略計畫書》強調圖書館組織面臨困境、人力資源規劃等因素，「行政管理專業化及館員專業知能的提升」為全國圖書館發展政策之第二重點發展目標，顯見學界關注與投入圖書館館員職能實務研究之必要性，再對照近十年國外圖書館館員職能研究蓬勃發展的現況，再衡諸資訊科技對於圖書館及館員所帶來的服務衝擊與變化，此議題實值得國內研究者急起直追、深入探索。

參考文獻

方世榮（譯）（2005）。**現代人力資源管理**（原作者：Dessler, G.）。台北市：臺灣培生教育。（原著出版年：2005）

王梅玲（2001）。廿一世紀我國學術圖書館館員應具備的知識與技能的研究。**資訊傳播與圖書館學**，**8**（1），41-58。

王梅玲（2007）。網路時代資訊組織人員專業能力之研究。**圖書資訊學研究**，**1**（2），91-116。

王梅玲、劉濟慈（2009）。從圖書館價值探討我國圖書館館員基本專業能力。**圖書資訊學研究**，**4**（1），27-68。

李佩瑜（2000）。**臺灣地區專門圖書館員專業技能需求之研究**。（未出版之碩士論文）。淡江大學，新北市。

李漢雄（2000）。**人力資源策略管理**。台北市：揚智文化事業股份有限公司。

林呈潢（2011）。**圖書館專業人員認證研究**。台北市：國家圖書館。

林素甘、柯皓仁（2007）。圖書館館員專業知能與繼續教育。**國家圖書館館刊**，**96**（2），31-63。

林鳳儀（2003）。我國企業圖書館館員核心能力之研究。**大學圖書館**，**7**（1），197-224。

邱子恒（2013）。**我國公共圖書館工作人員專業知能研訂芻義**。台北市：國家圖書館。

高千智（2004）。**大學圖書館參考服務人員專業職能之探索性研究**。（未出版之碩士論文）。輔仁大學，新北市。

高鵬（2014）。知能的律動與躍升——精進全國圖書館館員專業能力。**國家圖書館館訊**，**142**，22-25。

國家圖書館（2011）。**全國圖書館發展政策及推動策略**。國家圖書館，台北市。

國家圖書館（2013）。**我國公共圖書館工作人員專業知能研訂芻議**。國家圖書館，台北市。

國家圖書館（2014）。我國高中高職圖書館館員專業知能指標研訂芻議。國家圖書館，台北市。

國家圖書館（2015a）。我國國民小學圖書館館員專業知能指標研訂芻議。國家圖書館，台北市。

國家圖書館（2015b）。我國國民中學圖書館館員專業知能指標研訂芻議。國家圖書館，台北市。

國家圖書館（2016）。我國大學圖書館館員專業知能指標研訂芻議。國家圖書館，台北市。

張惠媚、高熏芳（2003）。醫學圖書館館員專業能力需求評估之研究。大學圖書館，**7**（1），176-196。

張鳴燕（2010）。臺灣兒童圖書館館員對專業知能的需求與看法。臺北市立圖書館館訊，**27**（4），39-60。

梁美玲（2016）。大專院校圖書館館員對自動化系統知能之研究。（未出版之碩士論文）。國立臺灣師範大學，台北市。

郭家妘（2019）。臺灣地區圖書館館員徵才廣告內容分析之研究。（未出版之碩士論文）。輔仁大學，新北市。

陳瓊后（2007）。美國大學圖書館徵才需求分析之研究。（未出版之碩士論文）。國立臺灣師範大學，台北市。

彭于萍（2018）。資訊時代公共圖書館兒童服務館員職能探討。圖書資訊學刊，**16**（2），103-133。

楊美華、劉欣蓓（2003）。知識經濟時代專門圖書館館員知能探究。中國圖書館學會會報，**70**，4-17。

蕭淑媛（2009）。從美國線上徵才廣告探討臺灣圖書館人才需求之研究。（未出版碩士論文）。輔仁大學，新北市。

Al Ansari, H. and Al Khadher, O. (2011). Developing a leadership competency model for library and information professionals in Kuwait. *Libri, 61*(3), 239-246.

Barbuti, N., Di Giorgio, S., & Valentini, A. (2019). The Project BIBLIO-Boosting Digital Skills and Competencies for Librarians in Europe: An Innovative Training Model for Creating Digital Librarian. *International Information & Library Review, 51*(4), 300-304.

Baro, E. E., Obaro, O. G., & Aduba, E. D. (2019). An assessment of digital literacy skills and knowledge-based competencies among librarians working in university libraries in Africa. *Digital Library Perspectives, 35*(3/4), 172-192.

Bass, M. B., Allen, T. S., Vanderpool, A., & Capdarest-Arest, N. (2020). Extending medical librarians' competencies to enhance collection organisation. *Health Information & Libraries Journal, 37*(1), 70-77.

Bishop, B. W., Cadle, A. W., and Grubesic, T. H. (2015). Job analyses of emerging information professions: A survey validation of core competencies to inform curricula. *The Library Quarterly, 85*(1), 66-84.

Bronstein, J. (2015). An exploration of the library and information science professional skills and personal competencies: An Israeli perspective. *Library & Information Science Research, 37*(2), 130-138.

Colombati, C., & Giusti, E. (2016). Il percorso professionale e la carriera del bibliotecario digitale. *Biblioteche Oggi, 34*, 32-38.

Edewor, N. (2020). Capacity Building Efforts to Develop Digital Innovation Competencies among Librarians in Nigeria. *Journal of Library Administration, 60*(3), 316-330.

Elves, R. (2017). Innovation in libraries: Report from the Business Librarian Association annual conference. *SCONUL Focus, 68*, 88-91.

Farooq, M. U., Ullah, A., Iqbal, M. and Hussain, A. (2016). Current and required competencies of university librarians in Pakistan. *Library Management, 37*(8/9), 410-425.

Griffiths, J. M. and King, D. W. (1986). New directions in library and information science education. *White Plains.* NY: Knowledge Industry Publications.

Hamada, D. and Stavridi, S. (2014). Required skills for children's and youth librarians in the digital age. *IFLA Journal, 40*(2), 102-109.

Hashim, L. B., & Mokhtar, W. N. H. W. (2012). Preparing new era librarians and information professionals: Trends and issues. *International Journal of Humanities and Social Science, 2*(7), 151-156.

Khan, S. A. and Bhatti, R. (2017). Digital competencies for developing and managing digital libraries: An investigation from university librarians in Pakistan. *The Electronic Library, 35*(3), 573-597.

Khan, S. A. & Bhatti, R. (2017). Digital competencies for developing and managing digital libraries: an investigation from university librarians in Pakistan. *The Electronic Library, 35*(3), 573-597.

McClelland, D. C. (1973). Testing for competence rather than for 'intelligence'. *American psychologist, 28*(1), 1-14.

Nielsen, J. M. (2013). The blended business librarian: Technology skills in academic business librarian job advertisements. *Journal of business & finance librarianship, 18*(2), 119-128.

Nonthacumjane, P. (2011). Key skills and competencies of a new generation of LIS professionals. *IFLA Journal, 37*(4), 280-288.

Partridge, H., Lee, J. and Munro, C. (2010). Becoming 'librarian 2.0': The skills, knowledge, and attributes required by library and information science professionals in a Web 2.0 world (and beyond). *Library Trends, 59,* 315-335.

Peng, Y. P. (2019). A Competency Model of Children's Librarians in Public Libraries. *The Library Quarterly, 89*(2), 99-115.

Peng, Y. P., & Chuang, P. H. (2020). A Competency Model for Volunteer Storytellers in Public Libraries. *Libri, 70*(1), 49-64.

Raju, J. (2014). Knowledge and skills for the digital era academic library. The *Journal of Academic Librarianship, 40*(2), 163-170.

Rodriguez, D., Patel, R., Bright, A., Gregory D., & Gowing M. K. (2002). Developing competency models to promote integrated human resource. *Human Resource Management, 41*(3), 309-324.

Saunders, L. (2015). Professional perspectives on library and information science education. *Library Quarterly, 85*(4), 427-453.

Semeler, A. R., Pinto, A. L., & Rozados, H. B. F. (2019). Data science in data librarianship: core competencies of a data librarian. *Journal of Librarianship and Information Science, 51*(3), 771-780.

Tammaro, A. M. (2016). Le competenze del bibliotecario digitale. *Biblioteche Oggi, 34*, 22-31.

Triumph, T. F., & Beile, P. M. (2015). The trending academic library job market: An analysis of library position announcements from 2011 with comparisons to 1996 and 1988. *College & Research Libraries, 76*(6), 716-739.

Vazirani, N. (2010). Competencies and competency model: A brief overview of its development and application. *SIES Journal of Management, 7*(1), 121-131.

Walter, V. A. (2014). Who will serve the children? Recruiting and educating future children's librarians. *IFLA Journal, 40*(1), 24-29.

White, P., & Powell, S. (2019). Code-Literacy for GIS Librarians: A Discussion of Languages, Use Cases, and Competencies. *Journal of Map & Geography Libraries, 15*(1), 45-67.

▪第十篇▪

圖書館與社區發展／資訊社會

第32章
資訊社會研究回顧（2010-2019）

賴麗香、吳美美

本文簡介

圖書館的功能與社會的健全發展有密切的關係，特別是在網路和資訊科技發達的社會環境中，在人類文化保存、確保人人有公平、公正的機會，獲取正確的知識和資訊，有能力扮演恰如其分的社會公民角色，促進社會健全均衡發展等，都是資訊社會中圖書館需要關切的課題。本文分析近十年來國內有關資訊社會相關文獻，包括政府、政策、教育與學術研究、隱私權、資訊法律、數位落差、資訊安全、族群、資訊社會理論、數位公民、市場、商品與粉絲、科技發展、假新聞、虛擬空間、網路、資訊倫理與金融、產業議題，希望有助於圖書館工作者了解社會議題，也希望資訊社會能夠關注圖書館的發展。

背景

在資訊社會中，當一切都數位化，許多人認為資訊在網路上都可以找得到，那麼還需要圖書館嗎？圖書館扮演甚麼角色呢？和一般人的理解正好相反，在網路上充斥的資訊，其實夾雜優劣不一、正誤難辨的資訊，有如氾濫的洪水，不加以規範，難以帶給人類福祉。圖書館的任務是在提供民眾正確有用的資訊，這是圖書館的普世任務和價值。聯合國教科文組織（UNESCO）在2015年提出永續發展目標（SDGs），包括脫貧、識讀、平

權等，國際圖書館協會聯盟（IFLA，2020）也呼籲全球圖書館一起為永續發展目標設計各項服務，藉以服務和貢獻資訊社會的民眾。圖書館要服務於資訊社會，就需要了解資訊社會的各項議題。本文分析近十年來，國內有關資訊社會的文獻，藉以了解資訊社會的特質，以及圖書館在資訊社會中的角色。

「資訊社會」議題範圍廣泛，邱銘心（2013，頁550）曾指出「資訊與社會」在圖書資訊學研究中，仍屬於較模糊的研究領域，研究產出的論文多由其他相關領域的管道發表，將近十年之後，這個現象也並未改變太多，主要是圖書資訊學的研究人口偏少，研究主力主要在機構服務、技術服務、讀者服務等，對於社會和政策的議題，尚未形成研究關切，也未能聚焦。因此本文獻探討以資訊社會為關鍵詞，不限領域，先廣泛收集相關文獻。

首先利用臺灣期刊論文索引系統、臺灣博碩士論文知識加值系統，以及華藝線上圖書館系統進行檢索，以「資訊社會」為檢索詞彙，限定於篇名、關鍵詞和摘要等欄位，年度為2010-2020年，以期刊論文及學位論文為主，檢索結果共獲得期刊論文57篇、學位論文65篇，再另輔以資訊社會相關現象之關鍵詞，包括網路社會學、資訊社會學、虛擬空間、網路社群、電子政府、資訊政策、數位落差、資訊科技應用、社區與圖書館等個別關鍵詞再進行一次檢索，並將所有檢索結果予以整合，經過篩選、剔除重複及專書篇章，共獲得期刊論文42篇、學位論文41篇；將1篇非臺灣出版的期刊論文及2篇2020年出版的學位論文扣除，共得期刊論文41篇、學位論文39篇，合計80篇。

本文將檢索取得的80篇論文書目存成Excel檔，分析出版年度和主題分布，以了解2010-2019年這十年間臺灣資訊社會重要議題的研究發展情形。主題分析方面，係將每一筆書目依據題名、關鍵詞、摘要予以初步主題編碼，接著再將初步編碼的主題予以整合，共得15個主題。

文獻分析結果

以下依照出版量及年度分布、期刊論文之期刊分布、學位論文之學校

系所分布，以及主題分布敘述。

出版量及年度分布

　　本研究取得2010-2019年資訊社會相關之期刊論文41篇、學位論文39篇，共80篇，每年平均出版量為8篇，相較於1980-2010三十年間的出版量為88篇（邱銘心，2013），平均每年不到3篇，可見這十年來有關資訊社會的研究出版有所成長，特別以2010、2012、2013、2014及2016年的出版量較多，兩種文獻類型每年合計超過10篇，其他年度大部分分別約有1至3篇，合計不超過6篇（年度分布如表1）。不過2019年兩者均無出版量；期刊和學位論文兩種文獻類型在各年度出版量的趨勢大致接近。

表1　期刊論文及學位論文篇數年度分布

年度	期刊論文		學位論文		合計	
	篇數	百分比（%）	篇數	百分比（%）	篇數	百分比（%）
2010	6	7.5	7	8.8	13	16.3
2011	3	3.8	3	3.8	6	7.5
2012	6	7.5	7	8.8	13	16.3
2013	9	11.3	6	7.5	15	18.8
2014	3	3.8	7	8.8	10	12.5
2015	3	3.8	3	3.8	6	7.5
2016	6	7.5	5	6.3	11	13.8
2017	2	2.5	1	1.3	3	3.8
2018	3	3.8	0	0.0	3	3.8
2019	0	0.0	0	0.0	0	0.0
合計	41	51.3	39	48.7	80	100.0

期刊論文之期刊分布

41篇期刊論文刊載於30種期刊，其中以《資訊社會研究》出版量最多，有6篇（14.6%）；《圖書館學與資訊科學》、《臺北市立圖書館館訊》、《數位學習科技期刊》、《政大法學評論》、《屏東教育大學學報—教育類》、《研考雙月刊》等各有2篇，共12篇（29.3%）；其他23種期刊均各出版1篇，共23篇（56.1%）。

依據中華民國出版期刊指南系統（國家圖書館，2020a）對各期刊之分類，本研究將30種期刊之主題類別予以歸納，分布於中文圖書分類法之總類、自然科學類、應用科學類、社會科學類及語言文學類等五大類及11個次類，各類別之期刊種數及刊載之論文篇數分布如表2，顯示五大類中以社會科學類的比例最高，其次是總類。

11個次類中，前四名依序為教育（20%）、社會學（16.7%）、法律（13.3%）、圖書資訊學／檔案學（10%）、學術紀要／學刊（10%）、政治學（10%）；刊載之論文篇數前三名依序為社會學（24.4%）、教育（19.5%）、圖書資訊學／檔案學（12.2%）、法律（12.2%）。顯示社會學、教育、圖書資訊學／檔案學及法律相關的期刊較多出版資訊社會相關議題的論文。

學位論文之學校系所分布

39篇學位論文分布於15所大學，其中以國立政治大學及國立臺灣大學出版篇數較多，分別為8篇及7篇；其次是淡江大學（5篇）及國立成功大學（4篇），再其次是國立臺灣師範大學、國立中正大學、國立臺北大學及樹德科技大學，各出版2篇，其餘7所大學（國立清華大學、國立中山大學、國立臺中科技大學、國立臺北教育大學、國立臺北藝術大學及輔仁大學及元智大學）各出版1篇。

依據臺灣博碩士論文知識加值系統（國家圖書館，2020b）對學位論文所屬學校系所之學門及學類的分類，此15所大學所屬系所的學門，涵蓋10個學門、22個學類（詳見表3），依出版篇數多寡各學門依序為社會及行為科

表2 30種期刊之主題類別分布

類別	期刊		期刊論文	
	數量	百分比（%）	篇數	百分比（%）
總類	7	**23.3**	9	**22.0**
020圖書資訊學／檔案學	3	10.0	5	12.2
051學術紀要／學刊	3	10.0	3	7.3
100哲學	1	3.3	1	2.4
自然科學類	2	**6.7**	2	**4.9**
312電腦科學	2	6.7	2	4.9
應用科學類	1	**3.3**	1	**2.4**
490商學	1	3.3	1	2.4
社會科學類	18	**60.0**	27	**65.9**
520教育	6	20.0	8	19.5
540社會學	5	16.7	10	24.4
570政治學	3	10.0	4	9.8
580法律	4	13.3	5	12.2
語言文學類	2	**6.7**	2	**4.9**
800語言	1	3.3	1	2.4
890新聞學	1	3.3	1	2.4
合計	30	100.0	41	100.0

表3 39篇學位論文所屬系所之學門及學類分布表

學門	學類	篇數	百分比（%）	主題編碼
		13	33.3	
社會及行為科學學門	綜合社會及行為科學學類	4	10.3	政府、政策 教育與數學研究 隱私 族群
	政治學類	3	7.7	政府、政策（2篇） 數位公民
	區域研究學類	2	5.1	資訊安全 科技發展
	社會學類	1	2.6	市場、商品 與粉絲
	經濟學類	1	2.6	數位落差
	公共行政學類	1	2.6	隱私權
	地理學類	1	2.6	教育與學術研究
		9	23.1	
傳播學門	圖書資訊檔案學類	6	15.4	隱私權（3篇） 政府、政策 教育與學術研究 數位落差
	一般大眾傳播學類	1	2.6	市場、商品 與粉絲
	廣播電視學類	1	2.6	政府、政策
	其他傳播及資訊學類	1	2.6	數位公民

（續）

表3 39篇學位論文所屬系所之學門及學類分布表（續）

學門	學類	篇數	百分比（%）	主題編碼
電算機學門		5	12.8	
	電算機一般學類	3	7.7	教育與學術研究（3篇）
	軟體發展學類	2	5.1	教育與學術研究 數位落差
法律學門		5	12.8	
	一般法律學類	3	7.7	資訊法律（3篇）
	專門法律學類	2	5.1	政府、政策 資訊法律
商業及管理學門		2	5.1	
	企業管理學類	1	2.6	市場、商品 與粉絲
	風險管理學類	1	2.6	隱私權
工程學門	電資工程學類	1	2.6	資訊安全
運輸服務學門	運輸管理學類	1	2.6	族群
社會服務學門	社會工作學類	1	2.6	政府、政策
設計學門	產品設計學類	1	2.6	科技發展
藝術學門	應用藝術學類	1	2.6	教育與學術研究
合計		39	100.0	

學學門（13篇，33.3%）、傳播學門（9篇，23.1%）、電算機學門（5篇，12.8%）、法律學門（5篇，12.8%）、商業及管理學門（2篇，5.1%）、工程學門（1篇，2.6%）、運輸服務學門（1篇，2.6%）、社會服務學門（1篇，2.6%）、設計

學門（1篇，2.6%）及藝術學門（1篇，2.6%）；前4名（社會及行為科學學門、傳播學門、電算機學門、法律學門）之學門累計32篇，約佔87.2%。

其中篇數最多為社會及行為科學學門，其下有7個學類，以綜合社會及行為科學類（4篇，10.3%）最多，其次是政治學類（3篇，7.7%）及區域研究學類（2篇，5.1%），其他4個學類均各出版1篇；傳播學門出版篇數次多，涵蓋4個學類，以圖書資訊檔案學類最多，有6篇，佔15.4%，探討的主題包括隱私權（3篇）、政府、政策、教育與學術研究、數位落差，分布於國立政治大學圖書資訊與檔案學研究所（2篇），以及國立臺灣大學圖書資訊學研究所、國立臺灣師範大學圖書資訊學研究所、輔仁大學圖書資訊學研究所及淡江大學資訊與圖書館學研究所各1篇。

主題分布

本次80篇文獻之主題分析共取得15個主題，依文獻量多寡依序為「政府、政策」（16篇）、「教育與學術研究」（13篇）、「隱私權」（8篇）、「資訊法律」（8篇）、「數位落差」（7篇）、「資訊安全」（5篇）、「族群」（5篇）、「資訊社會理論」（3篇）、「數位公民」（3篇）、「市場、商品與粉絲」（3篇）、「科技發展」（2篇）、「假新聞」（2篇）、「虛擬空間、網路」（2篇）、「資訊倫理」（2篇）、「金融、產業」（1篇），分布於期刊論文和學位論文情形如表4。

主題「政府、政策」、「教育與學術研究」、「隱私權」、「資訊法律」、「數位落差」、「資訊安全」、「族群」文獻篇數佔全部文獻的77.5%，顯示這七種主題受研究者重視，期刊論文和學位論文都有出版量，除主題「教育與學術研究」和「隱私權」以學位論文為多，兩種文獻類型之篇數差距較大之外，其餘五種主題之篇數兩者都相當接近，其中「政府、政策」、「教育與學術研究」兩主題的總篇數分列前二名。

其餘主題，兩種文獻類型之出版量大部分沒有重疊，主題「資訊社會理論」、「數位公民」、「假新聞」、「虛擬空間、網路」、「資訊倫理」和「金融、產業」期刊論文都有出版量，除主題「資訊社會理論」有3篇外，其餘主題的出版量分別在1至2篇；學位論文僅在「數位公民」、「市場、商品與粉絲」及「科技發展」有出版量，篇數分別在2至3篇。

表4　文獻類型及論文主題之分布

主題編碼	期刊論文	學位論文	合計	
			篇數	百分比（%）
政府、政策	9	7	16	20.0
教育與學術研究	5	8	13	16.3
隱私權	2	6	8	10.0
資訊法律	4	4	8	10.0
數位落差	4	3	7	8.8
資訊安全	3	2	5	6.3
族群	3	2	5	6.3
資訊社會理論	3	0	3	3.8
數位公民	1	2	3	3.8
市場、商品與粉絲	0	3	3	3.8
科技發展	0	2	2	2.5
假新聞	2	0	2	2.5
虛擬空間、網路	2	0	2	2.5
資訊倫理	2	0	2	2.5
金融、產業	1	0	1	1.3
合計	41	39	80	100.0

　　表5為期刊論文的主題年度分布，「政府、政策」篇數最多有9篇，分布在5個年度，但2016年（含）以後並無出版；其餘主題大部分分布在2至3個年度。就年度而言，依序主要集中在2013（9篇）、2012（7篇）、2010（6篇）和2016（6篇），涵蓋主題有3至6種，2017、2018年有「資訊安全」、「資訊倫理」、「假新聞」、「隱私權」等議題，是近年來比較明顯的主題趨勢。

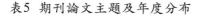

表5 期刊論文主題及年度分布

主題編碼	2010	2011	2012	2013	2014	2015	2016	2017	2018	2019	合計
政府、政策	1	1		4	2	1					9
教育與學術研究			1			1	3				5
資訊法律			1		1		2				4
數位落差	1		2			1					4
資訊社會理論	1	2									3
族群	1		1				1				3
資訊安全	1			1				1			3
資訊倫理				1				1			2
假新聞									2		2
隱私權				1					1		2
虛擬空間、網路			1	1							2
金融、產業	1										1
數位公民				1							1
合計	6	3	6	9	3	3	6	2	3	0	41

　　39篇學位論文的主題年度分布如表6，依序主要集中在2010（7篇）、2012（7篇）、2014（7篇）、2013（6篇）和2016（5篇）等年度，除「隱私權」在2017年尚有出版1篇，其餘主題於2017-2019年都無出版量；較明顯的趨勢主題為「隱私權」，其餘為「政府、政策」、「資訊法律」、「數位落差」和「資訊安全」；「教育與學術研究」篇數雖最多，2015年（含）以前幾乎每年都有研究者撰文探討，但2016-2019年間則無出版量。

表6 學位論文主題及年度分布

主題編碼	2010	2011	2012	2013	2014	2015	2016	2017	2018	2019	合計
教育與學術研究		1	1	1	4	1					8
政府、政策	2			3	1		1				7
隱私權	1	1		1		1	1	1			6
資訊法律			1		1	1	1				4
數位落差	1		1				1				3
市場、商品與粉絲	1		2								3
科技發展	1	1									2
資訊安全					1		1				2
數位公民			2								2
族群	1			1							2
合計	7	3	7	6	7	3	5	1	0	0	39

　　整體而言，本研究分析80篇文獻的主題，前七大主題「政府、政策」、「教育與學術研究」、「隱私權」、「資訊法律」、「數位落差」、「資訊安全」、「族群」，不僅是文獻集中的主題，也都呈現是趨勢發展的主題，至2016年都有出版量，而「隱私權」於2017年仍有出版，表示持續受研究者的關注，至於「假新聞」雖然僅2篇，但有1篇期刊論文於2018年發表，「資訊安全」與「資訊倫理」在2017年仍有出版量，顯示其潛在之發展趨勢。

文獻主題討論

　　本次文獻主題歸納分為「政府、政策」、「教育與學術研究」、「隱私權」、「資訊法律」、「數位落差」、「資訊安全」、「族群」、「資訊社會理論」、「數位公民」、「市場、商品與粉絲」、「科技發展」、「假新聞」、「虛擬空間、網

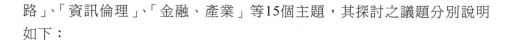

路」、「資訊倫理」、「金融、產業」等15個主題，其探討之議題分別說明
如下：

政府、政策

　　「政府、政策」主題探討政府資訊政策相關議題，涵蓋議題多元，共
有16篇論文，其中期刊論文有9篇，與圖書館服務相關者有公共圖書館與民
眾之資訊素養（吳美美，2013；賴苑玲，2013）、典藏機構設置電子閱覽區
向公眾提供館藏著作之服務（陳曉慧、黃雯琦，2014），以及國家型數位出
版品的典藏管理及知識服務（顧敏，2010）。另有針對老人設計一套上網培
力方案，並實際評估此方案的成效，提供政府積極推動代間家庭數位文化
反哺活動，以增進家人融合及支持，也提供偏鄉地區公共且免費的友善上
網環境，降低年齡數位落差之參考（黃誌坤，2013）。在網際網路管制方面，
從俄羅斯將網際網路納入原有媒體控制的框架當中，制定嚴格的措施和法
規之經驗，建議我國政府在促進網路發展帶來經濟效益之餘，也要不斷推
出新的限制，以避免潛在的政治挑戰（邱瑞惠，2013）。在網路傳播政策方
面，借鏡中國大陸的經驗，理性選擇兼顧媒體控制與產業發展的網路傳播
政策，並在施展強制措施時保持有目的的自制，以維護網路經濟之活力，
使公民社會與市場經濟的力量在網際網路上茁壯（朱灼文、單文婷，2014）。
開放（政府）資料是重要的資訊政策之一，但從商品化推動，卻易產生「經
濟成果會向下滲透」等迷思，因此從臺灣官方推動開放（政府）資料歷程
和探討商品化的困境中，建議開放（政府）資料需聚焦使用者需求與社會
正義，並構築創新的文化與環境（黃昭謀，2015）。資訊／網路社會的發展
不僅對人們的生活型態帶來巨大的改變，甚至影響國家主權的界定，以及
在公私部門交互影響下的政治、經濟、法律等的互動形式，因此主權的概
念性爭議，以及影響主權的因素，均須進一步分析與釐清（葉人華，2011）。

　　另外7篇為學位論文，議題有關政府法令制度方面，包含探討政府資訊
加值再利用之法制建立，以確保人民知的權利，落實民主制度，以及追求
資訊時代知識力量的散布、創造與發揮的目的（孟令涵，2010）；透過政府
機器運行，從健全法令制度著手，適度修改圖書館相關法規，使法制與事

實相吻合，策畫整體及長遠的願景，確保圖書館事業永續發展（蘇金蕉，2013）。在寬頻及行動通訊產業方面，探討資訊社會中寬頻普及服務政策的訂定與推動（吳品彥，2011）；透過研析兩岸在4G行動通訊產業發展的現況與管理規範上的差異與優劣，對臺灣政府與行動產業界面對來自大陸與全球的競爭，提出因應之建議與可能性之策略（詹錦棠，2013）。在機關檔案管理方面，探討數位連續體（digital continuity）應用於我國機關電子檔案管理（吳冠瑋，2016）。在民眾使用政府資訊與資源方面，探討推動民眾上網使用政府資訊與服務的成果（薛仙助，2013），以及探討由政府主導並運用科技整合相關資源，支持高齡者生活，促進其獨立生活並具社會參與之機會（蘇健華，2014）。

教育與學術研究

「教育與學術研究」主題關注從教育與學術研究的重點或取向，探討資訊社會相關議題，在此主題下有13篇論文，其中8篇學位論文、5篇期刊論文。8篇學位論文探討的議題多元，依出版年度先後進一步討論如下：以書目計量學分析1963年至2011年間，國外書目資料庫有關資訊社會期刊文獻之特性，重要發現有「資訊社會之文獻分布相當分散，但仍有其核心期刊」、「資訊科學與圖書館學是探討資訊社會文獻最主要的學科主題」等（盧傳傑，2011）。以社會網絡分析方式，分析高中地理老師之GIS研習資訊社會網絡分布情形，研究結果指出教師之間傳遞研習訊息的程度相對較低，其社會網絡中心性及教育程度越高，參與程度相對也提高（何家源，2012）。從使用者對數位學習平臺的接受度探討提升系統性能的需求，結果指出系統品質、教材品質、服務品質、使用者介面品質、知覺易用性、知覺有用性是影響使用者持續使用的關鍵因素（蔡金龍，2013）。資訊社會時代，人類的生活與智慧型產品將緊密結合，邱懷瑤（2014）透過沉迷動畫、漫畫、電玩的族群，描繪未來人工伴侶的多元形式，有「3D虛擬秘書」、「機器人女友」、「虛擬實境老婆」和「高AI晶片靈魂附著式人工伴侶」。魏德標（2014）認為資訊社會中，知識的承載進入數位化，知識的編寫可以用更適合人類學習的模式製作，因此以心智繪圖的概念，提出採用以知識相關

模式之知識數位製作模式，以3D閱讀取代2D閱讀模式，讓學習者能整體且更有效率的閱讀與學習。余建賢（2014）以高雄市為例，探討影響國小教師使用智慧型手機行為意圖之因素，結果指出系統品質、自我效能、涉入程度、社會影響對國小教師使用智慧型手機行為意圖具有明顯的關係，認為教師必須具備資訊科技的能力，並且引導學子善用資訊科技。蔡志威（2014）認為因應資訊社會各種資源結合科技快速發展，也快速地改變社會組織規則，形成一種依附於網際網路的新結構，他以神學、哲學、心理學不同角度探討一個人藏在自己的人格面具之下，隨著環境和不同對象而改變不同的互動模式之「位格人」，期盼人人能蛻變成為處在後現代情境中，真正自由、真正屬於自己並且觀照他人的位格人。蕭穎達（2015）指出社群網站已經成為現今人們生活中不可或缺的一部分，他以期望差異理論之觀點，試圖了解顧客的認知績效與實際使用後期望的差異性與使用者滿意度間的相互關係，研究結果指出，提高顧客的認知績效與期望績效所產生的差異性後，確實能夠提升使用者對網站的滿意度及黏著度。

　　五篇期刊論文探討的議題則包含：蔡明月與沈東玟（2012）應用共被引分析法與社會網絡分析法，進行資訊社會代表文獻間的學科領域相關性分析。王思峯等人（2015）在電腦科技應用及資訊系統建構方面，針對教育部為因應高教失業、學歷貶值共通問題下，企圖以資訊科技引導大學教育方向，同時套用於學術與技職大學體系所建立之Career與Competency Assessment Network（UCAN）進行研究，提出生涯資訊系統之規劃科技與華人文化假說，嘗試將個案現象予以更概念化的詮釋。林倍伊等人（2016）探究如何運用電腦支援協作學習模式，了解師培生在不同的資訊學習環境下對教學專業理解之差異，並討論在資訊社會的趨勢下，如何運用教學科技幫助師培生對教學專業理解之能力。陳儒晰、簡宏江（2016）在兒童數位學習方面，探討幼教人員對數位學習活動的批判思考與教學轉化等議題，有助於幼教人員增進對幼兒數位學習活動的資訊素養、教學省思與專業實踐。另羅家倫（2016）以國立大學一門受歡迎的「資訊與社會」通識課程為例，分享課堂中落實情境教學，激發學生跨領域興趣，達到學習目的的經驗分享。

隱私權

　　「隱私權」主題之論文有8篇，其中6篇為學位論文。陳世峯（2010）以Google侵害資訊隱私權之爭議為例，分析Google在全球治理模式下如何解決隱私權規範議題，並從「全球治理」（global governance）角度探討國際間對於資訊隱私權的解決機制。高振格（2011）參考國際組織相關準則，探討我國個人資料保護法之相關法律問題及其改進建議。黃則馨（2013）探討數位足跡之發展及運用與對隱私權的威脅；黃鈺婷（2016）提出我國個人隱私保護對於檔案開放應用影響之研究；郭玟欣（2015）對我國中小學圖書教師對使用者隱私權認知之探討，以及劉郁彣（2017）之大學生對於個資保護議題之資訊需求與尋求研究。這些學位論文分別從國際隱私權的解決機制、科技對隱私的威脅、檔案開放和隱私權的政策議題，以及不同角色，例如圖書教師和大學生等對隱私權的看法等。

　　期刊論文有2篇，翁清坤（2013）探討告知後同意與消費者個人資料之保護，即個人資料的蒐集、利用或分享，應有「告知後同意」原則之適用，當事人同意權的行使應以「被告知」與「自願的」為前提。劉育成（2018）探討科技與隱私之間的關係，發展「隱私實作」概念，探究使用者的「隱私實作」是如何透過新技術的使用來完成，以及該實作對使用者成員而言具有的意涵，該研究結果指出，從理論觀點，人們的隱私實作是透過新技術的開發與使用來建構及形塑新的隱私觀，反過來也可以與使用者共同建構隱私概念；從實作的觀點，新型態的科技所形塑出來的隱私概念具有與科技共構、共生的特性。

資訊法律

　　「資訊法律」的學位論文及期刊論文各有4篇，共8篇。學位論文4篇，包括徐子文（2012）我國與美國聯邦對身分竊用法律之比較，提出我國借鏡調和應用的建議；徐佩瑄（2014）電腦程式著作授權契約與消費者保護法暨公平交易法之互動，參考美國及歐盟的經驗，針對我國現行著作權法保護電腦程式著作不足之處提出建議；林晉源（2015）論刑法第三百五十八條入侵電腦罪；以及木笑瑞（2016）租稅資訊之保障與納稅人資訊自決

權之研究—以租稅資訊之蒐集、傳遞與交換為中心。2017-2019三年之間都沒有相關主題的學位論文出版，直到2020年有2篇學位論文，包括史凱文（2020）之濫用個人位置資料之刑事責任，以及程之涵（2020）之用戶創作內容線上分享平臺之著作權責任—歐盟數位單一市場著作權指令第17條之研究。資訊法律在未來可能重新受到研究者關心。

　　四篇期刊論文探討之議題包含擅自重製罪與著作權保護、資訊法律教育、網路之刑事追訴、網站侵權與封網手段。古承宗（2012）針對擅自重製罪之解釋與具體適用一直是著作權保護的核心議題，乃重新檢視著作權法第九十一條擅自重製罪之解釋與適用，檢討本罪之「保護法益」、「犯罪客體」、「擅自」、「重製行為」、「合理使用」，以及「不法意識」等犯罪要素應有的概念內涵與相關評價標準。張酒貞（2014）分享運用「資訊法律」數位教材融入通識教育數位學習環之經驗。王士帆（2016）從科技與法律的角度，探討網路之刑事追訴。陳秉訓（2016）從歐洲法院2014年UPC案判決，反思探討封鎖外國侵權網站得否為著作權人的救濟手段。

數位落差

　　「數位落差」主題有7篇，4篇期刊論文分別探討縮減偏遠地區數位落差、建構公平數位機會、資訊社會與弱勢群體的文化公民權，以及我國數位落差縮減成效評估研究。游寶達與賴膺守（2010）縮減偏遠地區數位落差行動研究。王國政、柯炳式與程麗華（2012）介紹我國推動縮減數位落差措施及成效，以及因應ICT應用的發展，推動相關創新試辦計畫，藉以開啟中高年齡民眾進入資訊社會的契機。戴瑜慧與郭盈靖（2012）以臺灣遊民另類媒體的崛起為例，檢視資訊社會與弱勢群體文化公民權之間的辯證關係，並以漂泊新聞網為個案分析，檢視崛起的背景成因、發展形式、組織型態以及面臨的結構性限制。楊雅惠與彭佳玲（2015）以行政院研考會11年來所累積的大規模民眾數位使用行為調查成果為基礎，分析11年來臺灣民眾網路行為的變遷狀況，以及群體間數位落差（機會）變化情形，透過重新回顧十幾年來我國的數位落差縮減情形及樣態，作為下一階段推動策略的參考。

　　三篇學位論文探討的議題包含高永煌（2010）探討臺灣地區族群數位落差現象與治理政策、李君儀（2012）研究高雄市前鎮區中高齡非職業婦女數位落差因素，以及江欣彥（2016）解析「新貧」與「新貴」的成因，探討從生產社會到消費社會的變遷軌跡。

資訊安全

　　「資訊安全」主題有5篇，期刊論文有3篇分別探討資訊安全終端護理、資訊安全管理與脆弱性評分系統、數位安全發展與建議。樊國楨、劉家志與黃健誠（2010）闡述資訊安全終端護理之源起、現況及發展，並提出我國宜進行研究及發展方向之建言，作為我國正進行中之資訊系統分類分級規範的參考。樊國楨、黃健誠與朱潮昌（2013）闡述安全內容自動協定（SCAP）之源起、現況及發展，以及技術面向的脆弱性評分系統，並提出我國宜進行研究及發展方向之建議，作為資訊系統基線管理規範的參考。黃勝雄（2017）由科技與社會構面剖析數位安全發展關鍵議題，包含物聯網、網路攻擊、網路保險及人工智慧，探討數位國家安全發展策略與關鍵資訊基礎設施，並參考主要國家數位安全發展策略，提出我國提升數位安全之策略發展方向。

　　二篇學位論文分別是趙申（2016）從美日中網路戰爭機制之比較，探討網路戰爭型態對傳統安全理論之挑戰—研究，以及程瑞芳（2014）的網格計算之通訊安全設計。

族群

　　「族群」主題有3篇期刊論文及2篇學位論文，關注資訊社會中不同族群相關議題，高齡／老人、成人女性及幼兒成為探討的主體議題，尤以高齡者或老人在資訊社會下之資訊科技應用、網路資源使用及其生活型態相關議題，受到研究者的重視。族群的議題和圖書館資訊服務中的服務對象十分相關，在讀者服務和資訊行為研究中，都有針對這些特殊族群進行的研究，因此從資訊社會的角度來探討族群議題，也可以收到借鏡之效。

　　黃誌坤、陳啟勳與王明鳳（2010）為了解老人對教育入口網站內容的意見和需求，以便建構一個適合老人的教育入口網站，乃透過焦點團體訪談老人對教育入口網站的需求，提出研究建議：商業的入口網站應考慮高齡族群使用者的需求，提供友善的設計；政府應建置高齡者教育入口網站，滿足高齡者多元的學習管道；政府或老人福利機構的網站內容可適時考慮高齡者的五大學習需求。吳怡諄（2013）則探討台南地區高齡者旅運特性以及其身處於科技化的環境中對於資通訊科技的使用需求與使用程度，目的在透過科技產品的使用增進高齡者的社會參與、情感支持及身體機能活動，高齡者亦可藉著適切的資通訊服務進行社會接觸，減緩高齡社會與資訊社會之衝突及獲取調和之效益。陳振甫（2016）發現多數資訊產品的人機介面設計較少考慮到高齡者的需求，因高齡者在視覺、聽覺、觸覺、味覺等感官逐漸退化，對新科技的應用產生畏懼感或缺乏興趣，因此透過高齡者的生活型態研究，了解高齡者的生活型態屬性與需求，找出影響高齡者居家健康照護資訊系統規劃與設計的因素，以便開發符合高齡者的需求的人機介面，讓高齡者更容易適應於介面互動的經驗。

　　二篇學位論文，詹小玫（2010）從整體角度著手分析受訪者的普遍的學習動機，並從個體角度出發解析性別、年齡、工作、科技、婚姻、子女概況等社會人口的特質，探討女性學習需求的不同樣態，藉此了解學習的差異性原因，試圖找出受訪者學習的有利和不利因素，從中找出影響女性學習的關鍵因素，建構出可能的未來學習圖像。陳儒晰（2012）結合教育社會學對資訊科技與資訊社會的分析架構，運用觀察與訪談法來思考及描繪當代社會的幼兒資訊學習圖像，研究結果指出資訊科技的工具價值之創新與擴散現象，提供與啟蒙幼兒多元學習機會，協助其在資訊學習活動的認知、情意與技能之優質表現，亦提出幼兒在資訊學習活動的主體性與社群連結之重要性，關注正向同儕互動與互助合作的集體意識之發展價值。

資訊社會理論

　　資訊社會相關理論有3篇期刊論文，議題包含社會理論變遷、資訊社會的解構實踐及證券市場之社會資本。翟本瑞（2011）從社區、虛擬社區到

社會網絡網站探討社會理論的變遷，發現隨著社會網絡網站（如臉書等）的興起，將成為影響網路世代重要的因素，使社會理論產生變遷。劉平君（2011）利用Derrida的延異概念、Foucault的權力觀，以及Baudrillard所描繪的現代到後現代圖像觀點，探討資訊社會的解構實踐。方世榮、黃瓊瑤與陳育成（2010）從社會網絡觀點，探討證券市場主要成員由資訊供給與需求關係連結所形成的社會網絡，且歸納出存在於證券市場網絡中的社會資本形式，以及這些社會資本彼此之間的相互關係，認為證券市場運作是一個複雜的社會網絡關係。

數位公民

「數位公民」主題共有3篇論文，其中2篇為學位論文，王鶴（2012）以《蘋果日報》、《自由時報》、《聯合報》、《中國時報》為例，探討傳播權在傳統社會與資訊社會的演變、民眾投訴權之傳播意涵、以及民眾投訴在資訊社會所扮演的積極角色。單文婷（2012）研究中國大陸網路公民社會發展與國家權力競合關係，指出中國大陸於90年代後期網路興起後，加速公民社會發展，也促使網路公民社會形成。期刊論文為許傳陽（2013）探討電視新聞與媒介公民權之分析，以台視與民視地方新聞為例，認為媒介公民權的實踐、地方新聞記者的採訪實踐，應該在全球化的背景下，應置放在場域理論脈絡下來進行，有助於理解地方的空間之生產。

其他議題

其他議題方面，「市場、商品與粉絲」有3篇學位論文，分別是溫尹禎（2010）探討免費資訊商品營運模式之研究；董雯惠（2012）研究內部行銷、組織公民行為、知識交換與結合、關係品質、關係連結對市場導向的影響；宋兆平（2012）以日本偶像團體AKB48臺灣粉絲為例，從網路傳播觀點探究跨國粉絲行為。

「科技發展」有2篇學位論文，鄭佳靈（2010）探討應用線上系統於產品開發之研究；陳碧芬（2011）研究歐洲整合脈絡下資通訊（ICT）之發展。「假新聞」有2篇期刊論文，羅世宏（2018）研究關於「假新聞」的批判思

考；唐淑珍（2018）研究大數據下Facebook假新聞傳播現象；「虛擬空間、網路」主題有2篇期刊論文，蕭煒馨（2012）探討以Facebook與BBS為例之中介物的網絡；黃冠閔（2013）從風景與影像的角度，透過「迷宮」的意象，檢視變化中的人類文化狀態，探究資訊社會與網路科技產生的一種交織時間與空間的生存技術。「資訊倫理」有2篇期刊論文，分別是沈六（2013）探討學校道德教育的挑戰與對策，以及莊道明（2017）研究大學生資訊議題的倫理抉擇。最後一個主題是「金融、產業」有1篇期刊論文，是李威霆（2010）探討因產業連動風險與社會信任危機所帶來的資訊社會中的金融危機。

　　「市場、商品與粉絲」、「科技發展」、「假新聞」、「虛擬空間、網路」、「資訊倫理」、「金融、產業」等都是資訊社會中的核心議題，雖然國內出版篇數不多，卻也是圖書資訊服務了解讀者和社會脈動的重要議題，即使是看起來距離很遠的「金融、產業」，在美國聯邦政府的資訊政策訂定中，卻也特別提出經濟素養的相關法案，確保國民具備在資訊社會中的安全而合理的經濟活動，這些資訊相關政策和素養教育的宣傳途徑，便是散佈各處的公共圖書館，圖書館員如何能自外於這些資訊社會的議題呢？

結論

　　本文獻回顧2010-2019資訊社會相關議題，有幾項觀察：

（一）有關資訊社會之文獻出版數量，在過去十年中較過去三十年的成長有三倍，表示資訊社會的相關議題愈趨重要。

（二）期刊論文及學位論文出版量相當，顯示學院年輕學生和學術研究對資訊社會研究同樣的關心。

（三）資訊社會相關研究出版年度大多集中於2010、2012、2013、2014及2016，自2017年起整體出版量略為下降，2019年為0篇，近三年來的研究量減少，是因為研究熱潮退消、研究人口變少？還是國家研究政策不鼓勵資訊社會研究議題？值得關心警惕。而2020年有3篇，不

過因為2020年的文獻，於收集資料之時，發表時間尚未結束，無法收集完整，故僅討論而不列入計數。

（四）資訊社會各項主題方面以政府、政策、教育與學術研究、隱私權、資訊法律、數位落差等居多。其中隱私權、假新聞、資訊安全和資訊倫理，是2017年以後還有持續探討的議題，2020年有出版1篇期刊論文及2篇學位論文，主題為演算法和知識建構及資訊法律，可以預期未來對於資訊安全科技和相關資訊法律仍是資訊社會不可或缺的重要議題。

（五）圖書資訊學在資訊社會方面的著墨仍然不夠豐富，特別是在資訊政策、永續發展目標、圖書館與社區方面，未來應鼓勵加強相關資訊與社會研究，透過理論論述，奠定圖書資訊學和社會服務、社區發展的穩固基礎；而對於隱私權、假新聞、資訊安全和資訊倫理等，是圖書館資訊服務和資訊素養教育的重要內容，都是在圖書館員的教育訓練中十分需要具備的知能。

致謝：本文作者感謝同儕審查王梅玲教授，以及專書編務小組臺灣師大圖資所博士生紀力孔先生和碩士生文宣同學協助校對勘誤，細心專業，費神可感！特致謝忱！

參考文獻

方世榮、黃瓊瑤、陳育成（2010）。證券市場之社會資本探討：社會網絡觀點。**臺大管理論叢，21**（1），309-341。doi: 10.6226/NTURM2010.21.1.309

木笑瑞（2016）。**租稅資訊之保障與納稅人資訊自決權之研究——以租稅資訊之蒐集、傳遞與交換為中心**。（未出版之碩士論文）。國立臺灣大學法律學研究所，台北市。doi: 10.6342/NTU201603670

王士帆（2016）。網路之刑事追訴——科技與法律的較勁。**政大法學評論，**（145），339-390。doi: 10.3966/102398202016060145006

王思峯、夏侯欣鵬、吳濟聰、劉兆明（2015）。生涯資訊系統之規訓科技與華人文化假說：以UCAN為例。**輔導與諮商學報，37**（1），43-56。

王國政、柯炳式、程麗華（2012）。建構公平數位機會。**研考雙月刊，36**（6），80-89。

王鶴（2012）。**民眾投訴新聞之「傳播權」研究——以《蘋果日報》、《自由時報》、《聯合報》、《中國時報》為例**。（未出版之碩士論文）。國立政治大學傳播學院碩士在職專班，台北市。

古承宗（2012）。重新檢視擅自重製罪之解釋與適用。**東吳法律學報，23**（3），79-123。doi: 10.6416/SLR.201201.0080

史凱文（2020）。**濫用個人位置資料之刑事責任**。（未出版之碩士論文）。國立臺灣大學科際整合法律學研究所，台北市。doi: 10.6342/NTU202003164

朱灼文、單文婷（2014）。媒體控制與產業發展的辯證：中國大陸網路傳播政策之變遷動力與影響。**中國大陸研究，57**（3），39-69。doi: 10.30389/MCS.201409_57(3).0002

江欣彥（2016）。**從生產社會到消費社會的變遷軌跡——解析「新貧」與「新貴」的成因**。（未出版之博士論文）。國立成功大學政治經濟研究所，台南市。

何家源（2012）。**高中地理老師GIS研習參與情形之社會網絡研究**。（未出版之碩士論文）。國立臺灣大學地理環境資源學研究所，台北市。doi: 10.6342/NTU.2012.00476

余建賢（2014）。**影響國小教師使用智慧型手機行為意圖之研究──以高雄市為例**。（未出版之碩士論文）。樹德科技大學資訊管理系碩士班，高雄市。doi: 10.6829/STU.2014.00095

吳宗翰、許芳綺、張憶潔、鍾禮安（2020）。搜尋引擎演算法對知識建構的影響──以大學生為例。**圖文傳播藝術學報**，2020/04/01，169-176。

吳怡諄（2013）。**評估資通訊科技採用於高齡者旅運行為之影響──以臺南為例**。（未出版之碩士論文）。國立成功大學交通管理學系碩博士班，台南市。doi: 10.6844/NCKU.2013.00780

吳冠瑋（2016）。**數位連續體於我國機關電子檔案管理之研究**。（未出版之碩士論文）。淡江大學資訊與圖書館學系，新北市。

吳品彥（2011）。**資訊社會中寬頻普及服務政策之探討**。（未出版之碩士論文）。國立政治大學政治學廣播電視學研究所，台北市。

吳美美（2013）。公共圖書館與資訊素養教育。**臺北市立圖書館館訊，31**（2），26-33。

宋兆平（2012）。**從網路傳播觀點探究跨國粉絲行為──以日本偶像團體AKB48臺灣粉絲為例**。（未出版之碩士論文）。元智大學資訊社會學碩士學位學程，新竹市。

李君儀（2012）。**中高齡非職業婦女數位落差因素之研究──以高雄市前鎮區婦女為例**。（未出版之碩士論文）。國立臺灣大學圖書資訊學研究所，台北市。

李威霆（2010）。資訊社會中的金融危機：論產業連動風險與社會信任危機。**社會分析**，（1），1-49。

沈六（2013）。人人應是道德人──學校道德教育的挑戰與對策。**臺灣教育**，（683），19-28。

孟令涵（2010）。**政府資訊加值再利用之法制建立初探——以資訊釋出模式為核心**。（未出版之碩士論文）。國立清華大學科技法律研究所，新竹市。

林倍伊、林顯達、李佩蓉、詹雯靜、洪國財、洪煌堯（2016）。在不同模式的電腦支援協作學習環境下，師培生理解教學理論層次之差異——以Blackboard和Knowledge Forum為例。**資訊社會研究**，（31），66-102。doi: 10.29843/JCCIS.201607_(31).0003

林晉源（2015）。**論刑法第三百五十八條入侵電腦罪**。（未出版之碩士論文）。國立臺灣大學法律學研究所，台北市。doi: 10.6342/NTU.2015.02478

邱瑞惠（2013）。當全球科技遇上在地政府與文化：俄羅斯意識形態下的網際網路管制探討。**外國語文研究**，（19），59-78。doi: 10.30404/FLS.201312_(19).0003

邱銘心（2013）。社會脈動的資訊社會學。在卜小蝶主編，**圖書資訊學學術研究**（頁548-562）。台北市：五南。

邱懷瑤（2014）。**人工伴侶未來狂想——從ACG迷的觀點出發**。（未出版之碩士論文）。淡江大學未來學研究所，新北市。doi: 10.6846/TKU.2014.00679

唐淑珍（2018）。論大數據下Facebook假新聞傳播現象。**文化創意產業研究學報**，**8**（3），31-36。doi: 10.6639/JCCIR.201809_8(3).0002

徐子文（2012）。**我國與美國聯邦對身分竊用法律之比較研究**。（未出版之碩士論文）。國立政治大學法學院碩士在職專班，台北市。

徐佩瑄（2014）。**電腦程式著作授權契約與消費者保護法暨公平交易法之互動**。（未出版之碩士論文）。國立中正大學財經法律學研究所，嘉義縣。

翁清坤（2013）。告知後同意與消費者個人資料之保護。**臺北大學法學論叢**，（87），217-322。

高永煌（2010）。**臺灣地區族群數位落差現象與治理政策之研究**。（未出版之碩士論文）。國立臺北大學資訊管理研究所，台北市。

高振格（2011）。**論個人資料保護法之相關法律問題及其改進建議——參考國際組織相關準則**。（未出版之碩士論文）。國立政治大學風險管理與保險研究所，台北市。

國家圖書館（2020a）。**中華民國期刊出版指南系統**。檢索自http://readopac.ncl.edu.tw/nclJournal/。

國家圖書館（2020b）。臺灣博碩士論文知識加值系統。檢索自https://ndltd.ncl.edu.tw/cgi-bin/gs32/gsweb.cgi/ccd=GLz81a/login?jstimes=1&loadingjs=1&o=dwebmge&ssoauth=1&cache=1614602558542。

張洒貞（2014）。運用「資訊法律」數位教材融入通識教育數位學習環境。**大同大學通識教育年報**，（10），f1-25。doi: 10.6514/TJGE.201407_(10).0006

莊道明（2017）。大學生資訊議題的倫理抉擇：縱貫式研究。**圖資與檔案學刊**，**9**（20（總號91），1-19。

許傳陽（2013）。電視新聞與媒介公民權之分析——以臺視與民視地方新聞為例。**人文與社會學報**，**3**（2），41-62。

郭玟欣（2015）。**我國中小學圖書教師對使用者隱私權認知之探討**。（未出版之碩士論文）。國立臺灣師範大學圖書資訊學研究所，台北市。

陳世峯（2010）。**論全球治理下之資訊隱私權保障，以Google侵害資訊隱私權之爭議為例**。（未出版之碩士論文）。國立臺北大學公共行政暨政策學系，台北市。

陳秉訓（2016）。封鎖外國侵權網站得否為著作權人的救濟手段——從歐洲法院2014年UPC案判決反思。**智慧財產評論**，**13**（2），107-166。doi: 10.30387/NCCUIPR.201601_13（2）.0004

陳振甫（2016）。資訊社會下的高齡者生活型態研究。**福祉科技與服務管理學刊**，**4**（2），219-220。doi: 10.6283/JOCSG.2016.4.2.219

陳碧芬（2011）。**歐洲整合脈絡下資通訊（ICT）發展之研究**。（未出版之博士論文）。淡江大學歐洲研究所博士班，新北市。doi: 10.6846/TKU.

2011.00184

陳儒晰（2012）。資訊社會的幼兒資訊學習圖像：教育社會學之探究。**育達科大學報**，（31），87-111。doi: 10.7074/YDAJB.201206.0087

陳儒晰、簡宏江（2016）。幼教人員對幼兒數位學習活動的社會批判與教學轉化。**數位學習科技期刊**，**8**（3），29-49。

陳曉慧、黃雯琦（2014）。典藏機構設置電子閱覽區向公眾提供館藏著作之研究。**政大法學評論**，（138），1-70。doi: 10.3966/102398202014090 138001

單文婷（2012）。**中國大陸網路公民社會發展與國家權力競合關係之研究**。（未出版之博士論文）。國立臺灣師範大學政治學研究所，台北市。

游寶達、賴膺守（2010）。縮減偏遠地區數位落差行動研究。**數位學習科技期刊**，**2**（3），61-82。

程之涵（2020）。**用戶創作內容線上分享平臺之著作權責任——歐盟數位單一市場著作權指令第17條之研究**。（未出版之碩士論文）。國立政治大學科技管理與智慧財產研究所，台北市。doi: 10.6814/NCCU202000213

程瑞芳（2014）。**網格計算之通訊安全設計**。（未出版之碩士論文）。國立臺中科技大學資訊工程系碩士班，台中市。doi: 10.6826/NUTC.2014.00063

黃冠閔（2013）。迷宮的應許：資訊社會中的風景與影像。**哲學與文化**，**40**（6），7-33。

黃則馨（2013）。**數位足跡之發展及運用與對隱私權的威脅**。（未出版之碩士論文）。國立臺灣大學國家發展研究所，台北市。doi: 10.6342/NTU. 2013.02508

黃昭謀（2015）。新自由主義下開放（政府）資料與商品化的困境分析。**圖書館學與資訊科學**，**41**（1），4-17。

黃勝雄（2017）。數位安全發展與建議。**國土及公共治理季刊**，**5**（4），44-59。

黃鈺婷（2016）。**我國個人隱私保護對於檔案開放應用影響之研究**。（未出版之碩士論文）。國立政治大學圖書資訊與檔案學研究所碩士論文，台北市。

黃誌坤（2013）。阿公阿嬤e起來：老人上網培力方案之研究。**屏東教育大學學報—教育類**，（40），1-34。

黃誌坤、陳啟勳、王明鳳（2010）。老人教育入口網站之建構。**屏東教育大學學報—教育類**，（35），91-123。

楊雅惠、彭佳玲（2015）。我國數位落差縮減成效評估研究。**資訊社會研究**，**29**，27-46。

溫尹禎（2010）。**免費資訊商品營運模式之研究**。（未出版之碩士論文）。淡江大學資訊傳播學系碩士班，新北市。doi: 10.6846/TKU.2010.00601

葉人華（2011）。網路社會與國家主權。**正修通識教育學報**，（8），299-315。doi: 10.29966/CHTSCYHP.201106.0013

董雯惠（2012）。**內部行銷、組織公民行為、知識交換與結合、關係品質、關係連結對市場導向之影響**。（未出版之博士論文）。國立成功大學企業管理學系碩博士班，台南市。doi: 10.6844/NCKU.2012.01095

詹小玫（2010）。**探索成人女性學習的未來圖像**。（未出版之碩士論文）。淡江大學未來學研究所碩士班，新北市。doi: 10.6846/TKU.2010.00818

詹錦棠（2013）。**兩岸4G行動通訊產業發展與管理規範之研究**。（未出版之碩士論文）。國立臺灣大學國家發展研究所，台北市。

翟本瑞（2011）。從社區、虛擬社區到社會網絡網站：社會理論的變遷。**資訊社會研究**，（21），1-31。doi: 10.29843/JCCIS.201107.0004

趙申（2016）。**網路戰爭型態對傳統安全理論之挑戰——美日中網路戰爭機制之比較研究**。（未出版之博士論文）。國立中山大學中國與亞太區域研究所，台南市。

劉平君（2011）。資訊社會的解構實踐Derrida、Foucault和Baudrillard的觀點。**資訊社會研究**，（20），83-108。doi: 10.29843/JCCIS.201107.0003

劉育成（2018）。隱私不再？——以身體與訊息作為隱私概念雙重性的社會實作理論觀點探究。**資訊社會研究，35**，87-123。

劉郁彣（2017）。**大學生對於個資保護議題之資訊需求與尋求研究**。（未出版之碩士論文）。輔仁大學圖書資訊學系碩士班，新北市。

樊國楨、黃健誠、朱潮昌（2013）。資訊安全管理與脆弱性評分系統初探：根基於安全內容自動化協定。**電腦稽核**，（27），79-101。

樊國楨、劉家志、黃健誠（2010）。資訊安全護理之一：終端護理。**資訊安全通訊，16**（1），4-25。doi: 10.29614/DRMM.201001.0002

蔡志威（2014）。**後現代已死的位格人**。（未出版之碩士論文）。國立臺北藝術大學科技藝術研究所碩士班，新北市。doi: 10.6835/TNUA.2014.00232

蔡明月、沈東玫（2012）。「資訊社會」之知識地圖建構。**圖書館學與資訊科學，38**（1），15-42。

蔡金龍（2013）。**從使用者對數位學習平臺的接受度探討性能提升需求**。（未出版之碩士論文）。樹德科技大學資訊管理系碩士班，高雄市。doi: 10.6829/STU.2013.00021

鄭佳靈（2010）。**應用線上系統於產品開發之研究**。（未出版之碩士論文）。國立成功大學工業設計學系，台南市。doi: 10.6844/NCKU.2010.00082

盧傳傑（2011）。「**資訊社會**」文獻之書目計量學研究。（未出版之碩士論文）。國立政治大學圖書資訊與檔案學研究所，台北市。

蕭煒馨（2012）。展開中介物的網絡：Facebook和BBS為例。**文化研究月報**，（134），19-32。doi: 10.7012/CSM.201211.0019

蕭穎達（2015）。**以社交為目的之社群網站使用者滿意度及黏著度之研究**。（未出版之碩士論文）。國立臺灣大學資訊管理學研究所，台北市。

賴苑玲（2013）。資訊素養和公共圖書館。臺北市立圖書館館訊，**31**（2），9-25。

戴瑜慧、郭盈靖（2012）。資訊社會與弱勢群體的文化公民權：以臺灣遊民另類媒體的崛起為例。**新聞學研究**，（113），123-166。doi: 10.30386/MCR.201210_(113).0004

薛仙助（2013）。**臺南市政府推動民眾上網計畫成果之研究**。（未出版之碩士論文）。國立政治大學政治學系暨研究所政府與公共事務碩士在職專班，台北市。

魏德標（2014）。**知識經濟人才培育暨數位教材編纂模式之研究**。（未出版之碩士論文）。國立臺北教育大學數位科技設計學系，台北市。doi: 10.6344/NTUE.2014.00155

羅世宏（2018）。關於「假新聞」的批判思考：老問題、新挑戰與可能的多重解方。**資訊社會研究**，**35**，51-85。

羅家倫（2016）。通識課程設計之個案探討──系統性思維融入「資訊與社會」課程。**輔英通識教育學刊**，（3），93-116。

蘇金蕉（2013）。**臺灣地方公共圖書館制度與營運管理之研究：臺北市立圖書館與臺南市立圖書館之比較分析**。（未出版之碩士論文）。國立中正大學政治學研究所政府與公共事務碩士在職專班，嘉義縣。

蘇健華（2014）。**資訊社會中高齡人口科技賦權的可能性**。（未出版之博士論文）。國立中正大學社會福利學系，嘉義縣。

顧敏（2010）。國家型數位出版品的典藏管理及知識服務。**研考雙月刊**，**34**（4），40-51。doi: 10.6978/YKSYK.201008.0040

IFLA (International Federation of Library Associations and Institutions) (2020). *Libraries, Development and the United Nations 2030 Agenda*. Retrieved from https://www.ifla.org/node/10091.

UNESCO (2015). *UNESCO and Sustainable Development Goals*. Retrieved from https://en.unesco.org/sustainabledevelopmentgoals.

第33章
從 Tag 到 Hashtag
——從資訊組織到資訊傳播

謝吉隆、葉芳如

本文簡介

本篇接續2013年圖書資訊研究專書「標籤作為個人資訊組織工具之探討」一文，針對從tag所衍生而來的hashtag[1]，回顧其在社群中被用以傳達意識形態、醞釀社會運動、表達自我、與補綴並豐富化言語使用的功能。hashtag已從過去被視為組織Web2.0大量使用者衍生資訊的資訊組織工具，轉變為線上資訊傳播的工具，是今天一般民眾至國家元首（如美國前總統川普）在網路上都會善加運用的傳播溝通技巧。小至個人可以在線上空間發展個人言說風格，大至推動如訴求性別權益的#MeToo運動，反歧視的#BlackLivesMatter運動，以及肇因於國族主義的非官方國際衝突#Nnevvy事件與#MilkTeaAlliance奶茶聯盟之共同體形塑。原本作為資訊組織工具的tag被應用在線上社交平臺上後，顯然已經廣泛對公民社會產生深遠影響。除此之外，也有研究者反過來注意到，這類基於使用者自創內容的方法，也會有輔助性資訊組織需求，或可被應用在推薦系統、或語言的標記上。全文論述主軸將著重在hashtag的資訊社會與線上傳播的意義，但連帶探討其基於資訊組織、資訊特性的意涵與可能的限制，以及其在資訊探勘上的應用。

---

[1] 為了避免混淆 tag 與 hashtag 的翻譯，本文保留所有作名詞使用的 tag 與 hashtag，而不另譯為中文。

從資訊組織到資訊傳播

Web2.0 and Tagging

如前版2013圖書資訊學學術研究專書之「標籤作為個人資訊組織工具之探討」所述，在Web2.0初萌芽時期便隨之發展的tag，其原本是一開放性且易於擴充的資訊組織工具，以便於使用者可以在Web 2.0環境中進行搜尋、瀏覽、篩選、組織資訊的資訊工具（Golder & Huberman, 2006）。標籤機制被認為是俗民分類法（Folksonomy）的實作，強調其數位化、去中心化、自由、且不受空間限制的特性。因而早期研究較著重其在資訊組織上所產生的「資訊秩序」（吳筱玫，2009），並與傳統的階層式分類進行比較。相較過往用階層性分類作為資訊組織策略，Furnas等人（2006）與Kammerer等人（2008）認為標籤機制較為彈性、且可減輕認知負荷。可減輕認知負荷的原因是因為標籤在使用上僅要求使用者在收錄資訊時加上關鍵字，而不要求使用者去維護在階層式分類時，所需要時常記住的那個階層結構（Rashmi, 2005）。但Guy與Tonkin（2006）的研究卻提出相反的結果，相較於階層式分類，其認為標籤的使用與提取由於缺少對知識結構與線索地維護，使用者僅能從其下過什麼關鍵字作為線索來搜尋，因而明明被標記過的資訊，卻因使用者不記得當時用了什麼關鍵字來對該資訊進行描述，便從此石沉資訊大海（Kammerer et al., 2008）。顯然標籤機制由於支援使用者進行自由標記，當標記系統中的標籤缺乏結構化和組織時，便難以提供具語意結構的、多面向的資訊，較無法有效支援資源的瀏覽或檢索（陳怡蓁、唐牧群，2011）。其所面臨的組織策略便從「操作分類結構」變成「用字策略」問題。

過往會有研究著重在*CiteULike*、Microsoft所提供的*Delicious*、或尚存的*Diigo*，今日實際上用來做資訊組織的標籤機制則見於更專業化的社群平臺，但也多半漸漸淡出市場，例如Holstrom（2018）所分析的*MetaFilter*及其附帶的問答網站*Ask MetaFilter*等；或應用於專業知識的小眾實驗性平臺如數位學習平臺的教學資源管理等（Klašnja-Milićević et al., 2018）。近年在文獻搜尋服務上的標籤或者標記服務，除非是特別指名"Social Tag"或

"Folksonomy"，否則所查詢到的多半是電子商務機制的RFID或NFS標籤相關應用或使用者行為標記、或者醫學影像與基因上的標記，並非資訊組織所提及的tag一詞。

Hashtag作為社群中的表達工具

Hashtag的概念被認為由Chris Messina在一則2007年的tweet中提出（Wikipedia contributors: Hashtag），略晚於Web 2.0的概念三年。其常被應用在微訊息或者多媒體分享服務上，如Twitter、Flickr、Google+、Instagram和Youtube等。其工具性意義是可以藉由使用者自創標籤（User-generated tag）來達到交叉參照的效果（Wikipedia contributors: Hashtag）。Bruns等人（2016）的研究便用偏於資訊的角度分析了不同類型的標記（危機事件與電視轉播）在與其他資訊的搭配（如URL）或社群行為（轉推）的差異。

然而，相較於Web2.0一開始所提及的tag作為交叉參照工具或結構化文本與組織資訊的意涵（Rauschnabel et al., 2019），hashtag的應用尤其在微網誌逐漸取代臉書受網路使用者所喜愛後，更衍生出多樣化的用法。不僅被用於標記重大事件和主流新聞議題，也可用於表達情緒（Bruns et al., 2016）。Rauschnabel等人（2019）從心理學和使用動機的角度來進行實驗以觀察hashtag的使用，歸納除了組織外，尚有有趣、設計、遵循、趨向、結合、鼓舞、達到、總結與認可等多個動機驅使人們去發想不同的hashtag使用方式。

臉書在2016年後亦跟進使用hashtag，在盛行於國人老中青三代的臉書上，國人可說是將hashtag運用的十分精彩，甚至多是作為遊說、呼籲、論述的補綴用途，鮮少作為資訊組織或者串連資訊用途。舉蔡英文臉書專頁來說，除了標示地名、法案名、活動名或人名等命名實體外，hashtag被更大量地用以呼籲理念或者徵求認同，如蔡英文臉書專頁在11月9日於臉書上談論臺灣即使在疫情下仍受干預再次缺席世界衛生組織（World Health Organization, WHO）會議時[2]，便運用#支持臺灣來籲請國際友方支援、用

---

[2] https://www.facebook.com/tsaiingwen/posts/10157114099381065

#HealthForAll強調WHO背離理念的操作，並用#TaiwanCanHelp再次強調臺灣在COVID-19所展示的價值。說明了#支持臺灣是國際社會不容忽視的聲音。如果WHO仍因為北京當局的干預，持續拒絕臺灣的參與，那麼不僅會喪失全球團結抗疫的機會，也喪失了WHO宣稱的#HealthForAll理念。儘管阻礙與威脅仍在，但臺灣將不會停止努力，永不放棄每一個能證明#TaiwanCanHelp的機會！而hashtag也可被用以在文章中進行補充說明，例如蔡英文臉書專頁在11月8日的貼文[3]中除恭喜統一獅獲得職棒冠軍外，也運用#兄弟球迷別氣餒的hashtag來平衡球迷心情。Hashtag在臉書上的應用甚至僅是作為「強調」用途來突顯長篇文章中的快速閱讀重點（如圖1所示）。蔡英文粉絲專頁在10月31日的貼文用hashtag來標示國安高層會議的5點裁示；疾病管制署則是運用hashtag來突顯當天的個案數、累積病例數、個案描述等等。「#了解更多關於武漢肺炎」的會易於閱讀hashtag看似希望能夠提供更多關於COVID-19的資訊或綜整相關防疫措施，但點進去後實際上僅是27篇看似沒有系統性貼標的異質性貼文，多為每日更新資訊、僅有3篇是口罩實名制2.0、疫苗施打、與入境居家檢疫的政策解釋，甚至不具任何個人或居家防疫措施的說明。

由於深植與社群網絡，hashtag的相關研究包含面向遠比tag廣，包含文化面如語言的使用、社會面如國際關懷、社會運動醞釀、工具面的標籤推薦或立場偵測、或管理面向的新興議題偵測。比較偏資訊技術與演算法後兩個面向並非本章節所涵蓋範圍，以下，本章節將針對前兩個與資訊社會息息相關的面向來回顧並討論hashtag的使用研究趨勢。其一為hashtag行動主義（Hashtag activism），意指用hashtag來達到喚醒、串連、組織社會運動、表達關懷的效果；其二為將hashtag作為形象訊息（figurative message）或引導理解作者脈絡的觸發因子。

---

[3]　https://www.facebook.com/heartbaseball/posts/3560471107323660

蔡英文 Tsai Ing-wen ✔
October 31 at 7:13 PM · 🌐

國安有掌握！國人請放心！

針對近期國際情勢變化，上個月國安會已成立專案小組密切關注，並就各種可能發展預作因應，今天我也特別召開國安高層會議，做出五點揭示：

❶ #中國軍事威脅與區域安全：面對中國解放軍日益頻繁的軍事活動衝擊區域安全，台灣會#善盡區域 成員責任。我們除了掌握情勢，對可能的威脅風險續做評估，做好萬全準備，也會持續推動軍事改革、強化防衛戰力的現代化，因應對軍事擴張及挑釁，維持區域和平穩定。

❷ #持續深化台美關係：近期台灣得到美國主流民意，以及#朝野政黨一致支持。美國國會也通過 #台灣旅行法、#台北法、#亞洲再保證法 等多項法案，並有多位行政部門高層官員訪台，台美關係的進展，國人有目共睹。不論選舉結果如何，爭取 #美國跨黨派 對民主台灣的一致支持，是我們推動台美關係發展的首要目標，我們會繼續加強對美外交工作，讓台美關係持續鞏固深化，不受任何變數影響。

❸ #穩定兩岸關係：維持兩岸關係穩定，是兩岸共同利益，兩岸雙方應本於相互尊重、善意理解的態度，共同討論和平相處之道、共存之方。我們願意在符合對等尊嚴的原則下，共同促成兩岸之間有意義的對話；希望北京當局也能負起相對的責任，及早促其實現。

❹ #國內政經穩定及安全：為避免有外在因素影響治安與社會秩序，我們務必確實做好維護社會治安、防範虛假訊息散布、以及強化基礎設施安全防護等工作，有力維護國人民主制度與自由生活的方式。

❺ #未來經濟發展：針對美國總統大選與市場經濟變化及疫情衝擊，我們除了會密切關注，落實好因應措施，加速進行各重大投資計畫、推動產業轉型，並加強台美經濟合作，落實召開 #台美經濟對話，爭取恢復 #台美貿易暨投資架構協定（TIFA）商談，及開啟 #台美雙邊貿易協定（BTA）諮商，為雙方合作奠定制度化基礎。同時利用 #台美基礎設施融資及市場建立合作架構，積極推動台美在新南向及中南美國家建立供應鏈合作網絡。

政府有信心、也有能力應對各種不同的狀況，請全體國人放心。

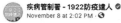

疾病管制署 - 1922防疫達人 ✔
November 8 at 2:02 PM · 🌐

#指揮中心快訊 #武漢肺炎 #新增4境外 #我國目前577例

🦠國內新增4例境外移入COVID-19病例，分別自印尼及菲律賓入境

🔊#中央流行疫情指揮中心 今(8)日公布國內新增4例境外移入COVID-19(武漢肺炎)病例(案575至578)，分別自印尼及菲律賓入境。

🔍#案575、#案576 均為印尼籍女性，年齡介於30多歲至40多歲，今(2020)年10月24日搭乘同一班機來臺工作，11月6日檢疫期滿前進行採檢，皆檢出陽性並於今日確診，目前住院隔離中。2名個案來臺迄今均無症狀，且兩案檢疫期間未與他人接觸，因此無匡列接觸者。

🔍#案577 為菲律賓籍20多歲男性，10月16日來臺工作，入境迄今無症狀，10月29日檢疫期滿前採檢結果為陰性。個案於10月31日檢疫期滿後，至防疫旅館進行自主健康管理，並由仲介安排於11月5日至醫院自費採檢，於今日確診，目前住院隔離中。衛生單位已掌握個案接觸者共36人，其中30人為同班機接觸者，2人為專車司機，列為自主健康管理，4人為專車同車乘客，列為居家隔離。

🔍#案578 為菲律賓籍10多歲男性，10月25日來臺就學，入境迄今無症狀，11月7日進行檢疫期滿前採檢，於今日確診，目前住院隔離中；其餘16名同車檢疫期滿前採檢結果均為陰性。由於個案來臺集中檢疫期間接觸人員均有適當防護，因此無匡列接觸者。

🔍指揮中心統計，截至目前國內累計103,897例新型冠狀病毒肺炎相關通報(含102,269例排除)，其中577例確診，分別為485例境外移入，55例本土病例，36例敦睦艦隊及1例不明；另1例(案530)移除為空號。確診個案中7人死亡、524人解除隔離、46人住院隔離中。

#了解更多關於武漢肺炎 #COVID19

圖1　蔡英文與疾病管制署將hashtag作為重點提示使用

Hashtag行動主義：#Metoo、#BlackLivesMatter、與#MilkTeaAlliance的啟發

　　Hashtag行動主義（hashtag activism）是近年來數位行動主義（digital activism）中發展最迅速、最被廣泛使用的形式之一，倡議者將特定詞語或口號轉化為hashtag，透過推特等社群媒體傳達訴求，並試圖將特定的意識形態、價值立場投入對話式（discursive）場域之中。以hashtag號召發起的運動涵蓋反歧視、性別權益、政治議題等面向，其議題設定範圍明確、容易掌握話題動態的特徵，搭配社群媒體篇幅短小、轉發容易的性質，使民眾參與hashtag行動的成本極低，有助於事件的快速傳播。（Bonilla & Rosa, 2015）標誌性的短句將議題、現象及個案故事濃縮成為流傳度高的口號，亦使網路使用者在社群媒體的字數限制下做出強而有力、容易傳誦的表達。hashtag行動主義成為反對黨、弱勢族群團體、非營利組織、社運人士等行為者今日必備的社群倡議策略。

751

本節爬梳性別權益、反歧視及政治議題面向中具代表性的hashtag運動，包括訴求性別權益最廣為人知的#MeToo運動，反歧視的#BlackLivesMatter（簡稱#BLM）運動，以及肇因於國族主義的非官方國際衝突，例如#nevvy事件、#MilkTeaAlliance奶茶聯盟之共同體形塑。歸納相關研究中hashtag行動主義發展至今，在社會運動、公民串連之中扮演的角色及其所帶來的影響，可知這些標誌性的hashtag行動主義作為大小社群行動的典範，不斷受借鏡並演化。

#MeToo運動與女性主義的社群媒體倡議

#MeToo一詞原先由社群倡議者伯克（Tarana Burke）於2006年提出，旨在透過同理賦權（empowerment through empathy）曾受性侵犯的底層黑人女性（Mendes et al., 2018）。而2017年真正引發全球浪潮的#MeToo運動，起源於美國女演員米蘭諾（Alyssa Milano）於10月15日在推特上公開遭受好萊塢製作人溫斯坦（Harvey Weinstein）性侵犯的經歷，並引用了#MeToo作為標籤，鼓勵性騷擾及性侵犯受害者響應，以喚起大眾關注性暴力的普遍性及嚴重性（Mendes et al., 2018）。許多好萊塢名人紛紛留言轉貼，使#MeToo及相關hashtag不僅在推特上掀起一陣炫風，創下推特單日超過20萬次相關推文，臉書24小時內470萬人發出1,200萬條的紀錄。表達「我也是」的相關標籤更被轉譯成不同語言版本，盤踞在各國的熱搜排行榜中。傳統主流媒體報導跟進也促使權勢性侵害、非合意性行為等問題躍入公眾視野，推動公民意識的集結，由下而上影響政府的決策及作為。

#MeToo運動的相關研究探討之內容，包括其對受性侵犯女性個人生命的影響（Mendes et al., 2018）、女性主義在社群媒體的傳播：hashtag傳播網絡、女性團體在其中的策略性角色等等（Xiong et al., 2019）。hashtag女性主義的發揚有賴大量社群使用者的共感響應，以及女性主義、婦女權利團體持續挑戰預設的父權思考，推進女性主義主流化進程（Keller, 2012）。因此#MeToo運動的風行是個人及組織團體在社群媒體場域產生互動，達成分進合擊的效果。而hashtag此時扮演的即為串連起未知個體、社會運動組織（Social Movement Organizations, SMOs）的角色：許多參與運動的SMOs

傾向在貼文中同時使用數個和#MeToo高度相關的hashtag（#HerToo,
#TimesUP等）以貼近公共討論脈動（Xiong et al., 2019）。而透過主題分
析模型分析美國論壇Reddit和推特上的#MeToo貼文（Manikonda et al），
發現前者提供深度分享經驗與故事的場域，而後者貼文的性質則著重在
持續倡議的討論程度。

　　Mendes等人（2018）深度訪談在#MeToo運動中揭露自身受侵害經驗的
女性，發現此類數位女性運動（digital feminist activism）使平常沒有接觸
女性主義及政治倡議的女性能迅速、即時參與倡議，透過追蹤特定hashtag
的獲得相關資訊、閱讀同主題的相關訊息，而這有助於她們了解性暴力是
長久存在結構性問題，而非不幸的偶發事件。許多個案對於線上社群的正
向反饋感到驚喜，也從陌生網友的同理與鼓勵中獲得療癒（Mendes et al.,
2018）。然而研究中也發現，在受訪者的經驗中，線上社群的團結包容並沒
有轉化為現實生活中重要他人的理解與支持，顯示社群接觸率高、討論熱
烈的線上倡議形式並不盡然有助於改善個體的處境。對部分參與#MeToo運
動的受訪者而言，當她們對女性運動付出越多關注，在社群媒體上追蹤越
多相關訊息，則越容易過度接觸他人的悲劇遭遇，反而造成額外的情緒勞
動（emotinal laboring）負擔。顯示推特等社群場域雖是獲取新知及推動倡
議的便捷管道，無時無刻交織在日常生活中的大量資訊，可能使自願參與
運動者私領域與公共領域的界線模糊，而沒有喘息的空間。

#BlackLivesMatter浪潮與#AllLivesMatter敘事之爭

　　#BlackLivesMatter（簡稱BLM）運動在美國行之有年，自2012年馬丁
（Trayvon Martin）命案以來，三位黑人運動倡議者加爾薩（Alicia Garza）、
庫拉斯（Patrisse Cullors）和托米提（Opal Tomet）共同發起維權運動，
抗議針對黑人的暴力和系統性歧視（Rickford, 2016）。2014年8月的布朗
（Michael Brown）槍擊案後，BLM成員發起第一次全國性街頭抗議，成為
對抗警方對非裔族群過度、暴力執法的代表標誌，在新的黑人遇害之警暴
事件發生後不斷地被運用及延續，同時與事件相關的新標語（例如：
#HandsUpDon'tShoot, #SayTheirNames, #ICan'tBreath, #BlackoutTuesday等）

也不斷被創造。#BlackLivesMatter作為一個hashtag、一個抗議口號及一場社會運動，其背後指涉的含義一直是多樣、鬆散的，除了能代表一個時間點、各地區自發草根性的行動，亦代表著關注任何少數權益（不限於黑人族群）的精神：#BlackWomenMatter, #BlackGirlsMatter, #BlackQueerLivesMatter等延伸出來的標籤正標誌這BLM運動的交叉性及多重性。

無論是伴隨每次事件產生的新hashtag標語，或表現出BLM運動多元交織性的hashtag變體，多屬有動作動詞（action verb）的短句，而該動詞通常表達呼告、請願、訴求立即行動或含有對抗、抵制的意味（Yang, 2016）。這些hashtag對公眾釋放強烈的訊號，甚至能夠引出特定事件或形塑一個畫面，使人容易快速理解、識別，並產生情感連結（Campbell, 2005）。Hashtag在今日作為一種新的敘事型態（narrative form），而#BlackLivesMatter作為代表黑人（甚至擴及其他少數群體）發聲的代表性符號，成為網路使用者在不同社會政治脈絡下，發展自己敘事之契機。而BLM運動在線上及線下之盛行，也使不同的族群產出如同#AllLivesMatter的中和論述（neutural narrative），或甚至是#WhiteLivesMatter、#BlueLivesMatter（象徵警察制服的藍色）的反論述（counter narrative）。#AllLivesMatter經常被喻為「種族中性」、「膚色盲」的論述，許多社群使用者會同時使用#BlackLivesMatter及#AllLivesMatter相關的hashtag，但許多批評者認為#AllLivesMatter等標語藉由模仿相同的hashtag句型，企圖包裹、吸收、挾持（haijacking）#BlackLivesMatter的聲量，淡化黑人族群遭受特別不平等待遇之事實（Gallagher et al., 2018）。

在分析hashtag與族群特定詞語關聯性的研究中，採集數波抗議時的推特貼文發現，標記#AllLivesMatter的貼文，其內容組成是紛亂多元的，持#BlackLivesMatter或對立的#BlueLivesMatter立場者皆可能使用這組相似的標籤。由於兩方聲量的顯著差異，使得在相關詞比較及主題建模（topic modeling）的結果來看，含有#BlackLivesMatter及#AllLivesMatter的相關貼文內容並非完全互斥。相較之下，#AllLivesMatter本身缺乏對特定事件的核心關注，即其意指不在討論黑人／非黑人受不當暴力對待的事件，並不具備實質、原生的內容（Gallagher et al., 2018）。而從最近一波因佛洛依德

（George Floyd）之死掀起規模最大、影響層面遍及全球的BLM運動中，也能看到#AllLivesMatter加入論述戰場的蹤跡。

#Nnevvy論戰中誕生的#MilkTeaAlliance奶茶聯盟

2020年4月，以戲劇《只因我們天生一對》聞名的泰國演員奇瓦雷（Vachirawat Cheeva-aree，藝名Bright）因在推特轉發一張將香港稱為「國家」的照片而引起中國網友的強烈不滿，揚言抵制。在奇瓦雷公開道歉後，又被網友翻出其模特兒女友Weeraya Sukaram（社群帳號為nnevvy）曾在Instagram貼文中暗指臺灣是一個「國家」，因而遭中國網友認定涉及「臺獨」言論而「出征」兩人的社群帳號，演變成中泰網友在推特上使用#nnevvy之罵戰。而後罵戰焦點逐漸轉移到COVID-19的「武漢肺炎」稱呼、兩國領導人及歷史爭議之上。中國網友辱罵泰國皇室及國王，並提及法政大學屠殺事件，而對皇室不滿已久的泰國網友則表示同意，並抨擊中國的獨裁體制、提及六四天安門事件等敏感詞作為反擊。論戰引起中泰兩國官方關注，分別透過使館及旅遊部門發出聲明，呼籲網友保持理智，並聲明個別言論並不代表國家立場，也不會傷害兩國感情。

因此事件涉及中國網友所認定的「港獨」、「臺獨」事件，受到臺灣、香港等地網友的高度關注及參與，結合三地奶茶文化的新概念「奶茶聯盟」（Milk Tea Alliance）誕生，逐漸演變成「反中」國家網友在社群網站中互相聲援的標誌，隱含民眾對中國在亞太地區影響力的反抗。而第一件搬移奶茶聯盟概念的事件為泰國網友發起#StopMekongDam標籤，結合#MilkTeaAlliance，希望喚起各國網友一同關注中國在湄公河上游興建水壩攔截水源，造成下游東南亞國家嚴重乾旱的問題。而後5月的中印邊界衝突中，印度也被納入奶茶聯盟對抗中國影響力、挑戰中國對周邊國家政策的行列。7月起泰國爆發新一輪反皇室示威，奶茶聯盟的標籤更被賦予對抗獨裁威權的意義，形成與2019年香港反送中運動分進合擊的陣線。

在#nnevvy罵戰中，該標籤的含義早已脫離事件一開始兩位演員的言行爭議本身，演變成泰國網友藉機表達對中國影響力及威權（包含泰國政府的威權統治）的不滿。#MilkTeaAlliance的效果也外溢到臺、港、泰、印、

的公民社會與社會團體之中，甚至官方社群帳號也使用相關內容發言及互動。即使奶茶聯盟代表的仍是鬆散、廣泛的概念，但其的確賦予一份新的族群認同感，以及一條明顯的「反中」界線。這些新創詞彙而成的hashtag是在亞洲區域政治背景下，因特定導火線事件應運而生的政治符號，隨著每一次相互應援的事件強化，並在全球性的社群平臺上，以英文為溝通語言，向西方世界及其他地區放送。

Hashtag與語言補綴

　　相較於前節以三個重要的hashtag行動為例來闡述如何由hashtag來發起或串連社會運動與意識形態，本節將著重hashtag在個人如何在Twitter平臺上運用hashtag來與本文補綴、互文以達到表現自我、強化意圖和精確化語言表達。由於Twitter有其文長限制，因此，作者不易將其所要傳達的內容用最清楚的形式表達。但從Scott（2015）的語言學觀點來看，似乎這正是Twitter之所以有趣的地方。Scott（2015）其認為，有文長限制代表讀者必須要從不完整、濃縮、片段的資訊中推論並重建出作者所要表達的完整訊息。但這也是一種作者篩選讀者的機制，作者（演講者）通常會假設其與讀者間有一定程度的相互關係，且認為他／她所預期的讀者（觀眾）可以透過這些資訊便能夠推斷出作者所希望交流的部分內容，而不需要完整且明顯的語言提示（Scott, 2015）。當作者所隱含的訊息越多，表明其對於其與讀者間存在的相互理解程度更有信心。而由於Twitter的文長限制，正會促使隱藏、濃縮、片段訊息的大量生產，而這也正讓hashtag有了發揮的空間，有助於讀者理解非正式、隨意和對話式的整體語調。

　　這種話語上的應用，我們認為最主要有兩種應用，其一為自我表現與自我表態的符號，其二為上述刻意隱藏卻又透過hashtag來反轉或補述，以產生一種補綴、補充、轉折的效果。hashtag在社群平臺上也與俚語或口號的形成交互影響。例如#WhyDoPeopleThinkItsOkayTo通常是用以對某種流行、行為或態度的不解，相當於「為什麼會有人想這麼做？」。又如#YOLO即為「You only live once」的縮寫，常出現在生日推文、自我激勵、期許的

推特文。

> #WhyDoPeopleThinkItsOkayTo play with my feelings? Just tell me straight up how you feel about me.
> #WhyDoPeopleThinkItsOkayTo wear crocs…
> #WhyDoPeopleThinkItsOkayTo be rude to their parents?? like they are the ones supporting u ??

而在補綴不完整訊息的作用上，Scott（2015）認為hashtag在Twitter中可以刺激讀者去推論思考在文本脈絡中所蘊含的假設，進而理解訊息所要表達的意義，尤其在通常讀者所身處的脈絡不同，這些hashtag往往可以彌補這些差異。例如，Twitter上有相當多使用者會在文末加入#not、#irony與#sarcarsm來表達和確立反諷之意（Sulis et al., 2016），而這些反諷往往在不同的教育或文化脈絡下會有所不同。而透過加入這些hashtag會使得作者的特定脈絡更容易被廣大的群眾所理解（Scott, 2015）。舉例來說，範例[S1]便透過在句尾加入#irony來明示這是一則反諷，甚至會使得閱聽大眾更覺趣味也不至於誤讀。或用#not來直接表示否定如[S2]。而Kunneman等人（2015）也指出，在推特文中加入#sarcasm可以減少使用其他標記來表達反諷，如句末的驚嘆號與問號。而且，由於文長限制，要在不使用#sarcasm的情形下表達反諷也並非易事。

> [S1] *#Trump says the media & big tech are conspiring with the political establishment to steal the #election....and to really show him how wrong he is, the media refuse to broadcast it & social media companies censor anyone who talks about it. #irony*

> [S2] *Third time's a charm! #NOT @realDonaldTrump is your President #Trump2020*

Matley（2018）則隨機挑選了512則Instagram上的#sorrynotsorry，用質性方法分析其文字內容和圖片，探究了其使用者如何用#sorrynotsorry來展示看似平衡禮貌卻又自我表現的意圖。道歉通常是事後言論，其也為一個

補述用法，通常加在句末，並常被用以營造一種暗諷的閱讀氛圍。看似在處理禮貌表現，實際上#sorrynotsorry被用以明示「非道歉」，以實現一定程度的批判和反擊，甚至嘗試用其增強威脅和攻擊。以Twitter為例，如[S3]若運用的是#irony可能表達的是一種諷刺，但運用#sorrynotsorry則更帶有攻擊性。[S4]的例子亦如是。Matley（2018）認為運用這樣的hashtag是一種自我呈現和觀眾管理的策略。

> **[S3]** *If yt men weren't in power, a lot of societies problems would not exist.*
>
> **#sorrynotsorry #saveourabc**
>
> **[S4]** *"You know why Trump can't go to White House now? Because it is forBiden."*
>
> **#sorrynotsorry**

有趣的是，這些反諷、否定、補綴的文字，似乎為自然語言學者帶來大好消息。自然語言學者在做機器學習任務時，過去常受限於不易找到類似反諷這類的特定文本，或者必須要僱請大量標記者來標記訓練與測試文本。但這些功能性標記卻可以作為自動化標記（self-labeled）來使用，可以節省標記訓練資料和測試資料時的大量人力（Huang et al., 2018）。最常見的標記便是類似PTT回文的「推、噓」或臉書的情緒反應（Reaction，如按讚、生氣、大笑等共六種），或者是一般微網誌上常見的表情符號（emoji）。Twitter上則會有使用者所用來表達心情和意見的hashtag如#excited、#happy、#UnbornLivesMatter、#Hillary4President（Huang et al., 2018），通常會用於情緒分析（sentiment analysis）、立場辨識（stance detection）等任務。應用hashtag來做自動化標記尤其對於由於數量稀少、不易閱讀、不易察覺的反諷文句偵測特別有效，雖然說也有學者認為用以標示反諷的hashtag可能有20%都是錯誤的標記（Huang et al., 2018），但在諷刺文體的偵測上，這樣的方法仍然在計算語言界持續受到歡迎。

總結

　　綜前所述hashtag的應用已經超乎原本tag的資訊組織工具性意義，而能被運用在意識型態表述（#metoo）、行動串連（#BlackLivesMatter, #AllLivesMatter）與論戰（#nnevvy, #MilkTeaAlliance）、或語用補綴或豐富化語言（#sorrynotsorry, #sarcasm, #not, #irony）的表達上。然而，也不能過度忽視微網誌這種短文本的文體和hashtag這種使用者生成文本的特性所帶來的隱含缺陷，而這些問題或缺陷部分可以從討論Web2.0下的tagging機制的資訊與資訊組織特性來著手。例如，hashtag如同tag，也缺乏集中式機制來查核hashtag的使用機制和定名。如同COVID-19在Twitter上早期曾經出現的hashtag便有#coronavirus、#coranavirus、#coronovirus等多種使用者自行組合、或因語言差異、或因拼字誤植的版本。也使得這種交叉參照的工具，即使作為資訊組織工具仍然缺乏效益。而作為反對黨與弱勢族群團體等行為者的倡議策略而言，亦有學者認為這些hashtag的交叉串連（Rho & Mazmanian, 2019）往往會掩蓋或忽視響應者的身份訊息。且由於文長限制加上hashtag與emoji會使得語言的表達碎裂，其含義經常決定於上下文和發文者的特定脈絡，因此，hashtag被使用的實際意涵、擴展與偏移便更值得仔細斟酌。

　　但從以上的文獻和案例分析，我們確實可以看見，從Web2.0的tag機制所衍生的hashtag正影響也反映著人們的關切的社會議題、網路時代的語言表達。

參考文獻

吳筱玫（2009）。俗民分類與知識型：Tag的資訊秩序。**中華傳播學刊，15，**
1-31。

陳怡蓁、唐牧群（2011）。層面分類結構應用於圖書作品標記之研究。**教育**
資料與圖書館學，48（4），445-487。

Bonilla, Y., & Rosa, J. (2015). # Ferguson: Digital protest, Hashtag
ethnography, and the racial politics of social media in the United States.
American ethnologist, 42(1), 4-17.

Bruns, A., Moon, B., Paul, A., & Münch, F. (2016). Towards a typology of
Hashtag publics: A large-scale comparative study of user engagement
across trending topics. *Communication research and Practice, 2*(1), 20-46.

Campbell, K. K. (2005). Agency: Promiscuous and protean. *Communication
and Critical/Cultural Studies, 2*(1), 1-19.

Furnas, G.W., Fake, C., von Ahn, L., Schachter, J., Golder, S., Fox, K., Davis,
M., Marlow, C., & Naaman, M. (2006). Why do tagging systems work?
Extended Abstracts of CHI 2006, ACM Press, 36-39.

Gallagher, R. J., Reagan, A. J., Danforth, C. M., & Dodds, P. S. (2018).
Divergent discourse between protests and counter-protests:#
BlackLivesMatter and# AllLivesMatter. *PloS one, 13*(4), e0195644.

Golder, S. A., & Huberman, B. A. (2006). Usage patterns of collaborative
tagging systems. *Journal of information science, 32*(2), 198-208.

Guy, M., & Tonkin, E. (2006). Tidying up tags. *D-Lib Magazine, 12*(1).
http://www.dlib.org/dlib/january06/guy/08guy.html

Holstrom, C. (2018, May). Social Tagging: Organic and Retroactive
Folksonomies. In *Proceedings of the 18th ACM/IEEE on Joint Conference
on Digital Libraries* (pp. 179-182).

Huang, H. H., Chen, C. C., & Chen, H. H. (2018, July). Disambiguating false-alarm Hashtag usages in tweets for irony detection. In *Proceedings of the 56th Annual Meeting of the Association for Computational Linguistics* (Volume 2: Short Papers) (pp. 771-777).

Kammerer, Y., Nairn, R., Pirolli, P., & Chi, E.H.(2008). Signpost from the Masses: Learning Effects in an Exploratory Social Tag Search Browser. In *Proceedings of Computer and Human Interaction 2008* (CHI2008). Boston, MA, USA.

Keller, J. M. (2012). Virtual feminisms: Girls' blogging communities, feminist activism, and participatory politics. *Information, Communication & Society, 15*(3), 429-447.

Klašnja-Milićević, A., Vesin, B., & Ivanović, M. (2018). Social tagging strategy for enhancing e-learning experience. *Computers & Education, 118*, 166-181.

Kunneman, F., Liebrecht, C., Van Mulken, M., & Van den Bosch, A. (2015). Signaling sarcasm: From hyperbole to Hashtag. *Information Processing & Management, 51*(4), 500-509.

Manikonda, L., Beigi, G., Liu, H., & Kambhampati, S. (2018). Twitter for sparking a movement, reddit for sharing the moment:# metoo through the lens of social media. arXiv preprint arXiv:1803.08022.

Matley, D. (2018). "Let's see how many of you mother fuckers unfollow me for this": The pragmatic function of the Hashtag# sorrynotsorry in non-apologetic Instagram posts. *Journal of Pragmatics, 133*, 66-78.

Mendes, K., Ringrose, J., & Keller, J. (2018). # MeToo and the promise and pitfalls of challenging rape culture through digital feminist activism. *European Journal of Women's Studies, 25*(2), 236-246.

Rashmi S. (2005) A cognitive analysis of tagging. https://rashmisinha.com/2005/09/27/a-cognitive-analysis-of-tagging/

Rauschnabel, P. A., Sheldon, P., & Herzfeldt, E. (2019). What motivates users to Hashtag on social media?. *Psychology & Marketing, 36*(5), 473-488.

Rho, E. H. R., & Mazmanian, M. (2019). Hashtag Burnout? A Control Experiment Investigating How Political Hashtags Shape Reactions to News Content. *Proceedings of the ACM on Human-Computer Interaction, 3*(CSCW), 1-25.

Rickford, R. (2016). Black Lives Matter Toward a Modern Practice of Mass Struggle. *New Labor Forum, 25*(1), 34-42. https://doi.org/10.1177/109579 6015620171

Scott, K. (2015). The pragmatics of Hashtags: Inference and conversational style on Twitter. *Journal of Pragmatics, 81*, 8-20.

Sulis, E., Farías, D. I. H., Rosso, P., Patti, V., & Ruffo, G. (2016). Figurative messages and affect in Twitter: Differences between# irony,# sarcasm and# not. *Knowledge-Based Systems, 108*, 132-143.

Wikipedia contributors. (2020, November 8). Hashtag. In Wikipedia, The Free Encyclopedia. Retrieved 14:40, November 9, 2020, from https://en.wikipedia.org/w/index.php?title=Hashtag&oldid=987658212

Yang, G. (2016). Narrative agency in Hashtag activism: The case of# BlackLivesMatter. *Media and communication, 4*(4), 13.

Xiong, Y., Cho, M., & Boatwright, B. (2019). Hashtag activism and message frames among social movement organizations: Semantic network analysis and thematic analysis of Twitter during the# MeToo movement. *Public relations review, 45*(1), 10-23.

中文索引

六劃

七劃

八劃

九劃

十四劃

十六劃

十七劃

十八劃

十九劃

英文索引

國家圖書館出版品預行編目(CIP)資料

圖書資訊學研究回顧與前瞻2.0/王梅玲等作；吳美美主編. -- 初版. -- 臺北市：元華文創股份有限公司, 2021.11
　面；　公分

ISBN 978-957-711-231-6(平裝)

1.圖書資訊學 2.文集

020.7　　　　　　　　　　　　　　　110015919

圖書資訊學研究回顧與前瞻2.0

吳美美　主編

編 輯 者：中華圖書資訊學教育學會編輯委員會
主　　編：吳美美
作　　者：王梅玲等 32 人
會　　址：116 臺北市文山區指南路二段 64 號 百年樓 4 樓
　　　　　(國立政治大學圖書資訊與檔案學研究所)
電　　話：(02)29393091 分機 62952

發 行 人：賴洋助
出 版 者：元華文創股份有限公司
聯絡地址：100 臺北市中正區重慶南路二段 51 號 5 樓
公司地址：新竹縣竹北市台元一街 8 號 5 樓之 7
電　　話：(02) 2351-1607
傳　　真：(02) 2351-1549
網　　址：www.eculture.com.tw
E - m a i l：service@eculture.com.tw
出版年月：2021 年 11 月 初版
定　　價：新臺幣 1200 元

ISBN：978-957-711-231-6 (平裝)

總經銷：聯合發行股份有限公司
地　址：231 新北市新店區寶橋路 235 巷 6 弄 6 號 4F
電　話：(02)2917-8022　　　　　傳　真：(02)2915-6275